JOSEPH VERNET

ET

LA PEINTURE AU XVIIIE SIÈCLE

EN PRÉPARATION :

CARLE ET HORACE VERNET, par M. Léon Lagrange, 1 vol. in-8°.

Paris. — Imprimerie PILLET fils aîné, rue des Grands-Augustins, 5.

LES VERNET

JOSEPH VERNET

ET

LA PEINTURE AU XVIIIᵉ SIÈCLE

PAR

LÉON LAGRANGE

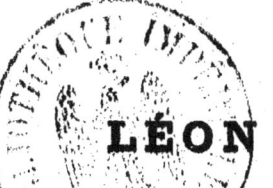

AVEC LE TEXTE DES *LIVRES DE RAISON* ET UN GRAND NOMBRE
DE DOCUMENTS INÉDITS

PARIS

LIBRAIRIE ACADÉMIQUE

DIDIER ET Cᵉ, LIBRAIRES-ÉDITEURS

QUAI DES AUGUSTINS, 35

——

1864

Réserve de tous droits.

PRÉFACE

Retremper l'histoire aux sources originales, c'est une des prétentions les plus légitimes de notre temps. Sur les petites questions comme sur les grandes, il n'est plus permis de s'en tenir à des renseignements de seconde main. Il faut à l'histoire la vérité vivante. Or, cette vérité, où la trouver, sinon dans les documents qui conservent, avec la trace des individus, la poussière même de leur époque ?

Dès le commencement du siècle, de grandes publications ont donné l'élan. Il suffit de nommer les Guizot, les Michaud, les Poujoulat. Bientôt, comme si les travaux de longue haleine s'accordaient mal avec la minutie des recherches, on vit l'érudition se limiter à une période ou à un personnage. De là l'importance des études monographiques, études particulles qui, en jetant des masses de lumière sur un objet spécial, éclairent du même coup toute une époque, tout un groupe. Ainsi la biographie, simple portrait en apparence, devient un véritable tableau d'histoire.

Tel, pour ne pas sortir du domaine des beaux-arts, le travail de M. Vitet sur Le Sueur, resté un modèle du genre; tels le livre consacré par M. Feuillet de Conches à la mémoire de Léopold Robert, celui que le regretté M. Delécluze a écrit en l'honneur de Louis David, l'étude de M. Bouchitté sur Poussin, et le *Charlet* du colonel de La Combe, et les pages touchantes déposées sur la tombe de Simart par la main de M. Eyriès. Dans ces ouvrages, la vérité, puisée aux sources authentiques, déborde en dehors du lit où elle semble retenue, et ces monuments individuels sont autant de pierres d'attente pour l'histoire générale de l'art français.

Si nous osons, à notre tour, entreprendre une monographie des Vernet, ce n'est pas une préférence exclusive qui nous détermine, c'est l'occasion d'une étude vraiment humaine, vraiment vivante. Grâce aux documents dont nous avons pu nous entourer, l'homme lui-même vient poser devant nous, et nous lisons sa vie sur des pages écrites de sa propre main.

De Joseph Vernet la bibliothèque d'Avignon possède un véritable trésor auto-biographique, ses *Livres de Raison*. C'est en 1835 que l'existence nous en fut signalée. Quand on nous apporta ces cinq cahiers in-folio, recouverts d'un parchemin jauni, il nous sembla que le passé venait à notre rencontre. La liste des *Commandes*, répertoire des travaux du peintre, nous frappa tout d'abord. Quelques extraits, publiés dans les *Archives de l'Art*

français sous les auspices de M. de Chennevières, éveillèrent la curiosité. On nous conseilla de fouiller plus
avant cette tombe ouverte, et peu à peu, en effet, à
mesure que nous poursuivions notre tâche, s'exhumaient
à nos yeux des trouvailles inespérées. Comme dans le
coffre d'une momie d'Egypte, à côté du cadavre nous
retrouvions les objets à son usage, ses bijoux et jusqu'à
l'étoffe de ses vêtements. Les traits même de son visage
devenaient reconnaissables sous le masque de la mort.
A chaque feuillet c'était une lumière nouvelle, l'image se
dessinait plus nette et se complétait de traits nouveaux.
Nous apercevions distinctement l'homme, — ici, pauvre
et joyeux, courant à travers l'Italie, un portefeuille sous
le bras, ou s'ébattant au cabaret avec quelques amis ; —
là, voyageur affairé, poussé de Marseille à Bordeaux et
de La Rochelle à Dieppe par le service du roi, — puis,
à Paris, un enfant à chaque main, arrêté devant toutes
les curiosités de la foire ; — enfin, devenu vieux, entre
son fils Carle, dont la gloire berce ses derniers jours, et
sa fille Emilie, dont le sourire les égaye, enregistrant
sur son livre usé les remèdes qu'il appelle au secours
de ses infirmités. Ainsi nous avons été conduit pas à
pas à ressusciter Joseph Vernet à force de tourner et de
retourner les feuillets des *Livres de Raison.* Son histoire
s'y trouve écrite, mais elle ne s'y lit pas couramment.
C'est un fouillis, un désordre, une débauche de fausse
régularité. Les années chevauchent les unes sur les
autres, les commandes de tableaux s'enchevêtrent dans
les dépenses journalières, les recettes de cuisine cou-

doient les souvenirs de voyage, les listes d'adresses se
croisent avec les bilans financiers. Créances et dettes,
comptes de tailleur et de sage-femme, naissances et décès, notes de journal et remèdes de bonnes gens, prix
des couleurs, mesure des toiles et secrets pour les confi-
tures, les plaisirs du paysagiste, ceux du musicien, du
chasseur, et, avant tout, du père de famille, les détails les
plus vulgaires et les plus importants, les faits les plus
disparates, se mêlent, se confondent, se brouillent de la
façon la plus originale, la plus imprévue, et, pour tout
dire en un mot, la plus vivante.

Les détails relatifs à l'entreprise des ports de France
ont fait l'objet d'un travail spécial, également publié dans
les *Archives de l'Art français,* avec diverses pièces que
voulurent bien y joindre M. Anatole de Montaiglon et
M. Lacordaire. D'autres documents inédits nous ont été
fournis par M. Delloye, conservateur de la bibliothèque
d'Avignon; par M. Du Laurens, archiviste de la mairie
de Bayonne; par M. Saint-Vincent Duvivier, secrétaire
de l'Ecole des Beaux-Arts; par M. Cottenet, le plus obligeant des amateurs d'autographes; par M. Alex. Jazet,
le graveur des Vernet. La lecture des auteurs du temps,
les critiques et les salons du siècle dernier, le dépouille-
ment des catalogues de ventes, l'étude des tableaux du
maître et la recherche assidue des estampes gravées d'a-
près lui, les renseignements recueillis au jour le jour de
différents côtés, sont venus successivement augmenter
notre fonds, et nous rendre de plus en plus familiers
l'homme et l'artiste. Un premier travail biographique,

résumant les faits acquis, fut publié dans la *Revue universelle des Arts*, et nous valut de précieux encouragements [1]. Aujourd'hui nous publions avec cette étude, entièrement refondue, les documents qui ont servi à la faire,
c'est-à-dire le texte des *Livres de Raison*, accompagné
de toutes les lettres et autres pièces venues entre nos
mains. Ainsi notre récit porte avec lui sa justification.
S'il nous a fallu recomposer dans un ordre rationnel les
diverses parties des *Livres de Raison*, en élaguer des minuties oiseuses, le dossier n'en demeure pas moins complet. Chacun devient libre de contrôler les faits que
nous avançons. Quant à l'appréciation des œuvres, en
étudiant Joseph Vernet de près, nous avons aimé en lui
l'homme et l'artiste. Ceux qui le connaissent moins bien
nous reprocheront de lui faire la part trop belle. Entre
l'éloge exagéré qui pouvait nous être demandé et la sévérité qu'un goût trop délicat réclamerait peut-être,
nous nous sommes efforcé de maintenir notre opinion
personnelle, formée par une longue étude.

Après Joseph Vernet, Carle et Horace nous réclament
à leur tour. Un second volume leur sera consacré. Pour
eux non plus les documents ne font pas défaut. Les
sources où nous avons pu puiser ne sont pas taries. Carle
et Horace ont eu aussi leurs *Livres de Raison*. Comme
Joseph, et plus que lui encore, ils ont épanché dans la

1. M. Delécluze dans le *Journal des Débats*, M. Paul Mantz dans
l'*Artiste*, M. Vapereau dans l'*Année littéraire*, M. Burty dans la
Gazette des Beaux-Arts, M. Ed. Fournier dans la *Patrie*, d'autres encore en différents endroits, accueillirent cet essai avec trop d'indulgence
pour qu'il nous soit possible de l'oublier.

correspondance le trop plein de leur verve. Il n'est pas
une collection d'autographes qui ne possède des lettres
de l'un ou de l'autre. Déjà plus d'une s'est ouverte à nos
recherches. Les mêmes mains qui nous ont aidé voudront
nous soutenir jusqu'au bout, et surtout celles dans lesquelles repose l'héritage de trois générations d'artistes.

Ainsi se complétera notre œuvre. Heureux si ce triple
portrait peut fournir à l'avenir une page authentique
pour l'histoire de notre art national ! A ceux qui seraient
tentés de nous taxer d'irrévérence vis-à-vis de gloires
éteintes, ou de nous écraser sous le gros mot de réalisme, nous répondrons simplement : — Sans doute, ces
études individuelles, basées sur les faits intimes, n'ont
rien de commun avec l'épopée ; il n'est plus question ici
de *décorum*. Nous voilà loin des statues idéales qu'un art
trop complaisant élevait aux grands hommes, les hissant
sur un piédestal d'apparat, dans des attitudes de demi-
dieux, le corps nu ou seulement drapé d'un costume
pseudo-antique. Mais où conduit le système des statues
idéales, sinon à posséder du passé une histoire qui n'est
que la surface de l'histoire, et des plus grands hommes
une image sans ressemblance qui a tout juste la valeur
d'une inscription laudative? Dans ces portraits de convention vous chercheriez en vain le reflet du caractère
de l'homme, la trace de ses passions, le mobile de ses
actes, le principe de ses œuvres, ce qui constitue son originalité. Une toge incolore enveloppe les formes, un
masque de beauté banale dissimule les traits, l'individu

disparaît derrière un voile impersonnel. Et cependant comment l'histoire générale sera-t-elle possible, si déjà un travail préparatoire n'a dégagé la vérité de l'histoire individuelle? Or, pour atteindre la vérité, il faut enlever au héros son fard de théâtre, et sous l'habit menteur du demi-dieu chercher l'homme, l'être vivant. L'homme y perdra, dites-vous? N'en croyez rien. A quoi bon perpétuer un mensonge pour qu'en un jour de réaction violente l'idole renversée aille pourrir aux Gémonies? Ne vaut-il pas mieux que dès aujourd'hui un portrait fidèle, fait avec soin et sans parti pris, conserve à l'avenir ses véritables traits? Laissez donc exhumer les documents originaux. Laissez l'histoire s'entourer de toutes les preuves, aidez-la à descendre dans les détails les plus intimes de la vie de son héros. Ce héros ne peut qu'y gagner. L'historien le plus impartial, c'est, n'en doutez pas, l'historien le mieux informé.

JOSEPH VERNET

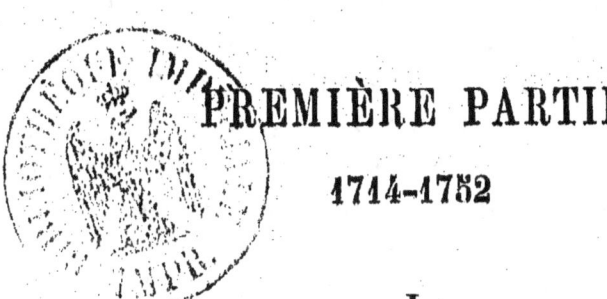

PREMIÈRE PARTIE

1714-1752

I

La dynastie. — Naissance et premières années. — Le baptême
de la mer.

Le nom de Vernet ne représente pas un de ces génies
puissants dont l'individualité s'élève isolée au milieu
d'une époque. Les Vernet sont toute une race. Chez eux
le même talent, devenu héréditaire pendant plus de
deux siècles, a pu défrayer plusieurs générations : phénomène étrange, mais non sans précédent. Si l'hérédité
du génie ne se rencontre dans l'histoire littéraire qu'à
titre d'exception, l'histoire de l'art en offre plus d'un
exemple. Comme l'Italie, la France a eu ses dynasties
d'artistes, les Puget, les De Troy, les Restout, les Coypel,
les Vanloo ; et par un privilége singulier la ville d'Avignon
en a vu fleurir trois. Nicolas Mignard, qui s'y établit dans
la première moitié du XVIIe siècle, légua sa gloire à ses
deux fils, l'un peintre, l'autre architecte. Quelque temps

1

après, Louis Parrocel y devenait le père d'une nombreuse famille dont tous les membres ont tenu le pinceau. Enfin c'est à Avignon qu'est né Joseph Vernet, le chef d'une race trois fois illustre.

Lui-même n'était pas sans aïeux. Aussi haut que l'on remonte dans les origines de la famille Vernet, aussi près de nous que l'on descende, à chaque extrémité de la chaîne, de même qu'à chaque anneau, l'on est sûr de trouver un peintre. Dès 1669, les actes nous donnent le baptême du fils d'un André Vernet, peintre. Horace est mort en 1863. Il semble que la loi de l'antique Égypte, qui prescrivait au fils de suivre la profession de son père, ait été le mot d'ordre de la famille Vernet. Tenons-nous en au père de notre héros, né le 31 juillet 1689, et baptisé du prénom d'Antoine. Celui-là aussi était un peintre.

A cette époque, l'usage des carrosses n'avait pas encore pénétré dans le midi de la France. On se servait presque uniquement de chaises à porteurs, ainsi que le remarqua, à son passage à Avignon, le président De Brosses. La mode était de les avoir très-ornées. Des arabesques décoraient les montants et les frises. Le panneau central des côtés et le dos de la boîte offrant de plus larges surfaces, les grands y faisaient peindre, avec leurs armes, des motifs de fantaisie, fleurs, oiseaux ou paysage, souvent même des scènes champêtres et des mascarades. On voit au musée d'Avignon deux de ces panneaux peints par Antoine. L'un porte un simple écusson. L'autre représente un bouquet de fleurs accompagné d'oiseaux.

Antoine Vernet vivait donc de cette industrie, mais il en vivait pauvrement. Si la fortune lui refusait ses dons, la nature en revanche se montrait à son égard d'une libéralité exceptionnelle. Marié le 6 octobre 1711 à Marie Thérèse Garnier, chaque année, ou à peu près, lui apportait un nouveau rejeton, si bien qu'après trente ans de mariage il avait mis au monde vingt-deux enfants. Posté-

rité bénie qu'un patriarche lui eût enviée ! L'artiste décorateur n'y trouvait pas son compte. Aussi s'efforçait-il
de faire de ses enfants des peintres, pour l'aider dans ses
travaux. Quatre de ses fils répondirent aux espérances
paternelles. L'un d'eux surtout laissa voir de bonne heure
qu'il les dépasserait.

Né le 14 août 1714, le second de la famille et l'aîné
des mâles, celui-ci avait reçu à son baptême les prénoms
de Claude-Joseph. Par quelle heureuse inspiration, le
père donna-t-il pour parrain au nouveau-né le plus grand
paysagiste de l'art moderne ? Il semble que Claude Lorrain ait répondu à cet appel. Comme les fées bienfai-
santes qui apparaissent dans les contes, il semble qu'il
ait voulu douer son protégé des qualités qui formaient
l'apanage de son génie, le sentiment de la lumière dans
le paysage, l'amour des vastes horizons, l'art d'exprimer
sur la toile le vague de l'air et les vapeurs légères que
l'on voit flotter au-dessus des eaux.

Un atelier de peintre fut le berceau de Joseph Vernet.
Son éducation s'y fit toute seule. Encore aux bras de sa
mère, s'il pleurait, on lui donnait un pinceau, et nul
jouet ne lui plaisait davantage. Pour essayer ses premiers
pas, il courut de la boîte aux crayons à la boîte aux couleurs. Ses petites mains ne se lassaient pas de barbouiller
du papier. A l'âge où l'intelligence de l'enfant s'ouvre
aux idées, les premières qui pénétrèrent dans la sienne
furent des idées d'art, les premiers mots qui sortirent de
sa bouche les noms des choses du métier. De même que
les enfants gâtés, en croquant des friandises, apprennent
à dire : « Oh ! que c'est bon ! » on lui montrait l'ouvrage
de son père et on lui faisait dire : « Oh ! que c'est beau ! »
Le jour où il sut vouloir, il voulut faire comme son père.
A cinq ans il commençait à dessiner la tête. A huit ans
il reçut en cadeau palette et chevalet ; et avant qu'il pût
s'écrier : « Et moi aussi je suis peintre, » il l'était.

Les modèles cependant n'abondaient pas autour de lui. Quelques gravures, quelques plâtres oubliés sur une étagère poudreuse; l'enfant sut les découvrir. Il les emportait dans un grenier devenu sa chambre, s'y enfermait et passait des journées entières à les copier minutieusement. Mais le véritable modèle qu'il étudiait sans le savoir et dont son imagination retenait tous les traits, c'était la nature au milieu de laquelle il vivait, cette campagne du pays d'Avignon, si riante et si belle qu'à son aspect on comprend qu'elle puisse former un peintre. Placée entre deux grands cours d'eau, plus voisine du Rhône que de la Durance, la ville d'Avignon se serre autour du rocher que surmonte le palais des Papes. Devant elle une île immense coupe en deux bras le lit du fleuve. Des bouquets de peupliers, de bouleaux, de trembles, des touffes de saules, des mûriers y rompent la monotonie des champs cultivés. Sur la rive opposée s'élève le bourg de Villeneuve, et son fort aux murailles fauves. Les cyprès, les pins, les chênes verts festonnent le sommet du coteau. Le Rhône en baigne la base, et, roulant ses eaux rapides sous la montagne de la Justice, il va se répandre au milieu de la plaine où l'attend la Durance.

Tels sont les premiers tableaux qui parlèrent à l'imagination du jeune peintre. Il en garda une impression que rien n'effaça jamais. Joseph Vernet a peint autant de paysages que de marines, et ces paysages, ce sont toujours des vues de rivière, avec des peupliers sur le bord et des rochers couronnés de fabriques rustiques ou de quelque antique château. L'Italie lui offrira des sites plus pittoresques; mais il reviendra toujours à ce simple paysage, souvenir de sa ville natale, comme on aime à répéter les vieilles chansons qui ont bercé la première enfance.

Antoine Vernet comprit de bonne heure le parti qu'il pourrait tirer des dispositions précoces de cet enfant. A

quinze ans Joseph était en état de l'aider, et partageait
avec lui l'honneur et le profit de ses travaux d'art déco-
ratif. Ensemble ils peignaient des chaises, des carrosses,
voire des dessus de porte et des trumeaux. Mais un jour
vint où le père s'aperçut que tout n'est pas roses dans
la collaboration. Ils venaient de terminer la décoration
d'une salle à manger chez un cardinal dont on ignore
le nom. Des fruits peints par Joseph lui valurent, de
la part de l'Éminence et de sa société, les plus vifs
éloges, tandis qu'on regardait à peine l'ouvrage d'Antoine. Le père ne dit rien, mais le lendemain il revint
seul achever la peinture des autres pièces, laissant pru-
demment son rival à la maison. Quant à Joseph, il grimpa
vite à son grenier, et là, exalté par les éloges de la veille,
il eut bientôt fait d'organiser un châssis et d'y tendre
une toile sur laquelle il se mit à peindre un paysage.
Quelques jours après, un carrosse s'arrêtait devant l'humble demeure de ceux qui l'avaient peint. Grand émoi
dans la maison et dans le quartier. C'était le cardinal
qui, pénétrant les sentiments d'Antoine, venait voir ce
que faisait son jeune protégé. On monte au grenier et
l'on trouve le peintre à l'œuvre. Antoine ne fut pas le
moins étonné. Le cardinal acheta le tableau et fit promettre au père de cultiver par une bonne éducation les
talents naissants de son fils.

Justement Antoine Vernet avait à Aix un vieil ami,
d'origine italienne, Jacques Viali, comme lui peintre décorateur, dont le fils, Louis René, peignait avec succès
le portrait. Viali était propriétaire. Il possédait non loin
d'Avignon, à Mont-de-Vergues, un petit clos de vignes.
Aussi venait-il chaque année faire son vin et le vendre.
Il ne manquait jamais d'en vider quelques verres avec
l'ami Antoine. Celui-ci lui montra les essais de son fils.
Et Viali de crier au prodige. Car le jour où Joseph Vernet
avait tenté seul de traduire ses impressions sur la toile,

s'il n'était pas sorti de ses mains un chef-d'œuvre, il en
était sorti une ébauche d'une véritable puissance. Le sentiment d'orgueil qui dut enfler le cœur paternel n'avait
pu y étouffer le sentiment de jalousie de l'artiste. Hélas !
jamais Antoine Vernet n'en avait fait autant. Employer
ce génie précoce à la décoration, c'était gâter le métier.
Le talent du fils mettrait le père sur la paille. Il fut décidé
que Joseph Vernet suivrait Viali à Aix. Là il pourrait,
sans porter ombrage à personne, devenir un peintre, et
trouver à la fois de bons maîtres et un travail plus digne
de lui.

C'était une petite capitale en effet que cette ville d'Aix,
le siége du parlement de Provence. Tous les artistes du
Midi s'y donnaient rendez-vous. Comme elle se trouvait
sur le chemin de l'Italie, la plupart des peintres s'y arrê-
taient à l'aller ou au retour, et les amateurs n'épargnaient
rien pour les retenir auprès d'eux. C'est ainsi que le Flamand Finsonius fut saisi au passage par le savant Peyresc.
Jean Daret, un autre Flamand, reçut à Aix si bon accueil
qu'il y voulut terminer sa vie. En 1657 Pierre Mignard y
passa trois jours. Dix ans après, Pierre Puget s'y rendit à la
demande de Boyer d'Eguilles. Enfin Raymond de la Fage
en 1680 y séjourna assez longtemps pour se brouiller avec
tous les artistes du pays. Il exhala sa mauvaise humeur
dans une caricature collective, gravée depuis par H. Coussin. Le dessin original appartenait à Viali. On y voit, affu-
blés de figures grotesques, les peintres dont Joseph Vernet
trouvait à Aix la réputation encore bien établie et les
œuvres entourées de l'estime de tous. Un des plus mal-
traités, — La Fage l'a représenté monté sur un âne, —
est aussi celui qui devait parler le plus haut à l'esprit du
jeune peintre, J. B. de La Rose. Longtemps directeur des
travaux de peinture à l'arsenal de Toulon, La Rose avait
tant vu la mer et les vaisseaux qu'il était devenu peintre
de marines. Un grand nombre de ses tableaux se conser-

vaient à Aix. Il avait fait école. Viali lui-même, à son
exemple, se plaisait de temps à autre à brosser un port
de mer ou un coucher de soleil. C'en fut assez pour que
Joseph Vernet sentît poindre sa vocation. Nul doute que
dès lors il n'ait commencé à peindre de pratique, comme
motifs de décoration, des vues de mer, et qu'il n'ait pris
auprès de Viali son maître la première idée du genre
qu'il devait porter à une rare perfection.

C'est à Aix que Joseph Vernet exécuta le premier travail important de sa vie. La petite-fille de madame de
Sévigné, cette séduisante Pauline dont le nom remplit
toutes les pages des *Lettres*, devenue veuve du marquis
de Simiane, trompait les ennuis du veuvage en faisant
reconstruire de fond en comble l'hôtel de son défunt
mari. Une amitié étroite unissait madame de Simiane et
le marquis de Caumont, un des hommes les plus éclairés
de la noblesse avignonnaise. De là entre les deux amis un
échange continuel de lettres. Celles de la marquise ont
été conservées, et c'est un bonheur, car dans la prose de
Pauline se sent encore le souffle de son aïeule Sévigné.
On y voit la marquise entretenir M. de Caumont du détail
de ses affaires, lui soumettre les plans et devis du nouvel
hôtel, demander son avis pour les décorations intérieures,
en un mot le consulter ainsi qu'un tuteur. Bien que les
lettres du marquis aient été égarées, on comprend au ton
des réponses qu'il prend son rôle au sérieux. Il discute,
il gronde, il impose ses goûts et ses préférences. Client
d'Antoine Vernet qui lui décore ses chaises, il a vu Joseph,
le prodige de la famille, alors que de retour de l'école de
Viali il étudiait la peinture d'histoire sous Philippe Sauvan,
un rival des Parrocel. De son autorité privée, M. de Caumont a commandé au jeune peintre des dessus de porte
pour l'hôtel de Simiane. Il paraît seulement qu'il en commanda trop. Car, lorsque l'artiste arrive à Aix avec ses
toiles, escorté même d'une sœur, la marquise se récrie :

— « Il n'y a rien de si touchant, mon cher marquis, que les représentations de la gigantesque mademoiselle Vernet, mais il n'y a rien de si dur qu'une créature qui a déjà dépensé cinquante mille francs à une maison dont la valeur intrinsèque est bien de vingt. Ayez donc la bonté de permettre que les inutilités en soient bannies. C'en sont de véritables que des tableaux dans une antichambre de laquais. Il les a commencés malgré moi en disant toujours qu'on les luy avoit commandés. Je luy ay représenté cent fois notre convention et que je voulois m'y tenir. Si au bout de tout cela vous le vouliez absolument, je vous sacrifierois des choses plus considérables. Mais si vous le voulez bien, je suivray à la lettre ma convention et laisseray le peintre remplir sa destinée et son proverbe ; vous sçavez, mon cher marquis, qu'il est venu icy contre ma volonté. Ainsi il ne peut pas donner cette raison pour prétexte. » M. de Caumont le savait bien. Mais il insista sans doute ; son amie finit par se rendre. Elle écrivait dix jours après : — « M. Vernet est content et moy beaucoup de luy. Les dessus de porte sont admirables, j'en ay pris douze et il est consolé des autres. » (14 janvier 1732.)

Si donc Joseph Vernet a pu échapper à son proverbe, charitablement rappelé par madame de Simiane, — gueux comme un peintre, — il le doit au marquis de Caumont. Il le doit aussi et plus encore peut-être à un autre noble d'Avignon, le comte de Quinson. Ce dernier avait pris en amitié véritable le jeune Vernet. Ambitieux pour lui de gloire et de fortune, il le pressa d'aller à Rome.

A Rome en effet, et là seulement, pouvait se faire à cette époque l'éducation d'un artiste. Paris même ne passait pas pour posséder des éléments d'enseignement suffisants. Il s'y trouvait de bons maîtres, mais non d'aussi bons modèles qu'à Rome. L'Académie n'avait à sa disposition qu'un petit nombre de tableaux et de statues. Les tableaux et les statues du roi n'étaient pas, comme aujourd'hui, livrés à l'étude de tous. Il fallait donc aller à Rome. La pension du roi rendait ce voyage facile aux grands prix de l'académie. Joseph Vernet aurait pu venir à Paris disputer le grand prix. Mais quelle folie, quand on touchait aux portes de l'Italie, de lui tourner le dos pour y mieux entrer! Et que de temps perdu! D'autre part, comment entreprendre à ses frais un voyage aussi lointain? Les ressources d'Antoine Vernet n'y auraient pas suffi.

Ces obstacles tombèrent devant la générosité des nobles d'Avignon. Il n'était pas rare en ce temps de voir la noblesse des provinces envoyer à Rome ses pensionnaires, comme le roi y envoyait les siens, et les entretenir à ses frais pendant le nombre d'années nécessaire à leurs études. Un contrat d'honneur liait les deux parties. De même que les élèves royaux étaient astreints à des envois annuels de leurs œuvres, les boursiers de la noblesse s'obligeaient à exécuter pour leurs bienfaiteurs, soit des copies, soit des dessins ou des tableaux de leur invention, témoignages de leurs progrès et de leur reconnaissance. C'est par suite d'une convention de ce genre que la plupart des artistes méridionaux sont allés à Rome sans passer par Paris. Le paysagiste Constantin, mort il y a près de vingt ans, fut un des derniers. Il se plaisait à répéter le nom des grands seigneurs et des amateurs d'Aix qui s'étaient cotisés afin de fournir à son voyage et à sa pension.

Pour Joseph Vernet, les seuls protecteurs qu'on puisse lui prêter avec certitude, sont le marquis de Caumont et le comte de Quinson. Ils ouvrirent leurs bourses. Antoine Vernet donna ses économies, 200 livres, dit-on. On fit ainsi au jeune artiste un petit pécule. Le marquis de Caumont, que sa réputation d'archéologue mettait en rapport avec tous les savants de l'Europe, y joignit quel-

ques lettres de recommandation pour un jésuite de ses
amis. Et voilà notre homme en route. C'était au milieu
de 1734. Il avait alors près de vingt ans.

Quand le coche qui le conduisait fut arrivé sur les hau-
teurs qui dominent Marseille, et que là, toute la société
s'arrêtant pour se rafraîchir, Joseph Vernet descendit
aussi de voiture, il entendit prononcer un nom qui devait
exercer sur son avenir une influence décisive. Encore
quelques pas, lui dit-on, et nous découvrons la mer. Il
s'avança seul, il fit ces quelques pas, et il demeura ébloui
du spectacle qui se déroulait devant lui. A ses pieds une
succession de collines couronnées de pins qui descen-
daient en gradins jusqu'au rivage; à droite une chaîne
de montagnes grises se prolongeant à l'horizon; à gauche une ville maritime, avec ses phares, ses tours, ses
forteresses, et les mâts des navires dépassant les édifices. En face la mer, la mer immense, la mer bleue,
montant comme un mur vers le ciel, et au milieu de cette
plaine liquide que dorait un rayon du soleil couchant,
trois îles enveloppées de chaudes vapeurs et colorées de
tons d'opales. A ce spectacle, l'enthousiasme déborda de
cette jeune âme. Vite un crayon! et le voilà qui dessine.
Le voiturier l'appelle, les voyageurs s'impatientent, il
faut repartir, le jour tombe. Il n'entend rien; tout entier
au plaisir de ses yeux, il s'enivre de la nature. On le
presse. — « Eh! laissez-moi, je vous rejoindrai en route. »
— La nuit seule, en lui dérobant la vue du paysage,
l'obligea à quitter la place. Harassé, affamé, couvert de
poussière, c'est à l'auberge seulement qu'il rejoignit le
coche, arrivé depuis plusieurs heures.

A Marseille il fallait attendre le départ d'un bâtiment
pour Civita-Vecchia. Que fait Joseph Vernet? Le lendemain de son arrivée il achète toile et couleurs, et, ren-
fermé pendant sept jours dans sa petite chambre d'auberge, il peint ce qu'il a vu du haut de la *Viste*, c'est-à-

dire le plus mauvais tableau qu'il ait peint en sa vie.
Ainsi le disait-il lui-même. « Mais, ajoutait-il, combien
j'aurais donné pour le retrouver dix ans après, à mon
retour de Rome ! »

Enfin les vœux de Joseph Vernet sont remplis. Il vogue
vers l'Italie. Debout à l'avant du navire, il ne peut rassa-
sier ses yeux du spectacle de la mer. Il semble qu'il recon-
naisse en elle une amie désirée depuis longtemps. Il étudie
avec amour les traits de sa physionomie mobile. Calme,
elle le ravit, alors que les vagues à peine formées relui-
sent ainsi que des écailles sur un manteau d'azur. Agitée
d'un souffle de brise, elle le charme par ses mutineries
naissantes. Il voit la houle se former, une légère écume
blanchit la tête des flots, et plus les flots grandissent,
plus ils lui découvrent de beautés nouvelles, alors que
le soleil les traverse, prisme changeant qui s'irrise de
mille couleurs. Mais bientôt la houle se creuse, et l'œil
étonné du voyageur voit des abîmes s'ouvrir devant lui.
Une teinte plombée se répand sur la surface de la mer,
le flot devient sombre et menaçant, un vent violent le
fouette au visage. Les passagers désertent le pont un à
un. Le capitaine hoche la tête. Les matelots se prépa-
rent. Le grain s'avance. Mais Vernet ne peut s'arracher
à l'impression multiple qui transforme son âme. Il s'accroche au bordage pour défier le roulis. Enfin voici le
grain : des nuages noirs voilent le soleil, un demi-jour
sinistre éclaire seul le ciel ; partout, comme à un signal
donné, la mer irritée se lève, les lames bondissantes se
jettent contre les flancs du navire, puis montent en murailles le long de ses murailles, puis elles passent pardessus le bord, balayant tout sur leur passage. Qu'est
devenu le jeune peintre ? L'œil grand ouvert, l'âme saisie,
il regarde, il comprend, il commence à lire en lui-même.
Autour de lui tout tremble. Le vent mugit, les cordages
sifflent, les mâts gémissent, des voix lamentables sem-

blent sortir du bâtiment, et celui-ci, ballotté dans l'espace, n'est plus qu'un hochet pour cette mer en délire. La place n'est plus tenable, le pont se dérobe sous les pas. Que fait alors Vernet? Comme le capitaine qui ne veut pas cesser de commander la manœuvre, lui aussi se croit à un poste d'honneur, il se fait lier au mât du navire, et le front haut, il continue de dominer les éléments qui l'assiégent. Qu'elle est belle, cette ivresse du génie ! L'artiste se révèle à lui-même, et recevant avec joie les terribles caresses de la mer, de ce baptême des vagues en fureur il sort peintre de marine.

Ainsi à quelques jours de distance, deux impressions puissantes ont transformé le jeune artiste. La vue de la *Viste* lui a montré le paysage maritime avec tous les éléments qui le composent. La traversée de Marseille à Civita-Vecchia l'initie aux émotions de la tempête. Quand Joseph Vernet toucha le sol de l'Italie, son génie n'avait plus rien à apprendre, sa vocation était décidée.

II

A Rome. — Maîtres de Vernet. — La peinture de marine.
La nature italienne.

Le but des protecteurs de Joseph Vernet en l'envoyant à Rome était évidemment de faire de lui un peintre d'histoire. De son côté, sans doute, il nourrissait cette noble ambition, la seule qui fût permise alors à un jeune artiste. On l'eût surpris, on l'eût indigné peut-être, si on lui eût prédit, à son départ d'Avignon, qu'il ne peindrait jamais que des paysages et des marines. Autant valait lui dire qu'il resterait un peintre décorateur comme son père. Le marquis de Caumont avait pour son jeune protégé de plus hautes visées. On ne s'expliquerait pas sans cela qu'il ait osé solliciter pour lui à l'Académie de France à Rome une faveur aussi extraordinaire qu'une pension hors de tour, démarche dont rend compte une lettre du P. Fouque en date du 27 janvier 1734. Le marquis savait bien que l'Académie ne patronnait que la peinture historique.

Mais le voyage modifia les intentions de J. Vernet. La tempête lui fit entrevoir dans la peinture de marine autre chose qu'une simple affaire de décoration. Il y devina le drame humain, et il comprit instinctivement que ce genre dédaigné pouvait s'élever à la dignité de l'histoire.

Aussi, une fois à Rome, Joseph Vernet n'a plus l'air de savoir pourquoi il y est venu. Il passe devant le Vatican sans s'y arrêter, il n'a qu'un regard distrait pour les chefs-d'œuvre de l'art antique, il tourne le dos aux peintures des grands maîtres, il n'a garde surtout d'aller se présenter à M. Wleughels, le directeur de l'Académie. Désormais sûr de lui-même, il veut transformer en talent sérieux cette facilité prime-sautière qui lui a permis de brosser à grands coups les dessus de porte de l'hôtel de Simiane. Ce qu'il cherche à Rome, c'est le seul maître qui puisse lui convenir désormais, un peintre de marine.

Bernardino Fergioni, né à Rome en 1675, y jouissait alors, malgré ses cinquante-neuf ans, d'une réputation bien oubliée aujourd'hui. Élève d'un autre inconnu, nommé Atto, il s'était formé dans le port de Livourne, et, de retour à Rome, il y avait, selon l'expression de Mariette, paru avec éclat. Mais en 1734 Fergioni n'était déjà plus seul à peindre des sujets de marine. Un Français lui disputait la prééminence. Plus jeune de vingt ans, Adrien Manglard, après avoir reçu à Lyon les leçons de Vander Cabel, était venu s'établir à Rome où ses tableaux obtenaient un succès mérité. Les maîtres, on le voit, ne manquaient pas. J. Vernet s'adressa au vieux Fergioni. Quelles leçons en reçut-il? Les œuvres de Bernardino ne sont plus là pour répondre. On est réduit aux conjectures. J. Vernet savait déjà manier le pinceau. Le maître dut se borner à

lui enseigner la technique spéciale du genre, c'est-à-dire
la manière d'exprimer les divers aspects de la mer, le
calme, le mouvement des vagues, les panaches d'écume
qu'elles secouent contre les rochers. Il lui apprit le détail du navire, les agrès, les voiles, les manœuvres, et en
quoi diffèrent les bâtiments de toute sorte qui tiennent la
mer, et comment on indique sans contre-sens la marche
d'un vaisseau. Il lui montra à se servir de ce qu'on peut
appeler le mobilier de la peinture de marine, les rochers,
les phares, les môles, les bateaux, les figures de matelots
et de pêcheurs, tous ces objets familiers que le peintre
dispose à son gré et qui sont comme les mots de la langue
particulière qu'il parle. En résumé, on ne peut voir dans
Fergioni que le maître de grammaire de J. Vernet.

L'influence de Manglard s'aperçoit mieux. Car il est incontestable que l'élève de Fergioni reçut aussi de Manglard des leçons, ou tout au moins des conseils. Manglard
a fait lever et coucher le soleil aux mêmes heures que
J. Vernet, et dans les mêmes sites; il a enrichi ses ports
des mêmes édifices; il a déchaîné avec la même facilité
les ouragans et les tempêtes, et ces sujets de la peinture
maritime il a su les traiter avec une puissance d'effet et
une intelligence du style remarquables. Ses tableaux en
font foi. Ses eaux-fortes en sont la preuve. L'élève a gagné
en légèreté, en finesse; il a plus d'esprit de détail, son
répertoire plus étendu lui permet d'embrasser un plus
grand nombre d'objets, et il les traite tous avec une égale
aisance. Mais le maître a plus d'accent, et entre Manglard
et Vernet, c'est à Manglard que revient la priorité du
genre.

Au surplus, Manglard lui-même n'a rien inventé. La
peinture de marine est aussi vieille que la mer. Sur les
murs des maisons de Pompeï, où se sont conservées les
traditions décoratives de l'art grec, on rencontre de petits
paysages mêlés de marine. Pline l'Ancien, dans son énu-

mération des peintres célèbres, cite un certain Ludius
qui paraît avoir pratiqué sous le règne d'Auguste le genre
mis à la mode au siècle dernier par Joseph Vernet. Ludius
avant lui a peint des ports de mer et des rivages animés
d'une foule de figures.

On comprend sans peine que le spectacle de la mer
ait de tout temps inspiré les artistes. L'art traduit à nos
yeux ce que dit la nature dans la langue mystérieuse du
beau. Or quelle voix de la nature fit jamais entendre de
plus sublimes accents que la mer? Mais il ne suffit pas
d'entendre la mer ou de la voir pour en faire jaillir la
poésie cachée, il faut l'aimer. La peinture de marine n'a
réellement fleuri que là où la mer a été aimée. C'est dans
les grands ports de commerce, où la mer n'est pas considérée comme un ennemi qui brise la puissance humaine,
mais comme un ami qui rapproche les peuples, qui rend
communes à tous les richesses des nations éloignées, c'est
là que la mer a trouvé de dignes interprètes. C'est aussi
dans les ports de guerre, où la mer semble un serviteur
fidèle chargé de porter au loin la gloire et la richesse du
souverain et un formidable allié prêtant main-forte à ses
entreprises. L'école hollandaise a connu ces deux formes
de la peinture de marine. Les mêmes maîtres les ont pra-
tiquées tour à tour parce que des mêmes ports partaient
alternativement des escadres de guerre ou des flottes de
commerce. Backuisen, Bonaventure Peters, Zeeman,
Vande-Velde ont peint également les combats maritimes
ou la tempête, et les ports encombrés de navires. Thomas
Wyck, plus spécialement commercial, s'est plu à entasser sur les quais les ballots de marchandises et à placer
auprès les riches étrangers qui les apportent. Plus humble
et plus tranquille, Willarts a rendu la poésie des plages
basses de son pays, pendant que Storck entrechoquait
les escadres au milieu des tourbillons de flammes et de
fumée.

L'école française n'a connu que fort tard la peinture de marine, parce que la France n'a été que fort tard une puissance maritime. Nicolas de Platte-Montagne avait pourtant apporté à l'Académie la tradition hollandaise. Nul n'entreprit de la suivre. Borzoni le Génois avait peint à Vincennes des vues de mer. Il ne trouva point d'imitateurs. Le véritable berceau de la peinture de marine en France, c'est la Provence. Au XVII° siècle, sous l'impulsion toute-puissante de Colbert, l'arsenal de Toulon, simple chantier de construction jusqu'alors, devint un véritable atelier d'artistes dont Pierre Puget fut le chef. C'est à Toulon que Pierre Puget apprit à dessiner des sujets de marine. Il ne pouvait pas ne pas aimer la mer qui se prêtait si complaisamment à porter les splendides fantaisies de son génie. Il l'aimait, parce qu'elle chantait avec lui un hymne glorieux à la grandeur de Louis XIV. Quand Puget était las de sculpter les Tritons et les Néréides évoqués du sein des flots pour convoyer les vaisseaux du grand roi, il prenait la plume et il jetait sur le vélin des compositions maritimes. Son imagination se plaisait à suivre hors du port l'œuvre de ses mains. Tantôt il représente le vaisseau au milieu d'une mer calme, dominant de sa hauteur les petits bâtiments du commerce; tantôt il le met aux prises avec des galères bien armées; tantôt, comme pour se pénétrer de la vanité de son art, il livre à la tempête et brise sans pitié contre les rochers ces proues sculptées avec tant d'amour.

Les vaisseaux de Louis XIV étaient des monuments de la puissance et de la richesse nationale. Quand l'art du sculpteur avait ciselé l'extérieur, on appelait les peintres et on leur livrait l'intérieur à décorer. Or que peindre sur les parois d'un navire, sinon des sujets de marine? Ainsi pensa J. B. de La Rose, directeur des travaux de peinture. Il imagina d'ingénieuses décorations, des rinceaux, des emblèmes, des fleurs, des génies soutenant des médaillons, et dans ces médaillons il représenta les scènes qui lui étaient le plus familières, des ports de mer, des rivages peuplés de pêcheurs ou de belles dames qui attendent l'arrivée des vaisseaux. Toute une école de peintres de marine vint se grouper autour de J.-B. de La Rose, Abeille, Randon, les Julien, les Vanloo, les Volaire; il n'est peut-être pas un artiste du Midi de la France à la fin du xviie siècle qui n'ait passé par l'arsenal de Toulon. Les La Rose s'y succédèrent de père en fils pendant plus de cent ans. Le graveur Rigaud subit cette influence. Viali ne put s'y soustraire, et ainsi, par Viali, Joseph Vernet lui-même se rattache à l'école de marine provençale.

L'importance guerrière de Toulon et l'importance commerciale de Marseille expliquent non-seulement l'existence d'une pareille école en Provence, mais aussi l'absence de toute école de ce genre dans les autres ports de la France. C'est que les autres ports de la France ne vivaient pas alors ou ne vivaient que de nos désastres. Quand Brest vit naître le premier des Ozanne, les derniers des La Rose étaient bien près de mourir à Toulon.

Claude Gellée, ce rêveur amoureux de la lumière, en cherchant le triomphe du soleil dans la nature, rencontra la mer par hasard. Il l'aima comme le miroir du soleil, il sut la peindre, mais il ne fut pas à proprement parler un peintre de marine. Cependant il ouvrit à la peinture de marine des voies inexplorées. L'école maritime de la Hollande n'avait été que naturaliste. Claude fonda l'école de l'idéal. Les Hollandais représentaient les ports de leur pays. Claude créa des ports de mer, et, pour les décorer, les plus célèbres édifices de Rome antique et moderne ne lui parurent pas trop riches. Il se préoccupait peu du quai, des marchandises et des figures, pourvu qu'il fît briller dans tout son éclat la puissance rayonnante du soleil devant laquelle la terre et la mer tressaillent et s'illuminent. Claude a révélé aux peintres de marine l'harmonie lumineuse de la mer avec le ciel.

Ainsi, avant Joseph Vernet, tous les principaux éléments qui constituent la peinture de marine étaient trouvés. Qu'y ajouta-t-il? Nous le verrons par la suite. Il importe seulement ici de bien établir ce que son talent a dû aux leçons ou à l'exemple des maîtres. Or si Viali, un disciple de l'école provençale, lui a indiqué les rudiments de la marine décorative, si Fergioni l'a mis au courant du métier, on peut affirmer que la tradition naturaliste des Pays-Bas lui est demeurée étrangère. Manglard, élève de Vander Cabel, avait divorcé avec les leçons de son maître : par son entente de l'harmonie du paysage et de la mer, Manglard procède de Claude. C'est grâce à Manglard que J. Vernet a connu Claude, c'est par Manglard qu'il se rattache au grand maître de la lumière, dont il fut à certains jours le rival.

Quant à l'école italienne, elle n'a eu à vrai dire qu'un peintre de marine, et ce n'est ni Atto, ni Fergioni, ni même Borzoni, c'est Salvator Rosa. Mais Salvator, lui aussi, semble un fils de Claude. Cet amour des lointains horizons, l'intelligence des grandes étendues d'eau et de ciel, l'art d'y répandre à flots le soleil, toute cette science de l'infini lumineux que Claude a le premier formulée, nul après lui ne l'a possédée à un plus haut degré que le peintre napolitain. Aussi, le jour où il montra qu'il savait, l'exemple des étrangers, lire dans le livre de la nature, l'Italie acclama Salvator avec cette frénésie d'enthousiasme qui lui fait regarder ses enfants comme des génies surhumains. Salvator devint un demi-dieu. Quand Joseph Vernet arriva à Rome, le héros n'était pas encore descendu, après soixante ans, du pinacle où l'engouement de ses compatriotes l'avait porté. J. Vernet subit plus qu'aucun autre la contagion du génie à la mode, contagion heureuse s'il se fût borné à prendre de lui ses qua-

lités de peintre de marine. Mais il y a plusieurs hommes
dans Salvator. A côté du peintre des horizons splendides,
il y a le paysagiste fougueux, le rêveur sauvage qui entasse les rochers, déchire les terrains, déracine les arbres
ou les tord sous les étreintes de la foudre, assombrit le
ciel et façonne si complètement la nature aux bizarreries
de son humeur noire qu'il n'y peut plus placer que des
soudards et des brigands. Joseph Vernet a un peu trop
frayé avec ce Salvator, et comme Joseph Vernet est un
parfait honnête homme, point du tout farouche et très-
peu aigri contre son siècle, ce qui chez Salvator était affaire de tempérament devient chez Vernet imitation pure.
C'est par manière et non par goût qu'il peint des sites
de brigands, et c'est en souriant qu'il met sa palette en
colère.

Une fois la part faite à toutes les influences, il en faut
bien venir à cette conclusion, que le maître de Joseph
Vernet ce n'est ni Claude, ni Manglard, ni Fergioni, ni
Salvator, c'est la nature. A chacun de ces peintres il a
emprunté quelque chose, mais il ne doit qu'à la nature.
La nature seule a été son maître, son modèle et son guide.
Dès son arrivée à Rome, il cherche la nature, et comme
il ne la trouve pas autour de lui, il va la chercher hors des
murs. Les lettres du P. Fouque sont précises sur ce point.
Que fait Vernet? écrit le marquis de Caumont, — « M. Vernet fait ses caravanes, » répond le jésuite, qui ne comprend
pas que l'on travaille ailleurs qu'à l'atelier. Il est à Tivoli,
— il est sur les côtes voisines de Rome, — il est à Naples.
Il travaille si bien en pleins champs qu'il prend la fièvre.
Il court de tant de côtés qu'il n'a pas le temps de remplir les promesses faites à ses protecteurs. On était convenu que le jeune artiste enverrait de Rome quelques
dessins d'après l'antique. Le P. Fouque a proposé pour le
marquis de Caumont le beau *Centaure lutiné par Bacchus*,
aujourd'hui au musée Chiaramonti. Chaque fois qu'il met

la main sur le brave Vernet, comme il l'appelle, il le ra-
mène à cette idée. Mais en vain le savant insiste, l'artiste
trouve toujours un moyen d'échapper. Le bon Père se
fait sucre et miel, il cite de petites histoires pédantes,
enfin il en vient aux gros mots : soins superflus. Le beau
centaure n'arrive pas, et si, après deux ans de lutte, Vernet
s'exécute, ce n'est pas un dessin d'après l'antique qu'il
envoie, c'est une éruption du Vésuve et une tempête.

La nature italienne développa chez J. Vernet, à côté
de ses instincts maritimes, le goût du paysage. Il était de
ces hommes que la vue de l'eau fascine comme par l'effet
d'un charme mystérieux. Né au bord d'un fleuve, il aimait
le spectacle de l'eau sous toutes les formes. Mer, rivière,
lac ou ruisseau, la pluie, et surtout les cascades ; l'élément liquide joue dans tous ses tableaux un rôle important. On n'en citerait pas dix où il ait peint des terres
arides.

Il est facile de reconnaître dans les œuvres de J. Vernet les leçons qu'il a reçues de la nature italienne, les
différents emprunts qu'il lui a faits. Le vallon de Tivoli y
entre au moins pour un quart. Ce n'est pas sans raison
que le malicieux Carle écrivait de Rome à sa fille : «Nous
avons été à Tivoli hier, j'y ai reconnu tous les endroits
dont mon père faisait ses choux gras.» En effet, J. Vernet a retourné de cent façons les cascades et les cascatelles. Il a usé et abusé du temple de la Sibylle. Ce
site frais et riant ne pouvait quitter sa mémoire. Aussi
bien il lui appartenait un peu par droit de conquête.
«Nous avons appris là, continue Carle, que c'est lui qui
a découvert la grotte de Neptune. Avant lui personne
n'avait osé y descendre. On nous a fait voir l'arbre auquel
il s'est fait attacher pour y parvenir. C'est d'une hardiesse
surprenante[1].» — Et une fois sorti du gouffre, il se plut

1. Vente Trémont, 1852. Lettre écrite de Rome, 8 avril 1820, à
madame Lecomte.

à tracer sur les bords de l'abîme le sentier en lacet qui
y conduit.

J. Vernet a beaucoup fréquenté aussi une vallée bien
connue des peintres et heureusement plus ignorée des
touristes que la *Belle horreur* de Tivoli, je veux dire la
vallée de l'Isola Farnèse. Il s'est assis sous les arbres élé-
gants qui bordent les rives encaissées du Fosso. Il a dessiné les assises de roches d'où s'épanchent des nappes
d'eau limpide, les escarpements profonds couronnés de
villas désertes, les rochers percés de trous au pied desquels court le ruisseau, et cette végétation opulente qui
remplit son lit de plantes à larges feuilles, se suspend en
grappes aux flancs des terrains et accroche sur le tuf sau-
mâtre de verdoyantes aigrettes. Si l'on voulait suivre
J. Vernet pas à pas, on le retrouverait à Népi en quête
d'aqueducs et de grottes; à Civita Castellana où l'appellent les ravins et les fabriques singulières; à Narni, dont
la vallée plus étendue présente tous les contrastes; de là
en remontant le cours argenté de la Nera, on l'accompa-
gnerait jusqu'à la cascade de Terni.

Les lacs de Némi et d'Albano l'ont inspiré plus d'une
fois. Insensible à la beauté des arbres qui garnissent les
galeries depuis l'Ariccia jusqu'à Frascati, il entre volontiers dans les parcs princiers qu'égayent des eaux jaillis-
santes. Il ne peut traverser sans frissonner de plaisir les
vallons humides où coule le Teverone, entonnoirs de ver-
dure dont les lignes se prêtent à tous les caprices pittoresques. Au bord du Tibre, ce qui l'arrête, ce n'est pas,
comme Poussin, le grand style des rives escarpées et des
larges tournants, c'est la calme surface des eaux, les ponts
ornés qui les traversent, les moulins dont elles font marcher les roues.

Les côtes de Civita-Vecchia et d'Ostie ont fourni à
J. Vernet les premiers motifs de ses marines. Mais la vue
des tableaux de Salvator Rosa, en lui montrant des acci-

dents de nature étranges, lui inspira le désir d'aller voir
le pays d'où Salvator les avait tirés. Son premier voyage
à Naples paraît dater de 1737. Chemin faisant, il vit Terracine, dont le grand rocher se retrouve dans plus d'une
de ses compositions, il vit Mola di Gaeta. Mais à Naples
surtout il moissonna abondamment. Depuis le cap Misène
jusqu'à Sorrente il n'est pas un point du golfe que J. Vernet n'ait dessiné et cent fois reproduit. Baies, le lac Lu-
crin et le lac Averne, la coupole ruinée du temple de
Diane, l'île de Nisita, la ville de Pouzzoles, les rochers
de Mergellina et de Pausilippe, pas un détail de ce paysage qui ne se retrouve chez lui. Il a fait main basse sur
tout ce qui pouvait entrer dans sa peinture, et l'île de
Capri, dont la silhouette termine si bien un lointain, et
le château d'Ischia, et les falaises à pic de Castellamare
et de Sorrente, excellentes coulisses, et le couvent des
capucins d'Amalfi, et, tout le long de la route d'Amalfi à
Salerne, les tours de défense construites par Pierre de
Tolède, les arcades voûtées sous lesquelles les pêcheurs
de Minuri remisent leurs barques, les terrasses de Ra-
vello, et ces rochers à figure bizarre, ces blocs écroulés,
ces grottes où s'engouffre la vague, ces escaliers taillés le
long du roc, ces fabriques juchées sur les sommets, enfin
l'élégante fontaine du port de Salerne, il a tout vu, tout
dessiné, et, soit dans ses portefeuilles, soit dans sa mémoire, tout retenu. Un jour, devenu vieux, un souvenir
traverse son cerveau allangui, et le voilà qui peint des
guinguettes vues à travers l'ouverture d'une grotte, le
tableau même qui attend l'œil fatigué du touriste au sortir du souterrain de Pausilippe.

Le Vésuve frappa tout d'abord l'esprit de J. Vernet. Il
est hors de doute qu'il a peint plusieurs éruptions du
volcan. Il a pu assister à celle de 1737. Mais il abandonna
bien vite ce genre secondaire et banal, dont il laissa la
gloire au chevalier Volaire, son élève.

Ce que J. Vernet a surtout vu à Naples, c'est la nuit. La beauté des nuits de Naples est proverbiale. J. Vernet s'en est nourri et pénétré. Rome révèle les splendeurs du soleil couchant, Naples la volupté amoureuse des clairs de lune. A Naples la nuit n'interrompt pas cette fête perpétuelle des sens qui est la vie de ces heureux rivages. Le ciel ne perd rien de sa transparence et de son éclat. Seulement un astre en remplace un autre. A l'éclat impitoyable du soleil succède la clarté molle de la lune. C'est la même poésie de lumière et de joie avec un voile de mystère de plus. Ce caractère des nuits napolitaines, J. Vernet l'a admirablement senti et admirablement exprimé. Ses clairs de lune sont des chefs-d'œuvre.

Telle fut en Italie la triple éducation de J. Vernet. Il y arrivait en possession de son génie, il y reçut les enseignements de la tradition, il y subit les influences de la mode, il s'y trempa surtout à la source vivifiante de toute beauté, la nature. Son talent de peintre ainsi formé, comment sut-il s'en servir pour sa fortune et pour sa gloire? Le chapitre suivant nous l'apprendra.

III

Anecdotes. — Le *Livre de Vérité.* — Les étapes du succès.
Les arts à Rome en 1743.

Un jour, à Rome, le tailleur à la mode vit entrer chez lui un jeune homme, modestement vêtu, qui portait un tableau sous son bras. On lui montra des étoffes. Il choisit parmi les plus belles, et commanda un vêtement complet, l'habit, la veste et la culotte. En sortant, il laissa le tableau. — « On le croit d'une bonne main, dit-il; mais, ignorant comme je le suis en peinture, je ne saurais y mettre un prix. Faites-le voir. Votre boutique est le rendez-vous des gens de distinction. Vous me ré-

péterez ce qu'ils en auront dit. » — A quelques jours de
là, le jeune homme revint. On avait vu le tableau, on
l'avait fort loué, on désirait l'acheter. La tailleur proposa à sa pratique un prix, le plus bas possible. Le jeune
homme résista d'abord, puis il consentit à le céder contre
l'habillement commandé. — Et voilà comment Joseph
Vernet aurait trouvé le moyen de s'habiller de neuf, sans
bourse délier, et de faire connaître ses œuvres. Le tableau vint plus tard à Paris; il a appartenu au fameux curieux Jean de Julienne; à sa mort, il se vendit près de
trois mille livres.

Cet expédient picaresque n'est pas le seul que les biographes imputent à Joseph Vernet pour expliquer le
commencement de sa réputation à Rome.

Ailleurs, c'est l'histoire d'un cardinal chez qui le jeune
artiste, toujours à court d'argent, porte audacieusement
deux de ses marines. En graissant le marteau, il se fait
introduire. L'Éminence devine dans ce débutant un grand
peintre et lui compte quatre louis en sus du prix qu'il
demande. — Et voilà comment Joseph Vernet aurait re-
cruté des Mécènes parmi ceux qui portent la pourpre et
parmi ceux qui en ont la façon.

Ailleurs enfin la scène est chez un perruquier, non
moins *dilettante* que le tailleur. Joseph Vernet logeait
dans sa maison et s'étonnait de ne le voir jamais réclamer les termes échus. Le propriétaire cependant ne bou-
geait de l'atelier du peintre. Un jour vient où l'on s'explique. Mons Figaro avoue qu'il laisse accumuler les
termes afin de se faire payer en tableaux. Il demande la
toile qui se trouve en ce moment sur le chevalet. Vernet
consent, lorsqu'arrive une Éminence à qui la peinture
est promise. L'artiste l'avait oublié. Les laquais vont
enlever le chef-d'œuvre; mais le perruquier, se jetant
à genoux, supplie qu'on le lui laisse, et le cardinal,
touché de son désespoir, le lui laisse en effet. — Et voilà

de quel bois se chauffaient les propriétaires romains
en l'an 1740.

De bonne foi, de telles anecdotes méritent-elles qu'on
les discute? Certes, il n'est pas un artiste qui n'ait songé,
au moins une fois dans sa vie, à payer ses fournisseurs
en nature, c'est-à-dire en peinture. Il est plus rare de
voir cette idée venir du créancier lui-même. On aperçoit
donc au fond de ces histoires un principe de vérité. Mais
comment démêler ce qu'y ont ajouté les bavardages des
contemporains, les amplifications des biographes, les
nécessités de la mise en scène? La première anecdote a
pour elle l'autorité de Diderot. Le deux autres sont tirées
d'une lettre de M. Pitra, administrateur de la ville de
Paris, publiée dans la correspondance littéraire de Grimm
quelques mois après la mort de Joseph Vernet. M. Pitra
prétendait avoir connu le peintre et tenir de sa bouche
les détails qu'il donne sur sa vie. Mais les dires de M. Pitra sont sujets à caution. Selon lui, Joseph Vernet serait
parti d'Avignon pour l'Italie à l'âge de quinze ans et
demi. Or, nous savons qu'en 1732 il était à Aix, et les
lettres du P. Fouque prouvent qu'il n'arriva à Rome qu'en
1734, c'est-à-dire à vingt ans. Il est donc permis de se
défier de la mémoire de M. Pitra et de ses anecdotes.

Les *Livres de Raison* de Joseph Vernet fournissent sur
ses premiers travaux à Rome des détails bien autrement
certains et d'un intérêt aussi vif. C'est en 1735, un an
après son arrivée, que le jeune peintre, qui déjà avait
conscience de sa valeur, commença à dresser la liste des
tableaux qui lui étaient demandés, et cette liste ne s'arrête qu'en 1788, un an avant sa mort. Aucun artiste, on
en conviendra, n'a laissé un document auto-biographique d'une importance égale. Non-seulement le talent de
Joseph Vernet s'y montre dans le déshabillé de l'atelier,
avec les incertitudes de ses débuts, les modifications apportées par l'âge, les défaillances de la vieillesse; mais,

parallèlement à l'histoire du peintre, s'y déroule celle de ses contemporains. On les voit apparaître un à un, à mesure que le goût des arts, le caprice ou la mode les amène chez lui. Comme sur les verres d'une lanterne magique, on voit défiler sur ces pages, procession brillante et non interrompue, les bourgeois et les princes, les grandes dames et les petits abbés, les cardinaux et les marquises, les ducs et les financiers, les amateurs et les marchands, les lords anglais, les barons allemands, les seigneurs russes et suédois, les rois mêmes et les empereurs; en un mot, tout ce qui, dans ce xviiie siècle si éclairé et si frivole, a aimé ou feint d'aimer les productions de l'art et a su les payer à leur prix.

En tête du cortége on est heureux de rencontrer des Français, et plus encore des compatriotes du peintre. Les premiers noms inscrits aux *Commandes* et aux *Reçus* sont ceux de M. Pusque de l'Estagnol, gentilhomme avignonnais; de M. Guasquet, riche propriétaire au terroir du Pontet, près d'Avignon, et du comte de Quinson. Les deux premières commandes, envoyées par lettres, marquent une sollicitude touchante pour l'absent. Quant au comte de Quinson, Joseph Vernet eut le bonheur de le posséder à Rome à cette époque. Ensemble ils parcoururent une partie de l'Italie, et, malgré l'inégalité des rangs, entre le noble comte et l'artiste encore pauvre et obscur, se forma une étroite liaison. M. le marquis de Montlaur, un des descendants de la famille de Quinson, a eu longtemps entre les mains des lettres de Joseph Vernet, adressées à son aïeul. Écrites moitié en italien, moité en français, elles rendaient compte des affaires du peintre, de ses études, de ses travaux, de ses promenades, et quelquefois aussi des événements publics. Dans l'une, il racontait, en style pittoresque, le conclave de 1740 et l'élection du pape Benoît XIV. Si cette correspondance a disparu, plusieurs ouvrages de Joseph Vernet se conservent encore à l'hôtel de Montlaur, entre autres les deux tableaux sur toile d'empereur, inscrits en tête des *Reçus*, que M. de Quinson paya 120 écus romains, c'est-à-dire 600 livres.

Jusqu'en 1740, les travaux de Joseph Vernet ne furent que des travaux de second ordre, et il ne pouvait en être autrement. Il faisait alors, au dire de Mariette, un grand nombre de dessins qu'il vendait mal. Dans son désir d'étudier, il copiait les antiques. En 1737, il exécuta pour le major Sturler un dessin de la *Flore* du palais Farnèse. En 1738, le P. Fouque, nous l'avons vu, voulait lui arracher le dessin du *Beau Centaure*. De ces études ingrates, Joseph Vernet retira un bien grand fruit, l'avantage de dessiner les figures comme pas un paysagiste n'a su le faire. Il eut alors, sans doute, de mauvais jours à traverser. Son père envoyait bien quelque argent; les protecteurs déguisaient leurs secours sous une commande de complaisance, faibles ressources pour suffire aux études, peut-être aussi aux plaisirs, et surtout aux voyages et aux maladies. Car, sous le ciel de Rome, paysage et fièvre se donnent volontiers la main. Quant au travail, il rendait bien peu. En 1738, un Anglais payait cent écus trois tableaux de marines. Mais si Joseph Vernet a eu, comme tous les vrais artistes, à lutter contre la gêne et les ténèbres, la lutte pour lui ne fut pas longue. Dès 1739, l'horizon s'éclaircit. A vingt-cinq ans, le jeune peintre a pour client un ambassadeur.

Le duc de Saint-Aignan allait quitter l'ambassade de Rome pour le gouvernement de Bourgogne. C'était, on le sait, un parfait grand seigneur, «l'homme du monde le plus charmé de trouver occasion de faire quelque grande dépense brillante,» ainsi s'exprime le président de Brosses. «Je lui ai ouï souhaiter, ajoute-t-il, qu'il y eût en France une charge de surintendant des fêtes publiques et d'en être revêtu. Il est vrai qu'il les entend et les exécute d'un

goût merveilleux. » Déjà il avait employé Joseph Vernet
à peindre dans son palais trois dessus de porte. Il en
commanda un quatrième, un *Clair de lune*, complément
des quatre parties du jour, plus six dessins à l'encre de
chine, et deux tableaux destinés à conserver le souvenir
de ses magnificences. C'était son arrivée à Civita-Vecchia,
lorsqu'il vint prendre possession de l'ambassade, en 1731,
et l'audience publique au Monte-Cavallo, c'est-à-dire la
carrossée solennelle qui accompagnait le nouvel ambassadeur au palais du Quirinal pour y être reçu par le Pape.
De tout temps, ces représentations ont fourni matière à
des peintures ou à des estampes, et la plupart des artistes venus à Rome s'y sont employés. Le cardinal de
Polignac venait de les remettre à la mode en faisant
peindre par Pannini les réjouissances célébrées à ses frais
en 1729 pour la naissance du Dauphin[1]. Le duc de Saint-
Aignan joignit de plus à ces souvenirs solennels deux
souvenirs plus intimes, l'Ascension du cône du Vésuve et
la Visite du cratère avec sa famille et sa suite pendant un
récent voyage à Naples.

L'importance d'une telle commande a de quoi étonner.
Elle prouve combien fut rapide, instantané, le succès de
Joseph Vernet à Rome. Elle prouve aussi que l'honneur
de ce succès ne revient pas seulement aux Éminences
italiennes, comme le voudraient les *Anas*. Le prix des tableaux commandés par l'ambassadeur de France devait
être réglé par le directeur de l'Académie de France à
Rome. Tout se passe entre Français.

Les premiers noms qui suivent celui du duc de Saint-
Aignan sont aussi des noms français : le duc de Crillon,
un noble du Comtat; le marquis de Villeneuve, un noble
de Provence; l'abbé de Canillac, comte de Lyon et auditeur de Rote, chargé aussi de représenter la nation fran-

---

1. Deux de ces tableaux sont au Louvre.

çaise, « homme doux et poli, dit de Brosses, qui a un beau palais, et fait la meilleure chère du monde; » M. Digne, consul de la nation, « bonhomme très-officieux (c'est encore de Brosses qui parle), et mari d'une très-digne femme. » Ainsi, de prime-saut, Joseph Vernet se voyait accepté par tout ce qu'il y avait à Rome de maisons françaises. Les Italiens ne viennent qu'ensuite, et ce sont les artistes qui donnent le branle : Sébastien Conca, le vieux Solimène, alors âgé de quatre-vingt-cinq ans ; Pavesi, Placido Constanzi. Les artistes français ne restent pas en arrière. On dirait que l'Académie témoigne ses regrets de ne pas compter Joseph Vernet parmi ses pensionnaires. Pierre, Michel-Ange Slodtz commandent des tableaux d'une certaine importance. Le catalogue de la vente après décès de De Troy, directeur de l'Académie, prouve que lui-même en possédait deux, bien qu'ils ne figurent pas aux commandes. Rien de plus flatteur pour l'amour-propre d'un débutant que ce bon accueil fait à ses œuvres par ses pairs et par ses maîtres. Rien de plus propre à servir sa réputation naissante.

Aussi, dès 1740, la production ne chôme plus. Le chiffre des commandes suit une progression marquée. Six tableaux par an, puis dix, puis quinze. Et ce ne sont plus des commandes de complaisance ou des tableaux d'occasion. De véritables amateurs demandent des ouvrages du jeune peintre pour les placer à côté des productions des plus grands artistes du jour, à côté même des œuvres anciennes signées d'un nom consacré. Le comte de Merle conserva jusqu'en 1784 les deux *Vues de Naples* peintes pour lui en 1739. A sa vente, elles furent portées au prix de 9,500 livres. En 1741, M. de Villette, de passage à Rome, sentit s'allumer en lui les premiers feux d'une passion qui ne devait s'éteindre qu'avec sa vie, la passion des Vernet. La *Chasse aux canards*, qu'il paya alors 25 écus, a passé successivement par les mains des plus grands amateurs de Paris. C'était une ravissante composition toute noyée d'un brouillard lumineux. On y voyait huit chasseurs occupés à poursuivre sur un lac des bandes de canards sauvages. La vapeur aérienne qui règne dans ce tableau, dit le catalogue de Remy, est si belle, que les connaisseurs la regardent comme un chef-d'œuvre de l'artiste.

Le cardinal de La Rochefoucauld se piquait aussi d'aimer les arts. Il avait son portrait de la main de De Troy. C'est pour lui que ce dernier a peint l'histoire de Loth en deux tableaux. On sait que le prélat n'en accepta qu'un, l'autre lui paraissant trop gaillard. En 1746, il demanda à Joseph Vernet deux vues de rivières au bord de la mer. Une de ces compositions a été gravée par Aliamet, sous le titre mensonger de *Rivage près de Tivoli*. Quelques mois après, le cardinal Valenti Gonzaga, secrétaire d'État, le plus grand personnage de Rome après le Pape, donna en quelque sorte une sanction officielle au talent de Joseph Vernet, en lui faisant peindre un Brouillard et un Incendie. Les relations du peintre français avec le Sacré-Collége ne se bornèrent pas là. Déjà le cardinal Pozzobonelli possédait de Joseph Vernet deux petites marines. En 1745, le cardinal Aquaviva d'Aragon, chargé des affaires d'Espagne et de Naples, lui commanda, pour la reine d'Espagne, une *Vue de Caprarola*. Le peintre ne manqua pas de représenter sur le premier plan le cardinal et sa suite, et lui-même occupé à dessiner. C'est sans doute cette attention qui lui valut, en sus du prix payé en espèces, un cadeau de chocolat offert par Son Éminence.

Tels sont, parmi les cardinaux, les seuls dont les *Livres de Raison* donnent les noms à cette époque. En vain voudrait-on voir en eux, pour justifier les *Anas*, les véritables protecteurs de Joseph Vernet. Leurs commandes sont postérieures à celles de gens bien plus en état de servir la réputation d'un peintre. Ainsi, dès 1745, le marquis

Andréa Gerini, le plus grand des amateurs italiens du siècle dernier, avait compris la valeur de Joseph Vernet, et il n'hésitait pas à lui donner place au milieu des maîtres. Il débuta par une marine de 25 écus. L'année suivante, il doublait à la fois le nombre des tableaux et leur prix. Il se compléta en 1748 par deux petites marines « d'un goût clair et gai. »

Enfin, à ces noms italiens on en peut joindre d'autres, tout à fait secondaires : l'abbé Martelli, le P. Tachetti, le frère Bartoja, maigre clientèle, maigres commandes : « Un tableau en *bambocciata*, — un tableau d'un sujet du Tasse. » Les Italiens, on le voit, ne furent ni les premiers, ni les plus empressés à accueillir Joseph Vernet.

Au contraire, les Anglais devinèrent bien vite en lui un peintre de leur goût. Ce que le goût anglais demande à la peinture, ce n'est pas d'élever l'âme ou de toucher le cœur par l'expression de pensées ou de sentiments sublimes, c'est de distraire la vue par le spectacle des beautés naturelles. A des cœurs engourdis et des esprits fatigués, pour secouer le spleen qui les dévore, il faut des plaisirs excitants. Après le voyage, qui fait passer sous les yeux les scènes variées de la nature, il n'en est pas de plus vif que l'art qui les rappelle à la mémoire. Les tableaux de Joseph Vernet remplissaient on ne peut mieux cet objet. Ses *Tempêtes* procuraient une émotion de quelques instants. Ses *Vues de terre ou de mer* évoquaient des souvenirs de poésie et de lumière. Mieux que tous les feux de charbon, ses *Soleils couchants* réchauffaient au retour le touriste transi qui regrettait l'Italie. Aussi pas un ne manque d'aller frapper à la porte de l'atelier de Joseph Vernet. Pour M. Dania, des rochers et des cascades, — les bords de la Tamise sont si plats ! Pour M. Lisson, une copie de Salvator Rosa, ce peintre fougueux qui secoue les plus flegmatiques. Pour M. Bouverie, des vues de Rome inondées de soleil. Pour

M. D'Arquim, pour M. Drake, les quatre parties du jour, c'est-à-dire le brouillard riant du matin au bord du Teverone, si différent du sombre brouillard de Londres ; la tempête, qui rappelle les dangers courus sur mer ; le soleil couchant au milieu des splendeurs du ciel méridional, et le clair de lune, c'est-à-dire Naples, l'insouciance, la gaieté, le bonheur.

La clientèle anglaise rendit à Joseph Vernet un service. Elle lui permit d'élever les prix de ses tableaux. Avec les Français et les Italiens, il fallait compter au plus juste. Les riches insulaires qui s'approvisionnaient de jouissances pour longtemps ne croyaient pas les payer trop cher. Grâce à eux, tel tableau qui en 1741 n'était coté qu'à ving-cinq écus, se voit cinq ans après porté à cinquante.

Ainsi se forma peu à peu, ainsi s'étendit, ainsi grandit la réputation de Joseph Vernet à Rome. Ses protecteurs d'Avignon l'ont recommandé, présenté peut-être à l'ambassade et à l'Académie. Or, qui dit l'ambassade et l'Académie, dit tous les Français de séjour ou de passage à Rome. Par l'ambassade, Joseph Vernet a connu les prélats romains. Par l'Académie, il a connu les artistes, et chez les artistes il a rencontré les amateurs anglais. Si les documents authentiques qui nous guident ont une signification, c'est à coup sûr celle-là : il n'est plus besoin de recourir à des anecdotes apocryphes. On aperçoit clairement la marche progressive de la réputation de Joseph Vernet, on la suit pas à pas. Ce n'est plus par induction, c'est par un enchaînement logique des faits qu'on lui assigne : pour point de départ, la protection des amateurs d'Avignon qui l'ont pressentie ; pour premiers degrés, les encouragements de l'ambassade et de l'Académie, qui l'ont répandue ; pour échelons successifs, les commandes des Français de passage à Rome ; pour couronnement, l'affluence toujours croissante des amateurs de toutes les nations. Ce succès est donc avant tout une œuvre française.

Rome cependant eut le mérite de sanctionner une réputation faite par d'autres mains. En 1743, Joseph Vernet fut reçu membre de l'Académie de Saint-Luc. Cette admission d'un étranger dans la noble compagnie romaine n'était pas un honneur sans précédent, mais ce n'était pas non plus un honneur banal. Au moment où Vernet vint y prendre place, il ne s'y trouvait qu'un petit nombre d'artistes français : De Troy, le directeur de l'Académie de France ; Étienne Parrocel, un des membres de cette nombreuse famille qui a donné à Avignon plus d'un homme de talent; les sculpteurs Adam et Slodtz, l'architecte Soufflot, et Manglard, le peintre de marine.

En adoptant des artistes d'un goût si différent, l'école romaine donnait la mesure de ce qu'elle était devenue à cette époque. C'est en vain qu'on y eût cherché le respect des traditions qui l'avaient faite si grande. Le nom de Raphaël n'était plus qu'un nom, aussi vénéré, aussi souvent invoqué que celui d'un saint, mais non moins étranger à la conduite des vivants : une dévotion, rien de plus. Bien d'autres influences s'étaient succédé depuis deux siècles, et la plus récente, celle de Carlo Maratte, achevait de mourir dans un petit groupe de maniéristes fourbus. A bien dire, il n'y avait plus d'écoles, parce qu'il n'y avait plus de maîtres. Le chevalier Marco Benefial eût bien voulu faire croire qu'il en était un : on l'entendait crier à la décadence, invoquer la nature, et chanter des litanies à Raphaël. Mais une réforme artistique ne s'opère pas, comme une réforme politique, par des discours, et le chevalier s'en tenait aux déclamations et aux discours. Ses œuvres trahissaient son impuissance. Plus fortement trempé que Benefial, Pompéo Battoni n'était cependant encore qu'une individualié bien douée, mais non pas un maître. Tout ce qui tenait le pinceau à

Rome en ce moment s'adonnait surtout au portrait. Or l'abus du portrait est le signe le plus évident de la décadence d'une école. Le portrait prouve chez ceux qui le cultivent à l'exclusion de tout autre genre, l'épuisement de l'invention pittoresque, l'insuffisance de l'imagination, l'absence d'un idéal.

La muse romaine était donc morte. Sur sa tombe, que chaque jour scellait davantage, les écoles étrangères semblaient se donner rendez-vous. Depuis Salvator Rosa, Naples n'avait pas cessé d'envoyer à Rome des recrues d'un art nouveau. En 1743, Solimène vivait encore. La peinture de caprice inaugurée par lui comptait de nombreux adeptes. Elle avait surtout profondément pénétré dans le goût public. A Rome, pas plus qu'à Naples ou à Venise, nul ne songeait à crier au scandale devant les œuvres de Sébastien Conca, de Tiepolo et de Longhi. D'un bout à l'autre de l'Italie, les groupes d'artistes indigènes se répondaient comme un écho, et cet écho ne savait dire qu'un mot : fantaisie. Le seul peintre d'histoire que Rome possédât en 1743 était un Français, Pierre Subleyras.

Au surplus, le véritable courant du goût public n'allait plus au grand art. Les voies de la peinture d'histoire, tant de fois battues, n'attiraient plus personne. On connaissait l'ornière; les artistes étaient las d'y tomber, et le public de les y suivre. Le goût italien, à l'imitation du goût français, se tournait vers les genres dits secondaires de la peinture. On voyait sans horreur les bambochades; on souriait au paysage; on s'extasiait devant les perspectives. Le P. Pozzo pouvait impunément percer jusqu'au septième ciel les voûtes de l'église del Gesù. Il passait pour un grand homme.

Le paysage ne fut longtemps en Italie qu'un accessoire de la peinture historique. Ce n'est que depuis les exemples de Guaspre et de Claude Lorrain qu'il forma un

genre à part. La tradition de Guaspre, c'est-à-dire l'union
du style et de la nature, se conserva surtout parmi les
étrangers. Elle eut pour dernier représentant Jean-François Bloemen, italianisé sous le nom d'Orizzonte. La tradition de Claude, c'est-à-dire l'interprétation du charme
des beautés naturelles, prévalait de plus en plus. Paolo
Anesi, Andréa Locatelli, Zucarelli, Alessio de' Marchi,
exagérant cette interprétation dans le sens du charme,
cherchaient à donner au paysage italien plus de grâce
qu'il n'en comporte et qu'il n'en comportera jamais. Ils
se souvenaient aussi de Salvator, et, comme lui, ils
pliaient la nature aux caprices d'une imagination mal
réglée. Tous les tableaux de ces paysagistes se ressemblent, parce que le paysage italien subissait alors, aussi
docilement que les autres genres de la peinture, l'influence d'une mode. La mode était à la fantaisie, au pittoresque : des lignes brisées pour appeler l'attention, un
premier plan raviné, des eaux et des cascades, quelques
arbres bossus, un lointain vaporeux, un ciel animé. Mais,
sous la main de ces Italiens déchus, ce paysage de déchéance a je ne sais quel air de gaucherie et de malaise.
Pour le faire vivre, il lui manquait l'esprit.

Cet esprit, un Français seul pouvait le lui donner; et
ce Français arrivait à point. L'école italienne, frappée de
mort, voyait ainsi s'élever de ses ruines l'école appelée
à la détrôner. De même que Subleyras était à Rome le
seul maître sérieux de la peinture historique, de même
Joseph Vernet y devint en peu de temps le plus habile
peintre du paysage italien.

IV

La signora Virginia. — Un frère terrible. — Intérieur. —
Les quatre saisons.

Dix années s'étaient écoulées depuis l'arrivée de Joseph Vernet à Rome, quand un événement facile à prévoir modifia tout à coup les conditions de son existence. L'artiste expatrié trouve d'abord dans la société de ses compagnons d'étude et de plaisir comme une seconde famille qui remplace, pour un temps, la famille absente. Mais un jour vient où l'affection fraternelle ne suffit plus. Les amis se dispersent. Celui qui reste seul sent alors le vide l'envahir. Désabusé des sentiments passagers, il cherche autour de lui une affection plus sûre, une société plus durable, plus intime et plus douce.

En 1744, Joseph Vernet avait trente ans. Dans une de ses tournées de paysagiste, le long des côtes de la mer, il s'était rencontré, à Nettuno ou à Ostie, avec la petite escadre pontificale. Le capitaine Parker, qui la commandait, accueillit le peintre à son bord, le fêta comme un confrère habitué à lutter contre le même élément, et mit tout en œuvre pour le régaler d'une tempête. C'était un Irlandais descendant de la famille de l'archevêque de Cantorbéry : persécuté dans sa foi, il était venu consacrer au service du Pape une épée inutile à sa patrie. La bonne humeur de Vernet le charma : sa gaieté communicative suffisait à animer toute l'escadre. Aussi, quelque temps après, M. Parker, de retour à Rome, courut à l'atelier de l'artiste, sous prétexte de lui demander un petit tableau. Joseph Vernet rendit la visite, et bientôt il prit plaisir à la renouveler ; car une belle jeune fille égayait de son sourire l'intérieur de la famille Parker. Satisfait jusqu'alors

des jouissances de son art et de l'amitié de ses camarades, Joseph Vernet sentit naître en son cœur un tendre
sentiment. Il offrit à la belle Virginia de partager l'honneur d'un nom déjà célèbre, et il fut agréé. L'époque de
son mariage ne nous est connue que par induction. Quelques notes du *Journal* la déterminent d'une façon ap-
proximative. Le 25 juillet 1745, s'ouvre chez le marchand
de bonbons un compte de gâteaux, de biscotins de dames,
de sorbets, de thé, de café, de chocolat. Qu'est-ce que
cette débauche de friandises, sinon les soins obligés d'un
prétendant qui fait sa cour? Quatre mois après, voici en
effet la lettre de faire part : « Il signor Giuseppe il bar-
« biere a principiato a farmi la barba il primo X^{bre} 1745,
« et a accommodare li capelli a la signora Virginia, et il
« prezzo e stato accordato a quindici pavoli il mese tra
« tutti dui [1]. » Jusqu'en novembre 1745, Joseph Vernet
a payé son barbier pour lui tout seul. Ce n'est qu'en décembre qu'il ajoute ce *tra tutti dui,* qui en dit bien long.

Après la vie nomade qu'avait menée Joseph Vernet à la
poursuite du pittoresque italien, le mariage venait heureusement le fixer à l'heure même où le progrès de son
talent et l'empressement des amateurs lui imposaient une
existence sédentaire. Toutefois, il voulut dire adieu à sa
jeunesse par un dernier voyage. Aussitôt unis, les deux
époux prirent la route de Naples. Le *Journal* n'a gardé
aucune trace de cet épisode de la vie de Joseph Vernet.
On peut facilement suppléer à son silence. Toutes les
lunes de miel se ressemblent. Le peintre montrait à sa
femme un pays qu'il savait pour ainsi dire par cœur. Déjà
plusieurs fois il l'avait parcouru, en 1735, en 1739, en
1742. Il en avait dessiné les plus beaux sites et les plus
beaux monuments. Il pouvait en faire les honneurs en

---

1. M. Joseph, le barbier, a commencé le 1er décembre 1745 à me
faire la barbe et à accommoder les cheveux de madame, et le prix a
été fixé à quinze pauls par mois pour tous les deux.

connaissance de cause. Chemin faisant, on recueillit une
commande du roi de Naples don Carlos, devenu plus tard
roi d'Espagne. Le sujet choisi est une chasse aux canards
sur le lac de Patria. Au milieu du tableau, une barque
dorée conduit Sa Majesté, bien reconnaissable à son nez
plus que bourbonien, et le prince son fils. Une autre
barque suit, portant deux gardes du corps, et tout autour
se pressent, dans une trentaine de bateaux, les principaux personnages de la cour de Naples. Autant de figures,
autant de portraits. Le marquis de l'Hospital, ambassadeur de France, qui y reconnut le sien, voulut avoir une
copie du tableau royal; et c'est cette copie, peinte à
Rome en 1749, que l'on voit aujourd'hui au Musée de Versailles. L'exactitude historique n'ôte rien au charme du
paysage, qu'enveloppent, sans le voiler, les vapeurs légères d'une belle matinée d'été.

A Naples, Joseph Vernet retrouvait un de ses frères,
peintre comme lui, qui venait de s'y établir. Ce frère se
nommait Ignace; il était né le 7 juin 1726, et c'est Joseph,
alors âgé de douze ans, qui l'avait tenu sur les fonts baptismaux avec sa sœur Élisabeth. Le bruit des succès fraternels l'attira en Italie, où il se fit l'élève de son parrain.
C'était son droit. Il est tout naturel aussi qu'il se soit
senti porté vers le même genre de peinture; et, s'il s'ap-
propria la manière du maître au point de devenir plus
qu'un élève, un imitateur, on ne peut l'en blâmer. Joseph
Vernet y trouva son compte en l'employant à copier les
tableaux dont on lui demandait des reproductions. Mais
ce qui est moins naturel, ce qui ne saurait échapper à un
blâme plus ou moins sévère, c'est que Ignace Vernet
n'ait pas craint de donner le change aux amateurs et au
public en signant ses tableaux de la même signature que
Joseph : *J. Vernet*. On comprend, en présence de pareils procédés, que ce dernier ait jugé utile de mettre
entre son filleul et lui quelques lieues d'intervalle. En

1745, les deux frères vivaient ensemble à Rome. Passé cette époque, il n'est plus question d'Ignace dans le *Journal*, si ce n'est en 1750, à propos d'une copie de sa main que Joseph Vernet laissait chez lui en partant pour la France, et bien longtemps après, pour un fait qui trouvera mieux sa place ailleurs.

Il semble que ce voyage de Naples, en rapprochant Joseph Vernet d'une nature dont il aimait à s'inspirer, lui communiqua une verve nouvelle. A peine de retour, il voit les amateurs se presser à sa porte. Les travaux pleuvent sur lui; mais il leur tient tête, et son activité suffit à tout. En 1745, près de quarante tableaux lui avaient été demandés. En 1746, il en inscrit à peu près autant sur le *Livre de Vérité*, et le total des prix, indiqué pour quelques-unes de ces commandes seulement, s'élève à la somme de neuf mille livres. Tel est à cette époque le revenu annuel du talent de Joseph Vernet. Tel est l'essor de sa fortune. Elle commence au moment même où de nouvelles charges viennent fondre sur lui.

En effet, un mariage tel que le sien, contracté sous les plus heureux auspices, ne pouvait manquer d'être béni. En 1747, la signora Virginia lui donnait un fils, qui reçut au baptême le nom de Livio. Trois ans plus tard, en 1750, la famille s'augmenta d'un second fils. Toutefois, ni l'un ni l'autre ne devaient continuer la gloire du père. Livio, devenu commis aux Fermes, puis régisseur des tabacs, traîna jusqu'au commencement de ce siècle une existence obscure. Le second mourut au berceau; mais du moins il laissa, comme un héritage dans la famille Vernet, son prénom d'Orazio. Il était réservé au troisième enfant de Joseph Vernet, de succéder aux glorieuses destinées du père, et, en plaçant sur la tête de son propre fils ce prénom d'Horace, de le vouer à une nouvelle et dernière illustration.

Mais n'anticipons pas, et restons à Rome où le peintre

français, oubliant sa patrie, semble vouloir se fixer
pour toujours. Son existence a changé de face. Ce
n'est plus le jeune artiste toujours en caravane, que
rien ne peut retenir au logis. Époux et père, ses affections, ses travaux, l'aisance même dont il jouit, sont
autant de liens qui l'enchaînent. La vie de famille commence pour lui. Si le lecteur veut pénétrer dans cet
intérieur aimable, il faut qu'après avoir traversé les quartiers populeux de Rome, il gravisse avec nous les ram-
pes qui conduisent à la *Via delle quattro Fontane*, rue solitaire, favorable à l'étude, toute peuplée aujourd'hui encore d'ateliers d'artistes. C'est là que demeure Joseph
Vernet. Une robuste fille de la *Campagna* nous ouvrira
la porte. C'est Anna Rosa, la nourrice de Livio. Mais
sommes-nous bien chez un peintre? Une musique har-
monieuse remplit la maison. Le violon et le clavecin, ma-
riés à de jeunes voix, exécutent un morceau d'un sentiment élevé et suave, où vous reconnaîtrez l'inspiration
habituelle d'un maître contemporain, mort depuis peu.
En effet, le *Stabat* de Pergolèse est ouvert sur le pupitre
devant lequel chante, accompagnée de son maître, la signora Virginia. Assis au clavecin, Vernet répète, pour la
centième fois peut-être, ce chant inspiré, et il le répète
les yeux pleins de larmes. Si vous lui demandez la cause
de cette émotion, il vous dira que le *Stabat* fut composé
dans son atelier même, et sur ce clavecin; il vous en montrera les brouillons écrits de la main de Pergolèse; il vous
racontera sa longue amitié avec l'artiste éminent, alors
qu'inséparables l'un de l'autre ils échangeaient leurs inspirations. Les chefs-d'œuvre sortis de son pinceau, c'est
à Pergolèse qu'il les doit. Pendant que le compositeur
chantait en s'accompagnant, la nature se montrait à l'imagination du peintre plus suave et plus belle; la musique
éveillait dans son âme le sentiment de la justesse et de
l'accord; sous son pinceau, les couleurs se fondaient en

une douce harmonie. Aussi, de même que Vernet avait un
clavecin chez lui, Pergolèse avait pour son ami un chevalet et des couleurs ; et, chaque fois qu'ils se revoyaient,
avec l'union de leurs cœurs se renouvelait l'alliance féconde des deux arts, la peinture et la musique. Le *Stabat,*
exécuté d'abord entre les murs d'un petit couvent où Pergolèse avait une sœur religieuse, serait-il jamais arrivé
au succès, si Vernet, réunissant chez lui des *dilettanti,*
n'avait fait entendre une seconde fois ce chef-d'œuvre
dont son enthousiasme leur révélait les beautés?

L'âme enthousiaste de Joseph Vernet se peint sur sa
physionomie. En 1746, il a trente-deux ans. D'une taille
moyenne et bien prise, le visage ouvert, la bouche souriante, l'œil noir et brillant ; ses traits, un peu communs,
trahissent son origine plébéienne ; son teint hâlé témoigne
des longues journées qu'il a passées au bord de la mer.
Il raconte avec feu les impressions ressenties au contact
de la nature ; il en a tous les objets, toutes les scènes pré-
sentes à l'esprit. Son langage imagé, où l'italien se confond avec le français, où parfois même le patois comta-
din vient mêler ses expressions pittoresques, vous fait
assister au lever du soleil ou à son coucher, aux orages,
aux tempêtes, à tous les spectacles familiers à son pinceau et à son œil ; car il a ce don précieux que l'on
nomme la mémoire de l'œil. Ce qu'il a vu une fois, il ne
l'oublie jamais. Les moindres détails du paysage le plus
complexe, conservés sur sa rétine comme sur le miroir
d'une chambre obscure, ne peuvent plus s'effacer. Il les
retrouve à point nommé aussi nets, aussi précis, aussi
vivants que s'il les possédait de la veille.

C'est un homme sympathique à première vue. Une vivacité méridionale anime ses traits, ses gestes, ses mouvements. Dans toute sa personne se reflète la mobilité de
son caractère. Tout à l'heure il pleurait en vous parlant
de Pergolèse ; le voilà maintenant qui rit aux éclats en

racontant avec une verve folle quelque pantalonnade napolitaine. Il décrivait de la façon la plus pathétique les
effets de la tempête, l'effroi des passagers, les efforts dé-
sespérés des matelots, la douleur des pauvres mères à la
vue du navire prêt à périr. Il s'interrompt pour vous donner la recette du bon chocolat ; puis, prenant entre ses
bras son poupon, il fait à plaisir le papa gâteau. Qu'une
Éminence entre chez lui, il devient homme du meilleur
monde. Il reçoit les lords anglais en parfait gentilhomme.
Mais si quelque Marseillais, tout frais débarqué de la
Cannebière, montre à la porte sa face épanouie, adieu les
pinceaux, et vive la faconde de l'avocat Brès, un asses-
seur ! Aussi bien le jour baisse. Après le travail, quoi de
mieux que d'aller voir coucher le soleil du haut des
monts ? On prend en passant M. Meynier, un Avignonnais depuis peu à Rome, et ses amis, MM. Roux et Dor-
val ; on rencontre le peintre Louis Le Lorrain, on l'emmène. Le comte de Merle, un jeune amateur parisien que
l'amour des beaux-arts retient dans la ville éternelle, offre
galamment son bras à madame Vernet, et la bande joyeuse
se dirige vers un petit bois de pins attenant au jardin d'un
couvent. C'est l'endroit que ces messieurs ont loué pour
leurs parties fines, un vrai vide-bouteilles meublé de
quelques chaises. On y mange force merluche, arrosée
de vin de Bourgogne ou de Chypre ; on y joue le pharaon ;
puis l'on revient finir la soirée au parterre du théâtre Argentina. Un autre soir, on se contentera de suivre le faubourg hors de la porte du Peuple, jusqu'au Ponte-Molle :
on passera le pont pour se rafraîchir dans cette osterie,
bien connue des artistes, que Vernet désigne seulement
par le nom du vin qui s'y débite, *Al vino d'Orvieto*. Après
deux ou trois flasques, on rentrera en ville, et l'on sou-
pera chez M. Guillaume, le traiteur en renom.

Ainsi se passe le carnaval. La société romaine, où l'élément bourgeois n'existe pas, a toujours laissé vivre en

dehors d'elle les étrangers. Libre à eux de se créer une
société à leur guise. Aussi les artistes de même nation se
groupent ensemble, et chaque groupe forme dans la cité
romaine comme une petite ville. Pour les Français, l'Académie est le grand centre : c'est là que Joseph Vernet a
trouvé ses meilleurs amis, l'architecte Soufflot, son contemporain, admis au nombre des pensionnaires par une
faveur que lui-même n'a pu obtenir, et le peintre Vien,
plus jeune de deux ans, talent sage et modeste, que sa
droiture et son amour sincère du vrai ont rapproché du
peintre des tempêtes. Là aussi, il a rencontré les frères
Challe, l'un peintre, l'autre sculpteur, tous deux envoyés
à Rome avec la pension du roi, et Boudard, grand-prix
en 1732, à la fois sculpteur, peintre et graveur à l'eau-
forte, qui devint sculpteur ordinaire du duc de Parme.

Mais tous les amis de Joseph Vernet ne sont pas à l'Académie. L'architecte avignonnais, François Franque, un
autre protégé du marquis de Caumont, a essayé en vain
d'en forcer les portes par l'entremise du Père Fouque.
Comme Vernet, il a échoué devant un règlement plus docile pour d'autres. Entre les deux compatriotes, s'est formée une liaison qui se continuera plus tard en France.
Subleyras, méridional aussi, pensionnaire de l'Académie
en 1728, et, depuis ce temps, bourgeois de Rome, a ouvert sa maison à Joseph Vernet. Ils se connaissent de
longue date. C'est le comte de Quinson, avec lequel
Subleyras est en correspondance, qui lui a présenté, il
y a bientôt douze ans, son jeune protégé, et celui-ci n'a
eu garde de manquer à une amitié si précieuse; car
chez Subleyras, Joseph Vernet rencontre, à côté d'un
peintre sérieux et savant, une société choisie que préside une femme aimable, miniaturiste habile, la fille
du musicien Tibaldi. Subleyras l'a épousée en 1739,
pendant que Trémollière épousait sa sœur. Dans cette
maison s'écoulent douces et faciles les soirées d'hiver,

entre le jeu, les causeries d'art ou d'amitié, et la musique.

Viennent les beaux jours, on prend la clé des champs. C'est le temps des longues promenades. Il faut remplir les portefeuilles qu'ont vidés les travaux de l'hiver. Modèle complaisant, la nature attend l'artiste, et ne se lasse pas de poser devant lui, en lui offrant toujours de nouvelles beautés. La chaleur rend la ville inhabitable. Devant la fièvre qui arrive à grands pas, toute la maisonnée se sauve à Tivoli, le pays de prédilection de Joseph Vernet. Là, pendant que les enfants jouent sur la terrasse du temple de la Sibylle, et que leur mère prend le frais à l'abri de la colonnade, le peintre descend par le sentier qu'il a tracé lui-même jusqu'au fond de la grotte de Nettuno. Il explore en tous sens le vallon humide, copiant sans relâche les détails de ce pittoresque paysage, et l'aqueduc, et les fabriques, et les cascades, et les cascatelles, et la villa de Mécène... Un jour qu'il cherchait un motif inédit, il aperçut un jeune artiste occupé à peindre une étude. Il s'approcha; et, comme il ne put retenir un mot d'éloge, le jeune homme, à son tour, dit merci. O bonheur! l'accent a trahi un compatriote. Bien vite il eut raconté son histoire. Né à Carpentras, il avait reçu à Avignon les leçons de ce frère Imbert, peintre distingué qui cloîtra son talent dans une Chartreuse, et maintenant il venait à Rome suivre les leçons de Subleyras; car il se destinait à la peinture d'histoire. Son étude cependant révélait une véritable aptitude pour le paysage. Joseph Vernet lui conseilla de s'y consacrer; il lui cita son exemple. Duplessis, car c'était lui, n'eut pas le courage de le suivre, tant le paysage, à cette époque, jouissait de peu de faveur. Mal lui en prit. Il ne put aborder la peinture d'histoire, et il dut se résigner au portrait. Duplessis s'est acquis dans ce genre une réputation méritée. Mais si l'on analyse ses qualités, qui

sont un sentiment exact et fin du modèle, un goût de
couleur harmonieux et sobre, une justesse d'interprétation que l'imagination ne trouble jamais aux dépens de
la vérité, on reconnaîtra que ces qualités conviennent on
ne peut mieux au paysagiste, ce portraitiste de la nature.
Joseph Vernet l'avait bien jugé.

L'automne amène d'autres plaisirs, et surtout le plaisir
de la chasse. Joseph Vernet n'y va jamais sans un ou deux
amis, M. Brès, M. Meynier ou M. Roux. Souvent même,
madame Vernet est de la partie, quand il ne s'agit que de
guetter le passage des étourneaux. On reste alors aux environs de Rome, dans la plaine du Téverone, près du
pont Salario, dont l'osterie offre aux chasseurs sa frugale
hospitalité, ou sur la route de Florence, à l'endroit où se
trouve le tombeau supposé de Néron. C'est la petite chasse.
D'autres fois, on suit la route de Frascati, jusqu'à la tour
qui marque la moitié du chemin, Torre di mezza via.
Mais la plus belle chasse est dans les marais que forme
le Tibre à son embouchure, entre la ville moderne d'Ostie et les ruines de l'antique cité de Porto. Il faut alors
partir de bonne heure et passer la journée tout entière.
La journée n'est pas perdue, ni pour les chasseurs qui
reviennent chargés de gibier d'eau, et quelquefois même
rapportent un sanglier, ni pour le peintre qui revoit la
mer, et qui peut encore trouver plus d'un motif pittoresque sous les grands pins du parc aujourd'hui désert
de Castel-Fusano.

Telle était, à Rome, la vie de Joseph Vernet ; vie heureuse s'il en fut jamais. Le travail rendu léger par la facilité de la main, la santé entretenue par les exercices du
corps, l'esprit distrait par les spectacles et les promenades, la musique servant de repos à la peinture, la compagnie d'une femme charmante, une société de joyeux
camarades, l'affluence des amateurs, la protection de ce
que Rome comptait de plus illustre, la clientèle des

têtes couronnées, des succès toujours croissants, une fortune qui s'augmentait chaque jour, certes, peu d'artistes avaient trouvé à Rome plus d'éléments de bonheur. Avec un plus grand génie, Poussin et Claude Lorrain eurent à passer par d'autres luttes et d'autres déboires, avant d'arriver à l'aisance bourgeoise dont Joseph Vernet jouissait à trente-deux ans.

V

Messieurs les Anglais... — Vernet partout. — Salons de 1746, 1747, 1748. Pompadour et Cⁱᵉ.

La naissance de Livio et celle d'Horace, qui suivit de près, en augmentant les charges de J. Vernet, lui imposaient une recrudescence de travail. Il ne s'agissait plus pour lui d'une gloire personnelle à acquérir. Il fallait assurer l'avenir d'une femme et de deux enfants. Le courage du peintre se retrempa dans le cœur du père de famille. L'amour paternel doubla la fécondité de son esprit et l'agilité de sa main.

Aussi bien la Providence semble prendre plaisir à lui rendre faciles ses nouveaux devoirs. Les amateurs affluent de toutes parts. Le nom de Vernet est populaire à Londres. Pas un gentleman partant pour le continent qui n'inscrive sur ses tablettes : « A Rome, acheter un tableau de Vernet. » Et une fois à Rome, comment s'en tenir à un tableau ? Il en faut au moins deux, le *Calme* et la *Tempête*. La plupart complètent les quatre parties du jour. Quelques-uns poussent jusqu'à la demi-douzaine. Ce ne sont plus des touristes vulgaires ou des amateurs de hasard. Les noms les plus illustres de l'Angleterre se donnent rendez-vous sur le *Livre de Vérité*. Avant d'aller découvrir Balbek et Palmyre, Robert Wood, le célèbre voyageur, laisse à J. Vernet, avec une commande de quatre

tableaux, un autographe en belle anglaise. Puis voici deux
Hamilton. Le premier, désigné simplement par un nom
de fantaisie, M. Amilton, paraît être le peintre écossais
Gavin Hamilton, de qui Dallaway a osé dire : « Comme
peintre d'histoire il n'était pas moins classique que le
Poussin; il avait un coloris plus pur et des attitudes plus
gracieuses. » Le second, milord Milton, n'est autre que sir
William Hamilton, frère de lait de George IV. Les quatre
tableaux qu'il demanda à J. Vernet en 1752 témoignent
de son goût précoce pour les beaux-arts. Il n'avait alors
que vingt et un ans, et préludait à peine aux excentri-
cités souvent peu honorables de sa folle existence.

A côté de ces personnages grimace la figure de M. Gabriel Mathias, peintre anglais, intrépide acheteur des
œuvres de J. Vernet. Pendant quatre ans, toujours à
l'affût, faisant main basse sur les menus tableautins qu'il
paye 25 écus la paire, il procure des commandes, il expédie à Londres, il a toujours en poche quelque ami friand
de marines, et, quand à son tour il part pour l'Angleterre, il emporte, avec une cargaison de tableaux, une
note des prix courants. A ces procédés, aussi bien qu'à
son nom, qui ne reconnaîtrait le fils d'Israël, l'inévitable
Mardochée? Du reste il paye comptant, et en partant il
laisse son adresse, afin qu'on tire sur lui. Ses commandes
sont brèves. Elles indiquent les dimensions du tableau et
le prix, toujours bas : « Le reste à ma fanthesie, » ajoute
la plume fantaisiste de Vernet, — « la grande cascade de
Tivoli, ou autre dans le même goust; » — « une tempête
bien horrible, ou un soleil couchant bien chaud; » — ou
encore des « cascades avec des eaux troubles, des rochers,
troncs d'arbres et un païs affreux et sauvage. » Il en veut
pour son argent, sans compter les *Matins* et les *Soirs* qui
complètent l'assortiment.

Les vrais amateurs procèdent d'une façon bien différente. Plus d'un n'a dicté sa commande qu'après avoir

causé avec l'artiste et l'avoir entendu décrire, dans son langage aussi coloré que sa peinture, les jeux singuliers de la lumière, les effets piquants, les motifs pittoresques qui l'ont frappé. — « Pour mylord Saint-Jean deux marines représentant l'une un brouillard, et l'autre un clair de lune avec deux vaisseaux de guerre, un vu par le flanc et l'autre par la poupe, à l'encre dans un port, avec les voiles ployées; et que la lumière donne dessus de façon qu'on les voye distinctement. Plus un incendie de nuit. » Le chevalier Lowther précise ses intentions avec plus de minutie encore : «..... un clair de lune avec quelque rocher percé et quelque feu, l'autre une tempête avec une grande montagne dans le fond, obscurcie par l'ombre d'un nuage, les deux autres deux paysages avec quelque vue d'après nature, une prise à Tivoli où l'on vois les cascatelles et le palais de Mecenas, et l'autre une vue de l'Arricia, où l'on vois une partie de l'église du Bernin... » — Parfois ces programmes de tableaux deviennent des tableaux véritables. — « Pour M. Bouverie six tableaux... un doit représenter un soleil levant par un beau temps clair, avec un vent frais et la mer un peu agitée; un autre, un couchant avec des effets de lumière singuliers et l'arc-en-ciel dans le fond; l'autre, une tempête des plus horribles; l'autre un clair de lune avec quelques feux sur le rivage; ce qui pourra faire les quatre parties du jour;... les deux autres seront deux paysages avec des cascades, rochers, troncs d'arbres, quelques ruines, et des figures dans le goust de Salvator Rosa... »

M. Tilson ne se montre pas moins friand que M. Bouverie. En 1746, il débute par un brouillard en marine et les cascatelles de Tivoli. Deux ans après, — l'appétit vient en mangeant, — il lui faut une tempête des plus affreuses, et un calme. En 1751 on le voit reparaître, et cette fois encore il demande deux tableaux, l'un avec de l'architecture, des eaux, des arbres; l'autre représentant un incendie. De même le chevalier Feathertson Haugh, après avoir, en 1751, commandé quatre tableaux à 100 écus la pièce, revient à la charge l'année suivante et complète aussi la demi-douzaine.

La plupart de ces commandes ramènent les mêmes sujets. Les cascades et les cascatelles s'y montrent en majorité. Salvator Rosa n'a pas cessé d'être à la mode. Il semble que les amateurs anglais ne veulent voir dans J. Vernet que le continuateur habile, sinon l'imitateur du fougueux Napolitain. Ils méconnaissent son individualité et oublient qu'il a inventé l'art de peindre les tempêtes. En somme, les tableaux exécutés pour l'Angleterre pendant cette période de six ans, 1746-1752, s'élèvent à près de quatre-vingts. Soixante-quatorze seulement portent l'indication du prix auquel ils furent payés, et, bien que ce prix soit très-modéré, pour ne pas dire bas, ils forment un total de 31,307 livres.

C'est la plus belle période de la vie de J. Vernet. Sa réputation a forcé les barrières. Recherché à Londres, aimé à Paris, connu partout, il voit ses tableaux porter jusque sous le ciel du Nord la gloire de son nom sur un rayon du soleil d'Italie. La Hollande veut saluer cet héritier de Backuisen et de Vander Néer. M. Haslard, gentilhomme hollandais, emporte six tableaux de Vernet, des marines et des vues de Rome. La Suède meurt de froid au fond de ses forêts, six tableaux de Vernet lui révéleront les joies d'un climat plus doux, — quatre pour M. Aldecrantz, grand intendant des arts et des bâtiments sous Gustave III; deux pour M. Bouchardon, le frère expatrié du célèbre sculpteur, — et cette commande, datée de 1754, est précieuse en ce qu'elle rectifie la date jusqu'alors présumée de la mort de Philippe Bouchardon. L'Autriche à son tour s'émeut. Tout Vienne vient admirer chez le comte d'Harach six tableaux de Vernet, improvisés en un an et payés 2,600 livres. Enfin il n'est

pas jusqu'au roi de Prusse qui ne désire avoir des tableaux de Vernet. Il charge le surintendant de ses bâtiments d'en commander deux ou trois ; le sculpteur Adam
s'acquitte de la commission de son souverain d'adoption
en choisissant des *Bains de femmes*, c'est-à-dire des baigneuses livrant leurs charmes nus aux caresses de la
vague, à l'abri de grands rochers, ou dans une rivière
à l'ombre des peupliers palpitants sous la brise ! Quel
régal pour le grand Frédéric !

Au milieu de cet applaudissement universel la France
n'est pas en reste. Les tableaux de Vernet, exposés pour
la première fois au salon de 1746, obtinrent d'emblée un
succès d'enthousiasme. Le fait est rare et vaut la peine
qu'on le relève. Ce peintre expatrié depuis plus de dix
ans, qui n'a jamais mis le pied à Paris, y compte déjà,
je le veux bien, quelques amis, mais pas assez pour lui
monter un succès factice. Un petit nombre d'amateurs
seulement possède de ses ouvrages. Les artistes qui l'ont
connu en Italie, l'ont prôné au retour, j'en conviens, et
l'ont fait agréer à l'Académie. Mais pour le public, le
public éclairé, et pour l'Académie elle-même, J. Vernet
est si bien un étranger que le livret du Salon le désigne
sous le nom de M. Vernet de Rome, et englobe ses quatre tableaux sous le même numéro. Et cependant le critique le plus accrédité, Lafont de Saint-Yenne, le re-
marque à première vue, et, dans ses *Réflexions sur l'état
de la peinture en France*, il lui consacre plusieurs pages
qui ne sont que l'écho du sentiment public.

« J'aurois tort, dit-il, d'oublier les tableaux qui ont été
exposés d'un de nos François à présent à Rome, qui ont
charmés tous nos connoisseurs et réunis tous les suffrages. Ce sont les marines du sieur Vernet, Provençal,
dont les beautés toutes nouvelles sont une conviction sensible qu'aucun genre n'est épuisé, même le plus stérile,
par un homme de génie. C'est une autre nature qui se

présente à ses ieux. Ce grand spectacle de la mer, dont
aucune personne de sentiment ne sauroit soutenir le premier regard sans un saisissement d'admiration muette,
ses bâtiments, ses rochers, ses rivages, ses lointains merveilleux et si variés, les orages, tout se montre à des yeux
savamment spectateurs sous de nouveaux aspects. Tout
paroît neuf dans ses productions par le charme d'un pinceau original quoique imitateur. Les effets d'un soleil
éclipsé de brouillards, d'affreuses tempêtes, les horreurs
d'un naufrage, objets d'épouvante, et dont la réalité fait
frémir d'effroi, attachent avidement nos regards dans les
tableaux du sieur Vernet par la force de la vérité et le
charme de l'imitation. Le public a trouvé sa manière
dans un bon ton, les touches de ses rochers d'une vérité
neuve, leur choix excellent sans dureté ni bizarreries
désagréables dans leurs formes, qui, quoique vraies chez
les autres peintres, ne sont pas toujours vraisemblables.
On y a cependant désiré un peu de variété dans leurs
teintes, dont le ton est trop égal. L'art avec lequel il fait
participer des vapeurs de cet élément les rochers, les
bâtiments, les môles et tous les objets qui sont sur la
scène, aussi bien que sa perspective aérienne et nébu-
leuse, tout cela est d'un grand peintre, d'un phisicien
habile scrutateur de la nature, dont il sait épier les mo-
ments les plus rapides et les plus singuliers avec une sagacité étonnante. On admire en lui un rival de Claude
dans l'artifice et la vérité avec laquelle il saisit ce qui n'a
point de prise et représente ce qui est sans couleur; c'est
ce serein, cette vapeur, cette atmosphère chargée d'une
humidité imperceptible. Supérieur en un point au Lorrain
qui n'a pu enrichir ses beaux païsages de figures faites
de sa main et qui fussent supportables. Celles au contraire du sieur Vernet sont dessinées dans un bon goût
et agissent même avec intention..... La scène de ses de-
vants et de ses ports est vivante, animée et variée par

différentes actions qui jettent de l'amusement où l'on ne peut mettre de l'intérêt. Je finis son éloge en lui confirmant ceux du public et l'admiration de tous nos connoisseurs délicats de ses ouvrages, qui doivent faire beaucoup d'honneur a notre nation chez les Italiens. »

L'année suivante, nouveau Salon, et l'éloge de recommencer sur nouveaux frais. Cette fois c'est l'abbé Leblanc qui prononce le panégyrique. — « Les deux marines de M. Vernet de Rome sont dignes de la réputation que ses premiers ouvrages lui ont faite en ce pays-ci. Il est toujours fidèle à la nature, il la rend avec esprit, et aucun paysagiste n'a dessiné avec autant d'élégance que lui. » — On ne peut rien dire de plus juste ; mais où l'abbé Leblanc se fourvoie, c'est lorsqu'il ajoute qu'un de ses paysages « est totalement dans la manière de ceux du Poussin. Il en a l'heureux choix, l'agrément et la vérité. »

En 1748 J. Vernet est passé maître, ou plutôt demi-dieu. — « Ce seroit peu de vous dire que ses tableaux sont admirables, écrit Baillet de Saint-Julien ; ils sont divins, c'est le *non plus ultra* de l'art. » — Moins hyperbolique, l'auteur des *Lettres écrites de Paris à Bruxelles sur le Salon de* 1748 lui rendait également justice : — « M. Vernet est excellent dans son genre. On ne désire dans l'une de ses quatre marines qu'un coup de lumière sur les figures de devant du côté droit, et un peu plus de clarté sur la mer pour détacher les figures. Les autres tableaux sont parfaits, quoique les clairs de lune soient très-difficiles à rendre... »

Ainsi mis en vedette par les Salons et par la critique, le nom de Vernet ne devint pas moins familier aux amateurs français qu'il ne l'était déjà aux Anglais. Aussi tous les touristes que la curiosité amène à Rome se hâtent d'aller visiter ce jeune artiste, entouré pour les Parisiens du prestige de l'inconnu. C'est le frère de l'archevêque de Bordeaux, le chevalier de Lussan. C'est l'ambassadeur de France, duc de Nivernais, fidèle à l'exemple de ses prédécesseurs, comme si désormais on ne pouvait représenter dignement la France à Rome sans commander des tableaux à Vernet. C'est le marquis de Bellay; celui-ci se mêlait de peinture, il paye en commandes les leçons qu'il reçoit; le maître, pour ne pas être en reste de politesses, lui fait les honneurs des galeries et des villas, et lui expédie ensuite en France, avec deux tableaux de sa main, deux petites statues, une *Tête* exécutée par Vien et une provision de pinceaux, couleurs et papiers. C'est encore le marquis de Forbin, un des membres de cette illustre famille qui fait remonter sa noblesse jusqu'à la guerre de Troie. Il y avait des Forbin à Aix, il y en avait à Avignon. Celui-ci paraît être de la branche avignonnaise. Un de ses compatriotes, M. de Mornas, commandait vers le même temps deux paysages. Comme cette commande est immédiatement suivie d'une autre apportée d'Avignon par M. Sauvan, il est permis de croire que ce dernier apporta les deux à la fois. Philippe Sauvan a été sinon le premier maître, du moins un des premiers maîtres de J. Vernet. Il s'agirait ici de son fils Pierre, né en 1722, qui mourut à Bilbao après avoir dirigé l'Académie de peinture de Valence en Espagne.

Les tableaux exposés aux Salons de 1748 et de 1750 appartenaient tous à cet amateur insatiable que l'on a déjà vu à l'œuvre, le marquis de Villette. Son frère, directeur des postes à Lyon, partageait la même passion. Tous deux auraient suffi à dévaliser le talent de J. Vernet, s'il n'avait eu sur les bras la moitié de l'Europe. Un autre amateur leur disputait dès lors l'honneur de posséder les meilleurs ouvrages de leur peintre favori. Compatriote de J. Vernet, Peilhon appartenait à une famille chez laquelle le goût des beaux-arts était héréditaire. On montre encore à Avignon la maison des Peilhon, décorée à l'extérieur de fines sculptures, et plus richement ornée au dedans, où s'est longtemps conservé un beau tableau de bataille de Nicolas Mignard. Peilhon, s'étant pourvu d'une charge de conseiller secrétaire du roi, alla prendre gîte à Paris, rue Neuve-des-Petits-Champs. Son fils, Pierre-Gabriel, y devint trésorier des bâtiments, et en cette qualité il eut plus d'une fois occasion de rendre service à J. Vernet, dont il se fit le banquier. En 1749 le père se contentait de lui envoyer des commandes motivées qui ne sont pas une des moindres curiosités des *Livres de Raison* : — « Pour M. Peilhon un tableau devant représenter un soleil couchant dans un jour des plus chauds de l'été, avec un quay orné de superbes édifices, de toute sorte de bastiments maritimes et de beaucoup de figures, et de l'autre costé des grands arbres touffus sur un tairain qui avance dans la mer où sont abordés quelques bateaux, et des baigneuses sous la fraîcheur desdits arbres ; tout le tableau doit être d'un ton doré et chaud..... » Dans une autre commande, postérieure de trois ans à celle-ci, Peilhon intervient plus directement encore et dicte en quelque sorte au paysagiste un paysage tout fait, « un soleil couchant où l'on voye le disque du soleil qui commence à être caché par l'orizon de la mer, et dans une vapeur rougeâtre qui fait que pour lors on peut regarder le soleil et qui ne laisse pas que d'éblouir. » Plus tard, quand J. Vernet sera établi à Paris, il nous introduira dans le cabinet de Peilhon et dans celui du marquis de Villette, et nous pourrons ainsi décrire avec plus de détails les tableaux peints par lui pour ces amateurs.

Les applaudissements des critiques parisiens eurent encore pour résultat de mettre J. Vernet en bonne odeur auprès des gens de lettres. Or on sait de quelle importance est pour un artiste français la faveur des gens de lettres, dans un pays où le goût littéraire prévaudra toujours sur le goût des beaux-arts. Les deux frères La Curne et Sainte-Palaye, ces deux jumeaux, l'un membre de l'Académie française et l'autre de l'Académie des Inscriptions, dans le second voyage qu'ils firent en Italie en 1749, allèrent voir ce peintre dont les œuvres avaient eu les honneurs du Salon. Mais plus séduit par sa facilité d'improvisation que par les qualités sérieuses de son talent, M. de La Curne préféra emporter deux paysages au premier coup, c'est-à-dire deux de ces tableautins que la main preste de J. Vernet brossait en quelques heures, entre le déjeuner et le dîner. Il y avait là matière à anecdote. De retour à Paris, il fut si heureux de pouvoir raconter à tous ce tour de force exécuté sous ses yeux, qu'il en redemanda deux autres. Puis enfin, honteux de ne posséder que des ébauches, il se décida à vouloir un tableau de deux pieds, « avec un peu d'architecture, et bien orné de figures. » Notez ce point. Ce qui lui plaît chez J. Vernet, c'est avant tout l'homme d'esprit.

Vers la même époque J. Vernet exécuta un petit tableau de 300 livres pour La Bruère, directeur du *Mercure*, qui était venu à Rome en 1750 et qui y mourut en 1754. Le *Mercure de France* publiait régulièrement un compte rendu des Salons. Jusqu'en 1750 le rédacteur de ce compte rendu avait passé à côté des tableaux de Vernet sans les apercevoir. La commande de La Bruère lui ouvrit les yeux, et dès lors à chaque salon le *Mercure* sut réserver pour J. Vernet ses appréciations les plus douces. Quand le privilége de ce doyen des recueils périodiques passa des mains de La Bruère dans celles de Boissy, puis dans celles de Marmontel, il semble que l'éloge des œuvres de Vernet ait été une des charges de la succession, car jamais la plume du *Mercure* ne se départit de cette bienveillance héréditaire.

En 1750, Rome vit arriver dans ses murs une petite caravane à laquelle on fit une réception princière. C'était un quasi-prince en effet, comme sa sœur était une quasi-reine, ce marquis de Vandières ou de Marigny, le frère de madame de Pompadour. Déjà depuis cinq ans déclarée favorite, madame de Pompadour avait inauguré à la cour ce protectorat des beaux-arts qui est un des fleurons les plus honorables de son équivoque couronne. Voyant dans son frère un instrument docile et point trop mal doué pour l'emploi, elle le pourvut de la survivance du directeur et ordonnateur général des bâtiments du roi. M. de Tournehem. En attendant que le titulaire cédât la place, elle envoya en Italie le futur successeur afin de le rendre à peu près apte à la remplir, et de lui donner au moins une teinture des arts qu'il était appelé à diriger. Dans ce but on forma au jeune touriste une petite cour, destinée à lui préparer les connaissances qu'il devait acquérir. L'architecte Soufflot, le graveur Cochin, et l'abbé Leblanc, écrivain d'un goût assez pur, furent chargés de cette tutelle. C'est de leur main que l'apprenti ministre devait recevoir, comme un lait bienfaisant, ses impressions toutes faites. Au fond, François Poisson, déguisé sous ses marquisats de rechange, n'était pas plus sot qu'un autre. Son bon sens naturel lui montra ce qu'il devait voir. Il revint d'Italie amateur d'un goût médiocre, mais assez bon administrateur.

Ce fut un voyage de fêtes et de plaisirs. A défaut de la favorite, on tenait son frère. La belle occasion pour faire sa cour! Tout ce monde d'artistes voyait dans M. de Vandières son chef immédiat, la source des faveurs, le canal des grâces royales. L'Académie le logea, le directeur donna des bals, les pensionnaires organisèrent des mascarades. J. Vernet n'eut pas à se mettre en frais, si ce n'est de talent. La caravane arrivait à lui les mains pleines. N'est-ce pas M. de Vandières qui lui apporta cette commande inscrite avec une certaine solennité en tête d'une page blanche : — «Pour le roy de France, deux tableaux..... ordonnez le 12 may 1750 par

madame de Pompadour,....?» Une lettre du ministre en
paniers accompagnait sans doute la commande ; c'est la
marquise qui ordonnait « pour le roy ; » c'est le roi qui
paya pour la marquise, 2,000 livres les deux tableaux.
L'abbé Leblanc s'inscrit immédiatement après pour une
marine et un paysage. Quant à Cochin et à Soufflot, afin
d'imiter ce bon exemple et de ne pas sortir de l'atelier
les mains vides, ils décrochèrent au hasard deux petits
tableaux, un paysage au premier coup et une marine de
250 livres. M. de Vandières se traita en enfant gâté : il
ne prit qu'un tableau du prix de 40 écus, mais c'était
un *Bain de femmes.*

M. de Marigny répara plus tard les dédains de M. de
Vandières. Si sa visite ne laissa que 200 livres dans les
mains de J. Vernet, elle fut féconde pour l'avenir. N'est-
ce pas à cette époque, en effet, qu'il faut faire remonter
la première idée des tableaux des ports de France, commandés seulement trois ans après ? Cette idée n'est pas
de celles qui éclosent tout d'un coup dans la tête d'un
roi ou d'un ministre. Louis XV tenait trop peu à sa marine pour désirer, même en peinture, des ports de mer.
Et quant au marquis de Marigny, je n'imagine pas qu'un
beau matin, au sortir des mains de son valet de chambre, il ait pu s'écrier en se frappant le front : «Comman-
dons à Vernet les portraits des ports de France. » Non,
mais il se souvint qu'à Rome il avait témoigné au peintre de marines le regret que son genre le tînt en dehors
des commandes laissées à la disposition du directeur des
bâtiments. Le roi pouvait bien acheter deux ou trois
paysages pour dessus de porte ou dessus de cheminées ;
mais comment transformer cette peinture de cabinet en
peinture officielle ? On en avait causé dans l'atelier de
l'artiste ; on avait parlé de la France. J. Vernet s'était
plu à raconter l'impression ineffaçable que lui avait
laissée la vue de Marseille, avec son port toujours animé,

véritable entrepôt du commerce d'une nation. — « Les côtes de Provence, avait-il ajouté, égalent en pittoresque les rivages de l'Italie. » Et de Marseille on s'était transporté à Toulon où le règne précédent avait accumulé tant de merveilles ; puis on s'était dit que l'Océan a aussi ses beautés plus tragiques, plus sombres que les grâces capricieuses de la Méditerranée ; et quels beaux ports ouverts au commerce de nos colonies, Bayonne, Bordeaux, Rochefort, La Rochelle ! — Bref, l'abbé Leblanc, ou tel autre, avait peut être jeté cette parole en l'air, et sans y attacher d'importance : « Ce seroit une curieuse chose qu'une galerie offrant la peinture exacte des villes maritimes qui font la richesse du royaume, et vous seul, M. Vernet, êtes capable d'une pareille œuvre. » Aussi, lorsque, l'année d'après, J. Vernet, poussé à Paris par le soin de sa gloire et de sa fortune, vint se rappeler à la bienveillance de M. de Marigny, mis désormais par la mort de M. de Tournehem en possession de la place dont il n'avait que la survivance, le nouveau directeur n'eut qu'à se souvenir. Peut-être savait-il que Mazarin avait eu en 1660 une idée analogue. L'idée fut reprise et soumise au véritable directeur des arts et bâtiments dont M. de Marigny était l'ombre. La marquise de Pompadour vit de suite dans un tel projet un moyen d'amuser et de flatter son royal amant. Montrer au roi l'image de ses places fortes de mer, remettre sous ses yeux ses principaux ports de commerce, c'était continuer l'œuvre commune entreprise avec le peintre Vien et le graveur Guay. Comme le souvenir de ses victoires reproduites par une main amie, le spectacle de telles grandeurs devait remuer ce cœur engourdi et exalter en lui, si possible était, le sentiment de la puissance et de la richesse nationales. L'idée des tableaux des ports une fois adoptée par la marquise de Pompadour, l'exécution ne se fit pas attendre. C'est ainsi que Vernet, pour parler le langage du temps, fut peu à peu entraîné dans l'orbite de cet astre autour duquel gravitaient déjà les Boucher, les Vanloo, les Vien et les Bouchardon. C'est la Pompadour qui le réconcilia avec la France.

La vie de J. Vernet en Italie se termine avec l'année 1751. Venu à Rome pour y étudier, nous avons vu comment il s'y forma, comment il fut amené à s'y établir. Pendant vingt ans, toujours en progrès sur lui-même, il était arrivé dans le genre créé ou renouvelé par lui à une perfection véritable. Ce n'est pas sans raison que les amateurs se disputeront plus tard au feu des enchères publiques les tableaux de Vernet peints en Italie. C'est la plus belle époque de son talent. Aussi les experts, qui aiment à découvrir chez les maîtres des manières successives, classeront à part les œuvres de cette époque et distingueront l'ensemble de leurs qualités sous le nom de première manière, ou manière de Rome.

Au moment de clore cette nouvelle période de la vie de J. Vernet, il peut être intéressant de résumer en quelques chiffres son travail pendant les cinq années 1747-1751.

Les commandes et les reçus mentionnent :

En 1747	8 tableaux.	1,080 livres.
En 1748	15 »	4,800 »
plus	3 » ne portant pas de prix.	
En 1749	25 »	7,187 livres 10 sols.
plus	6 » ne portant pas de prix.	
En 1750	58 »	15,402 livres 10 sols.
plus	10 » sans indication de prix.	
En 1751	40 »	18,300 livres.
plus	7 » sans indication de prix.	
Total.	155 tableaux	46,450 livres.

On le voit par ce résumé, chaque année signale une

progression marquée, non-seulement dans le nombre des tableaux, mais dans leur prix. En cinq ans, depuis son mariage, J. Vernet a doublé ses revenus. C'est qu'il possède le meilleur des capitaux, le talent, et, avec le talent, le travail qui rend tous les capitaux productifs.

DEUXIÈME PARTIE

1753-1763

I

On a dit qu'il n'avait fallu rien moins qu'un ordre du
roi pour décider Vernet à quitter l'Italie. Cette assertion,
qui ne repose sur aucun fondement, reçoit des *Livres de
Raison* un démenti formel. Il résulte de diverses notes,
en apparence insigniflantes, que J. Vernet, avant de dire
à Rome un adieu définitif, a fait plusieurs voyages en
France. Ainsi, en mai 1751, il règle tous ses comptes,
tailleur, marchands de couleurs et de toiles à peindre. Il
cesse de payer son barbier jusqu'au mois de novembre.
Il recommence alors, « doppo tornato del mio viaggio in
Francia, » au retour de mon voyage en France, dit-il en
propres termes. En effet, le voyageur a été vu à Marseille;
un de ses contemporains en porte témoignage. Natoire,
qui se rendait à Rome pour diriger l'Académie, écrivait
de Marseille, le 6 octobre 1751, à son ami Duchesnes,
prévôt des bâtiments du roi : « Nous avons été au concert lundy dernier, où j'ay rencontré l'illustre et l'universel Dandré Bardon; il arrivoi d'Aix dans l'enstant.....
un moment après nous avons fai connoissance avec
M. Vernet et la soua signora esposa que veramente gra-
tiosa. Il et aussi à la veille de son départ pour Rome. »

L'année suivante Vernet retourne à Marseille. Il y était
probablement venu au mois de mai. La liste des *Com-*
mandes prouve qu'il s'y trouvait encore en décembre.
Mais le 26 de ce mois il est à Rome, puisque deux domestiques italiens entrent à son service aux gages de
« cinque scudi et mezzo. » Enfin, le mois de mars 1753
retrouve en France, et toujours à Marseille, ce même
peintre qu'un ordre royal pouvait seul, disait-on, arracher
à l'Italie. Mais cette fois c'est bien sans esprit de retour.

Quelle cause assigner à ces voyages? Faut-il y voir de
la part de Joseph Vernet le simple désir de présenter à
son vieux père sa femme et ses enfants, et le douloureux
devoir de lui fermer les yeux? Mais ce motif explique
bien un voyage, il n'en explique pas trois. Faut-il croire
que la jeune famille fuyait Rome pendant la saison des
fièvres? Mais, si Joseph Vernet tenait si fort à l'Italie, qui
l'empêchait de se caser à Frascati ou à Albano, ou même
de pousser jusqu'à Naples, qui avait déjà fait bon accueil
à sa personne et à ses œuvres? Si deux fois chaque année
il passe la mer avec deux jeunes enfants, ou, fatigue plus
grande, s'il traverse par terre, en allant et en venant, plus
de deux cents lieues de pays, s'il vient s'établir pendant
six ou huit mois à Marseille, ville peu enthousiaste de
peinture, c'est qu'un instinct puissant le rappelle dans
sa patrie, sans qu'il soit besoin d'un ordre royal. Il n'ose
cependant affronter à Paris un avenir plein d'incertitudes;
il cherche à se créer, dans le Midi, une position qui lui
échappe. L'hiver venu, il retourne à Rome, parce qu'à
Rome il retrouve sa clientèle déjà ancienne et toujours
fidèle, les voyageurs anglais, quelques seigneurs romains,
et ces Français de passage qui en Italie se disputent ses
œuvres, tandis qu'à Marseille ils passeraient devant lui
sans le regarder.

La triple tentative de J. Vernet pour prendre pied sur
le sol de la France finit par réussir en 1753. La patrie a

reconnu son fils; désormais elle ne le laissera plus partir.
L'affaire des ports, engagée peut-être les années précédentes, est en bon chemin. Le peintre va lui-même à Paris
en hâter la conclusion. Mais, avant de le suivre dans
ce voyage qui décida de son avenir, il faut s'arrêter
un moment sur les travaux qu'il a exécutés à Marseille en
1751 et 1752.

Cette ville comptait alors un certain nombre d'amateurs distingués. Bien que le gros de la noblesse résidât
à Aix avec le Parlement, il en restait encore assez à Marseille pour y entretenir le goût des choses de l'esprit. Malgré les préoccupations du commerce, les lettres et les
arts recrutaient, même parmi les négociants, quelques
adeptes. A côté des cabinets de M. Barrigue de Fontainieu, et de M. de Paul, lieutenant général au siége et sé-
néchaussée, on citait les collections de M. Bourlat, de
M. Poulhariez, de M. Guis, de M. Taurel, tous négociants.
Une Académie des sciences et belles-lettres fonctionnait
déjà depuis 1726. En 1753 on parvint à fonder une Académie de peinture et de sculpture.

C'est en effet au XVIIIᵉ siècle, cette époque si décriée et
si souvent maudite, que la France a dû l'organisation de
l'enseignement des beaux-arts. Les écoles publiques de
dessin et les académies provinciales détruites par la Révolution s'établirent toutes aux environs de l'année 1750.
Elles étaient le fruit spontané du mouvement des esprits.
La royauté n'eut qu'à les approuver par lettres patentes.
Reims avait donné l'exemple en 1748. Ce fut comme un
signal. La province jouissait alors d'une autonomie bien
réduite depuis. Les villes de Rouen et de Toulouse s'em-
pressèrent de solliciter pour leurs académies la sanction
royale. En 1753 vint le tour de Marseille. Lyon n'y songea
qu'en 1757, Amiens en 1758, Bordeaux, Aix et Dijon
beaucoup plus tard. Toujours est-il qu'en 1770 les huit
principales villes du royaume possédaient des écoles où

l'enseignement du dessin s'étendait jusqu'au modèle vivant et à l'anatomie, écoles qui avaient pour protecteurs et garants de leur existence les artistes et les amateurs les plus distingués de la ville, unis entre eux par les liens fraternels d'une société académique.

Joseph Vernet ne fut pas étranger sans doute à la fondation de l'Académie de Marseille. La date de cette fondation coïncide trop bien avec celle de son dernier voyage. D'ailleurs l'académie naissante, après s'être placée sous le patronage du marquis de Marigny, protecteur-né des sociétés du même genre, et après avoir choisi pour directeur perpétuel l'illustre Dandré Bardon, ainsi que l'appelait Natoire, inscrivit le nom de J. Vernet en tête de ceux des académiciens à qui elle décernait le titre de membres d'honneur.

A son premier voyage à Marseille J. Vernet ne recueillit aucune commande : dès le second il se vit à la mode. En effet, s'il est un genre de peinture qui doive trouver grâce aux yeux d'une ville maritime, c'est la peinture de marine. On s'empressa autour du nouveau débarqué. Le directeur des fermes, Jean Charles de Calas, seigneur de Villepeys, lui avait procuré pour un de ses amis la commande de deux tableaux. Noguier de Malijay, receveur général des finances, ne crut pas pouvoir donner un meilleur pendant à un paysage de Karel Dujardin qu'un paysage de Vernet. M. de Fontainieu, qui devint en 1765 honoraire amateur de l'Académie de Marseille, possédait dans son hôtel de la place Noailles une belle collection de tableaux des trois écoles. Il y adjoignit en 1753 deux marines de Vernet. Le marquis de Baussct, amateur distingué qui a gravé quelques pièces à l'eau-forte d'après Vande Velde et autres, voulut avoir de ce successeur de Vande Velde une marine et un paysage.... « la marine doit être un calme avec un couchant bien chaud et d'un ton fort et vigoureux sur les terrains, et le paysage doit

avoir des rochers, cascades, troncs d'arbres, etc. »
L'exemple de cet homme de goût entraîna son beau-
père De Selle, trésorier général de la marine, qui possédait aussi une riche collection vendue en 1761. Joseph
Vernet eut encore à peindre pour Joseph-André de l'Isle
ou de Lyle, un des membres d'une grande famille
écossaise établie à Marseille depuis près d'un siècle,
six tableaux, ou plutôt six panneaux conservés jusqu'en ces derniers temps dans la maison qu'avait sans
doute habitée cet amateur. Une partie de cette décoration est aujourd'hui à Nantes. Les deux plus grands
panneaux sont restés chez un amateur marseillais. L'un
est une tempête d'une belle qualité. Dans l'autre, qui
représente une mer calme au soleil couchant, les figures, faiblement dessinées, se détachent en silhouette
trop dure et trop sèche sur un ciel d'une limpidité
et d'une fluidité ravissante. On voit aussi au château
Borély une petite tempête peinte évidemment à la même
époque.

A côté de ces nobles noms, des noms plus roturiers
s'inscrivent aussi sur les livres de Joseph Vernet. Tel
M. Bourlat, négociant, qui dans le catalogue de sa vente
érigea en titre de noblesse sa bastide du quartier de
Mont-Redon. Ses goûts, cependant, sont bien ceux d'un
bourgeois. Car pour le tableau qu'il demande il ne désigne ni le sujet ni la grandeur, il veut seulement que
le peintre fasse en sorte «qu'il y ait une figure qui soit
le portrait de madame son épouse.» Poulhariez, un
autre négociant, trouva l'idée sublime. Confisquer l'intérêt du paysage au profit d'une figurine d'un pouce de
haut, n'est-ce pas admirable, en effet? Du moins ne de-
manda-t-il à Vernet que ce qu'il avait fait déjà plus
d'une fois et ce que d'autres peintres avaient fait avant
lui, c'est-à-dire de se peindre lui-même. Les deux commandes de M. Poulhariez ont sauvé son nom de l'oubli.

Tant que la *Tempête* et les *Baigneuses*, gravées par Balechou, resteront des chefs-d'œuvre, on se souviendra
que les peintures originales appartenaient au négociant
marseillais.

Ces vingt ou trente tableaux que Joseph Vernet laissa
à Marseille exercèrent sur les destinées de l'art en cette
ville une influence décisive. La plupart des artistes de
l'Académie, qui végétaient faute d'amateurs pour la
peinture d'histoire, se lancèrent résolûment dans la
voie ouverte devant eux. De ce nombre était Kapeller,
un des fondateurs de cette académie, qui le choisit pour
son directeur. Talent multiple, à la fois peintre et géo-
mètre, professeur de dessin et de mécanique, il savait
tout peindre, le portrait, le paysage, l'architecture, les
fleurs, même les paravents. Ses paravents étaient peut-
être de bons tableaux : ses meilleurs tableaux ont un
faux air de paravents. Il reste de lui des marines qui
trahissent l'imitation flagrante de Vernet. David, paysagiste plus original et plus fin, dont nous ne connaissons que des dessins exécutés à la plume avec une verve
pleine de charme, emprunta à Vernet cette manière
facile que lui-même tenait de Salvator Rosa, et il l'im-
planta à l'Académie, si bien que cinquante ans plus tard
Antoine Constantin, survivant attardé de l'ancienne
école marseillaise, cambrait encor les arbres, entassait
les rochers, tailladait les terrains et encuirassait les
figures, à l'imitation du peintre napolitain et du peintre
d'Avignon. Par la recherche de l'émotion dans le paysage, par sa prédilection marquée pour les orages, les
coups de vent, les torrents, les incendies, en un mot
ce que l'on pourrait appeler le pathétique de la nature,
Constantin a été jusqu'en 1844 le dernier représentant
du genre Vernet.

Enfin l'Académie de Marseille eut l'honneur de doter
Joseph Vernet d'un Sosie. Un élève qu'elle venait de

couronner, Jean Henry, d'Arles, obtint de l'illustre
peintre la faveur d'être, comme on dirait aujourd'hui,
son *rapin,* c'est-à-dire de râcler sa palette et de net-
toyer ses pinceaux. Il n'avait que vingt ans. Dès lors,
attaché aux pas de Joseph Vernet, il le suit partout, il
le voit dessiner, il le voit peindre. A force de traîner sa
boîte à couleurs et de se frotter à son portefeuille, il
finit par s'approprier si complétement les procédés de
composition et d'exécution du maître, qu'il mérita
d'être appelé le *Singe de Vernet.* Ainsi le qualifie une
feuille anonyme publiée à l'occasion d'une exposition
de l'Académie de Marseille. Et ce titre dérisoire, ses
amis même le revendiquaient pour lui en bonne part.
Tant que Joseph Vernet demeura à Marseille ou aux
environs, Henry, aidé de ses conseils et peut-être de sa
main, se montra imitateur presque habile au point de
faire illusion, témoin la *Tempête,* datée de 1756, que
l'on voit au musée de Marseille. Mais une fois livré à
lui-même, il tomba dans la dureté et la sécheresse, et
ses pitoyables tableaux ne furent plus que la grimace
du maître.

Revenons à l'année 1753. Joseph Vernet était depuis
quelques mois à Marseille, lorsque, l'époque du Salon
approchant, l'idée lui vint d'aller lui-même à Paris porter les tableaux qu'il destinait à être exposés. Il avait le
désir bien légitime assurément de devenir témoin de
ses succès et de jouir de sa gloire sur place. Mais, en
homme bien avisé, avant de se mettre en route, il voulut se rendre compte des chances que la grande ville
offrait dès lors à son ambition. Sous le titre : « Personnes que j'ay à voir à Paris, » il inscrivit, à côté de ses
connaissances de Rome, les noms des hommes qu'il
croyait les plus propres à le servir de leur crédit. On
trouvera dans le *Journal* ce curieux document. C'est en
apparence une simple nomenclature; au fond c'est le

miroir fidèle des amitiés de Joseph Vernet à cette
époque, des protections qu'il s'est acquises, de ses espérances pour l'avenir; c'est le coin du monde parisien
auquel le rattachent en ce moment ses intérêts et ses
goûts.

Un autre soin l'appelait à Paris. Agréé de l'Académie
de peinture et de sculpture depuis le 6 août 1745, il
allait se faire recevoir dans ce corps illustre, et portait
avec lui son morceau de réception, un paysage maritime de quatre pieds de large sur trois et demi de haut,
aujourd'hui placé au palais de Saint-Cloud. La réception
eut lieu le 23 août. Deux jours après ouvrait le Salon.
Joseph Vernet n'avait exposé jusqu'alors que deux ou
trois tableaux à la fois, quatre au plus. Il voulut inau-
gurer son titre d'académicien par une exposition splendide. Autour du morceau de réception se groupaient
cinq tableaux du cabinet Peilhon et six du cabinet
de Villette. Tempête, brouillard, soleil levant et couchant, port de mer, cascades, paysage à la Salvator
Rosa, parties de plaisir sur le bord de la mer, rien n'y
manquait. Le Salon de 1753 est le premier où ce talent
flexible se montra dans toute sa richesse et sa variété.
Aussi la critique fut à peu près unanime. Tout ce qui
prit la plume pour célébrer cette exposition, une des
plus belles que l'on eût encore vues, exprima en termes
chaleureux son enthousiasme. On compara Joseph Vernet à Poussin, on le compara à Claude Lorrain; quelques-uns même décidèrent qu'il surpassait ce dernier.
Un plumitif du nom d'Estève ayant hasardé une observation timide, se vit relevé de la belle manière par le
fougueux Jombert, auteur de la *Lettre à un amateur*. De
toutes ces critiques, celles de l'abbé Leblanc dut être la
plus douce au cœur de Joseph Vernet. Non-seulement
l'abbé le louait en français et en latin, ce qui ne gâte
rien; mais après avoir fait ressortir les qualités du grand

tableau présenté à l'Académie, la finesse et la correction
des figures, l'intelligente distribution de la lumière, la
chaleur, la vérité de ce morceau véritablement digne
d'un grand maître, il ajoutait : — « En enlevant cet
illustre artiste à l'Académie de Rome, M. de Vandières
a travaillé à la gloire de celle de Paris; il s'était rendu,
par la haute célébrité qu'il a dans toute l'Europe, digne
des bienfaits du roi, qui l'attachent désormais à la
France. »

C'est en effet pendant ce voyage que fut réglée définitivement l'affaire des ports de France. M. de Vandières
était devenu le marquis de Marigny, c'est-à-dire le directeur suprême des beaux-arts sous le contrôle de sa
sœur, la marquise de Pompadour. L'idée de confier à
Joseph Vernet la représentation des principaux ports de
mer du royaume avait été agréée par le roi. Joseph
Vernet en reçut alors la mission officielle.

Les conditions matérielles de ce grand travail, c'est-à-
dire la dimension et le prix des tableaux, ainsi que le
temps à y employer, furent réglés de vive voix entre le
directeur général et le peintre. Du moins ne reste-t-il pas
trace de commande, convention ou contrat rédigé dans
ce but. Les instructions officielles qui ont été conservées
ont trait à la partie pittoresque; elles semblent avoir été
écrites sous la dictée de quelque homme de mer qui
connaissait parfaitement la situation de chaque port et
les ressources qu'il pouvait offrir à un artiste. Elles prennent Vernet par la main; elles le conduisent tout le long
des côtes de France; elles lui font remarquer les détails
caractéristiques qu'il a à peindre. Le directeur a indiqué
en marge le nombre de tableaux à fournir par chaque
localité. On peut voir dans les *Archives de l'art français*[1]
ce curieux document administratif, tel qu'il sortit des

---

1. Tome IV, page 189.

bureaux de la direction générale, avec son titre : « Projet d'itinéraire pour M. Vernet, peintre du roy pour les marines. »

Si ce projet eût été suivi, la suite des peintures des ports eût compris vingt tableaux, huit pour la Méditerranée, douze pour l'Océan. Mais les circonstances, en modifiant les intentions du marquis de Marigny, abrégèrent la besogne imposée à Joseph Vernet, et réduisirent ce nombre à quinze.

II

L'Odyssée des ports de France. — Marseille. — Toulon. — Antibes. — Avignon. — Cette.

Quand Joseph Vernet quitta Paris, muni des instructions de M. de Marigny et de ses recommandations pour les autorités provinciales avec qui il allait se trouver en contact, il sentait bien qu'il entrait dans une phase exceptionnelle et importante de sa vie. Aussi son journal devient dès lors plus régulier. Il y inscrit exactement les dates de ses changements de résidence; il indique les logements occupés par lui dans les différentes villes où il séjourne; il prend soin de noter le temps employé à chaque tableau; il ne laisse rien ignorer de sa vie et de celle de sa famille pendant cette période de dix ans, en sorte qu'on peut le suivre pas à pas à toutes les stations de son tour de France.

« Nous arrivâmes le 16e octobre 1753 à Marseille. Nous entrâmmes chez M. Salvat le 18e octobre le soir. » Ainsi débute cette odyssée; ainsi débute en même temps l'éducation de Livio. « Livio a commencé d'aller à l'école le 5 novembre. » Il avait alors près de sept ans. Le nom de son premier maître n'est pas oublié; il se nommait Béreau, et en 1772 il figure encore parmi les maîtres d'école dont l'Almanach de Marseille donne la liste.

L'Itinéraire prescrivait deux tableaux pour le port de Marseille, une vue extérieure, une vue intérieure. Dans la vue extérieure, prise de la montagne appelée *Tête de More*, Joseph Vernet s'est représenté lui-même, entouré de sa famille. Une joyeuse compagnie, où ne manquent pas les jolies femmes, a dressé le couvert sur les rochers; la nappe est mise, on fait sauter le bouchon des bouteilles, on n'attend que le peintre pour commencer le festin donné en son honneur. Où est-il? — A quelques pas plus loin, un portefeuille sur ses genoux, il dessine. Derrière lui, M. Parker, le beau-père, se penche sur son dessin, un lorgnon à la main. Livio (il me paraît un peu grand pour son âge), en habit de gala, se tient debout tout à côté. Une femme, grande, élancée, droite, d'une tournure plus anglaise qu'italienne, coiffée d'une sorte de casquette bleue, et vêtue d'une robe jaune, s'avance vers le peintre. C'est sa femme, Virginia Parker; elle lui présente un vieux pêcheur, le centenaire Annibal Camoux, dont l'âge et le nom sont écrits dans la pâte du tableau par l'artiste lui-même.

Tel Vernet se montre ici, tel nous le retrouverons pendant sa longue tournée et pendant le reste de sa vie. L'art, la famille, le monde, il ne sépare pas ces trois obligations dont il sait faire des sources de plaisirs. Ce n'est pas un de ces loups-garous que le travail tient captifs chez eux; ce n'est pas un de ces cyniques qui vivent en dehors des lois et des mœurs, ni un de ces misanthropes qui fuient comme la peste la société de leurs semblables. Infatigable au travail, il a toujours un sourire pour ses enfants et pour sa femme; il est fier de celle qui porte son nom et qu'il peut présenter à tous la tête haute. Il ne néglige rien pour faire bonne figure aux yeux du monde. Il se loge grandement; il passe la belle saison à la campagne;

il n'épargne ni les beaux habits ni le beau linge. A Toulon, madame Vernet a ses porteurs de chaise loués au mois. Elle prend un maître à danser, pour se former aux belles manières. A elle, sa grâce et sa beauté ; à lui, son humeur facile et son talent, ouvrent toutes les portes. L'administration salue en Joseph Vernet le peintre officiel ; la marine, la guerre, la finance se mettent à ses ordres. La noblesse lui sourit, la bourgeoisie le fête, le populaire pose volontiers devant un homme qui paye ses modèles d'une pièce blanche et d'un bon mot. La Provence entière est à ses pieds ; jamais homme ne fit si bien mentir le proverbe : Nul n'est prophète en son pays.

Ainsi ce voyage est une fête où tout devient matière à plaisir. La vue extérieure du port de Marseille est l'occasion d'un déjeuner champêtre. Dans la vue intérieure, le gouverneur lui-même, avec sa petite cour de femmes et d'abbés, se fait le *cicerone* du peintre et lui nomme en passant les nations étrangères, les costumes divers, les denrées, les ustensiles qui s'entassent le long du quai.

L'Itinéraire demande un tableau avec la pêche du thon. Et vite de cette obligation il faut faire un divertissement. On organise une partie de pêche ; tout le beau monde veut en être : c'est à qui posera devant le peintre armé de son crayon. On s'entasse dans des barques pavoisées ; les paniers gênent un peu, on les écrase ; l'eau salée tachera le satin, il n'importe. Toute une foule en brillante toilette se donne rendez-vous en pleine mer. Quelle joie ! quels rires de voir ces gros vilains thons se débattre entre les mailles des filets ! et quels cris lorsqu'une barque menace de chavirer ! Belle occasion pour les galants : plus d'un en profite, et nulle ne songe à s'en plaindre. Le soleil de Provence verse ses chauds rayons sur cette scène folâtre. Joseph Vernet l'a peinte telle qu'il l'a vue, avec une richesse d'incidents joyeux qui témoigne de la part qu'il y a prise.

A Toulon, autre affaire. S'agit-il de peindre une vue d'ensemble de la ville et de la rade? Il se rencontre à point nommé un capitaine de vaisseau en retraite, ou un négociant, M. Caire, ou tel autre, qui invite le peintre à venir passer un dimanche à sa *bastide*, située à mi-côte d'une colline d'où l'œil domine et la rade et la ville. Chacun s'y rend comme il peut, qui à pied, qui à cheval, les dames sur des ânes; le maître du logis reçoit son monde au haut du perron, et le tambourin joue la bienvenue. Les premiers arrivés ont commencé une partie de boules; les chasseurs reviennent chargés de gibier. Cependant la table se dresse sous une treille ombragée d'un mûrier : tout en dînant, Joseph Vernet pourra étudier l'admirable panorama qu'il a à peindre. Faut-il représenter le Port-Neuf, vu du parc d'artillerie? Nous y voici : tous les amis de Joseph Vernet s'y sont donné rendez-vous, tous ceux dont il nous a conservé les noms dans une longue liste sous ce titre : « Connaissances que j'ay en différents endroits... à Toulon... à Antibes... » N'est-ce pas « M. de Villeblanche, intendant de la marine, » qui lui fait les honneurs de l'arsenal, avec « M. de Laugerie, commissaire, » « M. de Moriac, commandant des troupes de terre, » et l'état-major des capitaines de vaisseau, « de Revez, de Rochemore, le comte de Tournon? » Les demoiselles de Joyeuse, filles du médecin des galères, s'y trouvent aussi, et, dans cet autre groupe, voici, une équerre à la main, l'ingénieur André, et « les frères la Rose, » dessinateurs recommandés par l'Itinéraire. De même, sur le quai du Vieux-Port, le troisième tableau de Toulon, dans cet officier qui vérifie la fourniture de biscuit, qui ne reconnaîtrait « M. de l'Épine, directeur des vivres? » Le chef d'escadre « de la Clue » surveille lui-même l'approvisionnement de ses navires, et, plus loin, le commissaire « Devenos » préside à l'embarquement des fromages. Les autres amis de Joseph

Vernet ne sont pas loin : si les quarante personnages de la liste des connaissances de Toulon pouvaient revivre, chacun se reconnaîtrait dans ces figures du premier plan, si gentiment tournées et empreintes d'un cachet tellement individuel, qu'il n'y a pas à douter qu'elles ne soient autant de portraits d'une ressemblance parfaite.

Il est curieux de comparer à ces détails imaginés par Joseph Vernet les prescriptions de l'Itinéraire. Évidemment l'Itinéraire a été rédigé par un homme de mer : il indique toujours comme sujet principal à encadrer dans la vue topographique un épisode maritime caractéristique de la localité. Au contraire, J. Vernet fait de la vue topographique le motif central du tableau, et il brode tout autour, comme une guipure élégante, les épisodes de figures ou de paysage terrestre que la localité lui fournit. L'homme de mer met en panne devant le port; du pont de son bâtiment il découvre la terre ainsi qu'un panorama; il cherche le caractère dans les bâtiments qui tiennent la mer autour de lui. Le peintre fait de la mer sa toile de fond, amène les bâtiments à quai et ne craint pas de reculer dans l'intérieur des terres pour mieux composer son tableau. Il cherche aussi le caractère local, mais il le déplace, et de maritime il le fait pittoresque. Ainsi à Marseille, « deux tableaux, dit l'Itinéraire, l'un concernant le port avec la quantité considérable de navires de toutes nations qui s'y trouvent continuellement... » Comment distinguer en peinture les bâtiments des diverses nations? Le pavillon, qui suffit au marin, est insuffisant pour le spectateur. Joseph Vernet les décharge, donne congé à l'équipage, appelle sur le quai les différentes classes de la population marseillaise, et rend avec vérité cet amas de marchandises et cette cohue de nations méridionales et levantines qui caractérise le port de Marseille. « ... L'autre pour la rade, avec les isles du château d'If, de Pommegues et de Ratoneau. Outre plusieurs vais-

seaux, polacres et autres bâtiments arrivant dans la rade
de Marseille, on doit ne pas oublier d'y mettre une grande
quantité de bateaux pescheurs. » Joseph Vernet se débarrasse des îles et des polacres : la danse au son du galou-
bet, le plaisir du bain, la *bouillabaisse* au bord de la mer,
et sur un rocher le négociant armé de la longue-vue,
voilà pour lui Marseille, et il a raison. De même à Toulon, l'Itinéraire demande l'appareillage d'une escadre : le
peintre répond par le pêle-mêle amusant du parc d'artillerie, et les plaisirs de la bastide remplacent la rentrée
d'une escadre par un mauvais temps. Mais ici, on est
forcé de le reconnaître, Joseph Vernet a sacrifié à un
épisode, d'ailleurs ravissant, un sujet dramatique bien
propre à faire ressortir les qualités vigoureuses de son
talent de peintre des tempêtes.

Arrivé à Toulon le 29 septembre 1754, Joseph Vernet
y resta jusqu'en juin 1756, c'est-à-dire près de deux ans;
mais dans l'intervalle il fit à Paris un petit voyage, du
15 juin au 5 octobre 1755. Il est à croire qu'il tenait à
présenter lui-même au roi et au public les deux vues de
Marseille, celle du Port-Neuf de Toulon et celle du golfe
de Bandol. Elles figurèrent au salon avec une *Tempête*,
peinte pour le marquis de Marigny. Madame Vernet était
du voyage, ainsi que Livio. Elle put prendre sa part du
succès de son mari.

Ce succès fut complet, malgré l'étonnement que cau-
sèrent tout d'abord les tableaux des ports, tels que
J. Vernet les avait conçus. La critique se fit l'écho de la
surprise du public. « Il a oublié, dit l'auteur de la *Lettre
à un partisan du bon goût*, qu'on lui a demandé des tableaux qui fussent des images grandes et exactes du
local, et ce n'est pas tout à fait remplir cet objet que de
nous donner des tableaux admirables où règne d'abord
une terrasse fort étendue occupée par une multitude de
figures, qui, étant très-bien faites, fixent l'attention et ne

laissent pas assez apercevoir les rivages, les édifices et
la mer qui étoient les seuls objets qu'il falloit représenter. Je n'ai garde de dire qu'il faut peindre des ports
déserts; je me contente de remarquer que les figures ne
doivent pas s'emparer exclusivement du plus beau jour
du tableau.» L'auteur de la *Réponse à une lettre adressée
à un partisan du bon goût* ne manque pas de rétorquer
cette critique : « Pourquoi vouloir que l'on peigne un
port désert?... N'auriez-vous pas dû plutôt admirer
l'art avec lequel le peintre a su développer les objets
principaux qu'on lui demandoit, malgré les épisodes
qu'il y a joints? M. Vernet avoit des vues de ports à
peindre, ce n'eût été que des objets bien stériles et qui
n'eussent jamais fait de beaux tableaux. Il les a décorés
avec art sans perdre de vue, comme vous le dites, ces
principaux objets... » Le *Mercure* montre mieux encore
qu'il a compris l'intention de Vernet : « Vous voyez dans
ces tableaux ces ouvrages admirables si utiles au commerce de la nation. Vous y voyez les habitants des
quatre parties du monde réunis dans l'intérêt et le bien
public agir, commercer ensemble. Le dessein de l'auteur
est digne du Poussin. » Mais le meilleur commentaire
des premiers tableaux des ports et de ceux qui suivirent
se rencontre dans ces lignes empruntées aux *Sentiments
sur plusieurs des tableaux exposés cette année au grand
Sallon du Louvre :* — « Que de talents dans M. Vernet!
Je trouve chez lui plusieurs grands artistes : la variété,
le gracieux, la délicatesse de Watteau; le noble, le vigoureux, le pittoresque de Salvator Rosa. Il seroit à
souhaiter que les tableaux qu'il a peints pour le roi
fussent gravés et accompagnés d'une description. Sur son
port de Marseille et dans son Arsenal de Toulon, dont
les détails sont exacts sans confusion et méthodique-
ment ordonnés, on apprendroit facilement des choses
que bien des personnes devroient savoir et dont elles

auroient de la peine à se faire instruire. Pourquoi, ajoute ce positiviste, pourquoi nos peintres, presque toujours préoccupés d'idées vagues, singulières, et bien souvent inutiles, ne s'asservissent-ils pas quelquefois à représenter des choses connues de nos jours, mais toujours d'un beau choix? Ils seroient précieux aux étrangers, à la postérité. On liroit dans leurs tableaux l'histoire des coutumes, des arts, des nations; ils seroient toujours intéressants, s'ils étoient vrais, parce qu'ils seroient utiles. »

On ne pouvait apprécier avec plus de justesse l'intérêt historique qui constitue aujourd'hui un des principaux mérites des tableaux des ports de France. Le vœu du critique anonyme fut entendu. Le graveur Cochin saisit au vol l'idée de transformer en estampes ces peintures devenues du premier coup si sympathiques à tous et si populaires. Il en obtint facilement le privilége de M. de Marigny, son ancien compagnon de voyage en Italie; mais, comme il s'entendait peu au paysage, il se réserva le plaisir de traduire de sa pointe légère les spirituelles figures des premiers plans; et, pour le surplus, il s'associa Le Bas, dont le burin s'était déjà exercé à reproduire les ciels et les mers de Vernet. C'est alors, il n'en faut pas douter, que furent arrêtées entre les graveurs et le peintre les conditions de cette publication. Car peu après on voit Joseph Vernet commencer à recueillir en Provence des souscriptions pour son compte; et, quant aux graveurs, comme s'ils voulaient cimenter une union dont ils supputaient d'avance les avantages, ils ne permirent pas au peintre de quitter Paris sans leur laisser de ses œuvres. Cochin prit un tableau de 200 livres, et Le Bas en commanda deux.

Ce petit séjour de trois mois et demi que Joseph Vernet fit à Paris fut fécond en résultats heureux. L'exposition des tableaux des ports doubla la vogue qui s'atta-

chait à ses ouvrages. Les frères de Villette, ces vieux
amis, accoururent des premiers. Peilhon vint renouveler une ancienne commande négligée jusqu'alors. Quelques amateurs retardataires saisirent l'occasion de
s'inscrire chez le peintre à la mode : Randon de Boisset
pour deux tableaux, que l'on retrouve à sa vente; le
duc de Chevreuse pour tout autant; le comte de Vence
pour un seul, et pas des plus gros. Présenté à madame
Geoffrin par Cochin ou Soufflot, Joseph Vernet, en attendant de devenir un des habitués des dîners du lundi,
reçut de cette femme distinguée la commande d'un soleil
couchant. Denis, le trésorier des bâtiments du roi, en
ui comptant le prix des deux *Vues de Marseille*, réclama pour lui-même un tableau de trois pieds. Et puis
ce sont les amis d'autrefois qui ne veulent pas se laisser
oublier de l'artiste devenu célèbre : Coustou l'aîné, le
sculpteur; Guay, le graveur en pierres fines, que Vernet
avait peut-être vu à Marseille avant qu'il ne quittât sa
boutique de joaillier de la rue Saint-Ferréol pour venir
collaborer avec madame de Pompadour à la gloire du
roi Louis XV. Vialy, le fils de son ancien maître, demande deux tableaux qui ont été gravés. Enfin son
frère, François Vernet, établi à Paris dès cette époque,
s'inscrit sur le *Livre de Vérité*, à côté de Remy, le marchand d'objets d'art, qui plus tard livrera à l'encan
bien des toiles de Vernet; pour le moment, il se contente de quatre dessins, tant on attache de prix à tout
ce qui sort de la main du peintre des marines du roi.

Joseph Vernet était de retour à Toulon, le 5 octobre 1755. Il y resta jusqu'au mois de juin de l'année
suivante. C'est, avec le séjour qui précède son voyage à
Paris, un total de près de vingt mois que Joseph Vernet
passa dans cette ville. Mais il faut prélever sur ce temps
l'excursion qu'il dut faire à Antibes pour y recueillir les
éléments du tableau exigé par l'Itinéraire. Là encore

le peintre prend ses coudées franches. L'Itinéraire ca-
ractérisait ce port par des pinks, des tartanes, des fe-
louques, « de celles qui servent de paquebots pour la
correspondance avec l'Italie, » et une escadre de quatre
galères, « telle que celle qui y est actuellement pour
passer à Gênes Madame Infante. » Joseph Vernet rejette
à l'arrière-plan ce matériel flottant. Ce qui caractérise
Antibes à ses yeux, c'est une terrasse ombragée de palmiers, où l'on peut fumer paresseusement en regardant
la mer, pendant que les dames s'amusent à croquer des
oranges que leur cueillent des paysannes coiffées du
chapeau niçard. Un régiment qui entre en ville égaye de
ses lazzis la rêverie du peintre.

Il semble toutefois que « l'escadre qui doit passer à
Gênes Madame Infante, » ait un moment donné à Joseph Vernet la tentation d'introduire dans ce tableau
d'Antibes un motif historique. On conserve au musée de
Rouen un dessin à la plume, exécuté par cet habile
homme avec un singulier brio. Il représente, non pas le
port de Malte, ainsi que le dit le livret, mais bien le
port d'Antibes, ou plutôt l'arrivée dans ce port d'une
petite escadre portant un grand personnage. Les canons
des galères saluent la ville, et les canons des forts ré-
pondent au salut des galères. Tous les mâts sont pavoi-
sés; les banderolles flottent au vent. L'objet de cette
réception princière s'avance à pas comptés, la tête
haute, le jarret tendu, les bras écartés; il porte un
grand ruban en sautoir. Devant lui, les magistrats de la
ville courbent l'échine. Des dames en paniers caquettent sous leurs ombrelles en se montrant les jeunes of-
ficiers de l'état-major. La population accourt, curieuse
et empressée. Nous verrions volontiers dans cet important personnage le duc de Richelieu, investi, dès le
commencement de la guerre de Sept ans, du comman-
dement des forces navales de la Méditerranée. Vernet a

dû se trouver à Antibes pendant que le futur vainqueur de Mahon organisait sur les côtes de Provence la flotte de transport qui partit le 8 avril 1756 pour les îles Baléares.

L'excursion à Antibes fut courte, le temps d'ébaucher le tableau. Aussi, la liste des connaissances ne porte-t-elle que trois noms : le comte de Sade, commandant, célèbre par sa belle défense contre les Austro-Sardes et la flotte anglaise; M. de Rioulfe, commissaire-général de la marine; et M. Campion, « controlleur-général des fermes du roy. » Ce contrôleur-général avait dix-neuf ans, et déjà c'était un amateur. Il pouvait montrer quatre petits tableaux de Joseph Vernet, dont un *Clair de lune* et *Un Incendie*. Esprit vif et orné, Charles-Michel Campion s'éprit d'une belle passion pour le peintre et sa peinture. Appelé plus tard au contrôle des fermes à Orléans, il s'amusa à rimer un poëme sur le paysage, demeuré inédit. Puis, lorsqu'il revint à Marseille, directeur-général des fermes de Provence, il se fit, par amour des Vernet, le protecteur de son imitateur Henry; il poussa même le goût des beaux-arts jusqu'à graver à l'eau-forte, d'après Henry et David, une suite de petites pièces, galamment dédiées à mademoiselle Loir, autre peintre de l'Académie de Marseille.

Tout en travaillant pour le roi, le peintre des ports ne laissait pas que de produire encore quelques tableaux pour les particuliers. Il avait beau changer de résidence, en quelque lieu qu'il fût, les commandes venaient lui forcer la main. Les touristes anglais, partis de Londres avec la ferme intention de rapporter d'Italie un tableau de Vernet en même temps qu'un morceau de lave du Vésuve, éprouvaient à Rome un aussi cruel désappointement en trouvant le peintre déniché, que si, à Naples, ils n'avaient plus vu le Vésuve à sa place. Et vite, ils envoyaient d'outre-monts leurs commandes par l'entremise de

Thomas Jenkins, un peintre anglais devenu banquier romain, ou de M. Whatley, agent d'Angleterre à Marseille. C'est ainsi que Joseph Vernet reçut par lettres les commandes du chevalier Henry, Irlandais, — quatre tableaux; de milord Charlemont, — quatre tableaux; de milord d'Arthmouth, de milord Pembroke, du duc de Bridgewater. Milady Walpole, mieux avisée, eut le soin de s'inscrire elle-même en passant à Toulon. Le comte Prezziosi envoyait aussi de Malte, à travers les mers, la demande de deux tableaux et de deux dessins, à quelque prix que ce fût.

A la même époque se rapportent deux commandes qu'on ne saurait passer sous silence. Il s'était trouvé à Marseille un amateur assez épris de la nature pour la réduire à servir de cadre au portrait de son épouse. Il s'en trouva un autre qui voulut qu'elle exprimât, comme une enseigne, ce qui concernait son état. C'était un commissaire de la marine, nommé Charron. « Une marine, écrit Vernet, où il y aye des arceneaux et quelque chose qui convienne à son employ. » L'autre commande est aussi d'un amateur marseillais, M. de Saint-Michel, chevalier de Saint-Louis; elle fut apportée à Vernet, alors à Toulon, « par M. Volaire le fils. » C'est à Toulon, en effet, que Joseph Vernet s'attacha, pour l'aider dans ses tableaux des ports, un jeune peintre de l'arsenal, nommé Jacques Volaire. Comme les La Rose, les Volaire ont formé pendant un siècle, à l'arsenal de Toulon, toute une famille d'artistes employés aux peintures des vaisseaux du roi. Jacques Volaire ne prêta évidemment à Joseph Vernet qu'une collaboration très-secondaire, qui dut se borner aux tracés de perspective et d'architecture, à la mise au carreau des dessins sur la toile, et peut-être à quelques frottis préparatoires. Il suivit son maître de Toulon à Bayonne et de Bayonne à Bordeaux et à La Rochelle; puis il le quitta pour s'éta-

blir à Naples, où on le baptisa le chevalier Volaire. Il
s'est acquis sous ce nom une réputation de second ordre
parfaitement justifiée par les éruptions du Vésuve qu'il
nous a été possible de voir. Les qualités qu'il déploya
dans cette spécialité, aussi bien que dans divers tableaux
de marine, font du chevalier Volaire le digne élève et le
meilleur des imitateurs de Joseph Vernet.

Au mois de mai 1756, les tableaux de Toulon et d'Antibes étaient presque achevés. Après plus de six mois
d'un travail incessant, le peintre éprouvait le besoin du
repos. Il écrivit à M. de Marigny, le 16 mai, pour lui
demander l'autorisation d'aller prendre ses quartiers
d'été à Avignon, sa patrie. Mais, soit que la réponse se
fit attendre, soit qu'il fallût renouveler la demande, Joseph Vernet ne quitta Toulon qu'au commencement de
juillet. Il arriva le 3 à Avignon.

Ce n'était pas la première fois que l'artiste nomade
revoyait sa ville natale depuis son départ pour l'Italie.
Déjà, en 1753, il y était revenu pour embrasser son vieux
père Antoine, qui rendit le dernier soupir entre ses
bras, le 10 décembre de cette année. Il eut le temps, au
milieu de ces émotions douloureuses, de peindre deux
tableaux pour M. Regny ou Régnier, consul à Gênes,
et il recueillit quelques commandes. Mais cette courte
apparition et les motifs qui la provoquaient n'avaient
pas permis à ses compatriotes de le fêter dignement.
Cette fois, Joseph Vernet arrivait à Avignon environné
du double prestige de sa gloire acquise en Italie et
de la gloire nouvelle amassée sur sa tête par la mission
dont le roi l'honorait. Aussi, la fleur de la noblesse
comtadine, fidèle aux traditions de M. de Caumont,
s'empressa chez le fils de son ancien peintre de chaises.
On l'avait vu partir pauvre, humble, inconnu, et maintenant son talent lui avait fait une quasi-noblesse. Le
baron de Montfaucon accourut un des premiers. Dans

la *Marine au soleil levant*, qu'il paya 58 louis, il voulut, pour rendre ce souvenir plus intime, que Joseph
Vernet reproduisit, avec le portrait de sa femme, celui
de son fils Livio. Le tableau appartient aujourd'hui au
musée d'Avignon. Madame Vernet y est représentée au
premier plan, sous le costume d'une femme du peuple qui
donne à boire à un petit garçon. L'évêque D'Inguimbert, qui, avant le départ de Joseph Vernet pour l'Italie,
lui avait fait peindre deux petites marines, vint de Carpentras réclamer deux pendants, et il emporta en même
temps un *Clair de lune*, dont il se dessaisit en faveur de
son secrétaire Devillario. Joseph Vernet exécuta encore,
à Avignon, un tableau pour le marquis de Perussy ou
Peruzzis, sans compter ceux qu'il n'a pas inscrits. Mais
il dut trouver un plaisir tout particulier à s'acquitter
de la vieille dette contractée depuis 1751 envers Peilhon, dette dont son ami venait de lui rafraîchir la mémoire à son dernier séjour à Paris. Peilhon, en bon
Avignonnais, mourait d'envie de posséder une vue de
sa ville natale, et il la voulait peinte de la main de son
compatriote Vernet. Celui-ci, tout entier à la composition des tableaux des ports, traita son ami comme le
roi de France, et sa ville natale comme un port de mer.
Entre tous les points de vue pittoresques qu'elle lui
offrait, il choisit le plus étendu. Il se plaça à mi-côte de
la colline de Villeneuve, embrassant ainsi d'un seul
coup d'œil les deux bras du Rhône, l'île de la Barthe-
lasse, à moitié couverte par les eaux débordées, l'enceinte fortifiée de la ville, d'où émergent les clochers
des églises et les tours seigneuriales du Palais des
Papes, et, par derrière la ville, les montagnes de la
chaîne des Alpines. Le soleil couchant éclaire ce magnifique panorama, et telle est la puissance et la netteté de l'effet que, malgré sa petitesse relative, la silhouette de la ville, objet principal du tableau, ressort

admirablement sous l'éclat de la lumière qui en accentue les contours, en dépit de l'immensité du ciel où elle semble devoir se perdre. Comme dans les tableaux des ports, les détails caractéristiques se pressent sur les premiers plans : c'est une paysanne du Comtat, poussant devant elle son âne équipé à la mode du pays; c'est un pêcheur chargé de l'échiquier à membrure énorme, dont on se sert encore aujourd'hui à Avignon; ce sont les barques à la proue carrée; c'est le coche du Rhône, que Vernet lui-même prendra pour descendre à Beaucaire. Le sentier ombragé qui longe le fleuve en cet endroit s'appelle le sentier des amoureux. Le peintre n'a pas manqué d'en montrer deux qui *se parlent*, suivant l'expression locale. D'autres promeneurs, perdus dans la pénombre, viennent savourer l'heure du soir. Un groupe de pêcheurs, et quelques figurines élégantes accoudées contre un parapet, achèvent d'animer le tableau. Certes, Peilhon dut être content. Cette remarquable peinture, exécutée sur une toile de cinq pieds de long, ne lui coûta que 1,800 livres. A sa mort, elle se vendit 4,000, et c'était si bien son prix normal, que dans les ventes successives qu'elle traversa on ne la vit pas s'en écarter sensiblement.

Malgré les charmes de sa ville natale, Joseph Vernet sentait qu'il ne pouvait y prolonger son séjour. Pendant qu'au milieu de ses frères et de ses sœurs il goûtait le plaisir d'employer son crédit en faveur de sa famille, il songeait au port de Cette où l'appelait l'Itinéraire. Il écrivit à ce sujet au marquis de Marigny une lettre qui montre combien il prenait sa tâche au sérieux :

« Selon l'Itinéraire que vous eûtes la bonté de m'envoyer, je dois peindre le port de Cette, étant le seul du Languedoc. Je me propose, pour profiter de la belle saison, de m'y rendre vers le 8 ou le 10 du mois prochain, puisque, selon les plants que j'en ay vu, le plus

beau point de vue sera du côté de la mer; ainsy j'auroy
besoin du calme pour en faire les ettudes. J'auroy là
occation de faire sur le devant du tableau une mer un
peut en mouvement, et peut-être fairoy-je une tempête,
ce qui produiroit un effet assez rare dans le nombre des
tableaux que j'ay à faire pour le Roy, peignent ordinairement l'intérieur des ports et par conséquent la mer
tranquille ou bien du côté de la terre. — A Avignon le
6° septembre 1756. »

Il est à remarquer que l'Itinéraire, qui se place si volontiers en mer pour choisir son point de vue, cette fois
seulement demande au peintre une vue de terre. Le ministre répond, le 9 octobre 1756 : — «... Vos tableaux
doivent réunir deux mérites, celuy de la beauté pittoresque et celuy de la ressemblance. Je trouve bien l'un
dans le projet que vous me proposés; mais je crains que
ce ne soit aux dépens de l'autre, et je doute que le port de
Cette représenté en vue du côté de la mer soit reconnu
par le grand nombre de ceux qui ne l'ont vu que du
côté de la terre. La tempête que vous avés dessein d'y
ajoutter rendroit encore votre tableau moins ressemblant, atendu qu'il est rare de voir la mer dans un port
agitée de la tempête. Il faudroit que le devant de votre
tableau fût la pleine mer, et par conséquent que le port
fût reculé dans le lointain, ce qui vous empecheroit de
le detailler d'une façon caractéristique. Il me semble
que le projet de ce tableau, tel qu'il est dans l'Itinéraire
que je vous ai remis, rempliroit mieux l'objet que vous
devés vous proposer. D'un côté, la plus grande partie de
l'étang de Thau; de l'autre côté, le commencement du
canal du Languedoc donneroient à votre tableau un caractère distinctif qu'il n'auroit point suivant votre nouveau projet; consultés-vous avant de vous décider, et
surtout ne perdés pas de vue l'intention du Roy, qui est
de voir les ports du royaume représentés au naturel

dans vos tableaux. Je sais bien que votre imagination se
trouve par là gênée; mais avec votre talent on peut réunir le mérite de l'imitation et celuy de l'invention : vous
en avés donné des preuves. »

Joseph Vernet ne se tint pas pour battu. Il insista,
et, bien que sa réponse manque, on peut penser qu'il
représentait la difficulté de trouver dans un pays complétement plat un endroit favorable pour embrasser le
panorama géographique réclamé par l'Itinéraire. Car de
se mettre sur la montagne placée derrière la ville, il n'y
fallait pas songer. C'était supprimer justement le trait le
plus caractéristique du pays. M. de Marigny se rendit,
et il répondit le 21 novembre : « ... J'approuve toutes
les reflexions qui vous ont engagé à faire votre nouveau
plan. Ainsi vous pourrez suivre vos idées et vous livrer
à votre génie dans le tableau de ce port. »

La première lettre de Joseph Vernet aborde un autre
point délicat sur lequel il est bon de s'arrêter un moment : — « Il me semble, dit-il, qu'après avoir fait
touttes les etudes nécessaires pour le port de Cette,
surtout si je le prends du côté de la mer, qu'il seroit assez inutile de m'ettablir dans cette petite méchante ville,
où je serois mal à mon aise pour y peindre ce tableau,
et, si je vois que la chose n'exige pas ma residence sur
le lieu, je pourrois l'aller executer à Bordeaux, où je
trouverois plus de secours pour les parties accessoires
qui doivent orner le tableau de Cette... — Je travaille
toujours au tableau d'Antibe; j'espère que le port, quoique peu considérable, ne faira pas un movais effet en
peinture. » — Mais ici M. de Marigny se montre in-
flexible : il y a même une certaine dureté dans ses paroles : — « Quelque envie que j'aye de vous procurer
dans vos travaux tous les agrements possibles, je ne puis
consentir au désir que vous avés, après vos études faittes
de ce port, de finir votre tableau à Bordeaux, et je crois

devoir vous faire observer que le Roy paye vos tableaux
de façon à exiger de vous que vous leur donniés toute la
perfection possible, et que vous ne sauriés mieux les
finir que sur les lieux. Ainsy je compte que vous ache-
verez votre tableau du port de Cette à Cette même,
d'autant que de tous les ports du royaume, c'est le seul
dont le séjour ne soit pas agreable, et vous n'aurés que
quelques mois à vous priver des commodités que vous
n'y trouverés pas. »

Quoi qu'il en coûte de reconnaître qu'un ministre a
raison, la raison est ici du côté de M. de Marigny. En
achevant dans une autre ville des tableaux commencés
sur les lieux mêmes, Joseph Vernet faisait trop bon
marché du ton local. Aussi ces vues de pays situés sous
des latitudes bien différentes ont entre elles un air de
ressemblance, une conformité de couleur vague et commune qui sent l'atelier plus que la nature. C'est que ce
peintre habile se fiait trop à ce qu'on appelle la mémoire de l'œil. Il n'entrait pas dans ses habitudes, lui-
même nous l'apprend par une lettre dont on trouvera le
texte plus loin, d'exécuter d'après nature une étude,
une esquisse, une simple pochade pour la reporter sur
la toile. Il se contentait d'un croquis soutenu d'encre de
Chine. Les dessins originaux des ports existent; le musée d'Avignon les conserve précieusement : on peut les
consulter [1]. Un trait de crayon vif et rapide indique la
forme des objets, la place qu'ils occupent, les détails à
reproduire; un coup de pinceau établit les ombres.
Quant au ton, il est noté d'un mot, suivant la gamme
chromatique dont Joseph Vernet se servait, à l'imitation
des peintres de la décadence italienne. Or, quelle que
soit la multiplicité des termes employés et la rigueur de
leur signification dans l'esprit du peintre, il lui est im-

1. Voir la note B, à la fin du volume.

possible de retrouver sur son papier, barbouillé de mots souvent illisibles, la variété infinie des couleurs de la nature, les passages délicats des demi-teintes, la justesse mathématique des valeurs, le dégré de puissance des oppositions, encore moins la qualité du ton; et, malgré le contrôle exercé par la mémoire de l'œil, cette méthode éminemment fautive ouvre la porte à toutes les inexactitudes. Aussi, en dépit des qualités remarquables qui les distinguent, les tableaux des ports ne sont pas de bonnes peintures.

Joseph Vernet passa six mois à Cette. Sa société, dans cette petite ville, bien maussade encore aujourd'hui, paraît s'être bornée à quatre personnes, qui lui restèrent fidèles comme souscripteurs aux estampes des ports : trois inconnus, MM. Léonard, Huard, Fressinet, et « M. de Vaugelas, major de la ville et port de Cette. » Qui s'attendrait à rencontrer là un descendant du réformateur du langage? Ce militaire, disgracié peut-être et pauvre très-probablement, eut cependant l'honnêteté de commander à son hôte de quelques mois un tableau, le plus petit possible, du prix de 200 livres. Joseph Vernet s'exécuta de bonne grâce et se hâta de fuir ce séjour d'ennui. Il en partit le 12 mai 1757.

III

L'Océan. — Bordeaux. — Un mystère galant. — Carle. — Encore l'anecdote. — Bayonne.

En Provence, aussi bien qu'en Italie, Joseph Vernet n'a eu pour modèles de ses tableaux de marine que les rivages de la Méditerranée. Le voilà maintenant en route vers un maître nouveau, l'Océan. Va-t-il tourner le dos à son passé, se remettre à l'école et recommencer son éducation de peintre de marine? Un artiste plus jeune l'eût tenté peut-être. Mais en 1757 Joseph Vernet avait dépassé la quarantaine; enfant gâté du succès, regardé comme le créateur d'un genre qui était devenu pour lui une habitude de main, il eût craint de se démentir s'il eût renouvelé sa palette. Il arriva devant l'Océan avec un siége tout fait. Cette majesté sombre qui ressemble si peu aux molles élégances de la mer intérieure, ces fureurs auprès desquelles les colères de la Méditerranée ne sont que des caprices d'enfant, ces plages basses, ces hautes falaises dénudées, d'un caractère si simple et si grand, tout ce spectacle constamment sévère le laissa insensible. C'est à peine si dans quelques tableaux on peut saisir la trace d'une inspiration différente. Sur les bords de l'Océan, Joseph Vernet ne sut pas oublier les rivages de la Méditerranée. Il demeura le peintre aimable des faciles beautés du Midi. Il continua à combiner, suivant les lois de sa poétique familière, les éléments du pittoresque italien, dont la provision, depuis longtemps amassée dans son imagination et dans ses portefeuilles, voyageait partout avec lui.

A Bordeaux, où toute la famille arriva le 14 mai, après avoir passé cinq jours à Toulouse, l'Itinéraire demandait deux tableaux : « l'un pour représenter, avec la ville, la prodigieuse quantité de bâtiments de toute espèce et de toutes nations qui viennent y chercher nos vins, et l'autre pour l'entrée de la rivière caractérisée par la tour de Cordouan. Si l'on n'établit pas une mer orageuse dans ce dernier tableau, ajoutait l'Itinéraire, il conviendra d'y comprendre un grand nombre de bateaux pescheurs. » Certes, c'était là une belle occasion pour le peintre des tempêtes d'étudier sur un motif nouveau des effets bien souvent reproduits ailleurs. Mais le pli était pris. Lui qui venait, à propos du port de Cette, de soutenir avec tant de vigueur les droits du peintre de marine contre les empiétements de la topographie, le voilà qui sacrifie de gaieté de cœur l'élément de beauté que

lui fournit l'Itinéraire. La tour de Cordouan le mène
trop loin; les bateaux pêcheurs lui paraissent d'un mince
intérêt. Fidèle au système suivi à Marseille et à Toulon,
Joseph Vernet prend terre sur le quai de Bordeaux. Dans
le premier tableau, il se place aux Salinières et regarde
le Château-Trompette; dans le second, il se place au
Château-Trompette et regarde les Salinières. Mais comme
il rachète par la richesse et l'imprévu des détails la monotonie inséparable de cette vue en partie double! Les
navires, ancrés en pleine rivière, attendent majestueuse-
ment la marée qui les soulève; les petites barques navi-
guent de l'un à l'autre ou se pressent sur le bord pour
passer les promeneurs. Les charrettes, les haquets atte-
lés de bœufs, les ballots et surtout les futailles encom-
brent le quai, moins barioló que celui de Marseille, et
empreint d'un caractère d'activité plus sage. Là se sont
donné rendez-vous toutes les connaissances du peintre
dont les *Livres de Raison* ont conservé le souvenir. M. Imbert, négociant, possesseur d'une riche collection où il a
pu placer trois tableaux de Vernet, surveille l'embarquement de ses vins, que va recevoir le navire de
M. Hope, négociant à Rotterdam, ou celui de M. Lefer,
négociant français, établi à Cadix. Avant de lever l'ancre, ce dernier ajoutera à sa cargaison les estampes des
ports et un tableau que Joseph Vernet lui fait attendre.
Dans ce groupe, où un jeune homme bien élevé fait la
révérence à des dames, rien n'empêche de voir M. Pio
le cadet, saluant les aimables filles du négociant anglais
Ansely, l'hôte de Marmontel. Plus loin, le banquier Fe-
ger passe en cabriolet devant la boutique où le libraire
La Bottière mettra en montre les estampes de Cathelin
et de Le Bas, qu'on lui envoie de Paris. Enfin, sur le
premier plan s'avancent deux jésuites, que Livio reconnaîtrait bien; car Livio n'est plus l'insouciant gamin du
port de Marseille. L'arrivée à Bordeaux a signalé pour

lui l'aurore d'une vie nouvelle. Son éducation, confiée
jusqu'alors à de simples maîtres d'école, prend un rapide essor. Le 5 juin, on lui donne un latiniste au cachet, l'abbé de Montesquieu, quelque parent pauvre de
l'auteur de l'*Esprit des lois*. Mais, quatre mois après,
c'est bien pis : adieu la liberté! adieu la vie vagabonde
promenée du Forum romain à la Cannebière, et du pont
d'Avignon aux Quinconces de Bordeaux. Livio entre au
collège des jésuites le 5 octobre 1757, et, pour lui rendre ses professeurs favorables, son père, en plaçant
leurs portraits dans son tableau, les voue à une immortalité qui ne lui coûte guère.

L'autre vue de Bordeaux nous introduit dans les jardins du Château-Trompette. Au milieu d'un parterre
dessiné à la française, se promène un groupe de personnages qui ne peuvent être que des portraits. Si l'amitié
de Vernet n'est pas un bienfait des dieux, elle a du
moins ce très-grand avantage de permettre à ceux qui en
sont l'objet de se mirer dans ses tableaux. Tout Bordeaux a dû reconnaître et nommer pendant longtemps
les originaux de ces figurines accortes. Aujourd'hui,
nous en sommes réduits aux conjectures. Est-ce M. Gau-
lard, receveur général des fermes, ou M. Morel Grand,
receveur général de l'amirauté, ou le marquis de Roally,
qui parcourt, en compagnie de jolies femmes, les allées
sablées du parterre? Le commandant d'artillerie régale
les visiteurs d'un tir de canon; les abbés galants volti-
gent autour des dames, les fleurs tombent pour leur
faire des bouquets : deux philosophes, fidèles aux vieilles
modes, suivent de loin le groupe officiel, en savourant
une prise de tabac. Plus loin, après l'enceinte du fort,
s'étend la place Royale; puis, derrière la grille de la
place, le quai. Nous y rencontrerions dans la foule des
négociants qui se rendent à la Bourse, d'autres amis de
Joseph Vernet, M. Liéneau, par exemple, de la maison

Liéneau frères, et Guis, grand collectionneur d'estampes;
M. Journu, négociant et juge consulaire, père de Jour-
nu-Auber, comte de Tustal, qui donna à sa ville natale
le cabinet de son père, augmenté par ses soins, et devint
ainsi le premier fondateur du musée de Bordeaux. Journu
possédait de très-bons tableaux d'anciens maîtres et
quelques peintures modernes. Le séjour de Joseph Vernet à Bordeaux fut pour lui une bonne fortune; il lui
permit de s'enrichir de quatre marines. M. Morel et le
marquis de Roally surent aussi prouver au peintre des
ports l'intérêt qu'ils lui portaient, en lui demandant
chacun deux tableaux de mille livres. A part ces commandes, les amateurs de Bordeaux, moins nombreux
d'ailleurs que ceux de Marseille, se montrèrent moins
généreux. Avec leur souvenir ont disparu les peintures
que Joseph Vernet leur avait laissées. Le Musée possède
une petite marine acquise récemment. A l'exposition
d'œuvres anciennes qui eut lieu en 1852, figuraient trois
tableaux de Joseph Vernet. Mais l'un d'eux, *le Soleil
couchant*, n'a été peint pour le marquis de Saint-Marc,
son premier possesseur, que très-postérieurement au séjour de Joseph Vernet; quant aux deux autres, *la Fête
champêtre* et *les Joueurs de quilles*, leur sujet n'a aucune
analogie avec ceux des tableaux mentionnés par les *Livres de Raison.*

A Bordeaux comme à Marseille, Joseph Vernet se repose de peindre pour le roi en travaillant pour les particuliers. C'est là qu'il exécuta les cinq tableaux que lui
avait demandés, en 1756, le duc de Bridgewater, un des
amateurs anglais qui achetèrent, en 1769, la galerie du
duc d'Orléans. Il termina *les Quatre parties du jour* que
réclamait vainement, depuis 1754, le chevalier Henry,
amateur irlandais. Il fit aussi, pour le marquis de Marigny, un *Paysage avec des lavandières*, exposé au Salon
de 1757. Quelques commandes importantes lui arri-

vaient en même temps de Paris. Pour M. Lenoir, une
marine au soleil levant, « avec des figures en habbits lé-
vantin ou grec. » Pour le marquis de Voyer d'Argenson,
honoraire-amateur de l'Académie de peinture, quatre
tableaux, les quatre faces du talent de Vernet, c'est-à-
à-dire la tempête, le port de mer à l'effet du brouillard,
le paysage au lever du soleil, et le paysage au soleil couchant. Ce ne sont pas les commandes qui lui manquent,
c'est lui qui manque aux commandes. Roussel, fils du
fermier général, de passage à Bordeaux, heureux d'y
rencontrer Vernet, lui donne carte blanche : autant de
tableaux qu'il voudra, sujets, mesures, prix et temps à
sa fantaisie. La fantaisie du peintre le prit si à l'aise avec
le temps, que M. Roussel n'eut jamais rien.

La plus curieuse des commandes de cette époque est
celle-ci : — «Pour M. le bailly de Fleury, un tableau de
huit pieds de long, qui doit représenter son expédition
de Tunis avec toute la marine de Malte. Le prix est de
4,000 livres, et il doit être fait dans l'espace de trois ans
d'àprésent juillet 1758. » — C'était ouvrir au talent sou-
ple et facile de Joseph Vernet un horizon imprévu ; c'é-
tait en quelque sorte le mettre aux prises avec l'histoire.
Lui qui savait si bien grouper autour d'une action des
figures vivantes et jeter le mouvement dans une foule, à
quels succès ne devait-il pas s'attendre, s'il abordait le
genre des batailles navales, si cher au pinceau de Vande
Velde et de Backuisen? Le tableau du bailli de Fleury
ne fut peut-être jamais peint, car on n'en trouve pas de
reçu. Assurément il ne fut jamais exposé. Cependant,
près de trente ans plus tard, Joseph Vernet se souvint
de cette commande. Il fit coup sur coup deux batailles
navales, l'une qui a appartenu à M. de Montaleau, et que
l'on retrouve en 1809, à la vente d'Emler ; l'autre, qui fut
exposée au Salon de 1787, était destinée à M. Girardot
de Marigny. Un critique y relève de graves défauts,

et tout justement ceux que l'on s'attendrait le moins à rencontrer chez un tel peintre : — « L'action ne m'a pas paru offrir assez de mouvement. Plus de désordre dans les agrès, plus de monde sur les bords, au haut des hunes, le long des vergues, aurait, en rapprochant aussi les vaisseaux de la vue, augmenté les détails, et par conséquent l'intérêt. » — En 1787, Joseph Vernet était bien vieux : ces critiques n'ont rien qui doive surprendre. Mais on peut s'étonner qu'en 1758, quand le bailli de Fleury lui demanda un combat naval, il ait négligé cette occasion d'une gloire nouvelle. C'est que Vernet était bien de son siècle. Le genre qu'il avait créé lui suffisait, comme il suffisait au goût de son époque, plus libertine que guerrière, plus éprise de fausse philosophie que de victoires et de conquêtes. Épier les baigneuses au coucher du soleil, jouir en société des plaisirs de la campagne, ou rêver seul au fond d'un frais vallon, s'attendrir sur un incendie, verser de douces larmes au spectacle d'une tempête, le dix-huitième siècle n'en demandait pas davantage, et Joseph Vernet n'aspirait pas à lui donner plus.

Aussi bien, tous les amateurs des œuvres de Joseph Vernet n'étaient pas des guerriers de la force de M. le bailli de Fleury. Le 1er juin 1758, une main, plus habituée à manier l'éventail que l'épée, écrivait au peintre des tempêtes, en remerciement d'un tableau, une lettre à laquelle il ne manque que la signature pour que l'on sache à quelle femme d'esprit il faut l'attribuer. Mais est-il bien nécessaire de le savoir ? A cette époque de la vie de Joseph Vernet, deux femmes également capables d'écrire une charmante lettre sont en relations avec lui. L'une est madame Geoffrin, pour laquelle il a peint déjà plusieurs tableaux; l'autre est la piquante d'Egmont, ainsi que la nomme Marmontel, cette trop digne fille du maréchal de Richelieu, à qui rien ne manquait de ce qui sert à plaire, pas même l'air de la volupté, ni, s'il faut

en croire les méchantes langues du temps, la chanson.
Mais en 1758 madame Geoffrin avait bien près de
soixante ans; l'âge de la comtesse d'Egmont nous est
heureusement inconnu. Entre ces deux femmes, la partie n'est pas égale. Plutôt que de décider à l'aveuglette,
il vaut mieux respecter le voile de l'anonyme dont s'est
enveloppée la gracieuse correspondante de Vernet. Ce
mystère lui prête une grâce de plus.

« Mon cher Vernet, écrit donc l'inconnue, il m'est
arrivez hier matin une aventure, qui m'a fait éprouver
tous les mouvemens dont une âme sensible et honête
est susceptible. Je vais vous la raconter tout simplement. M. de Villette l'aîné envoia hier matin me demander si je voulois voir un nouveau tableau de Vernet,
qui venoit de luy arriver. Je fis un soupire, en disant
en moi-même : Hélas! il est bien heureux, et puis je
répondis que je luy étois bien obligé de son attention,
et qu'il me feroit plaisir. On apporte le tableau; on le
mest sur un chevalet, et me voilà à le regarder; et,
en le regardant, je disois : Vernet ne se soucie guère
de la personne pour qui il a fait ce tableau, car il
est bien beau. Je soupirois et je disois : Il faut me
consoller; je n'ai pas un si beau tableau, mais je suis
aimée. J'en étois là quant M. de Villette est arrivé;
je luy ay fait beaucoup de remersimens de m'avoir
procuré le plaisir de voir un si beau tableau. Je luy ay
demandé s'il étoit à luy ou à M' son frère; il m'a répondu : « non, » avec un air embarrassé. J'ay compris
qu'il ne vouloit pas me dire pour qui c'étoit, et je n'ai
pas insistée. Nous avons parlé du tableau, nous en avons
examiné les détails; il m'a demandé deux ou trois fois :
« Vous le trouvés donc beau, madame? » J'ay repondue
un ouy bien prononcé, sans qu'il me fut venue aucun
soubson de ce que devoit m'arriver. P°', j'aytois très-
persuadée que vous ne tenteriez jamais de prendre votre

revanche. 2°, se tableau ayant une très-belle bordure, avoit l'air d'avoir un maître. Enfin, M. de Villette, en me regardant en face, m'a dit : « Il est à vous, et voilà « la lettre de Vernet. » Je ne peu pas vous exprimer ma surprise, mon étonnement, ma joye et ma reconnaissance. Ah! que vous oriez été embrassé de bon cœur si vous aviez été là, mon cher Vernet. Dans le moment, j'ay sentie tous les sentiments de la propriété, et j'ay vu le tableau tout d'un autre œil; il m'avoit paru beau, je l'ay trouvée charmant, et encore plus que charmant, délicieux, et j'ay compris qu'il avoit générallement tout ce que je pouvois désirer. Ouy, mon cher Vernet, je n'i desire rien, couleur, site, perspective, fabrique, ciel, figure, accord, harmonie, fini parfait sans sécheresse. Enfin il est parfait à mes yeux, et votre procédé parfait pour mon cœur. Si je suivois tous les mouvements de mon âme et de mon cœur, je vous écrirois vingt-cinq pages, où je dirois toujours la même chose, que je suis dans le ravissement du tableau et de vous. Je ne pourois pas vous aimer ni vous estimer plus que je ne fesois; mais vous m'ôte beaucoup plus agréable. Je suis enchantée à présen que vous n'ayez pas réussi la p^{ere} fois; cela oroit été tout simple que vous m'ussiez fait d'abord un beau tableau; mais a présen, notre aventure est devenue piquante et pittoresque.

« Adieu; je vous embrasse, vous, votre femme et votre enfant, un million de fois de tout mon cœur. J'aimerai bien aussi celuy qui va naître; mais je suis fâchée que mon petit ami ne reste pas fils hunique. »

Livio, en effet, ne devait pas rester fils unique. Il fallait à Joseph Vernet un héritier de son talent. Le 14 août 1758, naquit à Bordeaux ce peintre facétieux que l'on connaît sous son prénom familier de Carle. Une anecdote prétend que son père, en quête d'un parrain pour le nouveau-né, prit au coin d'une rue un crocheteur, et que dès lors ce crocheteur, adopté par la famille, vieillit auprès d'elle, entouré de soins et d'affection. Mais en matière d'anecdotes, comme ces récits faits à plaisir sont en général le contre-pied de la vérité, le plus sûr moyen d'arriver à la vérité est de les prendre à rebrousse-poil. Nous en avons la preuve ici. En effet, l'acte de baptême de Carle lui donne pour parrain son frère Louis-François, c'est-à-dire Livio, et pour marraine, Rose Lombelli. Or, si Livio n'est pas un crocheteur, en revanche Rose Lombelli est une domestique. Les fonctions de marraine dont on l'honora ne lui valurent pas une adoption définitive de la part de la famille Vernet : au contraire, c'est parce que la famille Vernet l'avait adoptée depuis longtemps, que le père embarrassé, n'ayant sous la main aucune parente, plutôt que de s'adresser à une étrangère, choisit cette femme, ancienne dans la maison. Rose Lombelli, nommée ailleurs Anna Rosa, était entrée au service de la famille Vernet, à Rome, le 6 mars 1747, l'année de la naissance de Livio : les cadeaux continuels de hardes et d'objets de toilette que les *Livres de Raison* enregistrent à son compte pendant cette année et la suivante, semblent la désigner comme la nourrice du premier enfant de Vernet : son attachement, qui va jusqu'à s'expatrier pour le suivre en France, confirme cette hypothèse. En 1759, le nom d'Anna Rosa disparaît des *Livres de Raison*. Peut-être ses bons services, qui lui avaient mérité d'être la marraine de Carle, furent-ils récompensés aussi d'une petite pension, ou peut-être, comme le crocheteur de la tradition, a-t-elle vieilli tranquille au milieu de cette famille qui l'aimait. En somme, on le voit, à peu de chose près l'anecdote a raison. Il y a seulement erreur de sexe, substitution de personne, et renversement des faits.

Le séjour de Joseph Vernet à Bordeaux se prolongea jusqu'au mois de juillet 1759. Les tableaux étaient finis depuis longtemps; il avait hâte de se rendre à Bayonne;

mais sans doute la santé de sa femme ou de ses enfants le
retenait. Enfin, il partit seul avec son domestique de
confiance, nommé Saint-Jean ; il arriva à Bayonne le 9
juillet. Sa famille ne vint l'y rejoindre que le 21 octobre.

Quoique seul dans ce pays nouveau, Joseph Vernet n'y
perd pas son temps : « Une partie au Boucaut pour dessiner, un piquenique chez M. Desbieis, une excursion à
Biarritz, une promenade en mer. » C'est ainsi qu'il prélude aux tableaux de l'Itinéraire en se familiarisant avec
l'aspect des lieux qu'il a à peindre. Puis, il cherche le
meilleur point de vue, aux Tillioles, au parc : enfin, il
fait provision de détails en dessinant au vol, moyennant
une pièce de 24 sols, les Basques et les Basquaises qu'il
rencontre sur les quais.

Une fois la famille réunie, les plaisirs redoublent. Il y
en a pour tous, petits et grands. A Livio un bel habit, une
écritoire, une bourse à cheveux, et les *Aventures de Télémaque* ; à Carle, qu'on appelle Charlot, des jouets d'enfant, à tous deux la lanterne magique. Aux père et mère,
les excursions à Biarritz, voyages à Saint-Jean de Luz,
dîners chez Pascallon, comédie, visite à l'évêque, sans
oublier la chasse et les porteurs. Désormais, dans les *Livres de Raison*, les détails familiers abondent ; Joseph Vernet a pris pour lui tout le souci du ménage : la signora
Virginia lui en abandonne la direction. C'est lui qui note
les moindres dépenses du logis : pas un petit écu, pas un
denier ne sort de la maison sans qu'il l'enregistre au
passage. Ces préoccupations domestiques chez un peintre
sont un fait anormal dont la révélation a justement étonné
les critiques qui nous ont fait l'honneur de lire notre
premier essai. Le doyen de la critique d'art, M. Et. Delécluze, se demanda[1] s'il n'y avait pas incompatibilité ra-
dicale entre des soins aussi bourgeois et la liberté d'al-

1. *Journal des Débats*, 5 août 1860.

lures nécessaire à la vie d'artiste. Les explications dans lesquelles il nous faudra entrer plus tard au sujet de madame Vernet, prouveront que ce que l'on serait tenté de prendre pour une manie était peut-être un pénible devoir imposé à Joseph Vernet par la nécessité la plus cruelle.

L'année 1760 s'ouvre par une distribution générale d'étrennes. Le fléau ne date pas d'aujourd'hui : rien n'y manque, ni le perruquier, ni la blanchisseuse, ni les porteuses d'eau, ni la femme des chaises de la paroisse, ni le garçon boulanger. Et même, par sucroît, voici les gardes de l'hôtel de ville et les employés du bureau des Fermes. Il en coûte toujours un peu d'être un homme officiel. La maison aussi a part aux largesses. Si Charlot ne figure pas sur la liste, Livio reçoit un petit écu.

Quelques mois après, se rencontrent des comptes de nourrice, achats de layette. Une note, placée ailleurs, explique ces dépenses. « Ma femme accoucha le 20 juillet, » écrit Vernet. Il n'y a pas à s'y tromper. L'enfant né le 20 juillet 1760 était une fille : on la baptisa du doux nom d'Émilie; son frère aîné fut son parrain, et le père a pris soin de noter les moindres dépenses du baptême. Ainsi se complète la famille de Joseph Vernet. Au moment où Émilie vient au monde, Livio a treize ans, et Carle entre dans sa troisième année. Ces trois jeunes existences vont se dérouler parallèlement au milieu des gâteries du père le plus tendre. Grâce à ces enfants, les *Livres de Raison* s'éclairent d'un doux sourire. Ce n'est plus seulement le mémorial d'un peintre affairé, ou une nomenclature sèche et vulgaire des besoins de la vie. La note des dépenses générales s'imprègne de tendresse et réflète, comme un miroir, les jeux, les plaisirs, les modes, les mœurs domestiques d'une époque déjà bien loin de nous.

La grande affaire de Joseph Vernet, à Bayonne, c'est la mer. A Bordeaux, il n'a guère eu l'occasion de la voir.

Ici même il ne l'a pas sous la main ; mais il sait où la trouver. Dès que le temps se brouille, dès qu'un orage est signalé, on vient l'avertir. Il court au Boucaut dans l'espoir
d'un naufrage. Chaque tempête lui coûte un petit écu.
Combien de mille livres lui rapportera-t-elle ? Du reste,
peu ou point de commandes, soit qu'il ne les ait pas
écrites, soit qu'absorbé par les deux vues de Bayonne il
n'eût pas le temps de travailler pour autrui. La seule qu'il
enregistra à cette époque, est de M. de Saint-Amand, ce
fermier général qui hébergea Marmontel à son passage à
Toulouse : « Comme il a été quelques années en tournée
en Guienne, dit Vernet, il voudroit quelque vue d'après
nature, de Bayonne, ou de Saint-Jean de Luz, ou de Bordeaux, de celles que je croiray les plus pittoresques et
faire un meilleur effet ; c'est à Saint-Jean de Luz que nous
parlâmes de cela dans le fort du Soccoa, le 16 aoust 1759. »

L'évêque de Bayonne caressait depuis longtemps le
rêve d'embellir sa cathédrale. Peut-être avait-il vu à Paris
les embellissements de Saint-Merri et du chœur de Saint-
Germain l'Auxerrois. La présence de Joseph Vernet dans
son diocèse lui parut une bonne fortune. Il s'adressa à lui.
Mais le peintre sut se garder du piége. Un autre eût cédé
à la tentation de se montrer peintre d'histoire, décorateur, ornemaniste, sculpteur même au besoin. Joseph
Vernet se contenta de servir d'intermédiaire entre Monseigneur et les artistes de Paris. Pendant son séjour, il fit
venir l'autel, les dessins des chandeliers et des grilles,
quelque noble invention de ses amis Slodtz ou Coustou.
Plus tard, une fois à Paris, il s'occupa de commander les
tableaux. Sur quels peintres a-t-il fixé son choix ? Lui-
même nous l'apprend : « J'ai proposé à M. Caresme deux
des tableaux pour le chœur de la cathédrale de Bayonne,
c un st l'*Annonciation*, l'autre *la Naissance de la Vierge*;
à M. l'Epicier, *la Visitation* et *le Mariage de la Vierge*;
à M. Bardin, *l'Éducation*; et à M. Brennet, *la Fuite en*

Égypte; ils se contenteront tous de 400 livres des petits et 600 livres des grands.» Passe pour Lépicié, — *quanquam ô !* — mais Caresme, ce fade libertin; mais Brenet, mais Bardin ! Monseigneur de Bayonne en eut pour son argent. Il n'en fut pas moins satisfait. Ses fabriciens aussi se montrèrent heureux, et même, chose rare, reconnaissants. Ils offrirent à madame Vernet une écuelle d'argent, avec son assiette et son étui, qu'ils avaient fait venir de Paris, et qui leur coûtait bien 483 livres. Quant à l'évêque, sa reconnaissance prit une forme plus intime. C'est par des cadeaux de friandises, et surtout de chocolat, qu'il témoigna son bonheur. Après tout, loger des Caresme et des Bardin dans un édifice du XIIᵉ siècle, n'était-ce pas faire encore trop d'honneur au logis ?

L'Itinéraire ne demandait qu'un tableau pour le port de Bayonne. — Joseph Vernet en fit deux. — «Des corsaires rentrant avec leurs prises,» disaient les instructions. Joseph Vernet pensa qu'en peinture rien ne ressemble plus à un corsaire que sa prise : il négligea donc les corsaires; il négligea également la mer orageuse recommandée par l'Itinéraire, parce que là encore la mer l'eût entraîné trop loin de Bayonne. Il se contenta de choisir les deux points de vue les plus riants, et dans tous deux il prodigua les détails caractéristiques de la localité. Mais tandis que l'Itinéraire emprunte ces détails à l'élément maritime, Joseph Vernet, fidèle à son système, les emprunte à l'élément humain. La ville, à ses yeux, absorbe la nature. Ce n'est pas l'œuvre de Dieu qu'il voit, c'est l'œuvre de l'homme. Les monuments que la main de l'homme a élevés, les promenades qu'il a plantées, les produits de son industrie, les objets de son commerce, les instruments dont il se sert, les jeux, les mœurs, les costumes, en un mot tout ce qu'on pourrait appeler le mobilier de la civilisation locale : tel est à ses yeux le signe distinctif des pays qu'il a

à peindre. Pour lui, la nature est toujours la même,
l'homme seul la modifie en lui imprimant le cachet de
sa personnalité.

Nul tableau ne montre mieux cette préoccupation que
la deuxième vue de Bayonne. Dans la première, le
paysage tient une assez grande place ; les premiers plans
ne disent rien de bien particulier, si ce n'est que le
peintre s'est placé sur les glacis de la citadelle, et
qu'il est défendu d'y laisser pâturer les moutons.
Dans la seconde, il n'y a plus de ville ; la citadelle s'aperçoit au centre du tableau ; mais le tableau n'est pas
là ; il est tout entier sur le premier plan. Dans cette allée
de Boufflers qui en occupe la plus grande partie, vous
rencontrerez ces Basques et ces Basquaises, que le peintre
a dessinés dès son arrivée à Bayonne ; vous y verrez des
Espagnols que le hasard lui a offerts et qu'il s'est hâté
de s'approprier. « Le matelot debout, qui tient une rame,
est un tilloller, et les femmes à qui il parle des tillo-
lières, noms qu'ils prennent d'une espèce particulière
de bateaux, dont quelques-uns sont représentés dans le
tableau, ainsi que plusieurs autres, comme chalibar-
dons, bateaux de Dax, etc. » Ainsi s'exprime la description envoyée par Vernet lui-même avec ses deux
vues ; et en effet, vous reconnaissez ces bateaux à leur
poupe cintrée, et vous vous souvenez que le peintre est
allé plus d'une fois aux Tilloles pour dessiner. « On s'est
attaché, continue la description, à représenter tout ce
qui peut caractériser le pays et ses usages, comme le jeu
de la troupiole, qui consiste à se jeter une cruche, jusqu'à ce que, tombée à terre, elle se casse ; une caco-
lette, ou deux femmes sur un cheval ; un carrosse à bœufs,
tel qu'on s'en sert pour la campagne, etc... » — Nous voilà
bien loin des corsaires.

Aussi bien, ces détails de physionomie pris sur le vif
c'est à qui les fournirait au peintre. Des extraits de cor-

respondance qu'a bien voulu nous communiquer M. l'archiviste de la mairie de Bayonne, et que l'on trouvera reproduits aux pièces justificatives, jettent un jour singulier sur la mission de J. Vernet. C'est le maire de Bayonne, organe des échevins en conseil, qui, écrivant au député de la ville à Paris, lui annonce l'arrivée du peintre officiel : « Selon ce que nous comprenons, dit-il, rien ne lui échappera : circonstances particulières du lieu, des habitants, du commerce, navires, etc., qui feront voir le port à Paris mieux que nous ne le voyons peut-être nous-mêmes. » Et le député, s'applaudissant de cette bonne fortune pour sa patrie, encourage le maire et les échevins à ne lui rien céler : « Je me représente à ce propos, dit-il, nos tilloliers, nos chalantiers (bateliers), nos bondaizes (marchands de beurre), nos alarribas (marchands de poisson frais)... » Quelques jours après il revient à la charge : « J'avais oublié les pegas (cruches) et celles qui les portent sur le pont Saint-Esprit. » Et les échevins de répondre : « Nous ne doutons pas que les pegas et les têtes des bergères qui les portent ne trouvent leur place dans le tableau, et, comme cet artiste passera, dit-on, l'été à Bayonne, nous ne serions pas surpris de voir dans son tableau les Siris de la Fête-Dieu. » Les Siris, ainsi qu'on nous l'apprend, étaient des figures de cire, des images mécaniques que portait chaque corporation d'arts et métiers à la procession de la Fête-Dieu. Heureuses les communes où de telles vétilles prennent l'importance d'affaires d'État ! Dans leur émulation à augmenter les détails locaux des vues de Bayonne, les bons échevins ne s'apercevaient pas que cet intérêt de clocher allait droit contre le véritable intérêt de l'art.

Pour mettre le comble à la joie des habitants de Bayonne, J. Vernet leur montra ses tableaux avant de les envoyer à Paris. Il y eut exposition pendant huit jours, soit dans l'atelier du peintre, soit plutôt dans une

salle de l'hôtel de ville. Rien n'empêche de généraliser
ce fait, dont on n'a la preuve que pour Bayonne, et de
supposer que J. Vernet en avait agi de même à Marseille,
à Toulon, à Bordeaux. C'était justice que la ville qui venait de poser complaisamment devant le peintre eût les
prémices de son portrait.

A Paris, le succès ne fut pas des plus grands : « Les
deux vues de Bayonne que M. Vernet a données sont
belles, disait Diderot, mais il s'en faut beaucoup qu'elles
intéressent et qu'elles attirent autant que ses compositions précédentes. Cela tient au moment du jour qu'il a
choisi. La chûte du jour a rembruni et obscurci les objets. Il y a toujours un grand travail, une grande variété,
beaucoup de talent; mais on dirait volontiers en les regardant : à demain, lorsque le soleil sera levé... »

Après avoir dit un dernier adieu à ses chers naufrages
du Boucaut, J. Vernet quitta Bayonne vers le 20 juin
1761. Grâce aux *Livres de Raison*, nous voici presque du
voyage. Voyez-vous les caisses à tableaux, les chevalets,
les boîtes à peindre, les portefeuilles, s'entasser pôle-
môle avec les berceaux d'enfants, les cartons et les malles,
sur trois charrettes qui suivront tranquillement la route
de terre? La famille Vernet, que dis-je? la caravane prendra un plus agréable chemin. Il ne faut pas moins de
trois chaises pour contenir tout le monde : Vernet et sa
femme, Livio, Carle et Emilie; le père de Mᵐᵉ Vernet,
M. Parker, qui fait son tour de France à la suite de son
gendre; M. Volaire, l'élève de Vernet; et le fidèle Saint-
Jean, et la bonne, et la nourrice. Enfin chacun se case et
l'on part à petites journées, semant l'argent dans les auberges. A Bordeaux, on s'arrête quelques jours, le temps
de se reposer, de serrer la main aux amis de l'an passé,
de recevoir de M. Collingwood une commande importante, et d'orner Livio d'un habit neuf. Puis on s'embarque et l'on descend la Gironde jusqu'à Blaye. Là on

retrouve les chaises, que l'on garde jusqu'à La Rochelle, et c'est ainsi qu'au bout de vingt jours on arrive à destination, après avoir fait près de cent lieues et dépensé 1,200 livres.

IV

La Rochelle. — Rochefort. — Vernet et M. Corot. — Les quatre tableaux du Dauphin. — Un secret.

Le premier soin de J. Vernet à La Rochelle, c'est de conduire ses enfants aux marionnettes. A peine a-t-il des fagots dans son nouveau domicile, déjà il l'encombre de ces riens qui font le bonheur des enfants, «petites boulles pour Charlot, des quilles, un petit cheval, un petit chien, un charrio,» les jouets d'aujourd'hui, les jouets de tous les temps. Livio, qui ne joue plus, reçoit un beau chapeau garni d'un *bourdalone* en or; Emilie, qui ne joue pas encore, un bourrelet et des rubans. Toute cette garde-robe enfantine est si fidèlement décrite, qu'on voit d'ici ces petits êtres remplir de rires ou de pleurs l'atelier de leur père. Rappelez-vous la *Gouvernante* de Chardin, voilà Livio, dans son juste-au-corps bien ajusté, au moment de partir pour l'école. Rappelez-vous le *Benedicite*, la *Mère laborieuse*, la *Petite fille au moulinet*, voilà Emilie. Le *Jeune dessinateur* vous montrera Charlot préludant au talent de Carle. C'est dans Chardin, c'est dans l'œuvre gravé de ce maître paternel et bourgeois, qu'il faut chercher les détails de costumes et de jeux indiqués par les notes de J. Vernet, un autre bourgeois, un autre père.

En s'établissant à La Rochelle, J. Vernet avait fait comme les enfants qu'un élan trop vigoureux conduit au delà du but. Il aurait pu s'arrêter à Rochefort. Mais l'Itinéraire ne lui demandait pas seulement la vue de

Rochefort et la vue de La Rochelle : il fallait encore
un tableau de la rade de l'île d'Aix avec la vue des
îles de Rhé et d'Oléron, et un tableau pour la pêche de la
sardine aux environs de Belle-Isle. La Rochelle offrait
donc à J. Vernet un centre d'opérations commode.
Il y trouvait un séjour plus agréable, et, disons-le aussi,
plus sûr. Car, il ne faut pas l'oublier, en 1762 la France
était en guerre avec sa puissante voisine, l'Angleterre.
Tout l'effort de l'ennemi se portait sur les côtes de l'Ouest.
Rochefort, à qui la grandeur de ses établissements donnait déjà l'importance d'un port militaire, pouvait exci-
ter de dangereuses convoitises. C'est de là que partaient
les navires de commerce à destination de nos colonies.
C'est là que rentraient ceux qui avaient pu échapper à
l'escadre blanche ou à l'escadre bleue. La flotte anglaise
croisait précisément alors à l'embouchure de la Charente.
J. Vernet se contenta, après avoir pris pied à La Rochelle, de faire seul à Rochefort deux voyages. La première fois il n'y passa qu'une semaine, le temps de
chercher le point de vue et d'emporter un croquis. Au
deuxième voyage, un mois lui suffit pour recueillir tous
les éléments de son tableau qu'il vint terminer à La
Rochelle, loin des canons anglais. Toutefois l'ennemi
se conduisit à son égard avec une courtoisie toute française. Le commandant de l'escadre, informé que le célèbre Vernet se trouvait à Rochefort, l'invita poliment à
lui faire visite. Le peintre, en effet, se rendit à bord; il
y reçut de ses confrères en marine un accueil flatteur,
écho de l'admiration généreuse dont l'Angleterre entou-
rait le nom de Vernet.

Nul tableau ne montre mieux que la vue de Rochefort
l'ingratitude de la tâche confiée au peintre des ports de
France. Un pays plat, une rivière à fleur de terre, sans
quais, sans digue, sans écluse, une ville à peine vieille
d'un siècle, des rues tirées au cordeau, de grandes cons-

tructions basses alignées avec un rigorisme militaire ;
point de port, car on ne pouvait appeler de ce nom des
navires rangés à la file : jamais J. Vernet n'avait rencontré des conditions plus défavorables. Où se placer, pour
concilier les exigences de la topographie et les lois du
pittoresque ? Le peintre aux abois, n'osant monter sur un
clocher, s'assit tout au bord de l'eau ; grâce au coude
que forme la rivière en cet endroit, il put présenter
sur sa toile la perspective de la corderie à droite, et
au fond celle de l'hôpital ; une cale couverte apparaît
timidement entre les deux. La ville est derrière. Pour
garnir la plage immense qui occupe tout le premier
plan, le malheureux dut se mettre l'esprit à la torture.
Le dessin original témoigne de ses angoisses. Il est
couvert de notes qui indiquent un groupe, un détail :
« soldati che vanno a montare la guardia, sono incirca
25 à 30... » On dirait que Vernet est venu pendant plusieurs jours de suite s'asseoir à la même place, attendant
le motif qu'il cherchait. Ce motif est un débarquement
de marchandises ; malgré l'esprit de l'arrangement, des
physionomies et des accessoires, il remplit mal le vide
du tableau. Au second plan, un feu de calfats produit
une fumée épaisse qui étoffe un peu le ciel. Les lointains
sont peints avec une grande finesse : l'effet de lumière
a de l'éclat, et le ton général, plus travaillé que dans
d'autres tableaux, est aussi d'une qualité supérieure.
Diderot a eu raison de dire : « Son port de Rochefort
est très-beau ; il fixe l'attention des artistes par l'ingratitude du sujet. »

La Rochelle offrait au contraire un point de vue des
plus pittoresques. Aussi le peintre s'en est donné à cœur-
joie. « Voilà ce qu'on peut appeler un ciel, s'écrie Diderot ; voilà des eaux transparentes ; et tous ces groupes ce
sont autant de petits tableaux vrais et caractéristiques du
local... Regardez le port de La Rochelle avec une lunette

qui embrasse le champ de tableau et qui exclue la bordure, et, oubliant tout à coup que vous examinez un morceau de peinture, vous vous écrierez, comme si vous étiez placé au haut d'une montagne, spectateur de la nature même : Oh ! le beau point de vue ! »

Il serait curieux de placer à côté du tableau de Vernet une vue du même port peinte il y a quelques années par un artiste contemporain dont le talent n'est plus, grâce à Dieu, contesté par personne. Le port de La Rochelle de M. Corot n'embrasse pas un champ aussi vaste que celui de Vernet, mais, à l'étendue près, le point de vue est identique. Les deux artistes se sont placés sur la même ligne, l'un plus loin, de façon à embrasser d'un seul coup-d'œil toute la ville ; l'autre plus près, afin de rétrécir son horizon. M. Corot a choisi un effet du matin qui lui a permis de s'envelopper de brume, Vernet un effet de soleil couchant qui lui a donné des tons plus vifs et des oppositions plus tranchées. L'aspect général des deux tableaux présente un contraste frappant. Autant le port de Vernet paraît animé, vivant, actif, autant celui de M. Corot semble morne, silencieux, désert. Chez le paysagiste moderne le ciel a une tranquillité lumineuse, une profondeur sans tapage ; les eaux dorment, la silhouette de la ville s'estompe vaguement entre le ciel et l'eau ; quelques figurines sacrifiées avec amour semblent mettre leurs soins à ne pas se détacher du premier plan dont elles couvrent à peine la nudité. De là une enveloppe générale, une harmonie douce qui fait rêver. Mais cette harmonie n'existe pas moins dans le tableau de Vernet, elle est seulement plus vive, plus éclatante. Au lieu de résulter d'une dépression calculée des valeurs, ce qui ne constitue après tout qu'un artifice du métier, elle a pour cause le juste rapport des tons locaux, acceptés dans leur netteté et leur franchise. Chez Vernet tout est écrit avec une précision qui ne connaît pas le sacrifice. Il eût gagné

sans doute à moins charger son ciel d'incidents inutiles,
il eût mieux fait de respecter pieusement, comme M. Corot, la lourdeur et la gaucherie des arbres du quai, au
lieu de les dissimuler derrière une de ces machines vertes
que son siècle et lui n'ont pas craint d'appeler des arbres,
sans égards pour la nature qui n'en fit jamais de pareils.
Mais quant à la transparence des eaux, quant à la finesse
des demi-teintes grises qui argentent le côté non éclairé
des maisons, quant à la souplesse du ton local lui-même,
le tableau de Vernet n'a rien qui doive le céder à celui
de M. Corot, passé maître cependant en ces sortes de délicatesses. Il est superflu de parler des figures. Celles de
Vernet, mieux massées ici qu'ailleurs, ne pèchent, selon
leur habitude, que par excès d'esprit, un défaut qui se
fait aisément pardonner. Après avoir loué M. Corot de la
sobriété de ses groupes qui ne dérobent rien à l'intérêt
du paysage, on s'arrête encore volontiers à bavarder avec
les matelots de Vernet; on écoute la querelle de ces deux
marchandes de marée, coiffées d'un chapeau de paille à
coup de poing; on sourit à cette aimable fille en robe
bleue, au corsage fleuri, arrêtée avec une demoiselle
parée de soie rose que promène un galant en habit gris-
souris. On s'intéresse même à ses scieurs de bois, et l'on
regarde avec curiosité les costumes variés des Poitevines,
des Saintongeoises et des Olonnoises que le peintre a
convoquées du fond de leurs provinces pour égayer son
premier plan. Le port de La Rochelle de M. Corot est un
paysage où rien ne trouble l'impression de la nature;
celui de Vernet est un portrait multiple dans lequel la
nature se reconnaît aussi; mais, ainsi que le veut la vérité, l'homme y tient la première place.

A Rochefort et à La Rochelle Joseph Vernet ne put
former que de fugitives liaisons, trop tôt rompues. Il y
trouva cependant des amis qui ne le laissèrent pas oisif.
Si ses relations avec madame Raynaud, M. de Cullan,

madame Barvet, se bornèrent à des prêts de musique ou
de pastels; si M. de Chaville, directeur des fortifications,
M. Nordin et M. Hèbre se contentèrent de s'inscrire au
nombre des souscripteurs des estampes des ports, il fit
pour M. d'Abbadie des tableaux dont les *Livres de Raison*
n'ont pas gardé le souvenir. Il gagna dès lors le cœur de
M. Carré des Varennes, qui, plus tard, lui envoya plusieurs commandes; enfin, la connaissance de M. Prévost
et de M. De Lacroix lui valut celle d'un précieux ami,
M. Girardot de Marigny.

C'est pour un de ces amateurs que furent peints les
cinq panneaux découverts récemment à La Rochelle.
Le plus grand ne mesure pas moins de six mètres
de longueur sur deux mètres de haut. Il représente
une tempête. Les autres, de dimensions moins considérables, sont une éruption du Vésuve, un clair de lune,
un soleil levant et un soleil couchant. Comme Joseph
Vernet n'a passé qu'un an à La Rochelle, il nous paraît
difficile d'admettre que ces importantes peintures aient
été exécutées sur place. Son journal atteste d'ailleurs
qu'il y employa son temps à peindre quatre tableaux
pour la bibliothèque du Dauphin, père de Louis XVI.
— « J'ai commencé, dit-il, à finir les quatre tableaux
pour Mgr le Dauphin, le 6 avril 1762, après y avoir travaillé six jours pour les ébaucher. » — Il les acheva avec
la même rapidité, car tous quatre portent, à la suite de
la signature du peintre, la date de 1762.

Une critique du Salon de 1763 nous apprend que ces
quatre tableaux, qui représentaient les quatre parties du
jour, étaient des dessus de porte. « Je puis vous assurer,
ajoute l'auteur, qu'il n'y a qu'un souverain qui puisse
en avoir de pareils. » En effet, on n'a qu'à les voir au
Louvre; ils justifient tous les éloges dont ils furent alors
l'objet. Dans le *Matin*, une ombre crépusculaire voile
encore les premiers plans : des pêcheurs abordent, leurs

femmes accourent aider au débarquement; un vaisseau
anglais profite de la brise matinale pour enfler ses
voiles. Cependant un rayon avant-coureur du soleil
vient frapper d'un jet de lumière rose une tour en
ruines au sommet de la falaise. Rien de plus juste que
cet effet dont la soudaineté est si bien exprimée qu'on
croit voir l'ombre décroître et la lumière gagner du
terrain. Rien de plus fin et de plus doux que les vapeurs d'opale et de rubis à travers lesquelles les lointains déjà éclairés semblent s'ouvrir à l'aurore. Le *Midi*
reproduit une tempête, un de ces coups de mer furieux
qui brisent tout : les vagues ont jeté contre les écueils
un malheureux vaisseau désemparé; c'est un pêle-mêle
d'agrès, de cordages, de voiles en lambeaux, de tron-
çons de mâts, d'hommes à demi-broyés que les flots
vomissent sur le bord. Une teinte plombée enveloppe
cette scène de deuil, mais au fond le nuage se déchire,
et dans le faux éclat d'un jour sanglant on voit fuir
un navire effrayé du sort qui le menace. Le *Soir* offre
un ciel doré d'où le soleil se retire en empourprant
de ses derniers rayons un phare et un bastion qui
signalent l'entrée d'un port. Des Turcs à bonnets four-
rés, assez turcs, par ma foi, fument une dernière pipe,
les yeux fixés sur une barque qui vient de promener
une société joyeuse. Près d'eux s'entassent des ballots.
Au fond, des galères rentrent, saluées d'un coup de
canon par le fort qui les voit passer. Mais c'est dans
le dernier tableau, la *Nuit*, que le peintre a épuisé
toutes les ressources de son esprit. Quelle abondance
d'idées ! quelle poésie douce et facile ! La nuit commence à peine : rien ne dort. Il semble au contraire que
l'on s'éveille au repos après les travaux du jour. Près
d'une fontaine, souvenir du port de Salerne, des mariniers ont allumé un feu où cuit le souper; les matelots
des navires ancrés en rade viennent faire provision d'eau;

plus loin, dans un pavillon rustique qui domine la mer, un couple attardé chante une ballade à la lune, et celle-ci verse à flots sa lumière d'argent dont s'abreuve la mer apaisée. « C'est la nuit partout et c'est le jour partout, disait Diderot en parlant de ce clair de lune ; ici c'est l'astre de la nuit qui éclaire et qui colore ; là ce sont des feux allumés ; ailleurs c'est l'effet mélangé de ces deux lumières. Il a rendu en couleur les ténèbres visibles et palpables de Milton. »

Pendant que Joseph Vernet se livrait à ces travaux, il est probable qu'il s'échangea plus d'une lettre entre le peintre des ports de France et le directeur de qui il tenait sa mission. Après Rochefort et La Rochelle, sa tâche n'était qu'à moitié remplie. Outre la rade de l'île d'Aix, outre la pêche de la sardine, on lui demandait encore et une vue de Lorient, et une vue de Brest, et une vue de Saint-Malo, sans parler de Calais et du Hâvre. Comment suffire aux exigences de l'Itinéraire ? Certes il avait été facile, dans le cabinet, de tracer un plan complet de peintures topographiques, comprenant, avec les principaux ports de la France, les localités remarquables par un caractère spécial. Huit tableaux pour la Méditerranée, douze pour l'Océan, rien de plus beau et de mieux conçu. Mais on avait compté sans la fatigue du peintre. Or quand Joseph Vernet vit qu'il lui avait fallu huit ans pour peindre douze tableaux, et qu'il lui restait huit tableaux à peindre, las de traîner d'une province à l'autre une famille qui allait toujours en s'augmentant, il demanda grâce. Tant qu'il n'avait eu affaire qu'à la nature du Midi, il s'était senti à l'aise. Mais à mesure qu'il remontait vers le Nord, le froid le saisissait et paralysait son imagination méridionale. Amant passionné de la Méditerranée, cette mer sans marées, tour à tour gracieuse et colère, mais toujours fidèle à son niveau, il ne put voir sans surprise et sans ennui les hauts et les bas de l'Océan, la marée, ce fait anormal qui bouleverse les lignes du paysage, change la perspective et culbute les navires échoués sur un affreux lit de vase. Si encore Joseph Vernet avait pu voir et peindre l'Océan ! Mais depuis Bayonne jusqu'à Rochefort le port de mer n'était qu'un port de rivière. Quels efforts d'esprit pour jeter un peu de variété dans ces vues monotones, pour répandre de l'intérêt sur ces terrains plats, pour prêter quelque agrément à ces objets dont le ton grisâtre et la forme insipide lui faisaient regretter sa chère Italie ! A Rochefort, tout conspire à rendre sa tâche ingrate. Comparez ce tableau aux vues de Marseille, de Toulon, du golfe de Bandol. Quelle différence ! C'est la même véracité, la même exactitude de procès-verbal. Mais qu'est devenue la poésie ? La lassitude l'a tuée.

Un motif plus grave portait Joseph Vernet à désirer la fin d'une entreprise qui lui devenait de jour en jour plus onéreuse. Le prix de chaque tableau des ports avait été fixé à 6,000 livres. Or ces tableaux mesurent 1 mètre 65 cent. de haut sur 2 mètres 63 de large, ou, pour parler le langage du temps, 5 pieds de haut sur 8 de large. En 1753, quand les conventions furent conclues, il pouvait y avoir proportion entre le prix et la besogne. Quelques années plus tard cette proportion n'existait plus. Joseph Vernet ne put s'empêcher de le faire remarquer à M. de Marigny, et celui-ci lui répondit à ce sujet : « Le secret que vous avez cru me découvrir par votre lettre m'étoit très-bien connu, et si je n'en avois pas été instruit, et que je ne l'eusse pas pénétré avant de vous charger de faire les tableaux de tous les ports de mer du royaume, je ne vous aurais point employé pour procurer au roy cette collection. Je sçavois que la gloire vous animoit dans cette entreprise, qu'elle vous conduiroit dans chacun de vos ouvrages, et que ce mo-

8

tif seroit beaucoup plus puissant que les honoraires qui
y ont été attachés. » (21 nov. 1756.) Maître Poisson en
parlait bien à son aise, lui qui puisait l'argent du roi
dans la main toujours pleine de sa sœur Pompadour.
Mais pour Vernet, obligé de courir de ville en ville, de
transporter à grand renfort de chaises femme, enfants et
beau-père, la cuisinière, la bonne et le valet, de trouver
partout logis et atelier, de subir en chaque nouveau gîte
les déboires qui attendent les étrangers, pour ce peintre
doublé d'un père de famille les conditions étaient autrement dures. Les deux vues de Bordeaux lui coûtent deux
ans de travail, les deux vues de Bayonne tout autant.
C'est donc 6,000 livres que lui paye le roi pour être
maître de son temps pendant une année. A peine s'il a
le loisir de satisfaire à quelques commandes particulières, et le produit qu'il en retire, joint à l'argent du roi,
reste au-dessous de la somme que produisaient à Rome
les travaux commandés par les particuliers seulement.
Cette somme, pendant les dernières années du séjour en
Italie, s'était élevée à 18,000 livres ; elle se maintint au
même chiffre en 1753 ; mais dès que Joseph Vernet
commence à travailler sérieusement aux tableaux des
ports de France, on la voit descendre à une moyenne
de 5,000 livres tout au plus. Ainsi, non-seulement cette
glorieuse entreprise imposait à Joseph Vernet des dépenses extraordinaires, mais le bénéfice qu'elle lui rapportait absorbait une somme égale de ses revenus habituels. Le mode de payement des honoraires doublait
encore cette perte. Au commencement, le roi paya
avec assez de régularité et en argent comptant. Dans
une lettre datée de 1756, Joseph Vernet s'en félicite et
remercie M. de Marigny de cette exactitude dont il lui
attribue tout le mérite. Bientôt les payements se ralen-
tirent, et au lieu d'argent comptant on fit accepter au
peintre des contrats sur les Etats de Bretagne et sur les

Aides et Gabelles, qui subissaient une dépréciation sensible.

Tel était donc ce grand secret qu'avait pénétré la sagacité du directeur des bâtiments. L'entreprise des ports de France ruinait celui qui s'en était chargé. Tandis qu'il enrichissait le roi de ses tableaux, Joseph Vernet s'appauvrissait. Mais en 1762 il y avait bien d'autres pauvres dans le royaume, le roi en tête. La caisse du Trésor sonnait creux. Pour la remplir on recourait aux expédients. La guerre la vidait à mesure. Le jour vint où, le peintre réclamant ses honoraires arriérés, on lui répondit : *Non possumus*, et, comme il demandait s'il devait poursuivre en attendant des temps meilleurs, on lui conseilla de s'arrêter. Mariette le dit en termes formels, les tableaux des ports de France en sont restés là faute d'argent.

Aussi bien la guerre, qui ruinait le royaume, suffisait à rendre difficile, pour ne pas dire impossible, la tâche de Joseph Vernet. Après Rochefort et La Rochelle, il aurait pu encore, à la rigueur, peindre le tableau de l'île d'Aix. Mais Belle-Isle n'était plus à nous : quel que fût l'intérêt d'une pêche de la sardine, le peintre du roi de France ne pouvait donner pour fond à ce motif vulgaire la vue d'une place tombée au pouvoir des ennemis. Les croisières qui serraient de près les côtes de Bretagne ne lui auraient pas permis d'approcher de Lorient, de Brest et de Saint-Malo. Comment, d'ailleurs, peindre ces ports sans y peindre les vaisseaux du roi? Et où étaient les vaisseaux du roi? Restaient les ports de Calais et du Hâvre. Joseph Vernet pensa qu'avant de se diriger sur ces localités, il ferait bien d'aller prendre de nouveau le mot d'ordre à Paris. Il pouvait regarder sa tâche comme terminée dans l'ouest de la France et partir sans remords.

Ainsi tout se réunissait contre cette entreprise com-

moncée avec tant de zèle et tant d'éclat. Ses propres
dégoûts, la pénurie du trésor, les circonstances, tout
concourait à détacher Joseph Vernet d'un labeur ingrat
et à le rendre à lui-même. Il est à croire qu'il ne se fit
pas trop prier. Il entendait derrière lui les amateurs réclamer contre l'accaparement d'un talent qu'ils étaient
habitués à regarder comme leur bien propre. Il entendait la critique lui dire par une bouche autorisée : «J'a-
voue que je ne vois pas sans peine M. Vernet engagé
dans ce travail. D'imitateur de la nature qu'il étoit, il
est devenu copiste ; et après avoir été peintre d'histoire, il s'est fait peintre de portraits ; car il y a une
grande différence entre suivre son génie, obéir à son
imagination, arranger, créer, et s'assujettir à copier
exactement ce qu'on voit. Ce dernier travail doit dominer l'imagination et lui ôter peu à peu la force et le feu
dont elle a besoin. Ce qui peut donc arriver de plus
heureux à M. Vernet, c'est de la retrouver à la fin de
son travail telle qu'elle avoit été auparavant ; alors il
n'aura à regretter que le temps perdu. »

Le moment était venu de réparer ce temps perdu.
Joseph Vernet dit adieu à la Rochelle vers la fin de
juillet et s'en vint droit à Paris pour y retrouver ses
amitiés, sa gloire et la fortune.

V

A Paris. — *La Bergère des Alpes.* — Dieppe. — Les estampes
des ports de France.

J. Vernet arriva à Paris le 14 juillet 1762. L'année précédente, en récompense de ses tableaux des ports, il
avait été pourvu d'un brevet de logement aux galeries
du Louvre. Mais, soit qu'il ne s'y trouvât point de logis
disponible, soit que le nouvel occupant eût besoin d'un

peu de temps pour effacer les traces de son prédécesseur, il vint d'abord habiter « la maison neuve de Saint-
Sulpice, » c'est ainsi qu'il la désigne en plusieurs endroits des *Livres de Raison*. On sait que l'église de Saint-
Sulpice, livrée au culte dès 1745, n'était pas terminée
en 1762. Quant à la place, le plan primitif de Servandoni,
qui la voulait immense et d'une architecture uniforme,
n'avait reçu qu'un commencement d'exécution. Une
maison, la première et la seule, venait d'être construite
à l'angle nord de la place projetée, faisant retour sur la
rue Princesse. C'est celle qui subsiste aujourd'hui. Ses
vastes dimensions semblent indiquer une autre destination que celle de simple maison bourgeoise, et en effet
les emblèmes religieux qui ornent la rampe du grand
escalier attestent qu'elle fut destinée soit à servir de
presbytère pour le clergé de la paroisse, soit à loger le
séminaire de Saint-Sulpice établi jusqu'alors rue du
Vieux-Colombier. Ainsi se justifie l'expression des *Livres
de Raison :* « La maison neuve de Saint-Sulpice. »

C'est donc là que J. Vernet a logé. Il serait assez difficile de s'expliquer pourquoi, si la maison même ne se
chargeait de répondre. La plupart des dessus de porte
du second étage, encore intacts aujourd'hui, représentent des marines et des paysages. J. Vernet n'y a peut-
être pas mis la main, mais à coup sûr ils lui appartiennent par l'identité du genre. Or François Vernet, le frère
de Joseph, qui habitait rue Princesse, était peintre décorateur. On peut croire qu'appelé à décorer les futurs
salons du curé ou du séminaire, il lui fut permis d'offrir
à son frère, dans le vaste édifice encore inhabité, une
hospitalité qui ne coûtait rien à personne, en attendant
son installation au Louvre.

On ne se doute guère aujourd'hui, quand on parcourt
le palais du Louvre, avec ses cours vastes et nettes, ses
innombrables salles peuplées de chefs-d'œuvre, ses gale-

ries si splendidement aménagées, de ce qu'était ce palais
au siècle dernier. La munificence des rois depuis Henri IV
en avait fait une véritable ruche d'artistes. Le roi donnait la place ; chacun s'y carrait à son gré. Qui élevait
une cloison, qui abattait un mur. Où l'un avait voulu un
salon, l'autre établissait son atelier. A chaque changement de locataire c'était un bouleversement nouveau.
Les logements du Louvre passaient de main en main au
hasard des vacances. Le sculpteur y succédait au peintre,
le graveur à l'ébéniste, l'orfèvre à l'opticien, celui-ci au
fourbisseur ou au brodeur. A chaque nouvel occupant
il fallait des dispositions nouvelles, appropriées à son
art, à son état de famille, à sa fortune. Aussi voyons-
nous Joseph Vernet dépenser pour son établissement
près de 3,000 liv. Il y met les maçons, les menuisiers,
les peintres. M. Chaise dore les moulures des chambres,
M. Plou peint les panneaux du salon et fixe des tablettes
sur le balcon d'en haut. Puis viennent les menus détails
que Joseph Vernet a grand soin de noter dans des instructions de lui-même à lui-même : « Mon nom sur la
porte — voir si les cheminées fument — machine pour
ouvrir les portes de la rue — baguettes ou moulures pour
les l'embris d'appui ; » et il en donne le dessin. « Peindre
les vouttes, etc. » — Tout se résout comme toujours par
des étrennes : étrennes aux maçons, aux charpentiers,
aux barbouilleurs, aux serruriers ; étrennes à la servante
de M. Lépicié et au portier de M. Gabriel. Ce sont les
voisins de Joseph Vernet. L'un demeure dans la cour du
vieux Louvre et l'autre devant les galeries. Quant à lui,
il a son atelier sous la colonnade, vis-à-vis Saint-Germain
l'Auxerrois, au-dessus du corps de garde de la Garde
invalide. Son logement porte le n° 15. Le n° 14 est occupé
par l'imprimerie de la *Gazette de France*. Chardin loge
au n° 12 ; Aubert l'Avignonnais, orfèvre du roi, au n° 13 ;
Guay le Marseillais, graveur en pierres fines, au n° 21.

Autour se groupent tous les amis du peintre, l'orfèvre Roettiers, le fourbisseur Gounod, le graveur Cochin, sans oublier Desportes, dont la femme prélève sur chaque locataire du roi un impôt de 6 livres pour l'entretien des lanternes dans les corridors.

Les premières dépenses de Joseph Vernet sont celles de tout provincial qui débarque à Paris. Habiller de neuf, de la tête aux pieds, sa femme, ses enfants et lui-même, les promener en fiacre, les conduire au spectacle, il ne songe à autre chose. Tout au plus prend-t-il le temps, quand il a son bel habit de soie «nommé gros de Naples,» d'aller à Versailles faire un bout de cour au marquis de Marigny. L'entrevue dut se passer en regrets de part et d'autre. Point d'argent, plus de Ports. Laisser inachevée une si belle entreprise, quel dommage! Si Vernet insista pour la continuer, j'imagine que ce fut un peu mollement. Rien ne l'empêchait après tout d'aller à Calais ou au Hâvre. Mais il avait assez de la province. Après les ennuis de Cette et de La Rochelle, il voulait enfin jouir librement de la vie de Paris. On revoit les Tuileries; on retourne à la comédie italienne; on suit le beau monde aux boulevards, les boulevards du Temple, une nouveauté. On court avec la foule au combat des animaux établi alors rue et barrière de Sèvres. On ne manque pas de dîner chez le suisse des Tuileries le 24 août, veille de la Saint-Louis, afin d'assister au concert du soir, nommé le bouquet du roi. Il faut aussi visiter les environs de Paris. C'est l'occasion de nombreuses parties fines à Vincennes, à Passy, à Sève, c'est-à-dire à Sèvres; on goûte, chemin faisant, comme goûtent les Parisiens, «cervellats et biscuits,» ou «gâteaux et saucisses.» Et puis les courses à ânes dans les bois de Meudon, et enfin, au mois de septembre, la foire de Saint-Cloud, avec les grandes eaux, les joûtes, les feux d'artifice, les jouets, les bonbons.

Mais, au milieu de ces gâteries, quel mauvais son de cloche pour Livio ! Des achats de toile, de bas, de bonnets, tout un trousseau, et le gobelet, et le couvert d'argent, ceci sent le collège. En effet, le 17 octobre, le supérieur de Juilly reçoit un quartier de la pension, et mons Livio à quinze ans rentre en cage. Après les bons pères de Bordeaux, les révérends pères de Juilly. Charlot, plus heureux, reste à Paris. Il n'a que quatre ans, et déjà son père l'associe à ses emplettes d'artiste : « Carnets pour Charlot et moy, crayons pour Charlot, et toupie. » Pourtant il faut qu'il morde, lui aussi, aux fruits amers de la science. Au mois de décembre, il est confié aux soins d'une maîtresse d'école. Quant à Émilie, elle fait encore peu de figure sur les *Livres de Raison ;* des douceurs, des rubans, tel est son lot, le lot des filles.

Au sein de tant d'affaires et de soins domestiques, au sein des plaisirs qui le sollicitent de toutes parts, le peintre s'efface. Il se repose et laisse dormir ses pinceaux. C'est en vain qu'on chercherait dans ses *Livres* la trace des tableaux exécutés à cette époque. Depuis l'année 1760 jusqu'à la fin de 1763, on n'y rencontre qu'une douzaine de commandes sans date et sans détails explicatifs. Il en est une cependant qui doit nous arrêter.

Déjà lié avec madame Geoffrin, Joseph Vernet devint, dès son arrivée à Paris, un des commensaux de cette femme célèbre. On sait qu'elle tenait table ouverte, le mercredi pour les gens de lettres, le lundi pour les artistes. Des dîners du mercredi il en a été question un peu partout. Ceux du lundi seraient à peu près inconnus, si Marmontel n'avait pris soin dans ses *Mémoires* d'en esquisser en quelques lignes la curieuse physionomie. Le sujet prêtait à un tableau des plus piquants. L'auteur de *Bélisaire* n'y a vu qu'un cadre de plus pour sa vanité de lettré, et quand il dépeint un à un les principaux convives, c'est afin de se grandir à leurs dépens.

A l'on croire, pas un ne lui viendrait à la cheville. « Le bon Carle Vanloo, dit-il, possédait à un haut degré tout le talent qu'un peintre peut avoir sans génie ; *mais* l'inspiration lui manquait, et pour y suppléer il avait peu fait de ces études qui élèvent l'âme, et qui remplissent l'imagination de grands objets et de grandes pensées. Vernet, admirable dans l'art de peindre l'eau, l'air, la lumière et le jeu de ces éléments, avait tous les modèles de ses compositions très-vivement présents à la pensée ; *mais*, hors de là, quoique assez gai, c'était un homme du commun. Soufflot était un homme de sens, très-avisé dans sa conduite, habile et savant architecte ; *mais* sa pensée était inscrite dans le cercle de son compas. Boucher avait du feu dans l'imagination, *mais* peu de vérité, encore moins de noblesse ; il n'avait pas vu les grâces en bon lieu ; il peignait Vénus et la Vierge d'après les nymphes des coulisses, et son langage se ressentait, ainsi que ses tableaux, des mœurs de ses modèles et de tout son atelier. Lemoine, le sculpteur, était attendrissant par la modeste simplicité qui accompagnait son génie ; *mais* sur son art même, qu'il possédait si bien, il parlait peu ; et aux louanges qu'on lui donnait il répondait à peine : timidité touchante dans un homme dont le regard était tout esprit et tout âme. Latour avait de l'enthousiasme, et il l'employait à peindre les philosophes de ce temps-là ; *mais*, le cerveau déjà brouillé de politique et de morale, dont il croyait raisonner savamment, il se trouvait humilié lorsqu'on lui parlait de peinture. » Quant aux amateurs qui étaient aussi des dîners du lundi, Marmontel daigne reconnaître « qu'il y en avait d'imbus d'assez bonnes études. » Mais c'est pour écraser plus lourdement le comte de Caylus dont la supériorité l'offusquait. « Ce qui me déplaisait en lui, dit-il naïvement, c'était l'espèce de domination qu'il avait usurpée sur les artistes..... Il accostait les gens instruits, se faisait composer des mémoires sur les breloques que les brocanteurs lui vendaient; proposait des prix sur Isis et Osiris, pour avoir l'air d'être lui-même initié dans leurs mystères; et avec cette charlatanerie d'érudition, il se fourrait dans les Académies sans savoir ni grec ni latin...» Ni grec, ni latin, voilà le crime! — A cette galerie de portraits il en manque un, celui de Marmontel lui-même. Notre « homme du commun » l'a peint d'un mot en le nommant l'eunuque du sérail.

Toujours est-il qu'à un de ces dîners du sérail d'hommes, Joseph Vernet se laissa choir lourdement dans un piége que lui tendit la coquetterie de l'amphitryon. Madame Geoffrin poussait jusqu'au raffinement de la diplomatie la plus compliquée le soin de s'attacher ses hôtes, et de les attacher les uns aux autres par des fils invisibles. Marmontel venait à ce moment d'obtenir un succès de larmes avec sa *Bergère des Alpes*, conte insipide, composé sur les bords de la Seine par un homme qui n'avait jamais vu les Alpes, et qui, en fait de bergers, ne connaissait que les Limousins. Madame Geoffrin imagina de demander au peintre un tableau dont le sujet serait un épisode du roman. Joseph Vernet s'exécuta de bonne grâce. Hélas! la peinture est restée à la hauteur de l'inspiration : juste châtiment d'une faiblesse que rien n'excuse. Cependant au Salon de 1763 la *Bergère des Alpes* eut un double succès. Diderot seul protesta, et l'on sait s'il avait la manche large pour son peintre favori : — « Je ne trouve, dit-il, ni le conte ni le tableau bien merveilleux. Les deux figures du peintre n'arrêtent ni n'intéressent. On se récrie beaucoup sur le paysage, on prétend qu'il a toute l'horreur des Alpes vues de loin. Cela se peut, mais c'est une absurdité; car pour les figures et pour moi qui m'assieds à côté d'elles, elles ne sont qu'à peu de distance, nous touchons à la montagne qui est derrière nous, cette montagne est peinte dans la

vérité d'une montagne voisine; nous ne sommes séparés
des Alpes que par une gorge étroite. Pourquoi donc ces
Alpes sont-elles informes, sans détail distinct, verdâtres
et nébuleuses? Pour pallier l'ingratitude de son sujet,
l'artiste s'est épuisé sur un grand arbre qui occupe
toute la partie gauche de sa composition; il s'agissait
bien de cela!» Puis, tournant sa férule contre sa vieille
amie, le critique ajoute ces paroles dont la vérité frappe
sur notre siècle autant que sur le sien : «C'est qu'il ne
faut rien commander à un artiste, et quand on veut
avoir un beau tableau de sa façon, il faut lui dire :
Faites-moi un tableau et choisissez le sujet qui vous
conviendra. Encore serait-il plus sûr et plus court d'en
prendre un tout fait.» Malgré ces dures paroles, madame
Geoffrin dut s'applaudir de son expédient. Elle avait fait
coup double et pris au même trébuchet l'esprit gâté
de Marmontel et le génie fourvoyé de Vernet. Quant à
ce dernier, les éloges des autres critiques du Salon
eurent de quoi le consoler. Lorsque plus tard, dans son
voyage en Suisse, il vit de près ces Alpes qu'il avait osé
peindre, j'imagine qu'il trouva la nature bien peu cour-
toise de ressembler si peu à un tableau si pompeusement loué.

Les vues de La Rochelle et de Rochefort furent aussi
exposées au salon de 1763. On pouvait les regarder comme
les dernières de la série des ports de France, puisque
Joseph Vernet avait rompu brusquement avec l'itinéraire qui lui était prescrit. Cependant, soit que M. de
Marigny ne pût se consoler de laisser incomplète une
suite aussi précieuse, soit que Vernet jugeât utile à sa
gloire de la continuer, ou que, poussé par Le Bas et
Cochin, il fît valoir les engagements contractés envers
les souscripteurs des estampes, toujours est-il que le
peintre se prépara à un nouveau voyage d'où il devait
rapporter un nouveau tableau. On avait, paraît-il, re-

trouvé des fonds. Le retour de la paix ramenait au moins
des espérances. Toutefois il ne pouvait être question de
retourner en Bretagne. Mais pourquoi sacrifier du même
coup les autres ports désignés par l'Itinéraire ? Le Havre
surtout offrait des ressources pittoresques que Joseph
Vernet eût appréciées. On laissa de côté et le Havre, et
Calais, et Dunkerque, et l'on se rabattit sur une localité
de bien moindre importance, le port de Dieppe.

Joseph Vernet s'y rendit au commencement de septembre. Il était seul, afin d'en finir plus tôt et de dépenser moins. Le point de vue fut vite choisi. Dès le lendemain de son arrivée, en mettant-le nez à la fenêtre, le
peintre vit aborder une à une les barques de pêcheurs
qui viennent de la haute mer pour vider leurs filets.
Cette marée pantelante jetée sur le quai, où les marchandes se la disputent, lui parut un spectacle pittoresque et le vrai sujet de son tableau. Il prit plaisir à
dessiner chaque espèce de poisson. Autour des raies,
des turbots, des loups de mer, des esturgeons et des
huîtres, il groupa les costumes pittoresques de la Normandie; il n'oublia pas le marchand d'objets d'ivoire;
il eut soin de placer tout au premier plan trois Polle-
tais dans leur accoutrement de carnaval, la toque de velours noir ornée de verre filé, la casaque bleue ga-
lonnée sur toutes les coutures, la cravate à glands d'argent, la veste brodée de fleurs, les culottes passementées
et effilochées, les bas de soie et les souliers de drap à
boucles d'argent. Le quai Henri IV s'étend à gauche; en
face le faubourg du Pollet entasse ses pignons; et plus
loin, la falaise montre ses flancs crayeux percés de
grands trous.

Le 26 octobre, Joseph Vernet était de retour à Paris,
bien décidé cette fois à ne pas terminer son tableau sur
place. Il rapportait des croquis, le dessin de l'ensemble,
tous les détails saisis au vol; il n'avait pas à craindre

ici que le changement de latitude modifiât la qualité du
ton local; le ciel nébuleux de Paris valait bien les
brouillards de Dieppe. Il prit donc ses aises, peignit à
ses heures, et ce n'est que deux ans plus tard, en 1765,
qu'il termina la *Vue de Dieppe*, la dernière de la suite
des Ports de France.

Ainsi fut accomplie en dix ans, — 1753-1763, — la
grande et unique mission confiée par le roi de France
au premier peintre de marines de son temps. Joseph
Vernet, on doit le reconnaître, s'en est acquitté avec un
rare bonheur. Aucun palais, aucun musée de l'Europe
ne peut montrer une suite de peintures topographiques
comparables à ces quinze tableaux des Ports de France.
D'autres souverains avaient eu, avant Louis XV, l'idée
de représenter en peinture les principales villes qui faisaient leur orgueil ou leur richesse. Il existe, en Italie
notamment, plusieurs exemples de décorations de ce
genre. Mais ni les vues à vol d'oiseau qui ornent la cour
du Palais Vieux, à Florence, ni les cartes géographiques
peintes à fresque tout le long d'une galerie du Vatican
à Rome, ne sauraient approcher de l'œuvre à laquelle
Joseph Vernet a attaché son nom; œuvre aussi remarquable par l'exactitude des lieux que par le sentiment
pittoresque, par l'intelligence de l'ensemble que par la
multiplicité des détails; œuvre unique, où le génie du
peintre a su réunir, sous la forme la plus attrayante, la
précision d'un document officiel à la dignité d'une
œuvre d'art.

Le succès des tableaux des Ports de France s'accrut
encore du succès des estampes qu'en gravèrent Cochin
et Le Bas. Les conditions de la publication avaient été
arrêtées entre les graveurs et le peintre en 1753. Les graveurs se lièrent par un acte de société qui leur donnait
part égale dans la propriété des planches et dans le produit. Quant au peintre, il est malaisé de définir sous

quelles réserves il céda le droit de reproduction de son œuvre. On n'avait pas à cette époque les mêmes délicatesses que nous en matière de propriété littéraire et artistique. Les tableaux des Ports appartenant au roi, il est à croire que les graveurs, pour obtenir le privilége de les reproduire, s'adressèrent beaucoup plutôt à M. de Marigny qu'à Joseph Vernet. Cependant, une part fut faite au peintre dans la distribution des estampes. Les *Livres de Raison* le montrent recueillant des souscriptions pour son propre compte; il vend des estampes; il en expédie à des marchands pour être vendues à son profit; et, sa part épuisée, il envoie chercher des épreuves chez Cochin. Mais quant à cette part elle-même, rien ne l'indique d'une façon précise. On peut à peine se livrer à des conjectures.

C'est à Cette que Joseph Vernet commença, en 1756, à recueillir des souscriptions. A Bordeaux, leur nombre s'élevait déjà à cinq cent soixante-deux. Il ne fit qu'augmenter à Bayonne et à La Rochelle. A Paris, il se compléta d'une foule de noms illustres. La plupart des souscripteurs, ceux de Cette entre autres, avaient payé sur parole. Or, la première livraison ne parut que quatre ans après 1756. A voir tant d'empressement et tant de patience, on comprend la portée que le public du temps attribuait au travail de Vernet. Si ces tableaux et les estampes des ports éveillèrent dans toute la France de si nombreuses sympathies, c'est que c'était là une œuvre vraiment nationale. Au milieu de l'abaissement de notre marine, le patriotisme français accueillit avec le même enthousiasme la victoire de Port-Mahon et la représentation de ces places fortes qui permettaient d'espérer de nouveaux triomphes.

La première livraison des estampes des ports parut en octobre 1760; elle comprenait le *Port neuf* ou l'*Arsenal de Toulon* (n° 1), l'*Intérieur du port de Marseille* (n° 2), la *Madrague* ou la *Pêche du thon, vue du golphe de Bandol* (n° 3), et l'*Entrée du port de Marseille* (n° 4). Toutes ces estampes sont sans dédicace; elles portent les armes du roi et une légende uniforme, où sont énumérés tous les titres du marquis de Marigny. La deuxième livraison parut deux ans après, en 1762; c'étaient le *Port vieux de Toulon* (n° 5), la *Ville et la rade de Toulon* (n° 6), le *Port d'Antibes* (n° 7), et le *Port de Cette, en Languedoc* (n° 8). La troisième suivit en 1764; elle se composait des deux *Vues de Bordeaux* et des deux *Vues de Bayonne* (n°° 9, 10, 11 et 12). Mais entre la troisième et la quatrième livraisons, il s'écoula trois ans. Les graveurs attendaient que le peintre complétât le nombre des tableaux promis. Ils se résignèrent enfin, en 1767, à faire paraître une demi-livraison : le *Port de La Rochelle* et le *Port de Rochefort* (n°° 13 et 14).

Après ces deux estampes, il semble que la publication soit terminée; ce n'est qu'en 1775 que Le Bas se ravise; il demande à Martini l'eau-forte du *Port de Dieppe*, l'achève ou la fait achever dans sa boutique et la publie, trois ans plus tard, sous le n° 15.

Le public cependant, à qui l'on avait promis cinq livraisons de quatre estampes, c'est-à-dire en tout vingt estampes, attendait toujours le complément. Mais Vernet en avait fini avec les Ports de France. Les graveurs essayèrent de se passer de lui. Cochin s'en alla dessiner une *Vue du Havre*, Le Bas et Martini la gravèrent, et en 1780 on la publia sous le n° 17, avec une dédicace à M. d'Angivilliers. Le public, paraît-il, accepta la substitution le mieux du monde, si bien que quelques années plus tard l'idée fut reprise, et Basan, un autre entrepreneur de gravure, spéculant encore sur le succès des Ports, fit paraître, dans le même format que les seize estampes de Le Bas, sans oser toutefois en reproduire les armes et la légende, une *Vue de Rouen*, portant le n° 17. Mais il n'osa continuer, et le nombre des vingt estampes promises ne fut jamais complété.

Chaque livraison des estampes des Ports se vendait au public 36 livres, ainsi que nous l'apprend le journal de Wille. C'est aussi à ce prix que Joseph Vernet la livre à ses souscripteurs. Cependant les amis bien intimes, Vialy, par exemple, ne payaient que 24 livres. Pour d'autres, au contraire, les amateurs raffinés qui ne veulent que des épreuves avant la lettre ou des épreuves d'auteur, le prix s'élevait à 12 et 15 livres la pièce. La collection complète des seize estampes, en épreuves ordinaires, coûtait alors 144 livres. En 1775, à la vente de Mariette, elle atteignit 200-livres, et 380 à celle de Randon de Boisset, en 1777. Aujourd'hui ce prix est bien tombé. On connaît quatre états de cette collection. Nous avons vu vendre à 7 francs la pièce les épreuves du premier état, à l'eau-forte pure. — Le deuxième état, avant la lettre, et non terminé, est l'eau-forte de Cochin, avec quelques travaux de Le Bas. — Le troisième état, avant la lettre et terminé, ne dépasse pas aujourd'hui le prix de 80 francs. — Quant au quatrième état, terminé et avec la lettre, les épreuves anciennes se vendent 2 fr. Les planches existent encore. On en tire tous les jours des épreuves blafardes qui s'en vont faire leur tour de France dans la balle du colporteur et s'étaler honteusement sur les quais des ports qu'elles représentent.

Les estampes des ports furent exposées aux Salons de 1761, 1763, 1765, 1767, 1779 et 1781. Diderot leur fit dès le principe un très-mauvais accueil. « Le Bas et Cochin gravent de concert les ports de mer de Vernet. Mais Le Bas est un libertin qui ne cherche que l'argent, et Cochin est un homme de bonne compagnie qui fait des plaisanteries, des soupers agréables, et qui néglige son talent. Il y a, ajoute-t-il, il y a à Avignon un certain Balechou, assez mauvais sujet, qui court la même carrière et qui les écrase. » (Salon de 1763.) N'en déplaise à Diderot, on frémit en pensant à ce que seraient devenus les aimables tableaux des ports sous le burin savant de Balechou. Mais Diderot n'est pas homme à lâcher ni une idée ni un individu quand une fois il s'en est coiffé. En 1765, il reprend sur le même ton : « C'est Le Bas qui a porté le coup mortel à la bonne gravure parmi nous, par une manière qui lui est propre, dont l'effet est séduisant, et que tous les jeunes élèves se sont efforcés d'imiter inutilement. Il a publié quatre estampes de la troisième suite des ports de France de Vernet. C'est Cochin qui a fait les figures, et c'est ce qu'il y a de bien. Ces associés n'ont pas pleuré bien amèrement la mort de Balechou... Ah ! Balechou, *ubi, ubi es?* » — En 1767 : « Deux estampes de la quatrième suite des ports de France, gravures médiocres, faites en commun par deux habiles gens, dont l'un aime trop l'argent et l'autre trop le plaisir. Ce n'est pas seulement à Vernet, c'est à eux-mêmes que ces artistes sont inférieurs; l'un a fait les figures par dessous jambe et Le Bas les ciels. »

Ce n'est pourtant pas une œuvre toute à dédaigner que cette collection des quinze estampes des ports de France. Il y a telle vue dont l'effet, très-heureusement rendu, fait honneur à Le Bas; et quant à Cochin, comment ne pas lui savoir gré de l'esprit avec lequel il a su saisir et reproduire les spirituelles figures qui peuplent les premiers plans! Une exécution plus savante, une gravure plus couverte et plus poussée au noir, en accusant davantage l'effet, aurait supprimé les détails. La pointe aisée de Cochin et le burin sommaire de Le Bas les font au contraire valoir, et conservent ainsi à ces estampes leur principal intérêt. Si les ports de France de Vernet, en peinture ou en gravure, nous intéressent aujourd'hui, c'est moins comme œuvres d'art qu'à titre de documents historiques. Bien d'autres artistes du xviii° siècle se sont appliqués au costume. Mais les uns n'ont représenté que des figures isolées, où la vie manque. D'autres ont suivi la fantaisie aux dépens de la vérité. D'autres se sont limités à une certaine classe. Chardin est bourgeois, Moreau est Parisien, et du grand monde. Joseph Vernet seul a peint la foule. Chez lui, les costumes de toutes les classes et de tous les âges se coudoient librement, la noblesse à côté du bas peuple, le militaire près du bourgeois; le paysan, fidèle aux traditions du terroir, à deux pas du petit maître qui reçoit le mot d'ordre de Paris; le galérien tout contre la grande dame.

> « ... Sur les bords d'un vaste bassin
> Un peuple innombrable fourmille,
> Calfate une tartane, élève un magasin,
> Transporte le café, l'indigo, la vanille,
> D'huile et de vin fait rouler les tonneaux,
> De sucre et de tabac voiture les bocaux.
> Le soldat, la femme, la fille,
> L'officier aux traits valeureux,
> Le jeune abbé, le sergent, le chanoine,
> Le commerçant, le procureur, le moine,
> Le conseiller aux longs cheveux,
> Le pâtre, le paysan, la timide bergère,
> Le commis insolent, l'impudente harangère,
> Le philosophe sourcilleux,
> Le petit maître qui s'admire,
> L'amoureux transi qui soupire,
> Et le partisan dédaigneux [1]... »

Il y a, je le veux bien, dans ces rapprochements un peu d'apprêt, un certain air de dimanche. Les costumes semblent tirés tout exprès de l'armoire, et ceux qui les

---

[1] Épître à monsieur Vernet, peintre du Roi, membre de l'Académie royale de peinture et sculpture, par M. Bouquier. — A Amsterdam, et se trouve à Paris, chez Monory, 1778. — C'est une plaquette de trente-une pages, où la verve du poète s'épanche en plus de cinq cents vers d'un goût douteux.

portent se laissent trop voir. Mais il y a avant tout une
fidélité qu'on sent instinctivement comme la ressemblance d'un portrait, un esprit qui sait se borner au
mouvement et à l'agencement des groupes sans chercher des effets de friperie pittoresque, un soin enfin,
une conscience qui n'omet aucun fait caractéristique.
La collection des ports de France est une galerie de
portraits, ou, mieux encore, c'est la chambre obscure
du XVIIIᵉ siècle. Joseph Vernet s'y montre sous un aspect
nouveau. S'il n'eût pas été le grand peintre de marines
que l'on admire, il eût fait le plus délicieux des peintres
de mode. Il possède à un degré éminent l'esprit du costume, et par costume, il entend bien ce qu'il faut entendre, non pas seulement la forme et la couleur des
habits, mais la façon de les porter, l'allure qu'ils impri-
ment au corps, les manières, les mœurs d'une époque.
Cet esprit du costume, c'est avec l'intelligence de la
mer, la qualité fondamentale de son génie; c'est la
qualité de race des Vernet. Voyez Carle, avec ses *In-
croyables*, ses chasses, ses troupiers, autant d'œuvres
caractéristiques du temps où il a vécu. Voyez Horace,
le costumier des batailles, portant jusqu'aux époques
bibliques la préoccupation du costume réel. Chose
étrange! le même instinct qui poussa Joseph Vernet à
unir son fils à la fille de Moreau jeune, le plus grand
dessinateur des modes de son siècle, semble avoir rapproché de nos jours dans une alliance analogue Horace
Vernet et Paul Delaroche, deux peintres aussi pénétrés
l'un que l'autre de cet esprit du costume, qui est, si
l'on y veut prendre garde, la moitié de la vérité historique.

TROISIÈME PARTIE

1763-1775

I

L'art français en 1763. — Collègues et amis. — Quelques oubliés.

Peu d'existences d'artistes présentent des phases aussi diverses et aussi tranchées que celle de Joseph Vernet. Il semble qu'on le voie s'avancer dans la vie par longues étapes tendant toutes à un but différent. A chaque pause c'est un autre homme, il recommence à vivre sur nouveaux frais. Né en France, au sein d'une province étrangère à la France, à peine est-il en état de la connaître et de l'aimer, il la quitte et se fait Italien. Après vingt ans et plus d'exil volontaire, il revient, mais il ne prend pied nulle part, et le voilà, pendant une dizaine d'années, errant de ville en ville, comme en quête d'une patrie. Cette patrie, il ne la trouve enfin qu'en 1763, à la veille d'atteindre la cinquantaine, et ce n'est ni la ville où il est né ni celle où il a le plus vécu. Mais c'est celle qui peut le mieux le fixer dans le pays auquel il appartient par l'esprit et le talent, et donner à sa gloire une nationalité définitive.

En effet, tant que Joseph Vernet avait habité Rome, il était resté étranger à l'art français; ses tableaux seuls passaient les monts. Depuis 1746, ils venaient à chaque Salon témoigner de l'existence et de l'habileté de leur auteur. Sa réputation s'était ainsi fondée à Paris, comme

à Rome et à Londres. Mais elle n'y pouvait prendre racine, elle n'y portait pas de fruits. Peintre cosmopolite,
l'Europe entière l'admirait, sans qu'aucun pays de l'Europe le saluât du nom de fils. Paris même le nommait
M. Vernet de Rome. Dans l'intervalle d'un Salon à l'autre
on avait le temps de l'oublier, et on l'oubliait en effet.
L'entreprise des Ports fut le premier lien qui le rattacha
à sa patrie. L'adoption de l'Académie lui donna des con-
citoyens. Toutefois, Joseph Vernet ne cessa d'être un
absent et ne devint vraiment un peintre français que
lorsqu'il s'établit pour toujours à Paris en 1763.

L'art français traversait alors une de ces crises que
l'on est convenu d'appeler une époque de transition. Les
grands artistes qui avaient tenu sous le charme la première moitié du xviiie siècle achevaient de disparaître un
à un. Boucher atteignait la soixantaine. Carle Vanloo
sentait venir la mort. Bientôt allait se fermer pour toujours cette école de la grâce où le génie de Watteau avait
inauguré un art original, un art véritablement français.
— Art frivole, dit-on, — mais il avait son idéal qu'il ne
tenait de personne. Et si au service de cet idéal de fantaisie il employait un style de fantaisie et de caprice,
n'était-ce pas se montrer logique? Les corrupteurs de
l'art au xviiie siècle furent ceux qui transportèrent la
fantaisie dans un ordre de sujet où elle ne doit pas
entrer; ceux qui, dépourvus d'idée, impuissants à s'en
créer une, se traînèrent lourdement le long des voies
battues de la religion et de l'histoire, sans autre bagage
que le style galant, style on ne peut plus convenable aux
galanteries, mais parfaitement déplacé ailleurs.

En 1763, le vieux Restout vivait encore : malgré ses
soixante-et-onze ans, il trônait à l'Académie, mais on le
délaissait comme le représentant d'un art trop sérieux.
Natoire, directeur de l'Académie de France à Rome, for-
mait les jeunes talents à l'intelligence des grands maî-

de cuivre rouge et à têtes de choux, que signifient-ils? que disent-ils?..... » — Il ne traite pas mieux les Pères Conscrits de l'Académie : — « Carle Vanloo, *Eheu quantùm mutatus ab illo !* » — « Restout... Les pieds et les mains de ses figures sont mal dessinés; mais qui est-ce qui se donne aujourd'hui la peine de finir ces parties? Et pourtant, reprend-il, cet homme est encore un aigle en comparaison de Pierre et de beaucoup d'autres. » — « Hallé est toujours le pauvre Hallé... Vous m'ennuyez , Monsieur Hallé, vous m'ennuyez. » — « Boucher, un homme corrompu par la louange et entêté de son talent... Il a de vieux portefeuilles pleins de morceaux admirables qu'il dédaigne. Il en a de nouveaux, farcis de moutons et de bergers à la Fontenelle, sur lesquels il s'extasie. »

Quel tableau! Dans un pays intelligent, sinon artiste, un tel état de choses ne pouvait durer sans provoquer une réaction. Il est d'usage d'en attribuer l'initiative à Vien. C'est lui, dit-on, qui, avant David, ramena l'art français à l'étude de la nature. Mais, lui donna-t-il des idées? Sut-il le dépouiller des langes de la convention? Esprit étroit et timide , Vien n'a rien inventé. Il s'est abstenu du cabaret, voilà tout. La réaction avait commencé le jour où l'art, fatigué des mensonges académiques, se mit en quête de vérité; et le peintre qui sut trouver dans la nature une vérité nouvelle , ce n'est pas Vien, c'est Chardin, son prédécesseur de vingt ans.

On se rappelle le mot de Louis XIV devant les tableaux de Téniers : — « Qu'on enlève ces magots !... » Le grand roi parlait comme son siècle, il exprimait l'attitude de l'école française vis-à-vis des écoles naturalistes. Mais quelques années plus tard tout était changé. Téniers et les magots de sa bande forçaient les portes des collections princières. Logés chez le Régent, qui pouvait les méconnaître? L'art français s'humanisa, et, de même qu'il avait consenti à suivre Watteau dans les sentiers fleuris

tres, c'est-à-dire de Baroche et de Carle Maratte. Le véritable, le seul roi de l'école, il faut bien le nommer, c'était
Pierre; derrière lui, Doyen, Deshays, Brenet, La Grénée, ses ministres, assis sur les ruines de la peinture
française, achevaient de, pervertir le goût public. On
est embarrassé pour définir les principes de cet art
bâtard, tant il y a chez ces hommes absence de principes. Au surplus, écoutons un témoin. Diderot a écrit le
Salon de 1763. Voyons comme il habille et le roi de l'é-
cole et ses ministres : — «Monsieur Pierre, chevalier de
l'ordre du Roi, premier peintre de Monseigneur le duc
d'Orléans et professeur de l'Académie de peinture, vous
ne savez plus ce que vous faites, et vous avez bien plus
tort qu'un autre. Vous êtes riche; vous pouvez, sans
vous gêner, vous procurer de beaux modèles et faire tant
d'études qu'il vous plaira. Vous n'attendez pas l'argent
d'un tableau pour payer votre loyer. Vous avez tout le
temps de choisir votre sujet, de vous en pénétrer, de
l'ordonner, de l'exécuter. Vous avez été mieux élevé que
la plupart de vos confrères; vous connaissez les bons auteurs français; vous entendez les poëtes latins, que ne
lisez-vous donc? Ils ne vous donneront pas le génie, parce
qu'on l'apporte en naissant; mais ils vous remueront,
ils élèveront votre esprit, ils dégourdiront un peu votre
imagination; vous y trouverez des idées, et vous vous en
servirez.»—«Pierre, ajoute-t-il, a toujours été en dégé-
nérant, et sa morgue s'est accrue à mesure que son talent s'est perdu; c'est aujourd'hui le plus vain et le plus
plat de nos artistes. » — Joseph Vernet, le jugeant d'un
mot, le nommait la bûche pétrifiée.

Plus indulgent pour Deshays et pour La Grénée, Diderot ne ménage pas Doyen : — « Cet Ulysse droit, froid,
sans caractère, a été pris dans la boutique d'un vannier.
C'est une figure à garder pour la procession du suisse de
la rue aux Ours. Et ces maussades et longs soldats à face

de la fantaisie, il permit à Chardin de le guider sur les rudes chemins de la peinture naturaliste. L'Académie accepta Chardin comme elle avait accepté Watteau.

Il y avait donc en 1763, dans le sein même de l'Académie, un peintre qui ne demandait ses inspirations qu'à la nature, et ce peintre était Chardin. Placé tout à fait en dehors des traditions italiennes et des traditions françaises, il ne se rattachait qu'à l'art flamand. Il enseigna à notre école la peinture de genre, jusqu'alors pratiquée par le seul Jeaurat. Déjà à ses côtés Greuze s'emparait de cette peinture nouvelle et la rendait définitivement française en frottant d'un vernis de mélodrame l'idéal que lui avait donné Chardin, la moralité du foyer domestique.

Quant au paysage, il était demeuré pendant longtemps absolument nul. L'étude de la nature n'allait pas jusque là. Les listes de l'Académie n'offrent, avant 1763, que deux noms de paysagistes, J. Francisque Millet et Lebel. Egalement médiocres, tous deux âgés, ils se rattachaient à l'ancienne tradition du paysage classique, et ne représentaient ni une idée ni un principe. Diderot ne manque pas d'envoyer au pont Notre-Dame les deux paysages de Millet qui figuraient au Salon de 1763, l'année même où eut lieu l'éclatant début de Loutherbourg.

Tel était l'état de l'art français en 1763, lorsque Joseph Vernet s'établit à Paris. On voit de suite sa place clairement marquée. Entre le faux idéalisme des peintres d'histoire que Vien essaye de relever, et le réalisme de Chardin qui se transforme dans les mains de Greuze, Joseph Vernet vient enseigner la vérité poétique de la nature : voie nouvelle où l'art français n'était pas encore entré. Claude Lorrain avait fait vibrer cette corde à Rome, mais l'Académie ne l'avait jamais entendue de près. Pour qu'elle l'écoutât, pour que cette douce musique de la poésie du paysage éveillât un écho dans l'école française, il ne fallut rien moins que la présence de

Joseph Vernet à Paris. De loin, ses tableaux faisaient pressentir les tendances de son talent, sans lui donner un seul imitateur. A peine à Paris il eut des rivaux. Il révéla Lantara à lui-même, il enflamma Loutherbourg, il produisit Ozanne, Huc, Mettay, Noël. Telle est la force de l'exemple. Le génie d'un artiste peut demeurer sans influence, si sa personne, sa vie n'y ajoutent un enseignement familier, mieux compris de ses contemporains.

Aussi, dans ce Salon de 1763, que nous citions tout à l'heure, Diderot fait de ses éloges quatre parts qu'il distribue presque également entre Vien, Chardin, Greuze et Vernet. S'il acclame Deshays et Loutherbourg, c'est l'erreur d'un enthousiasme trop crédule aux espérances. Les autres, jeunes ou vieux, ne comptent que pour des nuances plus ou moins effacées. En ce moment les destinées de l'art français, l'avenir de l'Académie, reposent sur quatre têtes : Vien, Chardin, Greuze et Vernet.

On comprend dès lors de quel côté Joseph Vernet se sentit attiré quand il commença à fréquenter l'Académie. Avec Greuze, point d'affaire. Vernet jugeait trop bien le faux bonhomme quand il lui disait : «Vous portez en vous le plus cruel de vos ennemis, et cet ennemi, c'est vous-même.» Il lia amitié avec Chardin; mais de tous ses collègues, ceux dont il se rapprocha le plus volontiers furent Vien et Soufflot. Il les avait connus à Rome, et, plus encore qu'une vieille affection, la conformité des idées devait unir ces trois hommes. Tous trois doués du sentiment du beau, trop intelligents pour le chercher dans l'oubli de toute règle et de toute tradition, ils formèrent un trio de sages dont la voix chantait en prose la poésie de la nature, l'amour de la vérité, le respect des maîtres et la dignité de l'idée.

D'autres amitiés, ébauchées à Rome, attendaient Joseph Vernet à l'Académie. Simon Challe, le sculpteur, n'en faisait pas encore partie; mais la chaire de perspective y était occupée par son frère, Michel-Ange Challe, dessinateur du cabinet du roi. Ce dernier avait épousé une des filles de Nattier, pendant que Tocqué, l'habile peintre de portraits, épousait l'autre. Madame Tocqué et madame Challe accueillirent madame Vernet comme une amie. Les Coustou aussi étaient deux frères. Joseph Vernet n'avait connu à Rome que le cadet, Pierre-Charles, l'architecte, surnommé le Romain. Il se lia avec l'aîné, Guillaume, le sculpteur. Mesdames Coustou devinrent à leur tour les compagnes inséparables de madame Vernet. L'âme de cette société féminine était madame Carle Vanloo, fille du musicien Sommis, et sa nièce, la femme de Louis-Michel Vanloo, le portraitiste. On se réunissait pour faire de la musique chez Carle, dont le salon était ouvert à tout ce que Paris comptait d'artistes de mérite. On se donnait rendez-vous à Sèvres ou à Saint-Cloud. Ensemble on courait les bois, on goûtait sur l'herbe, et tous les ans, le 2 janvier, avait lieu, chez l'un ou l'autre des hôtes des Galeries, le « souper des dames, » fourni par le traiteur, sorte de pique-nique où chacune payait son écot.

Joseph Vernet retrouvait encore sur les fauteuils académiques le peintre Louis le Lorrain, l'ancien compagnon de ses chasses en Italie; les graveurs Cochin et Le Bas, devenus d'autant plus ses amis, que leur burin s'exerçait, non sans profit, à interpréter ses œuvres; Laurent Cars, qu'il avait visité à un de ses précédents voyages; Wille, avec qui il avait échangé plusieurs lettres pendant son séjour à Bayonne. Wille n'a rien gravé d'après Vernet, si ce n'est par la main de son élève Zingg. Vernet cependant se hâta de lui faire visite le 13 avril 1763. Mais entre le flegmatique buriniste allemand et le peintre méridional aux vives allures, il ne s'établit et il ne pouvait s'établir que des relations de simple politesse bientôt interrompues.

Grâce à ces liaisons antérieures, Joseph Vernet put se regarder à l'Académie comme chez lui. Ses autres collègues d'ailleurs s'empressaient à lui faire fête. L'architecte Gabriel lui demanda deux tableaux; l'architecte Lecarpentier tout autant. Pareille commande lui vint de Descamps, l'organisateur des écoles gratuites de dessin, le biographe des peintres flamands et hollandais. L'aimable peinture de Vernet savait entrer partout et se faire aimer de tous, même des artistes.

En dehors de l'Académie, c'est surtout de ses compatriotes, comtadins et provençaux, que Joseph Vernet aime à s'entourer. J'imagine qu'une de ses premières visites fut pour la rue d'Argenteuil, derrière la paroisse Saint-Roch. Là demeurait son ancien maître, le fils du décorateur de chaises d'Aix, Louis-René Viali, alors âgé de quatre-vingt-trois ans. Viali était établi à Paris depuis dix ans et plus; membre de l'Académie de Saint-Luc, il prenait une part active à ses expositions, et comme peintre de portraits et comme peintre de marines. En 1756 il n'exposait pas moins de douze tableaux de ce genre : l'un eut l'honneur d'entrer dans la galerie du comte de Vence; trois ont été gravés, et les estampes ne donnent pas une bien haute idée du talent de Viali. Le portrait était mieux son fait. Celui du centenaire Annibal Camoux, gravé par Lucas, eut un certain succès. En 1753, il en exposait neuf, entre autres celui de M. Franque, architecte, et son épouse. Joseph Vernet retrouvait en effet à Paris ce compagnon de sa jeunesse, ce fils d'Avignon, François Franque, et il le retrouvait nanti d'un bon emploi, inspecteur des bâtiments de l'hôtel des Invalides. Quel plaisir aussi de serrer dans ses bras Duplessis, converti du paysage au portrait et devenu peintre à la mode! Parmi les amis de Joseph Vernet, se rencontrent encore : Beaufort, un des fondateurs de l'Académie de Marseille, membre de l'Académie de Paris en

1771, et comme tel, justiciable de Diderot, qui ne le ménage guères; Barthélemy Ollivier, peintre ordinaire du prince de Conti, héritier, dans ses eaux-fortes, de l'esprit de Watteau, et auteur de quatre tableaux agréables placés au Musée de Versailles; Joseph-François Parrocel, peintre médiocre, dont les filles, peintres aussi et musiciennes, empruntent à Joseph Vernet des ariettes et des morceaux d'opéra; Joseph Boze, peintre breveté de la guerre sous le ministère Brienne, moins connu par ses estimables portraits que par son dévouement aux malheurs de Louis XVI et de Marie-Antoinette. Bien d'autres artistes du midi de la France apparaissent sur les *Livres de Raison* à titre d'amis, de correspondants ou de simples visiteurs. Les adresses donnent les noms de « M. Arnulphi, » Claude Arnulphi, peintre de portraits à Marseille; — « M. Louis ou Loys, de Montpellier; » — « M. Crossier, peintre provençal, » nommé Croisier par le catalogue du Musée d'Orléans, qui possède de lui deux dessins; — « M. Julien, » Simon Julien, de Toulon; — « M. Henry, » celui qu'un critique en colère avait baptisé le *Singe de Vernet;* «M. Michel; » et quelques autres. Pour la plupart, cette ligne jetée sur les pages d'un livre d'adresses par la main distraite de Vernet est le seul document qui conserve à la postérité le souvenir de leur existence.

L'histoire n'a pas souci des humbles. C'est assez nous appesantir sur les amités obscures de Joseph Vernet. La vie d'un artiste ne se renferme pas dans les limites de son art. En dehors du cercle de ses collègues, il se trouve forcément en contact avec le public. Or, c'est là que, bien souvent, au lieu de roses, il ne rencontre que des épines, et la plus aiguë, la plus incisive de toutes, la critique.

II

La critique d'art au xviiie siècle. — Diderot,

Il y avait dans le talent de Joseph Vernet une tendance idéaliste qui le rapprochait des esprits les plus
distingués de son temps. Loin de s'astreindre à une reproduction servile de la matière, on le voyait choisir les
objets que son intelligence lui désignait comme les plus
intéressants, mêler au spectacle de la nature des scènes
humaines dont l'intention bien écrite n'échappait à personne, combiner avec réflexion les éléments dramati-
ques de ses tableaux, s'attacher, en un mot, à reproduire moins la beauté de la nature que l'esprit de cette
beauté. Rien ne pouvait mieux le servir en France, chez
un peuple plus littéraire qu'artiste, où l'art, pour être
compris, a besoin de se greffer sur les lettres. Aussi Jo-

seph Vernet fut-il adopté tout d'abord par le public
éclairé. Les gens de lettres le saluèrent comme un des
leurs. A Rome, il avait connu l'abbé Leblanc. A Paris,
le salon de madame Geoffrin lui fut ouvert. Là il rencontra Marmontel, il séduisit Grimm, il tourna la tête à
Diderot. Tous trois louèrent en lui l'homme d'esprit, le
peintre littéraire aux yeux duquel l'idée a le même prix
que la forme ou la couleur. Diderot, plus profond, sut
démêler chez Vernet un double caractère, qui l'aida à
le comprendre mieux que Vernet ne se comprenait lui-
même. Pour le philosophe encyclopédiste, habitué à
remonter des effets aux causes, et à admirer, sans la définir, la puissance créatrice de la nature, l'organisation
d'un tel homme présentait un fait exceptionnel. C'est
par la puissance de son génie créateur que Joseph Vernet étonne et étourdit Diderot. Le charme des qualités

pittoresques le frappe moins que cette prodigieuse facilité avec laquelle l'artiste sait faire, selon le mot de la Dauphine, la pluie et le beau temps. — « Vingt-cinq tableaux, s'écrie-t-il, vingt-cinq tableaux ! et quels tableaux ! C'est comme le Créateur, pour la célérité; c'est comme la nature, pour la vérité. On dirait de Vernet qu'il commence par créer le pays, et qu'il a des hommes, des femmes, des enfants en réserve, dont il peuple sa toile comme on peuple une colonie; puis il leur fait le temps, le ciel, la saison, le bonheur, le malheur qu'il lui platt. C'est le Jupiter de Lucien, qui, las d'entendre les cris lamentables des humains, se lève de table et dit : « De la grêle en Thrace; » et l'on voit aussitôt les arbres dépouillés, les moissons hachées et le chaume des cabanes dispersé : « La peste en Asie, » et l'on voit les portes des maisons fermées, les rues désertes et les hommes se fuyant : « Ici un volcan; » et la terre s'ébranle sous les pieds, les édifices tombent, les animaux s'effarouchent, et les habitants des villes gagnent les campagnes : « Une guerre là; » et les nations courent aux armes et s'entr'égorgent : « En cet endroit une disette; » et le vieux laboureur expire de faim sur sa porte. Jupiter appelle cela gouverner le monde, et il a tort. Vernet appelle cela faire des tableaux, et il a raison [1]. » — Ailleurs, c'est avec un degré d'exagération de plus, voire une pointe de blasphème, la même surprise exprimée par un tour de phrase analogue : « Ce qu'il y a d'étonnant, c'est que l'artiste se rappelle ces effets à deux cents lieues de la nature, et qu'il n'a de modèle présent que son imagination; c'est qu'il peint avec une vitesse incroyable; c'est qu'il dit : Que la lumière se fasse, et la lumière est faite; que la nuit succède au jour, et le jour aux ténèbres, et il fait nuit, et il fait jour; c'est que son

1. Salon de 1765. Tome VIII de l'édition Brière.

imagination, aussi juste que féconde, lui fournit toutes ces vérités;... c'est que ces compositions prêchent plus fortement la grandeur, la puissance, la majesté de la nature, que la nature même. Il est écrit : *Cœli enarrant gloriam Dei.* Mais ce sont les cieux de Vernet, c'est la gloire de Vernet [1]. »

Un autre côté par lequel Joseph Vernet devait saisir Diderot, c'est le caractère profondément humain de ses œuvres. A voir avec quelle légèreté le philosophe parle de la nature, avec quel sans-gêne il la met au-dessous de sa représentation peinte, on serait tenté de croire qu'il la connaissait bien peu. Mais il connaît le cœur humain, et les figures de Joseph Vernet, chez lesquelles il le sent battre, l'aident à comprendre le tableau. — « Le paysage est charmant, mais le naufrage est tout autre chose. C'est surtout aux figures qu'il faut s'attacher : le vent est terrible; les hommes ont peine à se tenir debout. Voyez cette femme noyée qu'on vient de retirer des eaux, et défendez-vous de la douleur de son mari, si vous le pouvez [2]..... » — « Considérez bien, dit-il à propos d'un autre naufrage, ces hommes occupés à réchauffer cette femme évanouie au feu qu'ils ont allumé sous une roche, et dites que vous avez vu un des groupes les plus intéressants qu'il fût possible d'imaginer [3]. » Ces scènes pathétiques le frappent si vivement qu'il en rêve. — « J'ai vu ou j'ai cru voir, tout comme il vous plaira, une vaste étendue de mer s'ouvrir devant moi. J'étais éperdu sur le rivage à l'aspect d'un navire enflammé. J'ai vu la chaloupe s'approcher du navire, se remplir d'hommes et s'éloigner. J'ai vu les malheureux que la chaloupe n'avait pu recevoir, s'agiter, courir sur le tillac, pousser des cris. J'ai entendu leurs cris, je les ai vus se précipi-

1. Salon de 1767. Edition Brière.
2. Salon de 1765.
3. *Ibid.*

ter dans les eaux, nager vers la chaloupe, s'y attacher...
J'ai vu un matelot entraîner après lui sa femme, qu'il
avait ceinte d'un câble par le milieu du corps... Il na-
geait; ses forces commençaient à défaillir; sa femme le
conjurait de se sauver et de la laisser périr. Cependant
la flamme du vaisseau éclairait les lieux circonvoisins,
et ce spectacle terrible avait attiré sur le rivage et sur
les rochers les habitants de la contrée, qui en détour-
naient leurs regards. — Une scène plus douce et plus
pathétique succéda à celle-là : un vaisseau avait été
battu d'une affreuse tempête; je n'en pouvais douter à
ses mâts brisés, à ses voiles déchirées, à ses flancs en-
foncés... Je voyais de toutes parts les ravages de la tempête; mais le spectacle qui m'arrêta, ce fut celui des
passagers qui, épars sur le rivage, frappés du péril auquel ils avaient échappé, pleuraient, s'embrassaient, le-
vaient leurs mains au ciel, posaient leurs fronts à terre;
je voyais des filles défaillantes entre les bras de leurs
mères, de jeunes épouses transies sur le sein de leurs
époux; et, au milieu de ce tumulte, un enfant qui som-
meillait paisiblement dans son maillot... Je voyais toutes
ces scènes touchantes, et j'en versais des larmes réel-
les [1]. » — Les larmes ! Diderot les aime. Vernet, comme
Greuze, lui donnait à pleurer. Devant Vernet, comme
devant Greuze, Diderot pleure avec joie et applaudit en
larmoyant [2].

Ainsi vu à travers les larmes et sous la pression d'un
enthousiasme fiévreux, Vernet grandit de cent coudées.
Ce n'est plus un peintre, c'est un poëte, c'est un philosophe. On peut l'admirer sans déroger. Les plus hommes
d'esprit n'ont plus qu'à saluer en lui un confrère. Tout
ce qui se pique de penser doit sans tarder se procurer
un tableau de Vernet pour le placer à côté de la biblio-

[1]. Salon de 1767.
[2]. Voir aussi les *Regrets à ma vieille robe de chambre*.

thèque qui contient les œuvres de Voltaire, de d'Hol-
bach et d'Helvétius. Tout un siècle raisonneur adopte
Vernet, et c'est Diderot qui fait les frais de l'adoption.

On objectera que les Salons demeuraient inédits. Sans
doute ; Diderot les écrivait dans le mystère. Mais ne les
lisait-on pas un peu sous le manteau ? Admettons que
personne à Paris n'en avait la primeur, pas même madame Geoffrin : n'est-il pas évident que Diderot, avant
d'écrire ses Salons, les parlait ? Comment un homme à
impressions si vives aurait-il pu cacher ses impressions
jusqu'au moment de les jeter sur le papier ? Cet enthousiaste attendait, pour s'exalter à froid, d'être rentré chez
lui et d'avoir fermé sa porte ? Non. Il suffit de lire une
page des Salons pour se convaincre qu'ils sont l'œuvre
d'un grand causeur qui se souvient. Il semble qu'on
suive Diderot au Louvre, qu'on le voie s'arrêter devant
les tableaux de Vernet, et, par son geste et son regard,
exprimer ce qu'il sent ; il semble qu'on l'entende, saisis-
sant le bras de son interlocuteur, lui dire avec feu : —
« Oubliez toute la droite de ce *Clair de lune*, couvrez-la,
et ne voyez que les rochers et l'esplanade de la gauche,
et vous aurez un beau tableau, etc... » — Et cet interlocuteur, Diderot le nomme, c'est Chardin, c'est Greuze,
c'est Vernet lui-même : — « Vernet dit qu'il laisse au
temps le soin de montrer à ses critiques combien ils ju-
gent mal. Il observait à cette occasion... » — « Ce Vernet,
ce terrible Vernet, joint la plus grande modestie au plus
grand talent. Il me disait un jour.... »

Diderot a écrit neuf Salons, de 1759 à 1781. Il est curieux de suivre pendant cette longue période les évolu-
tions de sa critique en ce qui touche Joseph Vernet. Le
premier a paru dans la *Correspondance littéraire* de
Grimm : ce n'est qu'un prélude ; mais déjà la note est
trouvée : — « Nous avons une foule de marines de Vernet,
les unes locales, les autres idéales, et dans toutes, c'est

la même imagination, le même feu, la même sagesse,
le même coloris, les mêmes détails, la même variété.
Il faut que cet homme travaille avec une facilité prodigieuse... Les mers se soulèvent ou se tranquillisent
à son gré, le ciel s'obscurcit, l'éclair s'allume, le tonnerre gronde, la tempête s'élève, les vaisseaux s'embra-
sent, on entend le bruit des flots, les cris de ceux qui pé-
rissent; on voit... on voit tout ce qu'il lui plaît. »

En 1761, quelques lignes seulement sont consacrées
aux *Vues de Bayonne*, et ces lignes sont presque un
blâme, quand les tableaux, au contraire, se recom-
mandent par des qualités que Vernet n'a pas toujours
su rencontrer dans la suite des ports de France. Diderot avait mal dîné ce jour-là. Il ajoute en fronçant le
sourcil : « La grande réputation de l'auteur fait aussi
qu'on est plus difficile; il mérite bien d'être jugé sévère-
ment. »

Mais ce projet de sévérité ne tint pas au Salon suivant[1].
Le critique débute par une longue variation sur la note
de 1759. — « Quelle immense variété de scènes et de figures ! quelles eaux ! quels ciels ! quelle vérité ! quelle magie ! quel effet ! C'est Vernet qui sait rassembler les orages, ouvrir les cataractes du ciel et inonder la terre ; c'est
lui qui sait aussi, quand il lui plaît, dissiper la tempête, et rendre le calme à la mer et la sérénité aux
cieux... » Divisé en paragraphes à peu près égaux, ce début a le nombre et la marche solennelle de strophes
lyriques. Puis vient l'examen détaillé des tableaux, *La
Nuit par un clair de lune*, *les Vues de Rochefort et
de la Rochelle*, et enfin *la Bergère des Alpes*, et toujours
cette admiration un peu bourgeoise pour une qualité
secondaire : — « La fécondité de génie et la vitesse
d'exécution de cet artiste sont inconcevables. Il eût em-

---

1. Salon de 1763, publié dans la *Revue de Paris* du 15 août 1857.

ployé deux ans à peindre un seul de ces morceaux qu'on n'en serait point surpris, et il y en a vingt de la même force. » — Enfin, dans ce même salon, on est étonné de retrouver sous la plume de Diderot l'éternel parallèle de Claude le Lorrain et de Joseph Vernet, ce lieu commun banal de toute la critique du xviiie siècle, tant il est vrai que l'engouement contemporain fait bien souvent fausse route, tant le contrôle de la postérité est nécessaire pour remettre chacun à sa place.

Le Salon de 1765, le meilleur de tous ceux que Diderot ait écrits, contient sur Joseph Vernet des pages d'une éloquence entraînante, les plus belles qu'ait jamais inspirées à un écrivain français l'appréciation des œuvres d'art. Le morceau dont nous avons cité le début : « Vingt-cinq tableaux, mon ami ! » et qui a pour péroraison le parallèle hardi de Vernet avec le Jupiter de Lucien, ce morceau est un admirable modèle de style, digne de figurer dans tous les cours de littérature. Le plus beau tableau de Vernet paraît bien pâle à côté, et, par intérêt pour le peintre, on est tenté de crier au critique : Halte-là ! Toutefois, après le débordement d'un enthousiasme écrasant, on est heureux de rencontrer une appréciation comparée, non plus de Jupiter et de Vernet, mais de Vernet et de Leprince, de Vernet et de Loutherbourg. On est heureux enfin de rencontrer un peu de blâme. Dans le blâme comme dans la louange, Diderot, toujours excessif, ne ménage pas les termes : « Mesquin, dur et sec... aussi monotone, aussi froid, aussi sale que le précédent... » Mieux eût valu sans doute ne pas exalter une fécondité et une vitesse d'exécution qui produisaient de tels fruits. Mais après le blâme, l'éloge revient bien vite, et avec lui, comme un refrain obligé, le nom de Claude. — « Je persiste dans mon opinion, dit le critique philosophe ; Vernet balance Claude le Lorrain dans l'art d'élever des vapeurs sur la toile ; et il lui est infiniment supérieur dans l'invention des scènes, le dessin des figures, la variété des incidents, et le reste. Le premier n'est qu'un grand paysagiste tout court; l'autre est un peintre d'histoire, selon mon sens... »

Même verve intempérante dans le salon de 1767. Par un artifice littéraire du plus charmant effet, Diderot se suppose devant la nature; il feint de décrire le spectacle qu'il a sous les yeux, et il décrit un tableau de Vernet. Mais le secret lui échappe, et reprenant aussitôt : « Ce n'est plus de la nature, ce n'est plus de Dieu, c'est de Vernet que je vais vous parler. » Cette fois, l'hyperbole est trop forte. Passe pour Claude, passe pour Jupiter; mais Vernet devenu dieu me fait involontairement songer à Vestris, *Dieu de la danse.*

Les dieux de Diderot ont des faiblesses. Un « Vernet faible, faible » arrête le critique. — « *Aliquando bonus dormitat Homerus,* » répète-t-il, comme au Salon précédent, pour se consoler; et cependant il se demande : « Comment le poëte, l'orateur, le peintre, le sculpteur, peuvent-ils être si inégaux, si différents d'eux-mêmes ? » —La réponse serait charmante, si elle était une réponse : « Que sais-je? un lit trop froid ou trop chaud, une couverture qui tombe la nuit, un oreiller mal mis sur son chevet, un demi-verre de vin pris de trop, un embarras d'estomac, des cheveux ébouriffés sous le bonnet, et adieu la verve. » En lisant la fin de ce Salon, qui dégénère en dissertation physiologique, on peut se demander comment Diderot avait mis son bonnet ce jour-là.

Le Salon de 1769 débute par une longue diatribe contre M. de La Borde, qui trouvera sa place ailleurs. Puis, Diderot examine les tableaux exposés, et il ne revient à Vernet qu'à la huitième lettre. — « Il semble que tous nos artistes se soient, cette année, donné le mot pour dégénérer. Les excellents ne sont que bons, les bons sont médiocres, et les mauvais sont détestables.

Vous aurez peine à deviner à propos de qui je fais cette
observation; c'est à propos de Vernet; oui, de ce Vernet que j'aime, à qui je dois de la reconnaissance, et
que je me plais tant à louer, parce que je satisfais mon
penchant sans tomber dans l'adulation. — Entre ses
compositions, vous vous seriez arrêté de préférence devant une tempête et un brouillard... Le reste n'est pas de
la force de ces morceaux, à beaucoup près... On y sent
la pratique. Ce n'est pas qu'il n'y ait un mérite réel à les
avoir faits; si c'étaient les premiers qu'on vît, on en
aurait la tête tournée; mais on le compare à lui-même,
et c'est lui qui se blesse. Il est bien de peindre facilement, mais il faut éviter la routine qui donne aux productions en tout genre un air de manufacture. Ce n'est
pas à Vernet seul que je m'adresse, c'est à Saint-Lam-
bert, à Voltaire, à d'Alembert, à Rousseau, à moi. »

Voilà Vernet en bonne compagnie. Voilà aussi, chose
plus rare qu'on ne croit chez Diderot, de la bonne et
sensée critique d'art. Aussi bien le philosophe était en
veine d'impartialité. Après un petit développement tout
élogieux à propos d'un *Clair de lune*, développement
qui reproduit l'artifice littéraire de l'année précédente,
il revient à la critique, et par un demi-aveu nous donne
la clef de ses faiblesses admiratives. — « C'est à regret
que j'insiste sur ces minuties; je ne devrais pas les apercevoir devant cette sublime harmonie qui nous enchan-
tait; mais je n'y suis plus, sa magie n'agit pas, et l'absence du charme me rend à toute mon impartialité. »
Ce qui suit est un aveu plus complet encore. Dans les
Regrets sur ma vieille robe de chambre, Diderot, s'exal-
tant à loisir, décrivait en deux pages dont on ne peut
contester le charme déclamatoire, le tableau de Vernet
qu'il possédait. — « O Dieu !... je t'abandonne tout, re-
prends tout; oui, tout, excepté le Vernet... Ce n'est pas
l'artiste, c'est toi qui l'as fait. Respecte l'ouvrage de

l'amitié et le tien.... O mon ami, le beau Vernet que je possède ! Le sujet est la fin d'une tempête sans catastrophe fâcheuse... Que cet artiste a d'esprit !... comme toute cette scène est vraie ! comme tout est peint avec légèreté, facilité et vigueur !... Si vous voyiez le bel ensemble de ce morceau : comme tout y est harmonieux, comment les effets s'y enchaînent... comme ces figures sont disposées, vraies, agissantes, naturelles, vivantes; la force dont elles sont peintes, la pureté dont elles sont dessinées... la vérité de ces eaux; ces nuées, ce ciel, cet horizon !... Venez voir mon Vernet, mais ne me l'ôtez pas... » — Deux ans après, dans son Salon de 1769, voici en quels termes il s'exprime : — « Venons à présent au tableau dont je vous ai déjà entretenu, et que je tiens de son amitié. La reconnaissance a eu son moment, il faut que l'équité ait le sien. Je persiste. Le ciel, les eaux, l'arbre déchiré, les nues, sont de la plus grande beauté; mais je ne m'en impose pas sur le reste. En dépit des attraits de la propriété, je ne suis pas aussi content des roches, de la terrasse et des figures. Les figures sont un peu colossales, je le sens, et il n'y a pas assez de liaison entre elles; elles ne font pas masse... » De la reconnaissance à l'équité, la distance nous paraît un peu forte. Entre les deux se placent ces lignes du *Livre de Raison :* — « Le 10 déc. (1768), j'ay reçû pour un tableau que j'ay fait pour M. Diderot, 600 liv. »

Le Salon de 1771 offre un intérêt particulier. Publié, comme le précédent, dans la *Revue de Paris,* par M. Walferdin, qui en possède le manuscrit, il ne paraît pas avoir jamais été terminé. C'est un canevas, une simple réunion de notes. Quelques parties seulement sont rédigées, et il est difficile d'y reconnaître la main de Diderot, tandis que les notes le montrent tel qu'on se le figure devant les tableaux mêmes, avec son enthousiasme prime-sautier, la naïveté de ses impressions, et ce

trait qui part d'une imagination souvent dupe d'elle-
même. — « Quel ciel! quelles eaux! quelles roches!
quelle profondeur! comme cette lumière éclaire les
eaux!... Il se répète un peu dans ses scènes de naufrage;
mêmes figures, monotonie d'attitude et de situations.
Perdu dans les petits sujets; alors paysages sans âme et
sans vérité, arbres sans tons ni nuances. » (N° 40.) —
« Frais, vrai; silence de la nuit, reflet, ondulation de la
lumière argentée; feu artificiel contrastant avec la lumière de la lune et surtout avec les masses noires du
ciel, contraste pittoresque et frappant. » (N° 42.) —
« Mauvais arbres à la marine avec des baigneuses. Soleil
couchant aussi beau que jamais. » (N° 43).

Diderot n'a pas fait le Salon de 1773. On doit regretter pour Vernet qu'il ait fait celui de 1775[1]. A l'appréciation de ses œuvres se trouvent mêlées des insinua-
tions malveillantes qui étonnent de la part d'un homme
si résolu à le louer. Ce Salon, en forme de dilaogue, reproduit une conversation que Diderot dit avoir eue avec
un jeune peintre récemment refusé à l'Académie, nommé
Saint-Quentin. — « Je ne pourrai donc pas, s'écrie ce
dernier, me venger d'un homme faux, qui s'est montré
mon plus cruel ennemi? — Mais il me semble, répond
Diderot, que Vernet n'a pas trop à se louer de vous.
— Je suis bien loin, reprend l'autre, d'avoir à me louer
de lui. Si vous saviez le mal qu'il m'a fait! Il m'a
cassé le cou. Quand je le consultais sur mes tableaux,
il n'avait qu'à me dire, car je sais entendre la vérité :
Cela est mauvais, je ne présenterais pas cela; vous
vous exposez à un refus... J'aurais suivi son conseil
et je l'aurais embrassé. Mais me trahir! mais m'im-
moler à des plaisanteries! C'est que cet homme, habile
d'ailleurs, est sans caractère, et que, pour me distraire

---

1. Publié dans la *Revue de Paris*, tome V, 1857.

de son mauvais procédé, il faut que je m'arrête sur
une belle chose. » — Quelque ardeur que mette Diderot
à épouser la querelle du jeune artiste, il est difficile
de ne pas voir dans cette dernière phrase une opinion personnelle. Le philosophe ici parle de son propre
fonds. Les motifs qui ont pu l'amener vis-à-vis de Vernet, son idole, à des sentiments aussi peu dignes de l'un
et de l'autre, sont un mystère que nous tenterions en
vain d'éclaircir. Cette désaffection reparaît au Salon de
1781, le dernier que Diderot a écrit[1]. — « Vernet,
quatre tableaux de marine, plusieurs tableaux sous le
même numéro. — Tous très-beaux, mais pas également.
Cependant on n'en revoit aucun sans un nouveau plaisir.
C'est toujours Vernet. » Et après cet éloge banal, il
ajoute, comme pour abriter sa malice derrière le dos
d'un autre : «On reprochait, dit un de nos critiques, on
reprochait jadis à M. Vernet de toujours se répéter. On
se plaint aujourd'hui de ce qu'il n'est plus le même. »

Les Salons de Diderot sont le monument de la critique d'art au XVIIIᵉ siècle. Ils ont été appréciés diverse-
ment, avec plus d'enthousiasme en général que d'impartialité. Il ne sera possible de porter sur l'ensemble de
ce monument un jugement définitif que lorsqu'il se pré-
sentera à nous complété de toutes les parties qui lui
manquent, et isolé de tout ce qui en obstrue les abords,
c'est-à-dire, lorsqu'un éditeur intelligent réunira en un
volume les Salons inédits publiés par M. Walfredin dans
la *Revue de Paris*, à ceux que contiennent déjà les édi-
tions des œuvres de Diderot. Alors seulement on pourra
se rendre un compte exact de la valeur de l'auteur
comme critique d'art. On nous permettra cependant de
chercher à apprécier cette valeur au point de vue restreint de l'homme qui nous occupe.

---

1. Publié dans la *Revue de Paris*, tome VI, 1857.

Si le devoir de la critique d'art est d'éclairer les artistes sur leurs défauts et de les pousser au développement de leurs qualités, comment la critique de Diderot a-t-elle rempli ce devoir vis-à-vis de Vernet? Et ici la publicité des Salons importe peu; les rapports intimes de Diderot et de Vernet sont un fait hors de doute. Si Vernet n'a pas lu les pages que Diderot écrivait sur son compte, il a su ce que Diderot pensait de ses œuvres. En quoi cette opinion, formulée dans l'intimité d'un petit nombre d'amis, développée ensuite au milieu des cercles philosophiques et littéraires, répandue enfin dans tout Paris par des voix complaisantes, en quoi cette opinion, dont les Salons sont l'écho, a-t-elle été utile ou nuisible à Vernet? Loin de nous la pensée de faire le procès à Diderot et d'écraser du même coup les philosophes et la philosophie du xviiiᵉ siècle. Nous admirons autant qu'un autre ce génie fougueux et téméraire. Nous aimons cette éloquence touche-à-tout qui puise dans le cœur ses accents passionnés. Les pages émues, les descriptions brillantes que lui a inspirées l'admiration des œuvres d'art, ont pour nous une saveur particulière. Mais nous ne pouvons nous empêcher de voir en Diderot un maladroit ami, un bienfaiteur à contre-sens, qui a fourvoyé Vernet comme il a fourvoyé Greuze. Critique de sentiment, lui demander des conseils techniques serait peine perdue. Du moins a-t-il jamais adressé à Vernet un reproche sérieux sur ses façons cavalières avec la nature? Est-il une seule fois question du caractère factice de ses compositions? S'est-il plaint de voir le peintre substituer presque toujours à un *motif* naturel un arrangement de son invention, une combinaison conventionnelle? Diderot ne connaît de la nature que des traits généraux; il n'a pas vu la mer; il manque d'un point de comparaison essentiel, ou si parfois il le cherche, c'est dans son imagination seule et non dans ses souvenirs qu'il trouve la nature,

c'est-à-dire celle que lui ont faite les tableaux de Vernet.
Et quelles qualités exalte-t-il chez son idole? Nous l'avons
vu, la célérité, la facilité d'exécution, la prodigieuse
fécondité, ce que de notre temps on appellerait presque
un défaut. Il loue aussi les figures, c'est-à-dire l'accessoire. Il pousse incessamment ce paysagiste habile et
charmant à exagérer l'importance de ses bonshommes,
il ose lui dire : « Ce malheureux qui ramasse les débris
de ses effets, et cet autre qui jette au ciel des regards
furieux, sont de la vigueur de Rubens [1]. » Et puis il s'é-
tonne que le peintre, à force de s'attacher aux détails,
ait pris une manière sèche et dure; il blâme une monotonie qui a pour cause l'excès de la production. Eh !
qu'importait à Vernet de répéter le cadre de ses scènes,
lui qui s'entendait dire que ses groupes étaient sublimes?
Que lui importait le paysage, c'est-à-dire le principal de
ses tableaux, lui qui se voyait, à cause de l'accessoire,
comparé à Rubens et préféré à Claude comme peintre
d'histoire? Ce dont il faut s'étonner, au contraire, c'est
que l'exaltation de Diderot n'ait pas exercé plus de ravages dans la peinture de Vernet. On en doit rendre
grâces à son bon sens d'abord, aux amateurs ensuite, et
enfin aux autres critiques contemporains. Si l'engouement des gens de lettres auquel celui de Diderot donnait
le branle, n'a pas complétement gâté Vernet, c'est que
ce peintre, encensé outre mesure, rencontrait à un niveau inférieur, chez des écrivains moins experts au métier littéraire, mais quelquefois meilleurs juges des
choses d'art, ces pointes salutaires de la critique qui
sont pour l'artiste un cilice dont il gémit et qu'il devrait
bénir.

1. Salon de 1769.

III

La critique d'art au xviiie siècle. (*Suite.*) — La critique à douze sols.

La critique des œuvres d'art est un des traits particuliers du caractère de la nation française, un de ceux qui prouvent le plus sûrement l'insuffisance de ses aptitudes artistiques. Chez un peuple artiste, l'enthousiasme des belles choses ne laisse pas place à la critique; quant aux mauvaises, l'indifférence publique suffit à en faire justice. En Italie, un chef-d'œuvre provoquera dix sonnets à sa louange et pas une épigramme. En France, où l'on apprend beaucoup à lire et point du tout à regarder, le public passerait devant un chef-d'œuvre sans s'en apercevoir, s'il n'en lisait la description; ou bien il regarderait indistinctement tout ce qu'on lui montre, si quelque écrit ne l'avertissait d'avance que ce qu'on lui montre est mêlé de beau et de laid. Encore est-il que la promptitude de jugement et la tendance à la plaisanterie qui distinguent notre nation, lui font éprouver à peu près autant de jouissance à voir le laid qu'à voir le beau, car le laid prête au bon mot. Et qu'est-ce que la jouissance des belles choses à côté du plaisir de dire, d'écrire, ou seulement de répéter un bon mot?

La première exposition d'objets d'art organisée par l'Académie de peinture et de sculpture remonte à l'année 1673. Mais ce n'est qu'en 1707 que ces solennités devinrent régulières; il leur fallut un peu de temps encore pour pénétrer dans les mœurs. Cependant, dès 1737, Gresset faisait courir des vers malins à propos des œuvres exposées, et le *Mercure de France* commençait à publier un catalogue annoté du Salon, c'est-à-dire, sous sa forme la plus simple, un guide-âne offrant au public des jugements tout faits. Bientôt, à ces ébauches de critique se joignirent des descriptions raisonnées, des lettres, des brochures anonymes. En 1746, Lafont de Saint-Yenne prit la parole avec une autorité dont on n'avait encore aucune idée. A son exemple, les hommes de lettres se crurent appelés à dire leur avis sur des œuvres que la plupart comprenaient peu. Le public, toujours avide de nouveauté, se hâta de les lire. Ainsi, la critique devint, comme les expositions, une habitude. Dès lors, les *Lettres*, les *Réponses*, les *Réflexions*, les *Observations*, les *Jugements* se croisèrent de toutes parts. L'année 1753 en vit tomber une avalanche. Le *Mercure* substituait au catalogue annoté un véritable compte-rendu. Fréron publiait l'*Éloge du Salon et des peintres en général*. Grimm, dans sa *Correspondance littéraire*, daignait s'occuper des artistes et de leurs œuvres. L'abbé Leblanc continuait à prôner ses amis. Au plat jugement de l'abbé Laugier succédaient les *Sentiments* de l'abbé Garrigues de Froment. Lacombe, Huquier, Estève, publiaient tour à tour leur opinion. Jombert, brochant sur le tout, à la critique des tableaux ajoutait la critique des critiques et réfutait à la fois Estève, Lacombe et Huquier.

On a vu quel bon accueil Joseph Vernet reçut d'abord de cette presse militante. Ce n'étaient qu'éloges et sucreries. En 1753, un peu de fiel osa se mêler à ces douceurs. Pendant que Grimm le louait de « son agréable talent, » pendant que l'abbé Laugier se déclarait content de ses tableaux, « parce que la nature y est bien imitée; » pendant que, plus hardis, l'abbé Leblanc et Lacombe l'égalaient à Claude le Lorrain, une voix s'éleva qui osa dire : « On lui a quelquefois reproché de donner dans l'une de ces deux extrémités : de faire jaune s'il ne faisoit gris. Ce reproche, par malheur, n'est pas sans fondement... » — En vain, Huquier écrivait : « Si je vous nommois tous ses tableaux les uns après les autres, ma description seroit un rondeau qui finiroit toujours de même : « Ah! qu'il est beau! » — Estève, plus cruel que Garrigues, après avoir comparé Vernet à Claude et au Poussin, ajoutait : « Tous les tableaux qu'il a donnés cette année, quoique très-beaux, ne sont pas de la même force ; il y en a quelques-uns de négligés. Il y a, par exemple, un coucher de soleil qui ne paroît qu'ébauché, et un clair de lune qui est entièrement couvert d'une fumée épaisse. » — Mais aussitôt Jombert de s'écrier : « Vous seriez-vous attendu à voir ce grand paysagiste, M. Vernet, en butte aux traits de notre censeur, et ne vous semble-t-il pas que de pareilles attaques devroient entièrement décréditer un écrivain? »

Au Salon de 1755, Vernet ne rencontra que des panégyristes ; il en fut de même au Salon suivant. Nous avons cité plusieurs de ces appréciations, à propos des tableaux des ports qu'elles concernent. En 1759, non plus, aucune voix discordante ne se mêla au concert d'éloges qui s'élevaient de toutes parts. Mais quels éloges! mieux eût valu une critique motivée. — « Qui m'arrête tout à coup? s'écrie l'auteur de la *Lettre à un ami*, — c'est vous, fameux Vernet; c'est ce génie riche et sublime; c'est ce dessin spirituel et ressenti... » Le *Portefeuille d'un homme de lettres* renchérit encore sur ce style emphatique : — « Vernet, unique dans son genre, laisse bien loin derrière lui tous ceux qui l'ont précédé dans la même carrière et fait le désespoir de quiconque osera le suivre. A la fougue épurée des Vander Cabel, au naturel exquis des Lorrain, il joint tout l'esprit, toute l'expresion et la touche ferme et saillante des Salvator... Jamais le cœur ne reste indifférent à la vue de ses tableaux. Il se trouble comme l'élément en fureur qu'ils représentent. »

Mais la palme du ridicule appartient cette année au

Mercure. Écoutons d'abord Marmontel nous raconter, avec sa modestie ordinaire, comment il fut conduit à écrire ce Salon : — « Cochin, homme d'esprit, dont la plume n'était pas moins pure et moins correcte que le burin, faisait aussi pour moi d'excellents écrits sur les arts qui étaient l'objet de ses études. Ce fut sous sa dictée que je rendis compte au public de l'exposition des tableaux de 1759... Cet examen était le modèle d'une critique saine et douce ; les défauts s'y faisaient sentir et remarquer ; les beautés y étaient exaltées. Le public ne fut point trompé et les artistes furent contents. » Mais ou Cochin ne dictait plus, ou Marmontel entendait fort mal, quand il osa écrire ce formidable non-sens : « Il y a deux figures d'une beauté sublime. On ne conçoit pas comment les passions peuvent être rendues avec tant de force par des traits qui échappent à la vue. » On avait cru jusqu'alors, et peut-être croit-on encore aujourd'hui, que les *traits* du peintre échappent moins à la vue que les traits de l'écrivain. Nous ne pensons pas non plus que Vernet, qui après tout admirait Raphaël et Poussin, ait été bien content d'entendre dire que « tout l'art de la peinture » se trouvait réuni dans ses tableaux.

Le Salon de 1761 ne donna pas lieu à un grand débordement de brochures. Il a déjà été question des critiques de 1763. En 1765, Mathon de la Cour n'a pour Vernet qu'un éloge banal, et le *Mercure*, comme s'il sentait où le bât le blesse, se contente de dire : — « M. Vernet est parvenu déjà presqu'à la prérogative du petit nombre d'anciens dont on recherche et dont on prise les ouvrages ; mais dont il seroit superflu et presque ridicule aujourd'hui d'étendre et de détailler les louanges... Nous n'avons, ajoute-t-il, ni le droit ni le talent d'instruire les maîtres. Heureux si nous parvenons à les bien apprécier ! »

Cette touchante modestie, dont le *Mercure* n'aurait pas dû se départir, et dont son directeur lui donnait l'exemple, lui fit cependant défaut au Salon suivant : — « M. Vernet mérite les mêmes louanges, si tant est que ce soit louer que de dire les vérités... Nous retrouvons en lui Claude Lorrain; pour la couleur et la touche de tous les objets animés, il est le Berghem de la France. » — En cette année 1765, un nouvel athlète descendit dans l'arène, c'était Bachaumont, l'auteur des *Mémoires secrets de la république des lettres*. Amateur d'un goût éprouvé, Bachaumont, dans les deux Salons qu'il a publiés en 1767 et 1769, a le mérite de louer sobrement et de voir assez juste. Il ne se dissimule pas combien le genre adopté par Joseph Vernet est circonscrit; il ne lui fait pas un crime de ses répétitions ni un titre de gloire de l'importance accordée aux figures. Mais il sait relever ses inadvertances et le ramener au respect de la vérité locale, trop facilement sacrifiée.

Bachaumont cependant se fourvoie, lorsqu'à l'exemple de plusieurs critiques contemporains, et de Diderot lui-même, il nomme Loutherbourg, le rival, le digne émule, presque l'égal de Joseph Vernet. On sait que Loutherbourg, qui ne doutait de rien, s'est amusé à peindre des tempêtes, des couchers de soleil, des marines, comme il a peint des paysages, des animaux et des tableaux d'histoire. Mais l'identité des sujets traités par les deux peintres pouvait-elle amener entre eux une telle confusion? Il n'était pas besoin d'un coup-d'œil bien exercé pour découvrir, sous le faux éclat de Loutherbourg, le vide d'une peinture toute de pratique. Homme d'esprit, praticien habile, Loutherbourg n'a vu la mer que dans les marines de Vernet, et n'a appris que dans ses naufrages les désastreux effets de la tempête. Il sut s'assimiler ces éléments d'emprunt, éviter les défauts, exagérer les qualités de son modèle; à l'or des soleils

couchants du maître, il mêla son clinquant ; il brillanta
ses ciels et passionna ses figures sentimentales. Que le
public ait pu prendre le change sur ces pastiches, il n'y
a rien là d'étonnant. Mais que des hommes qui passaient
pour connaisseurs, et qui avaient réellement un petit
fonds de connaissances sérieuses, se soient laissé éblouir
par un prestidigitateur habile, au point de le comparer
à un peintre aussi sincère et aussi convaincu que Joseph
Vernet, c'est là une preuve frappante de l'inexpérience
de la critique d'art au xviii° siècle. Ou peut-être faut-il
voir dans ce fait une des faiblesses inhérentes à la
nature humaine. La persévérance de Joseph Vernet à
suivre un genre spécial devait lui donner des rivaux,
comme son bonheur devait lui créer des jaloux. Depuis
Aristide, le cœur humain n'a pas changé. L'homme le
plus honnête, sans se l'avouer, sans même s'en rendre
compte, appelle volontiers l'ostracisme sur une gloire
dont la constance l'importune.

L'année 1769 doit marquer dans l'histoire des critiques du Salon. Si jusqu'alors quelques artistes s'étaient
sentis blessés de se voir publiquement jugés par des
anonymes, ils n'avaient pas songé à protester contre
ce qu'ils n'étaient pas loin de regarder comme un
droit. En 1769, ce fut l'Académie tout entière qui s'in-
surgea. Un écrivain, en qui l'on a voulu reconnaître
Daudé de Jossan, avait répandu une brochure bien faite
par son titre pour piquer la curiosité : *Lettre sur les peintures, gravures et sculptures qui sont exposées cette
année au Louvre, par M. Raphaël, peintre de l'Académie
de Saint-Luc, entrepreneur général des enseignes de la
ville, faubourgs et banlieue de Paris, à M. Jérôme, son
ami, râpeur de tabac et riboteur.* Cette critique, assez
spirituelle, souvent mordante, et très-juste, à en croire
un contemporain, fut un événement, ou plutôt un scandale. L'Académie s'en émut. Elle porta ses doléances à

M. de Marigny, son protecteur. Celui-ci, usant des facilités que mettait en ses mains un régime de bon plaisir, employa la police. La police arrêta le pamphlet pendant deux jours, exigea des corrections et ne le laissa reparaître que mutilé. Mauvais moyen, qui n'eut pour effet que de piquer au jeu la malignité des critiques. L'Académie était mieux inspirée, lorsque, cherchant à opposer pamphlet à pamphlet, elle fit rédiger par Cochin une *Réponse de M. Jérôme à M. Raphaël.* Mais l'ouvrage de l'apologiste parut froid, diffus, lourd, et bassement écrit. Quelques mois après, un anonyme, qui écrivait évidemment aussi sous la dictée du corps académique, inséra, dans le *Mercure,* un article sur *la critique par rapport à l'art de la peinture*, qui a la prétention d'être un article de fond. « Le peintre, y est-il dit, doit être protégé contre la critique, parce que la critique a l'avantage de se répandre partout en peu de temps, tandis que le tableau ne peut la suivre pour la démentir. Comme père de famille et supportant les charges de l'État (on n'osait ajouter comme membre d'un corps privilégié), le peintre a droit au paisible exercice de sa profession. » Et l'on citait l'exemple de Natoire, qu'une critique trop vive sur un de ses tableaux destiné à une église de Marseille, exposa, de la part de la fabrique, à des difficultés rebutantes. On invitait « le respectable magistrat qui préside aussi heureusement aux lettres qu'à la tranquillité publique, à en arrêter désormais l'indiscrétion, surtout ce ton de plaisanterie qui ne prouve rien, mais qui nuit plus que des observations judicieuses. » — « Cet art, poursuivait l'auteur anonyme, a ses principes, ses règles, et aussi ses mystères, qui ne peuvent être connus sans les avoir pratiqués, et presque toujours nos petites brochures critiques annoncent autant d'ignorance que de malignité. » — Il terminait en déclarant que ces réflexions étaient l'œuvre « d'un simple citoyen, qui sait, à la vérité, l'un des plus beaux arts qu'ait inventés l'adresse humaine, mais qui aime encore mieux et l'ordre et la justice. » Et il signait de l'initiale B.

Vernet traversa ce bourbier sans recevoir trop d'éclaboussures, grâce au financier de La Borde, qui avait refusé de laisser exposer au Salon les marines exécutées pour lui. Cette maladresse du financier fut pour le peintre la queue du chien d'Alcibiade. Depuis Diderot jusqu'à M. Raphaël, pas un critique ne manqua d'aboyer au financier, et la plupart, en aboyant, oublièrent de mordre. Toutefois, Vernet, par esprit de corps, se montra, paraît-il, aussi blessé que ses confrères. — « Croiriez-vous, dit le *Chinois au Salon*, que M. Vernet, comme les flots qu'il a peints si supérieurement, se laisse agiter par le vent de la critique ? Au moment où l'on louoit par projet formé ses anciens tableaux, il foudroyoit cette malignité par deux morceaux qui ont coupé la parole aux plaisants et mérité l'admiration de nous autres bonnes gens. » — « Si quelques envieux, reprenait le *Mercure*, répandent l'opinion fausse dont nous avons justifié M. Boucher, et prétendent aussi que ses premiers ouvrages sont supérieurs aux derniers, nous n'avons d'autre réponse à leur faire que de les prier d'aller voir le *Soleil couchant*, qui étoit encore embu quand on a ouvert le Salon. » — Enfin, Vernet avait pour se consoler les vers de M. de Camburat :

Mais que vois-je ? Les vents d'Amphitrite alarmée
Bouleversent soudain les liquides états.
Les vaisseaux foudroyés volent en mille éclats.
... Tout mon sang s'est glacé d'horreur et d'épouvante.
Mais le calme flottant sur l'onde transparente
Sous un autre horizon, fait renaître en mon cœur
D'un calme inespéré le rayon enchanteur...

La susceptibilité de Vernet eut à subir au Salon sui-

vant (1771) une rude épreuve. Daudé de Jossan, enhardi
par le succès de scandale de sa *Lettre de Raphaël*, reprit
le même thème, et, comme il avait eu soin de mettre
Cochin dans ses intérêts, il ne fut pas inquiété. Cette
fois, c'est M. Raphaël le jeune, élève des écoles gratuites
de dessin, neveu de feu M. Raphaël, peintre de l'académie de Saint-Luc, qui s'adresse à un de ses amis, architecte à Rome. L'auteur suppose que le Suisse du Louvre
lui raconte ce qu'il a vu et entendu pendant la nuit qui
a précédé l'ouverture du Salon. Ce qu'il a vu, c'est une
insurrection générale des tableaux exposés; ce qu'il a
entendu, ce sont les critiques, les épigrammes, les in-
jures que se renvoyaient à la tête ce peuple de rivaux.
Le même cadre a été souvent employé depuis, et toujours avec succès, mais jamais avec plus de piquant et
de grâce. La petite *Mangeuse de cerises* de Loutherbourg
ayant pris la parole, une *Tempête* de Vernet l'interrompt : « Ma foi, messieurs, voici qui est admirable! une
petite paysanne nous critique et nous juge !..... — Eh!
pourquoi pas, reprend la fillette, que faut-il donc tant
pour s'apercevoir de vos défauts? Il suffit d'avoir des
yeux, de vous comparer avec la nature que vous cher-
chez à imiter, et de voir si vous avez réussi... Tout célèbre que vous êtes, je vous dirai par où vous péchez.
Vos figures sont presque toujours les mêmes dans vos
grands tableaux. C'est une monotonie très-fréquente d'attitudes et de situations; vous vous perdez quand vous trai-
tez de petits sujets; vos paysages sont sans âme et sans
vérité, vos arbres n'ont ni tons ni nuances, avec cela il
faut finir par vous admirer... » Suivent des compliments
sur le *Clair de lune* et le *Soleil couchant*, à quoi la *Tempête* répond : — « Ce que vous me dites à moi me fait
peu de peine. Je vois bien que j'ai oublié de finir les
arbres de mon n° 43, mais ceci est cause commune. Je
puis d'autant plus librement dire mon avis que j'ai une

réputation faite... Il me semble qu'il seroit plus à propos et plus honnête de dire du bien de tout le monde, et qu'il vaudroit infiniment mieux qu'il n'y eût pas de critique; » et tous d'applaudir en s'écriant : « Oui, oui, point de critiques ! »

En dépit de cette horreur des critiques que M. Raphaël prête, avec quelque fondement sans doute, à Joseph Vernet, celui-ci ne vit probablement pas d'un mauvais œil ni les vers de la *Muse errante au Salon*, si plats qu'ils soient, ni l'éloge mesuré du *Mercure*, ni les compliments de l'*Ombre de Raphaël, ci-devant peintre de l'Académie de Saint-Luc*, qui prit sa défense en répondant à son neveu, ni les plaintes emphatiques de M. *Badigeon, marchand de couleurs.* « Croira-t-on, dit ce dernier, que la critique avoit choisi ce champ pour s'exercer (Vernet, Chardin, La Tour et Greuze) ? Il y a à la vérité moins de risque à plaisanter des grands hommes qu'à brûler le temple d'Éphèse. » Le *Mercure* ne récriminait pas avec moins de vigueur contre ces Erostrate, ces observateurs critiques qui se disent amateurs. « Non, ils ne le sont pas. S'ils aimoient les beaux-arts, chercheroient-ils à désoler ces enfants du goût et du génie, si délicats et si sensibles, par des observations bouffonnes, par des parodies indécentes, par des plaisanteries que Vadé auroit désavouées ? »

Mais les enfants eurent beau se désoler et se plaindre, le pli était pris. En vain recoururent-ils à leur protecteur de fraîche date, l'abbé Terray, ils ne purent arrêter le terrible Daudé de Jossan. L'*Éloge des tableaux exposés au Louvre*, tel est le titre qu'il avait choisi en 1773, malgré les corrections et les mutilations de la police, contient encore assez de traits méchants, et ses réticences en disent plus que bien des épigrammes. On ne doit citer que pour mémoire la *Vision du juif Ben-Esron, fils de Sépher, marchand de couleurs*, qui consacre à Ver-

net quatre pages écrites dans le style biblique le plus
ridicule, ainsi que le compte rendu du *Mercure*, toujours élogieux. Mais on ne saurait passer sous silence
une brochure anonyme intitulée : *Dialogue sur la peinture ;* les trois interlocuteurs sont : un amateur anglais,
un prélat romain et Remy le marchand de tableaux, qui
a laissé d'excellents catalogues de ventes. — « Vernet
est unique, dit Remy ; » Monsignor Fabretti oppose Manglars et Salvator : « Il y a plus loin, ajoute-t-il, de
M. Vernet à Salvator que de Manglars à son élève. » Enfin
mylord conclut en ces termes qui ne manquent pas de
justesse : — « Quand vous voudrez former une galerie
pour or et pour argent, ayez deux Vernet, quelque prix
qu'il en coûte, un *Calme* et une *Tempête.* Si ensuite on
veut vous en donner deux mille pour rien, n'en prenez
pas un de plus, car je vous confierai que les cinq beaux
tableaux que vous admirez ici, je les connais depuis
plus de vingt ans, et je vois déjà ceux qui y seront dans
vingt autres années. »

Devant ces feux roulants de la critique anonyme quelques artistes eurent l'orgueilleuse faiblesse, renouvelée
de nos jours, de bouder au Salon. Vernet, mieux avisé,
continua d'exposer. Bien lui en prit, car on lui en fit
un mérite. — « Rendons justice à M. Vernet, qui, presque le seul de nos grands peintres, a bien voulu paraître
au Salon où il soutient encore sa gloire et celle de
l'école française. » Ainsi s'exprimait Lesuire, auteur du
Coup d'œil sur le Salon de 1775 par un aveugle. Les autres critiques ne sont pas moins bienveillants. *La Lanterne magique aux Champs-Élysées* poussa même cette
bienveillance jusqu'à la louange la plus effrénée. —
« Eh bien ! dit Raphaël en s'adressant à Claude Lorrain,
viendrez-vous me dire encore que Vernet baisse ? » Et
Claude de s'excuser : « Je suis si éloigné de la façon de
penser que vous me prêtez, que si j'avais là ma palette

et mes pinceaux, je peindrois sur le tableau que voici deux colonnes sur lesquelles, à l'exemple d'Hercule, j'écrirois *non plus ultra*. »

Même parti pris de bienveillance en 1779. En 1781, les *Réflexions joyeuses d'un garçon de belle humeur* contiennent seules un mot cruel que Diderot y a ramassé. — «On reprochait jadis à M. Vernet de toujours se répéter; on se plaint aujourd'hui de ce qu'il n'est plus le même. » Mais *Panard au Salon*, s'emparant du mot, le retourna dans le couplet suivant :

AIR : *Toujours il est le même.*

Toujours sublime en son talent suprême,
Vernet ravit, donne de l'âme à tout,
  C'est le peintre du goût,
  Il mérite qu'on l'aime.
  Sitôt qu'on peut le voir,
  On dit sans le vouloir :
« Toujours, toujours, il est toujours le même. »

Le Salon de 1783 fut pour la critique à 12 sols l'occasion d'une véritable débauche. *Momus au Salon, Malborough au Salon, Apelles au Salon, le Véridique au Salon, Lustucru au Salon, Sans-Quartier au Salon;* ces titres baroques ne suffisent plus. L'un emprunte à Molière un vers d'Amphitryon : «Messieurs, ami de tout le monde ; » l'autre, suivant les errements du marquis de Bièvre, fait dialoguer ensemble *Madame Fi d'elle, Mademoiselle Descharmes, nièce de maître Lami,* et *M. Dessence,* apothicaire ventilateur. Celui-ci imagine une *Loterie des tableaux,* celui-là une *Vente à l'encan.* Pujoulx renouvelle l'idée de Daudé de Jossan et raconte les conversations des tableaux entre eux. Le peintre Renou publie *L'impartialité au Salon,* et pour brocher sur le tout, un plaisant fait paraître une *Réponse à toutes les critiques par un Frère de la charité.* Un tel torrent de platitudes devait révolter l'honnête *Mercure,* défenseur né de l'Aca-

démie. Il ne manque pas de tancer ces libellistes impru-
dents et malhonnêtes qui ne font rien et nuisent à qui veut
faire. — « Un sarcasme, un calembourg, une injure ne
sont pas des raisons. Plusieurs maîtres d'une sensibilité
trop grande évitent même déjà de se montrer dans la
carrière des arts par la crainte de ces critiques... »

Le grand âge de Vernet le protégeait contre les libellistes. Aussi la plupart se font un devoir de l'épargner.
Sans-Quartier lui-même s'arrête : « Vous vous reposez,
cela est juste. » Ceux qui osent dire la vérité l'enveloppent d'un voile, et emmiellent le bord de la coupe d'ab-
sinthe. « C'est le secret de cet habile maître, dit le *Mer-*
cure, de savoir jusqu'à quel point il doit outrer les tons
de certaines couleurs, et, si elles nous paraissent un peu
tranchantes à cause de leur fraîcheur, il sait bien qu'elles
s'assourdiront, qu'elles se mettront d'accord et qu'elles
acquerront avec le temps, dans le cabinet de l'amateur,
cette douce harmonie qu'on admire dans tout ce qui
sort de son pinceau. » Pujoulx cependant se permit quelques plaisanteries qui sentaient un peu le verjus :

« UN SOLDAT DE TABLEAU AU LEVER DU SOLEIL. — Je ne sais quel
est son destin : il nous met toujours dans des endroits effrayants
où il nous expose à la fureur des flots.

« UNE FEMME DE CE TABLEAU. — Pour moi, je me fâche ici : il
n'y a aucun risque. Mes compagnes se plaignent toutes, l'une
qu'elle a essuyé une tempête horrible, l'autre un orage affreux,
l'autre un coup de vent.

« UNE AUTRE FEMME. — Plus de cinquante de mes amies m'ont
affirmé que depuis dix ans elles n'avaient pas quitté le bord
de la mer au clair de lune ou au lever du soleil.

« FRANCVAL. — Vous êtes des bavardes avec vos sots propos,
et vous ne méritez pas le bienheureux destin d'appartenir à
un si grand maître. Que diriez-vous donc si vous apparteniez
à M. Huc? Il vous casserait bras et jambes et vous n'auriez
rien à répondre. »

Ainsi, malgré sa déchéance, Vernet rencontrait encore

parmi les critiques contemporains plus d'amis que d'ennemis. Certains même s'indignaient qu'on pût éprouver pour ce vieillard, toujours actif, un autre sentiment que l'admiration. Dans *Momus au Salon* (1783), le poëte s'exprime en ces termes :

> Il est des peintres immortels
> Qui, par ce titre, sont au-dessus de l'éloge,
> De ce nombre est Vernet.....
> Mais je ne sais que trop que la voix de l'envie,
>   Loin d'épargner les soutiens des beaux-arts,
>   Feint d'ignorer que le plus grand génie
> Est celui qui souvent fait les plus grands écarts.
> Ainsi Vernet, du sort éprouvant les caprices,
>   Subit des arrêts rigoureux.
>   J'espère qu'un jour nos neveux
> Répareront cette injustice.
>
>   POINTILLET.
> Il se néglige quelquefois.
>   LE POÈTE.
> Mais plus souvent il se surpasse...

Critès au Salon (1785) fait entendre le même langage.

> Jouis de ton triomphe, ô grand homme, ô Vernet!
> Comme le fier Entelle, achève ta carrière.
>   Dédaigne, dédaigne le trait
> De ces vils ennemis que cache la poussière.
> Les lâches !.....

Les critiques se le tinrent pour dit. En 1785, ni l'*Aristarque moderne*, ni *L'avis important d'une femme*, ni le *Jugement d'un musicien*, ni le *Frondeur*, ni le *Peintre anglois*, ni *Figaro*, n'osent sortir des bornes d'une prudente réserve. Dans les *Inscriptions à mettre au bas des tableaux du Louvre* se rencontre cependant une petite pointe satirique :

> On ne reconnaît plus les écumantes eaux.
>   La mer a bien changé sans doute.

L'*Espion des peintres* y mit moins de scrupule ; comme

pour justifier son titre odieux, il accumula en une page
les remarques les plus cruelles, couronnées par cette réflexion qui donne peut-être le secret de la bienveillance
de ses confrères. — « Au reste, M. Vernet est un peintre
si accrédité, si bien établi dans l'opinion, que je vous
conseille de le critiquer bas et avec réserve. »

Des sentiments plus honorables ont dicté les critiques du Salon de 1787. Comment ne pas s'incliner en
effet devant une gloire si persistante? Les conseils,
les reproches même dont nous regrettions de voir
Diderot avare pour son idole, alors qu'ils auraient pu
exercer une influence sur son facile talent, ces conseils
étaient-ils bien de saison vis-à-vis d'un vieillard de quatre-
vingt-cinq ans, et ne devait-on pas se borner, en cou-
vrant d'indulgence les défaillances de son pinceau, à
faire ressortir ce qu'il conservait encore de verdeur et
de puissance? L'*Ombre de Rubens*, *La plume du coq de
Micylle*, les *Promenades d'un observateur*, le *Cousin Jacques*, l'*Ami des artistes* et le *Mercure* eurent le bon goût
de s'en tenir à ce rôle respectueux et digne. Si la *Bourgeoise au Salon* mit le poing sur la hanche pour dé-
biter quelques dures vérités, si l'auteur d'*Encore un coup
de patte* osa comparer l'imagination de Vernet à une
planche de cuivre indélébile qui ne cesse de fournir les
plus belles épreuves, en revanche les *Grandes prophé-
ties du grand Nostradamus* lui adressaient les compliments les plus flatteurs :

> On le verra longtemps encore unir
> Le pinceau de Minerve au trident de Neptune.

> Tel Sophocle à cent ans charmait encore Athènes,

ajoutait *Merlin au Salon*, et les *Inscriptions à mettre au
bas des tableaux* reprenaient sur le même ton :

> Vernet fut un soleil du levant au couchant,
> Il nous charma dès son aurore.

Brillant dans son midi ; enfin sur son penchant
Son rayon rend le jour faible, mais doux encore.

Toutefois, *Lenlaire au Salon académique* se montra
moins accommodant :

Après s'être fait admirer,
Vernet devoit briser ses pinceaux, sa palette.
L'homme parvenu jusqu'au faîte,
Quand il veut le franchir, s'expose à retomber.

Éternelle leçon du bon sens à laquelle le génie restera
éternellement sourd !

Le Salon de 1789 précéda de quelques mois seulement
la mort de Joseph Vernet. Trois critiques saluèrent d'un
dernier hommage la dernière apparition des tableaux du
maître aux expositions de l'Académie. Ils furent una-
nimes à laisser de côté l'œuvre éminemment défectueuse
d'un génie moribond, pour ne voir que la verve infatigable d'un homme toujours sur la brèche. — «Depuis
cinquante ans ce peintre attend vainement dans l'arène
quelque athlète assez hardi pour se mesurer avec lui.»
Ainsi s'expriment les *Vérités agréables.* «Tout ce qui
brille a son déclin, dit à son tour le comte de Mende
Maupas, auteur des *Remarques;* le génie n'en est pas
excepté. Il est donc étonnant qu'à l'âge où celui des Corneille et des Voltaire était sans vigueur, le célèbre Vernet soit ce qu'il a toujours été, c'est-à-dire sublime.»
L'*Amphigouri* va plus loin, et trop loin même, car il
prend le ton de l'oraison funèbre : «L'envie et l'injustice
s'élèvent toujours contre les génies..... Console-toi, ô
Vernet, l'immortalité te réserve un trône dans son temple..... Oui, Vernet, console-toi, ton fils plaidera ta
cause.» En effet, à ce Salon même Carle Vernet avait
exposé son *Triomphe de Paul-Émile.* Quant aux consolations, l'auteur de l'*Amphigouri* nous en apprend plus
haut le motif. — «Par quelle fatalité, demande la *Grâce,*

un des interlocuteurs, par quelle fatalité Vernet n'est-il
point décoré du cordon de Saint-Michel, la seule récompense des artistes distingués?» et l'*Antique* répond avec
humeur: «Parce qu'on aime mieux en ceindre des mar-
guillers de paroisse ou des directeurs d'Opéra...»

C'est là en effet un des côtés les plus honorables du
caractère de Joseph Vernet. Certes, l'homme qui pendant
cinquante ans captiva à ce point les meilleurs esprits de
son siècle, le peintre aimé du public dont chaque exposition accroissait la gloire, celui qui sut inspirer à Diderot de tels enthousiasmes, et trouver contre des critiques souvent méritées des défenseurs aussi ardents,
cet homme à coup sûr pouvait prétendre à tous les honneurs. L'entreprise des ports de France, menée à bonne
fin, suffisait à le désigner pour le cordon de Saint-Michel,
la seule récompense propre à l'indemniser de ses pertes
pécuniaires. La modestie de Joseph Vernet, à laquelle
Diderot rend hommage, ne lui permit pas, si toutefois
il eut cette légitime ambition, de la déclarer et de la
suivre. Une anecdote rapportée par madame de Valori
semble donner à penser qu'il attendait la distinction
royale comme un homme qui s'en croit digne. Il disait
à Greuze, au Salon de 1765 : « Vous vous imaginez qu'il
ne s'agit que d'avoir du génie, un grand talent, une âme
fière et sensible, et de faire de beaux tableaux pour faire
fortune ; tandis qu'il faut avoir les jarrets souples, et tâ-
cher à force de bassesses de réussir à vous faire pardonner votre génie. Alors vous aurez un logement au Louvre, des pensions, le cordon de Saint-Michel peut-être,
vos chefs-d'œuvre ne blesseront plus la vanité d'aucun
de vos confrères, et toute l'Académie de peinture s'é-
criera que vous êtes un grand peintre dès que vous aurez
cessé de l'être. »

IV

Une fois sa vie assise à Paris, Joseph Vernet ne tarde pas à reprendre ses habitudes d'ordre, et il se remet à enregistrer avec soin les tableaux qui lui sont « ordonnez.» A partir de 1764, la liste des *Commandes* forme une suite régulière et non interrompue jusqu'en 1788, et la liste des *Reçus* lui sert de corollaire, en même temps que de contrôle.

En 1764, Joseph Vernet avait cinquante ans. Si ce n'est pas l'âge de la jeunesse, comme le voudraient certains savants désireux de ne pas vieillir, c'est du moins, surtout pour un artiste d'un tempérament aussi robuste que Joseph Vernet, l'âge de la maturité, d'une maturité saine et forte. Aussi le peintre des Ports de France, délivré de sa lourde tâche, et retrempé dans la vie parisienne, retrouva-t-il pendant quelques années une séve, une ardeur, une puissance de travail, qui font de cette période une époque aussi féconde que les dernières années de son séjour à Rome, les plus belles de sa vie. Ce sera, si l'on veut, non pas l'été, mais l'automne de son génie.

A Paris, de même qu'à Rome, les Anglais forment l'avant-garde de ce bataillon d'amateurs qui viennent prendre leur tour d'inscription auprès de l'infatigable artiste. Tempêtes, Brouillards, Levers ou Couchers du soleil, Cascades, Baigneuses, Clairs de lune, — le peintre suffit à tout. Il a cependant affaire à forte partie. L'Angleterre n'a pas épuisé ses troupes. Le renfort qu'elle envoie maintenant ne le cède en rien à la légion que nous avons vue à l'œuvre en Italie.

Les plus beaux noms de la *gentry* se rencontrent là, mêlés à des célébrités d'un autre ordre, peintres, banquiers et comédiens. C'est chez madame Geoffrin que la plupart ont vu Joseph Vernet. Car le salon de l'illustre dame n'est pas moins en réputation de l'autre côté du détroit. Il a pris rang parmi les curiosités du continent. A peine à Paris, on sollicite l'honneur d'y être présenté, et l'amphitryon ouvre volontiers sa ménagerie aux nobles insulaires, tout fiers d'assister au repas des philosophes. «Milord Temistocle, fils du duc de Bedfort,» est un de ces hôtes de passage. Il laisse pleins pouvoirs à madame Geoffrin pour traiter d'un paysage à la Salvator. On voit encore aujourd'hui, dans la galerie des ducs de Bedfort, deux marines de Joseph Vernet qui probablement datent aussi de cette époque.

D'autres viennent en personne apporter leur commande, et au besoin, de peur d'un oubli, l'inscrivent de leur propre main sur le *Livre de Vérité*. Tel M. John Sargent, membre du Parlement. Pendant qu'il parcourt l'Italie, Joseph Vernet lui peindra deux petits tableaux, un clair de lune et une matinée fraîche avec un vent frais qui agite un peu la mer, plus une grande toile de huit pieds de large sur cinq ou six de haut, représentant un port de mer tranquille au coucher du soleil, que M. Sargent paye 4,000 livres. L'acteur Garrick, forcé par la maladie de déserter le théâtre, vint faire un tour sur le continent en 1763 et 1765; il emporte un tableau. M. Thornill le cadet en demande quatre : c'est le moins que puisse faire un collègue. Fils de sir James Thornill, qui fut peintre de la Couronne sous la reine Anne, il porte lui-même le titre de peintre de la marine, et sa sœur a épousé le grand humouriste Hogarth.

Beaucoup se contentent de correspondre par l'intermédiaire d'un banquier, M. Foley, rue Saint-Sauveur, ou M. Lecouteulx, rue Montorgueil. Il y a là tout un noyau

d'amateurs de choix, les uns désignés simplement par leur
nationalité, — «Un monsieur anglois,» — les autres
nommés en toutes lettres. Citons milord King, possesseur d'une tempête et d'un port de mer enrichi de beaucoup de figures, et M. Henry Hoare, un vrai gentleman.
Non-seulement il paye le prix convenu pour les tableaux
commandés, mais, un mois après la réception du troisième, quand il a eu le temps d'en apprécier le mérite,
il ajoute un supplément de 1,200 livres. Il existe encore,
nous le savons, en France même, quelques nobles protecteurs des arts, taillés sur le patron de M. Hoare.

Et puis ce sont les amis qui prêtent leur ministère.
Louis Michel Vanloo, neveu de Carle, après avoir rempli
en Espagne les fonctions de premier peintre du roi Philippe V, était revenu à Paris. «Mais il crut, dit Mariette,
travailler plus lucrativement à Londres, et il y est allé
en 1764. J'entends dire que ses espérances n'ont pas été
absolument remplies.» En effet, il n'y séjourna qu'un
an : il sut du moins s'y créer des relations utiles dont
il tira profit pour ses amis. C'est ainsi que nous le voyons
procurer à Joseph Vernet la commande d'un tableau pour
M. Boyd, qui devait représenter d'abord une chute d'eau,
des lointains et beaucoup de figures. Une lettre postérieure modifie le sujet : — « Il doit y avoir toujours des
chutes d'eau, mais avec un fond de marine, les deux
dessus de porte du salon où doit être ce tableau estant
en paysage.»

Enfin les commandes elles-mêmes attirent les commandes. Comme des voyageurs échelonnés le long d'un
chemin, les premiers arrivés font signe aux retardataires
qui se hâtent d'accourir. Le généreux M. Hoare amène
son gendre, lord Bruce, et ses amis, milord Clive, milord
Arundell. Ce dernier est bien connu dans le monde des
arts. Les deux tableaux peints pour lui eurent l'honneur
d'être chantés en vers par l'auteur de l'*Épître à M. Vernet.*

Ceux de milord Clive ont été gravés par Lerpinière, dans le recueil de Boydell. Ainsi Joseph Vernet voyait s'ouvrir devant lui les principales galeries de l'Angleterre. Il avait de ses œuvres chez M. Windham, lord Egremont, ministre de Sa Majesté Britannique à Florence, possesseur d'une belle collection d'antiques et d'une galerie de tableaux. Il en avait chez milord Shelburne, autrement dit le marquis de Lansdowne, pair d'Angleterre, grand homme d'État, dont la collection, logée à Berkeley square, était justement célèbre. Mais le goût anglais sut rester sobre dans ses préférences pour Joseph Vernet. Deux, trois, quatre tableaux au plus, les amateurs les plus riches n'allaient guère au-delà. Le *Calme*, la *Tempête*, le *Port au coucher du soleil*, le *Paysage avec cascades*, rarement les *Baigneuses*, en faisaient tous les frais. On l'avait bien jugé, on possédait sa juste mesure. Loin de forcer son talent, on le tenait en bride, e surtout on sut s'arrêter à temps.

Après 1776, les Anglais disparaissent du *Livre de Vérité*, et, pendant les treize années qui s'écoulent de cette date à la mort de Joseph Vernet, il ne s'en rencontre plus un seul. A quelle cause attribuer cette défection brusque et générale de la clientèle britannique?—Hélas! sans doute les dernières productions de Joseph Vernet transportées en Angleterre témoignaient contre lui : on s'aperçut que son génie battait de l'aile, et d'un commun accord les amateurs se retirèrent. Aussi cette année 1776 nous paraît-elle une date importante : elle clôt la seconde période brillante de la vie de Joseph Vernet et inaugure sa décadence.

C'est en 1738 que Joseph Vernet avait commencé à travailler pour l'Angleterre. Pendant trente-huit ans, sa vogue se soutint de l'autre côté du détroit, et soixante-trois tableaux de sa main allèrent prendre place près des Claude et des Poussin dont s'enorgueillissent les galeries de Londres. C'était, en moins d'un siècle, la seconde invasion de la peinture française sur le sol anglais. Mais celle-ci demeura sans influence. La manière de Joseph Vernet ne fit pas un adepte. Le goût franco-italien dont il était l'apôtre trouva la résistance organisée. Autour de Wilson et de Gainsborough se groupait dès lors une école originale, moins éprise du pittoresque et plus pénétrée de la poésie intime de la nature, école vivace et puissante, qui ne tarda pas à son tour à passer le détroit, et à donner le branle au génie français, endormi sur les platitudes de l'école impériale.

Les travaux de Joseph Vernet pendant la période qui nous occupe, 1764-1776, ne se bornent pas à ceux qu'il exécuta pour l'Angleterre. Les commandes lui arrivent de tous les coins de l'Europe. L'ambassadeur de la cour de Suède, l'aimable comte de Kreutz, dont Marmontel a tracé un portrait plein de charme, paraît à trois reprises dans les *Livres de Raison*, en 1764, en 1769 et en 1778; chaque fois pour deux tableaux. Déjà nous avons vu le baron Aldecrantz emporter en Suède quatre ouvrages de Joseph Vernet. C'est de l'une ou de l'autre de ces collections que proviennent le *Clair de lune*, le *Port du Levant* et la *Tempête*, actuellement placés au musée de Stockholm. Le duc des Deux-Ponts et l'Électeur Palatin, ces deux princes si jaloux d'une des plus belles prérogatives de la souveraineté, la protection des beaux-arts, n'oublièrent pas Joseph Vernet dans le nombre des artistes français dont ils faisaient acheter les œuvres. Le premier, le prince Frédéric des Deux-Ponts, se trouvait encore à Paris en 1767 : c'est alors sans doute qu'il fit sa commande à Joseph Vernet. Mais, en 1771, c'est des mains de M. de Fontenet que ce dernier reçoit les 60 louis, prix d'un tableau peint pour Son Altesse Sérénissime. Il en peignit un second, car on voit le neveu Vernet, sculpteur, fournir pour le duc des Deux-

Ponts deux bordures. Quant à l'Electeur Palatin, il envoya le baron de Siekinghen demander à Joseph Vernet, pour sa galerie de Manheim, trois tableaux en marine ou paysage, du prix de 3,600 livres chacun, et cette fois encore le peintre fournit les bordures, sculptées sans doute par le neveu Vernet.

Vers la même époque, les Pays-Bas s'enrichirent aussi d'un certain nombre d'ouvrages de Joseph Vernet. La plus importante de toutes les commandes venues de ce côté est celle de M. Oudermeulen, d'Amsterdam. Elle nous révèle indirectement la première origine des relations étroites qui s'établirent dès lors entre le peintre et un de ses plus fervents amateurs, Girardot de Marigny. Ainsi qu'il résulte de la note du journal relative à cette commande, Girardot de Marigny était allié à une famille de La Rochelle auprès de laquelle Joseph Vernet avait trouvé le plus aimable accueil, la famille De La Croix. Il habitait Paris : sur la recommandation de son parent, il ouvrit sa maison à l'artiste; mais la maladie qui devait plus tard le dévorer, ce *Vernet-morbus*, dont on observe de si étranges cas chez MM. Peilhon et de Villette, ne se déclara pas tout d'abord, ou plutôt elle frappa à côté. Si Girardot sentit tout de suite le charme des tableaux du maître, il commença à les aimer par procuration. C'est son ami d'Amsterdam, M. Oudermeulen, qui eut l'honneur d'ouvrir le feu. Le flegmatique Hollandais n'y allait pas de très-bon cœur, paraît-il. En dépit de l'enthousiasme de Girardot, il aurait voulu juger par lui-même. Il demandait des esquisses. Cette demande bien naturelle nous a valu une lettre de Joseph Vernet, tout à fait précieuse et capitale, car lui-même y expose de la façon la plus nette ses procédés de travail. Elle est adressée à M. de Marigny, c'est-à-dire à M. Girardot, et non pas au directeur des bâtiments, le marquis de Marigny, ainsi que l'ont supposé par erreur et ceux qui la publièrent les premiers dans le *Cabinet de l'Amateur et de l'Antiquaire* [1], et ceux qui l'ont reproduite depuis.

« Je vous ai fait longtemps attendre les esquisses des deux tableaux que veut de moi votre ami de Hollande, et vous allez être surpris de voir que je ne vous les envoie pas; mais je vais avoir l'honneur de vous en dire les raisons.

« Je ne suis pas habitué à faire des esquisses pour mes tableaux, et je n'en ai jamais fait. Ma coutume est de composer sur la toile du tableau que je dois faire et de le peindre tout de suite pour profiter de la chaleur de mon imagination : d'ailleurs, l'espace me fait voir tout d'un coup ce que je dois y faire et me fait composer en conséquence; mais je suis assuré que si je faisois une petite esquisse, non-seulement je n'y mettrois pas ce qui pourroit être dans le tableau, mais j'y jetterois tout mon feu, et à coup sûr le tableau en grand en deviendroit froid; ce seroit aussi faire alors une espèce de copie qui me gêneroit. Je serois aussi gêné si j'avois donné une esquisse qu'on eût approuvée, puisqu'il n'est pas douteux que, lorsque je voudrois l'exécuter en grand, il me viendroit dans la tête d'y faire des changements que je n'oserois hasarder, crainte qu'ils ne fussent pas du goût des personnes pour qui je ferois le tableau. Ainsi, monsieur, tout bien pesé et examiné pour le bien de la chose, il faut qu'on me laisse libre : c'est ce que je demande à tous ceux pour qui j'ai envie de faire de mon mieux. C'est aussi la prière que je fais à monsieur votre ami, pour qui j'ai envie de bien faire. Il peut bien me dire la mesure et les sujets en général, comme calme, tempête, lever, coucher du soleil, clair de lune, paysage ou marine, etc., mais pas plus que cela. L'expérience m'a appris que je fais toujours plus mal qu'à mon ordinaire lorsque je suis gêné par la moindre chose.

1. Tome II, 1843.

«Si l'on veut savoir le prix ordinaire de mes tableaux, le voici : de quatre pieds de large sur deux et demi ou trois pieds de haut, 1,500 livres chaque ; de trois pieds et la hauteur à proportion, 1,200 livres ; de deux pieds et demi, 1000 livres ; de deux pieds, 800 ; de 18 pouces, 600 ; et plus grands et plus petits ; mais il est bon de dire que je fais beaucoup mieux quand je travaille en grand.

« J'avois déjà fait une esquisse que je n'ai pas voulu vous envoyer par toutes les raisons que je viens d'avoir l'honneur de vous dire ; ainsi ce n'est ni paresse, ni mauvaise volonté de ma part.

« J'attendrai votre réponse ou, pour mieux dire, celle de votre ami. « VERNET.

« Paris, ce 6 mai 1765. »

M. Oudermeulen se le tint pour dit. Il accepta les yeux fermés la tempête et le coucher du soleil, à mille livres pièce, que Vernet lui envoya d'abord. Dans ce dernier tableau, le peintre avait eu l'attention de placer, auprès d'une galerie en colonnade, un vaisseau de guerre hollandais. Mais bientôt, mis en goût par ces prémices, l'amateur demanda un clair de lune, un lever du soleil, et enfin, ce qui prouve bien le caractère épidémique du mal, deux autres tableaux de la taille à peu près de ceux de M. de Villette, sur cuivre, dans le goût de la *Jeune Napolitaine,* gravée par Le Veau.

Les autres commandes des Pays-Bas sont loin d'avoir la même valeur. Cependant, à en croire l'auteur des *Artistes français à l'étranger,* Joseph Vernet aurait peint pour le Stathouder douze marines regardées comme ses chefs-d'œuvre. Il nous paraît difficile d'admettre qu'un fait aussi considérable ait traversé la vie de Joseph Vernet sans que ses *Livres de Raison* en gardent la moindre trace. Les noms hollandais qu'on y rencontre appartiennent à des personnages d'une condition beaucoup plus humble, si humble qu'on ne sait où les retrouver ailleurs. Qu'est-ce, par exemple, que M. Pieter Van de Copello de Leyde, qui commande en 1775 les quatre parties du jour? Et M. François Prenner Lammens de Gand, dont la commande arrive par le canal du fermier-général La Reynière? Et M. Borée ou Borel le fils, fiscal de l'amirauté à Amsterdam? M. Fagel, du moins, est connu. C'est un des membres de cette illustre famille néerlandaise qui eut l'honneur de fournir pendant cent vingt-cinq ans tous les greffiers des états-généraux. Celui-ci, fils de Henri Fagel, le greffier d'alors, fit, en 1762, un voyage à Paris. — « Il m'est venu voir, dit le graveur Wille, il est amateur. » — S'il n'alla pas visiter Joseph Vernet, il lui envoya, en 1760, une commande de deux tableaux : « une marine, moitié paysage, rappelant quelqu'une des côtes de l'Italie; » et un paysage « frais avec quelque chutte d'eau. »

En 1772, un dernier nom étranger vient s'ajouter à cette longue nomenclature, M. Fischer de Wanguen l'aîné (de Berne, en Suisse). Celui-ci encore nous serait inconnu sans le *Journal* de Wille. Mais la ligne qu'il lui a consacrée n'en dit pas long : « M. Fischer (de Berne) m'est venu voir. » C'était au mois d'avril 1766.

Les travaux exécutés par Joseph Vernet pour des amateurs français offrent un intérêt plus vif. Ici du moins on ne craint pas de s'égarer à la recherche d'un nom inconnu. Les amateurs du XVIIIe siècle ont jeté assez d'éclat pour laisser d'eux un souvenir. L'histoire de ces hommes de goût auxquels l'art français doit une partie de sa gloire est encore à faire. Elle tentera quelque jour un esprit distingué. En attendant, on la trouve écrite par fragments dans les catalogues de vente, inventaires funèbres qui trop souvent n'apprennent de la vie des amateurs qu'un fait certain, la date de leur mort.

Il y a amateurs et amateurs, comme il y a fagots et fagots. Dans l'innombrable quantité de catalogues que nous a légués le siècle dernier, on voit passer en vente beaucoup de collections, on ne rencontre qu'un petit nombre de cabinets. Or, un grand seigneur, un financier, un marchand peuvent posséder une collection. L'amateur seul sait former un cabinet. Pour mériter le titre d'amateur il ne suffit pas d'acheter des tableaux tout homme bien pourvu d'argent en est capable; il ne suffit même pas de les aimer, tous les artistes en sont là; il faut les connaître. Il faut qu'au sentiment général du beau s'ajoute le goût, c'est-à-dire l'intelligence du beau, le jugement qui discerne le vrai du faux et le bon du mauvais; une pointe d'érudition qui établisse la familiarité avec les artistes de tous les temps, et surtout la passion, le feu sacré, cette obsession tyrannique de l'art qui ne recule devant aucun sacrifice et soumet tous les intérêts de la vie à un seul, la jouissance des belles choses.

Tel est le véritable amateur. Tels étaient, au siècle dernier, les Mariette, les Crozat, les de Julienne, les La Live, les Randon de Boisset, les Blondel de Gagny. M. de Julienne eut le mérite singulier de comprendre l'importance de l'école française. A côté des maîtres italiens, hollandais et flamands, il osa réserver une place aux artistes ses contemporains. Joseph Vernet n'avait encore rien envoyé au Salon, et déjà M. de Julienne, devinant en lui un grand artiste, d'après ce qu'il voyait chez M. de Villette, lui demandait, au mois de juillet 1745, une marine et un paysage; plus tard, il acheta à la vente de Peilhon un des plus importants tableaux que Joseph Vernet ait peints en Italie, celui que Daullé a gravé sous le titre : *Les différents travaux d'un port de mer*. Il en possédait encore un autre. Dans le Salon de 1767, Diderot, amené à parler de la vente de cet ama-

teur, dit avoir sous les yeux un paysage que Vernet fit à
Rome pour un habit, veste et culotte, et qui vient d'être
acheté mille écus. Nous nous sommes occupés ailleurs
de l'anecdote. Le tableau ne peut être qu'une *Vue de
Tivoli*, vendue en effet 2,650 livres. Le paysage et la
marine restèrent chez M. de Julienne après sa mort, et
n'en sortirent que onze ans plus tard, à la mort de sa
femme.

M. de La Live n'eut pas avec Joseph Vernet de rapports directs, ce qui ne l'empêcha pas de posséder de lui
deux magnifiques tableaux : la *Fin d'un orage sur mer*
et la *Vue du port de Civita-Vecchia*. Il y ajouta un *Clair
de lune* qui a fait le tour des plus belles galeries de
l'époque, et que l'amateur Marcenay de Guy s'est plu à
graver dans la manière de Rembrandt.

Le cabinet de Randon de Boisset se distinguait entre
les plus riches. Le produit de la vente dépassa un million. Et cependant c'était un véritable amateur que cet
ancien fermier-général, démissionnaire de sa place,
parce qu'elle lui rapportait plus que ne valait à ses yeux
son travail. Cœur excellent, esprit éclairé, son goût
s'était formé en Italie; il se raffina à Paris dans la fré-
quentation de Boucher, de Greuze et d'Hubert Robert.
Randon de Boisset n'avait de Joseph Vernet, en 1763,
que les deux tableaux commandés par lui au mois
d'août 1755, une *Tempête* et un *Calme*. Cette même
année il acheta à la vente Peilhon la *Vue d'Avignon*, et
deux ans après, lorsque le cabinet de Villette se dispersa
au vent des enchères, c'est chez lui que trouvèrent asile
les deux charmants paysages gravés par Aliamet, sous
le titre : *Le Matin et le Soir*, et la *Chasse aux canards*,
tableau peint en 1741, le premier Vernet peut-être qui
fût venu de Rome à Paris.

A côté de ces princes de la curiosité, et un peu au-
dessous, des amateurs plus modestes offraient aux

œuvres de Joseph Vernet une hospitalité moins opulente mais non moins cordiale. Deux surtout se montrèrent passionnés, et l'un poussa cette passion jusqu'au
culte. Nous avons nommé plus d'une fois déjà le marquis de Villette. Sa vente ne comprend qu'une cinquantaine de tableaux. Dans le nombre, il s'en trouve vingt-
deux de Joseph Vernet; mais il en a possédé davantage.

Pierre Charles de Villette, seigneur du Plessis-Longueau, de Bassicourt et autres lieux, conseiller du roi,
commandeur de l'ordre royal et militaire de Saint-
Louis, était trésorier général de l'extraordinaire des
guerres. Vers la fin de sa vie, il se pourvut d'un mar-
quisat[1]; mais il n'eut pas le temps de jouir de son titre;
il put du moins le transmettre à son fils, le marquis de
Villette, bien connu par son amitié pour Voltaire, et
père à son tour de cet autre ami de Voltaire, dont le
testament a de nos jours fourni matière à un curieux
procès. M. de Villette fit preuve d'un flair remarquable
en devinant, dès 1741, dans le peintre obscur qui débu-
tait à Rome, le grand artiste dont le nom devait remplir l'Europe. Un des deux tableaux commandés par lui
à cette époque, est précisément cette *Chasse au canard*
que Randon de Boisset hérita de lui. Le premier l'avait
payée 25 écus, c'est-à-dire 130 livres. A la vente Randon, elle monta jusqu'à près de quatre mille.

Pierre-Charles de Villette avait un frère aîné, directeur des postes à Lyon. Il lui inocula de bonne heure sa
passion pour les œuvres de Vernet, et dès lors s'établit

1. Voir Bachaumont et la *Biographie universelle*. Le *Mercure de
France* du 28 novembre 1775 enregistre le mariage de Louis, comte
de Prie, avec la fille de Pierre-Charles de Villette, écuyer, seigneur du
Plessis-Longueau, etc., conseiller du roi, commandeur, trésorier de
l'Ordre de Saint-Louis, trésorier général de l'extraordinaire des guerres.
Les Mémoires de Bachaumont sont pleins des folies du fils. Notons en
passant un pari de course du nouveau marquis avec le comte de Laura-
guais, dans lequel l'enjeu était un tableau de prix. (Août 1766.

entre ces trois hommes une amitié solide que rien ne
put affaiblir pendant plus de vingt ans. Chaque année,
ou peu s'en faut, l'un des frères, quelquefois tous les
deux, se rappelaient au souvenir du peintre par de nouvelles commandes, et chaque fois le peintre redoublait
d'efforts pour satisfaire le goût délicat de ses amis.
M. de Villette, on le voit à ses commandes, est homme
du monde. Il aime avant tout les sujets riants, dont la
vue lui soit une distraction. Entre lui et l'artiste, il y a
lutte d'imagination et d'esprit. Déjà il possède le *Brouillard*, le *Lever du soleil*, le *Coucher*. Il a demandé des
pastiches de Salvator. Et maintenant, ne pourrait-on
pas lui donner des parties de plaisir au bord de la mer?
Joseph Vernet dessine si bien les figures! Que ne peuple-
t-il de grands seigneurs et de belles dames les villas
princières des environs de Rome? Et les foires de village, les fêtes, les joûtes sur l'eau, quelle mine neuve à
exploiter! Ainsi M. de Villette ouvre au talent de son
peintre ordinaire des voies inexplorées. Celui-ci y entre
résolûment. Voici la villa Pamphili, ornée de vingt-
neuf figures; voici la villa Ludovisi au moment où de
jeunes malicieux font jouer les eaux, divertissement
cher aux Italiens. Les jets indiscrets ne respectent rien,
et, comme des serpents, se glissent sous les jupes bal-
lonnées; et de rire. Au premier plan, le peintre dessine,
pendant qu'un ami le regarde. Ailleurs, ce sont des
danses dans un paysage, ou bien, au bord de la mer,
toute une foule de cinquante figures offrant dans leurs
costumes les principaux types de l'Italie. Jean Duret a
gravé un des plus importants tableaux du cabinet de
Villette. C'est une *Vue du pont et du château Saint-Ange*,
prise de la rive gauche du Tibre, un jour de fête. Une
joûte animée se livre sur le fleuve. Au balcon d'un palais
les petits abbés caquettent près des jolies femmes, pendant que la livrée fait entendre une éclatante fanfare; sur

le quai, où les barques amènent à tout instant du monde,
on voit les bateliers réclamer leur salaire; les chiens
jappent, les enfants crient, le marchand de gimblette
colporte sa marchandise, les belles dames jouent de
l'éventail; des paysannes de la Sabine promènent leurs
riches costumes à côté des pèlerins armés du bourdon,
et les moines suivent avec intérêt les péripéties de la
lutte. Cette foule bariolée qui occupe le premier plan,
compte bien une centaine de figures gentilles et ani-
mées. Il semble que Joseph Vernet prélude à ses compositions des ports de France.

Cependant, après une douzaine de tableaux de ce genre,
après les paysages à cascades, après les baigneuses,
après les clairs de lune, la muse de Vernet étant épuisée
d'amabilité, il fallut bien en venir aux tempêtes. Le cabinet de Villette en pouvait montrer trois : un gros
temps, un grain et un naufrage. L'incendie d'un port ne
fut pas oublié. Enfin, toujours pour varier les motifs,
Joseph Vernet s'avisa de peindre sur cuivre deux paysages de pure fantaisie, émaillés de Turcs d'opéra. Aliamet les a gravés sous le titre de *Première et deuxième*
Vues du Levant; d'où certains biographes, qui ne con-
naissaient de ces gravures que le titre, ont conclu que
Joseph Vernet avait voyagé en Asie-Mineure.

Bref, le catalogue du cabinet de Villette, dont la
vente eut lieu le 8 avril 1765, mentionne vingt-trois tableaux de Joseph Vernet, appartenant aux deux frères,
non compris, dit l'avertissement, ceux qui ont été légués
par feu le marquis de Villette. Le prix payé à Joseph
Vernet, pour ces vingt-trois tableaux, ne s'élève pas à
plus de 7,000 livres. La vente les porta ensemble à 22,419.
Ainsi, en une vingtaine d'années, le capital des frères
de Villette avait plus que triplé. La spéculation n'aurait
pu trouver mieux que ce placement de l'amitié sur le
génie.

Moins exclusif que les frères de Villette, Peilhon, secrétaire du roi, dont le cabinet comptait quatre-vingt-deux tableaux des trois écoles, avait, comme eux, constitué à son profit, sur le talent de Joseph Vernet, une rente de jouissance annuelle. Sa première commande datait de 1748. Il ne s'arrêta qu'en 1755. Doué d'un goût délicat, Peilhon ne veut que des morceaux de choix : il compose ses commandes, ainsi que des menus, avec toute la précision d'un gourmet : — « Le soleil couchant bien chaud et bien doré, dit-il ; » — « Le matin bien frais, qu'il y aye du paysage et de la marine, des cascades, ou des rivières, des figures et des animaux... » — Il a une prédilection marquée pour les soleils couchants. Le plus beau des douze tableaux que Joseph Vernet a peints pour lui, est un poétique effet de soir, inspiré de Claude Lorrain, et gravé par Daullé sous le titre des *Différents travaux d'un port de mer*. Peilhon, cependant, aime aussi les figures. Il y a dans ce tableau, ainsi que dans le *Pèlerinage*, un assez grand nombre de personnages très-agissants. Un jour même, pour satisfaire au goût de l'amateur, le peintre ne craignit pas de sortir de ses habitudes, et il alla jusqu'aux limites de la peinture de genre. Certes l'estampe publiée sous ce titre baroque : *le Turc qui regarde pêcher*, n'indique pas un excellent tableau ; mais le pendant, *la Grecque sortant du bain*, est, même en gravure, une charmante composition. Enfin c'est pour lui que fut peinte la *Vue d'Avignon* que nous avons décrite.

Quand Peilhon mourut, en 1763, Joseph Vernet, qui s'établissait à Paris, eut, pour la première fois, la satisfaction bien douce de voir ses œuvres, soumises à des enchères plus sérieuses que celles de nos ventes actuelles, sortir triomphantes de l'épreuve. L'enthousiasme de ses contemporains porta jusqu'à la somme de 3,514 livres deux tableaux qui ne lui avaient été payés que 600.

La Vue d'Avignon passa du cabinet de Peilhon dans

celui d'un autre Avignonnais, Aubert, joaillier de la Couronne. Voisin de Joseph Vernet, logé comme lui aux galeries du Louvre, Aubert se lia avec son compatriote, dès son arrivée à Paris, et, comme il avait, lui aussi, sa collection de tableaux des trois écoles, vite il les serra les uns contre les autres pour faire place à une *Tempête de nuit* et à un *Paysage avec baigneuses*, pendants obligés du *Matin en paysage* et de *la Marine au coucher du soleil*, qu'il avait précédemment acquis. Mais Aubert, paraît-il, ne disposait pas d'une grande place, car ces quatre tableaux, d'une dimension modeste, ne portaient qu'un pied de haut sur neuf pouces de large. Plus tard, tous ses murs étant couverts, comme il lui fallait toujours des Vernet, notre homme imagina de les mettre en tabatières. Qu'un joaillier ait eu cette idée, de réduire la peinture en bijoux, rien de plus simple, mais qu'un grand peintre ait consenti à s'y prêter, cela se comprend moins. Il est vrai que Joseph Vernet avait alors soixante-neuf ans. A pareil âge, la main virile de Titien peignait la *Danaé* du Musée de Naples.

Il serait trop long de passer en revue l'un après l'autre tous les cabinets d'amateurs où se voyaient, en 1763, des ouvrages de Joseph Vernet. Il y en avait chez Davoust, chez le comte de Caylus, le fameux antiquaire, chez Jacquemin, chez Sorbet, chirurgien des mousquetaires gris. Le bailli de Breteuil, qui se plaisait à entretenir des relations avec les artistes et les amateurs les plus célèbres, en possédait cinq, tous en paysage, des vues de Naples, de Terni, de Tivoli. On remarquait dans le nombre une vue du village et du château de Caprarola, avec une partie du jardin. Sur le devant se promène une Éminence, le cardinal Aquaviva, un des premiers protecteurs de Joseph Vernet, accompagné de sa cour, et suivi de deux carrosses à six chevaux. Ici encore le peintre s'est représenté dessinant dans un coin. Ce tableau, peint à Rome en 1746 pour la reine d'Espagne, était sans doute un cadeau reçu par le bailli de Breteuil, pendant une de ses ambassades pour l'ordre de Malte, ou une reproduction de celui de la reine. Le marquis de Felino, qui avait été longtemps ministre à Parme, ne se montre que deux fois sur les *Livres de Raison*. Cependant, à sa vente, en 1775, figurent treize tableaux de Joseph Vernet, si toutefois l'on peut donner ce nom à de simples études d'après nature, vendues au rabais à cent ou cent cinquante livres.

Ainsi, avant même que Joseph Vernet n'eût pris racine à Paris, il avait un pied chez les principaux amateurs de l'époque. Cette clientèle ne tarda pas à s'augmenter. Godefroy, contrôleur général de la marine, comprit bien vite que les marines de Joseph Vernet rentraient dans ses attributions. Pour lui ont été peintes les deux *Tempêtes*, de jour et de nuit, que Flipart a gravées avec un sentiment si juste. Pelletier de Morfontaine, intendant de Soissons, qui devint sous Louis XVI prévôt des marchands, avait réuni rue de Nazareth une collection de tableaux, de bronzes et de porcelaines. En 1767, il commanda deux paysages ou marines avec des effets piquants, comme tempêtes, cascades, etc. Le Rebourg, conseiller au Parlement, plus tard président de la quatrième chambre des enquêtes, qui demeurait rue du Bac, au coin de la rue de l'Université, avait, selon Dargenville, un choix de tableaux fait avec goût, auxquels il joignit des *Baigneuses* achetées à la vente de Villette, et plus tard un autre *Paysage* commandé directement à Joseph Vernet. Vassal de Saint-Hubert fut un instant possesseur du *Clair de lune*, gravé par Marcenay. De cette foule des amateurs parisiens, se détache un groupe bien curieux et bien digne de nous occuper un instant, celui des femmes amateurs.

On sait l'importance qu'avaient acquise au siècle dernier certains salons littéraires présidés par des femmes de goût. C'est là que se faisaient les réputations, là qu'un livre essuyait le premier feu de la critique, là que se délivraient les brevets de génie. Tout auteur naissant était traduit devant cet aréopage en jupons, et il en sortait couronné de lauriers par les plus charmantes mains, ou déchiré par de petites dents blanches et de petits ongles roses. Le salon de madame Geoffrin est resté le type de ces académies familières. Mais madame Geoffrin avait, nous l'avons vu, étendu son domaine des lettres sur les arts. Elle recevait des artistes, et parmi eux Joseph Vernet. Outre la *Bergère des Alpes*, dont on a lu l'histoire, elle avait de Joseph Vernet un *Soleil couchant*, un *Port de mer* et sept petits tableaux payés ensemble 2,800 livres. Par l'influence qu'elle exerça, par l'importance de ses protégés, madame Geoffrin peut être considérée comme la première des femmes amateurs.

Toutefois, on aurait tort de croire qu'elle fût la seule; madame de Bandeville, femme de Pierre-François Doublet, président au Parlement, se plaisait à réunir dans sa maison de Passy des artistes et des amateurs. Joseph Vernet se vit accueilli chez elle dès son retour à Paris, et il en reçut à diverses époques la commande de deux paysages et d'une vue de mer, destinés à enrichir le cabinet de tableaux des trois écoles qu'elle possédait quai des Théatins, avec un beau cabinet d'histoire naturelle. Le nom de madame de Bandeville ne se rencontre naturellement dans aucune biographie : l'histoire, qui a toujours un sourire pour les plus viles courtisanes, ne fait pas l'aumône d'un souvenir aux femmes honnêtes dont le seul mérite est d'avoir eu le goût du beau et d'avoir su le répandre et l'entretenir autour d'elles. C'est dans un catalogue de vente qu'il faut chercher l'éloge de la présidente de Bandeville, écrit par la plume d'un huissier-priseur.—
« Tout le monde sait que cette Dame respectable avoit un goût sage et un coup d'œil sûr, guidée par ses connois-

sances dans le dessin, qu'elle avoit étudié... Madame la présidente de Bandeville a été généralement regrettée des gens honnêtes et vertueux qui la connoissoient, et le nombre en étoit grand ; des artistes, qu'elle aimoit et dont elle étoit révérée ; des jeunes élèves, qu'elle accueilloit avec bonté et qu'elle encourageoit ; enfin, la douceur de son caractère, la bonté de son âme, sa bienfaisance, son austère probité, la simplicité de ses mœurs, n'oublions pas d'ajouter la justesse et la finesse de son esprit, la faisoient rechercher et chérir de tout le monde. » — Elle mourut le 5 juillet 1787, après avoir passé trente-cinq ans à former ses différentes collections, et, ajoute l'expert Remy avec quelque malice, « elle connoissoit très-bien tous les différents objets qui composent ce beau cabinet. »

Quelques autres noms de femmes amateurs doivent se joindre à ceux-là. Madame de Julienne, femme de l'ami de Watteau, garda la survivance d'une partie de ses tableaux, entre autres de deux marines de Vernet, qui ne furent vendues qu'à sa mort, en 1778. Madame de Montullé, baronne de Saint-Port, dame de Sainte-Assise, partageait avec son mari, associé libre de l'Académie de peinture, le soin de son cabinet. Elle commanda en 1766 à Vernet un tableau ovale, qu'une autre femme, madame Bertaud, a gravé sous le titre : les *Pêcheurs à la ligne*. Citons encore la comtesse Turpin de Crissé, fille du maréchal de Lowendhal, femme d'esprit et de goût, mère et grand'mère d'artistes de talent, et madame de Saint-cey, cette dernière connue seulement de nous par sa commande à Joseph Vernet. Ainsi se complète ce groupe d'amateurs féminins. On peut se les représenter aimables et jolies. Le goût des beaux-arts n'est, pas plus que le goût des lettres, incompatible avec la grâce. A coup sûr ce n'était pas un bas-bleu maussade cette mystérieuse inconnue qui écrivait à Joseph Vernet, alors à Bordeaux, la lettre déjà reproduite, où respire, avec un naïf enthousiasme pour l'œuvre, un tendre intérêt pour l'auteur.

V

Cabinets et Galeries. — Une belle colère de Diderot. — La finance.
Les nobles et les rois.

Ce que les amateurs nomment un cabinet, les grands et les financiers l'appellent une galerie. Il ne suffit plus que le tableau soit bon, il faut qu'il tienne de la place. Or, pour remplir cet objet, deux tableaux valent mieux qu'un; quatre valent mieux que deux, et huit sont préférables à quatre. C'est pourquoi l'un des plus grands financiers du siècle dernier, Joseph de La Borde, banquier de la cour, voulant décorer son château de la Ferté-Vidame, demanda d'emblée à Joseph Vernet huit tableaux de neuf pieds de haut sur six de large. Une seule condition fut spécifiée, c'est qu'ils seraient vite faits et aussitôt en place. Joseph Vernet se le tint pour dit. En un an il avait achevé la besogne et gagné les 40,000 livres qui en étaient le prix. Et cependant il n'y épargna pas la peine. Jamais le peintre n'a prodigué à ce point toutes les ressources d'un esprit inventif. Jamais il ne s'est mis en de tels frais d'imagination. Dans le *Matin*, on retrouve tous les éléments habituels de ses paysages, le temple de la sibylle, l'aqueduc, la cascade, la rivière, le moulin au milieu des peupliers, les pêcheurs et leurs filets; mais de plus on y voit une tour en ruine, un bastion, une citadelle, des mulets, des charrettes, et, tout au fond, des montagnes immenses colorées des premiers feux de l'aurore. La *Tempête sur mer* est embellie des rochers les plus sinistres, avec fort escarpé et aqueduc, arbres tordus, multitude d'hommes et de femmes employés au sauvetage, le vaisseau brisé, la barque moitié engloutie, le navire près de périr, le ciel en feu, et les vagues énormes reflétant la lueur des éclairs. Au contraire, dans le *Clair de lune* tout est tranquille et charmant, le port endormi derrière un grand phare, les barques de commerce voguant à pleines voiles, les chaloupes remplies de promeneurs, et tout au premier plan une foule de figurines, les pêcheurs du soir, les flâneurs, les poètes. Une marchande de beignets et d'eau-de-vie offre sa marchandise aux matelots; la chandelle qui l'éclaire, enveloppée d'un manchon de papier, répand de rouges lueurs sur les personnages et forme un contraste piquant avec les molles clartés de la lune. Une autre *Nuit* a fourni à Joseph Vernet l'occasion d'un effet plus étrange encore. Au sein des ténèbres éclate un feu d'artifice : le bouquet, placé au sommet d'une tour, lance ses fusées dans les nues. Toute une ville idéale s'illumine subitement et montre l'entassement de ses riches édifices, églises, palais, tours crénelées, ponts, vastes magasins. Et la mer reflète ces splendeurs, et sur son miroir paisible glissent des barques remplies de musiciens, pendant que la foule des curieux se presse à tous les plans et applaudit ce magique spectacle. Même abondance dans les autres tableaux, même profusion de détails pittoresques. La *Tempête de terre* est un paysage profond où chaque plan ressent les effets d'un vent impétueux. Au fond, une abbaye considérable sur les bords d'une rivière agitée; plus près, une forteresse, des arbres qui se tordent sous l'effort de l'ouragan; on en voit un qui se brise. Tout lutte et tout gémit. Des chevaux ont peine à entraîner une charrette; une femme tire de toutes ses forces son âne récalcitrant, et à l'abri d'une roche une famille de pèlerins reprend haleine. Le *Soleil couchant* a pour théâtre un port opulent, encombré de tours, de phares, de vaisseaux, où une foule d'hommes de peine débarque des ballots, des sacs, des futailles,

devant des Levantins qui fument à loisir. Enfin les deux
derniers tableaux, le *Brouillard* et le *Soir*, montrent
Vernet se surpassant lui-même. Ici une galère dorée,
une fontaine surmontée d'un obélisque, un pêcheur au
trident; là un arc de triomphe, une pyramide, un pont
de bois, des fabriques pittoresques, et vers les premiers
plans, à côté d'une colonnade toscane, un autre pont
sur lequel passent des chameaux. Tant de singularités,
tant de recherche dans l'épisode n'ôtaient rien au mérite
des peintures. Dans un livre de poche que nous avons
sous les yeux, Hubert Robert s'est plu à en tracer le
croquis, accompagné d'une description minutieuse, et,
en se disant l'ami et l'admirateur du célèbre artiste qu'il
regrette tous les jours, il atteste « qu'il n'a rien vu de
luy de plus vray, de plus soigné, ny de plus digne d'appartenir à un souverain. » C'était là, en effet, la destinée
de ces fameux tableaux. Comment ils sortirent des mains
de La Borde, nous l'ignorons. Toujours est-il qu'en 1781
on les voit paraître à la vente du comte de Vaudreuil.
Plus tard, lorsqu'en 1797 Hubert Robert en fit le croquis
et la description, il s'agissait encore sans doute de leur
trouver un acquéreur. C'est seulement en 1824 que
M. Tierce les vendit au roi de France pour la somme
de 30,000 livres. Placés alors au palais de Saint-
Cloud, ils n'en sont plus sortis. Nous n'avons pu les
voir assez longtemps pour en apprécier toutes les qualités. L'aspect général en est charmant, le ton harmonieux et suave. Seulement Vernet a encore exagéré cette
fois un défaut dans lequel il tombait trop souvent. Les
figures des premiers plans se trouvent, par leur dimension, en désaccord avec le reste, soit que le peintre
n'ait pas su sacrifier assez les détails des derniers plans,
soit que l'exécution de ces figures ne leur donne pas
une valeur suffisante. Il semble qu'il y ait interruption dans la perspective, défaut fâcheux et malheu-

reusement commun aux trois générations des Vernet.

La commande de M. de La Borde avait fait grand bruit. Le *Gazettin* de Bruxelles s'était plu à l'annoncer pompeusement. Les indiscrétions de l'amitié piquaient la curiosité publique. On s'attendait à quelque chose d'extraordinaire. Si Vernet avait mis une telle activité dans l'exécution de la commande, s'il avait porté à un si haut degré sa verve inventive, n'est-ce pas parce qu'il voulait frapper un grand coup et éblouir l'opinion? Le désappointement fut vif lorsqu'au Salon de 1769 on n'aperçut aucun des tableaux de M. de La Borde. Diderot jeta les hauts cris. Vernet n'était-il pas son homme? Quelle audace à « l'apprenti-amateur » de le priver d'un de ses peintres! — «Par un travers de tête auquel on n'entend rien, l'homme riche, en les lui commandant, a exigé que ces tableaux, une fois placés dans la galerie, n'en sortiroient plus. Aussi n'en sont-ils pas sortis; le de L... a fermé l'oreille au cri public. Que dites-vous de cet abus cruel de la nécessité où se trouve l'artiste de sacrifier la ressource de son talent ou sa gloire? Le moderne Midas[1], qui ne connoît que l'argent, s'est imaginé que l'argent étoit la portion la plus précieuse de l'honoraire d'un homme qui doit avoir l'âme grande et le caractère libéral. Que ne l'interrogeait-il? Que ne lui demandoit-il : Vernet, lequel des deux préférerois-tu, ou d'avoir fait pour rien un ouvrage sublime, ou d'en avoir fait un plat qu'on t'eût payé au poids de l'or? Il auroit vu si l'artiste eût balancé dans son choix. — Mais c'est ma

---

1. Ici Diderot est tout-à-fait injuste. Joseph de La Borde a fait de sa fortune un trop noble emploi pour qu'il puisse être permis de le traiter de Midas. Les artistes du temps lui ont dû une protection éclairée, Paris des embellissements considérables. Le monde des lettres et des arts se souviendra toujours qu'il fut le père du voyageur Alexandre de La Borde, et le grand-père de M. le comte Léon de La Borde, directeur des Archives de l'Empire, — une dynastie que ne fera pas oublier celle des Vernet.

condition. — Votre condition, mons de L..., est injuste,
antipatriotique et malhonnête. Vous auriez mérité que
l'artiste vous en eût donné pour votre argent. De quel
front auriez-vous exigé qu'il retrouvât un talent que
vous priviez de l'aiguillon le plus puissant? Croyez-vous
qu'il n'y ait aucune différence entre l'homme qui travaille pour un peuple immense qui doit le juger, et
l'homme qui travaille pour un petit particulier qui con-
damne ses productions à n'arrêter que deux yeux stu-
pides?...» — Et une fois ce *dada* enfourché, Diderot
court sus au financier pendant trois pages. Point de Vernet, plus de Salon. Et il termine sa grande colère par
une sortie qui l'eût fait rire s'il l'eût relue de sang-froid:
— « A la place du ministre, j'aurois pensé que le soutien des arts en France tenoit à la durée de cette insti-
tution...; je n'aurois pas souffert qu'une lubie en occa-
sionnât l'interruption; j'en aurois fait dire un mot au
particulier qui se préféroit insolemment à tout un peuple. Peut-être auriez-vous appelé cet avis un acte de
despotisme, peut-être y auriez-vous vu une première atteinte à la liberté et à la propriété, peu m'eût importé.»

Qui ne sent dans ces fureurs du critique un écho des
plaintes de Joseph Vernet lui-même formulées chez madame Geoffrin et appuyées par tous les convives du vendredi? De la part des autres critiques, le *tolle* fut général. *L'Année littéraire*, la *Lettre sur les ouvrages exposés
au Louvre*, la *Lettre de M. Raphaël*, chacun jeta la pierre
au financier. A en croire Daudé de Jossan, ce n'était
plus huit, c'était douze tableaux dont le public se trouvait frustré. Le fait eut un tel retentissement que, deux
ans après, la *Lettre de M. Raphaël le jeune* contenait encore ce trait à l'adresse de M. de La Borde : — « Ah!
j'entends, dit un des interlocuteurs en remarquant l'absence de certaines toiles, il les aura vendues à quelque
financier qui n'aura pas voulu qu'on les expose. »

Malgré ces déboires, il y avait tout profit à travailler pour les financiers. Non-seulement ils payaient bien, mais encore ils tenaient table ouverte. Joseph Vernet n'a garde de l'oublier et il le note scrupuleusement : — « Il y a souper chez M. de La Freté tous les dimanches et tous les vendredis. — M. Roslin dîne chez luy le mardy, le jeudy et le dimanche. — M. de La Reynière le vendredy et le mercredy. — M. de La Freté tous les jours, surtout le dimanche. » — Ce M. de La Freté, qui dînait surtout le dimanche, appartenait-il au corps des fermiers généraux, ou faut-il voir en lui La Ferté, l'intendant des Menus-Plaisirs, dont le nom aura été défiguré par une allitération à l'italienne? Toujours est-il que M. de La Freté, à l'imitation de M. de La Borde, fit exécuter par Joseph Vernet, pour son salon, six tableaux de cinq pieds de haut. Quatre ont décoré l'hôtel du comte Roy et ont été vendus en 1848. Deux figuraient en 1800 à l'exposition du boulevard des Italiens, où les avait envoyés M. Laneuville, la *Tempête* et le *Soleil couchant.* C'était, comme on a pu le voir, de la peinture décorative, assez largement traitée, mais sans distinction. Le *Soleil couchant* reproduisait en partie une des compositions peintes pour M. de La Borde. Joseph Vernet y avait introduit l'obélisque, la colonnade, l'arc de triomphe déjà employés; mais de plus il avait placé au premier plan des blanchisseuses lavant dans l'eau de mer, malencontreuse idée justement relevée par Bachaumont, à propos du Salon de 1777. Chacun de ces six tableaux fut payé cinq mille livres par M. de La Freté.

Cinq mille livres! Que nous voilà loin de l'*Habit, veste et culotte!* La clientèle des financiers porta Joseph Vernet à cette douce extrémité, d'enfler démesurément ses prix. Pouvait-il faire moins pour des fermiers généraux? Tous voulaient de ses œuvres. Les plus patients se contentaient d'en commander. Les plus pressés couraient les

ventes et arrachaient, coûte que coûte, ce que l'occasion
leur offrait. Il y avait des tableaux de Joseph Vernet
chez Dangé, chez Roussel, chez La Reynière. Il y en avait
chez tous les manieurs d'argent de ce siècle, digne précurseur du nôtre. On n'était pas contrôleur des finances,
grand trésorier, receveur général ou banquier sans posséder quelques Vernet. L'abbé Terray, cette bête noire
des rentiers, qui ne fit que paraître au ministère d'État,
prit le temps de commander deux tableaux à Joseph
Vernet, et il les paya cinq mille livres chaque; ils avaient
trois pieds de haut sur cinq de large. L'un réprésentait
les *Abords d'une foire*, l'autre la *Construction d'un grand
chemin*. Exposés au Salon de 1775, ils enlevèrent tous
les suffrages. — « Peu s'en faut, dit Diderot, que ces
tableaux ne soient comparables à ceux que Vernet
a faits en Italie; s'ils leur sont inférieurs, c'est qu'alors
il copiait la nature, et qu'aujourd'hui il copie sa chambre. » — Diderot se trompe. La *Construction d'un grand
chemin*, aujourd'hui au Louvre, est peut-être une imagination de cabinet, ou une flatterie à l'adresse du ministre et de l'ingénieur Perronnet, qui s'y trouve répré-
senté donnant des ordres aux piqueurs. Mais dans les
Abords d'une foire, Joseph Vernet reproduisait ce qu'il
avait vu bien des fois. Le tableau appartient au Musée
de Montpellier. Il suffit d'y jeter les yeux pour reconnaître une foule de traits empruntés à la foire de Saint-
Cloud. Le premier plan est le quai d'une grande rivière,
encombré de mariniers et de portefaix qui déchargent
des bateaux; les ballots gisent à terre : l'un porte l'a-
dresse de l'abbé Terray, ministre d'État, un autre celle
de M. Clos, lieutenant général de la prévôté, un troisième celui du peintre et la date : « Joseph Vernet, f.
1774. » Plus loin, un pont traverse le fleuve, et, sur
la rive opposée, les saltimbanques s'escriment à qui
mieux mieux. Tous les détails semblent choisis pour le

plus grand plaisir de Charlot et d'Émilie. Le Savoyard
qui leur a montré la lanterne magique, le voilà qui s'en
va avec sa femme jouant de la vielle, et tout auprès voici
la marchande de beignets et le marchand de coco qui
les ont souvent régalés. Les mulets empanachés, le cavalier tenant sur l'arçon de sa selle un enfant porteur
d'un moulinet, n'est-ce pas encore un souvenir personnel? Et la rive opposée, où s'accumulent avec une prodigieuse finesse tant de charmants détails, n'est-ce pas
le tableau vivant, animé, de tous les plaisirs du père et
des enfants? Que de fois il les a conduits aux marionnettes, chez les sauteurs, chez Nicolet! Que de fois les
Livres de Raison enregistrent un joujou pour Charlot, un
jouet pour Émilie! Eh bien! les voilà tous, les fantoccini, les sauteurs, les écuyers, les comédiens de bois,
les mirlitons, les poupées, les quilles, les toupies. Ici
une loterie, là une parade, et partout une foule qui joue,
qui rit, qui bat des mains, qui circule, figurines de quelques millimètres plus vivantes cent fois que les héros de
carton de certaines peintures d'histoire. Aussi bien tout
le tableau est là, dans ces détails amusants. Du paysage,
il n'en faut pas parler. Joseph Vernet n'eût pas osé peindre Saint-Cloud ou Beaucaire d'après nature. Mais, en
mêlant le château de Beaucaire, la Seine, le pont de
Saint-Cloud, des fabriques italiennes et des arbres venus
on ne sait d'où, il a pensé idéaliser son sujet. Il y a,
comme toujours, beaucoup d'air et de lumière; malgré
le ton verdâtre provoqué par les dessous, la couleur est
d'une rare finesse, et l'exécution surtout témoigne d'une
adresse et d'une légèreté incomparables.

Comme tous les Turcarets d'alors, Beaujon, le banquier de la cour, se piquait d'avoir une galerie, et personne ne la logeait plus magnifiquement. L'hôtel d'É-
vreux, qu'il occupait au faubourg Saint-Honoré, est
devenu le palais de l'Élysée. En 1776, il paya un seul

tableau de Joseph Vernet 4,800 livres. Plus tard, il en acquit deux autres. Mais Beaujon avait assez à faire pour autrui sans s'occuper de lui-même. C'est lui qui servait d'intermédiaire entre les artistes et la toute-puissante favorite du jour, madame Du Barry. On sait quelles sommes énormes s'engloutirent dans la construction du pavillon de Luciennes. L'architecte Ledoux avait élevé ce temple de la volupté. Fragonard fut appelé à décorer un des salons; il y peignit quatre trumeaux représentant des amours de bergers. L'autre salon, dont le plafond, œuvre de Biard, avait pour devise *Ruris amor*, fut confié à Joseph Vernet. Il ne s'agissait d'abord que de quatre tableaux de trois pieds de haut sur cinq de large, représentant les quatre parties du jour. Mais, une fois terminés, on en ajouta un plus important de huit pieds sur cinq, une marine ou paysage sur les bords de la Méditerranée. Le prix de 5,000 livres pour les deux premiers fut ensuite réduit à 4,000 pour les deux autres, mais on paya 9,000 livres le plus grand. — « Grande et magnifique machine! » s'écrie à ce propos un des interlocuteurs mis en scène dans l'*Éloge des tableaux exposés au Louvre en* 1773.

Les travaux de Luciennes valurent à Joseph Vernet une bonne fortune, la visite de la favorite elle-même. « Madame la comtesse Du Barry ayant eu occasion de connaître les talents précieux de M. Vernet, le fameux peintre de marine, qui a décoré le joli pavillon de Luciennes de morceaux assortis de sa façon, est allée chez cet artiste rendre hommage à ses talents. Elle y a trouvé deux tableaux finis et prêts à être emballés pour un seigneur étranger, auquel ils étaient destinés : elle les a considérés avec la plus grande attention, et en a été si enchantée, qu'elle a voulu les avoir. En vain le sieur Vernet a déclaré ne pouvoir lui faire ce sacrifice, puisque ces ouvrages ne lui appartenaient plus; elle n'a tenu aucun compte de ces supplications, et a fait enlever de force les deux chefs-d'œuvre ; mais en même temps, pour dédommager le peintre, elle lui a dressé sur un bout de papier une ordonnance de cinquante mille livres, payables par le sieur Beaujon, banquier de la cour, ce qui a un peu consolé M. Vernet, et rend la Minerve du jour très-recommandable aux artistes. » Ainsi s'expriment, à la date de 28 janvier 1772, les Mémoires de Bachaumont. Les *Livres de Raison* n'ont gardé aucune trace de l'anecdote, et cependant Joseph Vernet n'était pas homme à laisser entrer dans sa caisse cinquante mille livres sans en prendre note à l'instant.

Les galeries de la noblesse n'étaient pas moins riches en ouvrages de Joseph Vernet que les galeries de la finance. A l'hôtel de Noailles, huit tableaux ovales et quatre dessus de porte commandés à Marseille en 1753, décoraient le grand cabinet du maréchal. A l'hôtel de L'Hospital, à l'hôtel de Praslin se conservaient de précieux morceaux du même maître peints en Italie, c'est-à-dire de son meilleur temps. Chez le comte du Luc il y avait deux tableaux sur cuivre, trois chez le duc de Cossé ; chez le duc de Chabot, trois tableaux et deux dessins ; chez le marquis de Veri un soleil couchant et un clair de lune, peints en 1764 et 1770. Le marquis de Changran avait recueilli à la vente Randon de Boisset le *Matin* et le *Midi* d'Aliamet. Le catalogue gravé du cabinet du duc de Choiseul contient trois estampes d'après des tableaux de Vernet. Les plus petits, la *Vue du Ponte-Rotto* et la *Vue du Pont Saint-Ange*, passèrent de chez le duc de Choiseul chez le prince de Conti, de là chez le duc de Chabot, puis chez M. Boutin, et enfin, de main en main, arrivèrent au Louvre, où ils sont aujourd'hui. Déjà, en 1753, Joseph Vernet avait peint ces deux mêmes motifs pour un amateur marseillais, M. de Fontainieu. L'exposition régionale de Marseille en 1861 les a remis en lumière. Plus fins, plus délicats, plus étudiés que ceux du Louvre, ces deux tableaux, aujourd'hui dans les mains de M. Paul Autran, marquent bien la distance qui sépare les œuvres de Joseph Vernet à son retour d'Italie, de celles qu'il exécuta à Paris quinze ou vingt ans plus tard.

La troisième estampe du cabinet de Choiseul représente une des plus célèbres productions du pinceau de Joseph Vernet, les *Baigneuses*, gravées par Balechou. Peintes à Marseille, ainsi que nous l'avons vu, pour le négociant Poulhariez, les *Baigneuses* furent apportées à Paris avec d'autres tableaux par un comédien nommé Gourville qui tenta inutilement une vente publique. C'était en 1766, et déjà Balechou avait publié son estampe. Sans doute un marchand plus avisé reconnut dans le tableau dédaigné l'original de la gravure. Il l'acheta et l'alla proposer au duc de Choiseul. Or, telle est la puissance de l'étiquette qu'en 1772, lorsque fut vendue la collection de Choiseul, les *Baigneuses* atteignirent le prix de 5,950 livres. Le prince de Conti les posséda jusqu'à sa mort, survenue en 1777. Dubois les paya alors 5,100 et son collègue Dulac les revendit pour le même prix l'année suivante, avec une copie exécutée par Huc.

Outre les *Baigneuses* et les *Vues du Ponte-Rotto* et du *Pont Saint-Ange*, le prince de Conti, grand prieur de France, avait encore dans son immense collection le *Clair de Lune* gravé par Marcenay, un paysage acheté par Le Brun, un incendie de port de mer, deux grandes marines, deux autres plus petites sur cuivre, en tout dix tableaux dont les prix de vente forment un total de 22,000 livres.

Après tant et de si grands noms, il n'y a plus place que pour des souverains. Eux aussi vinrent au rendez-vous. Depuis les plus petits jusqu'aux plus grands, ce fut à qui suivrait l'exemple du roi de France. Déjà nous avons vu les commandes du duc des Deux-Ponts et de

l'Electeur Palatin. En 1769, l'impératrice de Russie fit
demander à Joseph Vernet un grand tableau, le laissant
maître du sujet et du prix, et deux ans après le baron
Demidoff, chargé de rappeler la commande impériale,
prit pour lui une petite tempête sur cuivre de 50 louis.
En 1772 ce fut le tour du roi de Pologne, deux tableaux
de cinq pieds de large. Plus tard nous verrons d'autres
têtes couronnées s'inscrire aussi sur les *Livres de Raison*.
Ainsi Joseph Vernet est partout, dans les palais des rois,
dans les cabinets des amateurs, chez les grands, chez
les financiers, dans toutes les parties de l'Europe. Son
succès ne saurait être plus vaste, plus complet, plus universel. Rien ne manque à sa gloire. Mais, hélas ! n'est-ce
pas lui-même qui va y manquer le premier ?

VI

Les graveurs de Joseph Vernet.

Si jamais homme mérita d'être nommé l'enfant gâté
du succès, c'est à coup sûr le peintre dont nous écrivons
l'histoire. De toutes parts on s'arrachait ses œuvres,
chaque Salon était pour lui l'occasion d'un nouveau
triomphe. Ses tableaux peuplaient les cabinets, les galeries, les palais. Il semble pourtant que la bonne étoile
de Joseph Vernet n'eût pas été satisfaite, si la gravure,
s'emparant de ses œuvres et les reproduisant à l'infini,
n'était venu multiplier aussi à l'infini sa popularité et sa
gloire.

Le Bas est le premier graveur qui se soit exercé d'a-
près Joseph Vernet. Il vit chez l'architecte Soufflot deux
tableaux que ce dernier avait rapportés de Rome dans
son voyage à la suite du marquis de Marigny en 1750.
Le fin traducteur des Kermesses aperçut aussitôt les

points de ressemblance du talent de Joseph Vernet avec le sien, et quel profit il y aurait pour lui à prêter l'épaule à cette gloire naissante, en s'appuyant sur elle. Il se mit promptement à l'œuvre, et, au Salon de 1751, il exposait deux estampes, le *Port de mer d'Italie* et le *Départ pour la pêche*. Gravées d'une pointe libre et dégagée, même un peu hâtive, avec une grande simplicité de moyens, ces deux pièces sont au rang des meilleures que nous connaissions d'après Joseph Vernet. On y doit louer la justesse du sentiment, la fidélité du dessin, l'esprit de l'interprétation. Le faire aisé du peintre a passé tout entier dans la pointe du graveur. D'autres viendront plus tard qui multiplieront les artifices du métier. A quoi bon? Joseph Vernet ne demandait pas à être gravé à plus de frais.

Le Bas lui-même donna le mauvais exemple. Soit qu'il se crût coupable de négligence, soit qu'il ne prît plus la peine de penser à son modèle, il se mit à serrer ses tailles, à adoucir ses effets, en un mot il appliqua à Joseph Vernet cette exécution petite et sèche dont Téniers et tant d'autres ont été plus d'une fois victimes. Cependant, il faut lui rendre justice, il préféra toujours la pointe au burin, et jamais on ne le vit se faire honneur de ce talent de bête de somme qui consiste à labourer le cuivre de sillons péniblement creusés. La *Vue de Naples* et les *Galères de Naples*, gravées d'après des tableaux de Thiroux d'Epersennes, ont plus de finesse, plus de fondu que ses deux premières pièces, mais elles conservent encore, sans efforts apparents, une certaine fermeté.

Le grand mérite de Le Bas, c'est d'avoir su bien comprendre et bien rendre l'esprit des figures de Joseph Vernet. Tandis que chez d'autres graveurs, Daudet par exemple, elles n'ont l'air que de poupées d'étoupe, chez Le Bas, comme chez son modèle, ce sont vraiment de

petits bonshommes bien troussés, agissants, d'une vivacité toute méridionale. Et pourtant, lorsqu'il s'agit de
graver les ports de France, Le Bas fit appel, pour les
figures, à la pointe spirituelle de Cochin. Mais, comme
s'il regrettait cette collaboration, il ne tarda pas à entreprendre une suite d'estampes représentant, en groupes séparés, quelques-uns des personnages qui animent
les ports de Marseille, de Bordeaux et de Bayonne : idée
heureuse, s'il avait su la mener à bonne fin. Il s'arrêta
trop tôt, et encore, pour arriver à compléter une suite
de douze pièces, fut-il obligé de recourir à des mains
amies, celles de Martini, celles de Moreau jeune, celles
de Thérèse Martinet, graveurs habiles, mais peu fidèles
interprètes. On voit trop, à l'incorrection du dessin, que
Le Bas, en cette affaire, s'est plus préoccupé de commerce que d'art. La finesse et le brillant de ces petites
pièces les font toutefois rechercher. Il est fâcheux que
l'idée n'ait pas été reprise. En choisissant dans chacun
des quinze tableaux des ports deux ou trois groupes, on
eût formé le répertoire le plus complet et le plus vrai
des costumes du xviiie siècle [1].

La suite des ports, la suite des figures des ports, don-
nèrent à Le Bas un autre idée, celle de réunir toutes les
estampes d'après Vernet en une suite de vues d'Italie.
Mais, pour une telle entreprise il fallait l'esprit de suite,
et Le Bas ne l'avait pas. Chez lui une nouvelle idée chas-
sait toujours l'idée de la veille. Il commença par réduire

---

1. A dire vrai, l'idée de Le Bas a été reprise, mais toujours par d'in-
dignes mains. Crépy publia une petite pièce de Le Mire, *la Promenade*,
où l'on retrouve des figures des ports. Plus récemment un graveur
médiocre, nommé Henry Godin, fit paraître deux groupes pris on ne
sait où : *Le dîner champêtre, — Les mariniers du Havre*. Enfin, de
nos jours, deux lithographes ont emprunté des figures de Vernet, l'un,
Charles Lemercier, pour des *Études comparées* publiées en 1850, l'autre,
Louis Lassale, pour des *Croquis d'après les maîtres*, Paris, Bulla
frères, 1851.

le format qu'il s'était fixé, puis il appela des collabora-
teurs dont il ne prit pas même la peine de corriger les
inepties. Grâce à ces renforts, il arriva tout essoufflé au
chiffre de douze, prouvant ainsi, pour la seconde fois,
que s'il savait lancer une affaire, il ne savait pas l'empêcher de finir en queue de poisson.

C'était, on le sait, un véritable moulin à gravures que
l'atelier de ce maître fécond. Les élèves s'y portaient
en foule, et comme il s'agissait surtout de gagner de
l'argent, le maître trouvait commode, au lieu de les laisser gâcher du cuivre, de les employer à préparer des
planches qu'il signait après quelques retouches. Plusieurs des estampes d'après Vernet, et les plus mauvaises, portent *Le Bas direxit*, sans indication du vrai
coupable. Une fois arrivé à un certain degré de force,
l'élève signait à côté du maître. C'est ainsi que Helman
est l'auteur d'une grande *Vue de Naples* dédiée par Le
Bas au prince de Galitzin, d'une *Vue d'Italie* dédiée à
la marquise de Villefort, de la 5e et de la 8e *Vues d'Italie*.
Masquelier a gravé la sixième. Martini, après avoir écor-
ché un paysage sans titre dédié au duc de Cossé, a fait
l'eau-forte de la *Fin de la pêche* et de plusieurs des vues
d'Italie, en attendant de faire celle du *Port de Dieppe*.
Cet appoint de jeunes talents grossit à l'infini l'œuvre
gravé de Le Bas. Les estampes d'après Vernet y comptent au moins pour cinquante pièces.

La plupart des élèves de Le Bas, ainsi préparés à graver les tableaux de Joseph Vernet, ne manquèrent pas
de le faire pour leur compte, dès qu'ils se sentirent hors
de page. On doit à Helman une très-agréable estampe,
les Pêcheurs fortunés. Masquelier publia *les Débris du
Naufrage*. Martini, cet artiste italien, devenu par son
éducation complétement Français, exerça d'abord sa
pointe très-fine, mais un peu molle, dans deux petites
pièces, *la Vue de Porto Ercole* et *la Vue de Spoletto*;

puis il mit en vente en 1772, chez le frère de Joseph
Vernet, *les Plaisirs de l'Été;* et enfin, en 1784, nous
le verrons reproduire *la Vue d'Avignon*, peinte pour
Peilhon, et devenue la propriété d'Aubert.

Toute l'école de Le Bas se jeta sur Joseph Vernet
comme sur une proie facile. Bacheley, Chenu, David,
Godefroy, ont chacun gravé une ou deux pièces, sans
trop se mettre en frais de talent. Duret en a gravé douze,
entre autres *la Fête sur le Tibre,* dont nous avons parlé,
et *la Gondole italienne,* une des compositions les plus
pittoresques du maître, aujourd'hui au Musée d'Avignon. Dans ces deux estampes, où abondent les figures,
on sent trop l'impuissance du graveur. Son dessin est
juste, mais sec; la raideur mesquine de son procédé
transforme en mannequins de bois le petit peuple auquel Joseph Vernet a donné la vie.

Le Veau a mis plus de moelleux dans ses reproductions. Lui aussi est allé jusqu'à la douzaine, et même
jusqu'à treize. La meilleure est *l'Aurore d'un beau Matin,*
où il a su rendre avec succès un effet assez difficile,
lorsque les rayons du soleil, dépassant l'horizon, se
déploient en éventail au milieu des brumes matinales.

Cathelin, graveur habile, auquel on doit surtout de
bons portraits de ses contemporains, s'inspira d'un des
tableaux du cabinet de Villette, un paysage à la Salvator. Il en a fait une estampe pleine de vigueur et d'harmonie. On ne peut appliquer le même éloge aux *Quatre
heures du jour*, dédiées au marquis de Marigny. La faute
en est peut-être aux originaux que déparent de lourdes
figures, éclairées contre toutes les lois de la lumière. De
ces tableaux peints pour Choisy, trois sont au Louvre et
un à Saint-Cloud.

Plus profonde, plus ferme et non moins facile que
celle de son maître Le Bas, la gravure d'Aliamet sait
conserver l'effet piquant de la peinture. Joseph Vernet

a trouvé plus d'un habile interprète; aucun ne l'a rendu
avec autant de fraîcheur et de simplicité qu'Aliamet. Les
estampes qui portent son nom sont au nombre de quinze.
Mais il faut retrancher celles où il n'a fait que diriger
le travail d'autrui, telles que le *Temps de brouillard*, début d'Yves Le Gouaz; *le Temps serein*, œuvre de Marie
Ozanne; *le Temps orageux*, et *les Deux Vues de Marseille* demeurées anonymes. Il reste ainsi à Aliamet dix
pièces qui lui font honneur. Les deux *Vues du Levant*,
gravées en 1760, le *Matin et le Midi* reproduisent des
tableaux du cabinet de Villette. Au Salon de 1765, parurent l'*Incendie nocturne*, d'après un tableau de l'abbé
Campion, et *les Italiennes laborieuses*, dont l'original
appartenait à M. Davoust. Pour compléter *les Quatre
parties du jour*, Aliamet grava plus tard *le Soir* et *la
Nuit*, du cabinet Le Rebourg, exposés au Salon de 1771.
Enfin, c'est en 1779 qu'il fit paraître *le Rivage près de
Tivoli*. La date de publication de *la Pêche* nous est inconnue. *Le Rivage près de Tivoli*, pièce importante, gravée sobrement, avec fermeté et finesse, nous conserve
le souvenir d'un des plus bizarres tableaux qu'ait enfan-
tés l'imagination de Joseph Vernet. Non content de reproduire de cent manières le petit temple de Tivoli, si
pittoresquement juché sur son piédestal de rochers au-
dessus d'un vallon humide, Joseph Vernet, cette fois,
le transporte sans façon au bord de la mer; il lui donne
pour base les ouvertures béantes de la villa de Mécène,
il l'encadre entre les cyprès de la villa d'Este et une
treille napolitaine; puis, au-dessous, il entasse les rochers d'Amalfi, y incruste la fontaine de Pausilippe, et
enfin, le long du rivage, à côté de pêcheurs et de
paysannes italiennes, il place un nègre à moitié nu
et un Turc qui fume son chibouk. Malgré cet amal-
game, l'ensemble est des plus charmants. Mais il n'est
pas hors de propos de constater une fois de plus

ce que le xviii° siècle appelait l'imitation de la nature.

Aliamet a formé d'excellents élèves parmi lesquels se rencontrent trois femmes, les deux sœurs Ozanne et madame Coulet. Les premières, élèves d'abord de leur frère Nicolas Ozanne, qui était professeur de dessin au port de Brest, avec le titre de maître des gardes de la marine, vinrent à Paris lorsque Yves Le Gouaz, leur compagnon d'études, eut épousé la plus jeune, en 1767. Yves Le Gouaz avait déjà passé quatre ans à l'atelier d'Aliamet. Les deux sœurs reçurent aussi ses leçons, et tous trois, associant leurs talents, firent de la gravure en ménage. Le Gouaz a gravé, d'après Vernet, cinq estampes. *Le Temps de brouillard,* dont l'original se voit au Louvre, porte le nom d'Aliamet. C'était le début de l'élève : il en est peu d'aussi heureux. *L'Embarquement de la jeune Grecque* vint ensuite; puis, *la Pêche de jour* et *la Pêche de nuit;* enfin, *le Choix du Poisson,* autant d'estampes d'un bon sentiment, touchées avec beaucoup d'esprit. Toutefois, *le Temps serein* de madame Le Gouaz, Marie-Jeanne Ozanne, nous paraît préférable aux œuvres de son mari, il y a plus d'aisance et plus d'accent. Madame Le Gouaz a gravé aussi *la Première vue de Livourne,* pendant que sa sœur Françoise gravait la *Deuxième.* Ainsi toute la famille trouvait à vivre sur le génie de Joseph Vernet, sans parler de Pierre Ozanne, qui a laissé une eau-forte pleine de verve, d'après une petite tempête du maître.

On doit à madame Anne-Philiberte Coulet huit pièces remarquables par l'intelligence du sujet, le sentiment du paysage et la délicatesse du travail. *Les Jeteurs de filets* et *la Belle après-dînée* méritent surtout de grands éloges. Dans *les Jeteurs de filets,* le brouillard coloré du matin, que le soleil a peine à percer, est très-heureusement rendu. Dans *la Belle après-dînée,* un chaud soleil d'été verse ses rayons sur une terrasse à balustres, où l'on danse au son du violon : des canots de plaisance sillonnent la mer unie comme un miroir, et tout au milieu du tableau, un homme, les yeux levés au ciel et les bras étendus, semble rendre grâces à Dieu qui lui fait de si beaux jours. Il était impossible de traduire avec plus de goût cette poétique composition. Ainsi que le tableau, l'estampe respire le bonheur.

La plupart des estampes de madame Coulet se rencontrent aussi sous le nom d'Élisabeth Cousinet, femme du graveur Lempereur. Celui-ci aurait-il successivement épousé les deux dames? Il serait bizarre en ce cas que la seconde, non contente de succéder aux droits d'épouse de Philiberte, se soit cru permis d'hériter de ses droits d'auteur.

A côté de l'école de Le Bas, l'école de Wille a eu également le privilége de former un grand nombre de jeunes graveurs. Mais l'enseignement n'était plus le même. Le Bas, homme de goût par naissance, — il était Parisien, — ne demande à la gravure qu'un moyen d'interprétation. Par paresse autant que par système, il simplifie le procédé et reste volontiers subordonné au modèle. Wille est un Allemand d'un goût douteux; il est personnel, il veut paraître dans sa traduction et se met en frais de belles manières. De là une recherche de travaux qui n'a d'autre raison d'être que la prétention du graveur. Wille jugea au-dessous de lui de servir d'interprète à Joseph Vernet. Il se contenta d'y employer un de ses élèves. C'est en 1759, — son journal nous apprend ce haut fait, — que lui furent confiés les deux tableaux que Vernet venait d'exécuter à Bordeaux pour le négociant Imbert. Wille à son tour les confia à Zingg, chargé de les graver moyennant vingt louis d'or. L'année suivante, au mois de mai, des épreuves d'essai furent envoyées au peintre alors à Bayonne. En octobre, Zingg livra les planches, et Basan éditait les estampes

sous le titre de *Pêche heureuse* et *Écueil dangereux*.
M. Imbert reçut pour sa part vingt-quatre épreuves,
Vernet en eut douze comme droits d'auteur. En les lui
envoyant, Wille lui demandait deux petits tableaux d'environ quinze pouces de large. « Je serois charmé, écrit-
il dans son journal, d'avoir quelque chose de ce peintre
célèbre. » Joseph Vernet jugea sans doute que ce quelque chose était trop peu. Il se borna, de retour à Paris,
à une visite de politesse dont Wille a noté la date,
le 13 avril 1763.

Zingg a su se préserver des défauts de son maître. Il
est resté assez sobre. Un autre élève de Wille, J. J. Avril,
n'eut pas la même sagesse, témoin *le Naufrage*, gravé
en 1775. On lui doit aussi *le Retour de la pêche au soleil
couchant*, et les *Voyageurs effrayés par le coup de tonnerre*. Plus tard, il s'amusa à copier trois estampes de
Woollett, d'après Wilson, *Ceyx et Alcyone*, *Céladon et
Amélie*, et *la Pêche;* et, soit supercherie, soit ignorance,
il les laissa publier, non-seulement sous sa signature,
mais encore sous le nom de Vernet.

De tous les graveurs qui ont reproduit les œuvres de
Joseph Vernet, le plus célèbre est Balechou. Il a gravé
trois estampes bien connues, *le Calme*, *la Tempête* et les
Baigneuses. Toutes trois ont été exécutées à Avignon,
postérieurement à la sentence qui bannissait de l'Académie et de la France l'auteur présumé infidèle du portrait du roi de Pologne, c'est-à-dire après le 16 avril 1752[1].
En arrivant au lieu de son exil, le malheureux comprit
qu'au travail seul il pouvait demander des consolations.
Un de ses amis, l'abbé Renaud ou Raynaud, chanoine
de la collégiale de Saint-Didier, lui montra un tableau
de trois pieds de large qu'il venait d'acquérir de Joseph
Vernet. La peinture historique ne lui offrant aucun mo-

---

1. L'Académie s'assembla au Louvre le 8 avril. La sentence était
rendue huit jours après, sur le rapport de Silvestre.

dèle, Balechou entreprit de graver ce tableau qu'il baptisa *le Calme,* et dont la sérénité dut en effet apaiser son cœur ulcéré. *Le Calme* fut le coup d'essai de ce burin énergique dans un genre qui lui était jusqu'alors demeuré étranger. *La Tempête* suivit, en 1757. Le tableau appartenait à M. Poulhariez, négociant marseillais. L'estampe fit sensation, comme on dirait aujourd'hui. En annonçant au public le nouvel ouvrage de Balechou, *le Mercure de France,* du mois de juin 1757, insérait à l'appui une lettre adressée au graveur par Joseph Vernet.

« Monsieur, — écrivait le peintre, — cette estampe a rempli mon attente, vos recherches sont infinies, et demandent un examen et beaucoup de sçavoir pour en comprendre toute la beauté.

« Comme je vous dis, lorsque vous m'envoyâtes les premières épreuves, ce que je désirois, je vous diroi avec la même sincérité que cela est cela, c'est-à-dire que je suis actuellement content au delà de mes desirs, cette expression doit renfermer les éloges les plus étendus que je pourrois vous donner, je suis presentement impatient que cette estampe soit repandue dans le monde pour votre gloire et pour la mienne. »

Le succès de *la Tempête* décida Balechou à graver une troisième estampe d'après Joseph Vernet, *les Baigneuses.* C'était en 1762, deux ans avant sa mort. L'original appartenait encore à M. Poulhariez, et voici comment le graveur jugeait le tableau qui lui avait servi de modèle. La lettre est adressée à Wille, son collègue et son ami.

« Monsieur et cher confrère,

« Vous êtes bien obligeant de me faire des éloges; je comprends que je ne les dois qu'à votre complaisance, puisque je me reconnois bien loin de les mériter.

« L'estampe dont vous me demandez une douzaine d'épreuves a été faite d'après un tableau au premier coup, et assez incorrect (*les Baigneuses*), ce que je ne dis qu'à vous, qui plein de connoissance autant que de talent, pouvez mieux que personne apercevoir les défauts pour lesquels je réclame votre indulgence.

« Telle qu'elle peut être, je vous en feray parvenir le nombre que vous me demandez; je l'imprime actuellement, et les épreuves, à ce qu'il me paroît, sont plus passables que celle que vous avez vue.... » — d'Avignon, ce 10 octobre 1762.

Joseph Vernet, qui ne se doutait pas de ce jugement sévère porté sur son tableau, partagea pour l'estampe l'enthousiasme général. La gloire de Balechou rejaillissait sur lui-même. Il le comprit si bien qu'il écrivit en 1763 à l'exilé une nouvelle lettre dont le *Dictionnaire* d'Achard [1] nous a conservé les termes :

« Il n'est qu'un Balechou en France; je ne suis pas content des gravures de mes autres marines depuis que j'ai vu les vôtres; si vous voulez vous charger de ce travail, il vous en reviendroit un très-grand avantage, et à mes peintures une très-grande gloire. »

Mais ce brevet de graveur ordinaire que Joseph Vernet décernait à Balechou ne put décider ce dernier. Ses malheurs l'avaient aigri. Déjà il se sentait malade. Il répondit, avec plus de bon sens que de politesse, qu'il préférait la tranquillité à tout ce qu'on pourrait lui offrir de plus précieux, ajoutant qu'il avait assez de bonnes peintures pour pouvoir occuper son ciseau le reste de ses jours. — Environ un an après, le 18 août 1764, Balechou terminait à Avignon sa triste existence.

Il est inutile d'insister sur les différents états de ces pièces bien connues. On les trouvera, avec les prix de vente, dans le *Manuel de l'amateur d'estampes* de M. Ch. Le Blanc. La *Tempête* passe avec raison pour un chef-

---

1. *Dictionn. de la Provence et du comtat Venaissin*. Marseille, 1787.

d'œuvre de gravure : l'artiste, en effet, s'y montre admirable par l'imprévu des travaux, par l'audace du métier, l'agilité, la force, l'abondance des moyens qu'il déploie. Mais, derrière ce fulgurant étalage des ressources du burin, le peintre disparaît. La *Tempête* fait admirer Balechou, elle fait oublier Vernet. On se prend à regretter les graveurs plus modestes qui ont su, avec une manière moins pénible et moins suffocante, rendre plus simplement le faire aisé, leste et toujours aimable du peintre des Ports.

On retrouve ces qualités quelque peu suspectes dans deux estampes d'un graveur peu connu, Jean Ouvrier. Les auteurs ne nomment pas son maître, mais il paraît difficile de croire qu'il en ait eu un autre que Balechou. Ce sont les mêmes luisants, les mêmes transparences, les mêmes effets vitreux. Chez l'un comme chez l'autre, la pointe cède le pas au burin, et le burin ose tout. Ouvrier a gravé quatre pièces d'après Joseph Vernet, une *Vue de Naples* et une *Vue d'Avignon* que nous n'avons jamais rencontrées, la *Vue des Alpes* et la *Vue des Apennins*. Sous ce titre menteur, la *Vue des Alpes* et la *Vue des Apennins* reproduisent des paysages de pure fantaisie qui ont appartenu au cardinal Fesch.

Étienne Le Charpentier a encore surpassé Jean Ouvrier dans l'imitation des procédés de Balechou. Son *Coup de vent* éblouit ainsi qu'un miroir au soleil. Le tableau qu'il avait à rendre est certainement un des mieux composés du maître ; c'est presque une œuvre de style. Mais, sous la main du graveur, les nuages se moirent de dessins fantastiques, les terrains affectent la forme tourmentée de scories, les rochers prennent l'aspect de blocs d'agathe ou de cristal, et, sur ces rochers, ce n'est plus de l'eau qui coule, c'est une fonte incandescente, insupportable à l'œil ; les figures sont figées dans un vêtement de glace ; les arbres, les fabriques, les lointains, tout raconte les angoisses du cuivre déchiré par un burin sans pitié.

Quelle différence entre ces efforts d'un talent aux abois et la vigueur saine des deux *Tempêtes* de Flipart, la *Tempête de jour* et la *Tempête de nuit !* On n'en saurait faire un meilleur éloge que de les comparer à des dessins au furain exécutés de main de maître, tant on y sent peu l'homme du métier. L'artiste au contraire et l'homme de goût s'y révèlent par la justesse du dessin, l'intelligence des valeurs, la puissance du ton, et cette enveloppe colorée qui seule fait les bons tableaux et les bonnes estampes. Au-dessous de Flipart, mais dans le même groupe d'honnêtes gens, interprètes fidèles et sages, il faut placer Jean Daullé, Robert Daudet et madame Bertaut. Le premier s'avisa dans sa vieillesse de graver des tableaux de Joseph Vernet empruntés au cabinet de Peilhon. Il exposa au Salon de 1759 la *Grecque sortante du buin* (sic), et le *Turc qui regarde pêcher*. Les *différents travaux d'un port de mer* et le *Pèlerinage* vinrent ensuite. Puis vint la mort, et c'est la veuve de Daullé qui fit achever par un anonyme les *Pêcheurs à l'ouvrage*. Robert Daudet débuta en 1767 par les *Pêcheurs corses*. L'année suivante, il donna les *Jeunes blanchisseuses*, pièce assez agréable, puis deux marines, un paysage, une *Tempête*, et enfin, en 1785, la *Vue de Pausilippe près de Naples*, grande estampe d'un bon aspect, mais d'un dessin mou et rond que Joseph Vernet ne connaissait pas quand il peignit le tableau, en 1742. Daudet fut encore employé à graver plusieurs pièces pour le *Musée Napoléon*. Quant à madame Rosalie Bertaut, on lui doit sept pièces, dont deux en hauteur et de forme ovale. L'*Orage impétueux* est la meilleure de toutes. Elle dénote un talent viril, moins fin, mais plus accentué que celui de madame Coulet.

Bien d'autres graveurs du xviiie siècle se sont exercés

d'après Joseph Vernet. Tout ce qui tenait une pointe ou un burin adopta ce facile modèle. Les maîtres donnaient l'exemple. L'élan fut général. Auder, Baquoy, Bovinet, Chereau, Binet, Miger, de Longueil, Nicollet, Mathieu, de Flumet, etc., il n'est pas un contemporain du peintre qui n'ait produit d'après lui une ou deux estampes de marine ou de paysage. Le *Pêcheur encouragé* de Hill, la *Vue de la fontaine Saint-Jean* de Laurent, les *Navigateurs au désespoir* de Poly, on n'en finirait pas si l'on voulait citer toutes les pièces estimables dues à cette école. Beauvarlet eut occasion d'employer une fois son talent brillant d'après Joseph Vernet. Le *Portrait du marquis de Pombal*, peint par L. M. Vanloo, qu'il grava en 1773, a pour fond une *Vue de Lisbonne* dont Joseph Vernet était l'auteur. Tilliard a reproduit *Agar dans le désert* et *Jonas rejeté par la baleine*, deux tableaux caractéristiques dont nous aurons à nous occuper. Basan entreprit de graver, non pas des tableaux, mais des dessins de Joseph Vernet tirés des cabinets Lempereur et Bourlac, formant une suite de six *Vues de Naples*, et il en publia deux autres, d'un anonyme, baptisées *Première* et *Deuxième Vue de Nice*. Antoine de Marcenay de Ghuy, amateur distingué, donna en 1756 un *Clair de lune*, et en 1767 un *Coucher de soleil*, deux petites pièces à l'eau-forte qui valent mieux que bien des grandes. Comme Flipart, Marcenay s'y montre exact observateur des valeurs; comme lui il assourdit ce que les reflets de Joseph Vernet ont quelquefois de dur, et, au risque de devenir étouffé, il ne craint pas d'estomper ses lumières un peu métalliques. Un autre amateur, le comte de Paroy, exposa en 1777 un payage imitant le lavis.

Enfin Joseph Vernet lui-même a gravé de ses œuvres. A force de voir tant de pointes, tant de burins le déchirer à qui mieux mieux, l'envie le prit un jour de s'essayer à ce jeu-là. Il jeta sur le cuivre cinq improvisations

pleines de verve. Huber et Rost en décrivent trois que
nous n'avons jamais vues. Nous ne connaissons que les
deux pièces, l'une en hauteur, l'autre en largeur, qui
sont au Cabinet des Estampes et chez un grand nombre
d'amateurs, les *Pêcheurs* et la *Plage*. On en trouvera la
description exacte dans le *Peintre-graveur français continué*, de M. de Baudicour [1]. Composés sur le cuivre
même, tracés d'une main rapide, ignorante des procédés et dédaigneuse de l'exécution, mordus en une fois
par une eau-forte très-chargée d'acide, ces croquis peuvent donner l'idée de ce que le peintre appelait ses tableaux *au premier coup*. C'est un brio, un esprit, une
action, une intelligence de l'air et de la lumière qui sé-
duisent les plus prévenus. Certes, s'il avait voulu retourner plusieurs fois la pointe entre ses doigts et calmer sa
fiévreuse impatience, Joseph Vernet n'aurait pu rencontrer pour ses œuvres un meilleur graveur que lui-même.

Mais ce n'est pas seulement en France que la peinture
de Joseph Vernet était à la mode, c'est partout. Partout
aussi elle trouva de dignes interprètes. A Londres, où ses
meilleurs productions d'Italie recevaient une hospitalité
splendide, les meilleurs graveurs du temps s'employè-
rent à les rendre populaires. Vivarès grava, en 1768, les
Quatre parties du jour, et, sous sa main, Joseph Vernet
devient le proche parent de Claude. William Byrne
grava, en 1771, le *Fanal exhaussé*, que Robert Lawrie
reproduisit deux ans plus tard en manière noire sous le
titre du *Gros temps*. Lerpinière et Benazech, élèves tous
deux de Vivarès, suivirent l'exemple du maître. On a du
premier le *Calme* et la *Tempête* exécutés pour Boydell en
1781 et 1782; du second, qui habita longtemps la France,
cinq pièces toutes françaises, entre autres la *Pêche à la
ligne* et le *Retour de la pêche*, gravées en 1771, d'après

1. Tome , page 59.

deux charmants tableaux, dont l'un, la *Pêche italienne*, a reparu à l'exposition du boulevard des Italiens de 1861. Barns publia une suite gravée en couleur, et Dickinson quatre estampes en manière noire. A ces noms, il faut ajouter ceux de Thomas Major, Paul, J. Pye, et Woollett, sans oublier Corwill qui entreprit en 1767 une reproduction des Ports de France de Cochin et Le Bas.

En Italie, en Hollande, en Allemagne, c'est le même empressement. Fabio Berardi, Dell'Acqua, Canale, Ferradiny, Giavaranni, Parboni, Francesco del Pedro, reproduisent les tableaux laissés par Joseph Vernet dans les galeries italiennes, et, plus souvent encore, les estampes qui leur arrivent de France. A Amsterdam, Fokke dédie au prince d'Orange le *Port de Livourne* et la *Vue des environs de Narni*, tirés de son cabinet. Le peintre autrichien Weirotter, qui a vu à Rome en 1764 deux tableaux de Vernet chez le bailli de Breteuil, les grave à l'eau-forte de sa pointe fine et peu correcte. Haldenwang, Rhein, Wrenck, Wiesbrod, Schlicht emploient la manière noire, la pointe ou le burin à répandre en Allemagne l'influence de Joseph Vernet. Le signe le plus caractéristique de cette influence est une suite de pitoyables estampes gravées par Waschmouth, dans lesquelles des paysages et des marines de Vernet servent de cadre à des scènes du Nouveau Testament. Les figures du premier plan sont seules remplacées par un groupe emprunté à Raphaël ou à tel autre maître. Mais au second plan les pêcheurs de Vernet, ses belles dames, ses matelots continuent leur besogne. Ainsi les *Commerçants turcs* d'Élisabeth Cousinet sont devenus la *Vocation de saint Pierre*. Le bon Samaritain ramasse le blessé au milieu du *Midi* d'Aliamet, et c'est dans la *Deuxième Vue du Levant* que le Christ pleure sur Jérusalem. Des vers allemands, des vers latins et une inscription à peine française accompagnent le titre, et on lit aux angles : « Peint le vue M. Vernet et les figures Bouche. » — Quelques-unes de ces contrefaçons ridicules portent l'adresse de Rosselin, à Paris. Un autre éditeur de même force imagina de travestir pour l'exportation les Ports de France en Ports d'Amérique. On reconnaît sans peine dans le *Port de Philadelphie* l'*Entrée du port de Marseille*, et la *Vue de La Rochelle* dans la *Baye de Chesapeak*. Regona a publié aussi une série de quatre pièces, où la *Vue des environs de Portsmouth* n'est autre que la *Vue d'Antibes* avec ses palmiers et ses orangers.

Au surplus, des graveurs plus intelligents n'ont pas craint de baptiser de titres purement fantastiques leurs estampes d'après Joseph Vernet. Il est bon d'en prévenir le lecteur. A part les Ports de France et la *Vue d'Avignon*, Joseph Vernet n'a peut-être jamais peint un véritable paysage d'après nature. Le *Rivage près de Tivoli* que nous avons décrit donne une idée de la façon cavalière dont il composait ses tableaux. On se tromperait donc étrangement si l'on voulait chercher dans les estampes baptisées *Vue de Spolette*, *Vue de Narni*, *Vue de Marseille*, *Vue du port de Livourne*, *Vue de Porto Ercole*, *Vues des environs de Bayonne*, de *Nice*, etc., une image exacte des lieux qu'elles sont censées représenter. De tels titres n'ont été adoptés que par lassitude pour ne pas ressasser à l'infini les désignations banales de *Tempête*, *Soleil couchant*, *Temps orageux*, la *Pêche*, le *Retour de la pêche*, le *Matin*, le *Soir*, etc., les seules, en définitive, qui conviennent à cette peinture composite. Quelquefois cependant le mensonge dépasse les bornes de la fantaisie. Passe pour des *Environs de Caudebec*, de *Dunkerque*, de *Reggio en Calabre*, bien qu'il soit à peu près certain que Joseph Vernet n'est allé ni à Reggio, ni à Caudebec. Mais le *Port de Palerme*, les *Vues du golfe de Venise*, la *Tempête dans la mer du Nord*, et mieux encore les *Vues du Levant*, pourraient faire croire à des voyages impossibles. Et en effet, je ne sais plus quel biographe a écrit que Joseph Vernet avait parcouru la Grèce et l'Asie Mineure, parce qu'il a plu à Le Charpentier d'intituler une de ses estampes : *Iles de l'Archipel*, et à Aveline d'inventer cette mention grotesque : *Vue d'un côté du port d'Échelle au Levant*.

Un assez grand nombre des estampes gravées d'après Joseph Vernet ont paru sous différents titres, à mesure que la planche passait dans les mains d'un nouvel éditeur. Ainsi la *Troisième vue d'Italie*, de Le Bas, est devenue la *Pêche abondante*, et la *Quatrième vue* a pris le nom de *Blanchisseuses italiennes*. D'autres ont été copiées, ou ont été gravées par deux artistes à la fois. Les *Pêcheurs à la ligne*, de madame Bertaut, ont pour sosie les *Pêcheurs corses*, gravés en 1767 par un anonyme qui n'a signé que ses initiales, M. D. Un autre anonyme a reproduit, en petites dimensions, pour l'éditeur Jean, une série de pièces tirées à l'encre rousse : l'*Orage*, copie du *Coup de vent* de Le Charpentier; le *Retour des pêcheurs*, copie du *Matin* de Cathelin; le *Grand port en Italie*, copie des *Iles de l'Archipel*, etc.... Ajoutons enfin que la plupart des planches gravées d'après Vernet existent encore. L'éditeur Jean les avait en quelque sorte accaparées. Il les a retouchées, il en a changé la lettre, il en a tiré quantité d'épreuves. De nos jours on en tire encore, et, au moyen d'une teinture bien connue, on en fait facilement de vieilles estampes.

Signalons en passant les trois pièces les plus curieuses sur lesquelles se rencontre le nom de Vernet. La première est le portrait du célèbre missionnaire Jacques Bridayne. On lit au bas : « Le portrait dessiné d'idée par Vernet fils, peintre. Gravé par Michel à Avignon 1734. » Or, ce graveur, Jean-Michel, n'est autre que le maître de Dalcchou, qui, en cette année même, achevait chez lui son apprentissage. La seconde porte pour épigraphe : « Vernet in. C. f. Gentilhome romain — Abbé romain. » Ce n'est pas un sujet de costumes, mais un croquis satirique assez spirituellement reproduit en *fac-simile* par le comte de Caylus. Un pauvre diable joue du violon : le gentilhomme lui tourne le dos, et l'abbé, l'éventail à la main, fait sa cour au gentilhomme : peu leur importe que l'art meure de faim. Ingrat Vernet! Les *Livres de Raison* protestent contre cette boutade; ils nous apprennent comment, même à Rome, un artiste sait faire fortune. Mais peut-être pensait-il à Pergolèse, et dans ce cas l'amitié l'absout. La troisième pièce est encore un portrait : — « M. de Voltaire, copié sur un dessin fait d'après nature par Joseph Vernet, à la séance de l'Académie française à laquelle M. de Voltaire a assisté pour la dernière fois en 1778. »

Le mouvement universel qui entraîna sur les pas de Joseph Vernet tous les graveurs de son temps paraît cesser avec le XVIIIᵉ siècle. Dès les premières années du XIXᵉ, trois publications importantes mirent au jour une quantité considérable d'estampes. Joseph Vernet devait y tenir et y tient en effet une grande place. Le *Musée Napoléon*, de Filhol, contient onze pièces, gravées par De Saulx et Liénard, Reville et Niquet, Filhol et Bovinet, Schrœder, Pillement, Devilliers et Boys. Les *Annales du Musée* de Landon n'en renferment que huit, dues à Guyot, Devilliers, Lameau et Beaugean. Dans le *Musée français*, de Laurent et Robillard, on en compte onze, et à peu près autant dans le *Musée royal*, continué par Laurent fils. Les graveurs sont les mêmes, et de plus Daudet, Dequevauviller père et fils, Pillement, Fortier et Duparc. A part ces travaux, qui souvent reproduisent des pièces connues, à part quelques essais dans la manière du crayon par madame Quarrey, par Couché et

Vauthier, à part encore des lithographies de Pernot et Ingelmann, et les sept dessins sur bois gravés pour l'*Histoire des peintres*, le XIX° siècle n'a pas vu naître, d'après Joseph Vernet, une seule estampe originale. Les graveurs de notre temps ont eu assez à faire avec Carle et Horace.

L'œuvre gravé de Joseph Vernet n'a jamais été décrit. On ne saurait fixer d'une façon certaine le nombre de morceaux dont il se compose. En 1783, à la vente du duc de La Vallière, un prétendu œuvre de Vernet, réduit à quatre-vingt-quatorze pièces de Le Bas, Aliamet et autres, fut vendu 160 livres. A la vente Basan, en 1798, on vit paraître une collection plus considérable, comprenant 165 numéros et adjugée au prix de 500 fr. Huber, dans le catalogue du cabinet de Brandes, estime à 200 le nombre des estampes gravées d'après le peintre des Ports. Le Cabinet des Estampes de Paris en possède à peu près la moitié. Pour notre part, nous avons pu en réunir 178. Si nous ajoutons ce chiffre à celui des pièces que nous avons vues et de celles dont nous avons seulement trouvé mention en différents endroits, nous arrivons à un total de 350. L'inventaire que nous avons essayé de dresser de l'œuvre de Vernet, si incomplet qu'il soit encore, présente donc jusqu'à nouvel ordre le tableau le plus fidèle des travaux qu'a provoqués, pendant un siècle, en France et à l'étranger, l'infatigable activité de ce peintre, toujours fécond et toujours heureux.

QUATRIÈME PARTIE

1776-1789

I

Ménage et finances. — Les vingt-deux. — Le bataillon sacré.

L'art et l'argent se donnent volontiers pour ennemis l'un de l'autre. Cependant l'argent aime à se parer des productions de l'art, et l'art, de son côté, ne dédaigne pas les produits de l'argent. En dépit qu'on en ait, il faut vivre. La fortune ne sera jamais l'objet des convoitises d'un véritable artiste. Mais si elle se présente à la suite de la gloire, bien fou qui fermerait sa porte.

Ainsi pensait le xviii° siècle. On voyait dès lors les deux ennemis prétendus se rapprocher et se tendre la main. Ce qui contribuait à cimenter l'alliance, c'est que déjà commençait à se produire cette fièvre d'agiotage, conséquence du système de Law, devenue depuis une des maladies chroniques de la France. Tant que la richesse n'avait eu d'autre base que la propriété foncière, elle s'était trouvée en quelque sorte interdite à l'artiste. Comment concilier l'incessant labeur de l'art avec la vigilante et coûteuse administration d'une terre? Mais dès qu'il suffisait d'acheter des papiers, de les garder sous clef, et d'en détacher de loin en loin des coupons payables à jour fixe, quel homme de travail pouvait se refuser au plaisir de devenir riche? On vit Boucher, Carle Vanloo, La Tour, accepter sans répugnance de telles facilités, et Pierre, premier peintre du roi, leur dut de s'élever à une position de fortune presque digne d'un financier.

Joseph Vernet n'était pas riche; mais il avait l'aisance qui apprend à se passer de la richesse. Rien ne l'eût empêché de thésauriser. Il aima mieux faire à sa famille, à ses enfants et à lui-même, une vie large et facile que de grossir chaque année son capital d'économies réalisées à leurs dépens ou aux siens. L'argent arrivait dans ses mains par le seul effet de son talent, et il les ouvrait volontiers pour répandre autour de lui un bien-être dont sa généreuse nature se fût refusée à jouir seule.

Parti d'Avignon sans ressources personnelles, c'est au travail que Joseph Vernet dut les premières qu'il ait acquises. Lorsqu'il se maria, il vivait au jour le jour, en véritable artiste, dépensant plus à mesure qu'il gagnait davantage. Le mariage ne changea rien à cette façon de vivre. La dot de la signora Virginia, s'il y en eut une, reposa sans doute entre les mains d'un des banquiers romains pour qui son mari faisait des tableaux. Quant à l'héritage paternel, à moins de supposer Antoine Vernet dix fois millionnaire, il est à croire qu'aucun de ses vingt-deux enfants ne trouva dans sa succession une fortune. C'est seulement en 1757 que nous voyons Joseph Vernet transformer en capital de rapport ses premières économies. Il était alors à Marseille. La commune cherchait à emprunter pour l'agrandissement de son hôpital. Joseph Vernet plaça sur cette caisse un peu malade une somme de 10,000 livres, à l'intérêt de 4 pour 100. Deux ans plus tard, le payement des premiers tableaux des ports mit entre ses mains 2,000 livres en contrats sur les États de Bretagne, et 15,000 sur les aides et gabelles de la ville

de Paris. Peilhon, trésorier des bâtiments, avait aussi
en dépôt une somme de 4,000 livres dont il lui servait
l'intérêt à 5 pour 100.

Ce fut là le noyau destiné à se grossir de tout ce qu'y
apporterait le travail du peintre. Mais ce noyau en resta
longtemps au même point. L'entreprise des ports, nous
l'avons vu, avait fini par se résoudre en une désastreuse
affaire. Joseph Vernet n'en sortit pas plus riche. Quand
il s'établit à Paris, en 1762, ses capitaux produisaient
environ 1,300 livres. Le revenu des tableaux ne dépas-
sait pas 10,000.

Le voilà donc sur le pied d'une fortune de 12,000
livres de rente environ. Ce serait peu aujourd'hui, et ce
n'était guère alors pour vivre à Paris avec une famille
aussi nombreuse que la sienne. Les dépenses annuelles
s'élevaient à 10,000 livres. Heureusement la vogue toujours croissante qui s'attachait aux productions de son
pinceau permit à Joseph Vernet d'en hausser les prix.
Tel tableau coté par lui 300 livres en 1750, se trouve,
en 1764, porté à 1,500. Il suffit de comparer la note des
prix donnés au marquis de Maligac pendant son séjour
à Rome et celle qu'il envoyait quatorze ans plus tard à
Gabriel Mathias. Aussi le peintre se vit-il bientôt en état
de placer de nouveaux fonds. Le 30 août 1765 il prenait
trois billets de la Compagnie des Indes à 300 livres le
billet, et il en donnait un à chacun de ses enfants. Celui
d'Émilie, sorti au premier tirage, gagna un lot de 150 livres; Carle eut plus de bonheur encore : le second tirage
lui apporta une prime de 3,000 livres. Moyennant un
appoint d'égale somme, Joseph Vernet obtint trois contrats de 2,000 livres, qu'il partagea entre Livio, Carle et
Émilie, les mettant ainsi chacun en possession d'une
rente de 190 livres, fondement de leur fortune à venir.

Il serait trop long de suivre Joseph Vernet dans toutes
ses opérations financières. Un appendice spécial con

15

tient à ce sujet les détails fournis par les *Livres de Raison*. Tantôt il prend des actions de la Caisse d'escompte,
cette fondation du financier de La Borde, qui donna
lieu à la mode des chapeaux à la Caisse d'escompte,
c'est-à-dire sans fonds. Tantôt il achète des papiers de
Nouette, créés pour le payement des dettes de la marine et des colonies. Puis il revient à la Compagnie des
Indes, une agonisante qui s'accroche à toutes les branches de peur de disparaître dans le gouffre creusé sous
elle. De Mory, caissier général de la Compagnie, était
des bons amis de Joseph Vernet. Plus d'une fois celui-ci
avait peint des tableaux pour sa mère. Le fils y répond
par des complaisances, et Joseph Vernet à son tour reconnaît l'amabilité du caissier par le don de quelques
dessins. C'est ainsi que son talent mettait le peintre en
relations avec les manieurs d'argent de l'époque. Les
tableaux une fois livrés, les relations subsistaient, et
Joseph Vernet en tirait parti pour le meilleur emploi de
sa fortune. Peilhon, Blondel de Gagny, de Boulogne,
avaient commencé par être ses Mécènes; ils finissaient
par être ses banquiers.

Les placements de Joseph Vernet, dirigés par ces
mains habiles, suivirent une progression constante jusqu'en 1775. Il était arrivé alors à un revenu de 7,903
livres, ce qui représente un capital de plus de 150,000.
Le produit des tableaux, qui varie suivant le plus ou
moins d'activité de l'artiste, ou plutôt la plus ou moins
bonne tenue de sa comptabilité, entre 9,000 et 27,000
livres, peut être fixé à une moyenne de 20,000. De plus,
notre homme, qui ne néglige rien, entretient avec ses
amis un petit commerce d'estampes dont il retire encore à peu près 500 livres. Ainsi, pendant quelques années, la plus belle période financière de sa vie, il est
riche de plus de 28,000 livres de rente.

Mais les dépenses ont suivi une progression analogue.

Plus d'une fois sans doute Joseph Vernet fut pris du désir de réduire son train de maison. Il rêva des économies, il s'efforça de se démontrer à lui-même qu'il pouvait vivre à moitié moins. La note que l'on trouvera à l'appendice est le fruit d'une préoccupation de ce genre. 854 livres de gages pour quatre domestiques ; la table, 4,320 livres ; 680 livres l'éducation de Carle et d'Emilie ; 1,500 livres au tailleur ; 600 en voitures et spectacles ; 800 d'étrennes et 500 de frais de travail ; total, 10,076 livres. C'est bien tout, n'est-ce pas ? et nous avons compté largement. Comment donc se fait-il que la dépense arrive toujours au double ? C'est que, la plume à la main, Joseph Vernet est dupe d'une illusion. C'est qu'il ne peut mentir à sa nature, et d'artiste s'improviser financier.

On jouait beaucoup au xviii° siècle. On jouait souvent, on jouait partout. Joseph Vernet fut de son siècle. Commensal de quelques grandes maisons, il se devait à lui-même d'y faire bonne figure et de ne pas bouder aux cartes. D'ailleurs cet esprit vif, remuant, curieux d'imprévu, ne pouvait pas ne pas se plaire aux émotions du jeu. Chez ses amis, chez ses confrères, il trouvait les tables dressées. Dans le salon de Soufflot, dans celui de Michel Vanloo, on jouait assidûment, chaque jour, par habitude, et l'on tenait une note exacte des gains et des pertes. La somme engagée dans ces opérations presque quotidiennes ne paraît pas dépasser 3,000 livres par an. Mais c'est encore trop pour qui les perd, et tel était le cas de Joseph Vernet. Sa note des gains et pertes, régulièrement tenue depuis le 5 juin 1768 jusqu'au mois de décembre 1773, accuse une perte constante et progressive, qui, en 1770, s'élève à 1,807 livres. La fortune lui sourit plus tard, il est vrai, et, à la fin de 1773, il put s'assurer, toutes compensations faites, qu'il avait en cinq ans gagné la somme de 40 livres !

Pour avoir une juste idée de la fortune de Joseph
Vernet, il faut encore tenir compte des dépenses extraordinaires qui, à différentes reprises, vinrent enta-
mer son capital. Ainsi il eut à payer les divers cautionn-
nements des places que Livio occupa tour à tour, et en
définitive une portion de la charge de receveur général
des tabacs à Avignon, achetée par lui en 1785. Nous le
voyons, pendant les années 1772 et 1773, rembourser
une somme de 28,000 livres, qu'il avait été contraint
d'emprunter. En 1777, 40,000 livres sortent de sa caisse
pour payer la dot de sa fille Émilie. Puis vient Carle, dont
la jeunesse ardente fait de larges saignées à la bourse
paternelle. Aussi ne faut-il pas s'étonner si, vers la fin
de sa vie, en 1780, les revenus de Joseph Vernet étaient
descendus au-dessous de 3,000 livres. Par bonheur trois
de ses collègues à l'Académie venaient de mourir. Héritier du sculpteur Adam, de Lemoyne et de Chardin,
Joseph Vernet reçut du roi, sur les fonds des bâtiments,
une pension de 1,200 livres.

Enfin, de lourdes charges pesaient sur ce bon père de
famille; sa vie, si heureuse en apparence, nous apparaît,
dès 1760, obscurcie par un nuage qui ne fit que grossir
avec le temps. La Providence a voulu que le mariage
donne à l'homme une compagne sur laquelle il puisse
se reposer d'une partie des soins de la vie matérielle.
Joseph Vernet n'eut pas cette consolation banale. Soit
effet du changement de climat, soit conséquence de la
naissance d'Émilie, la santé de madame Vernet commença à s'altérer à Bayonne. C'est alors, en effet, que
son mari prit l'habitude de la suppléer dans toutes les
dépenses du ménage. Par quel motif le peintre, toujours
si occupé, des Ports de France, se serait-il chargé
de ces soins minutieux, si l'incapacité reconnue de
sa femme ne l'y eût obligé? La maladie agit principale-
ment sur le cerveau et amena un dérangement d'es-

prit. La pauvre femme était poursuivie d'une idée fixe, c'est qu'on voulait l'empoisonner. La chose en vint au point que, lorsque la famille se fut installée à Paris, aux galeries du Louvre, madame Vernet s'en allait en voiture chaque matin acheter son pain chez un boulanger différent, et, chaque matin aussi, le fidèle Saint-Jean, ce domestique modèle qui, entré au service de la maison en 1759, y demeura pendant près de trente années, était obligé de la conduire en bateau au milieu de la Seine pour qu'elle y puisât elle-même l'eau nécessaire à sa consommation [1]. L'infortuné mari fit appel aux médecins les plus distingués de l'époque. La science des Tronchin, des Boyer, des Robert, amena, à ce qu'il paraît, une certaine amélioration. Car on voit, à partir de 1764, Joseph Vernet abandonner à sa femme une somme de 600 livres par mois. Un livre de comptes de madame Vernet, conservé avec ceux de son mari, à la bibliothèque d'Avignon, nous apprend l'emploi qu'elle en faisait. Sur ce livre, commencé en 1767 et toujours écrit en italien, sont enregistrées les dépenses de table, les dépenses communes que fait Saint-Jean « che fa St.-Gian, » le bois, le charbon, la chandelle, le blanchissage, les dépenses personnelles de madame et quelques-unes de celles des trois enfants. En 1772, le livre s'arrête, et Joseph Vernet reprend l'administration du ménage. C'est que l'état de la malade empire. Déjà on a essayé de l'air de la campagne. La famille a habité Meudon, puis Saint-Cloud. En 1767, Joseph Vernet achetait à Ruell une villa qu'il gardait deux ans. Mais désormais la vie commune est devenue impossible. Il faut à la pauvre insensée des soins de tous les instants. La séparation eut lieu en 1774. Madame Vernet fut placée à Monceaux, chez une demoiselle Douay, à laquelle Saint-

1. Nous devons ces détails à M. Saint-Vincent-Duvivier, secrétaire de École des Beaux-Arts.

Jean portait régulièrement les quartiers d'une pension de 2,600 livres. L'année d'après mourut le père de la signora Virginia, M. Parker, qui jusqu'alors avait vieilli auprès d'elle. Quant à celle-ci, elle vivait encore en 1808, ainsi qu'il résulte d'une procuration passée devant notaire le 7 mars de cette même année par « Antoine-Charles-Horace Vernet, artiste peintre, demeurant à Paris, rue de Lille, n° 34, curateur de dame Virginie-Cécile Parker, sa mère, veuve de Claude-Joseph Vernet, interdite pour cause de démence. »

La parenté nombreuse dont Joseph Vernet s'était vu de bonne heure entouré, devint pour lui une source permanente de dépenses sans fin. Il ne s'en plaignit jamais, j'imagine. C'eût été mentir à sa généreuse nature. Ce cœur, ouvert aux affections honnêtes, se fût révolté à l'idée de laisser dans le dénûment un des siens. Essentiellement bon par caractère, et je dirais volontiers, par goût, c'est avec bonheur qu'il se prêtait au système de contribution organisé autour de lui.

• Des vingt-deux enfants d'Antoine Vernet, un seul était arrivé à la fortune, celui qu'on avait vu quitter le toit paternel en 1734, plus riche encore d'espoir que de talent. Ceux qui restaient ne cessèrent jamais d'avoir l'œil sur lui. Quand une lettre venue de Rome annonçait les succès du peintre expatrié, quinze ou dix-huit cœurs battaient à l'unisson, et partageaient l'orgueil d'une gloire qui rejaillissait sur tous. Il est à croire que les premiers gains de Joseph Vernet vinrent alléger les charges de son père. L'éloignement aidant, Vernet le Romain prit dès lors aux yeux de la famille des proportions colossales, et dès lors aussi chacun s'habitua à compter sur lui comme sur une providence vivante.

Antoine Vernet continuait à Avignon son humble métier de peintre décorateur. Les actes de naissance de ses enfants permettent de l'y suivre jusqu'en 1733 ou 1734,

époque à laquelle on le perd de vue pour ne le retrouver
qu'en 1742. Où résida-t-il pendant cet intervalle? A Carpentras sans doute ou à Nîmes. Toujours est-il qu'au
retour il n'avait plus sa femme, Thérèse Granier. Auprès
du veuf s'établit alors, comme une nouvelle Antigone,
sa fille Élisabeth, et c'est à elle en effet que nous voyons
Joseph Vernet adresser en 1746 une lettre de change de
50 livres, évidemment destinée à son père. Le bonhomme
vécut jusqu'au 10 décembre 1753. Il avait soixante-trois
ans lorsqu'il mourut. Marié en 1711, veuf en 1741 ou
1742, trente années lui avaient suffi pour mettre au
monde ses vingt-deux enfants, chiffre incroyable s'il
n'était attesté par la tradition constante de la famille et
du pays.

Le premier qui vit le jour fut une fille nommée Louise,
née le 7 octobre 1712. Puis vint, en 1714, Claude-Joseph,
et deux ans plus tard, le 15 septembre 1716, Jean Antoine.
Trois ans après arrivèrent coup sur coup deux filles,
Marie-Louise, le 23 février 1719, et, le 13 janvier 1720,
Élisabeth Marie. Le 28 décembre 1721 naquirent deux
jumeaux, dont l'un, nommé Jean-Baptiste, mourut âgé
de quinze jours. En 1723 et 1725, deux nouvelles filles
reçurent au baptême, la première les prénoms d'Agathe-
Faustine, la seconde ceux d'Anne-Marie. Le 7 juin 1726,
Joseph Vernet tenait sur les fonds baptismaux son frère
Antoine-Ignace. Le 25 mars 1728 il lui naissait un autre
frère, François-Gabriel, et, le 29 mars 1730, un autre
encore, Antoine-François. Enfin, le 11 décembre 1732,
vint au monde le treizième enfant d'Antoine Vernet, le
dernier dont nous connaissions l'acte de naissance, Philippe Bénézet. Il est à remarquer que le père, qui a donné
pour parrains et marraines à ses trois derniers enfants
leurs propres frères et sœurs, s'adressa cette fois au
peintre Philippe Sauvan. On ne se trompera pas en voyant
dans ce fait la preuve de relations suivies entre Sauvan

et Antoine Vernet, et l'année 1732 devra marquer la date à laquelle Joseph reçut de l'habile artiste, élève de Parrocel, des leçons de peinture.

Les neuf derniers enfants d'Antoine Vernet demeurent complétement inconnus, jusqu'à ce que de nouvelles recherches exhument leurs actes de naissance dans les archives de quelque ville voisine d'Avignon. Mais nous n'en avons que faire. Les deux jumeaux de 1721 peuvent encore grossir le nombre des personnages muets. Onze acteurs suffisent pour la comédie de famille dont les *Livres* de Vernet vont nous rendre spectateurs.

En 1744 un premier frère se détacha de la bande. C'était Antoine-Ignace. Né en 1725, il avait par conséquent dix-huit ans. Son père lui avait mis de bonne heure le pinceau à main. Il l'envoya à Rome rejoindre le grand frère, qui était en même temps son parrain. Là où Joseph prospérait, qui empêchait Ignace de faire fortune ?

Les deux frères vécurent ensemble à Rome pendant quelque temps. Le parrain montra au filleul ce qu'il savait. Il lui livra les secrets de la peinture de marine. Ignace d'abord se contenta de copier les tableaux de Joseph pour le compte de ce dernier, puis il se mit à les imiter, enfin il en vint à donner le change au public en signant ses propres œuvres de façon à laisser croire qu'elles pouvaient être de son frère. La signature : *J. Vernet*, commune à Joseph et à Ignace, a répandu dans le commerce des tableaux bon nombre de Tempêtes, de Soleils couchants et de Clairs de lune trop facilement acceptés pour des œuvres du vrai Vernet. Il faut voir dans ce fait la cause de la séparation des deux frères. Ignace se fixa à Naples, s'y maria et y continua son commerce loin de Joseph qui semble avoir pris à tâche d'oublier l'ingrat filleul. S'il avait conservé avec lui quelques relations, les *Livres de Raison* en auraient gardé la trace. Ce serait une lettre écrite à Naples,

ou venue de Naples, un tableau envoyé, une adresse. A
partir de 1750, pendant plus de vingt ans, rien ne fait
plus allusion à Ignace. En 1765 seulement paraît le neveu
napolitain dont nous aurons à nous occuper tout à
l'heure.

Beaucoup plus tard une circonstance qui n'avait rien
d'agréable pour Joseph Vernet le ramena au souvenir de
son frère Ignace. Un éditeur de troisième ordre venait
de publier une estampe représentant une éruption du
Vésuve, sous ce titre : — « *Éruption du mont Vésuve,
gravé d'après le tableau de M. Vernet.* Weirotter, sculpsit.
Naples, 1779.* » — La gravure est fort mauvaise et le
tableau qu'elle reproduit n'a pas l'air fort bon. Joseph
Vernet réclama. A sa prière, le *Journal de Paris* du
24 avril 1780, en annonçant la nouvelle estampe, ajoutait cette note significative :

« NOTA. — Comme nous nous faisons un devoir de ne
rien annoncer qui puisse induire le public en erreur, et
que cette estampe ne nous a pas paru composée avec le
génie et l'effet qui distinguent les ouvrages du célèbre
Vernet; nous avons remonté à la source et nous tenons
de M. Vernet lui-même que cette estampe est gravée
d'après Ignace Vernet (mort à Naples), frère puîné et
élève de Joseph Vernet, à qui elle est attribuée. Nous
annonçons donc au graveur que M. Vernet attend de son
honnêteté qu'il fera écrire sur sa planche : Gravé d'après
le tableau de M. Ignace Vernet, en toutes lettres. »

Le graveur n'eut garde d'y manquer : un second tirage
porte le nom d'Ignace, « élève de son frère aîné. »
Quant à Joseph, non content de la rectification de l'estampe, il rechercha le tableau qui y avait donné lieu.
Il finit par le découvrir en compagnie d'un autre, à Versailles, chez une « madame Michel, graveuse en tous
metteaux, » et les paya tous deux 244 liv. L'un et l'autre
représentaient une *Éruption du Vésuve*. Ainsi Ignace

Vernet, las de copier son frère, avait fini par adopter le genre lucratif des éruptions de Vésuve, lieu commun de tous les barbouilleurs de Naples. Quant à la date de l'estampe de Weirotter, elle est évidemment supposée. Car la note du *Journal de Paris* prouve qu'Ignace était mort avant l'éruption de 1779. Joseph Vernet garda précieusement les deux tableaux de son frère; on les trouve portés au catalogue de la vente qui eut lieu après sa mort sous le n° 19 et sous le nom d'Ignace.

Parmi les fils d'Antoine Vernet on compte encore un peintre, deux peut-être. Il existe à Avignon, dans l'église Saint-Agricol un tableau qui représente des femmes age-nouillées, offrant un cœur à la Vierge Marie; peint pour la Congrégation des pauvres femmes, il décorait autre-fois l'autel de leur chapelle construite en 1735. On l'at-tribue à un artiste nommé François Vernet, talent bien modeste, à en juger par cet échantillon. D'autre part les *Livres de Raison* nous font connaître un peintre du même nom, auteur de quelques paysages qui ne ressemblent en rien au tableau des *Pauvres Femmes*. Il nous paraît impossible de réduire ces deux personnages en un seul. Aussi bien les actes de naissance permettent d'en faire deux. L'enfant d'Antoine Vernet, qui naquit le 25 mars 1728, fut baptisé François Gabriel, et celui qui vint au monde deux ans après, le 29 mars 1730, reçut les prénoms d'Antoine François. Acceptons le premier pour l'auteur du tableau des *Pauvres Femmes*, et donnons au second tout ce qui concerne le paysagiste François Vernet.

François Vernet avait vingt et un ans lorsque la con-frérie des Pénitents Blancs d'Avignon, qui se recrutait volontiers parmi les artistes, l'admit au nombre de ses affiliés, en 1751. Mais il jouit peu de temps de cet hon-neur. Dès 1753 il habitait Paris, puisque Joseph l'inscrit sur la liste des personnes qu'il se propose d'y voir. Dix ans plus tard, quand le peintre des ports, après son tour de France, s'établit à Paris, il s'empressa de conduire François chez son protecteur, M. de Marigny, afin de lui procurer de l'ouvrage.

L'année suivante, Joseph Vernet écrit, au commencement de mars : — « Donné à celuy qui est venu faire signer le contrac d'élève pour mon frère. » — Il ne peut être question ici d'un contrat d'élève pour François, qui a alors trente-quatre ans, mais pour son fils. Et, en effet, François est déjà père de famille : il a deux fils, trois peut-être, et, de plus, il a recueilli chez lui le fils d'Ignace, celui que Joseph appelle le neveu napolitain. Aussi sa position est-elle assez précaire, malgré les avances continuelles de petites sommes et les secours de tout genre que ne cesse de lui prodiguer son frère Joseph, la providence de la famille. François est-il malade, c'est Joseph qui paye les visites du médecin. A-t-il besoin d'argent, Joseph lui prête sous main 1,000 ou 1,200 livres, par l'intermédiaire d'un ami commun, M. de Mory, le caissier de la Compagnie des Indes. C'est Joseph encore qui acquitte l'arriéré du loyer de François. Il est vrai qu'il s'agit de contenter un collègue : François Vernet demeurait rue Princesse, dans une maison appartenant au peintre Chardin.

En 1769, nouveau prêt de douze cents livres, toujours sous le manteau de M. de Mory. Avec cette somme, François ouvre une boutique de marchand d'estampes. Ici encore Joseph intervient. C'est lui qui fournit à son frère le premier fonds de marchandises, les estampes des *Quatre parties du jour*, de Cathelin; *la Tempête*, de Flipart, et d'autres pièces de Daudet et de madame Bertaut. Bien plus, il s'associe à son commerce. C'est pour son compte qu'elles seront vendues, moyennant un honnête bénéfice abandonné à François. Ce commerce continue pendant plusieurs années. Soit que Joseph Vernet ait une part fixe comme droits d'auteur sur tout ce qui se grave d'après lui, soit qu'il veuille tirer parti des cadeaux qu'il reçoit, on le voit à tout instant remettre à son frère des estampes de Le Bas, de Cathelin, d'Alliamet, gravées d'après ses œuvres, et même quelques autres dont la vente lui paraît avantageuse. Ainsi le graveur Lempereur lui a fait hommage du *Jardin d'amour*, d'après Rubens. Le succès de cette belle pièce a rendu les épreuves rares et chères. Joseph Vernet donne la sienne à vendre. Ainsi encore il reçoit de la chalcographie romaine la suite des arabesques du Vatican, publiée par Volpato, qui n'est pas encore dans le commerce. On a vu ces estampes chez lui, on l'a prié d'en faire venir. Le voilà aussitôt qui monte une affaire. Il spécule sur les facilités que lui donnent à Rome ses anciennes relations :

Les estampes des loges du Vatican 50 suittes..... 1680
Frais de Rome à Paris...................... 300
                                                      1980

En les vendant 80 s. chaque cela fairoit 2700 livres.

Et, en effet, il paye chaque suite 36 livres, il les revend de la main à la main 54 livres ; il en établit un dépôt chez François, à qui il les cède au prix de 48 livres. Grâce à ce renfort, le commerce des estampes prend une certaine extension. Cathelin vient de graver, en 1770, le portrait de Joseph Vernet peint par Louis-Michel Vanloo. Trois cents épreuves sont remises à François, à vendre à 30 sols pièce. Le voilà presque éditeur.

Il ne tarda pas à le devenir tout à fait. En 1772, Joseph Vernet confia à Martini l'honneur de reproduire son tableau des *Plaisirs de l'Été*, point nous ne savons en quel temps ni pour qui. Il paya les deux tiers de la planche 480 livres, et fournit le papier pour l'impression. Une seule adresse figure sur l'estampe, et c'est celle de François, autrement dit Vernet le jeune, quai des Augustins, au coin de la rue Gist-le-Cœur, la même que donne l'Almanach des artistes de 1776 : « Vernet le jeune, quai des Augustins, tient magasin d'estampes anciennes et modernes, montées et en feuilles. »

Le commerce d'estampes, soutenu par la commandite de son illustre frère, n'était pas la seule ressource de François Vernet. Il n'abandonna jamais la peinture. Deux de ses tableaux se conservent au musée d'Avignon, un *Paysage* et des *Fleurs*. Trois ont eu les honneurs de la gravure. De Lorraine a gravé *l'Onde tranquille;* Tardieu, *l'Onde agitée* et *le Rocher dangereux*, cette dernière pièce en 1775. Les deux pendants, *l'Onde agitée* et *l'Onde tranquille*, étaient des tableaux de quatre pieds. On reconnaît certainement dans ces compositions l'influence de Joseph Vernet. Les détails, cependant, et surtout les figures, attestent un goût personnel. Le *Paysage* du Musée d'Avignon, peint d'une main légère, a une fraîcheur de coloris qui donne bonne opinion des dessus de porte qu'a dû exécuter François Vernet.

Car François, comme son père, était avant tout un peintre de décor et d'attributs. Il poussa même la ressemblance jusqu'à peindre une chaise à porteur. C'est à lui, en effet, et non à Joseph Vernet, que doivent être attribuées les quatre marines de la chaise de Marie-Antoinette, aujourd'hui conservée dans la Salle des voitures, à Trianon. Si Joseph Vernet avait fait ce beau coup, il n'eût pas manqué d'en tenir compte. Mais il n'a jamais rien peint pour Versailles. Au contraire, François Vernet y a exécuté divers travaux, précisément à l'occasion du mariage du Dauphin (Louis XVI). Il concourut à la décoration de la nouvelle salle de spectacle, inaugurée pendant les fêtes de 1770. « Les curieux, disent les *Mémoires de Bachaumont*, vont en foule à Versailles admirer la magnifique salle qu'on vient d'y construire.

Indépendamment du beau coup d'œil qu'elle présente, de sa coupe avantageuse et de la magnificence de son ensemble, le mécanisme de son intérieur offre des détails immenses et admirables à ceux qui s'y connaissent.»

— Voici, d'après le *Mercure*, la part de François dans ces merveilles : « M. Vernet, frère du célèbre Vernet, peintre de marines, chargé de tous les rehaussés d'or et des peintures dont les loges particulières du roi sont ornés, ainsi que de parties du grand plafond et autres, n'a pas moins répondu à la confiance accordée à son mérite, et s'est également distingué par ses soins et son talent. »

Marie-Antoinette, la nouvelle Dauphine, s'établit dans le grand appartement de la Reine, qui venait d'être restauré en 1768. Plus tard elle fit elle-même restaurer les petits appartements. François Vernet eut encore là l'occasion de déployer ses talents. Enfin c'est à lui que fut confiée la décoration de la salle à manger du château de Choisy.

Il semble que ces travaux, rétribués selon leur mérite, auraient dû remettre à flot la barque du pauvre François et le sauver du besoin contre lequel il lutta toute sa vie. Mais, ne l'oublions pas, en 1770, les temps étaient durs. On ne payait guère alors, le roi moins que tout autre. L'abbé Terray tenait les finances, et l'on connaît le mot de ces mauvais plaisants, étouffés au parterre trop étroit des théâtres, qui s'écriaient : « Ah! que l'abbé Terray n'est-il là pour nous réduire de moitié ! » —François fut si bien réduit, qu'en cette même année il n'avait pas 323 livres pour payer la maîtrise de son fils aîné à l'Académie de Saint-Luc. Sans l'oncle Joseph, qui intervint au bon moment, le neveu n'aurait pu être inscrit au nombre des sculpteurs d'ornement de cette académie.

Quelques temps après, c'est encore Joseph Vernet qui

s'occupe de chercher de l'ouvrage à son frère. Il écrivait, le 14 août 1773, à M. de Marigny :

« Monseigneur,

» J'ay l'honneur de vous demander la permission de vous parler et de vous faire des prieres pour deux personnes qui m'intéressent ; l'un est le sieur Guibert sculpteur en ornements qui depuis dix et huit ans travaille pour le Roy, et a fait tout ce qu'il y a de plus beau dans ce genre dans toutes les maisons Royalles, il est mon Beau Frère. L'autre est mon frère, Peintre en ornemens, tous deux excellens dans leurs genres ; mon frère a peint la salle de l'opera a Versailles, dans les appartemens ; la salle a manger a Choisy, etc. Comme on pourrois Monseigneur vous parler en faveur de qu'el quautres de leur genre ; je vous prie de vouloir bien honorer mes Parents de votre puissante Protection ; je joindré cette nouvelle obligation a tant d'autres que je vous ay deja... — Je suis, etc.   « VERNET. »

L'ouvrage vint-il ? Nous l'ignorons ; mais à coup sûr l'argent ne venait pas. Et François s'adresse à Joseph ; et Joseph écrit de sa plus belle plume à quelque commis des bâtiments :

« Monsieur,

« Vous sçavez qu'il est dû par le Roy a mon frère pour des peintures de la salle d'opéra et autres dans les appartements, seize à dix et sept mille livres, relativement auxquelles j'ay pris la liberté de vous faire plusieurs fois des prières ; depuis que ces ouvrages sont faits, mon frère a été plus d'un (e fois) malade, et j'ay soutenu pendant ce temps sa famille qui est nombreuse. Obligé de contracter des deptes, ses créanciers le pressent, et je ne lui connois d'autres ressources que celle de pouvoir obtenir quelque à-compte sur ce qui lui est dû chez le Roy ; j'ose espérer, Monsieur, que vous vou-

drez bien vous intéresser à sa situation, que je suis hors
d'état d'adoucir, et qu'il se ressentira bientôt des effets
de vos bontés ; je vous prie de croire qu'en mon particulier je serai aussi reconnaissant que lui, et que je suis
avec l'attachement le plus respectueux,

« Monsieur,
« Vostre tres-humble et très obéissant serviteur,

« VERNET,

« Paris, ce samedy 6 avril 1776. »

Telle était, en effet, la détresse de François Vernet,
qu'il se voyait réduit à frapper à toutes les portes. Mais,
chose étrange, il les trouvait toutes ouvertes. Ce pauvre
homme, moitié marchand et moitié barbouilleur, jouissait du crédit le plus étendu. Le caissier de la Compagnie des Indes s'était fait son caissier. Parlait-il de sa
position au notaire de la cour, M. Lepot d'Auteuil ? Le
notaire lui prêtait douze cents livres. S'adressait-il à
Aubert, le joaillier de la couronne ? Aubert lui prêtait
trois cents livres. Le secret de ce crédit imaginaire
nous est révélé par les *Livres de Raison*. C'est Joseph
qui, dans la coulisse, fournissait l'argent aux prêteurs.
Peu à peu, cependant, soit que le commerce des estampes prospérât, soit que le roi consentit à payer ses
dettes, François Vernet put acquitter les siennes et se
libérer vis-à-vis de Lepot et vis-à-vis d'Aubert. En 1779,
tout fut remboursé. Il était temps. L'année suivante,
François Vernet terminait sa besogneuse existence à
l'âge de cinquante ans, laissant pour tout héritage à son
frère une veuve et trois enfants à nourrir de ses bienfaits.

Joseph Vernet accepta ce legs d'Eudamidas, et l'ac-
quitta dignement. François à peine enseveli, il prête
1,500 livres à la veuve, il écrit à la cour en faveur de la
famille, il s'occupe d'arracher pièce à pièce ce qui reste

dû par le roi, le plus mauvais payeur de tout le royaume.
Et puis, ce sont de petits dons de la main à la main, un
écu, deux, trois, quatre écus. Enfin, en 1783, le roi
continuant à ne pas payer, Joseph Vernet régularise la
position, c'est-à-dire qu'il sert à sa belle-sœur une pension annuelle de six louis. Nous verrons tout à l'heure
ce qu'il fit pour les enfants.

Trois des sœurs de Joseph Vernet figurent sur les
Livres de Raison. L'une est l'aînée de la famille, née le
7 octobre 1712, baptisée sous le nom de Louise, mais
toujours nommée Elisabeth, soit que ce prénom eût été
omis dans l'acte de baptême, soit qu'il lui ait été donné
plus tard par adoption. Nous voyons Ignace, qui naquit
en 1726, avoir pour parrain son frère Joseph, et pour
marraine sa sœur Élisabeth. S'il s'agissait ici d'Elisabeth
Marie, née en 1720, la marraine n'aurait eu que six ans.
Il s'agit évidemment de l'aînée, qui était alors dans sa
quatorzième année. Joseph Vernet, d'ailleurs, la nomme
alternativement, et pour le même objet, tantôt « ma
sœur aînée, » tantôt « ma sœur Élisabeth. » C'est elle,
nous l'avons vu, qui s'était faite l'Antigone du vieil
Antoine. Restée fille, elle se trouva, après la mort de
son père, bien isolée à Avignon. Joseph aussitôt établi
à Paris, elle vint le rejoindre, et lui, sans la faire attendre, commença, dès 1765, à lui servir une pension de
200 livres, doublée en 1783. De plus, ce sont de temps
à autre des cadeaux, de petites douceurs : il lui fait
tapisser sa chambre, il lui envoie du bois, il lui paye
son terme, il lui fournit de l'argent pour donner. Quand
elle tombe malade de sa dernière maladie, c'est Joseph
qui règle les honoraires du médecin et de la garde, et
quand elle meurt, au mois de janvier 1784, c'est lui qui
fait les frais du convoi.

Une autre sœur, désignée sous le titre de « ma sœur
d'Avignon, » apparaît seulement comme chargée d'ex-

16

pédier à Joseph Vernet sa provision d'huile et quelques
denrées du Midi. La troisième est madame Guibert.

Honoré Guibert appartient, ainsi que les Vernet, à une
vieille famille avignonnaise. C'est en 1744, le 13 août,
qu'il épousa la quatrième fille d'Antoine Vernet, nommée Agathe Faustine, et âgée de 18 ans. Trois années
auparavant, il avait assisté comme témoin au mariage
d'un de ses futurs beaux-frères. Guibert était sculpteur,
non pas à la façon des Bernus et des Péru, mais d'une
façon beaucoup plus modeste. La lettre suivante, écrite
par Joseph Vernet à M. de Marigny nous édifiera sur la
nature de son talent :

« Monsieur,

« Les complaisances et les bontés que vous avés pour
moy me rendent importun auprès de vous; j'ay eu
l'honneur de vous écrire il y a peut de jours pour vous
faire sçavoir mon arrivée en cette ville, vous me l'avez
ordonné : mon étourderie me fit oublier de vous faire
une prière, la voicy :

« Un beau frère, sculpteur, que j'ay à Avignon, dont
j'ay eu l'honneur de vous parler et que vous me fittes la
grâce de me promettre d'employer dans les bâtiments,
s'il vennoit a Paris, pourroit en attendant d'avoir cet
avantage faire des bordures pour les tableaux que je
peint pour le Roy; il en fairoit a mesure que je fairoit
des tableaux; il pourroit se charger de la dorure et les
fairoit rendre a Paris comme si elles y avoient esté faittes; je puis avoir l'honneur de vous assurer, Monsieur,
qu'elles seroient au moins aussy bien que touttes celles
que je puis avoir vû a Paris, et j'ose avancer qu'elles seroient mieux. Pour etre mieux assuré de ce que j'avance
icy on pourroit luy en faire essayer une, et je m'engage à
les luy faire faire a deux cents livres ou cents écû meilleur
marché que les quatre qu'on a déjà fait pour mes quatre

premiers tableaux; comme M. Cochin a été chargé de faire exécuter les dittes bordures je luy ai écrit pour qu'il m'aida en cette affaire; j'ose esperer que vous voudrez bien me faire ajouter cette obligation à tant d'autres que je vous ay déja.

« Je suis avec le plus vray et le plus respectueux attachement, Monsieur, votre tres humble et tres obéissant serviteur,

« A Toulon, ce 11e octobre 1755.   VERNET. »

Cette lettre porta ses fruits. L'autre, que nous avons citée plus haut, nous apprend en effet que Guibert, en 1773, travaillait depuis dix-huit ans pour le roi, c'està-dire depuis 1755. Toutefois, s'il exécuta les bordures des tableaux des Ports, ce fut sans quitter Avignon. Il habitait encore cette ville en 1756, quand Joseph Vernet lui prêta, par l'entremise d'un abbé, 1,000 livres à 6 p. 100, avec la restriction mentale d'employer les intérêts à faire du bien à sa famille. Mais il lui fallut aussi s'expatrier. En 1760, il était à Paris, servant d'intermédiaire entre le graveur Wille et Joseph Vernet, alors à Bayonne. Il logea d'abord rue de Tournon, puis rue des Francs-Bourgeois-Saint-Michel, puis il vint s'établir à la Maison Neuve de Saint-Sulpice où il eut l'honneur d'héberger quelques temps la famille Vernet, à son arrivée à Paris, en 1762. Sans doute Guibert était employé à des travaux de sculpture décorative soit pour cette maison, soit même pour l'église Saint-Sulpice. Plus tard il transporta ses pénates rue de Sèvres.

Honoré Guibert fut membre de l'Académie de Saint-Luc. La dédicace de la sixième vue d'Italie gravée par Masquelier sous la direction de Le Bas, lui donne le titre de sculpteur des bâtiments du roi. La lettre de Joseph Vernet affirme qu'il a fait tout ce qu'il y a de plus beau en ce genre dans toutes les maisons royales. Comme

François Vernet, il concourut à la décoration de la salle de spectacle de Versailles, et voici ce qu'en dit le *Mercure* : — « Les ornements en sculpture faits par M. Guibert, variés à l'infini et aussi précieux par leur légèreté et leur élégance que par l'agrément de leur composition, confirment la réputation qu'il s'est faite dans ce genre. »

Aussi, de tous les parents de Joseph Vernet, Guibert est celui qui paraît le moins maltraité de la fortune. Les deux beaux-frères vivent à peu près sur le pied de l'égalité. On échange des visites, des soupers, des cadeaux, et, détail caractéristique, on boit le même vin. En 1764, Guibert est déjà père de famille : il a fils et fille; au premier de l'an, c'est à ses enfants que s'adressent les meilleures étrennes de l'oncle Joseph. Il procure au peintre, son beau-frère, quelques commandes de tableaux, quelques ventes d'estampes. Mais, depuis Avignon, il ne lui emprunte plus rien. On sent un homme à son aise, qui ne demande qu'au travail les ressources nécessaires à sa famille, et si le travail ne lui manque pas, c'est qu'il est, dans sa spécialité, un homme de talent. En 1785, époque où s'arrêtent les *Livres de Raison*, Honoré Guibert vivait encore. En 1789, il eut la triste satisfaction de signer comme témoin l'acte de décès de Joseph Vernet.

Le tableau de famille que nous venons d'esquisser ne serait pas complet, si, à côté du groupe formé par Élisabeth, François et Guibert, nous n'en placions un autre, complément nécessaire de celui-là. Un homme aussi bien pourvu de frères et de sœurs que l'était Joseph Vernet ne pouvait manquer d'avoir des neveux. Il en compta en effet un certain nombre.

Il y a d'abord les fils de François Vernet. Ils sont deux, trois peut-être. Les *Livres de Raison*, trop peu explicites, laissent le dernier à l'état d'hypothèse. Mais sur les deux premiers nul doute possible. Leur existence nous apparait certaine et positive, et nous pouvons les nommer par leurs noms, Joseph et Antoine.

Joseph est l'aîné des fils de François : c'est pour lui que fut signé le « contrat d'élève » en 1764, c'est lui qui passe maître à l'Académie de Saint-Luc, en qualité de sculpteur d'ornements, en 1770. Cette même année, il commence à fournir à son oncle des bordures pour ses tableaux. Bien que le peintre des Ports de France ne le laisse pas manquer d'ouvrage, le neveu sculpteur fait de fréquents appels à la bourse de son oncle. Il a toujours un terme à payer, ou un enfant à baptiser, et il ne peut faire l'un ou l'autre sans y convier l'oncle Joseph : il l'accable de ses adresses, et Dieu sait s'il change souvent de domicile : — rue des Juifs, rue du Vieux-Colombier, rue du Petit-Vaugirard, rue des Fossoyeurs, rue Cassette. — En un mot, à quelque page qu'on ouvre les *Livres de Raison*, le neveu sculpteur est toujours là. Toutefois son oncle n'est pas son seul protecteur : le neveu Joseph a des amis à Moulins, des abbés, qui lui font tenir, par une religieuse tourière de la Visitation, une pension mensuelle de 50 livres ; et c'est de lui aussi qu'il s'agit dans cette note : — « M. Lemoyne architecte rüe d'Enfer qui doit faire la salle d'assemblée du clergé où il peut y avoir de l'ouvrage de sculpture pour mon neveu protégé par l'évêque d'Autun. » — En 1785, année où s'arrête le dernier *Livre* de Joseph Vernet, le neveu sculpteur habite encore Paris. Il est marié depuis cinq ans, et en 1782 il a eu une fille dont il n'est pas besoin de nommer le parrain.

Le second fils de François, Antoine, plus modeste et plus tranquille, se voua au plus noble des ministères, au service des pauvres. Dès 1780, il est «mon neveu l'abbé.» Des notes postérieures le nomment « mon neveu religieux, » — «novice de la Charité, » — enfin, « frère de la Charité.» — Il n'encombre pas les *Livres de raison;*

une seule fois il sollicite de son oncle une lettre de recommandation pour son supérieur; il ne paraît guère
qu'au premier de l'an, époque où il vient recevoir une
petite étrenne.

Le fils d'Ignace n'est pas moins clairement désigné.
Venu à Paris en 1765, sans doute à la mort de son père,
le « neveu napolitain, » ainsi le nomment les *Livres de
Raison*, débarqua chez ses oncles. Mais l'oncle Joseph ne
pouvait le loger, il le confia à François, se réservant,
selon toute apparence, de contribuer à son entretien. Le
neveu napolitain, assidu aux étrennes, reçoit aussi de
temps en temps un petit écu. En 1772, se montre tout
d'un coup « mon neveu l'orfèvre. » Le 16 novembre, Joseph Vernet écrit : — « donné à mon frère à-compte de
ce que je dois payer à M. Violet, pour l'apprentissage
de mon neveu, 120 livres; » — et, aux étrennes suivantes,
c'est « mon neveu joaillier » qui touche le petit écu de
» mon neveu napolitain. » Évidemment c'est le même.
En assurant son avenir, en le remettant, après son apprentissage chez Violet, aux mains de son ami Aubert,
joaillier de la couronne, Joseph Vernet acquittait une
dette sacrée envers celui de ses frères auquel il devait le
moins d'affection.

Guibert eut trois enfants, deux fils et une fille. L'aîné
ne nous est connu que par son frère, nommé « mon neveu Guibert le jeune. » En 1764 il reçoit des étrennes,
en 1779 il en reçoit aussi, mais, dans l'intervalle, on le
perd de vue. Une note écrite en 1774 nous apprend qu'il
est à Rome et qu'il est peintre. L'oncle Joseph se rappelle à son souvenir par un envoi d'argent.

Une liste des élèves de Le Bas, placée en tête de son
œuvre au cabinet des Estampes de Paris, cite parmi
eux Guibert fils, sculpteur célèbre en ornements, et nous
avons vu qu'une *Vue d'Italie* gravée par Masquelier pour
Le Bas est dédiée à Honoré Guibert. Il s'agit donc bien

d'un fils de ce dernier. N'oublions pas non plus qu'à la même époque il existait à Avignon un graveur, nommé J. B. Guibert, auteur, en 1785, de deux estampes médiocres, et, plus tard, de presque toutes les planches qui accompagnent l'*Abrégé chronologique de l'histoire d'Arles*, par M. de La Lauzière (Arles, 1808).

Trois neveux restent encore, dont il est malaisé de trouver la filiation, un peintre, un sculpteur, un soldat. Le peintre et le sculpteur semblent être deux frères. Le premier nommé parfois «mon neveu l'aîné peintre,» est payé en 1781, «d'ouvrages de peinture et de dorure qu'il a *fait faire*» chez l'oncle Joseph, et ces travaux sont évalués 181 livres. Il est marié, il reçoit des cadeaux de 10 louis, ce doit être un homme à son aise, et, comme il demeure quai des Augustins, rien n'empêche de croire qu'il a succédé à l'oncle François, en double qualité d'entrepreneur de peintures, et de marchand d'estampes. Le cadet, toujours désigné sous le nom de «mon neveu sculpteur le sourd,» traîne dans l'ombre son existence souffreteuse. Il demeure avec la sœur Élisabeth. Les plus disgraciés de la famille ont mis leurs infirmités en commun. Quand la tante meurt, en 1784, le pauvre sourd ne sait plus vivre seul et il meurt à son tour, dix mois après elle. L'oncle Joseph, qui l'a fourni de petits écus pendant sa vie, arrive à point pour payer son convoi.

Quant au troisième, il a pris un parti que ses proches ne songent certainement pas à lui reprocher. Il s'est engagé. C'est «mon neveu militaire.» Toutefois, l'oncle Joseph l'a encore sur les bras pendant quelques années. En 1771, il paye 300 livres pour son congé et 200 livres pour son voyage. En 1774, il lui envoie 72 livres, et la note nous apprend que ce beau neveu fait partie du régiment d'Auvergne, en garnison à Thionville. L'année suivante, survient un changement de garnison. Le régiment d'Auvergne s'en va à Givet, et l'oncle Joseph envoie à

Givet une petite somme de 150 livres. Six mois plus tard, nouveau changement. Il s'agit, cette fois, d'un grand voyage. Chemin faisant on prend gîte à Saint-Denis, aux portes de Paris. Et l'oncle Joseph d'accourir. Il paye à déjeûner, il donne à l'officier 82 livres « pour les choses dont *peut avoir besoin* mon neveu. » Aimable oncle! un père n'eût pas mieux dit. Mais où va donc le régiment d'Auvergne? Il s'embarque à Nantes et fait voile pour Saint-Domingue. Laissons la parole à l'oncle Joseph : — « Pour écrire à mon neveu à l'isle Saint-Domingue, il faut addresser les lettres à M. Rimbert négociant à Nantes qui est de la connoissance d'un soldat du régiment d'Auvergne dont le nom de guerre est *Chantemerle*. Je dois répondre à une lettre de mon neveu écritte de Nantes 19° novembre 1775. » — Cette lettre c'étaient ses adieux. Le neveu militaire ne reparaît plus. Il laisse ses cousins émarger à leur aise sur les *Livres* de l'oncle Joseph.

Enfin, pour compléter la famille, il faut citer encore trois Vernet, et trois artistes, un peintre, deux sculpteurs. Le peintre nous est connu par les *Livres de Raison*: — « M. Vernet, peintre, rue d'Aubagne, à Marseille. » — Les deux autres figurent parmi les sculpteurs de l'Académie de Bordeaux, dont un Almanach de 1776 donne la liste. Sont-ce des frères? sont-ce des neveux? On peut choisir. N'oublions pas non plus Antoine-Joseph-Ange Vernet et son frère François, nés en 1742 et 1744, du mariage de Jean-Antoine avec Catherine Brun. Voilà, tout compte fait, treize ou quatorze neveux et nièces. C'était beaucoup pour l'oncle Joseph, obligé d'ouvrir sa bourse à tant de parties prenantes. C'est peu, si l'on songe à l'opulente postérité dont la nature avait gratifié le vieux père Antoine.

Pour tracer de Joseph Vernet un portrait fidèle, il aurait fallu consacrer un chapitre aux qualités de son cœur. Ce chapitre, le voilà fait. Mieux que toutes les dissertations sentimentales, l'histoire vulgaire de cette famille met en relief l'inépuisable générosité de celui qui, malgré l'insuffisance d'une fortune bornée, s'en constitua le chef et le soutien, son affection toujours en éveil, les ressources infinies et jusqu'aux ruses de sa bienfaisance.

II

Intérieur de famille. — Le père et ses enfants.

Si le siècle où vécut Joseph Vernet était plus loin de nous, quel prix n'attacherait-on pas aux détails de tout genre dont surabondent les *Livres de Raison !* Ils ne nous laissent rien ignorer de sa vie domestique, ils nous conduisent par la main chez lui, à sa table, à son foyer, ils nous montrent comme en une chambre obscure tous les personnages de sa famille, ses connaissances, ses amis; ils nous permettent de compter ses pas au dehors. Quoique cent ans à peine aient passé sur ce tableau de mœurs intimes, acceptons-le tel qu'il se présente. Nous y retrouverons plus d'un trait de notre temps, nous en verrons un plus grand nombre, qui, sans atteindre à la décrépitude archéologique, ont néanmoins assez vieilli pour piquer la curiosité.

C'est en 1763, on s'en souvient, que la famille Vernet vint s'installer aux Galeries du Louvre. L'atelier où brillèrent tant de soleils couchants et où mugirent tant de tempêtes était situé au-dessus du corps-de-garde de la garde invalide, du côté de Saint-Germain-l'Auxerrois. L'appartement se divisait en appartement de monsieur et appartement de madame. A l'étage supérieur un cabinet de travail réservé à monsieur faisait sans doute retour sur la façade méridionale, car on voit Joseph

Vernet en garnir la fenêtre de jalousies et d'épais rideaux. Il a soin aussi, comme un bon père, de munir d'un treillis en fil de fer et de laiton et le « balcon d'en haut » et la rampe de l'escalier. On montait au logement de Joseph Vernet par l'escalier de la colonnade : puis venaient de longs corridors communs à plusieurs logements, dans lesquels madame Chardin ou madame Desportes se chargeait d'entretenir des lanternes, moyennant une cotisation des intéressés. Nous pourrions, à l'aide des *Livres de Raison*, conduire le lecteur dans les différentes pièces, lui montrer les deux chambres ornées de moulures et de trumeaux, et parquetées, remettre chaque meuble à sa place, depuis la « commode de palissandre avec des dorures, » les fauteuils de canne, la « petite table, nommée chifonière, » les chaises de paille, la petite commode à l'usage de la peinture, la « nate pour la salle à manger, » etc., jusqu'aux ustensiles les plus vulgaires et les plus innommables, que le bon Vernet nomme en toutes lettres, sans oublier la batterie de cuisine, splendidement fournie de chaudrons et de casseroles. La serge cramoisie, la mousseline, le taffetas blanc, la toile d'orange ont servi à faire les rideaux et à couvrir les fauteuils. Voici encore d'autres étoffes d'ameublement : le « camelot moiré verd de Saxce, » la « siamoise bleu et blanc, » la « toile de Flandre bon teint, » le « couty 7/4 de Bruxelles, » et le linge de table, la toile de Montbeillard, les nappes « à lozange, » les serviettes à 12 livres 10 sols la douzaine. Les « choses de cristal, » la vaisselle, ne sont pas oubliées. Pour l'ordinaire, un service « de fayance blanche » suffit, mais on peut recevoir, et alors sortent de l'armoire les « assiettes de porcelaine bleu et blanc à 16 livres la douzaine, » les « autres assiettes de porcelaine de couleur à 24 livres la douzaine, » les « compottiers à 3 livres 10 sols la pièce, » et « l'argeanterie, » achetée pièce à pièce « quai des

Orphèvres. » Il y aurait aussi à relever le chapitre de la toilette. Là nous apparaissent les étoffes à la mode, les parures, tous les menus détails du costume : — les dentelles d'Emilie, ses collerettes, ses fourreaux, son collier, sa « Ste Therese; » — les bas de castor de Charlot, l'agrafe pour son col, les manchettes d'entoilage ou de mousseline, les souliers gris, les manchons, le chapeau à plume ou à bord d'or; et, quant à leur mère, — « 18 aulnes de satin cerise a mouches a 7 liv. 10 s. l'aulne pour robbe de madame... 135 liv., plus la chenille couleur de martre de ladite robbe 18 liv.; » — « 18 aulnes de satin citron pour une robbe de madame a 8 liv. l'aulne 144 liv., » — « la robbe de Gourgouran... 204 liv., » — et les crochets de corps, les dessus de mulles, les gants de Ségovie, les mitons, le mouchoir de gaze, tous les affiquets, plus nombreux encore alors qu'aujourd'hui. Le costume de monsieur ne le cède en rien à celui de madame. Veut-on dresser l'inventaire de ses habits? — Il y a « l'habbit de ratine doublé de satin, » — « l'habbit d'etoffe de soye grise ditte lustrine avec croisé blanc p^r la doublure, » celui-ci coûte 201 liv., — « l'habbit et justaucorps de velours cizellé, » « la veste bleue de Lyon, » « l'habbit de velours noir, » « l'habbit de calaisienne canelle; » « la redingotte, » importation anglaise qui apparaît en 1764, — et « le drap de Louviers gris clair; » « le drap d'Elbeuf, » — et les boutons d'argent, — et « les gallons d'or sur doré, » — « 14 aulnes pesants 20 onces 396 a 10 liv. l'once fonts 203 liv. 15 s. » — Voilà certes une garde-robe galante, à faire rougir nos pauvres habits noirs. M. Féoga, le tailleur de Joseph Vernet, ne trouverait pas son compte aujourd'hui à habiller des artistes, lui à qui un peintre payait chaque année trois ou quatre notes de 200 livres, pour la façon seulement, en fournissant l'étoffe ! Encore faut-il joindre à ce luxe d'habits les accessoires, — le chapeau pour mettre sur la tête et le « chapeau pour mettre sous le bras, » les manchettes brodées, les cols de mousseline, les bas de soie grise, les boucles pour souliers, pour cols, pour jarretières, sans parler de l'attirail des perruques, la houppe, « fer pour friser et couteau pour auter la poudre, » bourses, têtes à perruque, rasoirs;... » — et le fourbisseur, qui joue un rôle si important à cette époque : — « un bout à mon épée, » — « un fourreau pour mon épée, » — « un seinturon, » — « une épée pour Charlot 36 livres. »

Si maintenant, après avoir vidé les armoires, nous regardons les murs, nous les verrons tapissés d'estampes et de tableaux. Dans le salon, à la place d'honneur, Joseph Vernet a suspendu un souvenir de son ami Pannini, les *Vendeurs chassés du Temple*, et tout à côté des *Ruines d'architecture*, du même peintre. Là se trouve aussi le portrait du marquis de Marigny, gravé par Wille, d'après Tocqué. Puis voici un *Paysage* de Nicolas Berghem, un autre de Brueghel et de Van Kessel, un autre encore du Guaspre, et deux ovales d'Allegrain. Pour le cabinet sont réservées les œuvres plus intimes, un *Paysage* de Lucatelli, donné sans doute par lui-même, une *Vue des environs de Genève,* peinte à la gouache par Hubert, hommage de cet amateur, trois esquisses de l'école de Rubens, un *Concert d'anges,* esquisse de La Fosse, les deux *Vues du Vésuve*, d'Ignace Vernet, et les estampes dignes d'être mises sous verre : la *Tempête* et son pendant, de Balechou, la *Conversation Espagnole* et son pendant, gravées d'après Carle Vanloo par Beauvarlet, le portrait du marquis de Pombal d'après Michel Vanloo, une estampe d'après Vandermeulen par Huchtembourgh, deux d'après Benedetto Castiglione par Aveline. C'est encore là, ou dans la chambre de madame, que Joseph Vernet ose montrer quelques ouvrages de sa main, un grand tableau de cinq pieds de haut, représentant des soldats qui traversent les Alpes par un temps orageux, deux copies d'après Pannini, et quatre estampes des ports de France avant la lettre, les deux vues de Marseille et deux de celles de Toulon. Le catalogue de la vente après décès de Joseph Vernet, qui nous fournit ces détails, mentionne de plus un certain nombre de tableaux sans bordures, accrochés çà et là contre les parois de l'atelier, et quantité d'estampes de toute espèce éparses en divers portefeuilles.

En somme, Joseph Vernet était meublé de quelques objets d'art, mais il n'avait pas une collection de tableaux. De même il n'avait pas de bibliothèque; il possédait seulement quelques livres, achetés au jour le jour, suivant le besoin ou l'intérêt du moment. Tant qu'il court la province, il s'en tient à l'utile : — « Étude sur une introduction générale et raisonnée à l'étude des langues et particulièrement des langues françoise et italienne, etc. » — « Modèles de lettres sur différents sujets. » — « Principes generaux et raisonnés de l'orthographe françoise avec des remarques sur la prononciation. » — Ici, il a surtout en vue l'instruction de sa femme, la Romaine Virginia. Une fois à Paris, sa littérature s'étend : il s'abonne à la *Gazette de France,* aux *Petites Affiches;* il achète davantage et volontiers. Ces acquisitions pourraient se diviser en trois catégories. — D'abord, les livres pratiques et usuels : — « un livre des Routtes et cartes géographiques, » le *Parfait notaire,* le *Livre des Fermes,* le *Livre des synonymes,* l'*Histoire ancienne et moderne,* par l'abbé Millot, « deux volumes de cavallerie à l'usage de Carle, » « deux volumes de M. Dandré Bardon, » « le Traité de peinture par Filibien, » « un livre du Vignola, » « quatre volumes sur Paris et ses environs; » — auxquels il faut joindre ceux qui s'adressent aux enfants : — « Avantures de Télémaque, Magasin des Enfants, » Grammaire des jeunes

demoiselles, Grammaire italienne par M. Palomba,
Étrennes à la Jeunesse. Puis, et ce serait la catégorie
la plus nombreuse, les brochures, les livres de circonstance, par lesquels Joseph Vernet entre dans le
courant des idées du jour : — *le Huron* [1], — une feuille
de Fréron (1767), — *Bélisaire* (1767), — « Lettres philosophiques sur les phisionomies, » — brochure d'*Adélaïde de Hongrie*, tragédie de Dorat, — l'*Ingénu*, de
Voltaire, — *Vie de Benoît XIV,* — « brochure des Dances
angloises, » — « le Scaffandre, » — « brochure des
Doutes d'un provincial, » — Lettre à M. de Buffon, —
Lettres du pape Ganganelli (Clément XIV), — et les *Critiques du Salon*, ces feuilles à douze sols, qui tantôt
caressaient et tantôt écorchaient l'épiderme sensible de
l'artiste. Une troisième catégorie comprendrait les livres
littéraires ou de pur agrément : — « le Livre de M. La
Rochefoucault, » — « Les Pensées de Marcaurelle, » —
« Six volumes de Clarice » (Clarisse Harlowe), *la Jérusalem délivrée*, les Œuvres de « M. Thissot, » le médecin
des gens de lettres. Il y faut joindre les voyages, dont
ce voyageur émérite était friand, les *Voyages de l'amiral
Anson autour du monde*, le *Voyage de Provence* par
l'abbé Papon, la grande publication de l'abbé de Saint-
Nom, *Voyage pittoresque ou Description du royaume de
Naples et de Sicile*, en cinq volumes in-folio, et les
Voyages dans les montagnes de la Suisse, par M. de Saussure, avec un grand volume oblong des *Vues de Rome*,
par Piranesi. En dehors de toute classification se placent
quelques autres ouvrages : « un volume in-4°, *Maniement
des armes, arquebuses*, etc., » — « la brochure des *Tours
du sieur Pinetti*, » Romain, professeur de mathématiques
et de phyzique, — l'*Albert moderne*, par Alletz (1768),
— « quatre volumes des *Tours et récréations mathéma-*

---

1. Comédie en deux actes, tirée de l'*Ingénu* de Voltaire,

tiques, » recueil composé de plusieurs problèmes plaisants et facétieux, où semble pressentie la télégraphie
électrique, — « deux brochures de la comtesse Tation, »
c'est-à-dire un des tours d'esprit du marquis de Bièvre,
dont le vrai titre est Lettre écrite à madame la comtesse
Tation par le sieur de Bois flotté, étudiant en droit fil,
augmenté de plusieurs notes d'infamie (Amsterdam,
1770); — en un mot des manuels de magie blanche,
d'escamotage et de calembours. Cette nomenclature de
livres hétérogènes reflète le caractère de Joseph Vernet,
un esprit vif, alerte, plus positif que réfléchi, une imagination aventureuse, une humeur vagabonde, avec cela
une suprême agilité de main qui improvise les tableaux
ainsi qu'un tour de passe-passe, et escamote les difficultés de l'art ni plus ni moins qu'une muscade.

A Paris, aussi bien qu'à Rome, la vie de Joseph Vernet
est une vie de plaisirs et de joies, — joies honnêtes, bien
entendu, plaisirs permis, tels que peut les aimer un père
de famille. Mais, de ceux-là, il ne s'en refuse aucun. Ce
ne sont que parties fines avec les Vanloo et les Coustou,
tantôt à Saint-Cloud ou à Vincennes, tantôt à la Râpée ou
aux Porcherons, ou bien des dîners intimes, soit chez
Trianon, le traiteur de la Croix-Rouge, soit chez Philippe,
ou chez Dupré, autre traiteur de bon ton, plus rapproché des galeries; on y va plus souvent en pique-nique,
et c'est chez lui que se font les repas de fondation, —
« le 5 janvier, veille des rois, — le 10 janvier, souper
des dames, mesdames Vanloo, Roslin, etc., — le 19 mars,
jour de saint Joseph. » Quelquefois aussi les Vernet trai-
tent chez eux et rendent aux Soufflot leurs politesses;
il s'agit de déguster quelque gourmandise expédiée par
les amis de province, « la volaille venue de Dieppe, »
— « la dinde de Périgueux, » — « le cochon de M. Drovais, » — « le crabbe de La Rochelle. » — Partout l'excellent artiste a laissé de bons souvenirs, et c'est à qui

lui prouvera son affection par un envoi de victuailles : tantôt un baril d'huîtres marinées vient renforcer les provisions du ménage, tantôt un baril d'anchois; la «Sœur d'Avignon» pourvoit la maison d'huile de Provence et de «vermicelly,» et un évêque, l'évêque de Bayonne, se charge de la fournir de chocolat, ingénieux moyen de rappeler à Joseph Vernet qu'il attend toujours les tableaux commandés pour sa cathédrale.

Et les spectacles ! Le bonhomme n'en manque pas un. Il n'est pas de ces raffinés qui s'en tiennent à l'Opéra ou aux Italiens. Pour lui, tout est bon, pourvu qu'on rie, ou que quelque nouveauté tienne l'attention en éveil. Les Variétés Amusantes, les Comédiens de bois, les «Sauteurs de chez Restier,» l'attirent tour à tour. Mais, de même que le graveur Wille, c'est à Nicolet qu'il donne la préférence. S'il n'y va pas, comme lui, invité par le patron et placé dans une loge d'honneur, il ne prend pas moins de plaisir à voir «les huit sauteurs catalans, dont un fait le paillasse et est supérieur aux autres, quoique tous fassent des prodiges en divers jeux et des sauts étonnants et neufs [1].» Voilà de quoi amuser Charlot. Aussi Vernet y conduit son fils toutes les fois qu'il y pense, et, s'il n'a pas Charlot sous la main, il y va seul. Mais à mesure que Carle grandit et que se développe son goût pour les chevaux, Nicolet se voit délaissé pour les sieurs Astley père et fils, écuyers anglais qui avaient établi un manége dans une charmante salle du faubourg du Temple, décorée comme un bosquet de jardin et éclairée par deux mille lampes. Il serait injuste d'oublier les «Fantoccini,» un spectacle favori de tous les artistes. Joseph Vernet s'y assit plus d'une fois à côté de son amie madame Le Brun, aussi enthousiaste que lui des poupées de Carlo Perico.

---

1. *Journal de Wille*, t. II, p. 144.

Les concerts tiennent une place importante parmi les plaisirs de Joseph Vernet. L'ami de Pergolèse est un des habitués du Concert Spirituel : ses notes nous le montrent lié avec les principaux artistes qui s'y faisaient entendre, — le violoniste Gaviniès, qu'il écrit Gavigné, — mademoiselle Fel, la maîtresse du pastelliste La Tour, chanteuse légère, très-applaudie de son temps, — Le Gros, une des plus belles haute-contre de l'Opéra, directeur de l'entreprise, — Duport l'aîné, « joueur de violoncello; » ce dernier demeurait « rûe Saint-Honoré chez M. Lepaute, horloger, tout près de la fontaine de la rûe de l'Arbre sec. » Il n'est pas un musicien célèbre de l'époque qui n'ait laissé son adresse sur les *Livres de Raison*. Celle de Grétry s'y rencontre plusieurs fois, et l'on voit le peintre des tempêtes assidu aux premières représentations de l'auteur du *Tableau parlant*. Celle de Gluck s'y trouve aussi, à côté de celle de Piccini; mais, si Joseph Vernet fait la dépense d'un fiacre pour se rendre chez le premier, sous le nom du second il écrit : — «Recommander M. Piccini à M. D'Armand. » — Il est lié avec Boyer, compositeur de musique; avec Duni, auteur de *Ninette à la Cour;* avec Philidor, plus célèbre aujourd'hui par ses prouesses au jeu d'échecs que par ses opéras comiques; avec Trial, ou plutôt les deux Trial, tous deux Avignonnais, l'un violoniste habile, l'autre créateur au théâtre du rôle comique qui a gardé son nom, avec le chanteur Jéliote, avec Dugazon, le grand comique, et sa femme, l'adorable soubrette. Il y a aussi un Rigel, « faiseur de sonates, » un Vachon, « joueur de violon, » un chevalier de Chabert, amateur. Si quelque artiste étranger, de passage à Paris, veut se faire entendre, Joseph Vernet est des premiers à prendre des billets. Il protége mademoiselle Capranica, dont il a connu la famille à Rome. En 1770 il patronne un petit prodige, un musicien allemand, nommé d'Arcy ou Darcis.

« jeune homme de onze ans, disent les *Mémoires de Bachaumont*, qui a déjà déployé ses talents au concert spirituel où il a exécuté sur le clavecin différentes pièces de sa façon, avec l'indulgence du public. » Ailleurs il accueille Tenducci, un musicien italien, et Eckhard, un musicien d'Augsbourg, dont Diderot a parlé dans sa correspondance.

Joseph Vernet est aussi un grand coureur de fêtes et de réjouissances publiques. Partout où va la foule, il la suit, badaud consciencieux et infatigable. Dès que s'ouvre la foire Saint-Germain, le 3 février, il y est. Viennent avec le mois de juillet la foire Saint-Laurent, avec le mois d'août la foire Saint-Ovide, il y est aussi des premiers. Au commencement de mai, le roi passe la revue de ses gardes dans la plaine des Sablons. Vernet y court. Il court au Wauxhall, qu'il écrit Foxal, au bal d'Auteuil, au Colisée. Il est surtout friand d'illuminations et de feux d'artifice; là, il prend place au premier rang, et, plus d'une fois sans doute, avec Charlot sur ses épaules. S'il ne s'est pas fait écraser aux fêtes du mariage du Dauphin, ce n'est assurément pas de sa faute. M. Henri Delaborde[1] donne la clef de cette passion pyrotechnique : « Les admirateurs de la *Girandola* qu'on tire chaque année au château Saint-Ange, à Rome, ignorent peut-être que l'éclat incomparable de ce spectacle est dû en grande partie à l'imagination de Vernet. C'est lui qui s'avisa de doubler le volume de cette gerbe de feu et d'ajouter à la girandola primitive un nombre de fusées devenu aujourd'hui traditionnel. En outre, comme il manquait, suivant son expression, « une basse » à ce concert de détonations, il voulut que le canon en fît l'office : les décharges de l'artillerie de-

---

1. *Le Paysage et les Paysagistes en France.* — I. JOSEPH VERNET, dans la *Revue des Deux Mondes* du 1er avril 1852, excellente étude qui nous a été bien utile et qui promettait une suite intéressante.

vinrent l'accompagnement nécessaire de tout feu d'artifice en Italie, et, le succès de ces innovations s'étant répandu dans toute l'Europe, il s'ensuivit dans l'art de la pyrotechnie une révolution dont l'honneur appartient à Vernet, et qu'il est juste de lui restituer, si mince et si secondaire qu'il soit. » — On ne trouve cependant dans les *Livres de Raison*, ni le nom de Ruggieri, l'éternel Ruggieri, ni celui de Torre. Il est donc probable qu'à Paris, Joseph Vernet se réduisit au rôle de spectateur, et qu'il s'abstint de se mêler aux luttes des deux artificiers rivaux; mais il prenait sa revanche en peinture. On sait qu'il a peint plusieurs tableaux représentant des feux d'artifice, un entr'autres pour le financier de La Borde. On connaît mieux encore ses incendies nocturnes. Or, qu'est-ce que ces incendies, sinon les feux d'artifice de la nature? Étrange anomalie chez l'auteur de tant de tempêtes et de cascades, étrange contraste que cette double passion pour l'eau et pour le feu!

Le goût de l'escamotage, non moins vif que celui des feux d'artifice, a conduit Joseph Vernet jusqu'aux portes de la science. Cet esprit, curieux de tours d'adresse, trouvait un plaisir extrême dans les expériences de physique. En 1764, on lit à chaque page des *Dépenses générales* le nom de « Comus. » On pourrait croire qu'il s'agit ici de quelque exploit gastronomique voilé sous le nom du dieu de la table. Il n'en est rien. Le sobriquet de Comus cache un estimable physicien, Nicolas-Philippe Ledru, à qui ses séances de physique amusante avaient fait une réputation. Ledru fut un de ces êtres hybrides, mi-saltimbanques et mi-savants, qui semblent instruire en amusant, ce qui leur permet de prétendre à amuser les gens d'esprit. Il eut la bonne fortune d'être nommé professeur de mathématiques des enfants de France; mais son principal titre à l'attention de la postérité, c'est qu'il a le premier introduit dans le répertoire de

la physique amusante les effets surprenants de la fan-
tasmagorie, de l'électricité et du magnétisme. Jonas,
autre physicien d'un ordre inférieur, qui donnait publiquement au Vauxhall de la foire Saint-Germain des leçons d'escamotage très-suivies des fils de famille, a
compté aussi, parmi ses clients et ses élèves, Joseph et
Carle Vernet. Plus tard, on les vit non moins assidus aux
expériences plus sérieuses de Charles et Robert, les premiers aéronautes parisiens.

Ainsi s'écoule cette vie bourgeoise, aussi facile au
plaisir qu'au travail. Tel est le cadre au milieu duquel
nous apparaît l'honnête famille. Le père vieillit chaque
jour, et chaque jour les enfants grandissent. Leur éducation ne laisse pas que d'occuper Joseph Vernet. Au mois
de juillet 1764, Livio a dit adieu aux Révérends pères de
Juilly; il a dix-sept ans, il revient sous le toit paternel.
Mais son instruction n'est pas complète. On lui donne,
dès le mois suivant, un maître à danser, M. Vincent, et
un maître d'écriture, M. Dautrep. Il faut qu'à la séduc-
tion des belles manières il joigne les avantages plus po-
sitifs d'une belle main. A la rentrée des Facultés, Livio
prend ses inscriptions de droit, et chacune des années
suivantes le montre passant successivement tous ses
examens et sa thèse. Non pas que Joseph Vernet tienne
un journal exact de ces événements; si nous les connaissons, c'est qu'à cette époque la coutume des *épices*
subsistait dans toute sa rigueur. Chaque examen de
droit se solde par un cadeau de bougies, et Joseph
Vernet, qui ne manque pas d'enregistrer cette dépense
de ménage, nous fait assister ainsi aux progrès de son
fils. Le 11 juillet 1765, vingt livres de bougies; le 14 août,
six livres de bougies; le 6 juin 1766, trente livres. Livio
commence à travailler chez un procureur, M. Courleveau; et le 1er septembre 1766, il est reçu avocat au
parlement de Paris. L'année d'après, il est reçu docteur.

sur une thèse de la valeur de six livres de bougies. Quelle est donc, pour son fils aîné, l'ambition de Joseph Vernet? Elle se révèle tout entière dans une ligne des *Dépenses :* — « Le 10 février 1768, achetté pour mon fils aîné, le livre le *Parfait nottaire,* en deux volumes. » — Et de fait, de l'officine du procureur, mons Livio passe à vingt ans dans celle de maître Dutartre, notaire, un amateur de tableaux, trésorier des bâtiments du roi, et, à ce double titre, un ami de Vernet.

Cependant l'ambition du père se trouva déçue. Malgré ses sacrifices de bougies, malgré l'achat du *Parfait notaire,* Livio laissa trop voir qu'il n'en ferait pas même un médiocre. Il fallut renoncer à ces hautes visées : le fils aîné du « Peintre du Roi pour les marines » s'estima heureux alors d'avoir profité des leçons de M. Dautrep; sa belle main lui permit d'entrer comme commis dans l'administration des fermes. — « Mon fils est entré aux Fermes le 8 octobre 1771 pour commencer à se instruire dans le département des Traittes de M. Digeon son directeur. » — Et, afin de lui faciliter ses nouvelles études, le bon Vernet, trop persuadé que, pour faire un cordon bleu, il suffit de lire la *Cuisinière bourgeoise,* achète à Livio le *Livre des Fermes,* en l'accompagnant, il est vrai, des « Pensées de Marcaurelle. » Livio avait vingt-quatre ans.

Jusqu'en 1783, il vécut à Paris, logé, ou tout au moins nourri chez son père, à qui il payait pension sur ses appointements. Il était toujours dans l'administration des fermes : — « L'endroit où travaille mon fils aîné se nomme l'Hôtel de la Reine, rue du Boulol, » écrit Joseph Vernet, confondant sous un même nom ce qui restait de l'hôtel de Soissons et le nouvel hôtel des Fermes Générales. En 1783, Livio reçoit de son père 1,200 livres et disparaît. On le revoit au commencement de 1784, courant Paris en cabriolet; puis il s'éclipse de nouveau, et son père nous apprend l'année suivante, qu'il a obtenu la recette générale du tabac, à Avignon. Après avoir traversé différentes places, Livio finit par être employé à la direction générale des subsistances militaires. Il est mort vers 1812. C'était, au dire de ceux qui l'ont connu, un assez pauvre esprit. Mais son frère Carle lui prêtait généreusement les *mots* dont il n'avait que faire, et, grâce à cet appoint, M. Louis Vernet tenait encore son rang dans le monde.

Bien plus explicites sur le second des enfants de Joseph Vernet, les *Livres de Raison* fournissent matière à une biographie complète de Carle, qui trouvera mieux sa place ailleurs. Né presque rachitique, élevé dans le coton, un traitement conseillé par un chirurgien de la marine à La Rochelle, le tira d'affaire. Mais le petit Charlot n'en resta pas moins l'enfant gâté de la famille. A quatre ans il commençait à dessiner, et son père s'en faisait fête comme d'un prodige. Aussi quelle différence entre lui et Livio ! Le frère aîné a connu les rigueurs du collége, la réclusion, l'exil de la maison paternelle. Charlot ne quitte pas Paris; et durant cinq années il ne cesse de passer d'une pension à l'autre, cherchant toujours l'externat le plus benin. Lui survient-il le moindre bobo, on le garde à la maison, et c'est alors une avalanche de joujoux, présage de ses goûts à venir, un cheval, un tambour, un carrosse, un bilboquet, des estampes de courses : le peintre Carle est là tout entier.

Point d'incertitudes sur la vocation de l'enfant. Depuis longtemps déjà, le père s'est dit : il sera peintre. A onze ans l'écolier prend ses galons de rapin. — « Carle a commencé à dessiner chez M. Lépicié, le 1er juillet 1769. — Il a commencé à peindre le 14e novembre 1771. » — Ces deux lignes résument son éducation d'artiste. Si pendant quelque temps encore, on lui conserve un maître de grammaire, c'est qu'après tout

on peut le payer. Mais entre M. Bourrély armé de son
rudiment, et Deschamps le modèle « qui pose le Christ, »
soyez sûr que ni le père ni le fils n'hésitent. Toutes les
sympathies sont pour le modèle.

A treize ans, Carle est un peintre : il a deux palettes,
le chevalet, le pincellier, la boîte à couleurs et une
pierre à broyer. L'année d'après, son père l'emmène avec
lui dessiner à Meudon, et le 17 octobre 1773 il reçoit un
écu de six livres pour une tête qu'il a peinte. Il a quinze
ans. Dès lors, le voilà hors de page. La Comédie Italienne, le bal de l'Opéra, les courses se partagent son
temps. Il est toujours question de chevaux, mais ce ne
sont plus des chevaux de bois. Le jeune homme se dé-
brouille et le peintre aussi. Le 14 janvier 1775, Joseph
Vernet reçoit deux louis pour un dessus de porte que
Carle a peint.

Quant à Émilie, son histoire est courte. Née en 1760,
elle est encore bien petite fille lorsque déjà Livio étudie
le *Livre des Fermes*. Elle a pour premier professeur,
comme Charlot, une maîtresse d'école qui leur montre
à lire dans le même alphabet. Puis on lui donne le
maître à écrire et le maître à danser. Cette éducation
sommaire se termine à seize ans par le mariage. Un architecte, qui n'était plus jeune, Jean-François-Thérèse
Chalgrin, né en 1739, vit cette jolie personne et la demanda. Intendant des bâtiments de Monsieur, membre
de l'Académie d'architecture, il avait déjà construit
l'hôtel de la Vrillière, rue Saint-Florentin, et rebâti le
Collége Royal. Il offrait à la belle Émilie son cœur et un
équipage à deux chevaux. Joseph Vernet l'agréa et lui
compta quarante mille livres; puis, comme appoint de
la dot, il donna un de ses tableaux représentant les *Cascatelles de Tivoli*.

On connaît la tragique histoire de madame Chalgrin.
Elle était belle et charmante; elle eut en 1778 une fille

qui lui ressemblait. Est-ce à la mère, est-ce à la fille,
que s'adressèrent les hommages de Louis David? Les
conteurs d'anecdotes varient sur ce point. Toujours
est-il que le grand peintre se vit repoussé et qu'il sut s'en
souvenir. On était aux plus mauvais jours de la Terreur.
M. Chalgrin avait suivi à Bruxelles le comte de Provence; madame Chalgrin eut l'imprudence d'aller assister au mariage de la fille d'une de ses amies, madame
Filleul, concierge du château de Louvecienne. La céré-
monie religieuse s'accomplit en secret dans la chapelle
du château. Arrêtées le lendemain, les deux femmes
furent traduites devant le tribunal révolutionnaire sous
l'accusation d'avoir brûlé les bougies de la nation, et,
pour ce crime de lèse-épicerie, condamnées à mort
toutes deux. Carle, éperdu, court chez David, son collègue à l'Académie, son ami, l'ami de Chalgrin, et en
même temps l'ami de Danton et de Robespierre. — «Ta
sœur est une aristocrate, répondit le conventionnel; je
ne me dérangerai pas pour elle; » — et, comme le malheureux frère insistait, le futur peintre de l'Empereur,
se drapant dans sa fierté de théâtre : — « J'ai peint
Brutus, dit-il, je ne puis solliciter Robespierre. »

Madame Chalgrin monta sur l'échafaud le 6 thermidor an II, et, pour que rien ne manque à l'infamie du
fait, le signataire de son acte de décès, comme officier
public, était cet Antoine Trial d'Avignon, avec lequel
Joseph Vernet avait entretenu de bonnes relations de
compatriote et d'artiste.

III

Les quatre heures du jour. — Rois et boutiquiers.
Le million du peintre.

Il est un lieu commun cher aux biographes, qui consiste à représenter le génie comme se survivant à lui-même, et conservant intactes, jusque sous les glaces de l'âge, les grandes qualités qui ont fait la force et le charme de sa jeunesse. Ce paradoxe d'un enthousiasme banal n'a pas besoin d'être réfuté. L'artiste le mieux doué traverse des phases successives qui le conduisent insensiblement à la mort, et que l'on pourrait comparer, si la comparaison était moins rebattue, aux différentes saisons de l'année. Les premières œuvres du génie ont la grâce fragile, l'attrait délicat des premières fleurs; la fraîcheur des impressions, voilée d'inexpérience, rappelle ces matinées humides où le soleil essaye ses forces derrière un rideau de brouillards. C'est le printemps de l'artiste : il aime la nature d'une passion chaste et désintéressée; il l'adore sans oser y toucher; il la reproduit comme l'eau dormante réfléchit le ciel; il vit en elle, il ne vit pas en lui. Mais, à mesure que le talent mûrit, la personnalité de l'homme se dégage; il s'empare de la nature et confond sa vie avec la sienne : ce sont deux puissances égales qui se fécondent l'une par l'autre. La volonté choisit les impressions, et les impressions se retrempent dans la volonté. A la vigueur de la production, à l'abondance des fruits pleins et savoureux, on reconnaît l'été, l'époque des grandes œuvres. Puis vient l'automne, saison productive aussi, mais non sans effort. Il faut que l'homme arrache à la nature tout ce qu'elle peut encore donner, car déjà la

nature lassée ne répond plus aux transports de l'artiste.
Le talent se replie sur lui-même, il s'enivre de ses propres fruits, il apprend à se suffire. Enfin, l'hiver arrive :
adieu la nature ! Elle dort sous son linceul de neige, et
l'artiste, cloué au coin du foyer solitaire, fouille les
derniers replis de son cœur et y cherche quelque image
oubliée, pâle reflet de celle qu'il a aimée. C'est le temps
des redites. On vit sur son passé. Mais le cœur est
éteint, la main tremble ; la réflexion seule s'entête à des
combinaisons mécaniques d'éléments ressassés, et s'é-
puise à coudre des oripeaux d'impressions fanées à des
lambeaux de souvenirs.

Le printemps de Joseph Vernet s'est écoulé en Italie.
L'entreprise des Ports de France marque la fin de son été.
A Paris, il retrouve une époque brillante et féconde ;
mais cette arrière-saison n'est qu'un automne où commence le déclin de son génie, comme dans ces *Soirs*
qu'il a peints si souvent on voit le soleil descendre et
disparaître derrière un horizon embrasé de ses derniers
feux.

Et maintenant voici l'hiver. Au soir étincelant succède la nuit, non point une nuit noire, mais une de ces
nuits éclairées par la lumière artificielle d'un feu autour
duquel se chauffent les échappés du naufrage, à l'abri
du rocher traditionnel, pendant que la lune blafarde
verse un dernier rayon sur une mer fatiguée. Ainsi le
peintre rassemble les débris de ses souvenirs et cherche
à les ranimer à la flamme d'une inspiration artificielle.
Déjà Diderot lui a reproché de copier sa chambre. Il la
copie en effet, et, pour la tapisser, non-seulement il
vide le fond de ses portefeuilles, mais il achète les estampes d'Ozanne, celles du Guaspre et celles de Berghem ; il fait emplette d'un petit modèle de vaisseau.
Un autre se reposerait peut-être. Mais un Vernet au repos, est-ce possible ? Les commandes arrivent, comment

les refuser? Et quelles commandes! C'est M. Girardot de
Marigny, à qui il ne faut pas moins de douze tableaux;
c'est sa sœur, madame de Mory, c'est La Freté, qui en
veulent chacun une demi-douzaine; c'est M. Paupe, un
marchand de rubans, qui, pendant dix ans, s'inscrit
chaque année sur le *Livre de Raison*, et qui s'y inscrit
le dernier, en 1788, pour son onzième tableau; c'est le
prince des Asturies, le comte du Nord; en un mot, un
nouveau flot de cette foule d'amateurs de tout étage,
ardents à la curée de l'illustre M. Vernet.

L'artiste put se croire reporté aux plus beaux jours
de sa jeunesse. Il avait eu alors deux amis enthousiastes
que leur passion, jamais assouvie, transformait en banquiers de son talent, toujours prêts à faire honneur à sa
signature. On se souvient de Peilhon et du marquis de
Villette. M. de Villette aujourd'hui se nomme Girardot
de Marigny, et Paupe prend la place de Peilhon. C'est
le même amour de la peinture Vernet, la même affection pour l'homme, et, chose importante aussi, la même
bourse bien garnie.

La première commande de M. Girardot de Marigny
date de 1777. Il débute modestement par deux tableaux
de quatre pieds de large, un coucher du soleil, un lever
du soleil dans le brouillard, chacun du prix du 3,000
livres. Ainsi mis en goût, il ne tarde pas à pousser sa
pointe avec ardeur. Chaque année le retrouve aux pieds
de son idole. Deux tableaux en 1778, deux en 1779, autant en 1780, et ainsi de suite jusqu'en 1789, en tout
dix-neuf ou vingt tableaux, payés au même taux de
3,000 livres. Avec un tel amateur, les relations ne pouvaient demeurer sur le pied d'une politesse banale. Dès
le principe, entre le peintre et le Mécène il y eut amitié; et le Mécène, soit dessein prémédité, soit concours
fortuit de circonstances, faillit rendre à son peintre ordinaire un signalé service.

Depuis son établissement à Paris, c'est-à-dire depuis quinze ans, Joseph Vernet avait cessé de consulter la nature. Il peignait de souvenir; ses portefeuilles regorgeaient d'études et de croquis amassés en Italie et en Provence. Il se bornait à les retourner de cent façons, ou plutôt, à dire vrai, c'est lui qui, semblable à l'écureuil domestique, tournait sans cesse dans ce cercle sans issue, épuisé, comme l'écureuil, par l'excès de son activité. L'impression de la nature française sur son imagination fut aussi nulle que possible. Il a vécu au milieu des admirables paysages des environs de Paris sans les voir. Certes il y avait des arbres à Saint-Cloud et à Meudon, des coteaux à Sèvres et à Nogent, des rivières nommées la Seine et la Marne; il aimait tous ces endroits pour le plaisir de la promenade; mais ce qu'il y voyait, arbres, coteaux, rivières, différait tant des éléments habituels de sa peinture qu'il ne pouvait songer à s'en servir. C'est à peine si quelques tableaux, ceux de l'abbé Terray par exemple, laissent soupçonner qu'ils ont été composés à Paris et non à Rome. Une fois seulement il eut à peindre pour M. de Boullongne deux vues de son habitation de Nogent-sur-Seine, et une seule note du *Journal* semble indiquer une préoccupation de la nature française : — « Chamarande, village qui appartient à M. de Talaru, où il y a de belles vues à dessiner dans le genre des rochers; on passe par le chemin d'Orléans. » — La forêt de Fontainebleau n'était pas encore découverte. Il fallait s'en tenir aux rochers de Salvator. Mais, on le comprend, et Joseph Vernet le sentait bien lui-même, ce vieux fonds commençait à s'user. Plus d'une fois l'ancien citoyen de Rome dut jeter un regard d'envie et de regret sur cette Italie, le berceau de son génie, dont le séparaient irrévocablement et la longueur du voyage, et la mer, et le poids des années. Une occasion se présenta alors de se retremper aux sources vives de la nature. M. Girardot de Marigny partait pour la Suisse. Il proposa à Vernet de l'accompagner, et Vernet accepta avec joie. Dans ce pays aux cascades fameuses, il retrouverait sans doute tout l'attirail pittoresque de son paysage, les rochers, les lacs, les monts escarpés. D'ailleurs, lui qui avait peint la *Bergère des Alpes*, n'était-il pas un peu tenu d'aller voir comment les Alpes sont faites ?

Les voyageurs quittèrent Paris le 16 juin 1778 ; Carle les accompagnait. A Genève, le docteur Tronchin, l'apôtre de l'inoculation, leur offrit dans sa famille l'hospitalité pendant un mois. Là se trouvait un amateur, nommé Hubert, qui se mêlait de peinture. On fit avec lui l'excursion d'Évian, et M. Hubert força Joseph Vernet d'accepter en souvenir une gouache de sa façon. Les touristes visitèrent Lausanne, le canton de Berne, l'Oberland et Schaffouse. Le 12 août, ils étaient de retour à Paris. Joseph Vernet ne manque pas de nous apprendre ce que lui a coûté le voyage, 2,300 livres environ. Mais il ne dit pas, c'est le catalogue de sa vente qui le dit pour lui, qu'il rapporta de Suisse une vingtaine de dessins d'après nature.

Il songea aussitôt à en faire des tableaux. Au Salon de 1770 furent exposés deux paysages représentant la *Chute* ou les *Cataractes du Rhin à Lauffenbourg, près de Schaffouse, en Suisse, vues des deux côtés opposés*. Ils appartenaient à M. Girardot de Marigny, qui les paya le prix convenu de 3,000 livres. Mais soit que la tentative n'eût pas réussi, soit qu'il fût impossible à Joseph Vernet d'étouffer le vieil homme, il s'en tint là, et, tournant le dos à la Suisse, des cataractes du Rhin il revint aux cascatelles de Tivoli. Il fallut se résigner à l'entendre conter pour la centième fois ces contes sus de tous qu'il contait si bien. Le Coucher du soleil avec les baigneuses, l'Orage de terre, le Port de mer, les Marines de jour et de

nuit, l'Incendie nocturne, M. Girardot de Marigny accepta
tout de bonne grâce. Toutefois on voit bien qu'il s'efforça
toujours de pousser Joseph Vernet hors des voies battues. Au Salon de 1787 les tableaux qui lui appartiennent
sont un *Combat naval*, une *Escadre qui rentre au port*,
des *Guinguettes au bord de la mer* aperçues par l'ouverture d'une grotte. Au Salon suivant c'est bien pis, ou
bien mieux, un des tableaux commandés par lui représente le *Naufrage de Virginie à l'Ile de France*.

Avec Girardot de Marigny vint sa sœur, madame de
Mory, la mère du caissier de la Compagnie des Indes.
Elle demanda, en 1779, deux tableaux de deux pieds et
demi de large, payés ensemble 4,800 livres. L'année
suivante, il lui en fallut deux plus grands, de quatre
pieds, un *Lever du soleil dans le brouillard* et un *Coucher du soleil avec des baigneuses*. La progression du
prix suivant la proportion du cadre, elle les paya 3,000
livres chaque. C'en était assez, à ce qu'il semble. Mais,
en 1785, la voilà qui revient à la charge. Cette fois
elle rapetisse à la fois le cadre et le talent du peintre.
Il ne s'agit plus que de tabatières. Nous apprécions
autant que personne ces riches *boëtes* du xviiⁱ siècle,
sur lesquelles les Van Blaremberghe, les Hall, les Char-
lier, les miniaturistes en un mot, ont épuisé leur talent.
Mais qu'un grand peintre se diminue à leur taille, nous
le regrettons pour lui. La belle affaire, qu'une *Tempête*
dans un cadre de deux pouces! Une *Tempête* dans un
verre d'eau. Déjà Joseph Vernet avait commis de ces
péchés mignons en faveur du joaillier Aubert. Avec
madame de Mory il y a récidive. Le bonhomme y prit
goût, et, en attendant de satisfaire en ce point les caprices de M. Paupe, il récidiva pour son propre compte.
Dans les *Dépenses* de l'année 1782 se rencontrent ces
mentions significatives : — « Le 12 mars, payé à M. Dulac,
doreur, pour cinq petites bordures des tableaux de la

Boitte, 180 livres. — Le 14, payé à M. Romain, chaudronnier pour six cuivres ronds, 3 livres. — à M. Flamand, tablettier pour sept petites bordures, six rondes et une carrée. » — Il s'amusait évidemment à faire une boîte peinte sur toutes ses faces. A qui destinait-il ce galant cadeau? A sa fille, peut-être. Quelque vente exhumera sans doute un jour les précieuses tabatières d'Aubert, de madame de Mory et de M. Paupe. Mais qu'on y prenne garde, les spécialistes du genre, tels que Nicole et Lebel, ne se sont pas fait faute de reproduire en dimensions réduites, pour dessus de boîtes ou petits tableautins, les paysages et les marines du peintre à la mode.

M. de La Freté n'est plus un inconnu pour nous. Quand il eut complété la décoration de son salon, il voulut aussi se donner les jouissances de l'amateur. Il commanda, pour son cabinet, deux tableaux plus intimes, de quatre pieds de large sur deux pieds huit pouces de haut; «l'un doit représenter un endroit agréable avec des isles dans un lac où des compagnies vont s'amuser, on peut faire une ville dans le fond, et un château sur le bord du lac. L'autre, en opposition, doit être un orage de terre avec des choses effrayantes et désagréables. » — Un seul figure aux *Reçus* pour la somme de 3,000 livres.

A la même époque, c'est-à-dire entre 1776 et 1778, Joseph Vernet peignit aussi différents morceaux pour un ami de madame Geoffrin, pour « M. Tronchin du Marc d'or» (un homonyme, un frère peut-être du docteur Tronchin), pour Bachellier, le peintre d'animaux, pour Bellisard, ou Bellicard, architecte de l'Académie, pour le marquis de Ségur. Mais la seule commande qui mérite d'être relevée est celle de M. le Président de Saint-Victor, ancien secrétaire de l'Académie des Sciences de Rouen : une Tempête dans un lieu sauvage avec quelque bout de ruine dans le fond, des figures

sur le devant qui ont fait naufrage, une ou deux femmes
qu'on retire de l'eau, un vieillard qui rend grace au ciel
d'être sauvé, un chien et autres choses convenables au
sujet.

C'est à ce moment que se montre, pour la première
fois, la figure originale de M. Paupe. Homme de goût
jusqu'au bout des ongles, M. Paupe s'était adressé à
Choffard pour dessiner et graver sa carte d'adresse :

AU CORDON BLEU
rue aux Fers en entrant par la rue St
Denis la première boutique à droite
PAUPE, marchand
tient magazin et fait fabriquer toutes sortes de
marchandises de soyeries, etc.
A PARIS

J. P. Choffard fecit 1775.

« M. Pope, dit l'avis placé en tête de son catalogue de
vente, étoit né avec un goût décidé pour la peinture. Il
avoit commencé par s'entourer des tableaux de l'école
Flamande lorsqu'il fit la connoissance du célèbre Vernet.
Il étoit difficile de voir souvent cet artiste sans désirer
de se lier avec lui. M. Pope devint son ami, il s'empressa
d'aiguillonner en quelque sorte le génie de Vernet et de
rendre son pinceau tributaire de l'admiration qu'il lui
avoit vouée. Vernet avoit-il quelque idée pittoresque
et neuve, M. Pope l'invitoit aussitôt à la fixer sur la
toile... » En effet, s'il demande une *Tempête*, c'est avec
tout ce que Vernet pourra y introduire de pathétique et
de touchant; une *Mer calme*, ce sera avec quelque édifice ou des choses qui aient du grand. Cette préoccupation du *grand* le poursuit sans cesse. Ailleurs il s'agit
d'un *Coucher de Soleil* qui doit avoir au second plan un
rocher percé et une tour ou bastion, ou autre bâtiment
« mâle et de grande manière. » Dans une autre tempête
il lui faut un éclair qui fasse beaucoup d'effet, ou bien

un incendie, « s'il me vient une idée intéressante, »
ajoute Vernet.

Les idées ne pouvaient manquer de venir à l'appel
d'un amateur aussi passionné. En dix ans Joseph Vernet
a peint pour M. Paupe vingt tableaux, que décrit avec
soin le catalogue de vente. Il n'en est pas un qui ne
se recommande par quelque singularité. Ici c'est une
Tempête (M. Paupe en possédait six), où un homme
emporte une femme évanouie, pendant qu'un vieillard
à genoux remercie le ciel d'être sauvé. Onze figures
animent le *Calme* qui sert de pendant, entre autres un
matelot fumant sa pipe, assis près d'un ballot sur lequel
se lit l'adresse de M. Paupe. L'*Incendie d'un port pendant
la nuit* offre quantité de détails navrants : une barque
chargée de fugitifs, une mère éperdue, son enfant dans
ses bras, un père se sauvant avec son fils, une femme à
genoux, des malheureux qui implorent le ciel, détails
d'une si grande vérité, dit le catalogue, qu'ils oppressent
l'âme du spectateur. Un petit ovale de dix pouces de haut
représentait un ermitage au bord de la mer, deux femmes en prière devant une croix, et un pêcheur offrant
son poisson à l'ermite. Et puis, à côté de ces sujets qui
trahissent les préoccupations religieuses du vieillard,
voici des baigneuses occupées à se déshabiller à l'abri
d'une grotte, tandis qu'un curieux se glisse à quatre pat-
tes pour contempler leur nudité. Voici une marine ornée de deux figures, composition originale que Hill a
gravée sous le titre du *Pêcheur encouragé*. Le catalogue
insiste sur les mérites qui distinguent ces divers ouvrages. L'un est d'un effet piquant, l'autre d'une grande
transparence, celui-ci d'un grand intérêt et d'une pensée profonde. Cet autre, où l'on voit sur le devant, à
la fin d'une tempête, un homme et une femme morts
se tenant embrassés, est qualifié de tableau philosophi-
que et moral. M. Paupe avait bien placé sa confiance.

Jamais, si ce n'est pour le financier de La Borde, Joseph Vernet ne s'était mis en tels frais d'imagination. Mais n'est-ce pas une chose étrange de voir ce marchand de rubans marcher sur les brisées des financiers, des ducs et des ministres, et se former au fond de son arrière boutique de la rue aux Fers un cabinet si bien choisi? Cette émulation dans l'amour du beau et le noble emploi de l'argent dit assez que nous sommes en 1789. On sent déjà souffler le vent de l'égalité.

Le plus important des vingt tableaux de Joseph Vernet qui décoraient le cabinet de M. Paupe est un *Port de mer au soleil couchant*, de trois pieds et demi de large. Il exprimait d'une façon touchante les sentiments de l'amateur pour l'illustre peintre, sentiments qui s'étendaient à toute la famille. On y voyait, sur une jetée, Vernet lui-même, sa fille, madame Chalgrin, Carle Vernet avec sa femme, mademoiselle Moreau, et un domestique, sans doute le fidèle Saint-Jean. Ainsi, par un rapprochement bizarre, en demandant à Joseph Vernet, sous prétexte de marine, un portrait de famille, le marchand parisien renouvelait ce qu'avait fait trente ans auparavant M. Poulhariez, le négociant Marseillais.

Mais M. Paupe ne devait pas jouir de cette dernière conquête sur le génie de Vernet. Quand s'ouvrit le Salon de 1789, où fut exposé le tableau-portrait, il était mort. Sa veuve conserva la collection tout entière. La vente n'eut lieu qu'en 1792. On vit alors le *Port de mer*, avec son pendant, la *Tempête*, atteindre le prix de 6,430 livres, et, l'année d'après, la vente du citoyen La Reynière, ci-devant fermier-général, qui les avait recueillis, les porta ensemble à 8,000 livres.

Paulò majora canamus. De la rue aux Fers et de cette honnête boutique où prospérait un homme de goût, passons à l'Escurial et à la cour du roi d'Espagne. Roi, Charles IV ne l'était pas encore, il portait seulement le

titre de prince des Asturies, lorsqu'il voulut, en 1781,
décorer de peintures le cazin qu'il s'était fait construire,
en manière de petit Trianon, dans un frais vallon voisin
de l'Escurial. Déjà le roi Louis XVI lui avait offert en
cadeau deux *Marines* de Joseph Vernet. Il n'est pas étonnant que son choix se soit porté de préférence sur un
artiste dont il pouvait apprécier le mérite *de visu*. Joseph
Vernet avait d'ailleurs à la cour d'Espagne un ami, Pierre
Sauvan, fils de son premier maître, Philippe Sauvan d'A-
vignon, et peintre comme lui. On peut croire que l'influence de ce membre de l'Académie royale de Madrid
ne fut pas étrangère à l'importante commande qui vint
chercher en France son compatriote le peintre des tempêtes. Une lettre du comte de Vergennes avertit Joseph
Vernet des intentions du prince : six tableaux, 40,000
livres, et dix-huit mois de temps, telles furent les conditions acceptées de part et d'autre. Joseph Vernet a noté
avec soin les dimensions; car il s'agissait, non pas de
tableaux réguliers, mais de panneaux subordonnés à la
décoration générale du cabinet. Il a inscrit aussi, chose
non moins essentielle à ses yeux, la hauteur de l'horizon :
il n'a pas oublié l'adresse à mettre sur la caisse d'envoi.
En un mot, le *Livre de Vérité* ne nous laisse rien ignorer
de ce qui touche à ces tableaux, rien, si ce n'est les sujets.
Il nous apprend qu'ils furent payés par à-comptes de
10,000 livres, et expédiés en 1781 et 1782; mais des sujets, pas un mot. Aucun des voyages en Espagne que
nous avons consultés n'en donne la description. Bour-
going, dans son *Tableau de l'Espagne moderne*, qui date
de la fin du siècle dernier, dit seulement qu'en voyant ces
panneaux on les croirait du meilleur temps du peintre.

A quelque temps de là une autre Altesse s'avisa à son
tour que Joseph Vernet devenait vieux et qu'il serait
grand temps de lui demander de ses ouvrages, si l'on
tenait à en avoir, c'était le Grand Duc de Russie, le futur

czar Paul Ier, qui voyageait incognito sous le nom de comte du Nord. Pendant son séjour à Paris, en 1782, il laissa la commande de quatre tableaux de six pieds de long. L'année suivante, par l'intermédiaire de son ambassadeur, le prince Yousoupoff, qui prit pour lui-même un petit tableau, il fit ajouter une *Tempête* de treize pieds sur huit. Mais, le tableau fait et reçu, il oublia le peintre, si bien que celui-ci fut obligé de réclamer, pour toucher, en 1785 seulement, les quinze mille livres qui en étaient le prix. N'oublions pas que cette *Tempête* peinte par Joseph Vernet pour la Russie fut plus tard reproduite en lithographie par son fils, dans la *Galerie des peintres français* de Chabert, ce qui valut à Carle, de la part du Czar, le cadeau d'une boîte enrichie de diamants.

A ces commandes ne se bornent pas les relations de Joseph Vernet avec les souverains de son temps. D'autres eurent le désir de voir ses œuvres sans songer à en emporter. On sait que, pendant la seconde moitié du xviiie siècle, Paris fut visité par plusieurs têtes couronnées. Le *Journal* de Wille nous donne le détail de la réception faite par l'Académie royale de peinture et de sculpture au roi de Danemark, le 8 novembre 1768. Le prince vit là réunis tout ce que Paris comptait de grands artistes. Mais plus d'un sans doute avait déjà présenté à l'illustre voyageur ses plus belles œuvres, ainsi que le fit Joseph Vernet. — « Le 11e septembre 1768 pour avoir fait porter mes tableaux chez le roy de Danemarc.... 20 livres. » — En 1771, la même exposition à domicile se renouvela en faveur du roi de Suède Gustave III. En 1777, ce fut le tour de l'empereur d'Allemagne Joseph II, qui voyageait sous le nom de comte de Falkenstein. Les Mémoires du temps se sont plu à recueillir les bons mots tombés de cette bouche impériale. Joseph Vernet lui-même a cédé à la contagion de l'exemple, et ce n'est pas sans une certaine emphase qu'il a écrit en grosses lettres sur une page de son *Journal :* — « Ce que j'ay entendu dire a l'Empereur : — Ce sonts les evenements qui nous apprennent à nous connoitre ; on ne parvient au vray principe que par la connoissance de soy meme et elle ne s'acquier que quant on a besoin de soy. — Voila ma maxime. » Enfin, en 1782, dans une lettre à son ami Girardot, Joseph Vernet parle d'une visite que madame la comtesse de Provence et madame la comtesse d'Artois doivent lui faire pour voir ses tableaux, ce qui lui fait beaucoup d'honneur, dit-il, mais lui cause beaucoup d'embarras.

On peut s'étonner que Joseph Vernet soit sorti de tant de mains princières vierge de croix et de rubans. Les choses ne se passeraient pas ainsi aujourd'hui. Mais alors la mode n'était pas encore venue de ces distinctions banales. Au lieu de recevoir, c'était l'artiste qui donnait aux princes. Joseph Vernet, dans ses vieux jours, en 1781, voulut faire graver la vue d'Avignon, qu'il avait peinte trente ans auparavant pour son compatriote Peilhon, et que possédait alors son autre compatriote, le joaillier Aubert. Il s'adressa à Martini. L'estampe, gravée à frais communs, fut dédiée au prince des Asturies, et quand Joseph Vernet fit la distribution des épreuves qui lui revenaient, c'est par le prince des Asturies qu'il commença. Il lui en envoya vingt-cinq. On trouvera à la suite du *Journal* le curieux document inscrit par Joseph Vernet sous ce titre : « Estampes de la vue d'Avignon que j'ay données. » — Comme la liste des visites pour le nouvel an, cette liste de distribution est le miroir fidèle des relations de Joseph Vernet à ce moment de sa vie. On y voit figurer, à la suite du prince des Asturies, les protecteurs illustres, les amis, les parents : — le comte de Montmorin, et le comte de Vergennes à côté de MM. Fructus, Michel et Trophe, négociants marseillais, fondés de pouvoir du peintre pour toucher ses rentes, — le prince Doria, nonce du pape, — les fermiers généraux Saint-Amand et Roslin, — les graveurs Née, Saint-Aubin et Cochin, ce dernier chargé de la vente; — l'abbé Aubert des *Petites affiches*, — M. Bret, de la *Gazette de France*, — Hermès, facteur de clavecins et de piano-forte, — Le Gros, directeur du Concert spirituel, — l'abbé Cambasserez, — les clients du moment, Girardot, Paupe, La Freté, madame de Mory, — l'ambassadeur d'Espagne, agent du prince des Asturies, — le maître des novices de la Charité, supérieur du neveu religieux, — M. Guibert, le beaufrère, — Livio, alors fermier des tabacs à Avignon, — enfin il n'est pas jusqu'au boucher de la maison qui n'ait part à ces libéralités. Et c'est ainsi que des deux cents épreuves reçues pour son compte, Joseph Vernet en distribue une centaine, quand sa part dans les frais de gravure s'élève à la somme de 1,500 livres. Martini fut sans doute moins généreux.

Les commandes de cette époque mettent encore en scène quelques amateurs qu'on ne saurait oublier. En 1779 et 1780 arrivent successivement le marquis de Cossé et le duc de Luynes. Puis vient M. Dumoutier, officier des grenadiers royaux à Rouen : celui-ci offre, en échange des tableaux demandés, vingt-cinq louis et deux copies d'Ignace, d'après Joseph. C'était un foyer d'amateurs que cette ville de Rouen, grâce à Descamps, qui y avait organisé une école gratuite de dessin. Après le président de Saint-Victor, après Dumoutier, voici M. Midy, beau-frère du peintre Bachelier, M. Bourgaux, chanoine de l'église de Rouen, M. Sozay, autre chanoine. Les abbés arrivent à la file, comme s'ils s'étaient donné le mot : l'abbé Alaume, l'abbé de Bellecise, évêque de Saint-Brieuc, l'abbé Courtois, doyen et vicaire-général de l'église de Grenoble. Ils savent à qui ils ont affaire, et ils s'en rapportent au peintre du choix des sujets et des prix. Le président Bernard y met plus de façons; il a peur des tempêtes : un coucher de soleil et un clair de lune, *toujours en calme*. Le calme, en effet, sied aux magistrats, comme la grâce aux marquis. Il faut au marquis de Saint-Marc un sujet gracieux en paysage ou en marine. Le marquis de Paullianne veut un coucher du soleil avec des objets agréables, et un clair de lune avec des effets piquants de lumière. Citons enfin une sorte d'*ex-voto* en partie double, commandé par un banquier, la tempête avec un naufrage, et, d'autre part, des vaisseaux qui arrivent de l'Inde, et les parents et amis qui reçoivent avec joie les arrivants. Telles sont, en y joignant quelques noms inconnus, les dernières commandes du *Livre de Vérité*. Après le financier Dufresne et M. Barbot, s'inscrit, ainsi que nous l'avons dit, le fidèle M. Paupe. C'était le 28 octobre 1788. Passé cette date, Joseph Vernet n'ajoute plus rien à la longue et intéressante liste des « Tableaux qui me sont ordonnez. »

Bien mieux que le recueil de Claude Lorrain, conservé en Angleterre, cette liste des commandes de Joseph Vernet mérite le titre de *Libro di verità*. Les merveilleux dessins qui composent le *Livre* de Claude en font un trésor d'art inappréciable; mais, comme intérêt historique, le *Livre* de Joseph Vernet est, on l'avouera, bien supérieur. En effet, le recueil des ducs de Devonshire, commencé en 1648, terminé en 1680, ne représente que trente-deux ans de la vie de Claude; deux cents tableaux seulement y figurent, accompagnés de notes vagues, tronquées, incomplètes. Rien de plus net au contraire, rien de plus explicite que les notes de Joseph Vernet : le nom du destinataire, la date de la commande, les dimensions, le prix du tableau, rien n'y manque; le sujet est caractérisé en quelques lignes, et souvent, par le bonheur naïf de l'expression, par la grâce pittoresque du

style, ces descriptions rapides atteignant à la poésie
d'un dessin de maître. Le *Livre* de Vernet forme le répertoire à peu près complet de ses œuvres, depuis 1735
jusqu'en 1788, c'est-à-dire pendant une période de cinquante-trois ans. La liste des commandes comprend six
cent trois morceaux, et, si l'on y joint ceux que les reçus
indiquent seuls, on arrive au chiffre de sept cent soixante
et un tableaux, chiffre considérable qui ne permet pas
de supposer un bien grand nombre de lacunes. Le *Livre*
de Claude est muet sur le prix des tableaux; le *Livre*
de Joseph Vernet donne à ce sujet les résultats les plus
curieux. En voici le résumé :

```
Commandes : 604 tableaux,
      dont 158 avec indication du prix, sans reçu
            correspondant................. ci 158 = 117,283 l.
      et 210 avec reçu correspondant.........
Reçus : 353 tableaux,                       ci 210 = 214,513 l.
      dont 210 correspondant aux commandes....
      et 143 sans commande................. ci 143 = 199,537 l.
      plus, 15 tableaux des ports de France.. .. ci  15 =  90,000 l.
                              Total.......... 526 = 621,333 l.
```

Restent deux cent trente-six tableaux inscrits aux commandes, dont le prix n'est pas indiqué. Or, d'après les
données qui précèdent, la moyenne du prix des tableaux
de Joseph Vernet serait d'un peu plus de 1,181 livres ;
en appliquant cette moyenne aux peintures dont le prix
est inconnu, on obtient une somme de 278,716 livres, et
cette somme, ajoutée à la précédente, produit un total
de 900,049 l. Tel est donc le résultat financier de la
vie de Joseph Vernet. Un génie incontestable et incontesté, la faveur soutenue du public, cinquante-trois ans
du travail le plus actif n'ont pu lui donner ce million
qui se gagne si vite ailleurs, sans tant de frais de travail
et de génie.

IV

Les portraits de Vernet. — Correspondance. — Les amis
de la dernière heure.

Tel Joseph Vernet s'est montré à nous à chaque page
de cette étude, tel nous le représentent les différents
portraits qui restent de lui. En 1768 il se fit peindre par
son ami Louis-Michel Vanloo. C'est le portrait d'apparat. La palette à la main, la perruque courte, noblement
drapé dans le désordre pittoresque d'un riche costume
de travail, il regarde le public, et son œil vif, sa bouche
souriante, sa physionomie ouverte appellent les sympathies. Le teint est brun, les traits manquent de distinction native; à cette marque d'origine on reconnaît le
fils du peuple annobli par le travail. Cathelin a gravé
ce portrait en 1770. Quelques années après, en 1778,
madame Le Brun fut appelée à reproduire à son tour
les traits de Joseph Vernet. Plus intime et plus familier,
comme doit l'être l'œuvre d'une femme, ce portrait nous
montre bien le même homme; la tête nue, la palette à
la main, vêtu d'un habit de velours violet, il est vu de
trois quarts et tourné vers la droite; mais l'âge à voûté
le corps, et sur le visage amaigri une seule expression
prime toutes les autres, celle de la bonté. C'est par ce
côté en effet que madame Le Brun connaissait le grand
peintre, son ami et son guide, c'est le bon père de famille
qu'elle aimait en lui et qu'elle a pris plaisir à peindre.

L'œuvre de madame Le Brun est au Louvre. L'original de l'estampe de Cathelin, pieusement conservé
par Horace Vernet, a passé dans les mains de son petit-
fils, M. Horace Delaroche, héritier de quatre générations
d'artistes, avec le portrait de la signora Virginia, peint

en 1767 par le même Louis-Michel Vanloo, et celui de Carle, ouvrage de son maître Lépicié, daté de 1772. Carle avait alors quatorze ans. Déjà trois ans auparavant Joseph Vernet l'avait fait peindre, ainsi qu'Émilie. Sans doute, Livio complétait la galerie de famille. Mais le *Journal* est muet sur son compte. Il nous apprend en revanche qu'Émilie, devenue madame Chalgrin, voulut offrir à son père une reproduction de ses traits charmants : c'était en 1783. Elle posa cette fois devant Hall, l'habile miniaturiste, et Joseph Vernet se hâta d'encadrer ce portrait au-dessus d'une tabatière de 40 livres.

Quel que soit le talent du peintre à qui l'on demande son image, il n'est pas de portrait plus ressemblant que celui qu'un homme trace de lui-même. Nous ne voulons pas parler des tableaux dans lesquels Joseph Vernet s'est représenté, tels que la *Vue extérieure du Port de Marseille*. Mieux que le pinceau de Vanloo et de madame Le Brun, mieux que le sien propre, la plume de Vernet, en griffonnant les pages des *Livres de Raison*, a reproduit avec la fidélité la plus minutieuse tous les traits de sa physionomie. Dans les *Dépenses*, l'homme de ménage, l'homme de la famille, dans le *Journal* l'homme de société se montre peint au naturel, sans qu'il soit besoin de chercher ailleurs pour compléter la ressemblance. Déjà plus d'une fois nous avons compté ses amis, énuméré ses relations. Un dernier document achèvera de le peindre. C'est la « liste des visites faites en 1779 pour la nouvelle année. » Elle ne compte pas moins de cent neuf noms, assez surpris, pour la plupart, de se trouver ensemble. En premier lieu figurent les voisins de Joseph Vernet, logés comme lui aux galeries du Louvre ; — les architectes Gabriel (Jacques-Ange, le fils) et Jardin (Nicolas) ; — le graveur Cathelin ; — Boullée, un autre architecte ; — le littérateur Chabanon ; — César Vanloo, le paysagiste, et Vanloo de Prusse, c'est-à-dire

Charles-Amédée, le premier peintre du roi de Prusse ;
J. B. Pierre, premier peintre du roi ; — Lépiclé ; — Dandré-Bardon ; — l'abbé Lambert ; — Wattelet, l'amateur-poète ; — l'abbé Lemonnier, un homme de lettres ; — enfin le curé de la paroisse M. Chapeau. Une fois ce devoir de bon voisinage accompli, commencent les courses en ville ; — mademoiselle Vallayer (Vallayer-Coster) ; — l'abbé Le Blanc ; — Devisme, directeur de l'Opéra ; — Girardot de Marigny ; — madame de Mory ; — le graveur Lempereur ; — le notaire et amateur Duclos-Dufrenoy ; — De Bréan (le comte de Bréhan, honoraire-amateur de l'Académie de peinture en 1781) ; — Hubert Robert, le peintre de ruines ; — « Neker, » c'est-à-dire Necker, le directeur général des finances ; — le médecin Trouchin ; — le duc de Richelieu ; — Lenoir, lieutenant de police ; — Tronchin du Marc d'or ; — Denis, trésorier des bâtiments ; — Radix de Sainte-Foix ; — deux Russes, Stogaroff (le prince Strogonoff?) et Bariatinski ; — M. de Pressigny ; — M. de La Borde, l'ancien banquier de la cour ; — Lepot d'Auteuil, notaire, patron de Livio ; — Bertin, contrôleur général des finances ; — le fermier général Saint-Amand ; — le maréchal de Ségur ; — De Fontanieu, contrôleur des meubles de la couronne ; — l'architecte Soufflot ; — l'abbé de Bellecize, évêque de Saint-Brieuc ; — le duc d'Aumont ; — l'architecte Bellicard ; — l'abbé de Saint-Non et son frère Richard ; — M. de La Freté ; — le sculpteur Pigalle, et le sculpteur Giraud ; — La Bretaiche (La Bretèche, graveur-amateur) ; — « Beaumarchaix ; » — Bénard, un peintre peu connu ; — Dupin de Francœuil, l'aïeul de George Sand ; — Moreau, le charmant dessinateur qui devint beau-père de Carle ; — Demarteau (Gilles-Antoine, le jeune), graveur à la manière du crayon ; — Aliamet ; — madame de Bandeville, — le chirurgien Sorbet ; — Turgot, un ex-ministre ; — le marquis de Villette, et enfin, pour ne

citer que les noms connus, Noël Hallé, le peintre, surintendant des Gobelins. Toutes ces visites ne sont pas des
politesses gratuites, tant s'en faut : on voit par les *Dé-*
penses générales ce qu'il en coûtait d'avoir des amis.
Chez les grands on donnait au Suisse; chez les bourgeois, au portier. Les étrennes distribuées par Joseph
Vernet en ce beau jour du premier de l'an s'élèvent,
en 1778, à la somme de 237 livres.

Cette abondance d'amis devenait de plus en plus nécessaire à Joseph Vernet, à mesure que les années s'ac-
cumulaient sur sa tête. Il était bien seul chez lui, le père
de famille si heureux des joies de la maison; sa femme
en pension à Monceaux, son fils aîné à Avignon, sa fille
mariée, il n'avait plus d'autre compagnon que Carle, et
ce dernier préférait de beaucoup le bal de l'Opéra à la
maison paternelle. Aussi Joseph Vernet soupe en ville;
aussi se fait-il recevoir à la loge des Neuf-Sœurs, au Salon
des Arts : il est assidu au Concert Spirituel, il est assidu
à l'Opéra, où Grétry l'introduit aux répétitons, où Philidor le convie aux premières représentations de ses
pièces; il est fidèle surtout à Nicolet, son vieil ami. Mais
naguère c'était avec Carle qu'il allait à Nicolet, et maintenant il y va seul : c'est avec Carle qu'il flânait sur les
boulevards, aux curiosités de la foire. Aujourd'hui, Carle
court à Nogent, où l'attirent deux beaux yeux, pendant que le père Vernet s'en va seul voir les joueurs de
gobelets, «les Pigmées,» les Ombres (chinoises), la «Voiture qui va sans chevaux,» le plan de Rome, le ventriloque, l'Amphithéâtre anglais, et « le ballon de M. Robert, » — « le Globe, » — c'est-à-dire les deux premières
ascensions aérostatiques dont Paris ait été témoin, le
27 août et le 28 novembre 1783. Ainsi il cherche à tromper la solitude qui se fait autour de lui : mais à chaque
instant un coup nouveau vient l'avertir. Ses amis d'autrefois disparaissent les uns après les autres, en lui lais-

sant la triste satisfaction de demeurer leur héritier.
En 1778, c'est Adam, c'est Lemoyne. La pension dont ils
jouissaient passe sur sa tête. L'année suivante, c'est
Chardin, et voilà la pension portée à 1,200 livres. Enfin,
en 1781, c'est Soufflot, une de ses plus vieilles amitiés;
formée à Rome, alors qu'ils étaient jeunes tous deux, elle
avait survécu à l'absence et aux années. — « Le 26 janvier 1781 j'ay reçu de M. Coustou la somme de 2,400 livres
que m'a laissé en leg feu M. Soufflot lorsqu'il m'a nommé
son exécuteur testamentaire. » — Tout meurt autour de
lui, et lui-même meurt peu à peu chaque jour et sent le
le vide l'atteindre. Déjà l'esprit a perdu la mémoire du
beau, le cœur à son tour perd le culte des souvenirs : —
« J'ay vendu trois tabatières d'or, celle de madame Geoffrin et celle de madame d'Egmont 1,400 livres et celle
de madame de La Freté 16 loüis, 384 livres, ce qui fait
1,484 livres. » — Ces reliques d'une jolie femme et d'une
femme d'esprit, il les eût payées cher autrefois, il s'en
défait aujourd'hui sans besoin, et il achète une Bible.

Comme s'il voulait achever de se détacher des choses
de la terre, Joseph Vernet songea alors à revoir une dernière fois son pays natal, objet constant de sa tendresse.
Le 15 septembre 1785 il partit pour Avignon avec Carle,
non sans emporter un petit livre à dessiner. Il était de
retour à Paris le 15 octobre. Il avait dit adieu aux membres survivants de sa famille, à ce paysage, à ce ciel, à
ces eaux qui furent les premières nourrices de son génie,
et — n'oublions pas le détail positif que le bonhomme
n'oublie jamais, — il avait dépensé 2,154 livres.

Par bonheur une source de joie lui reste, ses enfants.
Madame Chalgrin l'a rendu grand-père, et c'est plaisir
de le voir retrouver pour sa petite-fille la tendresse, les
gâteries, les cadeaux dont il comblait jadis Émilie.
D'autre part, Carle justifie chaque jour la prédilection
de son père. C'est un peintre maintenant. A vingt-deux

ans, en 1780, il a obtenu un second prix à l'Académie;
en 1782, il remporte le premier grand prix, auquel est
attachée la pension de Rome, et il part en effet, mais
pas pour longtemps. Trop de motifs le rappelaient à
Paris. Après un séjour de sept mois en Italie, il arrive à
l'improviste. Le père dut gronder d'abord; mais j'imagine qu'il se calma bien vite. Ces deux hommes avaient
besoin l'un de l'autre. Aussi gai, aussi vif, aussi étourdi
qu'avait pu l'être Joseph Vernet dans sa jeunesse, Carle
prêtait à son père un peu de ses vingt ans, et lui emprun-
tait en retour un peu de cet or dont on a besoin à tout
âge. On a raconté comment Joseph Vernet achetait à
son fils, argent comptant, des calembours dont il allait
ensuite se faire honneur en société, et comment Carle,
pour battre monnaie, revendait sans pudeur le même
bon mot deux et trois fois de suite, abusant de la mémoire fatiguée de son père. Les *Livres de Raison* ne mentionnent pas, au compte particulier de Carle, cette source
de bénéfices, mais ils en mentionnent bien d'autres. Tous
les goûts de Carle trouvent dans son père un banquier
complaisant. Carle monte à cheval, mais c'est Joseph
Vernet qui équipe le cavalier et qui nourrit la monture;
c'est lui qui achète une jument et qui la revend avec
700 livres de perte. Carle est généreux, mais c'est son
père qui lui donne, outre ses étrennes, « des étrennes
pour donner. » Carle aime le bal de l'Opéra, mais c'est
son père encore qui prend le billet à la porte. Enfin,
Carle est amoureux, et c'est son père qui fait les frais
des voyages de Nogent. Quant aux études, il va sans dire
que Carle n'y dépense rien sans l'intervention de son
père. Qui paye les modèles? Le père Vernet. Qui fournit
les couleurs, les pinceaux, le « Casque de carton, » la
« mousseline pour draper? » Qui met la loge en état, à
l'époque du concours, et qui encore, à l'occasion du
prix, comble d'étrennes le concierge et les modèles?

Qui, sinon le père Vernet? Voilà un père bien dressé.
Mais ce n'est pas tout : une fois Carle en état de faire
des tableaux, à qui les vend-il? A son père. Une esquisse,
une composition, une étude bien réussie, une tête, il fait
argent de tout, et son premier tableau d'un « Cheval de
course, » c'est son père qui le lui achète 44 livres pour
l'encourager dans cette voie.

Aussi bien toutes ces gâteries avaient un but plus sérieux qu'il ne semble. Carle était un de ces jeunes gens
sur lesquels il faut incessamment veiller. Soit faiblesse
native de sa constitution, soit influence héréditaire du
mal de madame Vernet, cet esprit si gai, ce caractère
si alerte et si pétulant tombait parfois dans des accès
d'humeur noire qui effrayaient son père. Chez lui la
mélancolie, ainsi qu'il arrive souvent, se traduisait par
une expansion subite du sentiment religieux. Un jour
que les beaux yeux de Nogent ne l'avaient pas regardé
avec assez de tendresse, le pauvre amoureux voulut
se faire moine : il ne parlait que d'entrer aux Feuil-
lants. On conçoit les transes du père. C'est alors qu'il
achète chevaux et harnais, bottes et éperons; c'est
alors qu'il ouvre sa bourse à Carle, pour lui-même et
pour son ami Gounod, un peintre délicat et modeste,
le père de l'auteur de *Faust*. Le jour où Carle obtint le
grand prix et la pension de Rome, Joseph Vernet dut
respirer à l'aise. Toutefois, même de loin, sa sollicitude
ne le perdit pas de vue. On peut voir, par les brouillons
conservés au *Journal*, jusqu'où elle s'étendait. Chaque
semaine apportait une lettre pleine d'un tendre intérêt
et d'affectueux conseils : — « Si la table est bonne à
l'Académie... » — « Jouer à la balle... Rester à Rome. »
— « Promission pour le spectacle, » c'est-à-dire demander à son directeur spirituel la permission d'aller au
théâtre, distraction précieuse contre l'humeur noire.
— « Sa tante de Foligno, rendre les lettres, voir ses

parents, » c'est-à-dire s'entourer de cette double sau-
vegarde, la famille et l'amitié, d'une part tout ce qui
reste en Italie de la famille Parker, d'autre part les
bonnes connaissances que peut valoir au fils la réputation de son père. Puis il donne des nouvelles : — «Mes
tableaux arrivés à Madrid. » — « Sur le départ de mon
fils (Livio). » — « Des lettres que j'ay reçu de son frère,
de la Rochelle. » — « Sa sœur et des amis viennent
souvent manger avec moy, toujours accompagné par
mon domestique. » — « Fait des compliments à ses
amis, — sur les plaisanteries qu'ils ont fait. » — Ils auront dit sans doute que Carle reviendrait capucin. Puis
c'est le peintre qui se montre et qui parle avec l'autorité de l'expérience : — « Finir tous les ouvrages, — Ne
pas s'amuser à peindre des bagatelles et n'en pas donner
à ses camarades. — Dessiner quelque chose dans ses
promenades. — Ne pas s'amuser à faire des bagatelles
ou bien ne faire que des croquis bientôt faits. — Des
dessins d'après Raphaël, et autres d'après qui il doit
peindre. » —Mais toujours revient la grande préoccupation, la santé : — « Modération pour le cheval. » —
« Comparaison de climat et de santé de Rome et de
Paris, » et enfin le 27 avril : — « Revennir pour peut
que sa santé coure des dangers. » — Carle ne se le fit
pas répéter. Le 1er mai il était à Paris. Mais on avait
profité de son absence pour marier les beaux yeux de
Nogent.

Ici se place un curieux épisode qu'on nous permettra
de ne pas passer sous silence. Joseph Vernet, le métho-
dique teneur de livres que nous connaissons, aurait
bien voulu inculquer à son fils ses habitudes d'ordre.
Il n'avait pas manqué de lui recommander au départ
de noter avec soin ses dépenses. Mais au retour mon
étourdi de Carle ne put pas montrer l'ombre d'un livre
de raison. Le père alors le fit asseoir, et le força d'in-

scrire sur une page blanche d'un de ses livres à lui les
dépenses du voyage. Cette page est vivante. On voit le
père sur le dos du fils, et ce dernier, un crayon à la
main, cherchant dans sa mémoire ce qu'il pourrait bien
inventer pour abréger la corvée : — «De Paris à Rome,
écrit-il, j'ay dépensé environ 30 francs en menues dé
penses, comme spectacle, gants, cravatte, etc... » Mais
le père insiste : il veut des détails. Alors Carle d'accuser
en chiffres ronds : — « A Rome, un gillet blanc, 10 fr.
— Des gants, deux paires, 4 fr. — Tapis de table, 40 fr.
— Spectacle, *plusieurs fois*, 3 fr. — Punch, plusieurs
fois, 5 fr., etc. » Le café, les étrennes, le spectacle,
les couleurs reviennent à tout instant. Mais enfin quand
il a inscrit «une martingale, 10 fr.; 52 fr., au tailleur,
et 70 fr. de couleurs, » Carle, ennuyé, jette le crayon.
Le père le ramasse, ou plutôt prend la plume et continue d'écrire sous la dictée du fils quatre ou cinq articles, et puis... Et puis Carle sans doute a fait un calembourg, le père a ri, il est désarmé, et la confession
se termine. En dépit des efforts de Joseph Vernet, Carle
se refusa longtemps à la gêne du *Livre de Raison*. Toucher l'argent et le dépenser, voilà son rôle. Inscrire les
dépenses, c'est l'affaire du père, qui s'en acquitte si
bien. Un jour cependant Carle achète aussi ses livres de
compte et commence à les tenir. C'est qu'alors il a lui-
même charge d'âmes. Il est marié. On sait qu'il épousa
en 1787 Fanny Moreau, la fille de ce dessinateur charmant en qui se résument les plus sincères qualités de
l'art français.

Après tant de détails qui nous montrent Joseph Vernet sous toutes ses faces, il semble que son portrait
soit complet. Ajoutons cependant un trait, sans lequel
il manquerait quelque chose à la ressemblance. Déjà,
par les citations empruntées au *Livre le Vérité*, c'est-à-
dire aux commandes, on a vu avec quelle facile élé-

gance ce peintre, si bien maître de son pinceau, savait manier la plume. Telle description d'un tableau encore en projet égale presque, pour la poésie du sentiment et le tour pittoresque de la phrase, la peinture qu'il en fera. Les mêmes qualités se retrouvent dans sa correspondance.

Joseph Vernet écrivait beaucoup. Une note des *Livres de Raison* prouve que dès 1745 il avait la passion de la correspondance. Ailleurs il nous apprend lui-même que dans les quarante-cinq jours de son voyage à Dieppe il écrivit trente-huit lettres. Peu d'artistes, si ce n'est son petit-fils Horace, offrent l'exemple d'une telle fécondité épistolaire. Aussi les lettres de Joseph Vernet ne sont pas rares. On en rencontre assez souvent dans les ventes d'autographes. Nous avons relevé avec soin les extraits que nous donnaient les catalogues. La plupart se rapportent aux dernières années de sa vie. Un grand nombre sont adressées à l'un de ses meilleurs amis du moment, Girardot de Marigny. En voici une qu'un amateur de Paris, assez riche pour pouvoir prêter, et assez bienveillant pour le faire, nous a communiquée en nous permettant de la reproduire. On y trouvera plus d'un détail précieux pour cette époque de la vie de Joseph Vernet:

« A Monsieur Girardot de Marigny, rue Vivienne, hôtel Colbert.

« Monsieur et cher patron,

« Lorsque je fus payé du tableau que j'ay fait pour le grand duc de Russie, je plaçay une grande partie de cet argent, et garday le reste pour le courant de ma maison; j'ébauchay après un tableau pour M. Dufrenoy, notaire, lequel, de son propre mouvement, voulut m'envoyer l'entier payement de ce tableau dès qu'il sçût que ce tableau étoit ébauché; c'est à la faveur de cet argent que j'ay fait un voyage à Avignon et que j'ay

entretenû ma maison jusques à présent ; pour répondre
à la galanterie et bonne manière de M. Dufrenoy, j'ay
crût devoir me mettre à finir son tableau dès mon retour d'Avignon, quoiqu'il ne me pressât pas. Ce tableau
est finit depuis près d'un mois ; après quoy je me suis
mis à ébaucher les deux tableaux que je fais actuellement pour vous ; ils vont être finis d'ébaucher dans
deux jours ; je serois bien aise que vous vissiez ces deux
ébauches, me flattant qu'elles peuvent promettre quelque chose d'interessant.

« Voicy, monsieur et bon ami, à quoy tend ce long
préambule. C'est que ordinairement, vers les derniers
jours de l'an, je paye tout ce que je dois ; gages de domestiques, boucher, marchand de vin, etc., etc. ; j'aurois donc besoin que vous me fissiez le plaisir de m'a-
vancer 3,000 livres sur les deux tableaux que je fais
pour vous, et joindrois cette nouvelle obligation à celles
que je vous ay déjà. Je dois vous remercier sur les attentions que vous avez de vous informer de ma santé et
de celle de Carle ; l'un et l'autre nous portons assez
bien. Je désire que la vôtre soit parfaite et que vous
croyez au sincère attachement avec lequel j'ay l'honneur d'être, monsieur et cher maître,

« Votre très-humble et très-obéissant serviteur.

« VERNET.

« Mercredy, 28 décembre 1785. »

« P. S. Vous trouverez cy inclus ma reconnoissance
de 3,000 livres, dont je me flatte que vous voudrez bien
m'avancer. Comme je dois donner des étreinnes de différentes façons, je vous serois obligé d'ordonner une
petite somme en petits écû ; j'aimerois bien aussi qu'il
y aie des écu de Louis XVI, étant plus propres à porter
dans la poche. »

Il est bon d'avoir des amis partout; il est bon aussi d'en avoir de toutes sortes. L'amitié de Girardot de Marigny se résolvait en argent comptant. D'autres, moins fructueuses, mais plus illustres, apportèrent à Joseph Vernet des satisfactions d'un ordre différent. C'est ainsi que ce peintre, arrivé à la plus grande gloire à laquelle il pût prétendre, eut le bonheur singulier de fonder celle d'un écrivain encore obscur. Bernardin de Saint-Pierre avait passé la cinquantaine, et déjà honorablement connu d'un certain public, il s'agitait dans le crépuscule des réputations de salon, quand il écrivit, en 1788, le touchant épisode de *Paul et Virginie*. Une lecture du nouvel ouvrage eut lieu chez le ministre Necker, son protecteur, devant une assemblée peu préparée à tant de simplicité et de poésie. On sait ce qui en advint. Thomas dormait, Buffon se sauva, les dames pleuraient bien un peu; mais le sourire sceptique de Necker les forçait à sécher leurs larmes. L'auteur sortit désespéré; rentré chez lui, il voulait jeter au feu le manuscrit : c'est alors que Joseph Vernet intervint, *Deus è machinâ*. Il visitait quelquefois Bernardin de Saint-Pierre dans le petit donjon que celui-ci habitait rue Saint-Étienne du Mont. Il y monta peu de jours après cette triste soirée. L'écrivain lui conte son échec. Le peintre veut entendre l'ouvrage condamné. Il se souvient que jadis, à Rome, le *Stabat* de Pergolèse, condamné aussi par des juges incompétents, serait demeuré dans l'oubli, s'il n'avait provoqué une nouvelle audition d'où sortit le succès de l'œuvre. Bernardin de Saint-Pierre, encouragé, se met à lire. Vernet l'écoute d'abord avec froideur, mais bientôt il se sent captivé. Le père de Carle et d'Émilie s'attendrit sur Paul et sa compagne. Dans ce paysage des tropiques si éloquemment décrit, le peintre retrouve les traits rajeunis de sa vieille amie la nature. Que dis-je? il y retrouve ses tableaux. Lui qui oppose volontiers aux clartés de la lune les reflets rougeâtres du feu, avec quel intérêt il suit à travers bois les nègres marrons rapportant les deux enfants à la lueur des torches! Et le déjeuner champêtre dans la forêt, et la pêche au bord de la mer, ne sont-ce pas ses motifs favoris, les sites les plus pittoresques servant de cadre aux plaisirs les plus doux? Le coucher de soleil d'un effet si imprévu l'atteint au cœur. Le vaisseau au clair de lune, c'est son bien. Et la cascade? S'intéresser à une cascade, quel titre auprès de Vernet! Enfin, quand arrive la terrible nuit, la mer mugissante, les coups de canon alternant avec la voix de la tempête, le sauvetage désespéré, la lutte de Paul contre les éléments, en un mot, tout ce drame sublime dont il a peint tant de fois les horreurs, Vernet transporté se lève, et, sautant au cou de l'écrivain : « Heureux génie, lui dit-il, vous avez fait un chef-d'œuvre! vous êtes un grand peintre, et j'ose vous prédire la gloire! »

On sait jusqu'à quel point la prédiction s'est vérifiée. Vernet organisa une seconde lecture; et cette fois, en voyant ses larmes, chacun osa pleurer. Son enthousiasme contagieux gagna l'assemblée entière. De ce jour commença pour *Paul et Virginie* cette carrière glorieuse qui n'est pas près de finir.

Cependant le naufrage de Virginie ne pouvait rester dans l'imagination de Joseph Vernet à l'état de souvenir stérile. Dès le principe, il y vit un tableau et ne songea qu'à l'exécuter. Ce fut d'abord un simple croquis offert à Bernardin de Saint-Pierre. Celui-ci répondit par l'envoi de douze exemplaires de son livre, nouvellement paru, et Vernet remercie, le 27 janvier 1789, par une lettre toute gracieuse. Bientôt l'idée fermente. « Il y a bien longtemps, écrit-il le 12 mai, qu'on n'a eu l'honneur et le plaisir de voir M. de Saint-Pierre chez les Vernet. Le père auroit cependant double intérêt à le

voir; il voudroit exécuter en peinture le moment le plus
intéressant de *Paul et Virginie*. » Quelques jours après,
nouveau billet. Il a tracé légèrement sur la toile la disposition du tableau qu'il compte faire. Il le prie de venir
voir si cette composition rend bien l'idée qu'il lui a
donnée. Enfin, le tableau s'achève, sous les yeux, et,
en quelque sorte, sous la dictée de Bernardin de Saint-
Pierre. Il fut exposé au Salon de 1789. *Le Naufrage de
Virginie à l'Ile de France* est le dernier des tableaux
que Joseph Vernet ait exécutés pour M. Girardot de
Marigny, et peut-être même le dernier qu'il ait peint.

Autre ami, autres lettres. En 1759, pendant que Joseph Vernet était à Bordeaux, Cochin, qui gravait les
estampes des Ports de France, le mit en rapport avec
un amateur d'Orléans, Thomas Desfriches. La charmante existence que celle de M. Desfriches ! Négociant,
amateur de tableaux, graveur à l'eau-forte, la province
lui est légère. Lorsque l'ennui le prend à Orléans, il accourt à Paris, il vient visiter ses amis, Cochin, Greuze,
le bon Wille, chez qui il trouve table ouverte. Si quelques paysagistes s'égarent du côté d'Orléans, c'est lui qui
les héberge, et, laissant les affaires, il court la campagne avec eux. Il fournit à qui veut du vin et du vinaigre,
et ne demande en échange qu'une estampe ou un tableau. Celui que Vernet doit lui faire est le sujet sur
lequel roulent les treize lettres du peintre des Ports, publiées par M. J. Dumesnil, dans son étude sur Desfriches, et nulle correspondance ne montre mieux avec
quelle souplesse Joseph Vernet se servait de la plume,
cet instrument rebelle à tant d'artistes.

La première lettre, écrite de Bordeaux en 1759, n'est
que la préface de la future liaison. Déjà l'amateur a pris
l'avance, et Joseph Vernet répond par des politesses. Il
y mêle aussi l'éloge, singulier dans sa bouche, d'un ami
de Desfriches, l'un des poëtes les moins lisibles de ce

temps, où on lisait tout, l'illustre M. Robbé, c'est ainsi qu'il le nomme. Mais l'enthousiasme qu'il témoigne pour des œuvres aussi éloignées des siennes ne doit pas être pris au pied de la lettre. Il faut y voir un simple badinage.

Les relations ne reprirent qu'en 1775. Cette fois encore, c'est Desfriches qui fait les avances. Il a envoyé un poinçon de vin. Joseph Vernet l'en remercie le 16 mai, et il ajoute : — «Je suis vraiment honteux de n'avoir pas encore fait quelque chose pour vous, plus pour le plaisir que j'aurois à voir de mes ouvrages entre d'aussi bonnes mains que les vôtres, que par tout autre motif. Je vous ferai une marine le plus tôt qu'il me sera possible, et si le plaisir de travailler pour vous influe sur l'ouvrage, elle sera de mon mieux.»

Mais le temps passe et la marine n'arrive pas. Joseph Vernet l'a cependant inscrite sur son livre : — «Pour M. Desfriches, un tableau de 20 pouces et demy de large sur 14 pouces de haut. C'est pour faire pendant à une marine de W. Vandevelde, dont les figures sur le devant ont de proportion environ deux pouces. Le ciel est rembruni, chargé de nuages, et celuy que je dois faire doit être bien clair.» L'amateur attendait depuis onze ans, quand le peintre prit note de ses intentions, en 1786. L'année suivante, il renouvelle ses promesses que le bon Desfriches lui avait rappelées en les enveloppant de force louanges pour faire excuser sa liberté :

«Rien de plus flatteur pour moi que ce que vous me dites au sujet de mes talents; mon amour-propre, qui incline toujours à croire toutes les douceurs qu'on lui dit, suspend sa croyance cette fois-ci, et n'ose s'approprier un bien qu'il ne voit pas lui appartenir : enfin, laissons ça là et parlons d'autre chose.

«Je rougis lorsque je me rappelle le temps où je vous ai promis de faire quelque chose pour vous, et que je vous dois à tous égards; je suis flatté, on ne peut pas

plus, de voir combien vous désirez avoir de mes ouvrages, et cela est un grand prix pour moi de la part
d'un homme tel que vous, plein de goût et de talent.
Cependant, ma conduite à votre égard parait me contredire ; enfin, à tout péché miséricorde, croyez à mes
remords et au désir que j'ai de me corriger. »

Ainsi écrivait-il le 20 mars 1787. Le 17 avril, nouvelle
lettre. Mais cette fois Joseph Vernet est sans remords.
Il a trouvé un prétexte à sa conduite, et, comme l'écolier paresseux, il s'y repose avec délices.

« J'attendrai votre arrivée à Paris pour mettre la main
au tableau que j'ai promis de vous faire depuis si longtemps ; je l'aurois au moins ébauché avant votre arrivée ;
mais des lettres que j'ai de vous à cet égard, un petit
dessein que j'ai marqué sur le livre où j'écris, les ouvrages que j'ai à faire, m'ont mis de l'incertitude et
m'ont interloqué de façon à n'oser prendre aucun parti ;
il faut donc que je vous attende ; mais lorsque vous serez ici et que vous m'aurez expliqué la chose, cela ira
tout de suite. »

Desfriches arrive, explique la chose ; de retour à Orléans, il se hâte de faire un dessin d'après son tableau
de Vandevelde et de l'expédier. Vains efforts! Le 9
juin 1788, Joseph Vernet lui répond, non par l'envoi de
la marine, mais par une lettre pressée où se trouve cette
phrase de consolation : «Le petit dessin que vous m'avez
envoyé de votre tableau de Vandevelde est charmant ;
il me servira pour faire le pendant. »

Et la correspondance se poursuit ainsi, Desfriches in-
sistant toujours avec réserve, Joseph Vernet invoquant
toujours de nouveaux prétextes. — «Je conviens, écrit-
il le 25 juin 1788, que les apparences sont contre moi
et que ma conduite à votre égard est tout à fait contraire aux sentiments que j'ai pour vous ; je suis donc
exposé à être mal jugé : mon cœur et mon amour-pro-

pre en souffrent, car je suis sensible et reconnoissant pour ceux qui ont de l'amitié pour moi. Mais comment le deviner, me direz-vous, si vous n'en donnez aucune marque? J'espère pourtant qu'avec le temps vous me connoîtrez mieux, et que je pourrai vous donner des marques de mon attachement plus certaines que de simples protestations. Je suis trop embarrassé par des petites affaires pour remplir tous mes devoirs, et le temps me manque toujours. J'ai de fortes raisons pour finir deux tableaux que je fais pour M. Paupe; mais après que ces tableaux seront finis, le vôtre ira tout de suite; je vous prie d'ajouter autant de patience que vous avez déjà eue, ainsi que des bons procédés à mon égard; encore un peu de patience. »

Le 1er septembre, Vernet triomphe. Il n'envoie pas le tableau, mais il a été malade. Que répondre à une telle excuse? — « Il faut que vous sachiez que la fièvre ne m'a pas quitté depuis deux mois, et que le pinceau est au croc. Je vais cependant un peu mieux, et mon docteur me fait espérer que j'en serai bientôt quitte. Dès que les forces me reviendront et que je serai en état de travailler, je tombe sur votre tableau et je vous le dépêche, cependant en tâchant de faire de mon mieux. Je suis affamé de peindre, j'en ai besoin à tous égards; j'ai toujours éprouvé que lorsque j'ai reculé de peindre, ç'a été pour mieux sauter : mordre à la grappe avec plaisir et je digère mieux. »

Mais enfin la maladie a porté ses fruits, comme toujours; Vernet, converti, ne mourra pas dans l'impénitence finale : — « C'est à la hâte, monsieur et cher ami, que je vous dirai que, enfin, je suis après votre petit tableau après avoir été longtemps malade et resté sans peindre. Vous trouverez ci-joint la mesure de ce tableau, pour que, si la bordure n'est pas faite, vous la fassiez faire tout de suite et en décorer mon tableau dès son arrivée; car j'aime à voir mes enfants parés, ou, pour mieux dire, dorer la pilule. »

La lettre est du 24 octobre. Un tableau commencé, pour Vernet, c'est un tableau fait. Aussi, le 26 novembre, il en annonce l'envoi. Voilà donc l'heureux Desfriches en possession, au mois de novembre 1788, du tableau promis dès le 16 mai 1775, sinon avant. Treize ans il a espéré, treize ans il a attendu. Aussi, quand l'objet tant désiré arrive, c'est fête à la maison, et, de sa plus belle plume, maître Desfriches tourne à Joseph Vernet son plus beau compliment. A quoi le peintre répond, le 3 décembre, par une lettre qu'il faut citer à peu près entière :

« Si je n'avois pas autant d'amour-propre que j'en ai, monsieur et bon ami, je prendrois ce que vous me faites l'honneur et l'amitié de me dire dans votre lettre du 1er de ce mois, que j'ai reçue hier, pour un persiflage, puisque vous exaltez et faites valoir outre mesure une petite drogue, qui, aux yeux d'un homme tel que vous, ne doit pas avoir toutes les beautés que vous y trouvez. Il n'est pas douteux que l'amitié que vous avez pour moi vous fascine les yeux et vous fasse entrevoir, ainsi qu'un homme de génie voit dans les taches d'un vieux mur ou dans les nuages de belles compositions et de belles choses, qui, réellement, n'y sont pas et ne sont que dans la tête. C'est donc dans la vôtre qu'est le beau tableau que vous décrivez et non sur la toile que je vous ai envoyée. Et la bonne opinion que les autres ont de vos connoissances en peinture fait qu'ils vous croient sur votre parole et n'osent vous contredire. Mon amour-propre, qui fait argent de tout, fait aussi ses choux gras de tout ce que vous venez de me dire de flatteur. C'est donc pour égayer votre cabinet que vous avez placé mon tableau parmi les Paul Potter, les Ruysdael, les Vandervelde, où il doit jouer le rôle de paillasse. Il est cependant bien vrai que si je vous eusse fait un tableau tel que j'eusse désiré le faire, vous auriez eu un beau tableau, car je n'ai jamais eu tant d'envie de bien faire. Je vous ai déjà dit, mon bon ami, que sans mon amour-propre, qui tourne tout en bien, j'aurois pris tout ce que vous me dites au sujet du tableau en question pour un persiflage; mais deux pièces de votre vin de deux cent quarante bouteilles chaque, ce n'est pas là un persiflage; en ce cas, qu'on se moque de moi toujours de même... Par vanité et pour ma gloire, je mettrai dans mes fastes la lettre que vous venez de m'écrire, je l'ai déjà montrée à mes enfants et à quelques amis qui vinrent dîner ou souper chez moi. Deux pièces de vin de deux cent quarante bouteilles chaque ! Que faire à cela, sinon *à moi la balle !* »

Hélas ! ce n'était pas trop de tout ce bon vin pour soutenir les forces du vieillard. Joseph Vernet était plus que septuagénaire. Avec les années arrivaient les infirmités, plus fortes que tous les remèdes des *Livres de Raison*. Dans le brouillon d'une des lettres qu'il écrivait à Carle, alors à Rome, on lit cette ligne singulière : « affection de l'âme. » — S'agirait-il de psycologie? nous disions-nous en la transcrivant. Non, Joseph Vernet n'a rien d'un philosophe. Il s'agissait d'un asthme qui tourmentait fort le bon homme, et c'est de la même affection qu'il se plaint dans sa dernière lettre à Desfriches, écrite le 24 janvier 1780.

« Que direz-vous de moi, monsieur et bon ami, d'avoir été si longtemps à répondre à votre première lettre du 1er de ce mois. Vous n'en serez plus surpris lorsque vous apprendrez que j'ai été trois semaines dans mon lit, à garder la chambre, incapable de rien faire par un gros rhume qui m'a donné la fièvre pendant quinze jours, grand mal à la tête, une toux qui m'ébranlait tout le corps, etc., etc.; enfin, je me porte mieux et je vous écris.

« Vous me dites toujours des douceurs que je ne crois pas mériter à l'égard du petit tableau que j'ai eu l'honneur de faire pour vous. Quoique je ne prenne pas tout à la lettre, mon amour-propre, qui fait argent de tout, en prend une bonne partie et en fait ses choux gras. Je crains toujours cependant que ce voile qui vous fascine les yeux au sujet de ce tableau ne vienne à tomber quelque jour, et qu'alors vous apprécierez ce qu'il vaut.

« Il me tarde bien que le temps vienne où j'aurai le plaisir de vous voir à Paris; car c'est une grande satisfaction lorsque je puis me trouver avec vous : je trouve en vous le cœur, l'esprit, le goût bon, enfin je trouve à qui parler; et cela n'est pas commun. Je n'ai pas besoin et n'attends pas le renouvellement d'année pour vous souhaiter du bien, à vous et à tout ce qui vous intéresse, c'est à tous les instants de ma vie; et si vous êtes heureux autant que vous le méritez, certainement vous ne serez pas à plaindre. »

Il termine par des compliments, et, avant de fermer sa lettre, il ajoute ce *post-scriptum :*

« A l'instant, je viens de lire le *Journal de Paris*, les désastres affreux que vous venez d'éprouver par le débordement de la Loire et la débâcle des glaces; cela fait frémir, et me cause des inquiétudes à votre sujet; ne souffrez-vous pas d'une façon ou d'autre de ce fâcheux événement? J'en suis inquiet, et vous me ferez grand plaisir de me rassurer le plus tôt possible sur ce qui vous concerne, y prenant le plus vif intérêt. »

Au moment de quitter cet homme avec lequel nous venons de vivre si longtemps, près d'arriver au terme de son existence et au terme de notre étude, il est doux de voir qu'en lui le cœur n'a pas vieilli. Celui qui sut exprimer toutes les horreurs des désastres des éléments savait aussi s'apitoyer sur leurs victimes.

V

La mort et le jugement.

Le 3 décembre 1789 mourut, aux galeries du Louvre, le peintre que nous venons de suivre pas à pas durant sa longue et laborieuse carrière. Il mourut plein de jours, n'ayant plus rien à attendre des hommes ni de lui-même, bercé par le succès jusqu'à l'enivrement, comblé de toutes les satisfactions que pouvait désirer son cœur de père. Livio pourvu d'un bon emploi, Émilie mariée à un homme distingué et déjà mère d'une gracieuse fille, Carle époux de Fanny Moreau et père à son tour : que fallait-il de plus? Il avait joui d'une somme de bonheur qu'envieraient bien des hommes, et il léguait à ses enfants l'héritage de son bonheur.

Il leur léguait aussi un héritage de talent que son fils acceptait avec joie et dont il se montrait déjà digne. Le 24 août précédent Carle avait été agréé par l'Académie de peinture. Il entra dans la salle, précédé de l'huissier qui le présentait à chaque membre tour à tour. A chacun il faisait un profond salut. Mais quand il arriva devant son père, le vieux Joseph ouvrit ses bras, et en dépit de l'étiquette, le passé et l'avenir de la famille Vernet se confondirent dans une cordiale accolade. L'avenir en effet ne devait pas faire mentir le passé. Seulement le vent soufflait d'ailleurs. Le génie héréditaire cherchait une autre direction. On avait vu Joseph Vernet, on avait vu François et Ignace se complaire aux grâces champêtres de la nature ou aux émotions de la mer. Entre les mains de Carle, déjà coiffé du casque de carton de Paul-Émile, le pinceau allait devenir une arme guerrière, qui plus tard couvrirait d'une gloire nouvelle son fils Horace, le dernier des Vernet.

Le Salon de 1789 fut pour Joseph Vernet l'occasion d'un suprême triomphe. Il s'y montra avec plus de quinze tableaux, ceux de M. Girardot de Marigny, ceux de M. Paupe, et un *Coucher de soleil* destiné à M. Imbert, chirurgien du duc d'Orléans. La critique comprit qu'elle ne le reverrait plus. Elle se fit bénigne et douce pour le vieillard et ne le salua que de bonnes paroles. — « Il est étonnant, écrivait le comte de Mende-Maupas, qu'à l'âge où le génie des Corneille étoit sans vigueur, le célèbre Vernet soit ce qu'il a toujours été, c'est-à-dire sublime. » — « Et toi, Vernet illustre, s'écriait l'*Amphigouri*, reçois mon hommage! Les louanges que tu mérites sont au-dessus de tout esprit humain! »

C'est au bruit flatteur de cet applaudissement encore unanime que s'éteignit Joseph Vernet. Sa dernière maladie fut courte. Il en prévit le premier l'issue, et la mort le trouva préparé. Lui qui avait tant feuilleté le livre de la nature, il connaissait trop bien la création pour méconnaître le Créateur. Il s'endormit donc humble et confiant. Né le 14 août 1714, il avait, le 3 décembre 1789, soixante-quinze ans passés. Le lendemain son corps fut inhumé dans l'église de Saint-Germain-l'Auxerrois, sa paroisse. La tempête des révolutions en a dispersé les cendres.

On serait mal venu aujourd'hui à penser de Joseph Vernet ce que pensaient de lui ses contemporains. Nos idées sur le paysage se sont étrangement modifiées. Les uns, confisquant la création à leur profit, en ont fait le miroir de leurs pensées plus ou moins augustes. Les autres, agenouillés devant le fait matériel, n'ont voulu être que les traducteurs d'une impression plus ou moins profonde. Entre ces deux écoles, le style et l'impression, Vernet s'est trouvé pris ainsi qu'en un étau. Le soleil de

sa gloire y a perdu tous ses rayons, et de l'admiration
dont l'avait saturé son siècle, le nôtre garde à peine un
sentiment de tolérance archéologique.

C'est le destin. Ne nous en plaignons pas. Il faut
que l'art épouse successivement toutes les formes du
beau, et, pour les aimer tour à tour jusqu'à les rendre
fécondes, il faut qu'il sacrifie l'épouse de la veille à
l'épouse du lendemain. Mais la critique ne saurait le
suivre dans ses infidélités, pas plus que dans ses adora-
tions, et pendant qu'elle parcourt avec lui les cercles
elliptiques qui flottent autour de l'éternelle beauté, son
devoir est de ne perdre de vue aucun des points du
parcours. Plus élevée, plus généreuse et plus sage, il
faut qu'elle guide l'opinion, en la ramenant parfois sur
ses pas pour la contraindre à se déjuger elle-même.

Certes ceux qui ne voient rien au-dessus du paysage
historique auraient tort de chercher dans Joseph Vernet
un de leurs adeptes. Le peu qu'il en a essayé montre
assez son impuissance en ce genre. Il suffit de jeter les
yeux sur les deux estampes gravées par Tilliard, *Agar*
et *Jonas*, pour comprendre combien le génie de Vernet
répugnait au travestissement historique de la nature. De
Jonas il n'a su faire qu'un modèle à barbe, assez sotte-
ment étonné, et d'*Agar* qu'une figurante d'opéra en
déshabillé galant. Il n'eût pas moins répugné à ces procédés de tortionnaire qui, éliminant tout ce qui charme,
réduisent l'arbre, le rocher, le nuage, le terrain, à n'être
plus que des figures géométriques soudées entre elles
par un rigorisme implacable. Non, son arbre s'élance
libre et gai dans l'azur du ciel, ses nuages y flottent
légers et souples, ses rochers se couronnent d'herbes
folles, et ses terrains sourient sous le gazon.

L'aurait-on vu suivre dans leurs rêveries ces poëtes
lunaires, ou lunatiques, pour lesquels la forme devient
un fantôme, l'air une vapeur, la couleur une ombre?

Non, il sait regarder le soleil en face, et dans chaque objet éclairé il observe la décomposition de la lumière, il donne à l'air la solidité d'aspect dont le revêt chaque heure du jour et de la nuit; il saisit avec justesse les modifications de la forme, il les arrête avec précision, en un mot, il dessine : jusque sur la surface mouvante de la mer il accuse des plans, et ses vagues, sans ressembler à des copeaux échappés d'une varlope, ont une netteté de contours qui permet au graveur de les reproduire. Mais ne croyez pas qu'il se contente d'une imitation matérielle. Loin de lui ces adorateurs serviles du fait accompli, adroits copistes du morceau, aveugles volontaires hors d'un certain lieu et d'un certain moment, uniquement préoccupés de sensibiliser leur toile à l'égal d'une plaque daguerrienne, afin que la nature s'y montre dans sa vérité brutale et sotte, aussi inerte, aussi figée que par l'effet du collodion. Non, chez Vernet tout s'anime, tout se meut. Le nuage marche, l'eau se soulève, le soleil se retire et l'ombre s'avance, l'arbre pousse ses rameaux, la terre entière respire. Tout vit de sa vie propre, et tout participe à la vie générale. Bien plus, il a compris que cette vie n'est que l'éternelle jeunesse d'un monde qui se renouvelle sans vieillir. Il ne peint pas la nature de son année et de son endroit, il peint la nature de tous les pays et de tous les temps.

Cette large et haute intelligence du vrai est le premier caractère qui me frappe dans le talent de Joseph Vernet. Serait-il donc nécessaire de voir terre à terre, pour voir juste? Ne faut-il pas au contraire que la pensée de l'homme s'élève au-dessus du petit coin qu'il habite? L'imagination n'est-elle pas la faculté mère de l'artiste? Peut-il la laisser sommeiller, ou plutôt ne doit-il pas l'ouvrir à toutes les impressions qu'elle recevra des natures les plus diverses? L'impression ! Parcourez l'œuvre entier de Vernet. Vous la retrouverez partout vive et

franche. Ici une matinée fraîche, là un soir vaporeux,
le charme velouté des nuits et l'éclat du soleil de midi,
et la mer, cette mer toujours changeante, cette mer in-
saisissable, qui ne donne que des impressions fugitives;
s'il a su la peindre tant de fois, sous tant d'aspects, avec
une telle variété d'allures, c'est que des impressions
successives, multiples, en avaient fixé dans son âme les
traits les plus délicats. Seulement de ces impressions
partielles il savait se former une impression générale,
une dominante, comme dirait un musicien. Or, si le
détail est le triomphe de l'impuissance, les procédés de
généralisation sont l'habitude des esprits bien trempés.

Son tort, en ce point, fut de se fier trop à sa mémoire.
Chez l'artiste comme chez l'écrivain, il faut que la mémoire agisse, il ne faut pas qu'elle agisse trop. Si les
impressions, si les lectures s'y entassent, ce sera bientôt
un de ces amas poudreux dans lesquels se perdent les
collectionneurs malhabiles. L'imagination doit sans cesse
renouveler ce fonds pour l'empêcher de rancir. Joseph
Vernet possédait, à un degré remarquable, un don précieux lorsqu'on en borne l'usage, la mémoire de l'œil.
Ce qu'il avait vu une fois, il le revoyait toujours. C'est
pourquoi, au lieu d'exécuter d'après nature des dessins
complets, des études peintes poussées à un degré suffisant, il se contentait d'un croquis rapide, bien sûr que
sa mémoire ferait le reste. En effet, rentré dans l'atelier,
il n'avait qu'à laisser courir sa main sur la toile, les objets s'y rangeaient d'eux-mêmes; le tableau surgissait
tel qu'il l'avait aperçu. Mais un jour vint où le peintre,
au milieu de voyages continuels, reconnut qu'il voyait
trop pour tout retenir. D'ailleurs, si son œil gardait nette
et précise la forme des objets, les teintes fugitives de
l'atmosphère et des eaux ne s'y réflétaient pas avec une
fidélité égale. Sa mémoire était celle d'un dessinateur
plutôt que d'un coloriste. Que faire alors? Peindre sur

place de rapides esquisses, Vernet n'y songeait pas. Il
s'attacha à développer le don heureux dont il se servait
et doubla sa mémoire d'une mnémotechnie. Un carnet
de poche, qui ne le quitta plus, contenait sur la première page ce qu'il appelait l'alphabet des tons, c'est-
à-dire une série de lettres correspondant à une série de
teintes différentes. « S'il voyait au milieu des plus brillantes couleurs se lever ou se coucher le soleil, un orage
s'approcher ou s'enfuir, il ouvrait ses tablettes, et, aussi
promptement que l'on jette dix ou douze lettres sur le
papier, il indiquait toute la gradation des tons du ciel
qu'il admiroit. » C'est ainsi que Renou, qui nous a conservé le souvenir du procédé, en décrit l'usage[1]. On en
peut voir l'application dans les dessins des Ports de
France, placés aujourd'hui au Musée d'Avignon. Au premier coup d'œil, ces grandes feuilles blanches ne ressemblent guère à des dessins : un trait léger indique à
peine les plans principaux, les montagnes, les arbres,
la place des édifices; mais une nuée de notes, écrites
en italien, s'y croisent de tous côtés et couvrent le croquis. Nous en avons reproduit une partie[2]. On pourra
juger, en les parcourant, à quel raffinement d'expressions Vernet était obligé d'avoir recours, et quel vague
laissait encore une notation en apparence si précise.
Esquisse peinte ou aquarelle, une pochade quelconque
eût valu cent fois mieux que cette sténographie, même en
la supposant soutenue par la mémoire la plus fidèle. Si
la couleur ne satisfait pas toujours dans les tableaux de
Vernet, si le ton local a parfois un aspect faux, si la mer
paraît monotone, si les ciels, les arbres et les terrains
laissent voir une certaine banalité de teintes, la faute en
est au système d'étude première adopté par le peintre.
En préférant, pour fixer ses impressions fugitives, l'u-

---

1. Voir Note A, à la fin du volume. — 2. Voir Note B.

sage et l'abus de la mémoire à la lutte corps à corps avec la nature, Vernet faisait évidemment fausse route.

L'intelligence du vrai ne suffit pas à constituer une œuvre d'art. Il y faut la conception du beau. Voir juste n'est que le premier degré de l'intuition de l'artiste. Il faut que son œil puisse supporter l'éclat dont la vérité s'enveloppe, ce soleil de beauté que Platon a nommé la splendeur du vrai. Il faut que son âme le reflète et s'en nourrisse; il faut que son talent l'exprime avec une puissance qui force chacun à dire : Cela est beau. Jusquelà, l'œuvre d'art n'est pas complète. Joseph Vernet voyait sans aucun doute la beauté de la nature; il la sentait vivement, il l'exprimait dans la mesure de ses forces. Les grands spectacles du ciel et des eaux le touchaient plus que personne, l'aspect riant des campagnes le charmait. Mais cette émotion et ce charme traversaient son âme sans y pénétrer profondément, et en sortaient après un court séjour, sans avoir subi, sous l'influence de sa personnalité, une transformation notable. En un mot, la beauté de la nature demeurait entre ses mains une beauté objective. Telle il l'avait reçue, telle il la rendait. Il ne s'en emparait pas au point de la faire sienne, au point de la marquer d'un caractère subjectif. C'est là, nous devons le reconnaître, la grande lacune du talent de Vernet, et cette lacune provient d'un défaut de puissance dans l'organisation : défaut de race; car, à quelque degré que nous considérions la famille Vernet, père, grand-père, fils ou petit-fils, tous nous apparaissent plus épris de la beauté pittoresque que de la beauté absolue. Or, la beauté pittoresque, c'est la surface objective de la nature. Le beau absolu ne se trouve que dans les profondeurs du Moi humain.

Aussi la poésie chez Vernet devient-elle bien vite une poétique. Les objets que nous montre la nature sont, en définitive, toujours les mêmes. S'ils nous émeuvent ou

nous plaisent par leurs combinaisons visibles, et non
par les sentiments que leur vue éveille en nous, ces
combinaisons sont bornées. De là chez l'artiste le désir
de les varier pour provoquer un charme nouveau, des
émotions nouvelles. De là l'habitude de considérer
chaque objet isolément comme un meuble facile à déplacer, et le plaisir que l'on prend à le déplacer sans
motif, afin de produire une beauté pittoresque à laquelle
la nature n'a pas songé. Certes, nous ne sommes pas de
ceux qui défendent de toucher à la nature. Déranger un
brin d'herbe, un arbre, une montagne, n'est pas un
crime à nos yeux. Que l'artiste coure libre dans la maison, qu'il entre partout et prenne son bien où il le
trouve. Mais que du moins il y mette de la discrétion.
N'allez pas de gaîté de cœur substituer à l'ordre souverain que Dieu a établi dans son œuvre l'attrait artificiel d'un désordre plus ou moins amusant. Or, c'est un
excès que Joseph Vernet ne sut pas toujours éviter. A le
voir emprunter de droite et de gauche un rocher ou une
cascade, jongler avec le temple de Tivoli et le vaisseau
qui se brise, escamoter un arbre, d'un coup de sa baguette faire apparaître une ville ou un port, et tirer de
sa palette inépuisable des torrents, des nuages, des montagnes, des flots, des terrasses, l'eau et le feu, l'éclair, le
brouillard, le soleil, le tonnerre, on croirait assister aux
leçons de son ami Comus. Ainsi les versificateurs, avec
la confidence, le récit et le songe, construisent une tragédie; ainsi la nature devient un vaste magasin offrant à
qui veut prendre son bric-à-brac au rabais.

Où Vernet se relève et se fait parmi ses pairs une place
à part, c'est lorsqu'on le voit aux prises avec la figure
humaine. Précisément parce qu'il ne concevait pas la
beauté de la nature à un degré d'élévation et de profondeur suffisant pour produire seule l'impression du beau,
il fut amené à y introduire l'élément humain qui par-

tout et toujours porte avec lui un caractère, un intérêt
prédominant. D'autres artistes l'avaient fait avant Vernet, mais à un point de vue restreint, quoique plus
élevé, en se servant du paysage comme d'un théâtre où
se jouaient les drames les plus intéressants de l'histoire
profane ou sacrée. Le fils du décorateur de chaises d'Avignon, assez ignorant de toutes ces choses, et peu susceptible d'illusion théâtrale, ne vit dans l'homme que
l'habitant ordinaire du monde; il ne voulut faire exprimer au paysage que ses sentiments de tous les jours.
Par là, le besoin d'activité qui le possédait trouvait une
satisfaction puissante. Un arbre échevelé, une cascade
qui bouillonne, les vagues en mouvement, c'étaient bien
déjà des images de la vie. Mais quoi de plus vivant que
l'homme? Son geste, son allure, son visage, voilà des si-
gnes vraiment expressifs, voilà le mouvement, voilà l'action même. Quoi de plus vrai aussi? On peut nier la justesse d'un point de vue, blâmer comme faux tel ou tel
objet que l'on n'aura jamais eu sous les yeux. Mais
l'homme, comment le méconnaître? Vernet, plus sensible à la vérité qu'à la beauté, conservait à la figure humaine les caractères qui la rendent reconnaissable aux
yeux de tous. Ce devait être, ce fut en effet pour lui un
nouveau moyen de plaire, un nouveau moyen de succès.
Dès les premières années de sa gloire, nous avons vu les
amateurs lui demander non-seulement des paysages animés de figures, mais des portraits de paysages servant de
cadre à des portraits de personnes. C'est le duc de Saint-
Aignan et son excursion au Vésuve; c'est le cardinal
Aquaviva et le château de Caprarola; c'est le roi de Naples et sa chasse au lac de Patria; ce sont, plus tard,
M. Poulhariez, M. Bourlat de Montredon, avec le portrait de leurs femmes. Enfin, c'est la vue de Marseille
offrant sur le premier plan la famille même de Joseph
Vernet, et cette longue série des Ports de France où

tout est portrait, maisons et bonshommes, visages et
mœurs, le ciel, la mer, les navires, les barques, les pêcheurs et leur pêche, les cavaliers et leur monture, les
costumes, les marchandises, la cruche même et le ton-
neau.

Mais cette vérité purement superficielle allait conduire Vernet plus loin encore et plus haut. Phénomène
bizarre! cet artiste, à qui l'insuffisance de sa vue ne per-
mettait pas de voir la vérité sous son enveloppe de
beauté plastique, objet principal des efforts de l'art,
sut la voir sous son enveloppe de beauté morale, comme
eût fait un philosophe. Les personnages humains dont il
peupla ses paysages n'avaient rien à démêler avec les
Vénus et les Apollon; mais ils riaient, ils pleuraient, ils
aimaient, ils maudissaient, ils souffraient, ils portaient
leur cœur sur leur visage; c'étaient des pères de famille,
des veuves inconsolables, des époux chéris, des amantes
sensibles, tout le personnel de Greuze, employé bien
avant lui dans un cadre différent. Cette introduction,
nous dirions presque cette intrusion du drame humain
au milieu des aspects pittoresques de la nature, c'est là
l'originalité vraie de Joseph Vernet. Il l'a poussée à ses
dernières limites, quelquefois même à l'excès, je n'en
veux pour preuve que les descriptions emphatiques de
Diderot. Mais quand il a su s'arrêter à point, il est arrivé à un résultat d'expression remarquable. Il suffira de
citer les trois naufrages ou tempêtes que l'on voit au
Louvre, et les estampes gravées par Binet, Flipart, Le
Bas, Cousinet et Poly. Dans toutes ces scènes lamentables, la mimique humaine complète on ne peut mieux
le jeu des éléments. Ce n'est pas seulement une marque
d'intelligence, c'est le signe d'un grand cœur d'avoir
compris, en présence des désordres de la nature, que la
principale tempête n'est pas celle qui soulève les flots,
mais celle qui bouleverse les profondeurs de l'âme. Que

sont les déchirements du navire à côté des déchirements intérieurs de l'homme qui assiste au naufrage de ses affections et de ses espérances ? Voilà ce que les Hollandais n'avaient pas même aperçu. Backuisen, Everdingen, Vandevelde, ont peint des coups de vent, de gros temps, des mers en furie. Vernet seul a peint le naufrage.

Tels sont les caractères généraux du talent de Joseph Vernet. Mais tant d'aspirations diverses n'ont pu éclore à la même heure ; et l'exécution du peintre s'est nécessairement modifiée selon le sentiment qui conduisait son pinceau. Il y a donc lieu de reconnaître, au milieu de l'immense variété de ses œuvres, plusieurs manières distinctes. On peut, croyons-nous, les fixer à trois. En Italie, plus près de la nature, sous l'influence de Salvator Rosa et de Manglard, Vernet a une manière large, où la masse domine le détail, où l'harmonie résulte de sacrifices habiles, où la couleur s'enveloppe de teintes chaudes, brunes, solides, avec des oppositions sobrement ménagées. Un paysage du musée du Louvre, catalogué sous le titre menteur de *Cascatelles de Tivoli*, et une marine du musée d'Angers nous paraissent les types les plus caractéristiques de cette première manière.

Plus tard sa couleur s'éclaircit, l'agrément français veut des teintes plus douces, l'esprit empiète sur l'imagination, le détail prend plus d'importance, le sacrifice devient rare et l'harmonie en souffre un peu. Mais l'atmosphère a une légèreté lumineuse qui charme, et, si la peinture est plus mince, elle est aussi mieux touchée. Les premiers tableaux peints par Vernet à son retour d'Italie marquent le début de cette manière, les Ports en sont l'apogée, elle dure jusqu'aux environs de l'année 1770. Vient alors la troisième manière, c'est-à-dire la décadence, caractérisée par la sécheresse et la lourdeur du dessin, une couleur grise qui, pour être argentine, va jusqu'à la fadeur sans éviter la crudité, une composition plus découpée, une exécution de pratique où ne s'aperçoit plus que le souvenir éloigné d'une nature absente. Toutefois ce ne sont là que des traits épars en différentes œuvres. En dépit des changements qu'apportent les années, la verve intérieure de Joseph Vernet se maintint presque toujours égale à elle-même. Peu de talents présentent pendant une si longue période une telle homogénéité.

Si maintenant, après cette analyse des qualités particulières de l'artiste, nous voulons le considérer dans l'ensemble de l'art français; si nous nous demandons quelle fut son influence, il nous faudra distinguer entre l'influence spéciale qui s'exerce sur les individus, et l'influence générale. La première, on peut le dire, a été négative. Moins d'un siècle après la mort de Joseph Vernet il ne reste plus rien de lui que ses œuvres. Quelques-uns seulement de ses contemporains entreprirent de le suivre dans sa voie. Loutherbourg, qui a tout essayé, tenta de lutter avec lui. Hubert Robert, Fragonard, lui empruntèrent ses cascades. Huc continua ses Ports de France. Henry, Volaire, Lacroix, Mettay, Lallemand, Beaugean, furent ses imitateurs de près ou de loin. Mais en définitive son genre n'a pu lui survivre. Dans le grand *concerto* du paysage moderne en l'honneur de la nature, vous chercheriez en vain un écho de cette voix jadis applaudie, *tenorino* léger, étouffé de bonne heure par les basses puissantes de l'école anglaise. L'Académie elle-même s'empressa de l'oublier. Vernet vivait encore, quand déjà Valenciennes remettait en honneur le paysage académique.

Mais, à un point de vue plus général, l'influence de Joseph Vernet fut grande. Le premier en France il mit la nature à la mode. Après les caprices champêtres de Watteau, après les mensonges effrontés de Boucher, la nature de Vernet, si arrangée qu'elle nous paraisse

aujourd'hui, était une nature vraie. Les éléments qui la
composent proviennent, en effet, de l'imitation directe,
et la couleur surtout porte un cachet évident de réalité.
Où d'autres avaient inventé, le nouveau venu se bornait
à reproduire. On lui sut gré de son abnégation. On lui
tint compte de ses vérités relatives, sans prendre garde
aux libertés qui frappent notre goût plus délicat. D'ailleurs il représentait une nature que l'on n'avait pas
sous les yeux. Il suffisait dès lors que le principal élément, le ciel, fût reconnu pour vrai. On acceptait de
même tous les objets placés par sa fantaisie dans cette
atmosphère lumineuse dont chacun pouvait vérifier la
justesse.

Joseph Vernet eut donc une influence positive sur le
goût de son temps et sur le paysage de son temps. Il
ramena l'un et l'autre à la nature vraie. Le goût public
répudia ces faiseurs sans vergogne qui s'inspiraient des
décors d'opéra. Les paysagistes furent contraints de regarder la nature. Pendant que les imitateurs directs
se perdaient à suivre le maître dans la reproduction
d'un genre convenu, ceux qui ne subirent que l'influence
générale de son exemple trouvèrent chacun, à côté de
lui, une voie heureuse. Tel Lantara, le vrai précurseur du
paysage moderne, tel Demarne, réaliste à sa manière ;
tel, avant tous, l'anglais Wilson, qui, ayant vu Vernet
à l'œuvre pendant son séjour à Rome, refusa de l'imiter, mais s'éprit comme lui des charmes de la nature.
Ainsi Vernet, à son insu, fournissait des armes contre
lui-même. Cette majesté aujourd'hui sans descendance,
prépara l'avénement de ceux qui devaient détruire son
trône. Si Vernet n'avait pas prononcé dans le français
du temps, c'est-à-dire dans une langue légère, galante et
philosophiquement sensible, le mot de nature, on n'aurait
pas su de quoi voulait parler Constable lorsqu'il vint prononcer le même mot dans son idiome sérieux et positif.

Ce résultat du talent de Vernet, la nature mise à la mode, il faut remarquer que ni Poussin, ni Claude Lorrain n'avaient pu l'atteindre. La cause en est à la fois et dans le genre de leur talent et dans le temps où ils vécurent. Poussin ne montra de la nature que le côté héroïque, le moins apparent de tous. Claude illumina ses paysages d'un soleil inconnu aux froids habitants du Nord. Tous deux semblaient revenir du pays de l'idéal. Nul ne reconnaissait chez eux ce que l'on voit tous les jours. Vernet, au contraire, a peint la lumière commune et une nature encore reconnaissable bien qu'encore endimanchée. En second lieu, les tableaux de Poussin et de Claude passèrent de leurs mains dans des cabinets fermés au public. Ceux de Vernet, exposés tous les deux ans, captivaient l'attention et propageaient l'enthousiasme.

Mieux encore que Poussin et Claude, Joseph Vernet sut parler à son siècle la langue qu'il aimait. S'il n'eût peint que des paysages, peut être l'aurait-on méconnu. Mais il arrivait escorté de tempêtes. Conteur ingénieux des drames de la mer, il demandait des larmes. Il fut compris du premier coup. Rien de plus sensible qu'un vieux libertin. Le XVIIIᵉ siècle, blasé sur la débauche, avait la fibre larmoyante. Les mêmes cœurs qui s'attendrissaient aux contes moraux de Marmontel et aux comédies de Sedaine, s'émurent doucement au spectacle des naufrages de Vernet. Il y eut des pleurs pour toutes ses victimes. Le sublime de Poussin ravissait Fénelon. Le pathétique de Vernet lui gagna Diderot.

Ainsi que nous l'avons dit, Joseph Vernet est homme, là se trouve le secret de son succès, le secret même de son génie. Artiste moins savant que bien d'autres, il ne peint pas supérieurement, mais il émeut, il charme, il séduit. Il parle peu aux sens, mais il parle à l'âme, au cœur, à l'esprit. Il n'a pas de beauté plastique, mais son imagination pare tout. Il n'assemble pas des tons superbes, des formes irréprochables, mais il réunit des sentiments et des idées, et c'est ainsi qu'il compose un tableau.

Par ce caractère littéraire de ses œuvres, Joseph Vernet se rapproche de Nicolas Poussin. Et ici, que l'on ne vienne pas crier à l'hérésie, si j'ose accoler l'un à l'autre deux noms aussi disparates. Poussin est un génie sublime, Vernet n'est qu'un génie aimable. Poussin a la profondeur d'esprit d'un philosophe, Vernet la verve d'un causeur. Mais aussi l'époque où Vernet a vécu n'a rien du siècle de Louis XIV. Supposez Poussin vivant sous Louis XVI ; à qui eût-il ressemblé ? Étant données les tendances prédominantes de son esprit, le goût littéraire de ses paysages, la portée morale de ses compositions, Poussin aurait été un Vernet sans défaut, doublé d'un Greuze accompli. Il existe entre ces hommes une parenté évidente de génie. On peut donc, à la condition de faire la part des temps, établir entre Poussin et Vernet une sorte de parallèle. La pensée française avait changé. L'idéal n'était plus le même. Mais enfin il se trouva un artiste qui sut faire alors ce qu'avait fait Poussin cent ans plus tôt, s'emparer de la pensée du temps et la formuler dans le paysage, s'inspirer de la nature et se créer une nature d'habitude, y mêler l'homme à un degré tel que les sentiments de l'âme humaine deviennent l'intérêt principal du tableau, et cet artiste fut Joseph Vernet.

Un autre point les rapproche. Poussin me représente au XVIIe siècle le bourgeois honnête qui ne sait rien de la cour, le fils de ses œuvres sorti du peuple et arrivé à une position où il ne se confond pas avec la noblesse, mais où il s'en crée une par la puissance de sa personnalité. Comme s'il devinait que la bourgeoisie éclairée sera l'âme de la future société française, il éclaire son

esprit aux lumières des lettres, il puise pour son cœur
les lumières morales dans la religion et la philosophie.
Entre la cour toujours dissolue et le peuple toujours
ignorant, il est, par la droiture de ses mœurs, un exemple, par la sagesse de ses idées, une autorité, par l'indé-
pendance de sa vie, une force. Eh bien! descendons
degrés du temps. Tel Poussin nous a apparu, tel, dans
un ordre social inférieur, nous apparaît Vernet. Ce n'est
plus un héros de Corneille, ce n'est plus l'Ariste de
Molière, ce sera le *Philosophe sans le savoir* de Sedaine,
ou le *Père de famille* de Diderot, une individualité forte
sans autre point d'appui qu'elle-même, et surtout une
individualité bourgeoise. L'art français, qui a eu ses
peintres courtisans et ses peintres populaires, ses Lebrun
et ses Lenain, ses Pierre et ses Lantara, a produit à toutes
les époques de ces hommes, incarnations vivantes des
tendances qui lui sont particulières.

Pour nous, qui venons de le poursuivre dans les plus
menus détails de son existence, Vernet est un de ces
hommes. Tel il ressort de ses propres révélations. Certes,
le récit de cette vie longue et laborieuse n'a rien qui
prête à l'épopée, au drame, ou au roman : point d'aventures de cape et d'épée, point d'intrigue ténébreuse,
point de passion à grands ressorts, pas même la banale
complainte de la misère; en un mot, pas de héros;
rien que la chronique bourgeoise d'un homme de bien
et d'un homme heureux. C'est là toute l'originalité de
Joseph Vernet : plus d'un de ses contemporains l'aurait
payée bien cher. Au milieu de la cohue du xviiie siècle,
la figure de Joseph Vernet se détache pure, calme, modeste : pure à côté de Boucher et de Baudoin, les polis-
sons de l'art; calme à côté de Greuze, le mari battu et
volé; modeste entre Natoire, l'acharné coureur de cordon, et Pierre, le plus riche des sots. Joseph Vernet a
su se tenir loin des honneurs qui ne servent qu'à fagoter

les ambitions vulgaires, loin des cupidités financières qui énervent le talent ; il a su se contenter de la médiocrité dorée, la fortune des poëtes, — assez pour satisfaire les goûts, pas assez pour les blaser. Peintre, il n'a pas craint d'aimer la vérité ; il n'a cassé ni bras ni jambes, il s'est borné à reproduire ce que la nature a d'attachant même dans ses horreurs. Mais surtout il a osé être un mari fidèle à l'honneur du foyer, un père plein de tendresse, ne reculant devant aucun bienfait pour élargir le cercle de sa famille, un cœur ouvert à l'amitié. Nous pouvons donc le dire, ou plutôt nous osons le répéter, de même que Benvenuto Cellini offre le type complet des instincts bohèmes de l'art italien, de même Joseph Vernet, par la tenue de son talent et de sa vie, est, avec Nicolas Poussin, à un siècle de distance, un des types les plus vrais de l'art français.

FIN.

DOCUMENTS

ET

PIÈCES JUSTIFICATIVES

DOCUMENTS

EXTRAITS DES

LIVRES DE RAISON DE JOSEPH VERNET

———

La reproduction textuelle et complète des *Livres de Raison* était chose impossible. Il a fallu soumettre à un remaniement général ce chaos de faits disparates. Il en est résulté trois séries distinctes de documents que nous classons sous les titres généraux de LIVRE DE VÉRITÉ, — JOURNAL, — et ADRESSES.

Le LIVRE DE VÉRITÉ, c'est l'état chronologique des travaux de Joseph Vernet, dressé de sa propre main.

Le JOURNAL, c'est sa vie racontée par lui-même.

Les ADRESSES, c'est le monde au milieu duquel il a vécu.

Ainsi condensés, les documents extraits des *Livres de Raison* prennent un corps et deviennent le squelette justificatif de notre étude.

———

LIVRE DE VÉRITÉ

Le *Livre de Vérité* se divise en deux parties, les Commandes et les Reçus.

Les Commandes reproduisent, sans changement ni suppression, tout ce que Joseph Vernet a inscrit sous le titre : « Ouvrages qui me sont ordonnez. » Commencée en 1735, continuée jusqu'en 1788, cette longue nomenclature comprend 821 articles.

Les Reçus ne sont que des extraits, réduits par nous au chiffre de 261. Joseph Vernet, voulant se rendre compte de ses travaux, commença par les inscrire d'abord sur une page qui porte en tête : « Ouvrages que j'ay fait. » Peu après il changea d'idée, ou plutôt il reconnut la nécessité de noter à part les tableaux qui lui étaient demandés. De là la liste des Commandes. Toutefois, en même temps, il continuait de reporter sur la liste primitive les tableaux livrés et payés, non plus pour en garder le souvenir, mais pour supputer le revenu de son talent. Et en effet, de temps à autre, il résume par une addition les sommes rentrées. Dans le principe (Reçus 1 à 57) ces sommes sont comptées

en écus romains. En France il conserva d'abord l'habitude italienne
(58 à 86). C'est seulement à Bordeaux qu'il adopta les désignations de
la monnaie française, livres, sols et deniers.

Dès lors aussi il inscrit pêle-mêle toutes les rentrées, non-seulement
le produit des tableaux, mais aussi les revenus de ses capitaux placés :
préoccupation purement financière, caractérisée par le titre : « Argent
que j'ay reçu » (Reçus 87 à 112), et « Argent que je reçois » (113 à 261).
On comprend tout ce qu'a de fastidieux la répétition des sommes touchées à chaque trimestre chez tel ou tel payeur. Nous avons supprimé
ces articles inutiles, ne conservant que les Reçus relatifs aux tableaux.

Le Livre de Vérité ne pouvait être de quelque utilité qu'à la condition d'en rendre facile la collation avec les autres documents. A la suite
de chaque Commande ou Reçu qui comportait un pareil éclaircissement,
nous avons indiqué le Reçu ou la Commande correspondante, les renvois
au Journal, les Salons où le tableau a été exposé, les ventes par lesquelles il a passé, etc. Ainsi se complète, de tous les faits accessoires,
le noyau principal fourni par les *Livres de Raison*.

I. — COMMANDES

OUVRAGES QUI ME SONT ORDONNEZ

1. Pour M. Pusque Lestagnol deux tableaux en marine en
toile de Teste ordonnez l'an 1735.

2. Pour M. Guasquet deux marines toiles de 4 palmes ordonnez l'an 1736.

3. Pour M. le major Sturler deux desseins a l'encre de la
Chine, un d'une partie du Colisée en dedans ou lon vois une
partie du palais de Néron et la façade de l'église de St-Gré-
goire, et l'autre de la Flore qui est dans la cour du palais
Pharnese ordonnez l'an 1737.

4. Pour M. Dania Anglois un tableau toile d'empereur en
rochers cascades etc. en hauteur, et deux de 4 palmes a ma
fanteste en largeur 100 écus les trois ordonnez l'an 1738.

5. Pour M. le Duc de St-Aignan un dessus de porte en clair
de l'une pour faire pendant aux trois autres que je luy ay deja
fait. Deux tableaux representant un l'arrivée de Mr le Duc a
Civitta Vecchia et l'autre l'audiance publique a Monte Cavallo.

Un autre de la caravane au mont Vesuve et pour pendant
l'interieur de cette montagne.

Six desseins a l'encre de la Chine fait d'apprés nature suivent les vües qu'on m'a ordonné l'an 1739. Tout cela sera
remis en ettat d'etre envoyé a M. Stupan chargé d'en payer
les prix qui auronts ettés reglés par M. De Troy directeur de
l'Académie de France.

6. Pour M. le Duc de Crillion deux pettittes marines a 10 écus pièce ordonnée l'an 1740.

7. Pour M. Conca deux marines de quatres palmes ordonnées l'an 1740.

8. Pour M. Pichon une marine pour faire pendant a celle que j'avoit fait pour M. Solimena ordonnée l'an 1742. — Deux pieds 4 pouces et demy de large pour un pied 0 pouces et demy de haut. — (R. 2.)

9. Pour le signore Nicola Giobbe deux marines de 4 palmes ordonnées l'an 1742.

10. Pour Mme de Seignon deux marines pour faire pendant aux deux que je luy ay deja fait une devant representer un soleil couchant et l'autre un clair de lune ordonnées l'an 1742.

11. Pour M. le marquis de Villeneufve deux marines une representent une tempete et l'autre un broüillard a 35 ecû la pièce ordonnées l'an 1743.

12. Pour M. de Villette deux paysages un representent une chasse au canard sur un lac par un broüillard et l'autre une pesche sur une rivière par un orage ordonnez l'an 1741 a 25 ecû la pièce.

> La Chasse aux Canards : Ventes De Villette (1765), n° 35, 1,000 l. 4 s.; Randon de Boisset (1777), n° 204, 3,000 l. 19 s.; Nogaret (1807), 2,800 fr.; Sommariva (1839). — L'autre : vente de Villette, n° 30, 800 l.

13. Pour M. Du Brocard trois tableaux ordonnez l'an 1741.

14. Pour M. Pierre trois tableaux ordonnez l'an 1741. L'un 3 pieds 1 pouce de long et 2 pieds 7 pouces 1/2 et deux 1 pied 8 pouces de haut sur 2 pieds de long.

15. Pour M. Marchand deux marines de deux palmes et demy ordonnez l'an 1738.

16. Pour M. Smitz deux tableaux representent deux marines une un broüillard et l'autre un soleil couchant, en toile de 8 palmes, ordonnez l'an 1741.

17. Pour M. D'Arthenay deux pettites marines ordonnez l'an 1742.

18. Pour M. Pavesi deux tableaux en toile de 4 palmes un representent un paysage et l'autre une marine ordonnez l'an 1742.

19. Pour M. Franque un tableau toile de Teste representent une marine en broüillard ordonné l'an 1742.

20. Pour M. Aublé deux marines en toile de 4 palmes a 35 ecus romains la pièce ordonnées l'an 1742. Puis une pettite marine.

21. Pour M. Slodtz deux tableaux en marine toile de 7 et 5 palmes ordonné l'an 1744.

22. Pour un amy de M. Geneve 4 tableaux de deux pieds et demy de largeur, deux en payasage et deux marines un calme et une tempeste, ordonnez l'an 1742.

23. Pour M. Garcin six tableaux deux de 4 pieds de long sur 3 de hauteur representent deux payasages, et quatre de deux pieds et demy de long sur 2 de hauteur representent des marines ordonnez l'an 1744 les deux peïsages 70 ecus romains et les quatre marines 00.

24. Pour M. Placido Costanzi deux marines en toile de 4 palmes.

25. Pour M. Moulon beau frère de M. de Geneve deux tableaux en marine representent une un broüillard et l'autre un soleil couchant par un calme ordonnez l'an 1743.

26. Pour M. Bernard peintre a Marseille deux marines a ma fantesie ordonnées l'an 1743.

27. Pour M. Cloifen Anglois deux tableaux en marine de quasi deux pieds anglois de largeur sur quasi un de hauteur ordonnez au mois de janvier l'an 1745.

28. Pour M. D'Arquim Anglois quatres tableaux, deux en toile d'empereur representent l'un une marine en broüillard et l'autre une tempeste, et les deux autres en payasages un soleil couchant et l'autre un clair de lune ordonnez au mois de janvier l'an 1745 a cents 70 ecus les quatre. — J'ai receu a compte 00 ecus et 30 baiochies.

29. Pour M. Draik Anglois quatres tableaux toiles d'empereur representent les quatres parties du jour deux en marines (un broüillard) et deux en paisages à 200 ecus les quatres ordonnées au mois de fevrier l'an 1745. J'ay reçu 50 ecus a conte.

30. Pr M. Martin Anglois deux tableaux de cinq pieds anglois de largeur sur quatres de hauteur, un representent une marine en broüillard et l'autre a ma fantesie ordonnez au mois de mars l'an 1745 et promis pour le mois de septembre de la meme annee, a 00 ecus la piece. Payé le 0 octobre 1745.

31. Pour M. Lisson Anglois une copie d'un tableau de Salvator Rosa qui est dans la gallerie Collonna, representent Attilius Regulus, de meme grandeur de l'original, a cents ecu ordonné au mois de mars de l'an 1745, promis pour le mois de may de la meme annee.

32. Pour M. Buovre, — Bouverie, Anglois deux tableaux de quatres pieds anglois de haut et la hauteur a proportion re-

presentent un une vüe de Rome prise de la ville Madama et l'autre celle qu'on vois de la terrasse du palais Borghese a 50 ecus la piece, promis pour le mois d'ottobre de l'an 1745 et plusieurs desseins a l'encre de la Chine d'appres nature.—(R. 11.)

33. Pour M. de Villette deux tableaux de trois palmes un representent un lever du soleil, et l'autre un couchant en paisages et marines a 30 (romains) piece.

Salon de 1753, n° 182. — ? Vente de Villette (1765), n° 87, 742 l.
— L'un gravé par A. Ph. Coulet : *Départ de la chaloupe.*

34. Pour la Reinne d'Espagne un tableau sur toile de quatorze palmes de largeur, sur six de hauteur representent la vüe de Caprarola ordonné dans le mois de juin l'an 1745.

Vente Bailli de Breteuil (1785), n° 50.

35. Pour M. de Canilliac deux vües de Naples sur toiles de 8 palmes ordonnez l'an 1742. — J'ay receu a conte 65 ecux. —(R. 5).

36. Pour M. l'abbé Martelli un tableau sur toile de trois palmes a ma fantesie ordonné l'an 1744.

37. Pour M. domenique (domestique?) de D. Jaque Borghese un tableau de trois palmes a ma fentesie.

38. Pour M. Juvenal deux petits tableaux a ma fentesie.

39. Pour M. Antoine Massé deux tableaux de 4 palmes ordonnez l'an 1743.

40. Pr un marchand de Perugia deux marines de trois palmes.

41. Pour M. le cardinal Pozzobonelli deux marines sur toiles de teste ordonnez l'an 1743.

42. Pour M. l'abbé Martelli un tableau de 3 palmes a ma fantesie ordonné l'an 1744.

43. Pour Mr Testo deux tableaux a ma fantesie sur toile de quatre palmes ordonnez l'an 1745.

44. Pour le Pere Tacchetti un tableau en banbociata.

45. Pr le frere Bartoia un tableau d'un sujet du Tasse.

46. Pr M. Simon un petit tableau a ma fantesie. — (R. 83.)

47. Pr M. Regni deux petits tableaux a ma fantesie ordonnez l'an 1743. — (R. 47. 55.)

48. Pr M. Parker un petit tableau a ma fantesie.

49. Pr un amy du sigre Pirenesi qui est à Venise, un tableau en cascade sur toile de teste.

50. Pr Milord Mountrall deux marines toile d'empereur une representant un brouillard et l'autre un soleil couchant a

50 ecus romains la piece ordonnez le 22e juillet 1745. —(Journal, page 376.)

51. Pour M. de Jullienne deux tableaux de 2 pieds de large sur un et 8 pouce de haut, un representent une marine et l'autre un paysage ordonnez au mois de juillet 1745.

On ne les retrouve ni à sa vente (1767), ni à celle de sa veuve (1778).

52. Pour un amy de M. de Villette nommé M. Derrieux deux tableaux toile de teste a ma fantesie ordonnez au mois de septembre 1745.

53. Pr le marquis Gerini un tableau de deux pieds 6 pouce et demy de large et un pied 7 pouce de haut representent une marine a 25 ecus romains ordonné au mois de septembre 1745.

54. Pr M. le duc de La Rochefoucault deux tableaux en toile de 4 pieds deux pouces de largeur et trois et dis de haut, a cents cinquante ecus romains les deux representent des Rivières sur le bord de la mer ordonnez dans le mois de février, 1746. — (R. 3.)

L'un gravé par Aliamet : *Rivage près de Tivoli.*

55. Pour M. Gamelin deux tableaux en toile de 7 et 5 un representent un broüillard et l'autre une tempeste a 60 ecus la piece ordonnez au mois d'avril 1746 et promis pour une année appres.

Je suis convenu du prix cy dessus avec M. Vernet pour les deux tableaux qu'il aura la bonté, dans le temps qu'il me promet, les ayant fini de les fairre porter chez M. Francesco Mazzoli banquier proche le Pallais ou demeuroit cy devant M. le duc de Saint-Aignan a la place des Appostres qui luy délivrera l. 120 ecus romains.

Fait à Rome ce 14 novembre 1746.   GAMELIN.

56. Pour M. le marquis Andreâ Gerini deux tableaux en marine en toile de 3 pieds et dix lignes de largeur sur un pied 7 pouces de hauteur ordonnez le 24e may 1746 a 40 ecus la piece et promis pour un an apprés.

57. Pour M. de Villette huit tableaux en toile de quatre palmes representent des sujets de marines et des païsages a ma fantesie ordonnez dans le mois de may 1746 et promis deux chaque année apres temps qu'ils ont ettes ordonnez a cinqs cents livre les deux. (Voir 60.)

58. Pour M. le cardinal secretaire d'Ettat deux tableaux sur toile de 4 pieds et un pouce et demy de largeur et un pied 8 pouce et trois quarts de hauteur ; un representent un broüillard et l'autre une autre expece de broüillard de feu, tous les

deux d'un goust le plus pictoresque et capricieux que je pourray a 60 ecus romains la piece ordonnez au comencement de juin 1746. (R. 8. Journal, page 380.)

Vente de Billy (1784), no 57. — Gravés par madame Coulet : *Incendie d'un port* et les *Jetteurs de filets*.

59. Deux tableaux ordonnez le 25 aoust 1746 par M. Digne consul de France pour un de ces amis de Lyon, en toile de quatres palmes à cinquante ecû romains la piece et les faire le plustot que je pourray.

60. Pour M. de Villette huits tableaux en toile de quatres palmes ordonnez au mois de juin 1746 representent deux des parties de plaisir sur le bord de la mer dans des lieux agréables avec des figures qu'on voit en certain ports d'Italie, deux autres en jardins avec des figurines habillée a la mode; deux autres dans le goust de Salvator Rosa avec des rochers, cascades, tronc d'arbres et quelques soldats avec des cuiraces, et deux autres l'un representent une incendie avec un clair de lune en marine, et l'autre une tempeste, et promis deux par année, a cinqs cents livres les deux. — (R. 7. 14. 26. 39.)

Tous ces tableaux se retrouvent à la vente de Villette (1765). — La première paire, no 40, 1,224 l. — La seconde, no 38, sous le titre de la Vigne Pamphile et la Vigne Ludovisi, 1,302 l. 2 s. — Des deux paysages dans le goût de Salvator, l'un, no 45, vendu 1,000 l., avait figuré au Salon de 1753, no 131; on le retrouve à la vente Davoust (1772), no 3, 1,455 l.; l'autre a été gravé par Cathelin, sans titre. — L'Incendie, no 41, vendu avec un Clair de lune, 1,080 l., exposé au Salon de 1748, no 102; vente Conti (1777), 1,600 l. — La Tempête, no 44, 1,008 l., Salon de 1765, no 70; ventes Dubois (1784), 299 l. 19 s.; Cochu (1790).

61. Pour M. le marquis de L'Hospital ambassadeur de France a Naples une copie du tableau de la chasse du lac de Patria que j'ay fait pour le Roy des Deux-Sicilles, ordonné au mois de novembre 1746. — (R. 29.)

Au Musée de Versailles.

62. Pour M. le marquis de Baillé deux tableaux de quatres palmes ordonnez au mois de novembre 1746 devant representer deux marines.

63. Pour M. le comte Maoni deux tableaux de trois palmes representent deux marines ordonnez au mois de novembre 1746.

64. Pour M. le Receveur de Malte à Marseille huits tableaux de six pieds de large sur   de haut representent divers su-

jets de l'histoire sainte a cent ecû la piece ordonnez dans le mois de novembre 1746.

65. Pour M. le cardinal de La Rochefoucault deux tableaux representent des marines ordonnez le   a cents cinquante ecû romains les deux. — (Voir C. 54. R. 3.)

66. Pour M. Tilson anglois deux tableaux en toile d'emperour un representent un broüillard en marine et l'autre les cascatelles de Tivoli ordonnez au mois de décembre 1746 a cent vint ecus romains les deux. — (Journal, page 377.)

67. Pour le signore Carlo Bossi un petit tableau pour faire pendent a un de Glaude Lorrain ordonné au mois de décembre 1746. — (R. 10.)

68. Pour M. Geill Anglois deux tableaux en toile d'emperour, un dois representer une marine avec un soleil levant dans un broüillard et l'autre une vûe des cascatelles de Tivoli ordonnez au mois de janvier 1747 a cents vints ecus romains les deux.

69. Pour M. le chevailler de Lussan frere de l'archevêque de Bourdeaux deux marines en toile de teste a vint ecus romains la piece ordonnez au mois de janvier 1747. — (R. 12.)

70. Pour M. Amilton un tableau large de 3 pieds anglois sur 3 moins deux poulces de haut representent une Tempeste dans le goust de celle que j'ay fait pour M. Bouverie ordonnez le 4° decembre 1747. — (R. 6.)

71. Pour M. Adam sculpteur du Roy de Prusse deux tableaux en toile de teste devent representer des Bains de femmes en marines ou en paysages ordonnez au mois d'avril 1748.

72. Pour M. le Surintendant des Batiments du Roy de Prusse un tableau en toile d'emperour a ma fantesie ordonnez au mois d'avril 1748.

73. Pour la signora Lucia Domenici deux tableaux en toile de teste ordonnez au mois de mars 1748. — (R. 10.)

74. Pour M. Peilhon deux marines de trois pieds de large et deux de haut à 300 livres la piece ordonnez au mois de may 1748. — (R. 15.)

Salon de 1783, n° 128. — Vente Peilhon (1763), n° 81, la première 1,701 l. 4 s.; la deuxième 1,813 l.

75. Pour milord St-Jean deux marines en toiles de quatre palmes representent, une un broüillard, à ma fantesie, et l'autre un clair de lune avec deux vaisseaux de guerre un

vû par le flanc et l'autre par la poupe à l'encre dans un port avec les voiles ployées et que la lumiere donne dessus de façon qu'on les voye distinctement. Plus un autre de deux pieds huits pouces d'Angleterre de largeur sur quatre neufs pouces et demy de hauteur devant representer une incendie de nuit, celui-cy quatre vints ecus romains et les deux marines soisante la piece; l'incendie promise pour dans six mois de cette datte et les deux marines pour une année ce 17º octobre 1748. — (R. 17.)

76. Pour M. de Villette treshorier general de l'extraordinaire des Guerres deux tableaux en marines representent des Parties de plaisir de la longheur de toile d'empereur a 700 livres les deux. — (R. 21.)

Salon de 1750, nᵒˢ 122 et 123. — Ventes De Villette (1765), nº 33, 3,635 l.; Duc des Deux-Ponts (1778), nº 80, 2,710 l.

77. Pour M. Aublé deux tableaux en toile de quatre palmes de large sur un pied onze pouces et demy de haut, plus un petit tableau de onze pouce et demy de large sur neuf et demy de haut pour faire pendant a un Deluge dont les figures sont grandes trois pouces et demy a quatre. — (R. 33.)

78. Pour M. le marquis Andrea Gerini deux marines d'un goust clair et guay la largeur est d'un pied huits pouces et demy la hauteur d'un pied deux pouces et demy ordonnez au mois de decembre 1748 a 25 ecû la piece. — (Journal, page 380.)

79. Pour M. Peilhon deux marines a ma fantesie sur toile de huits palmes de large et la hauteur à proportion ordonnées au mois de decembre 1748 a cinquante louis les deux. — (R. 24.)

80. Pr M. de Mornas deux paysages de 3 pieds dix poulces de largeur sur deux pieds 3 poulces 6 lignes de haut a 60 ecû romains la piece ordonnez au mois de janvier 1749. — (R. 22.)

81. Pour M. *** un tableau ou il y aye du païsage et de la marine de 4 pieds 8 poulces de hauteur, sur 3 pieds 7 poulces de largeur ordonnez par M. Sauvan au mois de janvier 1749. — (R. 23.)

? Vente Dangé (1778).

82. Pr M. H** quatres tableaux en toile de quatres palmes.

83. Pour M. Gabriel Mathias des petits tableaux sur toile de demy teste a 15 écus romains la piece. — (R. 18. 25.)

84. Pour M. Tilson deux marines en toile de teste, une devont representer une grosse tempeste des plus affreuse et

l'autre un calme, promis pour le mois d'octobre 1749 le prix
est trante ecû romain la piece.

85. Deux paysages en toile d'empereur devent representer
un soleil couchant et l'autre le matin, le prix est de 150 ecû
romain les deux, ordonnez par M. Gabriel Mathias pour un de
ces amis et promis pour le mois octobre 1749. — (R. 27.)

86. Pour M. de Villette tresorier general de l'extraordinaire
des guerres deux tableaux en toiles d'empereur un representent une foire à la campagne et l'autre une feste de village
ordonnez au mois de may 1749 le prix est de 1400 livres les
deux. — (R. 32.)

> Salon de 1750, nos 124 et 125. — Vente de Villette (1765), no 34,
> 6,070 liv. — Le premier sujet modifié, gravé par Durot : *Fête
> sur le Tibre à Rome.*

87. Pour M. de la Curne deux païsages ou marine suivant
ma fentesie en toile de teste prise en auteur du plus grand finy
que je pourray ettent le maitre di metre le prix que je voudray ordonnez au mois de juillet 1749. — (Voir 89 et R. 36.)

88. Deux marines en toile de 4 palmes a ma fantesie pour
M. Thiroux d'Epersennes maitre des Requetes rue Courtau-
Villain au Marais a Paris pour la fin de juin 1750 le prix est
de 60 ecû romains la piece. — (R. 35.)

> Gravées par Le Bas : *Vue de Naples* et *Vue des galères de Naples.*

89. Pour M. de La Curne deux paysages au premier coup a
ma fantaisie en toile mezza testa pris par traver ordonnez le
mois d'aoust 1749 a dix sequins les deux. — (R. 36.)

90. Pour deux amis de M. Gabriel Mathias deux tableaux
en toile de teste, un doit representer une Tempeste dans le
goust de celle que j'ay fait pour ledit M. Mathias avec quelques débris de vaisseaux ou barque sur le devant du tableau,
et l'autre un calme a ma fantaisie, devant être pour deux
differentes personnes, le prix est de 30 ecû romains la piece
ordonnez le 18e aoust 1749. — (R. 28.)

91. Pour M. Peilhon un tableau de trois pieds sept pouces et
demy de large sur deux pieds six pouce de haut, devent representer un soleil couchant dans un jour des plus chauds de
l'esté, avec un quay orné de superbes édifices, de toutte
sorte de bastiments maritimes et beaucoup de figures; et de
l'autre costé des grands arbres touffus sur un tairain qui
avance dans la mer ou sonts abordés quelques buteaux et des
baigneuses sous la fraicheur desdits arbres, tout le tableau
doit être d'un ton doré et chaud, pour faire pendant a un de

Claude Lorrain qui represente aussi un soleil couchant et qui est dans le cabinet du Roy de France; le prix est six cents livres ordonné le 1er septembre 1749. — (R. 31.)

Salon de 1753, n° 130. — Ventes Peilhon (1763), 4,858 l.; De Jullienne (1767), 3,915 l. — Gravé par Daullé : *Les différents travaux d'un port de mer.*

92. Pour M. le marquis Du Bellay deux tableaux en marines representent une un soleil couchant tres-chaud, et l'autre un clair de lune ordonnez au mois d'avril 1750, la largeur est de trois pieds dix lignes sur un pied sept pouces de hauteur, le prix est de cinquante sequins les deux. — (R. 13, Journal, page 378.)

93. Pour Monsieur Wood quatres tableaux en ovale quatre pieds d'Angleterre de large sur trois et demy de haut devant representer des sujets de marines, et les quatre points du jour ordonnez au mois de décembre 1749 et promis pour une année et demy d'apprés.

Quand Monsieur Vernet aura exécuté ces quatre tableaux je promets de luy payer trois cents écus.

Rome 5 décembre 1749   **W.**

94. Pour M. Wood deux tableaux de six pieds et six pouces et demy d'Angleterre de large, sur trois pieds et huits pouces et demy de haut, representent un un soleil levant dans un brouillard et l'autre un couchant.

Plus deux autres en toile d'empereur representent des marines a ma fanthesie qu'il y aye du grand et du vigoureux.

Ces quattres promis pour une année d'appresent qui cera au mois de décembre 1755.

Quand Monsieur Vernet aura fini ces quatre tableaux je promets de luy payer deux cens écus pour les deux grands et cent cinquante pour les deux de toile de l'empereur.

Rome le 5 décembre 1749.   ROBERT WOOD.

95. Pour M. Auré deux tableaux en toile de teste represt des marines a trante écus romains la piece, ordonnez au mois d'avril 1750 et promis pour une année et demy d'appres.

96. Pour un amy de M. Hazon deux tableaux en marines de trois pieds de large, et la hauteur a proportion, un doit representer un clair de lune, et l'autre un soleil couchant à 60 écus romains la piece.

97. Pour M. Bouverie six tableaux en toile d'empereur ordonnez au mois de janvier 1750 et promis pour deux ans aprés c'est a dire l'année 1752, a deux cents sequins les six,

un dois representer un soleil levant par un beau temps clair
avec un vent frais et la mer un peu agitée, un autre un couchant avec des effets de lumieres singulliers, et l'arc en ciel
dans le fond, l'autre une Tempeste des plus horribles; l'autre
un clair de lune, avec quelques feux sur le rivage; ce qui
pourra faire les quatre parties du jour dans ces quatre tableaux, les deux autres ceronts deux païsages avec des cascades rochers troncs d'arbres, quelques ruines, et des figures
dans le goust de Salvatore Rosa, le tout cependant a ma fantesie.

98. Pour M. Coustou l'ainé deux marines en toile de teste,
a ma fantesie, ordonnez au mois de fevrier 1750.

90. Pour M. Frontier deux tableaux en toile de teste, une
mer fort agitée, et l'autre des rochers, le tout de peu d'ouvrage, ordonnez le mois de février 1750.

100. Pour M. l'abbé Leblanc deux marines, une doit representer un soleil couchant bien chaud et l'autre un soleil le-
vent frais. — (Voir 104.)

101. M. D'Argensson deux tableaux.

102. Pour M. Pierre deux marines de deux pieds et demy de
large sur deux pieds de haut.

OUVRAGES QUI ME SONTS ORDONNEZ.

103. Pour le Roy de France deux tableaux de quatres pieds
deux pouces et demy de large et deux pieds quatres pouces et
demy de haut, ordonnez le 12e may 1750 par madame de
Pompadour, et promis pour le mois d'octobre de la meme
année; les sujets ceronts à ma fantaisie. — (R. 34.)

104. Pour M. l'abbé Le Blanc deux tableaux representent
l'un une marine avec un soleil couchant bien chaud avec une
mer tranquille, et l'autre un paysage avec un matin bien
frais, la largeur deux pieds et la hauteur de un pied six pouces. — (Journal, page 380.)

105. Pour M. le duc de Nivernay deux tableaux en toile de
quatres palmes, un doit representer un lac avec un soleil couchant tres chaud, et l'autre a ma fantaisie.

106. Pour M. de la Brière un tableau en toile de 4 palmes
ordonné au commencement d'octobre 1750, et promis pour
le meme mois de l'année 1751, le prix est de 60 ecus romains.
— (R. 48.)

107. Pour M. de Fourbin un tableau de 4 pieds 8 pouce de
large sur 3 pieds 7 de haut devant representer une Tempeste,

le prix est de 80 écû romains, ordonné au mois d'ottobre 1750. — (R. 43.)

108. Pour un amy de M. Gabriel Mathias un tableau en toile d'empereur, reppresentent la Grande Cascade de Tivoli, ou dans le meme goust, le prix est 100 ecû romains, ordonné au mois octobre 1750.

109. Pour M. Gabriel Mathias trois tableaux en toile d'empereur un doit representer des cascades avec des eaux troubles, des rochers, troncs d'arbres, et un païs affreux et sauvage, les deux autres un une tempeste horrible, et l'autre un soleil couchent tres chaud, le prix est quatre vints ecû romains la piece ordonnez le mois d'ottobre 1750.

110. Pour M. Pavési deux tableaux en toile de 4 palmes de large et a ma fentaisie, ordonné au mois de novembre 1750.

111. Pour M. Haslard gentilhomme holandois six tableaux en toile de quatres palmes de large sur .... Deux doivent representer des marines et les quatres autres des vûes prises à Rome, ou aux environts, ordonnes le mois de novembre 1750, e promis pour deux année d'apprés c'est a dire pour le mois de novembre 1752, le prix est 80 ecus la piece.

112. Pour M. Peilhon deux tableaux, de deux pieds huits pouces de large, sur deux pieds un pouce de haut devant reppresenter un soleil couchant, bien chaud et bien doré, et l'autre un matin bien frais, qu'il y aye du païsage et de la marine, avec des cascades ou des rivieres, des figures et des animeaux, ordonnez au mois de novembre 1750 le prix est douze cents francs les deux.

Salon de 1753, n° 120. — Vente Peilhon (1763), n° 71, 1,800 l. — Gravé par Daullé : Le Pèlerinage.

113. M. de Villette directeur des postes a Lyon deux tableaux en toile de quatre palmes representents des paysages, ordonnez au commencement de l'année 1750.

114. Pour M. de Vandieres un petit tableau en païsage representent un bain de femmes. — (R. 40.)

115. Pr madame Shukborgh Angloise un tableau de quatres pieds sept pouces de France de large, sur deux pieds sept pouces de haut devant être placé sur une cheminee, promis pour le mois de may 1751, le prix est 120 ecû romains.

116. Pour M. Latheulier Anglois six tableaux toile d'empereur. Quatres doivent representer des sujets de marines et les quatres parties du jour; les deux autres des paysages

avec des cascades etc.; le prix est cents ecû romains chaqu'un promis pour la fin d'avril 1751. — (R. 42.)

117. Pour M. Tilson Anglois deux tableaux, un avec de l'architecture eaux arbres etc. de trois pieds quatres pouces d'Angleterre en hauteur, et trois pieds un |pouce de large; l'autre doit representer une incendie à ma fantaisie, il doit être de deux pieds huits pouces en hauteur, sur trois pieds neufs pouces de largeur, ordonnez dans le mois de janvier 1751 le prix est de cent ecû chaqu'un.

118. Pour M. De la Curne deux petits tableaux au premier coup de la meme mesure de ceux que je luy ay deja fait, mais prix en hauteur.

119. Pour M. le comte d'Harrach deux tableaux en toile d'empereur, un doit reppresenter une marine en brouillard du matin et l'autre un paysage, avec un soleil couchant chaud, promis pour le mois de septembre 1751, le prix de cents ecû romains la piece. — (R. 44.)

120. Pour Milord Milton quatres tableaux toile d'empereur representent des marines melée de paysages à ma fantaisie promis pour le mois de feuvrier 1752, le prix est de cents ecû romains chacun.

121. Pour M. Woodicar six tableaux de quatre pieds de large sur trois de hauteur mesure d'Angleterre, tous les six doivents representer des paysages, avec des sujets differents, surtout des cascades et des eaux, avec des ruïnes etc. le prix est de 90 ecus romains la piece, ils doivent etre faits ver la fin du mois de mars 1752, et M. Belloni doit me les payer.

122. Pr M. le comte d'Harrach quatres tableaux toiles de quatre palmes, devents reppresenter des paysages ou marines à ma fantaisie, ordonnez le 7° avril 1751, et promis pour une année d'apprés, lesdits tableaux doivent être remis al Sigᵗᵉ abbate Crivelli agent de l'eveque de Salisburg demeurent vis à vis donna Lucrezia place St Marc qui m'en doit payer le prix qui est de 80 ecû romains chacuns, ainssi que des deux autres toile d'empereur marqués cy dessus a 100 ecû la piece. — (R. 44.)

123. Pour M. l'abé Marquet un tableau toile d'empereur a ma fantaisie ordonné au mois d'avril 1751.

124. Pour M. le chevalier Louthez quatres tableaux toile d'empereur deux en marines, devent reppresenter un clair de lune avec quelque rochers percé, et quelque feu, l'autre une tempeste avec une grande montagne dans le fond obs-

curcie par l'ombre d'un nüage, les deux autres deux paysages
avec quelque vüe d'appres nature, une prise à Tivoli où l'on
vois les cascatelle, et le palais de Mecenas, et l'autre une vüe
de l'Arricia, ou l'on vois une partie de l'église du Bernin, ils
doivents etre faits au mois de may de l'année 1752, le prix est
de cents ecus romains chacun. M. le marquis Belloni a ordre
de me les payer, et je dois les remetre a Rome a M. Berton,
ou les envoyer a Livourne, a M. Jacques How negociant anglois. — (R. 40.)

125. Mons. le chevalier Featherston-Haugh quatres tableaux toile d'empereur devents reppresenter deux marines
et deux paysages a ma fantaisie ordonnez le mois d'avril 1751
et promis pour le mois de juillet de 1752, le prix est de cents
ecû romains la piece. Je dois les remettre a M. Girardi medecin et M. Belloni doit les payer.

126. Pour M. le baron Aldecrans quatres tableaux dont il
m'enverra la mesure de Suede, et deux pour M. Bouchardon
qui me laisse le maître de la grandeur et du prix ainsi que
des sujets ordonnez le mois d'avril 1751.

127. Pour M. Ths. Daevson a Dublin quatre tableaux toile
d'empereur dont deux doivents reppresenter deux paysages
avec quelque rüines existantes, un doit etre un soleil couchant et l'autre un matin, les deux autres en marines dont
les sujets ceronts un clair de lune et l'autre une tempeste à
l'heure de midy. Ces quatres tableaux faironts les quatres parties du jour, ils ont ettés ordonnez au mois d'avril 1751, et
doivents être faits au mois de septembre de l'année 1752, le
prix est de cents ecû romains chacuns, je dois envoyer lesdits
tableaux a MM. Jachson Hart et Rutherford qui doivents m'en
payer le prix et sur lesquels je tireray une lettre de change
de ladite somme lorsque lesdits tableaux ceronts faits.

Deux tableaux au lieu de 4 qui doivent representer un levant et un couchant, — broüillard, une tempeste. Livorne
chez MM. Jackson Hart et Rutherford.

128. Pour milord Charlemont six tableaux.

129. Pour Monsr Howard cinqs tableaux toile d'empereur
reppresentent des marines avec des sujets differents a ma fantaisie, un doit être fait au mois de may 1752 et les quatres
autres au mois de mars 1753, le prix est de cents ecû romains, je dois les remettre a M. Rosel et M. Belloni doit me
les payer. — (R. 52.)

130. Pour M. Thomas D'aevson de Dublin deux tableaux

toile d'empereur devents reppresenter un une tempeste, et l'autre un soleil couchant, et des sujets de marines promis pour le mois de septembre 1752, le prix est de cents ecû romains chacun.

Je dois les remetre à M. Parker peintre anglois à Rome. — (R. 50.)

131. Pour un amy de M. Gabriel Mathias un tableau de trois pieds dix pouces de largeur sur deux pieds dix pouces de haut mesure d'Engleterre, devant servir pour un dessus de cheminée, je dois le faire à ma fanthaisie, il a été hordonné dans le mois de janvier 1752, le prix est de 90 ecû romains, et doit tirer pour ladite somme une lettre de change sur ledit Mathias peintre anglois a Londres.

132. Pour M. le marquis de Fourbin un tableau devant reppresenter un paysage à ma fantaisie, la largeur est de deux pieds 4 pouces deux lignes, et la hauteur un pied dix pouces et demy, il doit etre pris en largeur.

133. Pour M. Gabriel Mathias deux petits tableaux pris sur une toile nommée toile de teste partagée en deux, les sujets doivent être des marines à ma fantaisie, ordonnez au mois de janvier 1752.

134. Pour M. Peilhon deux tableaux de quatres pieds de long sur deux et demy de haut mesure de France, un doit reppresenter une incendie, et l'autre un soleil couchant ou lon voye le disque du soleil qui comence a etre caché par l'orizon de la mer, et dans une vapeur rougeatre fait que pour lors on peu regarder le soleil et qui ne laisse pas que d'éblouir; ordonnez au mois de mars et promis pour le mois de décembre 1752. Le prix est de douze cents livres les deux.

On ne les retrouve pas à la vente Peilhon (1763).

135. Plus pour M. le chevalier Fesheston-Haugh deux tableaux toile d'empereur à ma fantaisie paysage ou marine ordonnez par M. Latheulier son beau frère au mois de mars 1752, le prix est de cents ecû romains chacun. — (R. 45.)

136. Pour M. De la Curne un tableau de 2 pieds et demy de large sur 2 pieds de haut plus ou moins, à ma fantaisie, avec un peu d'architecture et bien orné de figurines, je suis le maître du prix.

137. Pour M. Henry quatres tableaux toile d'empereur reppresentent des sujets de marines avec les quatres parties du jours parmi lesquels il y aura un broüillard qui servira pour le matin, ils ont ettés ordonnez par M. Bretenghem au mois

de may 1752 et promis pour une année d'apprés 1753. Le prix
est de cents ecu romains chacun et doit les remettre audit
M. Bretinghem.

138. Pour un amy de M. de Calas de Marseille deux ta-
blaux de 12 a 13 pouces de large, sur huits de hauts, ordonnez par M. Natoire directeur de l'académie de France a
Rome le prix est de 150 livres chacun ordonnes au mois de
may 1752 et promis pour l'année d'apprés, les sujets doivents
etre des marines.

139. Pour M. Noguier Receveur general des finances a
Marseille un tableau de 3 pieds 8 ps moins 2 lignes sur 2 ps
9 ps et 8 lignes pris en largeur pour faire pendant a un paysage de Dujardin ordonné au mois de décembre 1752 et
promis pour deux ans aprez. Le prix pour cinq cent livres, il
doit faire pendant à un de Dujardin ou il y a des figures
d'environ 4 pouces de hauteur et des animeaux. — (R. 59.)

140. Pour M. ..... Anglois un tableau de .... à ma fantaisie il doit servir pour une cheminée fait en hauteur ordonné
a Marseille au mois de décembre 1752. Le prix est de trante
loüis d'or.

141. M. Fontainieu place de Noaille a Marseille deux tableaux toille d'empereur des sujets a ma fantaisie repprésen-
tants des marines auxquels je donneray la hauteur de la toile
suivant ce que je jugeray a propos ordonnez au mois de mars
1753 et promis le plutot que je pourray le prix est de cents
Ecus Romains (chaque) qui fonts 1050 l. (les deux.) — (R. 63.)

  Vente Donjeux (1793), no 360. — Vente Morelle, 2,504 liv.

142. Pour M. Poulhariez negt a Marseille deux tableaux
repprésentent des marines ou il ait aussi un peu de paysage
et des sujets gracieux comme un lever et un coucher du soleil sans faire des tempêtes, et parmi les figurines, des femmes des environs de Rome, et des Grecques, et y mêtre mon
portrait. Ils doivent etre de deux pieds et demy de large, sur
deux de haut, mesure de France, ordonnez dans le mois de
mars 1753 et promis le plus tot que je le pourray; je suis libre dans tout ce que je voudray faire dans lesdits tableaux
ainsy que d'y mettre le prix que je voudray. — (R. 94.)

  L'un est le célèbre tableau des *Baigneuses*. — Ventes Duc de
  Choiseul (1772); prince de Conti (1777), 5,100 l.; Dulac (1778),
  8,001 l.; Tonnelier (1788), 4,701 l.; Robit (1804), 2,820 fr. —
  Gravé par Balechou.

143. Pour M. Du Bosse le pere a Marseille deux tableaux
sur toiles d'Empereur repprésentent un une marine et l'autre

un paysage, la marine doit etre un calme avec un soleil cou
chant bien chaud et d'un ton fort et vigoureux sur les ter-
reins, et le paysage doit avoir des rochers, cascades, troncs
d'arbres etc. ordonnez au mois de mars 1753 et promis pour
le plustot que je le pourray, le prix est cents Ecû Romains.
— (R. 64.)

144. Pour M. le Baron de Galliard conseiller a Aix deux
tableaux.

145. Pour M. Desol Tresorier General de la marine deux tableaux a ma fantaisie tant pour la grandeur que pour les sujets, le prix, etc.

146. Pour M. Ferrand fermier general deux tableaux d'environ trois pieds de large au (hauts) comme je voudray les sujets
a ma fantaisie.

147. Pour M. le chevallier Henry Irlandois quatres tableaux
reppresentent les quatres parties du jour en sujets de marines
un soleil levant dans un broüillard, un midy par une tempeste, un soleil couchant d'un ton chaud, et une nuit avec
un clair de lune, le prix est de cents cinquante livres sterlins les quatres; ils doivent etre sur toile d'empereur, et les
ay promis pour le plustot qu'il me cera possible. — (R. 105.)

148. Pour M. De l'Isle l'ainé a Marseille six tableaux.

149. Pour M. le Marechal de Noailles huits tableaux ovalles
qui doivents servir pour orner son grand cabinet de son hôtel
de Paris, et quatres dessus de portes. Le prix est de cents Pistoles chaqu'uns, ils onts ettez ordonnez dans le mois d'Aoust
1753. J'ay promis de les faire le plustot qu'il me cera possible.

150. Pour M. Bourlat negt a Marseille un tableau a ma fentaisie tant pour la grandeur que pour le sujet, je dois cependant faire en sorte qu'il y aye une figure ou je puisse peindre
le portrait de Madᵉ son épouse.

Vente Bourlat de Montredon (1778), nᵒ 17, 1,560 l.

151. Pour M. de Robinot a Marseille un tableau a ma fantaisie tant pour la grandeur que pour le sujet.

152. Pour Madᵉ la marquise d'Empus a Avignon deux tableaux
toile d'empereur des sujets a ma fantaisie.

153. Pour M. de Beauchamp a Avignon deux tableaux toile
d'empereur des sujets a ma fantaisie.

154. Pour M. Charron commissaire ordonnateur a Marseille,
un tableau d'environ quatre pieds de large ou a ma fentaisie
qui doit representer une marine ou il y aye des Arcenaux
etc. et quelque chose qui convienne a son employ, ordonné
dans le mois d'Aoust 1754.

155. Pour milord Charlemont quatre tableaux toile d'Empereur qui doivent representer les quatres parties du jour, en sujets de marines, le prix est de cents cinquante livres sterlins les quatres qui doivent m'etre payés par Mrs Sollicoso et Crowe Banquiers a Marseille, a qui je dois remettre lesdits tableaux.

156. Pour milord Pembroke un petit tableau de 2 pieds et 3 pouce de large sur un pied et demy de haut mesure de France, que je dois remettre a M. Whatley agent d'Angleterre a Marseille et qui doit m'etre payé vints loüis d'or par M. De l'Isle ainé qui en a eu l'ordre de M. Belloni Banquier a Rome. — (R. 68.)

157. Pour milord D'Artmouth deux tableaux en toile d'Empereur un doit representer un Calme et l'autre une Tempête ordonnés par M. Tomaso Jenkins peintre anglois a Rome, le prix est de 75 livres sterlins les deux.

158. Pour M. le comte Prezziosi Maltois deux petits tableaux d'environ un pieds et demy de large representent des marines ou des paysages je suis libre de la grandeur, des sujets, et du Prix, il demande aussy deux desseins, c'est M. le Chevalier de Valabres qui me les a recommandez a Marseille en 1754.

159. Pour miledy Walpol ou   un tableau en toile d'empereur dont je peut retrancher du haut ce que je jugeray a propos. On me laisse le maitre du sujet et entièrement a ma fantaisie; le prix est de mille livres monoye de France. Il a été ordonné au mois d'Avril 1755 lorsque cette Dame passa a Toulon.

160. Pour M. de Villette, tresorier general de l'extraordinaire des Guerres deux tableaux de trois pieds de large sur deux et un pouce de haut, un doit representer la pêche du thon et l'autre a ma fantaisie.

Peut-être le no 40 de la vente Villette, vendu 1,224 liv.

161. Pour M. de Villette l'ainé deux tableaux sur cuivre a ma fantaisie, ordonnez l'an 1754. — (R. 76.)

Salon de 1757, no 65? — Vente de Villette, no 46, un seul 500 l. — Vente Le Rebourg (1778). — Gravé par Aliamet : *Le Soir.*

162. Pour M. Peilhon le pere secrettaire du Roy deux petits tableaux peint sur bois avec des figures habillées à l'orientale. — (R. 75.)

Salon de 1757, nos 62 et 63. — Vente Peilhon (1763), no 72, 800 l. 10 s. les deux. — Gravés par Daullé : *La Grecque sortante du bain* et *le Turc qui regarde pêcher.* — Galerie Grand'ducale de Carlsruhe.

Plus un tableau de la vûe de la ville d'Avignon ordonné l'an 1751. — (R. 89.)

Salon de 1759, n° 67. — Ventes Peilhon (1763), n° 82, 4,001 l.; Randon de Boisset (1777), 4,199 l. 19 s.; Aubert (1786). — Gravée par Martini.

163. Pour M. le Duc de Chevreuse |deux tableaux de cinq pieds de large etc., les sujets à ma fantaisie, ordonnez a Paris dans le mois d'Aoust 1755.

164. Pour Mad^r Geoffrin un tableau d'environ 20 pouce de large, il doit reppresenter un soleil couchant, ordonné au mois de May 1755. — (R. 73 ? 93 ?)

165. Pour M. Denis tresorier des Batiments du Roy, un tableau de trois pieds de large haut a proportion, ordonné au mois de septembre 1755. Le sujet a ma fantaisie

166. Pour M. Randon du Boisset deux tableaux d'environ 4 pieds la hauteur a proportion, les sujets a ma fantaisie ordonnez au mois d'aoust 1755.

Ventes ; Randon de Boisset (1777), n° 203, 8,540 l., une Tempête et un Calme; Beaujon (1787), n° 102. — La *Tempête*, au Louvre, n° 607. — Gravé dans le Musée français. *Le coup de tonnerre.*

167. Pour M. Poulhariez 2 tableaux de deux pieds et demy de large sur 2 de haut en paysage. — (R. 94.)

168. Pour M. le Comte de Vence un petit tableau dont j'ay la mesure ordonné au mois de septembre 1755.

169. Pour M. Coustou l'ainé sculpteur deux tableaux a ma fantaisie ordonnez au mois de septembre 1755.

170. Pour M. Vialy peintre deux tableaux dont j'ay la mesure. — (R. 80.)

Salon de 1757, n°s 66 et 67. — Gravés par Aliamet : *Temps orageux*, et par Leveau :*La jeune Napolitaine à la pêche.*

171. Pour M. Le Bas graveur deux tableaux a ma fantaisie.

172. Pour M. Peirotte deux ableaux a ma fantaisie.

173. Pour M. de St Michel de Marseille Ch^{er} de St Loüis un tableau en toile d'empereur a ma fantaisie, ordonné par M. Volaire le fils au mois de octobre 1755. Le prix est de mille livres. — (R. 79.)

174. Pour milord duc de Bridswater quatres tableaux en toile d'empereur devent reppresenter, un soleil levant dans du broüillard ; un soleil couchant d'un thon chaud, et deux tempêtes une en marine et l'autre en paysage, ordonnez au mois de fevrier 1756. Le prix est de mille livres argent de France. — (R. 97.)

175. Pour M. le baron de Montfaucon un tableau en toile

d'empereur. La mesure que j'ay donné pour la bordure a 4 pieds 2 pouces 3 lignes de large et haut de 3 pieds et un pouce. Le prix est 50 loüis d'or.

Musée d'Avignon, n° 282.

176. Pour M. le Marquis de Perussy d'Avignon un tableau en toile d'empereur devent represanter un sujet gracieux. C'est sur un que j'ay fait pour M. De St Michel qu'il en a eu envie il represantoit un calme avec un soleil couchant doré. Le prix est 50 loüis.

177. Le pendent du tableau que j'ay fait à M. de Marigny doit être de la largeur ordinaire des toiles d'empereur e, doit avoir trois pieds neufs pouces et demy de haut.

Le tableau déjà point était une Tempête, datée de 1754, (R. 67.) Salon de 1755, n° 102. — Celui-ci, un Paysage. (R. 88.) Salon de 1757, n° 61. — Vente Ménars de Marigny (1782), 0,621 l. les deux.

178. Pour M. Le Noir quay de l'Ecole à Paris un tableau d'un pied dix pouce de large, sur un pied 4 pouces 3 lignes de haut, il doit repprésenter une marine au soleil levant avec une mer calme, quelques fabriques, quelque embarquement de marchandise, et des figures en habbits levantins ou grecs, le tout doit être d'un ton clair guay et suave ; le prix est de 600 l. que M. Gruer receveur du tabac a Bordeaux doit me compter. — (R. 92.)

179. Pour M. Roussel fils du fermier général, il m'a demandé en son passage a Bordeaux en 1758 que je luy fasse des tableaux tant que je voudray ; sujets, mesures, prix, et temps, a ma fantaisie. Mais ils ne doivent pas exceder la grandeur d'environ 4 pieds de large.

180. Pour M. le Bailly de Fleury, un tableau de huits pieds de long qui doit representer son expédition de Tunis avec toutte la marine de Malte. Le prix est de 4,000 liv. et il doit etre fait dans l'espace de trois ans d'a present, ce   juillet 1758.

181. Pour M. le marquis de Voyer d'Argensson quatres tableaux eu toile d'empereur, une tempeste de mer, un soleil levant dans un brouillard, en marine ; les deux autres en paysage ; un avec un soleil couchant des plus chaud, et l'autre un matin des plus frais : ordonnés a Bordeaux dans le mois de janvier 1758. Le prix est de cinquante loüis chaque tableau. — (R. 101.)

La Tempête, gravée par Flipart. (Tempête de jour.)

182. Pour M. de Saint-Amand fermier general deux tableaux de la grandeur que je voudray 4 palmes, ou toile d'empereur ; comme il a été quelques années en tournée en

Gienne, il voudroit quelque vûe d'après nature de Bayonne, ou de St Jean de Luz ou de Bordeaux celles que je croiray les plus pictoresques, et faire un meilleur effet, c'est à St Jean-de-Luz que nous parlament de cela dans le fort du Socooa le 16 aoust 1759.

183. Deux tableaux pour madame la comtesse d'Egmont d'un pied dix pouces de large sur un pied 4 pouces 3 lignes de haut. — (R, 99.)

Musée du Louvre, no 608.

184. Pr M. Journû quatre tableaux de trois pieds.—(R, 101.)

185. Deux tableaux pour M. Massé de deux pieds de large sur 18 pouces neuf lignes representant des marines, un calme et une tempeste. — (R. 111.)

186. Pour madame Geoffrin un tableau en hauteur de trois pieds et demy de haut, sur deux 8 lignes de large dont le sujet est tiré d'un roman de M. de Marmontel intitulé la *Bergère des Alpes*.

Salon de 1763, no 92. — Au palais de Saint-Cloud.

187. Deux tableaux pour M. D'Aviray de 27 pouces de large sur 21 et neuf lignes les sujets a ma fantaisie, mais ou il y aye des effets pictoresques et des grandes distances en espace.

Salon de 1765, no 69.

188. Deux tableaux pour M. Gabriel premier architecte du Roy de 20 pouces de large sur 14 de haut les soujets a ma fantaisie. — (R. 112.)

189. Deux tableaux pour M. Descamp Directeur de l'Academie de peinture de Roüan de 20 pouces de large sur 14 de haut a ma fantaisie.

190. Pour M. Lefer de Cadix un tableau de trois pieds de large et la hauteur a proportion 750 liv. — (R. 106.)

191. Pour M. de Boulliette auditeur des comptes a Paris un tableau de 30 pouce de large sur vingts de haut a 600 liv. — (R. 119.)

Salon de 1765, no 75.

192. Un tableau pour M. Godefroy le jeune de deux pieds cinqs pouce trois lignes de large sur un pied huit pouces six lignes de haut sujet de marine a ma fantaisie.

Salon de 1765, no 73.

193 Un tableau pour M. Lecarpentier Architecte de deux pieds 6 lignes de large sur 15 pouces de haut. — (R. 122.)

Ventes : Le Carpentier (1774), no 31; Le Roy de Senneville (1780), 2,000 l. — Gravé par madame Bertaud : *Orage impétueux*.

194. Deux tableaux pour M. Buldet vitrier et marchand

d'estampes de deux pieds de large sur la hauteur a proportion en marine et des figures de matelots etc. à 600 l. pièce.

C'est à Buldet qu'appartinrent les deux tableaux, gravés par
Tilliard : *Agar dans le désert* et *Jonas sortant de la baleine*,
datés de 1753, Ventes Brunot (1827), et Marcille (1857), naguères
encore chez un marchand du quai Voltaire, où nous avons pu en
apprécier la finesse et la fraîcheur de coloris.

195. Pour M. le comte de Creutz Suédois deux tableaux de
la mesure de ceux que j'ay fait pour M. Daviray, ordonnez dans
le mois de mars 1764 et promis dans deux ans d'après. Les
sujets a ma fantaisie et le prix de 1500 liv. chaque.

196. Pour M. de Mory caissier general de la Compagnie des
Indes deux tableaux d'environ trois pieds de large la hauteur
a proportion les sujets a ma fantaisie, ordonnez vers la fin de
l'année 1763.

197. Pour M. Jacquemain deux tableaux. — (R. 114. 152.)

Salon de 1765, n° 74.

198. Pour milord Temistocle fils de M. le duc de Bedfort un
tableau de mesure toile ditte d'empereur en hauteur avec
des rochers montagnes fort élevées, cascades, troncs d'arbres, etc., ordonné le 18 avril 1764 et promis pour le commencement de l'année 1765, c'est avec madame Geoffrin que
je dois avoir a faire pour le prix etc.

199. Pour M. Thornill cadet, Anglois et de la connoissance
de M. Monnet, deux tableaux de 32 pouce de large sur 20 de
haut, un doit representer un lever du solleil l'autre un coucher en marine ordonnez le 17° may 1764 et promis pour une
année d'après le prix est de 1500 l. les deux. — (R. 118.)

200. Pr M. Godefroy deux tableaux de deux pieds 5 pouces
3 lignes sur 20 pouce neuf lignes a ma fantaisie. — (R. 115.)

Salon de 1765, n° 73 ?

201. Pour M. le marquis de Roquefeuil a Montpeiller deux
tableaux de trois pieds et demy de large sur deux pieds cinqs
pouces de haut a ma fantaisie, un promis pour le commencement de l'année 1765 et l'autre dans le courant de la meme
année.

Salon de 1765, n° 71.

202. Pour M. Mary de Rouen deux tableaux de vingts
pouce de large sur 14 a 15 pouce de haut, a ma fantaisie ordonnez par M. Descamps Directeur de l'Academie de Rouent
le 30° avril 1764. Le prix est de cent pistoles les deux.

203. Pour M. Dupille amy de M. de Villette deux petits tableaux de 18 pouce de large et la hauteur a proportion ordonnez le 6° septembre 1764.

204. Pour M. Sargent Anglois un tableau de toile d'empereur en largeur c'est a dire quatre pieds 18 lignes de large sur trois pieds de haut et deux autres tableaux en hauteur d'environ 20 pouce de haut sur 13 de large sur 15 de large plus ou moins selon mon goust, je puis faire ces trois tableaux a ma fantaisie, ils onts ettes ordonnez le 8° octobre 1764. — (Voir C. 207-218. — R. 128. — Journal, page 307.)

205. Pour madame la présidente de Bandeville un tableau de deux pieds de large sur la hauteur a proportion a ma fantaisie et pour le temps que je voudray il a été ordonné les premiers jours d'ottobre 1764. — (R. 123.)

> Vente de Bandeville (1787), n° 64. — Gravé par Chenu : *Vue du Château Saint-Ange du côté du port.*

206. Pour M. le duc de Causset un tableau de 12 pouce 3 lignes de large sur huit pouce huit lignes de haut a ma fantaisie. — (R. 117.)

> Gravé par Le Bas : *XI° vue d'Italie.*

207. Pour M. Sargent Anglois un tableau de huit pieds de large sur cinq ou six de haut, marine et paysage a ma fantaisie; ordonne dans le mois de mars 1765 et promis pour le plustot que je le pourray; le prix est de cent cinquante louis ou 3600 l., plus deux tableaux de 30 pouces de large sur 20 de haut, païsage ou marine, le prix est de 1500 l. les deux.

To John Sargent Esq member of Parliament in London The Frances to be adressed to M. Christ° Chambers negociant dans Muicing Lane London.*

Le correspondant de M. Sargent à Livourne est M. Francesco Jermy. — (Voir C. 207 et C. 218. — (R. 128.)

208. Pour madame la Présidente de Bandeville un tableau de deux pieds et demy de large sur deux pieds de haut a ma fantaisie ordonné dans le mois de janvier 1765 et promis pour le plustot que je le pourray.

> Vente de Bandeville (1787), n° 65. — Ce tableau se dédoubla en deux vues de rivières, gravées par Le Bas : *Les Occupations du rivage* et *la Source abondante.*

209. Pour M. Garrick Anglois un tableau de deux pieds et demy de large la hauteur a proportion a ma fantaisie ordonné dans le mois de mars 1765 et promis pour le plustot que je le pourray.

210. Pour un amy de M. de Marigny parent de M. Delacroix deux tableaux de marine a ma fantaisie de deux pieds et demy de large sur la hauteur a proportion à 1000 liv. chaque. C'est pour la Hollande. (Voir C. 226.)

211. Tableau proposé par M. Foley pour un monsieur Anglois de deux pieds de large sur 18 pouces de haut a ma fantaisie le prix de 750 l. et le temps ou il doit être fait dans l'automne de 1765.

212. Pour M. l'évêque de   frère de M. de Livry un tableau de deux pieds cinq pouce trois lignes de large sur un pied huit pouce six lignes de haut, le sujet doit être un paysage a ma fantaisie, le prix de huit cent livres, et le faire le plustot que je pourray.

213. Pour M. Colebrooke deux tableaux d'environ trois pieds et demy de large la hauteur a proportion a ma fantaisie. Le prix est de 3000 l.

OUVRAGES QUI ME SONT ORDONNEZ.

214. Pour M. Pieter Van de Coppello a Leyden quatre tableaux de quatre pieds de large, la hauteur a proportion; deux en marine et deux en paysage avec des chuttes d'eau, représentent les quatre parties du jour a ma fantaisie; ordonnez dans le mois d'aoust 1765 et promis pour une année d'apres, le prix est de deux mil livre chaque.

215. Tableau ordonné par M. Foley pour M** Anglois il doit être ovale de trois pieds de large sur deux pieds deux pouce de haut; ordonné vers la fin du mois d'aoust 1765 et promis le plustot que je pourray le sujet a ma fantaisie. — (R. 129 ?)

216. Pour M. Carré Desvarennes de La Rochelle deux tableaux un peu plus grands que ceux de Mad° Geoffrin, marine ou paysages a ma fantaisie ordonnez les derniers jours d'aoust 1765 et promis pour une année d'apres le prix est de 400 l. chaque : je me suis chargé de fair faire les bordures.

217. Pour M. de Presle un tableau de 34 pouce neuf lignes de haut sur 25 pouces 4 lignes de large ordonné le 14° novembre 1765 et promis pour six mois apres.

218. Les trois tableaux pour M. Sargent doivent représenter; le grand un port de mer tranquille au coucher du soleil; un des petits doit etre une matinée fraiche, avec un vent frais qui agitte un peu la mer et le pendant un clair de lune. (Voir plus haut C. 204-207. — Journal, p. 397.)

219. Pour M. Henry Hoare (Fleet-street) Anglois deux tableaux ovale de trois pieds de large sur deux pieds 4 pouce de haut et je dois laisser tout autour un pouce de plus, un doit representer un clair de lune l'autre a ma fantaisie. M. Foley doit me les payer. — (R. 132.)

220. Pour M** Anglois, un tableau de quatre pieds de large

sur deux et demy de haut, le sujet a ma fantaisie ordonné le 14° janvier 1766 par M. Foley banquier anglois, et promis pour le plustot que je le pourray.

221. Le 24° janvier 1766 M. Monnet m'a demandé pour M. Thornill Anglois deux tableaux de trois pieds de large, sur deux et demy de haut en marine; un calme et une tempeste. Le prix a 1200 liv. chaque, promis pour un an d'appresent. — (R. 147.)

222. Pr un amy de M. Goullard de Montpellier, M. Vassal, deux tableaux de 15 pouce de haut sur 20 de large, un doit etre un coucher de soleil fort chaud, et l'autre a ma fantaisie, en marine. Les figures d'environ trois pouces de haut.

223. Pour Made la comtesse de Turpin un petit tableau a ma fantaisie.

224. Pour Made de Montullé un tableau ovale de   de haut sur   de large. (R. 131.)

225. Pour M. François Prenner Lammens a Gand un tableau de trois pieds (36 pouces) de large sur 2 pieds (24 pouces) de haut; le sujet a été indiqué par ce Mr. Je l'ay pas écrit, mais je me suis réservé de le faire a ma fantaisie si ce sujet ne me plaisoit pas, il es recommandé par M. de la Reynière fermier général.

226. Pour M. Oudermeulen d'Amsterdam amy de M. Girardot de Marigny deux tableaux de 30 pouce de large sur 20 pouce de haut, un doit etre un clair de lune, l'autre un lever de soleil. J'ay deja fait pour la meme personne un coucher de soleil avec un fond ou il y a un fanal, et une gallerie en collonnade et un vaisseau de guerre hollandois, et l'autre est une tempeste. Le prix est de mille livre piece. Plus deux autres tableaux de la taille a peu pres de ceux que j'ay fait sur cuivre a M. de Villette dans le goust de celuy dont l'estampe est intitulée la jeune Napolitaine et l'autre a ma fantaisie. Je fairai du Paysage et je les dois remettre à M. Thellusson Necker et comp,. — (R. 144.)

227. Pour M. Denis Trésorier des Bâtiments du Roy un tableau en marine d'un pied 5 pouce de large sur un pied 2 pouce de haut ou toile de 8.

228. Tableau ordonné par M. Huel pour remettre à M. Lecouteux Banquier rüe Montorgueil, de quatre pieds et demy de large sur trois pieds et demy de haut; il doit représenter une tempeste; je l'ay promis pour le courant de l'année 1767. Le prix est de cent loüis. — (R. 136.)

229. Tableau pour M. Boyd anglois a Londres, ordonné par M. Vanloo par une lettre qu'il a reçû de M. Pavillon. Il doit avoir cinqs pieds de large, sur six pieds et un pouce de haut mesure d'Angleterre prise sur le pied anglois. Il doit representer une grande chutte d'eau, des lointains et orné de beaucoup de figures; le prix est de cent cinquante loüis ou 3600 l. Je l'ay promis pour le mois de mars de l'année 1768. Il a été ordonné en décembre 1766.

Par une lettre de M. Pavillon du 24° février 1767 ecritte a M. Vanloo, il a envoyé une nouvelle mesure du tableau cy dessus qui est de 5 pieds 10 pouces de haut, sur quatre pieds six pouces de large mesure d'Angleterre, ou 5 pieds 5 pouces 10 lignes de haut, sur 4 pieds 2 pouces 3 lignes de large mesure de France, il doit y avoir toujours des chuttes d'eau mais avec un fond de marine. Les deux dessus de porte du salon ou doit etre ce tableau ettant en paysage. Tout le reste a l'égard dudit tableau comme cy dessus. — (R. 137.)

230. Le 15° may 1767 M. Le Peletier de Morfontaine intendant de Soisson m'a ordonné deux tableaux de trois pieds de large sur la hauteur a proportion en marine ou en paysage a ma fantaisie, mais avec des choses et des effets piquant comme tempeste, cascade, etc. Promis de les ebaucher pour le commencement de l'hiver prochain et les finir le plustot que je le pourray; le prix et de 1500 l. chaque.

231. Le second tableau pour M. Foley doit etre remis tendû sur son chassis a M. Perregaux Mon... Panchaud Rüe Saint-Sauveur qui aura soin de le faire emballer et me le payer.

232. Pour M. Henry Hoare un tableau ovalle de trois pieds deux pouces 3 lignes de large sur deux pieds six pouces et demy de haut; il doit representer un coucher de soleil le disque en plain dans le tableau, avec quelques fabriques c'est a dire quelque mole : le prix est de 1200 l. — (R. 142, 143.)

233. Un tableau ordonné par M. Sorbet vers le commencement de septembre 1767 de trois pieds et demy de large et la hauteur a proportion, le sujet a ma fantaisie; promis pour la fin de l'année 1768. Le prix est de 1500 liv.

234. Vers la fin de janvier 1767 M. Casanova m'a demandé pour un de ses amis deux petits tableaux de.....

235. M. de Sainsey m'a demandé un petit tableau pour M. de La Ferté intendant des Menû Plaisirs.

236. Vers les derniers jours de janvier 1768 madame de La Borde m'a demandé un tableau de 5 pieds 4 pouce de large

sur 3 pieds 10 pouce de haut le sujet a ma fantaisie, pour faire pendant a celuy qu'avoit madame Geoffrin qui represente des grands rochers avec des chuttes d'eau ou il y a tres peu de ciel. Ce tableau devoit etre fait avant la fin de la meme année 1768, et j'ay promis de faire en sorte qu'il soit fait. — Il m'a été payé 4800 l. — (R. 139.)

237. Le 19e juin 1768 M. Lecouteult bancquier et venû de la part de milord Kins anglois a Londres m'ordonner un tableau de quatre pieds et demy de large sur trois pieds et demy de haut, representent un port de mer enrichi de beaucoup de figures, edifices, et bâtiments maritimes au coucher du soleil, je l'ay promis pour le courant de l'annee 1769 le prix est de 150 loüis ou 3600 liv. C'est pour faire pendant a la tempeste que j'ay fait pour la meme personne. — (R. 148.)

238. Deux tableaux pour M. de La Ferté intendant des Menû de 15 pouce de large et onze de haut. — (R. 150.)

239. Pour M. de La Borde deux tableaux de deux pieds et demy de large sur deux pieds de haut dans le goust des Baigneuses qu'a de moy M. le Duc de Choiseul. — (R. 151.)

240. Pour M. Carré Desvarennes, secretaire du Roy a la Rochelle, deux tableaux de 20 pouces ou environ de large sur la hauteur a proportion : un doit etre un clair de lune en marine et l'autre en paysage avec un orage a l'heure du midy; luy ayant deja fait un lever et un coucher du soleil; ces tableaux sont ordonnez il y a quatre ans, le prix est de 1200 l. les deux. Madame Prevost doit me les payer. — (R. 150.)

241. Deux tableaux de 15 pouces de haut sur 12 de large ordonnez par madame Geoffrin le 26e juin 1769 pour une dame de ses amies; on nomme ces toiles de six. Un doit etre un clair de lune et l'autre une marine a ma fantaisie.

242. Deux tableaux pour M. le comte de Creutz de un pied six lignes de large, sur 10 pouces de haut; un doit etre un clair de lune et l'autre un lever de soleil dans un brouillard. — (R. 141.)

243. Pour M. de Livry premier commis du bureau de M. le comte de St-Florentin un tableau d'un pied deux lignes de large sur neuf pouces de haut, il doit representer un clair de lune avec une mer agitée, quelques fabriques sur le rivage, quelques figures en mouvement et d'autres se chauffant autour d'un feu, pour lequel M. de Livry a offert 15 loüis; le tout marqué par sa lettre du 4e novembre 1769. — (R. 149.)

244. Pour M. le président de Le Rebourg rue du Bac un

tableau de   pouce de large sur   de haut pour faire pendant a un paysage qu'il a achetté chez M. de Villette ou il y a des baigneuses a l'heure du coucher du soleil, il est peint sur cuivre.

Le pendant est le n° 46 de la vente Villette, gravé par Aliamet sous le titre *Le Soir*. Il figure seul à la vente du président en 1775.

245. M. Fagel fils greffier des Ettats généraux ou de la République de Hollande a la Haye.

M. Vernet est prié de la part de M. Fagel de se charger de faire pour lui une marine moitié paysage, ce sujet rapellant quelqu'une des côtes de l'Italie, représentant un couchant serein et quelques baigneuses, deplus un paysage avec de l'eau. M. Vernet a bien voulu promettre l'un pour l'Eté 1770 et l'autre un an apres.

Le paysage fraix avec quelque chutte d'eau, ordonné au mois de septembre 1769. Celuy des Baigneuses doit etre fait dans le courant de l'été de 1770, et l'autre dans celuy de 1771, le prix est de cent loüis pièce; la mesure est de trois pieds de large sur deux de haut. — (R. 156.)

Salon de 1771, n°s 43, 44.

246. Du 16 octobre 1769. — Deux tableaux de quatre pieds et demy de large sur la hauteur a proportion qui seroit de trois pieds ou environ les sujets a ma fantaisie, un orage et une marine ou autre chose de mon genre, on me l'aisse le maitre du temps; ils ont été ordonnez par M. le baron   et ils sont pour l'Electeur Palatin; le prix est de cent cinquante loüis chaque. — (Voir C. 250, R. 153.)

Salon de 1771, n°s 40 et 41

247.

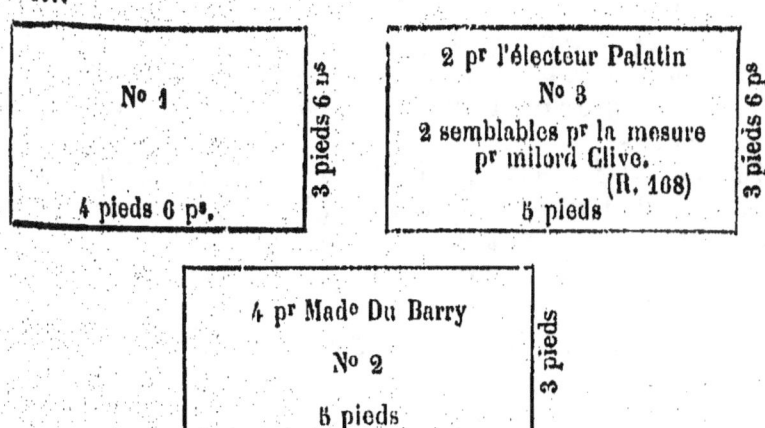

(R. 157, 164, 165, 166.) — Salon de 1773, n° 39.

248. Pour l'Imperatrice de Russie un grand tableau. Je suis le maître de la mesure, du sujet et du prix.

249. Pour M. Boyer de Fonscolombe a Aix un tableau de 18 pouce de large la hauteur a proportion representent une Tempeste a ce que m'a dit M. de Fontanieu de Marseile a qui j'ay dit que ce tableau cousteroit 20 loüis.

Vente Boyer de Fonscolombe (1790) : une Marine au Clair de lune et un Paysage dans le goût de Salvator Rosa.

250. Trois tableaux pour l'Electeur Palatin et pour sa gallerie de Mannheim ordonnez le 25° novembre 1769 par M. le Baron de Sickingen, un de quatre pieds six pouces de large, sur trois pieds six pouces de haut, un de cinqs pieds de large, sur trois pieds six pouces de haut. Ils doivent etre ou en marine, ou en paysage a ma fantaisie, je les fairay dès que je le pourray; et le prix est de cent cinquante loüis chaque, ou trois mille six cent livres — (Voir C. 246.)

251. Le 23° septembre 1771 M. Challe m'a demandé pour un de ses amis un tableau de deux pieds de large sur la hauteur a proportion, il doit representer un coucher de soleil avec paysage et marine. Le prix est de 600 l.

252. Pour M. le Baron Dimidoff Russe un tableau sur cuivre de 2 pieds sur 1 pieds 7 pouces representant une Tempeste ordonné dans le mois de novembre 1771. — (Voir C. 254.)

253. Par une lettre du 25 novembre 1771 M. Henry Hoare me demande deux tableaux pour milord Arnundell un Clair de lune et une Tempeste de mer, il me propose 200 livres sterlins pour chaque et ne me fixe pas de mesure. Je luy ay proposé de les faire de 5 pieds de large sur 3 et six pouce de haut ou 5 pieds sur 3. — (R. 103.)

254. Le 14° décembre 1771 M. Dimidoff Russe m'a demandé un tableau sur cuivre de deux pieds de large la hauteur a proportion representant une Tempeste en marine, le prix est de 50 loüis. — (R. 102.)

255. Le 14° may 1772 M. de Merles m'a demandé deux tableaux de cinqs pieds de large, sur trois et demy de haut, un doit representer une marine en calme au coucher du soleil, et l'autre une Tempeste; ils onts ettés promis pour un an d'apresent.

256. Vers la my juin 1772 M. de Fontenet m'a demandé un petit tableau tel que je voudray pour le prix de 25 loüis, c'est pour en faire present, et un autre petit pour luy.

257. Pour M. Aubert deux petits tableaux pour faire pendant

a deux autres qu il a de moy dont un est un paysage le matin
et l'autre une marine au coucher du soleil. Les pendants doivent etre une marine en tempeste au clair de la lune et l'autre un paysage avec des baigneuses. — (R. 158.)

> Vente Aubert (1786), n° 59. — L'un, gravé par Le Bas, sans titre,
> avec dédicace au duc de Cossé.

258. Pour le Roy de Pologne deux tableaux de 5 pieds de
large sur 3 et six pouce de haut a ma fantaisie ordonnez par
M. Billon marchand de soyerie d'Avignon, le prix est de deux
cents loüis chaques.

259. Le 23° juillet 1772. — M. Fischer de Wanguen l'ainé a
Berne en Suisse, m'a demandé un tableau de deux pieds de
large sur 15 pouces de haut, ou de la forme que je croiray
bonne, il doit representer une marine avec du païsage a ma
fantaisie; je luy ay demandé 40 loüis et l'ay laissé le mettre
du prix a son tour; il m'a laissé aussi le maitre de régler ce
que je fairay lorsque le tableau sera fait.

260. M. Crawford Graften street London. Deux petits tableaux d'environ 15 pouces de longueur, la hauteur a proportion en païsage et marine a ma fantaisie ou bien un seul plus
grand avec des baigneuses dans une grotte au bord de la mer,
le prix des deux ou de celuy la seul est de 40 loüis, je luy ay
promis pour la fin de janvier 1773 et doit les envoyer a l'adresse
cy dessus marquée. — (R. 167.)

261. Pour M. Borrée ou Borel le fils fiscal de l'amirauté a
Amsterdam, deux tableaux de trois pieds de long sur deux et
demy de haut a ma fantaisie promis pour le plustot que je
pourray, les remettre a M. Ferdinand Grant banquier rüe
Montmartre. — Ordonnéz par M. Bost qui alloit faire un
voyage en Italie. — (R. 186.)

262. M. Windem milord Aigremont vers les derniers jours
d'aoust m'a demandé deux tableaux de 5 pieds sur 3 et demy
representant des marines et payisage, un coucher du soleil et
l'autre un clair de lune ou a ma fantaisie. Ils doivent etre de
cinqs pieds de large sur trois de hauteur.

263. Le 21° octobre 1774 milord Shelburne m'a ordonné
deux tableaux de huit pieds de large sur cinqs de hauteur,
un doit representer un pays agreste avec rocher, hautes montagnes, torrens, cascades, troncs d'arbres, du mouvement dans
les figures, etc., l'autre une mer tranquille au coucher du
soleil, avec des beaux édifices; quelques figures nobles comme
Turcs, Grecques, etc.; promis pour le mois d'ottobre 1775. Le

prix doit en etre reglé avec M. l'abbé Morellet qui est venu chez moy avec ledit milord. — (R. 183. 185. 190.)

Salon de 1775, n° 30.

264. Mon beau frere Guibert vers les derniers jours d'ottobre m'a demandé un tableau pour M. Bellisard architecte, il doit etre de 29 pouces et demy sur 22 et un quart non compris la feuilleure. — (R. 184.)

Vente Belisard (M. T***, 1783), 901 l. — Gravé par madame Bertaud : *La Barque mise à flot.* — Il en possédait un autre, vendu 900 l., gravé par Miger : *Côtes près de Civita Vecchia.*

265. Le 14 février 1775 (1777?) madame Geoffrin m'a demandé deux tableaux pour un de ces amis de dix pouces de haut sur 15 ou 16 de large.

266. M. Tronchin du Marc d'Or un petit tableau a ma fantaisie.

267. M. Bachellier m'a demandé un petit tableau pour un de ses amis. — (R. 208.)

268. Le 7e juin 1777 M. Girardot de Marigny m'a demandé deux tableaux de 4 pieds de large sur la hauteur a proportion un en marine et paysage au coucher du soleil, l'autre une marine au lever du soleil par un tems de broüillard. Le prix est de 3000 l. chaques. — (R. 196, 197.)

Salon de 1779, n° 59.

269. Un tableau d'environ deux pieds pr M. le Président de St-Victor ancien secretaire de l'Academie des sciences de Rouen, il doit representer une Tempeste dans un lieu sauvage avec quelque bout de ruine dans le fond, des figures sur le devant qui ont fait naufrage, ou il y aye une ou deux femmes qu'on retire de l'eau, un vieillard qui rend grace au ciel d'atre sauvé, un chien et autres choses convenables au sujet; promis pour le mois de janvier 1778. Prix 600 l. Il doit etre en largeur.

270. M. Bachellier m'a demandé un petit tableau a ma fantaisie d'environ un pied.

271. M. ..... neveu de M. de La Ferté des Menus a demandé un tableau.

272. Made Godefroy a demandé un tableau pour 25 louis. Il faut aussi un pendant. — (R. 215.)

273. M. Casanova m'a demandé un tableau pour M. le Marquis de Ségur rue St-Florentin, il doit avoir 3 pieds et demy de large, sur 2 pieds et demy de haut, le prix est de 1200 l. fait a ma fantaisie. — Cependant il doit representer un paysage avec une rivière au coucher du soleil. — (R. 202.)

274. M. Paupe au cordon bleu marchand de rubans rüe aux fers le 28 octobre 1778 m'a demandé deux tableaux de 30 pouces de large sur 20 a 22 de haut, l'un doit representer une tempeste avec tout ce que je pourray introduire de patetique et de touchant, l'autre une mer calme avec quelque edifice, ou des choses qui ayent du grand, promis pour dans une année et plus s'il le faut. — (R. 225. 228.)

Vente Paupe (1792), n° 13.

275. Pr M. de La Bove intandant de Bretagne deux tableaux de deux pieds de large sur la hauteur a proportion.

276. Pour M. de Villetaneuse un tableau de..... — (R. 102. 104. Journal, page 410.)

Gravé par Nicollet : *Le Désastre de la mer.*

277. Pour Mad° Godeffroy deux tableaux de 20 pouces sur 14 de haut a ma fantaisie. — (R. 220. 221.)

278. Pr M. le Compte de Creutz ambassadeur du Roy de Suede, deux tableaux en marine de 3 pieds de large sur la hauteur a proportion, representant un coucher de soleil tres chaud, l'autre un lever de soleil tres frais dans un brotillard, tous sujets de marines, ordonnez les prs jours de novembre 1778.

279. Deux tableaux pr Mad° M.... de deux pieds et demy de large sur la hauteur a proportion sujets a ma fantaisie ordonnez les premiers jours de novembre 1778. — (R. 201.)

280. Deux autres tableaux pour Madame Mory de 4 pieds de large sur 2 pieds 8 pouce de haut même mesure de ceux que j'ay fait pour M. Girardot de Marigny son frere. Un doit representer un lever du soleil dans un brotillard et l'autre un coucher tres chaud avec des baigneuses, ordonné dans le mois d'Avril 1779. — (R. 207. 210. 213. 214.)

281. Deux tableaux pour un amy de M. Casanova de deux pieds et demy de large sur 22 pouces de haut a ma fantaisie ordonnez vers la my juillet 1779 et promis pour lors que je les pourray faire.

282. Un tableau de 4 pieds 2 pouces 4 lignes sur 2 pieds neufs pouces 4 lignes pour faire pendant a une incendie d'un port de mer qu'a de moy M. le Marquis de Cossé qui me l'a ordonné le 21 septembre 1779 au prix de 3000 l. le sujet doit etre un jour clair en paysage ou marine, promis de faire ce tableau des que je le pourray.

283. Pr M. Dumoutier officier des Grenadiers Royeaux a Roüen un tableau de 15 pouces de large sur 13 de haut, 15

loüis ; ordonné au mois de novembre 1779. Sa demeure a
Rouen est rüe St Romain vis a vis le portail des Libraires, je
puis le faire de 22 p. six lignes hauteur a proportion et allors
le prix seroit de 22 loüis et demy — (Voir C. 287. — R. 230.)

284. — M. Brillon m'a demandé deux tableaux de 20 pouces
sur 14 de haut a ma fantaisie, un en paysage, l'autre en marine mais des sujets agreables, ordonnez le 21 Janvier 1780 et
promis le plustot que je le pourray.

285. Pr M. le Duc de Luine un tableau de 18 pouces de
large sur 15 de haut, representant un soleil couchant, avec
un vaisseau de guerre dans le fond dont les voiles sonts a
moitiés deployees vu de proffil et deux vaisseaux marchands
qui entrent dans le port, du monde sur le quay qui ayent
l'air de se réjoüir de l'arrivée des vaisseaux, avec des costumes de differentes nations, le prix est de 50 loüis. —
(R. 217. 224. 229.)

286. M. l'abbé Alaume deux petits tableaux de 15 a 18 pouces, la hauteur a proportion, ordonnez au mois de mars 1780.
Prix 1200 liv. les deux.

287. M. Dumouttier officier à Roüen me marque par sa lettre du 18 Juillet 1780 que je fasse le tableau qu'il attend de
moy de deux pieds de large sur un pied et demy de haut,
qu'il me donnera 25 loüis et les deux copies qu'il a de mon
frere d'apres moy, je lui ay repondu le 20 que je le fairay.—
(Voir 283. — R. 230.)

288. Un tableau pour M. De La Freté de quatre pieds six
pouces de large sur trois pieds de haut, la bordure doit avoir
quatre pouces et demy de large ce qui fait neufs pouces,
neufs et 4 pieds et demy font cin pieds trois pouces ; l'em-
placement six pieds et un pouce, restera donc de distance
entre le tableau et les moulures de la tapisserie 4 pouces et
demy de chaque cotté. — (R. 210. 218. 222. Voir Journal,
page 415.)

289. Pr M. le President Bernard deux tableaux de deux
pieds de large sur la hauteur a proportion, un doit representer un coucher de soleil et l'autre un clair de lune,
marine ou païsage, toujours en calme, ordonnez les derniers
jours d'Aoust 1780 et promis pr le mois de Juillet 1781. Le
prix est de 1200 chaque.

290. Deux tableaux pr M. l'abbé de Belleclse, Evêque de
Saint Brieuc, de deux pieds de large sur 16 pouces de haut,
un doit etre un port de mer au coucher du solleil dans le

goust de celuy de M. Soufflost et l'autre a ma fantaisie, le prix est de 60 loüis les deux. Ordonnez vers la my ottobre 1780.

291. Le 25 novembre M. le Marquis de Paullianne m'a demandé deux tableaux de 4 pieds de large sur deux et..... pouces de haut; un doit representer un calme au coucher du soleil avec des objets agreables, et l'autre un clair de lune avec des effets piquant de lumière, promis pour le plustot que je le pourray. Le prix a été convennû a quatre mille livres chaques.

292. M. Plantier amy de M. Touzé un tableau de deux pieds moins trois lignes de large sur 17 pouces de haut representant une Tempeste promis pour le plustot que je pourray. Le prix 30 loüis, demande le 6e fevrier 1781. — (R. 245.)

293. — Par une lettre de M. le Comte de Vergennes du 12 Juin 1781 ou il me marque que M. le Prince des Asturies qui a demandé que je lui fit six tableaux pour cabinnet, m'a accordé 40000 l. pour ces six tableaux et 18 mois de temps pour les faire, ainssy que je l'ay demandé. — (R. 226. 233. Journal, pages 416, 417.)

294. M. Dumoutier officier de Rouen m'a demandé le pendant du tableau que je luy ay fait et désireroit une Tempeste ou un Clair de lune, mais il prefereroit la tempeste. — (R. 239.)

295. M. le Compte du Nord ou le Grand Duc de touttes les Russies a son séjour qu'il a fait icy a Paris dans le mois de Juin 1782 m'a demandé quatre tableaux en me laissant le maitre de la mesure, des sujets et du prix; j'ay fixé leurs mesures a six pieds de large, et quatre ou quatre et demy de haut; les sujets doivent etre les quatre parties du jour ou marine et paysage comme je voudray.

296. Vers les premiers jours de Juillet 1782 M. Paupe m'a demandé deux petits tableaux de quinze a dix-huits pouces de haut. — (R. 235. 241.)

297. — Un tableau pour le Marquis de St-Marc de deux pieds 2 pouces et demy de large sur un pied neuf pouces huit lignes et huit lignes de plus sur la hauteur et sur la largeur avec le recouvrement; il faut un sujet gracieux en paysage ou en marine, ordonné au mois d'Aoust 1782. — (R. 243. Journal, page 422.)

298. Pour M. Bourgaux chanoine de l'Eglise de Rouen un tableau de deux pieds de large sur 18 pouces, a ma fantaisie, prix 720 l.

M. l'abbé Bourgeaux chanoine de l'Eglise de Rouen qui demande un tableau de 24 pouces sur 18 a ma fantaisie et offre le meme prix de ceux de M. Dumoutier. Sa lettre est du 29 Juillet 1783.

299. Le 2 Avril 1786 (?) M. le Marechal de Segur m'a demandé le pendant d'un tableau que je lui ay fait qui est un paysage. Ce tableau a 3 pieds et demy de large sur 2 pieds et demy de haut.

300. Le 20 octobre 1783 M. le Prince Yousoupow, Russe, ambassadeur a la Cour de Turin, chargé par le Grand Duc de Russie de m'ordonner un tableau de six archines sur six vershokes, une archine Russe fait deux pieds, deux pouces et quatre lignes de France ou du pied de Roy, et le versoke a dix lignes mesure de France. — Le tableau doit avoir six archines et six versokes de large et la hauteur doit être de trois archines et 13 versokes. — Le sujet doit etre une Tempeste. Le jour doit etre a droitte du tableau ou a gauche du spectateur. Le prix de 15000 l., promis pour le mois d'ottobre 1784.

Largeur du tableau en mesure de France est de 13 pieds 10 pouces six lignes et la hauteur de huit pieds trois pouces huit lignes. — (R. 260.)

Salon de 1785, n° 26.

301. Le prince Yousoupow m'a aussy ordonné pour luy un tableau de deux pieds dix pouces de large sur deux pieds cinq pouces de haut, le sujet doit etre de quelque effet piquant comme Tempeste en marine, orage de terre ou incendie. Ordonné le 20 octobre 1783 Le prix est de 2400 l. — (R. 254.)

Le vray nom du Prince s'ecrit Yousoupoff.

302. M. Midy beau frere de M. Bachellier m'a demandé trois tableaux de meme mesure que celuy qu'il a de moy qui est toile de..... Il demande des montagnes, rochers, cascades, baigneuses, pecheurs, etc.

303. M. de Chevillon gendre de M. De La Garde m'a demandé un petit tableau a ma fantaisie.

304. Pr M. Devouge marchand de Tableaux un tableau de 3 pieds dix pouces et demy de large, sur 3 pieds un pouce six lignes de haut, le sujet a ma fantaisie, le prix et de 4000 l.

305. Pour M. De La Freté deux tableaux de quatre pieds de large sur deux pieds huits pouces de haut, l'un doit representer un endroit agreable avec des isles dans un lac ou des compagnies vonts s'amuser, on peut faire une ville dans le

fond, et un chateau sur le bord du Lac. L'autre en opposition doit etre un orage de terre avec des choses effrayantes et
désagréables. — (R. 248, 249.)

Salon de 1785, n° 28.

306. M. l'abbé Courtois Doyen et vicaire general de l'Eglise
de Grenoble, un petit tableau a ma fantaisie que je dois remettre a M. Perrier bancquier rûe de Bourbon qui me le
payera ce que je luy demanderay.

307. Le 13e janv. 1784 — M. Jamy banquier rûe des Grands-
Augustins, qui a commission de me demander deux tableaux,
un representant des vaisseaux qui arrivent de l'Inde et des
parents et amis qui recoivent avec joye les arrivants, l'autre
une Tempeste avec le naufrage d'un vaisseau, j'ay demandé
4000 l. s'il avoit quatre pieds de large et trois ou environ
de haut et 3000 l. s'ils n'avoyent que trois pieds de large
hauteur a proportion.

308. Par une lettre du 9e aoust 1784 M. l'abbé Sozay chanoine de l'Eglise de Rouen, il me demande un tableau de
25 pouces de largeur sur seize pouce de haut. Le sujet doit
être une Tempeste. Le prix 1500 l.

309. Pour M. de Boullogne de Preninville deux tableaux de
22 pouce de large sur 18 pouces de haut à ma fantaisie. Le
prix est de 2400 l. les deux.

310. Pour M. Paupe un tableau de ..... Le prix est de 2400 l.
Il doit representer un clair de lune avec un feu.

Salon de 1787, n° 85. — Vente Paupe (1792), n° 14.

311. La mesure que M. Lebrun m'a envoyé pour faire un
pendant au tableau qu'a de moy M. le comte de Vaudreuil et
qui doit representer un coucher de soleil est de 3 pieds 8 lignes de large sur 2 pieds 3 pouces 6 lignes, ordonné au mois
de may 1785.

Absents tous deux de la vente du comte de Vaudreuil, 1784.

312. Le 24 aoust 1786. — M. Hamont marchand de Tableau
de 14 pouces 3 lignes de haut 17 pouces large devant representer une Tempete au clair de la lune. Les figures du premier plant doivent avoir 3 pouces 9 lignes ainssy que celles
du pendant qui est un calme, il est destiné pour M. Midy de
Rouen. 30 louis.

313. Pr M. Desfriches un tableau de 20 pouces et demy
de large sur 14 pouces de haut. C'est pour faire un pendant
à une marine de W. Vandevelde dont les figures sur le devant
onts de proportion environ deux pouces. Le ciel est rem-

brunis, chargé de nuages, et celuy que je dois faire doit etre bien clair.

Vente madame de Limay, née Desfriches (1834), n° 44, 818 fr.

314. Pour M. Paupe deux tableaux de 42 pouces de large sur 28 de haut et plus s'il le faut pour qu'il aye une bonne forme. Un doit representer une mer calme au coucher du soleil avec un rocher percé sur le second plant du tableau et une tour ou bastion ou autre bâtiment male et de grande manière. L'autre doit etre une tempeste avec un éclair qui fasse beaucoup d'effet, et un noffrage sur le devant du tableau, ou bien une incendie s'il me vient une idée interessante. Plus un troisième tableau de la mesure du clair de lune que je luy ay fait.

> Le Coucher du soleil et le Naufrage : Salon de 1789, n° 20; ventes Pope (1792), n° 12, 6,480 l.; La Reynière (1793), 8,000 l. — L'Incendie : Salon de 1789, n° 21; ventes Pope, n° 15, 1,750 l.; Donjeux (1793), n° 862.

315. Un petit tableau pour M. Pelerin.

316. Pour M. Barbeau deux tableaux de trois pieds de large sur deux pieds deux pouces de haut.

317. Pour M. Delaage de Bellefaye, deux tableaux de ...... de large sur .... de haut les sujets à ma fantaisie. Ordonnez dans le mois de mars 1788. M. de Bellefaye desire un soleil levant dans du broüillard et l'autre une tempeste, ordonnez au commencement de mars 1788.

318. Le dernier mars M. Dufresne m'a demandé un tableau pour le prix de 1200 l.

319. Un tableau pour M. Paupe de deux pieds six pouces 2 lignes de large sur un pied dix pouces cinqs lignes. Il doit representer un soleil levant dans un broüillard.

> Salon de 1789, n° 22.

320. Un tableau pour M. Barbot de trois pieds moins deux lignes de large sur deux pieds deux pouces de haut, il doit representer un clair de lune, ordonné le 28 juillet 1788 à 2400 l.

321. Le 28 octobre 1788 M. Paupe m'a demandé un tableau de 20 pouces de large sur 14 pouces 2 lignes de haut representant un soleil levant dans un broüillard, plus deux ovales sur cuivre.

> Salon de 1789, n° 22. — Vente Pope (1792), n°s 19 et 25.

FIN DES COMMANDES.

II. — REÇUS.

OUVRAGES QUE J'AY FAIT.

Écus romains.

1. Pour M. le comte de Quinson deux tableaux en toile d'empereur un une cascade et l'autre une marine 120

2. Pr M. Pichon une pettite marine en toile trois palmes representent une tempeste. — (C. 8.).. 30

3. Pour Mgr le cardinal de La Rochefoucault deux marines. — (C. 54.) 150

4. Pr M. Mathias Anglois deux petits tableaux un paysage et une marine........................... 25

5. Pr M. de Canilliac une vûe de Naples.—(C. 35.). 100

6. Pr M. Amilton Anglois une marine. — (C. 66.).. 50

7. Pour M. de Villette deux tableaux. — (C. 60.) 100

8. Pour le cardinal Valenti segretaire d'Ettat du Pape deux marines representent une un brouillard et l'autre une incendie. — (C. 58.)............... 120

9. Pour M. Fleurant un pettit tableau...... 15

10. Pour M. Carlo Bossi un pettit paysage.— (C. 67.) 15

11. Pour M. Bouverie deux tableaux de 3 palmes un representent la vûe du Lac de Nemi et l'autre une marine en clair de lune à 30 écû la pièce puis six desseins 30 ecû. — (C. 32.).................. 90

12. Pour M. le chevaillier de Lussan frère de l'archevêque de Bourdeau deux marines en toile de teste. — (C. 60.)................................ 40

13. Pour M. le marquis Du Bellay deux marines en toile de quatre palmes, un calme et une tempeste 50 sequins. — (C. 92.)........................... 102:5

14. Pour M. de Villette deux marines. — (C. 60.). 100

15. Pour M. Peilhon deux marines. — (C. 74.)... 120

                                                    1177:5

16. Pr le Sigre Domenici deux petittes marines. — (C. 73.).. 50

                                                    1227:5

17. Pour Milord St-Jean trois tableaux. — (C. 75.) 200

18. Pr M. Gabriel Mathias un pettit tableau.(C. 83.). 25

19. Pour il signore Pietro Bruni un pettit tableau. 25

20. Pour M. Hazon un tableau en cascade toile
d'empereur.. 60

21. Pour M. de Villette trésorier etc. deux marines
toiles d'empereur. — (C. 76.)...................... 134

22. Pour M. de Mornas deux paysages en toiles de
4 palmes. — (C. 80.).............................. 110

23. Pour M. Sauvan un tableau paysage et marine. (C. 81.)...................................... 60

24. Pr M. Peilhon deux tableaux en marines.(C.79.). 230

25. Pr M. Gabriel Mathias deux pettits tableaux.
(C. 83.).. 25

26. Pr M. de Villette deux vües de jardins. (C. 60.). 96:5

27. Pour un amy de M. Mathias à Londre deux
d'empereur. (C. 85.)............................... 150

28. Pour plusieurs amis de M. Mathias quatres tableaux toile de teste. — (C. 90.)................... 132

29. Pour M. le marquis de l'Hospital une chasse
au canard. — (C. 61,)............................. 150

30. Pr le Sigre Zampetti deux pettits tableaux.... 25

31. Pour M. Peilhon un tableau de 3 pieds 7 pouce.
— (C. 91.).. 120

32. Pour M. de Villette de Paris deux tableaux toile
d'empereur une tempeste e l'autre la vüe du pont
St Ange. — (C. 86.)............................... 270

33. Pour M. Aublé deux marines en toile de 4 palmes. — (C. 77.)................................... 100

34. Pour le Roy de France 2 marines en toile
d'empereur. — (C. 103.)........................... 400

35. Pour M. Tiroux Despersennes 2 marines toiles
de 4 palmes. — (C. 88.). 120

36. Pour M. de la Curne deux paysages d'un pied
au premier coup. — (C. 87. 89.)................... 20:5

37. Pour M. Soufflost un tableau en toile de trois
palmes.. 50

Ventes Soufflot, 1780; Perregaux, 1811.

38. Pour M. Lisson quatres marines en ovale..... 300

39. Pour M. de Villette deux paysages de 4 palmes.
— (C. 60.)....................................... 100

40. Pour M. de Vandieres un pettit tableau avec
un bain de femmes. — (C. 114.)................... 40

41. Pr M. Cochin un petit paysage au premier coup.   10
    Vente Cochin, 1790.

42. Pour M. Lathullier six tableaux toile d'empereur. — (C. 116.)............................ 600

43. Pour M. le marquis de Fourbin un tableau en
marine. (C. 107.)............................ 80

44. Pour M. le comte d'Harrac six tableaux 4 de 4
palmes et 2 d'emp. — (C. 119. 122.)............... 520

45. Pr le frere de M. Lathullier un petit tableau.
— (C. 135.)................................. 50
                          ————
                          4203

46. Pour M. le chevallier Louther Irlandois quatre
tableaux toile d'empereur. — (C. 124.)............ 400

47. Pour M. Regny un tableau toile de 4 pieds.
— (C. 47.).................................. 90
    Vente Robit, 1801.

48. Pour M. de La Brüere un tableau de 4 palmes.
— (C. 106.)................................. 60

49. Pour M. D'Arcussia deux petits tableaux en
marine..................................... 60

50. Pour M. D'Ausson deux tableaux toile d'empereur. (C. 130.).............................. 200

51. Pour M. Du Tillot deux tableaux toile d'empereur....................................... 200
    Ventes Du Tillot, 1775; Thelusson, 1777.

52. Pour M. Howard cinqs tableaux toile d'empereur. — (C. 120.)............................ 300

53. Pour M. Campion trois petits tableaux........ 100

54. Pr M. Campion un petit clair de lune.......... 30

55. Pr M. Regny un tableau de 4 pieds. — (C. 47.). 90

56. Pour M. Raynaud un tableau de 3 pieds...... 60

57. Pour l'Academie de Paris un tableau......... 150
    Salon de 1753, no 138. — Palais de Saint-Cloud.

Depuis mon retour de Paris à Marseille

58. Pr M. de Leon deux petits tableaux et deux
desseins................................... 110

59. Pr M. Noguier un tableau de 3 pieds.—(C. 130.). 120

60. Pour M. Poulhariez deux tableaux toile d'empereur. — (C. 142.).......................... 300

61. Pour M. Selwin deux tableaux deux pieds et
demy...................................... 200

62. Pour M. Campion une petite incendie........ 40

63. Pour M. de Fontainieu deux tableaux toile d'empereur. — (C. 141.) 300

64. Pour M. Du Bosset un petit tableau. — (C. 143.). 40

65. Pr le Roy deux tableaux du Port de Marseille. 2400

66. Pour M. le Président Claris de Montpeillier deux tableaux............................. 300

67. Pour M. de Vandieres un tableau toile d'empereur. — (C. 177.)........................... 150

68. Pour Milord Pembrock un petit tableau. — (C. 156.)............................... 90

69. Pour M. D'Arcussia un tableau toile d'empereur............................... 200

70. Pour le Roy deux tableaux celuy de l'Arsenal et la Madrague.......................... 2400

71. Pour M. Gignoux un petit tableau........... 30

8026
4203
12829

72. Pour M. de Leon un petit tableau........... 50

73. Quatres desseins pour M. Remy............ 60

74. Pour M. Guay un tableau.............. 80

75. Pour M. Peilhon deux petits tableaux sur bois. — (C. 162.)........................ 100

76. Pour M. de Villette l'ainé deux petits tableaux sur cuivre........................ 100

77. Pour madame Geoffrin un tableau........... 100

78. Pr M. de Beauchamp un petit tableau sur bois. 50

79. Pour M. de St Michel un tableau de 4 pieds. — (C. 173.)............................ 200

Écû romains 13569

80. Pr M. Vialy deux pettits tableaux. — (C. 170.).. 80

81. Pour mon frère deux petits tableaux......... 40

82. Pour M. Gourville un petit tableau......... 40

83. Pour M. Simon un petit tableau sur bois. — (C. 46.)............................ 20

84. Pour le Roy deux tableaux le port d'Antibe et celuy de Cette....................... 2400

85. Pour M. Cochin un tableau.............. 40

86. Pour le Roy deux tableaux celuy du Port vieux et celuy de la rade de Toulon................ 2400

18589

Les sommes de cette nouvelle note sonts fuittes en monoye de France.

Depuis que je suis à Bordeaux

87. Pour M. de Vaugelas major de la ville de Cette en Lenguedoc un petit tableau en marine........   200 l.

88. Pour M. de Marigny un tableau de 4 pieds representant un païsage avec des lavandieres.—(C. 177.)   1000

89. Pour M. Peilhon un tableau de six palmes romains de long sur trois de haut representent la vue de la ville d'Avignon. — (C. 162.)...............   1500

90. Pour M. de Villette trésorier de l'Extraordinaire des Guerres 4 tableaux representent des païsages et marines peint sur des planches de cuivre de 15 pouce de large sur neuf de haut...........   2000

Salon de 1757, nos 64 et 65. — Vente Villette, 42, 43, 45.

91. Pour le Roy un tableau de la vue du port du côté des Chartrons fauxbourg de Bordeaux.........   6000

92. Pour M. Le Noir banquier à Paris un petit tableau de 18 pouces de large sur 14 de haut representent une marine. — (C. 178.).............   600

93. Pour madame Geoffrin un tableau representant un port de mer. — (C. 164.)...............   600

94. Pour M. Poulhariez negociant à Marseille deux tableaux de 2 pieds de large en païsage. — (C. 167.)   1000

95. Pour M. Du Tillot deux tableaux de 4 pieds de large representent un une incendie d'un port de mer, et l'autre un temps de pluye avec l'arc en ciel.   2000

Ventes Du Tillot, 1775; Dubois, 1784; Beaujon, 1787; Chabot, 1787; Dubois, 1788; Thevenin, 1819.

─────────
14000

96. Pour M. Imbert deux marines une tempeste et un calme...........................   1000

97. Pr Milord duc de Bridgvater quatres tableaux de 4 pieds de large representant un broüillard ou matin en marine, une tempeste de mer, une de terre, et un paysage avec des chuttes d'eau. (C. 174.)....   4000

98. Pour le Roy une vue du port de Bordeaux prise du chateau Trompette.....................   6000

99. Pour madame la comtesse d'Egmont un petit tableau avec un clair de lune. — (C. 183.).........   500

100. Pour M. Guay un tableau de trois pieds.....   600

101. Pour M. de Voyer un tableau de quatre pieds. (C. 181.).. 1200

102. Pr M. Poulhariez deux tableaux de deux pieds. 1000

103. Pour M. Imbert un petit tableau........... 240

104. Pour M. Journû deux tableaux de trois pieds. — (C. 184.)...................................... 1200

105. Pour M. Henry quatres tableaux toile d'empereur. — (C. 147.)................................ 3410

106. Pour M. Lefer négociant françois établis à Cadix un petit tableau. — (C. 190.)................. 750

107. De M. de Roally pour deux tableaux toile d'empereur... 2000

108. De M. Morel pour deux tableaux........... 2000

109. A compte sur les quatre tableaux dé Mgr le Dauphin.. 2400

110. Pour deux tableaux de M. de La Reyniere... 1200

111. Deux tableaux pour M. Massé. — (C. 185.)... 1000

112. Deux tableaux pour M. Gabriel............. 600

ARGENT QUE JE REÇOIS

113. Les premiers jours de juillet 1764 de M.   Anglois pr deux tableaux toile d'empereur ou de 4 pieds deux pouces 2880.

114. Les premiers jours d'aoust de M. Jacquemin pour un tableau de trois pieds 800. — (C. 197.)

115. Les derniers jours d'aoust 1764 de M. Godelfroy le jeune pour deux tableaux de deux pieds 1200. — (C. 200.)

116. Pour sept petits tableaux que j'ay fait pour madame Geoffrin 2800.

117. Un petit tableau pr M. le duc de Causset 240.—(C. 206.)

118. Deux tableaux pour M. Thornill Anglois 1500. — (C. 199.)

119. Un tableau pour M. Bouillette 600. — (C. 101.)

120. Quatre tableaux pour le Roy pour Choisy 4800.

  Salon de 1765, nᵒ 67. — Musée du Louvre et palais de Saint-Cloud.

121. Vers les premiers jours de juin 1765 j'ay reçu à compte sur les ouvrages que j'ay fait pour le Roy 6000, et ne reste plus que 3000 pour que les tableaux de Rochefort et La Rochelle soient payés.

122. Pour M. Carpentier un petit tableau 480. — (C. 193.)

123. Pour madame la Présidente de Bandeville un tableau 1000. — (C. 205.)

124. Pour M. le duc de Cossé un petit tableau 240.

125. Vers le 10 ou le 12 novembre 1765 reçû à compte sur les ouvrages que je fais pour le Roy 3000.

126. Par une ordonnance du 13 may 1766 j'ay reçû chez M. Denis trésorier des Bâtiments du Roy deux mille livre à compte sur le tableau du port de Dieppe. Reste donc 4000 que le Roy me doit sur celuy-la et 4800 pour les quatre dessus de porte que j'ay fait pour Choisy, ce qui fait huit mille huit cents livres que le Roy me doit.

127. Par une ordonnance des Bâtiments du Roy en datte du 18 septembre 1766 j'ay reçû par les mains de M. Denis la somme de 1200 liv. a compte sur le tableau du port de Dieppe que j'ay fait pour le Roy.

128. Pr le grand tableau de M. Sargent j'ay reçû 4000. — (C. 207.)

129. Pr un tableau pr M. Foley j'ay reçû 1500. — (C. 215.)

130. Vers le commencement de l'année 1767 pr un tableau que j'ay fait pr madame de Sainssy 600. —

131. Dans le mois de juin j'ay reçû de madame de Montulé pr un tableau que je luy ay fait 20 loüis 480. — (C. 224.)

132. Dans le mois de mars 1767 j'ay reçû de M. Foley pr deux tableaux que j'ay fait pr M. Hoare 2400. — (C. 219.)

133. Dans le mois de mars 1707 j'ay reçû de M. de La Borde bancquier de la cour 16000 liv. et j'en ay placé six à la caisse d'escompte pr six actions que j'ay prises. — (Journal p. 399.)

134. Le premier jour de l'an 1768 j'ay reçû de M. de La Borde la somme de seize mille livres pour entier payement des huits tableaux que je luy fait, et en ay placé dix mille.

135. Le 10 décembre j'ay reçû pour un tableau que j'ay fait pour M. Diderot 600.

136. Dans le mois de mars 1768 j'ay reçû de M. Lecouteux 2400 l. pour un tableau representant une tempeste pour un Mr Anglois. — (C. 228.)

137. Vers la fin d'avril 1768 j'ay reçû de M. Vanloo 2400 l. qui avec 1200 l. que j'avois deja reçû fait la somme de 3600 l. pour prix d'un tableau representant un paysage et marine avec de grandes chuttes d'eau pr M. Boyd de Londres. — (C. 229.)

138. Le 2e septembre 1768 j'ay reçû de M. de La Borde bancquier de la cour 40 loüis qui font 060 liv. pour prix de deux petits tableaux points par moy sur cuivre.

139. Le 20e décembre 1768 j'ay reçû de M. de La Borde 4800 l. pr un tableau que je luy ay fait pr faire pendant a un autre de moy qu'il a achetté de madame Geoffrin. — (C. 230.)

140. Dans le mois de novembre 1769 j'ay reçû de M. Dide-rot 600 l. pour un tableau que je luy ay fait.— (1769 est évidemment une erreur pour 1768.)

141. Le 23° février 1769 j'ay reçû de M. le comte de Creutz 2400 pr prix de deux tableaux que je luy ay fait.—(C.242.)

142. Le 13° juin 1769 j'ay reçû de M. Panchaud 1500 pour prix d'un tableau que j'ay fait pr M. Foley et 1200 pr un tableau que j'ay fait pour M. Henry Hoare et luy ay remis ces tableaux. — (C. 232.)

143. Un mois apres M. Henry Hoare m'a envoyé en présent pour me marquer combien il a été satisfait du tableau que je luy ay fait encore 1200 liv. que m'a aussi payé M. Panchaud. — (C. 232.)

144. Vers le commencement d'aoust 1769 on m'a payé deux tableaux que j'ay fait pour M. Oudermeulen 2000. — (C. 226.)

145. Vers le 5 ou le six octobre 1769 j'ay reçû de M. de Mory la somme de trois mille livres pour deux tableaux que le luy ay fait.

146. Vers la fin d'ottobre 1769 j'ay reçû six loüis 144 liv. de M. Carré Desvarennes pour luy avoir retouché un tableau.

147. Le 16° janvier 1770 j'ay reçû de M. Monnet 2400 pr prix de deux tableaux que j'ay fait pr M. Thornhill.—(C. 221.)

148. Le 4° avril 1770 j'ay reçû de MM. Lecouteulx et Compagnie 3600 l. pr prix d'un tableau que j'ay fait par leurs or-dres pour Milord King representant une marine en tems calme, au coucher du soleil. — (C. 237.)

149. Le 2° avril reçû de M. de Livry premier commis au bu-reau de M. de St-Florentin quinze loüis pour prix d'un tableau de 11 pouces sur huit 360 liv. — (C. 243.)

150. Le 17 décembre 1770 j'ay reçû de M. Carré Desvarennes 1200 l. pour deux petits tableaux que je luy ay fait, l'un reppresentant une marine au clair de la lune, et l'autre un paysage avec une fin d'orage à l'heure du midy. — (C. 240.)

151. Le 20 septembre 1770 j'ay reçû de M. de La Borde an-cien banequier de la cour 4800 l. pour deux tableaux que je luy ay fait, l'un reppresentant des baigneuses sous une grotte au bord de la mer, et l'autre des baigneuses au bord d'une rivière; ils ont 3 pieds sur 2. — (C. 230.)

152. Le 12 octobre 1770 reçû de M. Jacqmin 800 l. pr prix d'un tableau representant un clair de lune. — (C. 197.)

153. Le 16 février 1771 j'ay reçû 7200 l. pour prix de deux

tableaux que j'ay fait pour l'Electeur Palatin qui m'onts eté payées par M. Giamboni banquier. — (C. 246.)

154. Le 7 may 1771 j'ay reçû de M. de Fontenet la somme de 1450 liv. ou 60 loüis pour prix d'un tableau que j'ay fait pour S. A. S. le Duc des Deux-Ponts.

155. Le 31 juillet 1771 j'ay reçû 720 l. pour deux tableaux que j'ay fait pour Milord Bruce gendre de M. Hoare.

156. Le 1er octobre j'ay reçû de MM.   4800 l. pour prix de deux tableaux que j'ay fait pour M. Fagel fils Greffier général des Etat d'Hollande. — (C. 245.)

157. Le 22 octobre 1771 j'ay reçû de M. de Beaujon banc-quier de la cour 6000 l. pour prix d'un tableau representant un clair de lune qu'a de moy madame la comtesse Du Barry.

158. Le 6 novembre j'ay reçû de M. Aubert orfevre la somme de 300 l. pr un petit tableau que je luy ay fait. — (C. 257.)

Vente Aubert, 1786, no 59.

159. Le 22 décembre j'ay reçû de M. de La Ferté Intendant des Menû pour deux petits tableaux 1200 l. — (C. 238.)

160. Le 19 mars 1772 j'ay reçû de M. le comte du Luc 1800 l. pour prix d'un tableau de 2 pieds 6 pouces sur 18 pouces de haut.

Ventes Du Luc, 1777; Dubois, 1784.

161. Les premiers jours de juin 1772 j'ay reçû de M. Aubert orfevre par les mains de mon frère 600 l. pour prix de deux petits tableaux. — (C. 257.)

162. Vers les premiers jours de may 1772 j'ay reçû de M. le baron de Demidorf 1200 l. pour prix d'un petit tableau sur cuivre. — (C. 252. 254.)

163. Vers les derniers jours d'aoust 1772 j'ay reçû de M. le chevallier Lambert 9000 l. pr prix de deux tableaux que j'ay fait pr Milord Arnundell ordonnez par M. Hoare. — (C. 253.)

164. Le 9 septembre 1772 j'ay reçû de M. Beaujon cinqs mille livres pour prix du second tableau que j'ay fait pour madame la comtesse Du Barry.

165. Le   novembre 1772 j'ay reçû de M. de Beaujon quatre mille livres pour le 3e tableau de madame Du Barry.

166. Le 9 décembre j'ay reçû de M. de Beaujon 4000 livres pour prix du 4e tableau pour madame Du Barry.

167. Le 4 mars 1773 j'ay reçû de M. le chevallier Lambert 1200 l. pr prix d'un tableau que j'ay fait pr M. Crawfort-Crafton. — (C. 260.)

168. Les premiers jours de may 1773 j'ay reçû de M. le che-

vallier Lambert 400 loüis ou 9600 liv. pour deux tableaux que j'ay fait pour un amy de M. Hoard ; ils sonts pour milord Clive. — (C. 247.)

169. Le 2 septembre j'ay reçu de M. Pignon 1200 l. pr prix d'un tableau que j'ay fait pour M. Duclusel intendant de Tours.

170. Le 25 octobre reçû de M. de Beaujon a compte des tableaux que je fais pour madame Du Barry 6000 l.

171. Le 7 décembre j'ay reçû de M. Giambone par les mains de M. La Bastide a compte de 2 tableaux qu'il m'a ordonné 1500 l.

172. Vers le 15 fevrier 1774 j'ay reçû de M. Chariot 600 l. pr un petit tableau que je luy ay fait.

173. Le 5 mars j'ay reçû de M. le Duc de Grammont par les mains de M. Le Brun 1500 l. pr un tableau que je luy ay fait.

174. Vers le 22 mars j'ay reçû de M. Du Tartre trésorier des Bâtiments du Roy trois mille livre a compte 12400 qu'on me doit chez le Roy. Il me reste dû 9400.

175. Vers la fin de may 1774 j'ay reçû de M. Giambone la somme de 2100 l. pour achever de payer un des deux tableaux qu'il m'a ordonné sur lequel j'avois reçû le 7 janvier 1500 l. ce qui fait 3600 l. pour prix dudit tableau.

176. Le premier aoust 1774 j'ay reçû de M. Lepôt d'Auteüil nottaire la somme de trois mille livres, qui, avec celle de six mille livre que j'avois reçû a compte d'un tableau de 8 pieds sur 5 que j'ay fait pour madame la comtesse Du Barry fait l'entier payement de ce tableau.

177. Le 5 aoust 1774 j'ay reçû de M. Norris la somme de 1440 l. pour deux tableaux de moy que j'avois achetté 600.

178. Le 8 aoust j'ay reçû de M. Giambone 3600 l. pr prix d'un tableau que j'ay fait par son ordre pour envoyer à Varsovie.

179. Le 7 novembre 1774 j'ay reçû de M. Dufrenoy 6000 l. a compte des deux tableaux que j'ay fait pour M. l'abbé Terray.
    Salon de 1775, n° 31. — Ventes Terray, 1779; et Clos, 1812. — Musée de Montpellier.

180. Le 12 janvier 1775 j'ay reçû de M. Dufrenoy a compte des deux tableaux que j'ay fait pour M. l'abbé Terray quatre mille livres.

181. Le 14 janvier reçû deux loüis 48 liv. pour un dessus de porte que Carle a fait.

182. Le 14 mars 1775 j'ay reçû de M. de Pressigny 2400 liv. pour prix d'un tableau de trois pieds que je luy ay fait et 96 pour la bordure.
    Salon de 1775, n° 32.

183. Le 16 juin 1775 j'ay reçû de M. Panchaud 6000 l. a-compte de deux tableaux que je fais pr milord Shelburne. — (C. 263.)

Salon de 1775, nᵒ 30.

184. Le 7 juillet 1775 j'ay reçû de M. Belizard architecte 600 l. pr un petit tableau que je luy ay fait. — (C. 264.)

185. Le 11 octobre 1775 j'ay reçû de M. Panchaud 3000 l., 1500 pour achever de payer le premier tableau pr milord Schelburne et 1500 a compte sur le second puis 12 l. pr la caisse et emballage.

186. Vers le 29 décembre 1775 j'ay reçû de M. Grand banquiers 4000 l. pour prix de deux tableaux que j'ay fait pour M. Borrée fils fiscal de l'amirauté d'Amsterdam. — (C. 261.)

187. Le 8 janvier 1776 j'ay reçû chez M. Dutartre 4600 l. pr des ouvrages que j'ay fait pour le Roy.

188. Vers les premiers jours d'avril j'ay reçû de M. de Boul-longne de Prenenville pour deux petits tableaux 1200 l.

189. Le 11 juin 1776 j'ay reçû de M. de Beaujon 4800 l. pour prix d'un tableau que je luy ay fait.

Vente Beaujon, 1787.

190. Le 3 septembre 1776 j'ay reçû de milord Shelburne 6000 l. qui avec 1500 que j'avois reçû font l'entier payement du second tableau que je luy ay fait et 12 l. pour la caisse.

191. Vers le 15 novembre j'ay reçû de M. de La Freté 5000 livres a compte des tableaux que je fais pour luy.

Salon de 1777, nᵒ 51.

192. Le 6 juin 1777 j'ay reçû de M. Villetaneuse 1000 l. a compte d'un tableau que je luy ay fait. — (C. 276.)

193. Vers les premiers jours de juillet 1777 reçû de M. de La Freté 5000 l.

194. Vers les derniers jours d'octobre 1777 j'ay reçû de M. Villetaneuse 1000 l. pour l'entier payement d'un tableau que je luy ay fait. — (C. 276.)

195. Vers le 20 novembre 1777 j'ay reçû de M. de La Freté a compte des ouvrages que je luy fait 2400 l.

Salons de 1777 et 1779.

196. Vers les derniers jours de janvier 1778 j'ay reçû de M. Girardot de Marigny 3000 l. pr prix d'un tableau que je luy ay fait representant un paysage au coucher du soleil. — (C. 268.)

197. Le 17 avril j'ay reçû de M. Girardot de Marigny 3000 l. pr le second tableau que je luy ay fait representant un lever

du soleil dans le broüillard et 220 l. pour les deux bordures.
— (C. 268.)

198. Le 8 juin 1778 reçû de M. de La Freté pour finir de
payer son 3ᵉ tableau 2000 l.

199. Le 21 septembre 1778 j'ay reçû de M. de La Freté
5000 l. pr prix du 4ᵉ tableau que j'ay fait pour son salon.

200. Le   décembre 1778 j'ay reçû de M. Girardot de Marigny
quinze cent livres.

201. Le 1ᵉʳ may 1779 j'ay reçû de madame Mory 4800 l.
pr deux tableaux que je luy ay fait, sur quoy il faut déduire
168 l. pour les bordures et 32 l. pr 4 toiles ce qui fait 4600 l.
qui me reste pr prix de ces tableaux. — (C. 279.)

202. Le 9 juin j'ay reçû de M. Duplessix intendant de M. de
Ségur 1200 l. pr un tableau que j'ay fait pour M. le mar. de
Ségur.

203. Les premiers jours de juillet 1779 j'ay reçû de M. Haller
2500 l. a compte des ouvrages que je fais pour M. Girardot
de Marigny.

204. J'ay reçû de M. Aubert 1200 l. pr un tableau que j'ay
fait pour M. le Duc de Liancour.

205. Le   d'aoust 1779 j'ay reçû de M. de Haller la somme
de 2000 l. qui avec une fois 1500 et une autre 2500 font
6000 pour prix de deux tableaux que j'ay fait pr M. Girardot
de Marigny representent la chutte du Rhin vûe de deux cottez
opposez.

    Salon de 1779, nᵒ 57.

206. Le 7 octobre 1779 j'ay reçû de M. Girardot de Marigny
a compte de deux tableaux que je luy fait 2400 l.

207. Vers la fin de décembre 1779 j'ay reçû de madame Mory
2000 l. a compte de deux tableaux que je luy fait. — (C. 280.)

208. Le 16 février 1780 j'ay reçû de M. Bachellier 300 l. pr
prix d'un petit tableau que j'ay fait pr un de ses amis. — (C. 207.)

209. Le 2 mars 1780 j'ay reçu de M. Girardot de Marigny
1200 l. qui avec 2400 que j'avois reçû font le prix du tableau
du port de mer et 600 l. sur celuy de la tempeste.

210. Vers la mie avril 1780 j'ay reçû de madame Mory 1200 l.
qui avec 2000 que j'avois reçûs font le prix d'un de ses tableaux et reste 200 l. sur le second. — (C. 280.)

211. Le 17 mars 1780 j'ay reçû de M. Girardot de Marigny
1200 l. a compte du tableau de la tempeste que je fais pour
luy sur lequel j'avois reçû 600 l. ce qui fait 1800 que j'ay
reçûs sur ce tableau.

212. Le 28 juin 1780 j'ay reçû de M. Girardot de Marigny 1200 l. qui avec 1800 que j'avois reçû fonts le prix du tableau de la tempesté que j'ay fait pour luy.

Salon de 1781, n° 54.

213. Le 17 juillet 1780 j'ay reçû de M. Mory 1200 l. sur le tableau des baigneuses que j'ay fait pour madame sa mère sur lequel j'avois reçû 200 l., il me reste à recevoir 1000.— (C. 280.)

214. Le 7 aoust j'ay rendû le tableau des baigneuses de madame Mory. M. Briois m'a payé 1600 l. pour finir l'entier payement des deux tableaux que j'ay fait pr madame Mory. — (Ib.)

215. Dans le mois d'avril 1780 j'ay reçû de M. Godefroy huissier priseur pr un petit tableau que je luy ay fait 600 l. — (C. 272.)

216. Le 16 novembre 1780 j'ay reçû de M. de La Freté 2400 l. a compte des ouvrages que je luy fais, et je dois luy tennir compte de 1200 l. qu'il a pretté a mon neveu.

217. Le 11 octobre 1780 j'ay reçû de M. le Duc de Luynes 600 l. — (C. 285.)

218. Le 29 décembre 1780 j'ay reçû de M. de la Freté sur les ouvrages que je fais pour luy 1200 l.

219. Le 30 j'ay reçû de M. le Duc de Liancour pour un petit tableau sur cuivre representant deux cadavres sur un rocher isolé au bord de la mer 1200 l.

220. Le 30 j'ay reçû de M. Godefroy 15 loüis a compte de ce qu'il me doit de deux tableaux que je luy ay fait 360 l.

221. Le 25 janvier 1781 j'ay reçû de M. Godefroy dix loüis qu'il me restoit devoir sur les deux tableaux que j'ay fait pour luy 140 l. — (C. 277.)

222. Le 22 avril M. de La Freté m'a payé pour solde de nos comptes 400 l. — (C. 288.)

223. Le 7 may M. Girardot de Marigny m'a donné a compte du tableau du clair de lune 1200 l.

224. Le 20 juin j'ay reçû 300 l. a compte de six cents dont me restoit débiteur M. le Duc de Luynes pr un tableau que je luy ay fait. — (C. 285.)

225. Le 5 juillet 1781 j'ay reçû de M. Paupe a compte de 3180 l. pour deux tableaux et les bordures 2400. — (C. 274.)

226. Le 30 juillet 1781 j'ay reçû de M. Grand banquier la somme de dix mille livres a compte sur les ouvrages que je dois faire pr le prince des Asturies, 4000 l. en argent et une reconnaissance de M. Grand pour les 6000 l. l'ayant prié de me les placer pour qu'ils me produisent quelque intérêt.—(C. 203.)

227. Le 17 septembre 1781 j'ay reçû de M. Girardot de Marigny dix et huit cent livres qui avec douze cent que j'avois reçû le 7 may, fonts le prix du tableau representant une marine au clair de la lune.

Salon de 1781, n° 54.

228. Dans le mois de juillet 1781 M. Paupe m'a achevé de payer les 3180 l. pour les deux tableaux que j'ay fait pour luy en me donnant 780 liv. — (C. 274.)

229. Vers les derniers jours de novembre 1781 j'ai reçû 300 l. dont M. le Duc de Luynes me restoit débiteur.—(C. 285.)

230. Le 31 décembre 1781 j'ay reçû au bureau du trésorier de Guerre 807 l. pour un petit tableau que j'ay fait pour M. Dumoutier, bordures, caisse, etc. — (C. 283. 287.)

231. Le 5 février 1782 j'ay reçu de M. de Cromot 840 l. pr un petit tableau que j'ay fait pour luy.

232. Le 7 j'ay reçû 480 l. pr les tableaux de la petite voutte.

233. Le 11 mars 1782 j'ay reçû de M. Grand banquier dix mille livres a compte des ouvrages que je fais pour le prince des Asturies, et le même jour j'ay envoyé a M. de La Freté six mille livres pour les faire repprendre au besoin. Il m'en paye l'interest. J'ay gardé chez moy 4000 l. — (C. 293.)

234. Le 7 avril M. Aubert m'a remis huits loüis pr un petit tableau rond sur cuivre que j'ay fait pour un de ses amis.

235. Le 16 décembre j'ay reçû de M. Paupe a compte de deux petits tableaux que je fais pour luy 600 l. — (C. 296.)

236. Le 20 janvier 1783 j'ay reçû a compte des ouvrages que je fais pour M. Girardot de Marigny 2000 l.

237. Les premiers jours de mars reçû de M. Girardot de Marigny a compte 2000 l.

238. Vers la my avril 1783 j'ay reçû par les mains de M. Aubert pour 3 petits tableaux ronds pr tabatière et pour un petit tableau de dix pouces 900 l. pour les trois ronds et 900 pr le petit tableau 1500 l.

239. Le 17 juin 1783 j'ay reçû de M. Dumoutier capitaine des grenadiers royeaux pr un petit tableau representant une tempeste, pour le tableau, bordure, emballage 807 l.—(C. 294.)

240. Le 9 juillet 1783 j'ay reçû de M. Girardot de Marigny deux mille pour finir l'entier payement des tableaux des baigneuses et celuy des rochers et cascades.

Salon de 1783, n° 37.

241. Le 23 aoust 1783 reçû de M. Paupe a compte de deux petits tableaux que j'ay fait pour luy 840 l. qui avec les 900

qu'il m'avoit deja donné font 1416 l. et le 3 septembre 1783 il m'a payé 384, ce qui fait en tout 1800 l. pour prix desdits tableaux. — (C. 296.)

242. Vers les premiers jours de novembre 1783 j'ay reçû de M. Tinnet pour un petit tableau en païsage en hauteur fait au premier coup, toile de six, 600 l.

243. Vers les premiers jours de novembre 1783 j'ay reçû de M. le marquis de Saint-Marc pour un tableau que je luy ay fait 1500 l. — (C. 297.)

244. Le 26 novembre j'ay reçû de M. Tinné pour une petite tempeste toile six 600 l.

245. Le 11 reçû de M. Plantier pour un tableau representant une tempeste 840 l. — (C. 292.)

246. Le 28 décembre 1783 j'ay reçû de M. Girardot de Marigny deux mille livres a compte de deux tableaux que je fais pour luy.

247. Le 4 mars 1784 j'ay reçû de M. Devoage pour deux petits tableaux 720 l.

248. Le 26 mars 1784 j'ay reçû de M. de La Freté qu'il m'a avancé sur un tableau que je lui fait 2400 l. — (C. 305.)

249. Le 31 mars 1784 j'ay reçû de M. de La Freté 600 l. ce qui avec les 2400 précédentes fait le prix d'un tableau que je dois luy faire 3000 l.

250. Le 26 avril 1784 j'ay reçû de M. Dubois pour 2 petits tableaux toile de six 1000 l.

Vente Dubois, 1788, nos 72 et 73.

251. Le 16 may 1784 reçû de M. le chevallier de Villeneuve a compte pour un petit tableau rond 960 l.

252. Le 26 may 1784 j'ay reçû de M. Girardot de Marigny 2000 l. a compte deux petits tableaux que je fais pour luy.

253. Vers la fin d'octobre 1784 j'ay vendu a M. Dubois un petit tableau 480 l

254. Le 4 décembre j'ay reçû de M. Garbagny 2400 l. pour prix d'un tableau que j'ay fait pour le prince Yousoupoff et 78 l. pour la bordure. — (C. 304.)

255. Le 6 février 1785 reçû de madame Mory pour un petit tableau rond pour une tabattiere 300 l.

256. Le 19 reçû de Mad° Mory pr une petite tempeste ronde 10 louis dont j'ay donné deux a mon fils le jeune, reste 102 l.

257. Le 2 may 1785 j'ay reçû de M. Girardot de Marigny pr entier payement du 10e tableau que je fais pr luy 2000 l.

Salon de 1785, n° 27.

258. Le 30 may j'ay reçû de M. Paupe pour un petit tableau d'une grotte 144 l.

Vente Pope, 1792, n° 22.

259. Le 5 juillet j'ay reçû de M. Duclos Dufrenoy nottaire pour un tableau representant un broüillard 3600 l.

Salon de 1787, n° 28. — Vente Duclos, 1795, n° 4.

260. Le 19 aoust M. l'Ambassadeur de Russie m'a remis une lettre de change de 15000 l. payable le six octobre 1785 pour prix d'un tableau que j'ay fait pour le grand duc de Russie. — (C. 300.)

261. Vers le 27 septembre 1785 j'ay reçû de M. Girardot de Marigny a compte de deux tableaux 3000 l.

Salon de 1787, n°s 32 et 33.

FIN DES REÇUS.

JOURNAL

Le Journal est un recueil factice composé de diverses notes, mentions et souvenirs, épars en cent endroits des *Livres de Raison*, et des extraits des *Dépenses* qui s'y rattachent. Pendant de longues années, Joseph Vernet se contenta d'inscrire sans suite ni régularité ses plus grosses dépenses, les comptes de barbier, de traiteur, les gages de ses domestiques et les frais de voyage. A Bayonne seulement, soit qu'il voulût décharger sa femme d'un travail fatigant, soit que déjà l'état de madame Vernet l'en rendît incapable, le mari prit la direction du ménage, et dès lors il écrivit jour par jour sa dépense personnelle, celle de ses enfants et celle de la maison. Cette portion considérable des *Livres de Raison* ne pouvait être reproduite. Nous en avons extrait tout ce qui nous a paru intéresser la vie et les œuvres de Joseph Vernet, l'histoire de sa famille et de ses amis, et, plus généralement, la chronique de son époque. Un classement chronologique relie les uns aux autres les fragments de journal et les extraits des dépenses, et en fait un tout à peu près homogène.

ANNÉE 1745.

* Roba che prendo dal ciocolatiere dal dì 28 Luglio 1747. Cicolata — Savoya — Crostini — The — Sorbetti — Caffe — Zucchero — Cipria — Pignioli oncie 3 — Mezza libra biscotini da Dame — Candice e pignioli.

* Ce que j'ay depencé pour M. Sauvan — pour six onces de lacque fine a 7 pauls l'once, 4 : 20; Pour 15 estampes de frey (de frais ?) 4 : 95.

* J'ay depencé pour le compte de M. Boudard trois écû Romains pour l'emballage de sa Muse; — plus pour M. Boudard pour le voiturin qui a conduit à Civita Vecchia laditte Muse 15 pauls.

* Il signore Giuseppe il barbiere a principiato a farmi la barba il primo decembre 1745 et a accomodare li capelli alla signora Virginia et il prezzo e stato accordato a quindici pavoli il mese tra tutti dui.

* Il calzolaro e stato pagato de tre pari de scarpe a dì 20 maggio 1745 e non a da aver altro — Nel fine di febrajo o ricevuto un paro di scarpe et un paro di scarpini et l'ho pagato del tutto, come anche di un paro del mio fratello.

1746.

* Ce qu'il m'est dû : D. Jaque Bourghese 40 : 0 — M. l'abbé de Leaux 3 : 21 — M. Pavesi 15. — M. de Grand'Maison 08 : 8 — M. Duplicy 01 : 5 — M. Grenier 03 : — Signora Felice 01 : 5 — Carluccio 02 : — Signore Guilliclm 00 8 — Signora Capranica 10 : 0.

* A M. Grenier un quartino que lui donna mon valet, puis en deux fois je luy ay donné deux quartini, puis pour le loyer de sa maison 8 pauls et demy. — A Mastro Michele due quartini — A ma bru un quartino — A M. Subleyras deux sequins — A M. Blanchet un quartino — M. Slodtz au mois d'ottobre deux sequins vers la barquette.

* J'ay donné dans le mois de septembre cent dix ecû de l'argent que je reçu du Cardinal Acquaviva, puis cent écû que pris M. Parker chez le signore Lepre pour payement des deux tableaux que je fis pour milord Montrapt. — (C. 50.)

* A la poste de France j'ay payé jusqu'a la fin de septembre et j'ay donné 17 baïoques a compte.

Au coloraro signore Giacomo Peluchi je l'ay payé le 27 septembre 1746 en lui donnant trante écus et ne luy dois plus rien.

A mon beau pere le 24 septembre 1746 je luy ai donné 200 écus a compte de ce que je luy dois.

Le 21 septembre j'ay donné un sequin de manche a valet du cardinal Acquaviva qui m'apporta le chocolat et le payement du tableau que j'ay fait pour la Reinne d'Espagne.

J'ay donné al signore Matia il cembalaro 12 pauls pour quatre mois et il est payé jusqu'à la fin de septembre 1746.

Le premier ottobre donné à M. Grenier 4 sequins pour finir de payer les deux copies qu'il a fait pour M. Slodtz.

J'ay donné 13 et 75 baïoques pour trois mois de loyé de la maison des quatre fontaines qui sonts jusqu'au 20 novembre 1746.

Pour la partie de Ville Madame 22 pauls.

* A mon retour de Naples madame Parker m'a presté vint écû. — De plus elle a donné trois pauls pour le sirurgien lorsqu'on tira du sang a ma femme. — De plus un sequin qu'elle a donné a maistre Michel pour le retirer de prison et que je luy ai promis de rembourser le prennant pour mon compte.

M. Parker m'a prêté 30 Écû puis un sequin lorsque Mau-

rice sortit de notre service pour luy payer quelques bagatelles que je lui devois.

J'ay donné à M. Parker cents Ecû qu'il a pris sur les deux
tableaux que j'ay fait pour M. Tilson. — (C. 66.)

J'ay presté a M. Subleyras en premier lieu deux sequins,
— plus un sequin, plus 6 pauls et demy pour ce qu'il acheta
chez M. Stern, plus 35 baloques pour une lettre, plus je luy
ay preté 29 pauls, plus un sequin.

J'ai reçu de M. Subleyras deux sequins le 16 février.

*Argent que j'ay fourny pour M. Slodtz :

Pour les estampes prises à la Caloographie............	52 : 95
Pour les deux œuvres de Piranesi............	26 : 00
Pour porter les estampes de la Caloographie chez moy.	00 : 15
Pour reliure des estampes........................	03 : 00
Pour crayon noir et bolete.......................	01 : 90
Pour un memorial...............................	00 : 10
Pour embalage des estampes......................	01 : 20
Pour du foin...................................	01 : 40
Pour la permission..............................	00 : 90
Pour le menuisier qui a fait les caisses............	24 : 00
Pour la manche du garçon du menuisier...........	00 : 30
Pour le faquin qui porta la caisse des estampes a Ripa.	00 : 15
Pour les frais de la doinne......................	01 : 85
	113 : 90
	28 : 00
	142 : 80
Pour M. Soufflost je lui prestay 4 sequins..........	08 : 20
Je luy ai preté en segond lieu....................	20 : 00
Pour ettuit et caisse du tableau..................	00 : 70
	28 : 00 Payé.

*J'ai payé pour compte de M. Michel Ange Slodtz à M. Joseph
Claux cinqs écû romains et deux pauls pour finnir de payer
le loyer de son attelier a Rome, plus il me restoit de nos
anciens comptes deux écû romains qu'il me devoit.

*Argent que je reçois des effets de M. Slodtz : — Pour un
morceau de marbre en triangle 6 : — Pour le morceau qui
ettait a Ripa Grande 0 : 15.

1747.

*Ce que j'ay donné à M. Duplicy : — Je lui ay pretté
19 pauls et deux bayoques et demy du commencement qui
vint a Rome. — Plus le 16 fev. 1747 j'y ay donné 26 pauls —
plus j'y ay donné 6 pauls, — plus un sequin.

Depuis le 16 fev. 1747 j'ay payé deux bordures 5 Ecûs et 25 baioques.

Donné 20 paules a M. Duplicy le 16 fev.

1748-1749.

* Pour M. le marquis Du Bellay j'ay donné au Palais Panfile cinqs pauls — plus six pauls pour l'emballage de deux petites statües et la Teste que luy a faite M. Vien.

Pour des couleurs pinceaux et papiers que j'ay acheté et envoyé à M. le marquis Du Bellay 28 paules.

* On trouve en Hollande un vernis pour retoucher les tableaux qu'on nomme vernis de Nestiers.

* J'ay commencé a me faire porter le disné de chez M. Guillaume le 23 septembre 1748 a six paule par jour.

J'ay cessé de me servir chez M. Guillaume le 23 février 1749

* Il sonatore di violino e stato pagato sino a tutto Marzo 1749.

* Ce que j'ay fourny pour le jardin : — J'ay donné au pere procureur un écû — Pour une livre de chandelle, 0 : 05 — Pour porter les meubles au jardin, 0 : 12 1/2 — pour un ballet, 0 : 02 1/2 — pour la collation que nous donnames au P. procureur, 0 : 90 — un flasco d'oglio, 0 : 15 — per piatti, 0 : 24 — Un soffietto, 0 : 12 1/2 — pour les graines qu'achetat M. Dorvalle deux paules, — pour les bancs un paule — pour blanchissage de linge un baïoque — pour un ecritoire etc. 25 baïoques et 5 pour le papier.

* Ce que je dois à M. Brós, — Per un palchetto a Argentina 0 : 50 — Per un pranzo fatto du M. Dorvalle 0 : 57 1/2 — A dì 6 Agosto mi prestò per la sponga e lotto 0 : 85 — Quindici boteglie di vino di borgogna 6 : 75 — Quatro boteglie di vino di Cipro 1 : 20. — Per la vitella della caccia a Ponte Salaro a dì 0 septembre : 11 — Resto del quartino del signore abbate de Merles 0 : 1. = 10 : 08 1/2.

Pour deux fiasques d'huile : 0 : 65 — pour deux bouteilles de vin de chipre 0 : 60 — A dì 27 décembre 1749 due boteglie di vino di cipro 0 : 60 — Vingts livres de merluches 0 : 80 — Ce qu'il revenoit a M. Brés du disné du jeudy gras 0 93 — Du reste d'un quartino 0 : 12 1/2 — Du quadrille 0 : 27.

* M. de Merles — Per la caccia alla cervelletta a dì 28 ottobre 0 : 33 1/2 — Per la caccia a Malafede a dì 4 novembre 0 : 12 — La caccia a Fonte di Papa a dì 27 novembre 0 20 — La caccia a Porto a dì 15 décembre 0 : 51.

* M. Roux — Per una chiave del giardino 0 : 15 — Per la

caccia a Torre di mezza via 0 : 40 — Della caccia a Ponte Salaro a dì 30 agosto per sterzo 0 : 26 1/2 — Della caccia a
Ponte Salaro a dì 9 septembre per sterzo etc. 0 : 56 — Della
caccia a Torre tre teste per sterzo 0 : 20. — Al vino d'Orvieto
a dì 22 septembre 0 : 12.

M. Meynier a fourny pour moy pour porter les meubles au
jardin 25 baioques — Della condietta di M. Challe 0 : 05 — A
dì 16 alla sepoltura di Nerone 0 : 50 — Je luy dois du souper du jardin le 12 Juin 1749 1 : 4 — Pour ce qu'il a fourny
le jour de la chasse au tombeau de Neron avec ma femme
0 : 9.

* Note des prix que j'ay donné à M. l'abbé Grand.

Toile d'empereur........	75 (écus) la pièce.
De quatre palmes.......	60
De trois palmes.........	40
De teste...............	30

* Note des prix que j'ay donné a M. le marquis de Maligne.

Toile de 7 et 5..........	80 la pièce.
D'empereur............	60
De quatre palmes.......	50
De teste...............	30

* Mesure des toiles ordinaires de Rome en pied de France.

Toile d'empereur 4 pieds et 3 pouces de large sur trois et
un pouce.

Toile de quatre palmes trois pieds et un demy pouce de
large sur deux pieds trois pouces et demy.

De trois palmes deux pieds trois pouces et demy de large
sur un pied dix pouces et demy.

Da testa un pied onze pouce et demy de large sur un pied
et demy pouce.

Di sassa ferrata comme ceux de M. de La Curne un pied
trois pouces deux lignes de haut sur un pied de large.

1750-1751.

* A dì 20 febraro 1750 si diede Orazio a la sua baglia e
principio il mese, la sua paga e stata accordata a 25 pavoli
il mese.

A dì 2 Aprile si e datto a baglia Orazio alla moglie del coc-
chiere del signore Biaggio Antonio Ferrari, et è stato accordato la sua paga a 25 pavoli il mese.

La baglia d'Orazio e stata pagata fine a 2 Luglio 1750.

* Choses que je preste — A M. *** une vüe de Tivoli et une ettude de rocher fait a Civita Vecchia 12 may. — A M. Rendeux l'arlette un'aura suave — A signore Pietro Paulo il copista lo Stabat Mater.

* Nota delle tele che lascio in casa. — Quelle abbozzate.

Nella stanza n° 12 si trova a n° uno due tele d'imperatore delle copie delli quadri che fece per il signore Cardinale Valenti Gonzaga, cioè una borrasca di mare et un paeso con cascata d'acqua. — (Voir C. 58. — R. 8.)

N° due : Tela d'imperatore segnato n° 2 abbozzi per M. W. due marine, una calata di sole, et una mattina. — (Voir C. 93-94.)

Due tele d'imperatore a n° 3, una Tempesta di mare et una calata di sole.

Due tele da quatro palmi a n° 4, due marine, una calata di sole ed una matina, due calme.

Una tela di quatro palmi ove sono abbozzati gli dui quadri del signore Abate Leblanc, un paeso et una marina a n° 12. — (C. 100-104.)

Una tela da otto palmi, abbozzo d'una Tempesta di mare per l'Academia di Parigi a n° 6.

Una tela da testa dove ciò una calma abozzatta per picola per il signore Marchese Gerini a n° 15. — (C. 78.)

Una tela da testa ove ciò una nebbia n° 9.

Una tela da sopraporta ove ciò abbozzato la copia della marina che fece a M. Liotard a n° 16.

Una tela da tre palmi ove ci sono due piccole marine abozzate a n° 18.

Una tela da tre palmi ove ciò una calma abozzata a n° 17.

Una tela di testa ove ciè una copia fatta dal mio fratello a n° 19.

* Francesco Magnain a reçu le 28 julliet 1751 un Ecû de six livres et le 31 un loüis d'or, — plus le deuxiesme aoust 13 liv. et 4 sols.

Francesco Magnain a dì 27 Agosto 1751 a ricevuto sei lire tornesi e sedici soldi.

Doppo tornato del mio viaggio in Francia, il signore Giuseppe il barbiere a reprincipiato a farmi la barba a dì 15 novembre 1751 et e stato pagato sine a dì 15 febraro 1752.

1752.

* Personnes que j'ay a voir a Paris.

M⁹

Le duc de Saint-Aignan.
Le duc de Tresmes.
Le duc de Nivernois.
M⁹ de Villette frères.
Les deux frères M⁹⁹ de La Curne
  rue Vivienne.
Dutillois.
De Boulogne.
De Julienne, aux Gobelins, et l'abbé
  Nolin.
D'Avirny.
Beaufort.
Olivier.
Vernet.
Duplecis.
Peyrot.
Sorbet.
Franque, rue Genegau.

Jombert, rue Dauphine.
Cars.
Natier.
Coustou
Gugenot.
Challe.
Faravel.
Boyer, médecin, et Rua, rue Saint-
  Dominique.
La Baume.
Ferrier.
M. de l'Hopital, rue Neuve du
  Luxembourg.
M⁰ d'Egmont.
M. de Gagny Dazincourt, au bout
  de la rüe de Nazaret, auprès du
  maréchal.
M. Joullin mar⁴ d'estampes, a quay
  de l'Ecole, estampes de Wilson.

M⁹⁹ Quatremere frères m⁴⁹ drappiers, rüe St-Denis près la porte de Paris,
  la seconde maison a coté de la rüe de la Tabletterie.

1753.

* Nous arrivament le 16 octobre 1753 a Marseille.

Nous entramment chez M. Salvat le 18 octobre le soir.

Le perruquier a commencé de raser mon Beau Pere et moy
le 20 octobre.

Livio a commencé d'aller à l'Ecole le 5 novembre 1753.

1754.

* M. Bereau a été payé de la pention de Livio jusqu'au
5 aoust 1754 et apres jusqu'au 5 octobre.

* J'ay commencé a finir a travailler le tableau de la Pecho
du Thon vers les premiers jours de janvier 1754 auquel
j'avois travaillé environ six jours pour l'ébauche.

* Nous arrivament a Toulon le 29 septembre 1754.

Nous avons resté dans la maison de mademoiselle Madelene
quinze jours et quinze jours au chateau de Bandol.

Nous allament habbitter le logément de M. Daubenton le
20 octobre le soir, mais l'accord que j'ay fait avec luy est de
commencer le premier de novembre 1754 a cents livres le
mois.

* Mon fils a commencé d'aller a l'Ecole chez M. l'abbé le onziesme novembre 1754 jour de St-Martin.

* Il signore Parker e stato pagato di tutto quello che aveva datto fino a dì 30 novembre 1754.

1755.

CONNOISSANCES QUE J'AY EN DIFFERENTS ENDROITS.

A Antibe :

M. le comte de Sade commandant.

M. de Riouffe commissaire ordonnateur de la marine.

M. Campion controlleur general des fermes du Roy.

M. ..... commendant du fort Quarré.

A Toulon :

M. de Villeblanche, intendant de la marine.

M. de Laugerie, commissaire de la marine. Mort en 1755.

M. de Massiac, commandant de la marine.

M. de Moriac, commandant des trouppes de terre.

M. le comte de Tournon, capitaine de vaisseau.

M. d'Aviray, lieutenant de vaisseau.

M. le chevalier de Modène, enseigne de vaisseau.

M. de Revez, capitaine de vaisseau.

M. de Rochemore, capitaine de vaisseau.

M. le comte de Carné, lieutenant de vaisseau.

M. d'Allem, garde marine.

M. de La Clüe, chef d'escadre.

M. d'Aubenton, commissaire de la marine.

M. de l'Epine, directeur des vivres.

M. Durand, médecin de la marine.

M. Boulement père directeur des postes et le fils tresorier des trouppes.

M. d'Ogilvi.

M. Cairo, negociant.

M. Chapelle, constructeur, père et fils.

Mrs de La Rose, deux frères, dessinateurs.

M. et Made Baron.

M. de Chateauneuf, oncle et neveu.

Mrs de Choüin, eveque, et militaire son frère.

M. Devenos, commissaire.

M. André, ingénieur.

M. le chevallier de Grace, lieutenant de vaisseau.

Mrs de Massillan, oncle et neveu, lieutenant de vaisseau.

M. du Castellet, lieutenant de vaisseau.

M. et Dlles de Joïeuse, medecin des galères.

* Les porteurs de ma femme onts ettez payés jusqu'au 21 janvier 1755.

* M. Berieu a commencé de montrer a danser à madame Vernet le 22 janvier 1755.

* M. Daubenton a été payé du logement qui me loüe jusqu'au dernier juillet 1755, c'est M. Boyer qui a reçu de moy trois cents livres pour les derniers trois mois dudit logement.

* Partissimo da Tolone per andare a Pariggi la signora Verginia et me alli 15 Luglio 1755.

Siamo tornati da Pariggi in Tolone a di cinque octobre 1755.

Livio a recommencé a aler a l'Ecole chez M. l'abbé Rambert le 7 octobre 1755.

*J'ay commencé a finir le tableau de la rade de Toulon le 15 décembre 1755 auquel j'avois travaillé pour le dessein et l'ébauche environ quinze ou vingts jours.

1756.

*J'ay commencé a finir le tableau du port vieux de Toulon le 4 mars 1756 second jour de carême.

*J'arrivay à Avignon le 3 juillet 1756 et j'avois deux mille moins quelques livres.

J'ay commencé a occuper le logement de M. Razibus à Avignon le septième juillet 1756 accordé a trois loüis d'or par mois. — J'ay commencé a prendre des livres chez M. ..... libraire à Avignon le 15 juillet 1756.

*J'arrivay a Cette le premier novembre 1756. Je vint loger chez M. Bonjean le trois et je commençay a occuper l'appartement de M. Ledreu le quatre accordé a 40 liv. le mois, j'ay commencé a me faire raser par le garçon de M. Contrastin le 2, j'ay commencé a travailler le onze, et j'avois en arrivant 720 liv.

*J'ay commencé a travailler pour finir le tableau du port d'Antibe le 19 novembre 1756.

1757.

*Je partis de Cette le 12 may 1757. J'arrivay a Toulouse le 10 ou je restay cinqs jours et j'arrivay a Bordeaux le 24 et j'avois 350 liv.

J'entray chez M. Pitard le 26 may au soir 1757.

Mon fils a commencé a prendre laisson du latin de M. l'abbé de Montesquieu le 9 juin, veille de la Fête-Dieu.

*J'ay commencé a travailler pour finir les 4 tableaux sur cuivre pour M. de Villette le 18 août 1757. — (Voir R. 90.)

*Mon fils est entré en pention au college des Jesuistes le 5 octobre 1757.

*J'ay commencé a travailler pour finir le tableau de la vüe du Chartron faubourg de Bordeaux le 7 novembre 1757.

J'ay payé M. Pitard le 28 novembre 1757 de trois mois de loyer de son appartement que j'occupe pour lequel j'ay donné 450 liv. jusqu'a 23 dudit mois 100 liv. pour une barrique de son vin qui fonts 200 bouteilles et 25 liv. 4 s. pour un cent de fissonats, ne luy devant plus rien.

* Lettres ecrittes.	Responces.
A M. de Villette le 12 may (1745).	A M. Franque 19 may a la lettre du 21 avril.
A M. de Villeneufve le 19 may.	
A M. Boudard le 19 may.	A M. de Villette a celle du 7 may.
A M. Franque le père le 24 juillet par le pedon, — (piéton.)	A Mrs Franque le 21 juillet.
A M. Rainaud le 4 aoust.	A M. d'Arthenay le 10 aoust.
A M. de Caumont le 15 septembre.	A M. le comte de Caumont le 11 aoust.
A mon père le 15 septembre.	A M. Franque le 11 aoust.
A M. Lestagnol le 15 septembre.	A M. Vialy le 10 aoust.
A M. Rainaud le 15 septembre.	A M. Guibert le 15 septembre.
A M. de Villette le 29 septembre.	A M. de Caumont fils le 20 octobre.
A M. Aublé le 29 septembre.	Alla signora Mariani, 20 octobre.
A M. Regny le 28 octobre.	A M. Poilhon le 31 juillet 1748.
A M. Teste le 29 septembre.	A M. de Villette le 22 juillet 1748.
A M. Raynaud, le 2 mars 1746.	A M. le marquis Du Bellay le 2 aoust 1748.
A M. Raynaud le 28 septemb. 1746.	
A ma sœur Elisabeth le 28 septembre 1746 et luy ay envoyé une lettre de change de 50 livres.	A M. Scuhus 17 aprile.
	A M. de Marigny 11 novembre 1756.
A M. le medecin Gerardi le 23 février 1753.	Ecrit a M. de Marigny le 12 juillet 1757.
A M. Vorn le 23 février 1753.	
A Made la marquise Chigi le 23 fevrier 1753. R.	
Au sigre Giuvenale le 23 fevrier 1753.	
A M. Dorvalle le même jour ainsi qu'a Antonia Lombelli.	
A M. l'abbé Franquini Taviani le 23 février 1753.	
A M. Barbeau, peintre, le 2 mars 1753. R.	
A M. Born, le 2 mars. R.	
A Made la marquise Chigi a Sienne le 2 mars.	
A M. Gabriel Mathias le 5 mars 1753. R.	
A M. Babin le 5 mars 1753. R.	
A M. de Marigny et M. Peilhon le 4 aoust 1756.	

1758.

* Le 7 mars 1758 j'ay donné a Anna Rosa a compte de ses gages et de ceux de son mary quatres loüis qui fonts 96 liv.

1759.

* J'ay commencé a travailler pour finir le second tableau de Bordeaux le 15 fevrier 1759.

* J'ay arretté mes comptes avec M. Parker mon Beau-pere le 5 juillet 1759 tant de la boucle d'or que de toute autre chose. Il ne me doit rien ny moy a luy, en luy donnant 50 livres nous sommen quitte de tout.

* J'arrivay a Bayonne le 9 juillet 1759 a sept heures du

matin, j'avois en arrivant 1520 liv. et j'ay commencé a occuper le logement de Mad° la veuve Duler le 10 au soir.

* 19 juillet. Une partie au Boucaut pour dessiner 2 l. 12 s.
— Donné à une Basquaise que j'ay dessiné 1 l. 04 s.

* 16 septembre à Biarris 1 l. 10 s.

* J'ay commencé d'occuper le logement de M. Labat le premier octobre 1759.

Ma femme et ma famille arriva le dimanche au soir 21 octobre 1759.

A Biarris le 24 décembre 1 l. 03 s.

1760.

* 2 mars 1760. Voyage de Saint-Jean de Luz 5 l. Pour la partie de Saint-Jean de Luz M. Volaire 2 l. 14 s.

* Lorsque ma famille arriva a Bayonne ma femme avoit 16 loüis et moy six.

J'ay pris de l'argent qu'a a moy M. Teste.	1200
J'ay reçu des tableaux de M. Poulhariés...	1000 (R. 102).
J'ay reçu pour les tableaux de M. Journû.	1200 (R. 104).
De la rente de Marseille................	400
De la rente de Paris...................	300
De la rente de Paris...................	450
Des tableaux de M. Henry..............	3410 (R. 105).
De M. Journû.........................	600 (R. 104).
De M. Journû.........................	900 (R. 104).
De M. Lefer..........................	750 (R. 106).
De M. de Rolly.......................	2000 (R. 107).
Du Roy...............................	6000 (R. 98).
	17910

* J'ay commencé a travailler pour finir le tableau de Bayonne pris de la citadelle le 9 juillet 1760.

* Ma femme ne s'est pas fait acomoder depuis le 22 mars 1760 jusque vers les premiers jours de juin que nous allament au Baste le 19 ou nous restament 22 jours, puis ma femme accoucha le 20 juillet et resta 45 jours sans se faire acomoder par M. Desproux. — (Voir aux actes d'état civil, naissance d'Emilie).

* Le jour du Baptême — Au vicaire 6 l. — Au clair 1 l. 04 s. — Mis au cierge 3 l. — A la Benoitte 1 l. 4 s. — Au sonneur de cloche 1 l. 04 s. — Aux pauvres 3 l. — A la sage-femme 24 l. — A la nourrice 12 l. — Cierge, eau de la reine d'Hongrie, bouquet et dragée 4 l.

*25 octobre. Quant j'allay voir le nauffrage au Boucaut 4 l. 10 s. — Une partie au Boucaut avec ma famille 8 l. 10 s. — Le second nauffrage au Boucaut 3 l. — Voyage a Saint-Sebastion 36 l. 10 s.—Ce que j'ay fourny pour M. Volaire pour le voyage a Saint-Sebastien 26 l. 10 s. — 31 octobre. Au Boucaut 2 l.

*Ce que j'ay fourny pour l'autel de la cathedralle.

Pour caisses.....................................	3 l.
Port d'une lettre.................................	2 l. 10 s.
Port d'un paquet.................................	18 l.
Autre port d'un paquet contenant les desseins des chandeliers...................................	11 l. 14 s.
Port de lettre une 17 mars, l'autre du 19............	2 l. 13
Port d'une lettre.................................	18
Port d'une lettre.................................	18
Une lettre d'Agde................................	15
Donné pour le transport de l'autel de Marseille a Bayonne (icy)...	926 l. 19
Transport du port a la cathédralle..................	10 l. 15
Donné a compte a l'ouvrier qui a accompagné l'autel....	24 l.
Lettre du 5 may et l'autre du 18..................	1 l. 16
	1003 l. 18

Une lettre de Paris pour les desseins des grilles 2 l.

1761.

* May 1761 — Pour des desseins d'un marin 6 l.

* 5 juin. Soldats des tableaux 1 l. 04 s. — Au soldat qui a fait la garde aux tableaux 3 l. 12 s. — Aux gardes des tableaux 43 l.

* 11 juin. Au Boucau, 4 l. 10 s.

* 20 juin. — Embalage de mes effets 20 l. — A. M. Crepin pour 3 chaises 270 l. — Aux auberges jusqu'a Bordeaux 80 l. Etreinnes aux voituriers 15 l. — A l'auberge a Bordeaux 200 l. — Emballage de mes effets 32 l. — Pour le bateau de Blaye 20 l. — A l'auberge de Blaye 12 l. — Aux oberges de Blaye à la Rochelle 60 l. — Pour trois voitures de Blaye a La Rochelle 300 l. — Etreinnes aux voituriers de La Rochelle 15 l. — 7 juillet. Pour descharger mes effets et aux gardes 3 l. — Port de mes effets de Bordeaux à La Rochelle 180 l.= 1207 l.

* J'arrivay a La Rochelle le 7 juillet 1761 et j'occupay la maison de madame la veuve Morancy dont le loyer qui est 1200 liv. l'année a commencé le 1er juillet 1761.

* 10 juillet. Marionettes 1 l. 4 s. — Boire à la pointe des Minimes 08 s.

* J'ay commencé a travailler pour finir le tableau de La Rochelle le 28 décembre 1761.

Voyage de Rochefort le 2 novembre 1761.

Pour la poste aller et venir,........................	30 l.	16 s.
Au garçon qui a porté ma malle,...................		04
Sac a poudre, houpe, peigne e cizeaux...............	2	12
Chocolatière et moulinet.........................	1	14
Paresol,.......................................	17	
Tabac...	1	05
Vergette.......................................		12
Pour porter le portefeuille.......................	1	16
A l'auberge....................................	24	
Pour des jouets d'enfants........................	1	04
Etreinnes aux filles et aux garçons d'écurie.........	3	15
Au perruquier.................................	3	
Au domestique de M. de Vaumorand,...............	3	
Choses pour manger.............................	6	
19 novembre 1762,...........	96 :	18

Deuxième voyage a Rochefort depuis le 26 février 1762.

Pour voiture,..................................	40	15
A l'auberge,...................................	14	
Au perruquier.................................	1	04
Au gardien du magazin des colonies...............	6	
Diverses bagatelles		12
1er mars 1762,...............	62 :	11

* J'ay commencé a finir les 4 tableaux de Mgr le Dauphin le 6 avril 1762 apres y avoir travaillé six jours pour les ébaucher.

* De La Rochelle a Tours 31 postes et de Tours à Paris 34.

* Une berline a six chevaux 65,544 y compris les guides, et une chaise 272.

* M. Hebre, négociant a Rochefort que j'ay connus en dinnent avec luy chez M. Acher a Bayonne.

M. Guichon que j'ay vu à Bayonne chez M. Courrege lorsqu'il passoit pour visiter les postes et qui se tien à Paris logé près des Galleries du Louvre.

M. Nordin, négociant à La Rochelle que j'ay connû à Bordeaux chez M. Ainsly.

* Choses que je dois faire à Paris.

Les couleurs pour la salle de M. Collingwood — Dessein pour l'autel de la cathédrale de Saintes, ou on ne peut dépenser que 6,000 liv. — Ode de M. Fauconnet.

Mémoire de M. Lhaimé — Mémoire de madame Barvet — Rendre le livre de M. Dupuis — Rendre la carte à M. Dehin et celles de M. Delacroix a M. Moreau — Ma musique chez M. de Cullan — Payer M. Bonfils, Lacroix, Gazan, B...., médecin, apoticaire — Rendre les livres de M. Delacroix — Emballer les bouteilles — Berceau — Musique chez madame Rainaud — Emballer mes toiles — Blanchir des bas — Un ruban pour le bonnet — Une paire de bas blancs — Une bouette pour l'amadoüe. — De l'eau vulnéraire et de fleur d'orange — Des bougies — Jarrettières — Carnets pour dessinner pour Charlot et pour moy — Une bourse a cheveux — Le sac pour le berceau — Vendre bouteilles, matellats, armoire, lits et berceau — Faire accomoder le berceau — Rendre les pastels à M. Brevet — Payer 15 sols des jeux d'enfants — Remiser ma chaise à Paris — Accomoder mes bas — Tabac de M. Dheinn — Graine de coklearia — Reparation de ma chaise — Cordes, ficelles, cloux pour le voyage — Payer le jardinier — Passer le blanc d'œuf chez M. d'Abbadie — Faire plomber la male de M. Volaire.

* Le 17 juin 1762 acchetté un cabriolet et un cheval 306 l.

* Le 2 juillet 1762 acchetté un cheval et une jument 436 l. Lanternes, 2 l.

* J'arrivay à Paris le 14 juillet 1762.

Donné d'etrenne au portier de la maison que j'ai habbité 7 l. 15 s.

Mantelet pour ma femme, coiffe, collier, etc. 18 l. — Bonnets et colliers des enfants 20 l. — Pour mon habbit de soye nommé gros de Naples 104 l. — Pour deux paires bas de soye pour moy 24 l.

Voyage à Versailles 16 l. — Partie à Vincenne 21 l. 10 s. — Fiacres en plusieurs fois 18 l. — Nourriture de mes chevaux a l'auberge de la rüe d'Enfer 37 l. — Fiacre pour aller aux Tuilleries etc. 4 l. 12 s. — Fiacre pour aller aux boullevards etc. 7 liv. 04 s.

* Commencé avec le second perruquier le 10 aoust 1762. Il doit accomoder mon beau-père et moy trois fois la semaine, deux fois mon fils ainé et quelquefois le cadet pour le prix de dix livres par mois.

*Combat des animeaux 4 l. 10 s. — 15 aoust, comedie itallienne 3 l. — 24 aoust, diné chez le suisse aux Tuilleries 2 l. 18 s.

*Une comode de bois de palissandre avec des dorures 30 l. — Six chaises et deux fauteuils de canne 40 l. — Un feu complet de fer 10 l. — Deux plants de Paris 3 l. 08 s.

*3 septembre. Charrette pour Meudon 4 l. 12 s. — Carrosse pour Meudon 10 l. 10 s. — Au domestique de M. Cochin 3 l. — A ceux qui ont porté les estampes de M. Le Bas 1 l. 04 s. — A Sève pour biscuits, etc. 18 s. — A Sève pour servellats et biscuits, 2 liv. 10 s. — Jour de St-Clous chaises et flacres, 6 l. 12 s. — Au suisse du château de Meudon 6 l. — Saucisses et gateaux de Sève, 3 l. — Pour des anes, 2 l. 14 s. — Bonbons pour les enfants à St-Cloux, 12 s. — Au carrosse pour le retour de Meudon 8 l. et 32 s. d'étrennes. — 10 septembre, pour la charrette qui a porté mes effets de Meudon 5 l. 04 s.

*Un couvert d'argent pour Livio 32 l. — Un écritoire 1 l. 04 s. — Pour plusieurs choses pour Livio 3 l. — Bas, brosses, carnets pour mon fils, 4 l. 4 s. — Gants pour Livio 2 paires 3 l. — 18 septembre. Voyage a Jully 24 l. — Donné au supérieur de Jully pour un quartier de la pension de mon fils 117 l. 10 s.

*Partis la 2e fois pour Meudon le dernier septembre et j'avois 470 l. — Fiacre pour nous conduire au bateau pour aller a Meudon, 4 l. 10 s. — Bateau pour Meudon 4 l.

*Carnets pour Charlot et moy 32 s. Crayons pour Charlot 12 s. — Toupie et cage 2 l. 10 s.

Au cocher de M. de Villette deux fois 6 l. 8 s. — Port de mes effets d'Avignon et provisions 227 l.

Payé a M. Chardin pour la capitation de l'Academie l'année 1761 et 1762 120 l.

Le 18 décembre payé la maitresse d'école de Charlot jusqu'au 16, 3 liv.

Le 24 décembre 1762 payé a M. Coustou l'ainé les capitations qu'il avoit payées pour moy des années 1756-57-58-59 et 1760 les quatre premières années a 30 l. par an, et celle de 1760 avec le doublement qui fait 180 l. que j'ay remis a son domestique.

*31 décembre 1762. Douceurs pour les enfants 1 l. 15 s. — Pour une écritoire et portefeuille pour Livio 12 s. — Au domestique de M. de Villette 3 liv. — A la femme qui porta le present de M. Vialy 3 liv.

* Tous les tableaux que j'ay fait pour le Roy sont payés jusqu'à ceux de Bordeaux. On ne me doit plus que les deux du port de Bayonne sur lesquels j'ay reçu neuf mille livres y compris les trois mille livres de l'ordonnance du 29 novembre 1762.

J'ay reçu aussy a compte des quatre tableaux que j'ay fait pour la bibliothèque de Mgr le Dauphin 2400 l. qui me furent payées dans le mois d'aoust 1762 par une ordonnance sur M. Peilhon.

1763.

* Le 1er janvier 1763, Etreinnes chez M. de Marigny 48 l. — chez madame Geoffrin 30 l. — Etreinnes a mon neveu 6 l. — Des tablettes pour ma femme 8 l. — Almanac royal 5 l. — Pour deux paires de chandelliers argentés 40 l. — Etreinnes aux modeles de l'Académie 6 l., au consierge, 3 l., à l'ussier 3 liv.

Pour le souper du 5 janvier — vin, 8 bouteilles de Bourgogne 8 l., 2 cotte rotie 4 l. et 2 de Champagne 23 l. — pour un patté de dindon 7 l. et un gateau 3 l. 10 s.

3 mars 1763. Au carroce qui nous a conduits a St Cloud 13 l. 04 s. A la charrette qui a porté mes effets a St Cloud 10 l. 10 s.

* Voyage de Jully le 4 avril 43 liv.

Le 28 avril envoyé a M. Volaire par M. Gachon 20 loüis 480 l. — Pour les estampes a la Grecque 1 l. 04 s.

* Depart pour St Cloud le 6 may pour fiacre 1 l. 16 s. — A la Gaillotte 2 l. 10 s. — Laissé à M. Parker 6 l. — Pour porter mes effets chez MM. Du Tilloy 12 s. — Pour les arres de la maison de St Cloud 12 l. — Pour l'estampe de la Tempeste de Balechou 36 l.

* Pour le bateau du jour que le Roy teint son lit de justice 3 l. — Le 5 juin payé a ma sœur pour les denrées d'Avignon 156 l.

Pour la tenture de la Fête-Dieu 3 l. — Pour l'illumination 7 l. 04 s. — Pour le feu d'artifice 0:12 s.

* J'ay reçû le 12 juillet 1763 trois mille livres pour l'entier payement des deux tableaux du port de Bayonne faits pour le Roy.

Le 13 juillet 1763 payé a M. Maucarré le dernier terme du loyer de l'appartement que j'ay occupé à la maison neuve de St Sulpice finy à la St Jean 250 l.

* Pour voiture du retour de St Cloud le 14 juillet 12 liv. 4 s. — Fiacre le jour que je conduisit mon frère chez M. de Marigny 2 l. 8 s.

*Depuis le 9 aoust 1763 — Aux crochetteurs qui ont porté mes tableaux de Versailles 1 l. 4 s. — Pretté a mon frere le 24 aoust 1763 un loüis en or 24 l.

*Fiacre du 26 a l'arrivée de mon fils 7 l. 10 s. — Epée pour mon fils 84 l. — A Deschamps modele de l'Académie 6 l. — Au portier de M. Gabriel 4 l. 4 s. — Au portier de M. de Villette et au cocher 6 l. — Coussin pour ma chaise de poste 8 l.

*Depuis mon départ de Paris pour Dieppe le 11 septembre 1763.

Frais de la poste jusqu'a Dieppe 102 l. 15 s. — Raccomodage de ma chaise en routte 7 l. 10 s. — Souper a Meulan 3 l. 10 s. — Boire un coup a Gaillon 1 l. — Graisser les roues 10 s. — Souper à Rouen 6 l. 12 s. — Au garçon pour cordes, etc. 15 s.

J'arrivay a Dieppe le 13 septembre 1763. J'ay resté a l'auberge de l'Espérance jusqu'au 15 ou j'ay pris trois repas 10 l. — Le 15 je suis venu coucher chez M. Villy et dès lors il m'a donné a manger jusqu'au mercredy 21. Le 23 j'ay commencé a me faire porter a manger de chez M. Levasseur -- Le mardi 27 une personne a manger — Le mercredi 28 trois personnes a manger, etc.

Transport de mes effets et etreinnes aux domestiques de l'auberge 2 liv. 2 s. — Chaise a porteur en deux fois 3 l. 12 s. — Joueur de gobellet 1 l. 4 s. — Ecritoire 2 l. — Chocolatiere 15 s. — Moulinet 10 s.

Pour le diner du jeudy 15 septembre 2 l. 3 s. — Un petit carnet pour dessiner et papier a ecrire 15 sous. — Pour dessiner du poisson 12 s. — Dentelle 8 l. 9 s. — Au joueur de gobellet 3 l. — Ou j'ay dessiné le port de Dieppe 6 l. — Pour une coquille 12 s. — Tabac 5 l. — Au maitre de mon logement a Dieppe 125 l. — Au traitteur 68 l.

Diner a trois postes de Dieppe 1 l. 14 s. -- A Rouen 4 l. 14 s. — Souper a Gaillon 5 l. 10 s. — Fraix de la poste 108 l. — Port de mes hardes de Dieppe à Paris, 30 l. — Fiacre du 26 octobre.

Total du voyage à Dieppe 606 l. 4 s.

*Lettres que j'ay écrit depuis mon départ pour Dieppe. — A l'archeveque de Bayonne 1 — Volaire 1 — Beaulieu 1 — Ma sœur 1 — Aliamet, Lecarpentier, mon frere, beau-frere, 4 — Plon, Legros, Tisseran, mon fils, superieur de Jully, 6 — Du Tilloy, Dorvallo, Marigny, Gabriel Matias 4 — Ma sœur

d'Avignon, Balechou 2 — A ma femme 10 — A M. Rattier a
Neuilly, de Roquefeuille et Collingwood 3 — De Villette, Desfriches, Casenave, L'emhay, Monier 5.

* Affaires.

M. Godefroy recommandé par madame Barvet — Le fils de
M. Pichon — M. L'haimé — M. Beaulieu — M. Labottiere —
M. Moraux — M. Carpentier — Chevallet — Portefeuilles —
Ghitarre — Faire peindre des paneaux a mon logement —
Faire preparer des baguettes dorées — Voir si les cheminées
fument — Coller du papier a des chambres. — Les bordures
de madame de Pompadour — Baguettes ou moulures pour
les lembris d'appuis — Les vollets des fenetres — Faire net-
toyer les carreaux des appartements et les faire peindre — Voir
le procureur pour M. Morancy — Pauser les sonnettes — Mon
nom sur la porte — Machine pour ouvrir la porte de la rüe
— Les choses pour marquer les clefs — Voir mes tableaux au
Luxembourg — Voir les plants — Vernis de M. Ollivier —
Huile de pavost — Peindre les vouttes — Bordures pour les
tableaux de La Rochelle et Rochefort — Tablettes de marbre
pour la salle a manger — Ce que doivent faire les maçons.

* Depenses que j'ay faittes pour mon logement des Galleries
du Louvre.

Etreinnes aux maçons, aux charpentiers, etc. — au portier de M. Gabriel 6 l. — Pour 13 aulnes de velours d'Hu-
trec à 8 l. 10 s. l'aulne 110 l. 10 s. — Un palliasson 13 s. etc.

* 30 octobre. Voyage de La Chapelle — Fraix de poste et
autres 130 liv.

* Le 11 décembre 1763 reçu deux mil quatre cent livres
pour l'entier payement de quatre tableaux pour la bibliothèque de Mgr le Dauphin.

Donné a mon frere 12 l. — Le 20 decembre donné a mon
frere 24 l.

* Choses dont ma sœur doit me tenir compte — 4 louïs
remis a son fils — 3 bouteilles de vin, bouteilles et tout —
Le poile — Pour raccomoder ma guitare 3 l. 12 s. — Pour
un chevallet 4 l.

1764.

* Prix des tableaux que j'ay fixé au mois de janvier 1764 et
que j'ay marqué a M. Mathias.

De 4 pieds de France de large la hauteur a proportion,
c'est a dire 2 pieds et demy ou trois pieds 1500 liv.

De 3 pieds la hauteur a proportion qui est toujours moindre que la largeur 1200 liv.

De 2 pieds et demy de large 1000 liv.

De 2 pieds 800 liv.

Et d'un pied ou un pied et demy 600 liv.

J'ay marqué a M. Mathias que les deux tableaux *tela da testa* qu'il m'a demandé pour son amy sont de 750 liv. chaque.

* Janvier 1764. Etreinnes aux domestiques de M. de Villette 24 l. — Aux domestiques de madame Geoffrin 30 l. — Aux domestiques de M. Soufflost 12 l. — A mon neveu et ma nièce Guibert 12 l. — A mon fils 18 l. — Aux domestiques de M. de Marigny et de M. Perier 48 l. — Pour manchons d'Emilie et Charlot et deux chevaux 5 l.

* Le 21 décembre 1703 payé a la maitresse d'école des enfants 12 l. — Etrenne au bedeau qui a porté le pain bennit 3 l.

* Le 25 février. Pour le bal chez M. Auguste 8 l. 02 s. — Pour ce que a fourny M. Dupré pour le diné donné aux dames Vanloo, Roslin, etc. 48 l. 07 s. — Port et fraix de la volaille venue de Dieppe 7 l. et la dinde Perigueux 8 l.

* Donné a celuy qui est venu faire signer le contrac d'élève pour mon frère 1 l. 04 s.

* Pour ma part du carosse pour le voyage a Choisy du 15 mars 2 l. 18 s. — Le 10 mars donné pour le port et droits du chocolat de Bayonne 33 l. 04 s. — Donné pour le notaire qui a fait l'écrit pour mon frère 15 l. — Voyage de Choisy le 23 — Le 27 mars sauteurs chez Restier 1 l. 10 — Le 2 avril jeux d'enfans et sauteurs de corde 4 l. 02 — Le 8 avril danseur de corde 1 liv. 10.

* May 1764 — Voyage a Versailles le lundy saint 14 l. — Flacre du jour de la revue, etc. 7 l. 4 s.; parasol 12 s. — Payé a M. Chardin pour la capitation de 1704, 30 liv.

* Juin — Estampes de vases 1 l. 10 s. — Le 13 Comus 3 l. — Au domestique de M. Dargenville 3 l. — Le 26 juin 1704 envoyé a M. Volaire une rescription de la poste de 720 livres. — Le 28 juin au bal d'Auteuil 4 liv. 10 s. — Lotterie de l'Ecole militaire 6 l.

* Juillet — Chez Comus 6 liv. — 2 estampes pour Charlot et une pour moy 24 s. — Pour le voyage de retour de Livio a Jully 11 l.

Le 9 aoust payé a madame Garot le loyer de neuf mois de deux appartements qu'elle me loue dans sa maison de

St Cloud 198 l. — Cottisation des pauvres le 17 aoust 1 l. 06 s. — Pour 4 aulnes de drap de Louvier gris clair pris le 16 aoust 1764 a 19 l. 10 s. l'aulne 78 l.; pour 14 aulnes de gallon d'or surdoré pesants 20 onces 396 a 10 l. l'once fonts 203 l. 15 s. que j'ay payé a M. Féoga.

* Voyage a Versailles le jour de Saint Loüis 15 l. 16 s. — Au domestique de M. de La Live qui a porté le catalogue 3 l. — Pour le souper d'artiste du 15 aoust pour ce qu'a fourny M. Dupré 23 l. 2 s.

* Mon fils l'ainé a commencé a prendre leçon d'écriture chez M. Dautrep un lundy 27 aoust 1764 — Mon fils a commencé a prendre leçon de danse de M. Vincent un jeudy 30 aoust 1764.

* Le 5 septembre donné au tailleur M. Féoga pour l'habbit de mon fils ainé et ma redingotte et a compte des depenses qu'il fera 200 l.

* Le 8 septembre pour la partie a St Cloud avec M. Vanloo 12 l. — Le 9 septembre pour un flacre pour aller chez madame Tocquet 6 l. — Le 30 au negre de M. de Coigny 3 l. — Flacre pour aller chez M. Delacroix 9 l. — Au domestique de M. Vallayer 24 s.; bouquets, tabac et pain au lait 3 l.

* Le 9 octobre pour deux billets du concert de mademoiselle Capranica 12 l. — Le 10 octobre payé a St Jean ce qu'il a fourny pour la partie du 7 a St-Cloud avec madame Coustou, etc. 22 l. 15 s.

Le 9 novembre 1764 payé pour les depences faites pour mon fils a Juilly 387 l. 16 s. — Le 18 novembre pour les frais de la poste aller et revenir de Nogent sur Seine 130 l. — Etreinnes au consierge de La Chapelle 6 liv. — Au premier laquais de M. de Boullongne a La Chapelle 6 l. — 2 boittes de bonbons a La Chapelle 2 l.

* Je dois : A M. Desfriches d'Orléans pour quatre pieces de vin qu'il m'a envoyé en deux fois 200 l. — A M. de Mory, caissier general de la compagnie des Indes 1200 l. — A M. de Villette, ancien tresorier de l'extraordinaire des guerres 600 l. — A M. Plou peintre pour toutes les peintures qu'il a fait a mon logement des galleries du Louvre un memoire de 1763,668 livres 17 s.; puis ce qui a été fait a mon cabinet sur la gallerie et les tablettes du balcon d'en haut — A M. Chaise doreur qui m'a fourny les moulures de deux chambres et les bordures et verres de 4 estampes des ports de mer 186 l.

Le 3 décembre 1764 pour les inscriptions de mon fils 9 l.

— Pour les attestations 6 l. — A un pauvre d'Avignon le 19 décembre 3 l.

Le décembre 1764 j'ay reçû 3000 l. a compte des ouvrages que j'ay fait pour le Roy — Quitance et sacs chez M. Denis le 11 décembre 1 l. 9 s.

1765.

* Le 1er janvier 1765. Chez M. de Boullongne au portier 6 liv. et aux domestiques 12 liv. — Chez M. de Villette aux domestiques 30 l. — Chez M. de Saintsey a un des domestiques 6 l. et au portier 3 l. — Chez M. de Marigny 48 l. — Chez M. Soufflost 12 l. — Au domestique de mon beau-frère 3 l. et 2 l. a ma niece — Chez M. le prince Colonne 12 l. — Aux domestiques de madame Thiboult 6 l. — Au garçon de M. Vialy 36 s. et au porteur de lettre 30 s. — A la maitresse d'école des enfants 3 l. — Chez madame Geoffrin 30 l.

* Pour le souper des dames le 2 janvier 1765 ce qu'a fourny M. Dupré ... — Le 19 janvier 1765 envoyé a M. Volaire par une rescription des fermes 600 l. — Le 25 janvier donné a mon fils pour deux cayers de son droit 12 l.

* Flacre du 16 fevrier 24 s. et 12 au domestique de M. Vallayer. — Le 19 au cocher de M. de Villette 3 l. — A l'homme qui a porté les estampes que m'a envoyé M. Le Bas 12 s. — Donné au domestique de M. Cochin 3 l. — Pour un bœuf de platre 4 l. 4 s.

* Pour flacre du souper chez M. Soufflost le 17 mars 6 l. 6 s. — Pour la foire des enfants 36 s. et 3 l. pour ma niece.

* Le 2 avril mon fils Charles est entré a la pension de M. Collin. — Le 5 avril pour le port et autres frais de la caisse des couleurs venüe de Rome, de Marseille a Paris 64 l. — Pour estampes envoyées a Juilly 3 l. et le livre des Sinonimes 3 l.

* May 1765. Au soldat de la Revue 1 l. 4 s. — 3 petits livres d'arimetique 1 l. 16 s. — Le 2 juin payé a M. Féoga tailleur la façon et fourniture de mon habbit de velour noir, robbe de chambre pour Charlot, habbit de soye de mon fils l'ainé, mon habbit de calaisienne canelle, et ne luy doit rien en luy donnent 144 livres.

* Vers les derniers jours de may 1765 j'ay reçû 6000 liv. sur les neuf mille que le Roy me devoit sur les tableaux de Bayonne et de Rochefort. — Le 1er juin pris chez M. Denis tresorier des bâtiments du roy 6000 l ; quittance 24 s. Sacs 30 s. Porteur 24 s. Flacre 26 s.

* Pour mener les enfants et le domestique chez Nicollet, etc.
2 l. 10 s. — Le 17 juin payé a M. de Saint-Clair, frere de
M. Soufflost, deux carteaux de vin de Bourgogne 73 l. — Le
20 juin pour les enfants au bois de Boulogne 4 l. 4 s — Le
27 juin j'ai payé a M. Chardin pour la capitation de ma cote-
part a l'Académie pour ladite année 30 liv. Le 28 juin donné
a mon fils pour l'examen de son droit 24 l. — Passe-partout
pour mon fils 1 l. 4 s.

* Le 11 juillet pour 20 livres de bougie pour faire present
aux agrégez qui ont faits faire l'exament a mon fils, et
M. Drouot 50 l. — Pour les étrennes qu'a donné mon fils a
l'examen 6 l.

" Aoust 1765. Pour les jeux de Pelletier 3 l. — Pour
un livre de routtes et cartes géographiques 15 l. — Pour
celuy qui a tendu les dessus de porte du Roy 1 l. 16 s. —
Pour six livres de bougie pour le président du Droit 15 l.
— Pour la bordure de M. le Mar. de Roquefeuil et étrenne
168 l. 12 s. — A un crochetteur pour avoir porté des tableaux au Louvre 2 l. 8 s.

* La salle a manger de MM. Coustou a 7 pieds six pouces de
long et 4 de large.

* Chocolat que je dois faire venir de Bayonne : pour M. Massé
50 livres, pour M. Née 20 livres, pour madame Fallavelle dix
livres, pour madame de Poilly dix livres.

* Pour M. le curé de St Jean un petit mannequin de bois,
et voir de lui faire vendre son modele de vaisseau de 4 pieds
et demy de quille et 36 pièces de canon. Je dois rendre
compte a M. Allemand chez M. Constant, procureur au Parlement, rüe des Anglois.

* Faire venir des couleurs de Rome pour M. Pierre et pour
moy.

* Noms de ceux qui ont traitté de la perspective. L'abbé
Didier. Le Pere Niceron. Le Pere Lamy. Le Pere Du Breüil.
Habraam Bosse ou Bose.

* Vers le 20 aoust achetté chez M. Gounot, fourbisseur, un
couteau de chasse 72 l. une épée pour Charlot 30 l. et
une épée noire 10 l.

* 1er septembre. Dépences pour le voyage de Menard 168 l.
— Emplette de couteaux et cizeaux à Menard 20 l. — Port
de mes effets, revenú de Menard le 18 septembre 7 l. 12 s.

* Le 20 septembre payé à M. de la Marre maitre de pension pour celle de mon fils cadet de trois mois de demy pen-

tion et un mois de sterne jusqu'au 1ᵉʳ septembre 1765 43 l. —
Comédie françoise du 25 septembre 3 l. 15 s. — Tragédie
du Duc de Foix 1 l. 10 s. — Comedie italienne avec Charlot 1 l. 10 s.

* Le 11 octobre payé a M. Drouot agrégé du droit pour
mon fils 150 l. et 18 l. pour des fraix qu'il avoit fait pour
sa thèse. — Plus un cayer de droit françois 12 l. — Pour un
livre concernant l'ortographe françoise 2 l. 5 s. — Voyage à
la Chapelle le 18 octobre 1765; fraix de poste pour aller 67 l.

* Le 17 novembre donné a mon frère pour le chapeau du
Napolitain 6 l. — Voyage à Choisy le 10 novembre pour le carrosse 3 l. 15 s. — Le 22 novembre donné à Madᵉ Desportes
pour les lanternes de la galerie 6 l.

1766.

* Le 1ᵉʳ janvier 1766 chez Madᵉ Geoffrin 30 l. — Chez
M. Soufflost 12 l. — Chez M. de Boullongne 30 l. — Chez
M. de La Borde 6 l. — Chez M. de La Croix 12 l. — Chez
M. Jacqmin 12 l. — Chez Madᵉ Mory 6 l. — Chez M. Cuvil-
lier 6 l. — Chez Madᵉ Thiboult 6 l. — Chez M. Vallayer
6 l. — Chez M. Vanloo 18 l. — Chez M. de Marigny 42 l.
— Aux fils de mon frere 18 l. — A mes enfants, à Livio
24 l., à Charlot 4 l. 10 s., à Emilie 4 l. 10 s. — Ma femme a
donné a mes nieces 6 l.

* Le 7 fevrier pour la bordure d'un petit tableau pour
Madᵉ la Présidente de Bandeville 51 l. 4 s. — Le 27 pour
fiacre pour mener Charlot chez Madᵉ de Sainsey 2 l. 10 s.

* J'ay commencé a finir le grand tableau de M. Sargent le
25 mars 1766. — Le 16 avril j'ay écrit a M. Sargent et luy ay
envoyé une lettre de M. Barazzi du 12 mars.

* Mon fils ainé a commencé d'aller chez M. Courleveau procureur le 22 may 1766. — La pension de Charlot est 13 l.
. s. par mois. — Ce que j'ay dépencé pour le port de la caisse
du pastel que M. Brevet m'a envoyé de La Rochelle est
4 l. 03 s. — Le 6 juin pour 30 livres de bougie pour les exa-
minateurs de mon fils 75 l.

* J'ay commencé a finir un des tableaux de M. de La Borde
le 4 aoust 1766. — Le 31 aoust aux enfants pour la foire
St-Ovide 2 l. 05 s. — J'ay commencé à finir le clair de lune
pour M. de La Borde le 7 septembre.

* Le 12 septembre donné à Saint-Jean pour avoir broyé les
couleurs 6 l. — Le 18 estampes pour Charlot 2 l. 8 s. —

Le 22 septembre j'ay reçu une ordonnance en date du 18 du même mois de 1200 l. à compte sur les ouvrages que j'ay fait pour le Roy, on ne me doit plus que 7600 liv. — 30 septembre estampes pour Charlot 2 l. 8 s.

* 1200. Sr Vernet, peintre. *Je soussigné Joseph Vernet peintre reconnois avoir reçu de Mre Jean-François Denis trésorier des bâtiments du Roy la somme de douze cents livres a compte d'un tableau représentant la vue du port de Dieppe que j'ay fait pour le service du Roy. Dont quittance.*

Fait à Paris le dix octobre mil six cent soixante-six.

Quittance de douze cents livres.

VERNET.

* On a commencé a faire du feu dans la chambre de ma femme le 18 octobre 1766. — Le 5 novembre pour deux cayers d'estampes d'Ozanne 4 l. — Le 22 pour un pupitre pour Charlot 2 l. — Le 17 décembre donné à Mad^e Desportes pour les lanternes de la galerie 6 l.

1767.

* A mes neveux 18 l. — A Charles et Emilie 24 s. chaque. — Au suisse chez M. de Marigny 6 l.

* Le 22 janvier pour un traité de perspective 15 l. — Le 8 mars au cocher du Duc de Noailles 6 liv. — Le 18 jour de St-Joseph donné à mes neveux cadets 6 l.

* Le 1er juin 1767 pour des joujoux pour Carle 8 l. 6 s. — Pour un carosse pour Carle 4 l. 10 s. — Pour des joujoux pour Carle 1 l. 10 s. — Pour un tambour pour Charles 3 l. — Le 11 juin pour copie de musique 6 l. — Le 14 pour le manuscrit de M. Dantan 12 l.

* Le 26 juin payé a M. de Gevigland medecin touttes les visites qu'il avoit fait à mon frere, à mon beau-père et à mon fils cadet. Ainsi il est payé de tout jusqu'à ce jour.

* Le 24 juillet payé à M. Lamarque quatre mois de demy pension de Carle qui avec deux mois d'absence font six mois qui terminent le dernier may 1767 et pour ce je luy ay donné 54 l.

* J'ay commencé a finir le tableau de la Tempeste pour M. de La Borde le 29 juillet 1767, il estoit ébauché.

* Pour feu d'artifice du 15 et du 16 aoust 6 l.

* J'ay commencé a finir le tableau du feu d'artifice le 18 aoust, et j'avois passé deux jours a ebaucher un tableau pour un Anglois.

* Le 10 septembre pour le livre le Huron 3 l. — Le 30 octobre pour un bilboquet pour Carle 12 s.

* Article du Gazettin de Bruxelles du samedy 31 octobre 1767.

« On assure que M. de La Borde cy devant bancquier de la Cour vient de conclure un marché considerable avec M. Vernet, peintre célèbre de marines. Il luy a demandé huit tableaux pour orner une magnifique galerie, et luy donne cinquante mille écû pour ce travail. Il est beau de faire servir une grande fortune a la gloire des arts, et des artistes, conséquemment à sa patrie. »

* Le 13 novembre 1767 donné a ma sœur ainée pour la pension que je luy fait tous les ans a commencer le 1er janvier 1768 200 l.

* Le 17 décembre pour une feuille de Freron 12 s.

* Le 24 décembre 1767 veille de Noël mon fils a commencé a travailler chez M. Dutartre notaire.

1768

* Le 1er janvier donné d'etreinnes a mon fils l'ainé 48 l., 24 ma femme, et moy 24. — Donné a Carle et a Emilie 6 l., 12 l. — Donné aux fils de mon frère, aux deux grand, c'est à dire à son ainé et au neveu Napolitain 6 l. a chaque et au petit 3 l., 15 liv. — Chez M. Cathelin au laquais 6 l. — A l'Académie, M. Flipeau 3 l., les deux modelles 6 l.

* Le 20 janv. donné aux domestiques de M. Regny 3 l. — Le 3 fevrier donné au domestique de M. Cathelin qui a porté les estampes des 4 parties du jour 6 l. — Le 10 fevrier achetté pour mon fils ainé le livre le Parfait Nottaire en deux volumes 18 l.

* Le 3 mars payé à M. Dulac doreur deux loüis pour la bordure du portrait du comte Dairus et 36 l. pour les deux bordures, verres etc. pour M. de La Ponce 84 l. — Le 19 mars par charité a une femme qui avoit cassé un reverbere 1 liv. 16 s. — Par charité a un jeune homme d'Avignon 6 l. — Le 25 mars pour quatre estampes de Vandremeulle 9 l. — Pour une estampe d'une obelisque 15 s.

* J'ay commencé a finir le soleil couchant en païsage pour M. de La Borde le mercredy saint 30 mars.

* Le 13 may pour six volumes de Clarice 20 l. — Le 8 pour Carle à l'Opera 2 l. — Le 18 may pour abonnement du Journal des modes 3 l. — Le 21 pour rudiment et billes

pour Carle et papier 2 l. — Le 18 juin pour abonnement pour les deüil de cour 6 l. — Le 28 pour la dent, donné a Carle 6 l.

* Le 18 juillet pour le port du chocolat que m'a envoyé M. l'Evêque de Bayonne 4 l. 16 s. — Le 24 donné a M. Caresme à compte des tableaux 300 l.

* Quatre tableaux pour le cœur de la cathedrale de Bayonne de 12 pied 2 pouce de haut sur six pieds six pouce de large, et deux de 12 pieds 2 pouce de haut sur 11 pied six pouce de large.

J'ay proposé a M. Caresme deux des tableaux pour le cœur de la cathedrale de Bayonne, un est l'Annonciation, l'autre la Naissance de la Vierge; à M. l'Epicier la Visitation et le Mariage de la Vierge; a M. Bardin l'Education et à M. Brennet la Fuite en Egypte; ils se contenteront tous de 400 l. des petits et 600 l. des grands.

* La bordure que m'a donné mon neveu et que j'ay donné a M. de Mory avec un dessein a 14 pouces de large, sur dix de haut, d'arrasement ou dans œuvre.

* Le 4 aoust donné a Deschamps pour avoir porté un tableau chez M. de La Borde et monté une toile par la fenetre 9 l. — Le 10 septembre donné à des chanteurs italliens 1 l. 4 s. — Le 11 octobre pour avoir fait porter mes tableaux chez le Roy de Danemarc 20 l.

* Commencé a faire du feu dans la chambre de Mad le 13 octobre 1708.

* Le 30 novembre pour deux vieux tableaux 18 liv. 04 s.

* Prix que j'ay donné a M. Kingsby Anglois.

D'un pied sur 9 à 10 pouce..................	25 louïs.
De 15 a 16 pouces sur 11 a 12.............	40 —
De 18 p. a 20 sur 15 a 16..................	50 —
De 2 pieds a 2 et demy hauteur a proportion	75 —
De 3 pieds hauteur a proportion...........	100 —
De 4 pieds hauteur a proportion...........	150 —
De 5 pieds hauteur a proportion...........	200 —
De 6 pieds hauteur a proportion...........	250 —

1709.

Le 31 décembre 1708 a mon fils l'ainé pour ses etreinnes 48 l.; — a mon fils cadet 6 l. et 24 s. pour une etreinne mignonne; — a ma fille pour ses etreinnes 6 liv.

Le 1er janv. donné a fils de mon frère pour etreinnes 6 l., aux deux cadets 3 l. a chaquun, et au petit Napolitain 6 l., 18 l.

* Six livres a chaque domestique chez M. Vanloo. Il y en a six, 36 l.

* Chez M. de La Fretté donné d'etreinnes aux laquais 12 l. et au portier 6 l. — Chez Made de La Vallette aux laquais 6 l. et au portier 3 l. — Chez Made de Prennenville aux laquais 6 l. et au portier 3 l. — Le 31 décembre un pâté pour Made Lamarque.

* Le 27 janvier au cocher de Made de Belsise 1 l. 4 s. — Le 31 au cocher de Made de Bouffler 3 l. — Le 2 février au cocher chez Made de Meulan 3 l. — Le 18 au cocher de Made Necker 3 l. — Le 23 au cocher de Made Winne 3 l.

* Le 25 mars pour une baguette pour jouer des gobellets 1 l. 4 s. — Pour trois gobellets de fer blanc 1 l. 10 s.

* Le 31 mars au cocher de Made de Pontchartrain 3 l. — Le 7 avril au cocher de Made de Mazarin 3 l. — Le 8 au cocher de Made d'Egmont 3 l. — Le 13 donné au cocher de M. le président Molé 3 l. — Le 15 flacre et au cocher de M. le Prince de Nassau 3 l. — Au cocher de M. de Meilhan 3 l.

* Le 17 avril pour affranchir une lettre pour Sienne 1 l. 1 s.

* Le 9 juin pour des pieds, mains, etc. de plâtre 6 l.

* Le 9 juin j'ay achetté de M. Vialy 272 bouteilles de vin de Montdevergues a 15 s. la bouteille 203 l. 18 s.

* Le 22 pour un livre abrégé de la grammaire pour Carle 1 l. 4 s.

* Le 7 juillet 1769 j'ay payé la pension de mon fils cadet à M. de Lamarque jusqu'au 1er juillet qu'il est sorti de laditte pension. Je luy devois cinq mois ce qui fait 67 l.

* Carle a commencé à dessiner chez M. Lépicié le 1er juillet 1769.

* Le 8 pour le loyer d'un clavessin 9 l. — Le 7 aoust pour des ariettes de Lucille 1 l. 16 s.

* On a commencé a faire du feu dans la chambre de ma femme le 6 octobre 1769 et dans la mienne le 11.

* Le 17 octobre 1769 donné au domestique de M. le Boullongne le trésorier quand son carrosse m'a ramené de la Tuillerie 3 l.

* Le 19 octobre partie à la Râpée avec ma famille 24 l. — Le 5 novembre Comédiens de bois pour Carle et sa compagnie 1 l. 16 s. — Le 23 novembre donné à Carle pour le chauffage chez M. Lépicié 6 l.

* Vers le 20 novembre j'ay remis a ma belle sœur pour donner a ma sœur Elisabeth pour faire tapisser sa chambre 30 l.

* Le 13 décembre j'ay soubscrit pour les 4 volumes des tours et récréations mathématiques. J'ai eû les deux premiers volumes, j'ay donné 18 livres, j'en doit donner encore six pour le troisième lorsqu'on le livrera et le 4ᵉ on le recevra gratis.

* Les tableaux que je fais pour M. Fagel doivent être remis a M. Reynaud secrétaire de l'ambassade d'Hollande et MM. Grand et Lethard banquiers rue Montmartre doivent me les payer.

1770.

* Le 1ᵉʳ janv. donné d'etreinne a mon fils l'ainé 48 l. — Donné d'étreinne a mon fils cadet pour des boucles d'argent 9 l. 15 s. — Donné a ma fille pour etreinnes un chapeau.

* Donné d'etreinne à l'academie à M. Philipeau 6 l. — Au modele 12 l. par rapport au Salon. — Au portier du Louvre pour Carle 3 l.

* Le 14 payé a mon neveu sculpteur pour la bordure qu'il a fait pour le portrait d'Emilie 24 l.

* Le 12 fevrier pour le port du piano e forte 3 l. — Le 20 donné a Carle pour son carneval 3 l. — Le 28 donné à Carle 2 semaines 1 l. 4 s.

* Le 2 mars 1770 j'ay reçû de M. Ludovico Stern une lettre du 13 fevrier ou il me dit avoir reçû à la poste de France a Rome 94 ecus romains et 78 baioques pour la rescription de 500 liv. que je luy envoyai le 22 janvier. Il a payé 60 ecus romains pour 5 onces d'outremer à 12 ecus l'once qu'il a acheté pour mon compte, il luy reste donc 34 ecû 78 baioques.

* Le 9 mars pour deux brochures de la comtesse Tation 2 l. 8 s. — Le 24 pour un maître à danser de Livio 18 l. — Le 6 avril au Foxal et comediens de bois 4 l. 10 s. — Le 10 donné a Carle pour Deschan qui posoit le Christ 1 l. 4 s.

* Le 13 avril reçu des estampes de Rome et donné au domestique de M. de La Reyniere qui les a portées 3 l. — Elles ont coûté 6 sequins florentins ou 12 ecû romains. — Le 20 au domestique de M. Le Gendre qui a porté les estampes de la ville de Reins 3 l.

* Le 25 donné a M. l'ainé 3 louïs qu'il vouloit prêter a un de ses amis. — Le 2 may 1770 j'ay prêté 2 duos du Huron,

un du Peintre amoureux, et Ah! qu'il est doux de se rendre, et Je ne sçay ce que je dois faire.

*Le 7 may payé a mon neveu sculpteur 44 l. qui avec 100 l. que je luy avois donné d'avance fait le prix de deux bordures, celle de M. Roittier et celle pour moy a 3 louïs chaque 144 l.

J'ay payé à mon neveu pour les deux bordures des tableaux de M. Thornill 220 l. Pour la bordure du tableau de M. Roittier 72 l., les deux pour Mad⁰ Geoffrin 78, et celle pour le portrait de Carle 24 l. Ces trois derniers articles je les ay payé a mon neveu le 3 décembre 1769. J'ay payé aussi la bordure du portrait d'Emilie. — Le 7 may donné a mon neveu 44 l. qui avec les cents precedent fait le prix des deux bordures pour M. le Duc des Deux-Ponts.

*Le 10 may pour un billet de concert du petit Darcis 6 l. — Le 16 donné a mon neveu napolitain 3 l. — Le 30 goutté des enfants aux Tuileries 1 l. 4 s.

*Le 16 juin payé a mon neveu sculpteur pour 2 petites bordures 48 l. — Le 22 pour un livre de Vignola 9 l. — Le 30 porte crayon d'acier pour Carle 1 l. 16 s.

*Le 2 juillet un livre pour faire écrire Carle 3 liv. et plume 16 s. — Le 6 payé a M. Vincent maitre a danser pour touttes les leçons qu'il a donné chez moy jusqu'a présent 240 l. — Le 11 donné a Carle un tambour à l'occation de ses dents 12 l. — Le 15 flacre et cocher de M. l'abbé de Saint Nom 3 l. 12 s. — Le 16 pour les lutteurs pour Carle et papier 3 l. — Le 28 acheté 84 estampes de Pirenesi 106 l.

*Le 11 aoust donné a ma femme dix louïs pour diverses bagatelles du voyage de La Ferté du 11 au 15. — Le 17 pour porter mes tableaux chez M. de La Borde 1 l. 4 s. — Le 20 pour vernis et brosse pour les tableaux de La Ferté 4 l. 10 s.

*Le 2 septembre donné a Carle pour la foire et jeux avec Gounod 4 l. 4 s. — Le 23 donné au neveu napolitain 11 l. 4 s.

*Le 2 octobre pretté a mon neveu sculpteur pour sa maitrise à l'Académie de S. Luc 323 l.

*Le 3 octobre payé a M. Cathelin graveur 350 l. qui avec 100 l. qu'il me devoit fait le prix de 300 estampes de mon portrait qu'il a gravé, et qu'il a donné a mon frere a 30 s. chaque 450 l.

*Le 18 octobre acheté un clavecein de M. Hermès 300 l. — Le 4 novembre pour la fette de Carle 24 s. et 12 s. pour sa semaine.

* On a commencé a faire du feu dans la chambre de ma femme le 20 octobre 1770 et dans la mienne le 8 novembre.

* Le 1er décembre 2 livres de La Fontaine 18 l. — Sonates de Rigel 10 l. 4 s. — Le 13 payé a mon neveu sculpteur pour les deux bordures des tableaux de M. Fagel 4 louïs piece ce qui fait 102 l. sur quoy je luy ay rabattu sur ce qu'il me doit 48 l. et luy ay donné 144 l.

1771.

* Le 4 janvier pour une planche de cuivre pour un tableau que je dois faire pr M. le comte du Luc faitte par M. Romain 42 l. — Le 9 donné à Carle pour sa part du cheval de plâtre.

* Le 8 fevrier au vieillard qui m'a servi de modèle 3 l. — Le 11 pour montrer mes tableaux au Roy de Suede, mais fraix 9 l.

* Diverses choses que je dois faire.

Chocolat pour M. le baron de Bague. — Voir des estampes chez Madᵉ Brontin. — Les deux tableaux de MM. Coustou. — Chez l'envoyé de l'Electeur Palatin. — Dessein pour M. de Fontenet. — Petit tableau pour le Pere Bruzelin et luy ecrire. — Petit tableau pour M. Destropiere et luy ecrire. — Tableau pour M. Roettier. — Dessein pour M. Janson. — Les figures au tableau de M. Proor. — Ecrire en Flandre pour des couleurs. — Estampes a M. l'abbé Gruel. — Estampes a M. Richer. — Musique a M. Ekart. — Tableau pour M. Robert peintre. — Petite comode a l'usage de la peinture. — Rendre la clef a M. Greuze. — Gavigné. — Ecrire à M. Guglielmi. — Tableau pour M. Brebion. — M. le comte du Luc, sa planche. — Voir M. Dusau, auteur de la traduction de Juvenal. — L'ambassadeur d'Holande. — Beauvarlet. — Née. —

* Le 17 juin pour une Tempeste de Balechou 61 l. — Le 19 juillet a M. Laverdure marchand de couleurs pour 2 chassis et avoir tendu deux tableaux du Vesuve 9 l. — Le 19 juillet au Suisse du duc des Deux Ponts 6 l.

* Le 3 aoust pour la caisse des tableaux de milord Bruce 2 l. — Le 24 donné à Carle pour aller a Nicollet 1 l. 12 s.

* Le 4 septembre pour deux livres de Salon 1 l. 4 s. — Le 17 donné a Carle pour l'académie qui doit se tenir chez M. Lepicier cet hiver 24 l.

* Vers le 20 septembre pour caisse des tableaux de l'Electeur Palatin 24 l. 02 s. — Pour caisse des tableaux de M. Fagel 10 l. 12 s. — Le 24 pretté a mon neveu sculpteur le cadet

12 l. — Le 30 caisse pour le tableau de Mad° Du Barry 16 liv.
4 s. — Port de laditte caisse a Versaille 6 l.

* Le 14 octobre pour un Livre des Fermes pour mon fils
ainé 3 l. — Le 25 pour deux palettes pour Carle 3 l. 10 s.

* Le 5 novembre donné a M. Lemoyne pour eclairer les lanternes de la galerie pour un an 7 l. — Le 7 pour un chevalet pour Carle 18 l. — Le 12, pincellier, etc. — Pour la boite
a couleur de Carle 3 liv. 12 s. — Un pupitre pour Livio et
une boite a couleur pour Carle 35 l. — Le 17 donné a mon
fils pour luy 6 l. et 6 l. pour les Pensées de Marcaurelle. —
Pour six volumes des œuvres de Guerardi 18 l.

* Mon fils ainé a commencé de travailler a l'Hotel des Fermes
du Roy dans les traittes dans Bureau de M. Dijeon le mardy
8 octobre 1771.

* Carle a commencé de peindre le 15 novembre 1771.

* Le 17 octobre on a commencé a faire du feu dans la
chambre de ma femme et dans mon attelier le 4 novembre.

* Carle a commencé a dessiner chez M. Lépicié le 1er juillet 1769.

Il a commencé a peindre le 14 novembre 1771.

Mon fils ainé est entré aux Fermes le 8 octobre 1771 pour
commencer à se instruire dans le departement des traittes
dans le bureau de M. Dijeon son directeur.

1772.

* 1er janvier 1772. Etreinnes a mon fils avec une tabatiere
d'or de 24 l. — A Carle mon fils cadet 3 l. — A ma fille 3 l.
— Aux fils de mon frère 9 l.

* Le 31 décembre 1771 pour la pierre a broyer de Carle au
menuisier 1 l. 10 s.

* Le 8 mars pour etreinnes au cocher de M. de Francueil
3 l. — Le 21 envoyé a M. de Boullongne tresorier de l'extraordinaire des guerres 500 l., 300 l. pour le congé de mon
neveu et 200 pour les choses necessaires a son voyage.

* Le 18 avril envoyé a M. Martini graveur dix louïs pour le
tier du prix de la planche qu'il grave pour moy 240 l.

* Le 9 may pour le voyage a Lucienne, carrosse 15 liv. et
30 s. au cocher, a l'auberge 8 l. 10 s.; port du tableau 7 l. 4 s.,
et 12 s. pourboire; charité 12 s.

* Le 11 juin a M. Beauvarlet graveur 150 l. pour la rente
de six mois sur 6000 l. que j'ay a luy, cette rente depuis le
4 décembre 1771.

* Le 7 juillet donné a mon fils 18 liv. pour payer les livres de Télémaque et d'autres pour M. Parker.

* Le 9 juillet pris possession de deux chambres d'augmentation que me loue M. Gillet a Monceau.

* Le 15 payé a M. Martini graveur le second payement d'une planche qu'il fait pour moy 240 liv.

* Le 5 aoust pour aller dessiner a Meudon avec Carle 0 l. 5 s. — Les droits et port d'une caisse d'estampes venue de Rome 75 l.

* Le 25 septembre donné a Carle pour l'Academie chez M. Lepicié 18 l. — Le 13 octobre donné a Carle pour la figure en platre de Narcisse 1 l. 16 s.

* Le 2 novembre a mon neveu le Napolitain 3 l. — Le 13 envoyé a mon frere pour du papier pour imprimer les estampes intitulées les Plaisirs de l'Été. — Le 14 voyage a Lucienne pour conduire le 4° tableau 21 l. — Le 16 donné a mon frere a compte de ce que je doit payer a M. Violet pour l'apprentissage de mon neveu 120 l.

* Le 7 novembre 1772 on a commencé de faire du feu dans la chambre de ma femme et dans la mienne le 16.

* Le 25 décembre a mon neveu l'orfevre 3 l. — Le 31 pour 4 vol. des Etrennes d'un père à ses enfants 6 l.

* Souvenir de diverses choses :

Madᵉ Kerlon, rüe Jacinte porte St-Michel vers le milieu de la rüe pour les petites affiches de province.

M. l'abbé Aubert pour les affiches de Paris au bureau rue Baillot.

M. Fréron rue de Seinne chez Madᵉ Lelievre.

Chamarande, village qui appartient a M. de Talaru ou il y a de belles vües a dessiner dans le genre des Rochers. On passe par le chemin d'Orléans.

Toiles que M. Borelly de Marseille demande pour faire faire des tableaux a M. Henry, 4 de 10 pieds 6 pouces sur 8 pieds 3 pouces, et deux de 10 pieds six pouces sur 5 pieds 3 pouces de large; M. le marquis de Bras a l'hotel des 13 cantons rue Traversiere m'a remis la notte.

1773.

* Le 1ᵉʳ janvier 1773. Etreinnes a la cuisinière de M. Vanloo de Prusse 3 l. — Le 2° étreinnes a mes trois neveux fils de mon frère 9 l. — Le 3 a mon neveu orfevre 3 l.

* Le 19 février payé a mon fils pour deux livres Belisaire, et des dettes 6 l. 12 s. — Le 19 jour de Saint-Joseph donné a mon fils ainé 6 l. a Émilie 3 l. a Carlo 3 l.

* Le 2 may payé le serrurier de la petite Pologne pour la maison de Monceau. — Le 19 donné a Carlo pour son cervolant 3 l.

* Le 5 juillet donné a Carlo 40 s. pour aller a la comedie italienne 6 l. — Le 20 pour deux tableaux de moy 600 l.

* Le 10 aoust voyage a Lucienne. Carosse, nourriture des cheveaux et cocher 5 l., étreinnes au cocher 1 l. 16 s. Voiture 24 l. — Aux quatre hommes qui onts porté mes 4 tableaux de Lucienne 16 l.

* Le 6 septembre charité aux Itallienne 3 l. — Le 17 donné a Carlo pour une tête qu'il a peint 6 l.

* Le 4 novembre donné d'étrenne a Donac pour l'exposition de mes tableaux au Salon 12 l. — Le 14 voyage a Louvecienne et Marly. Au pont de Neuilly 5 s. aux hommes qui ont portés les tableaux 35 l.

* Le 3 novembre 1773 on a commencé a faire du feu dans la chambre de Mad° et dans la mienne le 19.

1774.

* Janvier. Le 27 donné a M. Cochin pour le privilége des apprentifs 6 l. — Etreinnes a mon fils l'ainé 48 l. — a Carle 12 l. — a Émilie 12 l. — a Adelaïde 3 l.

* Février. Le 18 donné a Carle pour un billet d'opera 2 l.

* Avril. Le 4 pour le livre des Lettres philosophiques sur les phisionomies 2 l. — Le 4 payé a M. Cathelin 40 l. — Le 15 donné a Carle pour le modèle de l'academie d'été 18 l.

* May. Le 6 pour 4 cayers des principes du paysage 4 l. — Le 6 pour loyer de deux cheveaux pour Carle et Gounod 12 l. — Nourriture 24 s. — 13 l. 4 s.

* Par une lettre du signor Ludovico Stern peintre a Rome du 16 may 1774 il me dit que de l'argent qu'il avoit a moy que je luy avois envoyé pour achetter de l'outre-mer il ne luy en reste plus que vingts ecûs romain et quelques baioques, qu'outre ce qu'il a payé pour 5 onces d'outre-mer a 2 ecû l'once et port de lettres il avoit payé par mon ordre à M. Guibert fils mon neveu 60 l. qui fonts 12 ecû romains et 60 baioques et douze pauls a M. l'abbé Belli pour du crayon noir.

* Juin. Le 23 payé a M. Chardin pour ma capitation de 1774 48 l.

* Juillet. Pour le livre de M. l'abbé Le Monier 5 l. — Le

12 pour la course des cheveaux anglois avec mes enfants 7 l.
— Le 16 neufs volumes de l'Histoire ancienne et moderne par
M. l'abbé Millot 24 l. — Le 19 donné a Carle pour acheter
un livre d'anatomie 8 l. 8 s. — Le 28 etreinnes aux cochers
de la noce de Mad°° Lemoyne 3 l.

* Aoust. Le 16 fiacre pour Passy chez Mad° de Bandeville
3 l. 2 s. — Le 20 chez Nicollet 1 l. 4 s.

* Septembre. Le 21 brochure d'Adélaïde de Hongrie 1 l.
10 s. — Le 21 pour un dessus de porte qu'a fait le fils de
M. Vanloo pour M. Dijeon 24 l. — Le 27 payé un cheval de
louage pour Carle le 25 6 l. 12 s. — Le 28 envoyé a M. Moreau
sergent au regiment d'Auvergne pour mon neveu par une rescription sur le Directeur des octrois a Thionville 72 l. — Le
26, pour affranchir une lettre pour Foligno.

* Octobre. Le 13 donné a Carle pour ce qu'on a racomodé
a son attellier 3 l. — Le 25 donné a Carle pour 2 estampes
de Watteau 4 l.

* Novembre. Le 14 achetté a M. Chaudon peintre de Nancy
six petits tableaux de paysage a 12 l. chaque 72 l.

* Décembre. Le 3 au domestique de M. Du Gazon qui a porté
les 2 billets 1 l. 4 s. — Deux billets de comédie pour Carle
et Gounod 6 l. — Le 18 un cheval pour Carle 6 l. — Le 23
donné a Carle pour un mois 6 l.

1775.

* Janvier. Le 11 pour deux volumes de l'Ingenû 3 l. 12 s.
— Le 12 pris chez M. Quillau libraire rue Cristine 4 volumes
des Voyages de l'amiral Anson, on luy a donné pour l'abonnement d'un mois de lecture 3 l. et on luy a laissé 12 l.

* Fevrier. Le 18 fiacre chez M. Gluck 2 l. 8 s.

* Mars. Le 4 envoyé a M. le chevalier Plantade major du régiment d'Auvergne a Givet pour des dépenses faittes pour
mon neveu 150 l. — Le 20 pour porter les deux tableaux de
M. l'abbé Terray 3 l. — Le 28 fiacre pour aller souper chez
M. Guibert 3 l.

* Avril. Le 14 payé a M. Romain chaudronnier pour une
planche de cuivre pour M. le comte du Luc pesent 16 livres et
demie a 57 s. la livre, 47 l. 4 s.

* May. Le 6 donné a M. Testu maitre a ecrire de ma fille
pour le mois d'avril 8 l. — Le 6 donné au maitre a danser
24 l. — Le 19 pour un exemplaire des Principes de Paysage
pour M. de St-Cesaire 4 l. — Le 23 pour une palette pour
Carle 1 l. 16 s.

* Juin. Le 10 pour M. Perot maitre a danser 24 l. — Le 15 donné a Carle pour l'ecuyer qui luy montre a monter a cheval 12 l.

* Juillet. Vers le 10 donné a Carle pour le modèle 6 l. — Le 20 donné a Carle pour 2 volumes de Cavalleries 3 l.

* Aoust. Le 9 pour les hommes qui ont portez la bordure du Luxembour 3 l. 18 s. — Le 23 Nicolet 1 l. 4 s. — Le 29 chez Nicolet pour M. Gabriel et pour moy 3 l. 12 s.

* Septembre. Le 15 déjeuner a St-Denis pour mon neveu 9 l. — Le 15 donné a l'officier M.   pour les choses dont peut avoir besoin mon neveu 84 l.

* Octobre. Le 1er, Colisée pour Carle et pour moy 3 l. — Le 7, Nicolet 1 l. 4 s. — Du 17 fiacre pour les Porcherons 1 l. 4 s. — Le 18 pretté a mon neveu sculpteur pour le terme de sa maison 75 l.

* Novembre. Le 28 payé a la parroisse St-Germain l'Auxerrois pour le convoy de M. Parker 240 l. 18 s.

1776.

* Janvier. Le 1er donné d'etreinne a mon fils ainé 48 l. — a mon fils cadet 24 l. — a ma fille 24 l. — aux enfants de mon frère 6 l. — Le 31 donné a mon neveu sculpteur 60 l.

* Février. Le 6, lettres du pape Ganganelli 5 l.

* Avril. Le 1er pour le livre intitulé le Scaffandre 13 l. — Le 2 payé a l'emballeur pour le tableau de M. Borrel 13 l. 7 s. — Le 9 donné par charité a un Avignonnois 3 s.

* May. Le 7 donné a Carle pour le livre de la Jerusalem delivrée 6 l.

* Juin. Le 11 donné a Carle pour monter a cheval 6 l. — Vers le 24 donné a cocher de ma fille d'etreinnes 3 l.

* Juillet. Le 4 envoyé a M. Coustou pour la capitation de l'Académie 48 l. — Le 10 envoyé a ma sœur Elisabeth pour une pension que je luy fais volontairement tous ans 200 l. — Le 15 donné a Carle pour son cheval du 14 4 l. — Le 17 donné a Carle pour monter a cheval 6 l.

* Septembre. Le 25 envoyé a ma fille pour la layette 1000 l. — Le 20 pour des bouffettes pour les cheveaux de ma fille 4 l. — Le 29 donné a mon neveu sculpteur pour la bordure de M. du Luc 72 l. — Le 28 pour un Batôme qu'a fait Carle 60 l.

* Novembre. Le 10 etreinnes au commissionnaire qui a porté le tableau en bas-relief de Madelle Vallayer 1 l. 4 s.

1777.

* Janvier. Le 1er donné d'etreinnes a mon fils ainé 24 l. — a Carle 24 l. — aux fils de mon frere 0 l.

* Février. Le 28 pour une tête de cheval en plâtre 5 l.

* Mars. Le 5 pour deux médaillons en plâtre 3 l.

* Avril. Le 20 pr une grammaire des jeunes demoiselles 3 l.

* May. Le 21 pour un livre de M. l'abbé Lemonnier 3 l.

* Juin. Le 16 pour estampes pour Carle 8 l. — Le 10 pour la 4e suitte des Estampes de la Suisse 6 l. 15 s.

* Juillet. Achetté de Madelle Vanloo une bourse a argent 15 l.

* Aoust. Le 27 pour un billet de la loge de Mad° Vanloo a l'Opéra 3 l. 15 s.

* Septembre. Le 7 donné a Carle pour la poupée 3 l. — Le 11 pour un modèle de vaisseau 48 l.

* Octobre. Le 1er pour la chasse au Blanc-Mesnil 20 l. 14 s. — Le 14 donné a Carle pour un mois d'avance de leçon d'arme 12 l. et pour masque, sandale et gant 12 l. — Le 22 payé a mon neveu pour les estampes de la Suisse 6 l. 15 s. — Le 24 j'ay fait compter a M. Chalgrin mon gendre 40 mille livres. — Le 26 pour carrosse de remise ma part 3 l. — Le 30 donné a Famillion modele de l'Académie 24 l.

* Novembre. Le 10 acheté un tableau 240 l. — Le 10 donné a Carle pour peindre d'apres le modèle chez M. Lepicier 12 l. — Le 20 donné a Carle pour du feu chez le maitre d'arme 3 l. et pour autre chose 3 l.

* Décembre. Le 4 donné au frotteur et au portier de M. l'abbé Terray 0 l. — Vers le 10 abonnement au concert des Amateurs pour mes enfants 48 l. — Le 15 pour la capitation a l'Académie 48 l. — Le 18 payé a mon neveu sculpteur pour la bordure du Gaspre 48 l. — Le 30 a l'Académie, concierge 6 l., modeles 6 l., huissier 3 l.

* 4 paneaux du salon de M. de La Freté — 2 de 7 pieds 8 pouces de largeur et 9 pieds 4 pouces de hauteur — 1 de 6 pieds 2 pouces de largeur — 1 de 6 pieds 1 pouce de largeur. — Ils ont tous la même hauteur de 9 pieds 4 pouces.

* Le dessus de porte de la chambre a coucher de Mad° Pignon doit avoir en dedans du cadre 2 pieds 7 pouces 9 lignes de largeur, sur 2 pieds 7 pouces 6 lignes de hauteur.

* Mesure des tableaux de M. Villetaneuse. Quatre pieds six lignes de large sur deux pieds huit pouces neufs lignes de haut. Les bordures six pouces six lignes.

* Ce que j'ay entendu dire a l'Emperour.

« Ce sonts les evenements qui nous apprennent a nous connoitre, on ne parvient au vray principe que par la connoissance de soy-même et elle ne s'acquier que quant on a besoin
de soi. »

Voila ma maxime.

* Les quatre tableaux que j'ay fait pour M. le marquis de
Marigny sonts de 4 pieds 3 pouce de large, sur 2 pieds 3 pouce
de haut un une tempête de mer, l'autre un païsage avec des
blanchisseuses, ... 9,000

Deux autres de 18 pouces de large sur 12 pouces
de haut en marine, une tempeste avec un vaisseau
foudroyé dans le fond, l'autre un calme ou parmis
les figures est un homme qui dort................. 2,400
                                                    _____
                                                    12,000

1778.

* Janvier. Le 1er donné a Carle 24 l. pour luy et 27 pour
donner diverses etreinnes. — Le 1er etreinnes chez Made de
Madariaga 12 l. — Le 1er etreinnes chez M. d'Auteuil 30 l.
— Le 2 chez M. Le Gendre 6 l. — chez Made Mouton 6 l.
— Chez M. de Mory 6 l. — Chez M. Douet 3 l. — Chez
M. Chalgrin 30 l. — Le 2 chez M. Tronchin 18 l. — Chez
Made Boudras 6 — Au portier chez Made de La Garde 3 — Chez
M. de Villetaneuse 6 — Le 4 a la nourrice de ma petite fille 6
— Le 5 chez Made Vanloo 6 — Le 5 chez Made de La Ferté-
Imbaut 30 — Chez M. de la Fontaine 12 — Chez M. de Saint-
Amand 3 — Le 6 chez M. Roslin 3 — Le 6 chez M. Bertin au
suisse 6 — Le 6 chez M. Soufflot 15 — Le 9 etreinnes chez
M. de La Freté 30 — Chez M. Champion 6 [1].

* Le 19 pour la 11e suitte des estampes de la Suisse 6 l. 15 s.
— Le 20 donné a M. Weughels 3 l. — Le 20 donné a mon
neveu sculpteur pour une des bordures de M. Girardot 112 l.

* Fevrier. Envoyé a la femme de mon neveu sculpteur 6 l.
— Rendu le 6 mars.

* May. Le 7 pour des principes de desseins 1 l.

* J'ay dépensé a mon voyage de la Suisse 1700 l. depuis
Lausanne le 5 juillet 1778 jusqu'au 8 aoust, et de Geneve a
Paris pres de 600 l. ce qui fait 2300 l.

* Caverne des Dragons pres St-André. — Un pont pres du
rocher de Balin. — Les glacieres de Breit-Horn au clair de

---

1. Ce qui fait en tout 294 livres d'étrennes.

lune. — Une partie des glacieres de la montagne de Getten dans le canton de Berne.

* Aoust 1778. Depuis mon voyage de la Suisse. Retourné le 12 —Donné a Carle vers la fin du voyage 48 l. — Achetté a Lausanne une selle pour Carle 30 l.

   * Septembre. Le 9 une plume économique 3 l.

   * Novembre. Le 10 achetté un traité de peinture par Filibien en six volumes 15 l.

   * Décembre. Le 12 payé a M. Dulac une bordure d'un tableau de Carle 25 l. — Le 23 donné au domestique de M. Lafosse qui a porté les estampes du voyage pittoresque d'Italie 3 l. — Le 24 payé a M. Palomba maitre de langue italienne pour deux volumes de sa grammaire italienne dont il me doit porter le 3°, a 14 l. les trois et un supplément. Je luy ay donné 12 l. — Il demeure vis-à-vis l'ancienne comédie françoise. — Le 30 achetté six estampes de La Fage 12 l.

   * J'ay depencé cette année tant a Paris qu'a mon voyage de la Suisse :

     A Paris........................... 15417 05 9
     En voyage......................... 2300 00
     En présent de mes ouvrages a M. Girar-
       dot de Marigny qui a depencé pour
       moy au voyage de la Suisse jusqu'a
       Lausanne 1500
     A M. Tronchin chez qui j'ay passé un
       mois a Geneve.................... 1000
     A M. Huber qui a fait des frais pour le
       voyage d'Evian................... 300
                        20517 05 9

   * On soupe chez M. de La Freté tous les mardy et vendredy.

   * Il y a souper chez M. de La Freté tous les dimanches et tous les vendredy.

   * M. l'abbé Terray ne dine pas chez luy les jeudy vendredy et dimanche.

   * M. Rollin dine chez luy le mardy, le jeudy et le dimanche. M. de La Rayniere le vendredy et le mercredy. M. de La Freté tous les jours, surtout le dimanche. M. Bourdet tous les jours, surtout vendredy et dimanche. M. de La Garde le dimanche, l'ambassadeur d'Espagne tous les jours, surtout le dimanche.

   * Le Salon du Louvre ou on expose les tableaux a environ 76 pieds de long et 48 de large.

1770.

Visittes faittes en 1770 pour la nouvelle année.

Les galleries du Louvre.
Gabriel.
Jardin.
Cathelin.
Boullet.
Chabanon.
Gramont.
Vanloo.
Pierre.
Lépicié.
D'André Bardon.
L'abbé Lambert.
Vanloo de Prusse.
Bessiere.
Watellet.
De Verneuil.
L'abbé Lemonier.
Curé M. Chapeau.
Godefroy.
Vallayer.
Mouton.
Le Blanc.
Delan.
De La Garde.
De Visme.
Girardot de Marigny.
Made Mory.
Lempereur.
Dufrenoy.
De Brean.
De Mory.
Robert.
Neker.
Guenard.
Cochoix.
Gardot.

Tronchin.
Prevot.
Chanorier.
Richelieu.
Le Noir.
Beauregard.
Tronchin Marc d'Or.
Made Denis.
Sainte-Foix.
Stogarof.
Pressigny.
Glatigny.
Le Grip.
Prince Bariatinski.
La Borde.
Doudet.
De Mean.
Margantin.
D'Auteüil.
Saint-Alfonse.
Sanlot.
Bertin.
Pignon.
Saint-Amant.
De Monclou et Dubois.
D'Arlincourt et Gues...
De Segur.
De Fontainieu.
Soufflot et Bellesizes.
D'Aumont.
Bellicard.
De Caze.
Saint-Non et Richard.
Pernon.
Charton.
Perrier.

La Freté.
Castera.
Pigallo.
Barrois.
Panchin.
Tremonet.
Lelong.
Trone Joly.
Paumier.
Giraud.
Cadeau.
Le Bretaiche et Chie.
Beaumarchaix.
Benard.
Dupin.
Morinvalle et St-Sainne.
Moreau.
Truchon.
Lingée.
Demarteau.
Aliamet.
Cotton.
Mon frère.
Barret.
Gerbier.
De Bandeville.
De Very.
Sorbet.
Robinet.
Turgot.
De Villette.
Godefroy, rue Autefeuille.
Hallé.

* Janvier. Etreinnes pour mon fils Carle 24 l. et 30 pour en donner — A mon fils ainé 48 — A mon neveu Guibert le jeune 6.—Etreinnes aux fils de mon frere 12 — Chez M. Chalgrin 30. — Le 16 pr ma réception a la Loge 48 — Le 17 donné d'etreinnes au suisse de M. D'Angivillier a Versailles 6 l.

* Fevrier. Le 20 envoyé a ma sœur par ma niece Vernet 60 l.

* Mars. Le 3 pour la fette du 9 de la loge des Neufs Sçœurs. — Le 10 achetté une esquisse de Carle 12 l. — Le 22 pour curiositez de la foire 3 l. — Le 26 au Vauxall et chez Nicollet 4 l. 16 — Le 31 flacre pour Longchamp 4 l. 4.

* Avril. — Le 16 donné au domestique de M. Ducreux qui a porté le portrait de Carle 3 l.

* May. — Le 20 payé a mon neveu sculpteur une bordure des tableaux de Mad° Mory 84 l, et je luy tiendray compte de l'argent de l'autre, — Le 31 pour une bordure pour le tableau de M. Huber chez Dulac 9 l.

* Juin. — Le 3 donné a la paroisse le jour que j'ay porté le cordon du dais 24 l. — Le 13 reçu de mon neveu sculpteur sur les bordures de M. Girardot 48 l. — Le 18 pour la capitation à l'Académie 48 l. — Le 26 estampes de chevaux 3 l.

* Juillet. — Le 1er pour 7 estampes des Glacieres etc. et 3 cayers de divers batiments par Ozanne 36 l. — Le 17 achetté d'un peintre anglois une once d'outremer 30 l.

* Aoust. — Le 2 pour porter mes tableaux au Salon 6 l. — Le 22 pour la voiture qui va sans chevaux 1 l. 10.

* Septembre. — Le 27 pour 2 livres de M. de La Rochefoucault 4 l. — Le 30 donné a Carle pour le modele qu'il a eu le 28 3 l.

* Octobre. — Donné au domestique de Mad° Le Brun qui a porté mon portrait 6 l. — Le 6 achetté un cheval de M. Bouffé 35 loüis et 12 l. au cocher, 852 l. — Le 7 donné a Carle pour des choses pour pencer son cheval 5 l. 16. — Le 8 donné au nègre de M. de Lafosse qui a porté les estampes d'Italie 6 l. — Le 16 achetté un tableau d'animeaux 120 l. — Le 30 donné a Roland modele de l'Académie pour les soins que lui et ses camarades onts pris de mes tableaux au Salon 24 l.

* Vers les premiers jours de novembre j'ay vendû trois tabatieres d'or, celle de Mad° Geoffrin et celle de Mad° d'Egmont 1100 l. et celle de Mad° de La Freté 16 loüis 384 l., ce qui fait 1484 l.

* Décembre. Le 19 donné a un provençal 3 l. — Le 28 pour l'abonnement au Journal de Paris pour l'année 1780 24 l.

1780.

* Janvier. — Etreinnes a l'Académie 15 liv. 12. — A mon fils l'ainé 48 l. — Au cadet 30 l. pour luy et 30 pour donner. — Deux livres du Magasin des Enfants 4 l. — Le 3 etreinnes chez M. Chalgrin 36 l. — Le 2 donné d'etreinnes aux fils de mon frere 12 l. et au jeune Guibert 6 l. — Le 3 payé ma part de deux fois que j'ay été aux premieres representations des deux dernieres pieces de M. Gretry 10 l. — Le 19 pour le concert de M. Philidor 6 l.

* Février. — Le 18 pour une planche de cuivre pour le tableau de M. le duc de Liancour 16 l. 12.

* Mars. — Le 24 pour 4 bordures de bronze 24 l.

* Avril. — Le 19 donné a mon neveu peintre pr 4 livraisons des estampes de la Suisse 33 l. — Le 17 a mon neveu l'abbé 1 l. 04.

* Un tableau pour M. de La Freté de cinqs pieds sur quatre ordonné au mois d'avril 1780.

* Mars. — Le 19 achetté de M. Wolf peintre suisse cinques morceau de luy a la Guazzo, 210 l. — Le 31 payé a M. Hallé pour la capitation a l'Académie 48 l. — Le 30 pour 2 volumes des Lettres d'un Anglois sur l'Italie 3 l.

* Juin. — Le 5, répétition a l'Opera, pr l'ouvreuse de loge 3 l.

* Juillet. — Le 30 donné a Carle pour l'étude de la tête de femme 4 l. — Le 30 pour 4 estampes de marine 2 l.

* Aoust. — Le 12 payé a M. Hoogsthoel marchand de couleur une toile avec chassis a clef pour le prix de mon fils 15 l. — Le 19 donné a Carle pour Bidau le modèle. — Le 25 envoyé a Saint-Germain pour le pain bennit, pour M. Robert 12 l., pour M. Aubert 12 l., et pour moy 12 l.

* Septembre. — Le 21 mis un fourreau et racomodé mon épée chez M. Gounot 6 l.

* Octobre. — Le 28 donné au modele pour la tête de vieillard 4 l.

* Novembre. — Le 21 donné au modele de vieux pr Carle 3 l.

* Décembre. — Le 13 pour deux cueillieres a ragout et un gobellet pour le bain-marie dont j'ay fait present a la femme de mon neveu ainé fils de mon frere 161 l. 11. — Le 27 par charité remis a M. l'abbé Lemonnier 6 l.

* Souvenir pour mon frère.

Il y est dû chez la Reine........ 645 l.
De la Tribune................ 802 l.

1781.

* Janvier. Le 1er, voyage de Provence 2 l. — Le 2 etreines chez M. d'Auteuil 18 l. — Chez M. Lenoir au suisse 6 l., aux laquais 18 l. — Le 3 au laquais de M. Beudet 6 l. — Le 3 au laquais de M. Watellet 6 l. — Le 4 pour une planche de cuivre pour M. de La Freté 13 l. 18 s. — Le 10, payé a mon neveu les deux bordures pour M. Paupe 180 l.

* Le 26 janvier 1781 j'ay reçu de M. Coustou la somme de deux mille quatre cent livres que m'a laissé en leg feu M. Soufflot lorsqu'il m'a nommé son exécuteur testamentaire.

* Mars. Le 14 payé à M. Lambot notaire pour les incinuations du leg de 2400 l. que m'a fait feu M. Soufflot en occation de ce qu'il m'a nommé son exécuteur testamentaire 33 l. 12. — Le 22 pour une brochure Lettre a M. de Buffon 2 l. — Le 27 donné d'étreinne au garçon de mon neveu sculpteur 1 l. 4. — Le 30 donné pour une brochure des Observations sur les poëtes italiens 3 l.

* Avril. Le 16 pour dessiner le chameau 6 l. — Le 22 donné a Carle pour le modèle de la tête de femme 4 l. 4 s. — Le 25 capitation a l'Académie payée a M. Pajou 48 l. — Le 23 pour du voile blanc pour les modeles de Carle 8 l.

* May. Le 10 pour le voyage dans les montagnes de la Savoye par M. de Saussure 14 l. — Le 31 pretté a ma belle-sœur, remis a mon neveu sculpteur le sourd 100 l.

* Juin. Le 2 donné a Carle pour le modele d'une Tete de vieillard 3 l.

* Juillet. Le 15 payé a mon neveu peintre pour les ouvrages de peinture et dorure qu'il a fait faire chez moy 133 l. et 48 l. pour luy 181 l. — Le 31 pour des joujoux d'enfants 1 l. 16 s.

* Aoust. Vers les premiers jours d'aoust 1781 j'ay pretté a ma belle sœur veuve Vernet quinze cents livres.—Le 10 pour un assortiment pour miniature pour M. de la Freté 187 l. 05. — Le 25 pour des estampes et livrets 3 l. 12. — Le 20 pretté a mon neveu le peintre 96 l.

* Octobre. Le 6 donné a Roland d'etreinnes au sujet du Sallon 12 l. — Le 7 aux Variétés amusantes 1 l. 10. — Le 15 donné à un Avignonnois sur la recommandation de ma niece Vernet 6 l.

* Novembre. Le 8 envoyé a M. Martini graveur a comte des 1500 l. que je dois payer pour ma cotte part de la gravure de la vûe d'Avignon 600 l.

* Le 17 envoyé a ma sœur par mon neveu sculpteur 24 l. — Le 19 payé au Père maitre des Novices de la Charité pour mon neveu Antoine Vernet abbé 300 l. — Le 24 donné pour les étreinnes que doit donner mon neveu l'abbé aux domestiques de la Charité 15 l.

* Decembre. Le 3 pour porter chez moy le clavecin de ma fille 1 l. — Le 11 donné a mon neveu l'abbé 3 l. — Le 24 au concert spirituel pour ma fille, Carle et moy 7 l. — Le 31 pour 4 critiques du Salon 3 l.

* La hauteur de l'orizon des tableaux du Prince des Asturies est d'un pied 7 pouce.

* Mesures des tableaux qu'on m'a demandé pour le Prince des Asturies. Un de 9 pieds 8 pouces mesure de France, et de Castille 11 pieds 3 pouces. — Un de 8 pieds de France, et de Castille 9 pieds 3 pouces — Un de 5 pieds 5 pouces de France, et de Castille 6 pieds 4 pouces six lignes — Deux de 1 pied neuf pouces de France, et de Castille 2 pieds 1 pouce six lignes — Un de 11 pouces de France, et de Castille 1 pied 2 pouces.

Hauteur de tous les tableaux 4 pieds 9 pouces de France, et de Castille 5 pieds 6 pouces.

1782.

* Janvier. Etreinnes a mon neveu Joseph 6 liv. — A Carle 60 l. — Donné chez M. Chalgrin, au portier 6 l., a la cuisinière, 6 l. aux laquais 12 l., a la femme de chambre 6 l. et au cocher 6 l. — Le 2 pretté a mon neveu quay des Augustins 30 l. — Le 13, voyage a Versailles 8 l. — Le 28 envoyé a ma sœur 24 l. — Le 31 donné a ma belle-sœur 6 l. — Le 30 donné a Carle pour le modèle 10 l. 04.

* Février. Envoyé a ma sœur par M. Guibert pere 24 l. — Le 3 donné a Carle pour le bal de l'Opera 6 l. — Le 22 donné a M. Martini graveur a compte pour ma part de la gravure 300 l. — Le 26 donné au modèle nommé Erbet pour 4 séances 12 l.

* Mars. Le 1er pretté a mon neveu du quay 60 l. — Le 8 pour un livre de l'Albert moderne 3 l. — Le 10 donné a Carle pour sa semaine 6 l. et pour le modèle 6 l. — Le 12 payé a M. Dulac doreur pour 5 petites bordures des tableaux de la Boitte 180 l. et 24 l. pour la bordure du tableau de Carle — Le 14 payé a M. Romain chaudronnier pour six cuivres ronds 3 l. — Le 14 payé a M. Flamand tabletier pour sept petites bordures, 6 rondes et une quarrée 28 l. — Le 17 donné a mon neveu Antoine 6 l. — Le 23 pretté a mon neveu Joseph sculpteur 12 l.

* Le 27 mars 1782 les feuilles des marronniers des Tuileries ont commencé à paroitre.

* Avril. Le 11 donné au modèle nommé Bidau 3 l. — Le 15 donné a Carle pour payer Ervé le modèle 3 l., et pour un compas, canif, etc. 3 l. — Le 14 payé a M. Perrin, menuisier, pour un chevalet, deux barres pour le même chevalet, une caisse pour un tableau et tout ce qu'il a fait a la loge de Carle 27 l. — Le 20 donné a Carle pour Bidot le modèle et une tête de vieux 6 l. — Le 26 donné a Saint-Jean pour 2 aulnes de mousseline pour Carle 17 l. 10 s.

* May. Le 5 donné a Carle 6 l. pour luy et 48 l. pour modèle — Le 20 et 21 voyage a Versailles 15 l. 12 — Le 25 payé pour le compte de M. Arnulphy de Marseille pour port et droits de deux caisses de tableaux 26 l.

* Juin. Le 2 donné a Carle pour des modeles 12 l. — Le 3 payé a mon fils ainé pour les frais a la duane pour les deux caisses de M. Arnulphy 10 l. — Le 10 payé a M. Dulac pour bordure et monture des deux desseins pour M. Paupe pour le garçon 9 l. 6 s. — Le 19 donné a Carle qui partoit pour Nogent 15 l. — Le 16 pretté a mon fils ainé 24 l. — Le 22 envoyé par Saint-Jean dix loüis qu'il a remis a la femme de mon neveu l'ainé peintre, huits pour luy et deux pour ma sœur 240 l.

* Juillet. Le 13 voyage a Nogent les Vierges avec mes deux fils 100 l. — Le 13 papier collé pour les tableaux du Prince des Asturies 10 l. 10. — Le 22 achetté de M. Didot libraire l'œuvre de M. Tissot 15 l. — Le 20 pour 28 estampes d'après Berghem 6 l.

* Aoust. Le 17 pour le batôme de la fille de mon neveu Vernet 28 l. — Le 26 donné a mon neveu religieux 3 l. — Le 31 donné a mon neveu Joseph 50 l.

* Septembre. Le 7, a l'occation du prix qu'a gagné Carle a l'Académie, au concierge 24 l. et aux modèles 24 l. — Le 8 voyage a Versaille avec Carle 12 l. 16.

* Octobre. — Pour six volumes du voyage d'Italie par l'abbé Richard 18 l. — Le 17 remis a M. Aubert pour le voyage de mon fils 720 l. — Le 19 donné d'étreinnes a Saint-Jean a l'occation du voyage de Carle 12 l. — Le 26 payé au marchand Bauttier pour une malle 40 l., un porte-manteau 27 l. et un sac de nuit 10 l. pour Carle.

Novembre. Le 4 payé au blanchisseur pour le mois d'ottobre 40 l., et le prix pour l'avenir a été réglé a 30 l. Carle n'étant plus icy. — Le 5 pour affranchissement de plusieurs lettres pour l'Italie 4 l. 16.

* Decembre. — Le 4 pour une boite envoyée a Lyon par la diligence 3 l. — Le 21 payé a M. Gounod fils pour des pinceaux pour Carle, 12 l. 12.

Le 19 décembre 1782 j'ay reçû sur ce qui est dû a feu mon frere par le Roy 202 l. 9 s.

* J'ay depencé cette année 20,538 l. 13 s. 6 d.

1783.

*Janvier. Etreinnes chez M. Saillon 6 liv. — Chez M. Godot 9 — Chez ma fille 36 — A la fille de ma fille 24 — A mon neveu Joseph 6 — A mon fils ainé 60 — Au Suisse de l'ambassadeur d'Espagne 6 — Au Suisse de l'ambassadeur de Russie 6 — Chez madame de la Ferté-Imbaut 30 — Le 9 chez Nicollet 1 l. 10. — Le 13 envoyé a mon neveu de la Charité 6 l. — Le 18 donné a mon fils ainé 1200 l. — Le 26 donné à mon neveu sculpteur acompte d'ouvrage 6 l. — Le 25 pour emballer les tableaux de M. Arnulphy 9 l.

*Février. Le 3 payé a M. de Lorme pour les tableaux de M. Arnulphy 19 l. et pour ceux de M. Boyer de Fonscolombe 16 l. 11 s. — Le 11 Comédie Italienne 3 l. 12 — et pour la piece de Jenneval 30 s. — Le 19 envoyé a mon neveu frere de la Charité 6 l.

*Mars. Le 7 donné a ma belle-sœur Vernet pur don 24 l. — Le 7 compté a M. Godot pour etre envoyez a mon fils Carle a Rome 300 l. — Le 27 payé au sellier qui a vendu une selle à Carle 62 l.

*Avril. Le 5 achetté une boucle de col que Carle avoit promis a Bi.. u 9 l. — Le 24 payé a M. Aubert pour rendre a M. son cous.. a Avignon qu'il avoit pretté a Carle pour ses frais de voya. 192 l.

* Lettres ecrites a Carle.

1 — S'il a vù M. Baldrighi à Parme — S'il a passé à Bologne et ce qu'il y a vù — Maitre italien inutile — Mutasion de son frere — Si la table est passable a l'Academie — S'il a vu quelque chose a Sienne — M. Grandel — M. Labussière — Sa tante de Foligno — Ses études — Argent — Movais temps — Nouvelle année — Lettre a reorire — Le fils de Mad° Vanloo = Ecrit le janvier 1783.

2 — Patisserie — M. Dijeon pour mon fils — Jouer a la balle — Rester a Rome — Affection de l'ame — Promission pour le spectacle — Liebeau malade — Mes tableaux arrivez a Madrid — Articles nottez pour écrire = Ecrit le 13 janv. 1783.

3 — Sur le depart de mon fils — Monter a cheval — Conseil de M. La Grenée — Lettre de M. La Grenée et d'Agrimont (d'Agincourt ?) — Argent qu'il a dépencé — S'il a rendu les lettres — Envoy d'une caisse = Ecrit le 20 janv. 1783.

4 — Envoyer les lettres a l'adresse de M. de la Reynière — Des lettres que j'ay reçu de son frere de la routte — Sa sœur et des

amis viennent souvent manger avec moy toujours accompagné par mon domestique — Approbation du batême — Moderation pour le cheval — Finir tous les ouvrages — De la caisse que je lui envoye — Fait des compliments a ses amis — Sur les plaisanteries qu'ils ont fait = Ecrit le 27 janv. 1783.

5 — *Rendre les lettres pour Rome, écrire a sa tante et voir ses parents — Me dire combien il luy reste d'argent — Ne pas s'amuser a peindre des bagatelles et n'en pas donner a ses camarades — Nouvelles que j'ay eû de son frere — Le movais temps qu'il fait icy* = Ecrit le 3 fév.

6 — *Combien il luy reste d'argent — Rendre les lettres qui luy reste — Voir souvent ses parents — Dessiner quelque chose dans ses promenades — Faire ce qu'il voudra à l'egard d'un tableau de sa composition — Ne pas s'amuser à faire des bagatelles ou bien ne faire que des croquis bientôt faits — Approbation sur ce qu'il a fait à l'égard du soldat modele — Arrivée de Peyron — Lettre de son frere de Marseille — Maître italien inutile — Comparaison de climat et de santé de Rome et Paris* = Ecrit le 25 fev.

7 — *Du prince de Challet — Des desseins d'apres Raphael et autres d'apres qui il doit peindre — Du duc de Bouillon — De son frere qui va a Cette — Gounod — Taillasson — Boucle pour Bidaut — Selle et bride que j'ay payé — Revennir pour peut que sa santé coure des dangers.* = Ecrit le 27 avril.

* May. Le 3 donné a Carle pour achever de payer les frais de poste d'Avignon a Paris 24 l. — Le 15 envoiyé a ma sçœur 40 l. sur la pension de 400 l. par an que je luy fais et elle est payée jusqu'au dernier juin 1783. — Le 25 donné a Carle 12 l. qui avec 32 lorsqu'il arrivat fonts 44.

* Juin. Acheté pour Carle un Apollon de plâtre 12 l. — Le 12 pour le port et droits de la male de Carle revenüe de Rome 65 l. 16 — Le 27 rendu a M. Godot pour 30 Ecû romains qu'il a fait payer a Carle par M. Linotte ce qui fait 157.

* Juillet. Le 12 pour deux exemplaires de la vie de Benoit 14 envoyes a mon fils 6 l. — Le 4 donné a ma belle-sçœur pour juillet et aoust 24 l. — Le 16 payé pour droits, etc., du ballot contenant la selle pour Carle, de Paris a Marseille 10 l. 4 s. 0 d., de Marseille a Civita Vecchia et de là retour a Marseille 10 l. 13 s. et de Marseille a Paris 20 l. 18 s.

* Aoust. Le 4 pour un souper a la Rappée 5 l. — Le 6 remis a M. Aubert pour le voyage de Carle 15 louis 300 l. — Le 27 fiacre pour le jour du Globe 3 l.

* Le 14 aoust 1783 j'ay reçu de M. Brillon 600 l. pour ce

que j'ay fait a deux anciens tableaux de moy appartenant a M. le commandant de Nice et 30 l. pour l'ouvrage que M. Hooghstoel luy a fait.

* Septembre. Le 29 pour 4 brochures des dances angloises 6 l. — Le 30 pour six critiques du Salon 6 l. 04 s.

* Octobre. Le 10 donné d'etreinnes aux modèles de l'Académie a cause du Salon 12 l. — La 21 payé a M. Dulac pour des moulures pour le tableau de Carle pour Nogent 4 l. 10 s. — Le 20 donné au domestique de M. Hall qui a porté le portrait 6 l. — Le 24 payé a M. de Launay une tabatiere pour le portrait de ma fille 40 l. — Le 25 payé a M. Ard. pour plusieurs desseins de Carle qu'il a collé 12 l. — Le 28 pour voir le plant de Rome 1 l. 10.

* Novembre. La 4 donné a Carle pour sa fête 24 l. — Le 5 a l'emphitheatre englois 1 l. 10 — Le 28 pour deux billets pour voir le ballon 6 l.

* Decembre. Le 10 pour l'abonnement au Journal de Paris 30 l. — Le 12 donné a ma belle-sœur pour remettre a ma sœur 48 l. et pour elle 12 l. 50.

* J'ay depensé cette année 16,553 l. 13 s.

1784.

* Janvier. Premier janvier, donné à Carle 48 liv. — Etreinnes chez M. Pierre 0 l. — Livres divers 12 l. — Le 3 chez M. Aubert, etreinnes a la jeunesse 6 l. — Le 7 donné a mon neveu le sour, pour une demy voye de bois pour ma sœur 12 l. — Le 8 envoyé a ma sœur par mon neveu le sour 36 l. — Le 16 pour un billet de loge a l'Opera 6 l. — Le 17 pour l'enterrement de ma sœur 65 l. — Le 17 payé a M. Guibert mon beau-frere pour la garde-malade de ma sœur 63 l. — Le 28 j'ay loué 3 chambres dans une maison des chanoines de Saint-Louis et j'ay donné pour denier adieu 3 l. — Le 28 donné a ma belle sœur pour payer diverses choses concernant ma sœur Elisabeth et ce qu'a fourni la cuisiniere de M. Guibert 15 l. — Le 30 j'ay payé a M. Boivin proprietaire de la maison ou ma sœur louoit deux chambres, pour le terme qui échoira le 1er avril de cette année 30 l. 12 s. et pour netoyer les vitres 48 s.

* Février. Le 0 payé aux crochetteurs qui onts transporté mes meubles aux deux chambres que j'ay loué 12 l. 12 s. — le 14 envoyé a mon neveu sculpteur de la rue des fosseyeurs pour le menuisier qui a fait les 3 bordures 30 l. et pour

achever de payer la sculpture a 15 l. chaque 27 l. ayant reçu a compte 18 l. — Le 25 remis a mon neveu Joseph pour sa mere 24 l.

* Mars. Le 26 payé a M. Maugé sellier pour le compte de mon fils ainé pour louage de cabriolet 78 l. et pour M. Fortin pour louage de cheveaux en deux articles 208 l. ce qui fait 286 l. — Le 27 pour une jument que j'ay acheté pour mon fils le jeune, j'ay payé a M. Chevallier marchand de cheveaux et etreinnes 732 l. — Le 27 envoyé a M. le marquis de Saint-Marc pour deux de mes tableaux que j'ai acheté 1500 l. et 200 l. pour les bordures 1700 l.

* Avril. Le 1er pour une bride et une couverture pour le cheval de Carle 44 l. 10 s. — Le 19 achetté un cheval pour Carle 600 l., 36 pour l'étreinne de l'écurie et 6 l. d'etreinne au petit garçon ce qui fait 642 l. — J'ay perdu sur la premiere jument achettée au sieur Chevalier 154 l., ce qui fait 796 l. que j'ay depencé a cette occation pour avoir un cheval pour Carle — Le 20 le parfrennier du Duc de Chartres a commencé a avoir soin du cheval de Carle.

* Juin. Le 4, brochure des tours du sieur Pinetti 2 l. 8 s. — Le 16 payé a M. Pajou pour la capitation 48 l. — Le 22 pour affranchir une lettre pour Rome 1 l. 2 s.

* Juillet. Le 15 payé pour deux séances de modele 6 l. — Le 22 payé a Mathieu pour le voyage au Luxembourg avec le brancard 1 l. 10 s.

* Aoust. Le 18 donné a Carle pour une estampe de Le Brun 6 l. — Le 20 pour une estampe de Vander Meulen 8 l. — Le 20 jour que arriva mon fils, a l'auberge pour le diner 24 l.

* Septembre. Le 5 pour voir le ventriloque 3 l. — Le 9 donné pour la charité que fait Carle 3 l. et la mienne 24 l. — Le 10 un grand livre de papier blanc pour Carle 6 l. — Le 12 pour la partie a Saint-Clou pour mon compte 30 l. — Le 15 par charité a un jeune homme 3 l. — Le 18 pour deux billets du ballon de Robert 6 l.

* Octobre. Le 12 donné a Carle pour un dessein 6 l. — Le 18 pretté a mon neveu le sourd 12 l. — Le 25 Comediens de bois 3 l. — Le 27 donné a Carle pour un dessein 6 l. — Le 28 achetté un violon 30 l. — Le 28 pour voir les ombres 1 l. 4. — Le 28 pour deux vases de platre 4 l. — Le 30 pour diverses choses de platre 6 l.

* Novembre. Le 4 donné a Carle pour sa fete 24 l. — Le 6 aux Chanteurs Itailliens 3 l. — Le 25 a l'obtique d'Haller 14 s.

* Decembre. Le 2 donné a mon neveu le sourd 12 l. — Le 9 donné a M. Guibert pour l'enterrement de mon neveu le sourd 60 l. — Le 13 pour un mercure de plâtre 3 l. — Le 14 au domestique de M. Strange 3 l. — Le 18 ponr une brochure Doutes d'un provincial 1 l. 16 — Le 30 payé a Mad° Le Brun garde-malade pour 38 jours a 40 sols par jour et une tabattiere 50 s... 78 l. 10 s.

J'ay dépencé cette année............... 16,691 l. 12 s.
Etreinnes a la fille de ma fille.......... 24
                                          ―――――――――
                                          16,715 l. 12 s.

1785.

* Janvier. A Laurens pour avoir soigné Carle dans sa maladie 15 et a son fils 3, 18 liv — A la portiere de la maison du Chapitre Saint-Louis 6 l. — Etreinnes a Carle 48 l. — Chez un joueur de gobellets 12 s. — Le 5 donné a M. Robert médecin 240 l. — Le 11 aux Fantoccini 1 l. 4 — Le 13 aux Variettes 1 l. 10 — Le 15 Almanac du Palais Royal 1 l. 4 — Le 24 donné a Carle pour une Bible 15 l. — Le 24 pour aller chez Aslay au manege anglois 6 l. — Etreinnes chez ma fille 30 l.

* Mars. Le 7 payé le cabriolet que mon fils ainé prit pour Vincenne 12 l.

* Avril. Le 17 payé au salon des Arts au Palais Royal pour la cotisation 12 l. — Le 23 pour des joujoux d'enfants pour Neuilly 3 l.

* May. Le 10 pour des papiers concernant le cotionnement de la place qu'a mon fils de receveur general du Tabac a Avignon, payé a M. Picquais notaire 24 l. — Le 13 Variétés amusantes 3 l. — Le 14 pour des estampes pour Carle 12 l. — Le 28 donné a Carle pour une selle 24 l.

* Le 8 may 1785 j'ay remis a M. Maillard vérificateur des bâtiments du Roy a Choisy 17 pièces concernant les ouvrages que feu mon frere a faits pour le service de la cour.

* Juin — Le 24 pour ma part de la partie a Saux avec M. Robert 8 l. 11. — Le 20 Comediens de bois 2 l.

* J'ay envoyé a M. Simonin une note pour qu'il la fit passer en Russie vers le 15 juin 1785 et ay ecrit en meme tems au Secretaire du Grand Duc de Russie.

* Juillet. Le 11 donné a un abbé provençal 6 l. — Le 10 payé a la portiere de mon attellier pour etreinnes 6 l. — Le 20 flacre et pigmées 2 l. 14.

* Aoust. Le 1er payé au marchand de couleur pour une

toile de M. de Vaudreuil et une petite pour M. Paupe 12 l. —
Le 10 flacre pour Passy 3 l. et a Bagatelle pour Carle et
pour moy 8 l. — Le 9 donné a un peintre itallien 3 l. — Le 12
pour un chassis du tableau pour la Russie 24 l. — Le 19 donné
par charité a un peintre itallien 3 l. — Le 12 au Wauxal 2 l. 2.
— Trois livrets du Salon 1 l. 10.

* Septembre. Le 8 au Concert Spirituel pour ma fille et
sa fille 8 l. — Le 12 pretté a mon neveu Joseph sculpteur
72 l. — Le 12 pour un petit livre a dessiner 14 s. — Le 13,
étreinnes pour ceux qui onts conduit la voiture de poste
1 l. 10.

* J'emporte pour mon voyage 2274 l.

* Je suis retourné a Paris le 15 octobre et j'ay dépencé a
mon voyage d'Avignon 2154 l.

* Octobre. Le 28 payé diverses brochures concernant le
sallon 20 l. — Le 31 donné au blanchisseur a l'égard de
l'absence d'un mois de Carle et moy ne nous ayant pas blan-
chis allors 18 l.

Novembre. Le 4 donné a Carle pour sa fête 24 l. — Le 7
pour deux paires de sabots une pour la petite Chalgrin,
l'autre pour ma niece 3 l. 12 — Le 22 tourte et commissionnaire pour ma femme 2 l. 0.

* Decembre. Le 3 payé au palfrennier des écuries de
M. le Duc d'Orléans pour fournitures et ses soins 82 l. 0 s.
et pour les fourrages qu'il avoit de reste 18 l. 4 s. — Le 5 une
lampe a dessiner 8 l. — Le 17 donné a Carle pour un casque
de carton 24 l.

* J'ay dépencé cette année 10,800 l. 17 s.

1786.

* Janvier. Le 1er Etreinnes a Carle 48 l. — A ma fille et à sa
fille 48 l. — Le 1er à la portiere de mon attelier 6 l. — Le
1er Etreinne chez Madlle Douay 27 l. — Le 7 payé pour la cotisation du Sallon des Arts pour moy et pour mon fils 144 l. et
etreinnes 15,159 l. — Le 6 Almanac Royal 7 l. et 4 volumes
sur Paris et ses environs 14 l. 8 s.

* Commencé a faire du feu dans ma chambre le 5 octobre 1786.

APPENDICE AU JOURNAL

Il se rencontre dans les *Livres de Raison* un grand nombre de notes sans date précise, ayant trait à un objet particulier. Faute de pouvoir les classer chronologiquement, nous les reléguons à la fin du Journal.

On y trouvera réunis, d'une part, les détails que J. Vernet a bien voulu nous donner à diverses époques sur l'état et les progrès de sa fortune; d'autre part, les notes qu'il prenait parfois sur les estampes gravées d'après ses tableaux, enfin quelques comptes relatifs à son élève Volaire.

Il resterait encore, si l'on voulait épuiser les *Livres de Raison*, à réunir dans une dernière catégorie les remèdes, les recettes de ménage et recettes du métier qui y tiennent une si grande place. Ce serait grossir notre volume de minuties amusantes quelquefois, mais assurément oiseuses.

Quelques titres pris au hasard parmi les remèdes suffiront à en indiquer la nature et l'intérêt : — « Ptisanne bonne pour le rhume. » — « Sirop excellent pour adoucir la toux. » — « Remède de M. Tronchin pour les douleurs aux nerfs et muscles du col, la tête et les épaules. » — « Remède pour la bile respendüe dans le sang. » — « Remède excellent pour guérir des vapeurs. » — « Pour les piqûres des cousins. » — « Pour la disposition à l'asthme et à la pulmonie. » — et, pêle-mêle, — « Pour faire de quoy noircir les souliers. » — « Recette du sirop de vinaigre. » — « Quand il faut semer les Brocoly. » — « Pour faire trente livres de bon chocolat. » — Notons seulement en passant le remède « pour les maux de gorge violents où il y a aboez, » qui n'est autre que l'insufflation de l'alun; l'incroyable recette « pour les rhumatismes en quelque partie du corps que ce soit » laquelle consiste à prendre un morceau de bougie assujetti sur une assiette, et, une fois couché dans son lit, à mettre l'assiette avec la bougie allumée entre ses jambes : « On se couvre bien et l'on reste dans cette situation pendant trois heures. » — Ce singulier bain de vapeur a son pendant dans la facétieuse recette pour se garantir de certains insectes nocturnes : — « Prennez la plante appelée yeble ou petit sureau, garnissez-en votre lit vers le chevet et autour tous les deux ou trois jours, les punaises ne meurent pas, mais elles vous laissent tranquille. » — C'est toujours cela de gagné.

Dans les recettes de métier se trouve peut-être enfoui quelque procédé précieux. Comme tous les artistes, J. Vernet était à la recherche d'un bon vernis. Il a grand soin de noter celui qu'on trouve « chez Badouilleau épicier, au bout de la rue Saint-Germain-l'Auxerrois, à la porte de Paris, à l'endroit appelé la Pierre-au-Lait, » — celui que lui a donné M. Lecan, peintre, — celui de M. Le Prince, — celui de madame Therbouche, peintresse du roi de Prusse. Il y joint la méthode de M. Gourville pour dégraisser l'huile de noix, — l'indication des couleurs et toiles que l'on trouve à Anvers « chez M. Martenasie, graveur et marchand de couleurs, à l'enseigne de la Grosse-Tête, sur la place du Mecre, » — celle de la terre « comme du stil de grain d'Angleterre, du sieur Maillard, marchand ferblantier cul-de-sac du Coq, sous le portique du vieux Louvre; » — la manière de fabriquer le marbre factice, etc., etc. Dans cette catégorie il n'y aurait à reproduire que la « méthode et façon de peindre de M. Casanova » si déjà nous n'en avions donné le texte dans les *Archives de l'Art français*. (Tome III, page 362.)

Mais laissons la pharmacie et la cuisine, et voyons Joseph Vernet aux prises avec la question d'argent.

FINANCES.

ARGENT QUE J'AY PLACÉ.

* L'an 1757 j'ay placé a l'hôtel Dieu de Marseille sous le titre de Saint-Jacque, le 19 février, la somme de dix mille livres a constitution de rente perpétuelle a quatre pour cent l'année; j'ay été payé de la rente de 400 liv. par an jusqu'au 19 février 1763. En 1765 l'hôpital de Marseille a manqué et les créanciers onts ettés réduits a perdre le quart de leurs capitaux et trois années d'arrérage; de sorte que je n'ay plus sur ledit hopital que sept mille cinqs cent livres de capital, qui a 4 pour cent l'année font trois cents livres de rente; le 19 février 1768 on me devra deux années qui font six cents livres; M. Jean Gignoux, négociant à Marseille, est chargé de ma procuration pour recevoir mes rentes. Le 20 octobre j'ay envoyé à M. Jean Gignoux, frère de M. Jacques Gignoux, aussi négociant à Marseille demeurant rue du Thubaneau, mon contrat ou mon titre pour être enregistré audit hopital selon le nouvel arrangement.

* En 1756 le 15 octobre j'ay prétté a M. Guibert sculpteur mon beau-frère mille livres, en supposent que c'est M. l'abbé Monier d'Avignon qui luy pretto, lequel a fait une reconnoissance chez M. Terris notaire apostolique a Avignon que cette somme m'apartient, on est convenu que M. Guibert payeroit tous les ans 60 liv. d'interest jusqu'a ce qu'il rende laditte somme; on a mis ce fort interest, pour l'engager a la rendre bientôt; d'ailleurs le produit de cette somme est destiné a faire du bien a ces parents ou aux mieus qui peuvent en avoir besoin, car je n'ay jamais entendu garder cet interest pour moy.

* En 1759 le 11 septembre M. le marquis de Marigny me fit payer quatorze mille livres a compte de ce qu'il m'ettoit du par le Roy, en trois contracts sur les Aides et Gabelles de la ville de Paris, de cinq mille livres chaque a l'interest de quatre pour cent, au lieu de trois contracts de 4000 liv. chaque qu'ils auroient dû etre au cinqs pour cent; ces contracts peuvent etre rembousez et payez argent contant par le sort d'une lotterie, si aux tirages les n° desdits contrats sortent, et s'ils ne sortent pas dans l'espace de trente années, la ville vous rembource la somme des contracts au bout de ce terme; on paye les rentes tous les six mois c'est a dire au premier juin et au premier janvier de chaque année. L'autre contract de deux mille livres est sur les Etats de Bretaigne au cinq pour cent. On paye aussy tous les six mois comme cy-dessus.

M. Lefevre payeur des rentes, rüe des Arcis est celuy qui me paye. Les 2000 liv. sur les Etats de Bretaigne sont payés a cinq pour cent sans retenüe, ce qui fait 100 liv. par an; les retenues sur les aides et gabelles, soit 10e quittance et commission, fonts que je ne reçois par an sur les 3 contracts de 5000 liv. que 529 liv. 12 s.

* M. Peilhon m'a écrit le 20 décembre 1761 avoir reçû les six premiers mois 1761 de la rente que le Roi me fait sur trois contracts de 5000 liv. chaque a 4 pour cents, et qu'ayant payée par mon ordre a M. Guibert 140 liv. et a M. Vialy 45 liv. 12 s. de 295 liv. 7 s. qu'il a reçû, luy reste entre ses mains 109 liv. 15 s.

* Reçû de M. Peilhon le fils le 4 septembre 1762 sur l'argent qu'avoit M. son père 900 liv.

* Décembre 1762 M. Peilhon le fils m'a prêté 1200 liv.

* En 1765 le 30 aoust j'ay pris trois billets d'une lotterie de la Compagnies des Indes a trois cents livres le billet; j'en ay donné un a chaqu'un de mes enfants qui onts fait une société; celuy de ma fille est sorty au premier tirage et a gagné 150 liv. d'argent content, celuy de mon fils cadet est sorty au second tirage et a eu un lot de 8000 liv. Outre cela chaque billet porte vingts livres d'interest tous les ans; j'ay ajoutté trois autres mille livres a ceux que mon fils cadet a gagné, et j'ay donné un contract de deux mille livres en rente viagère a neuf pour cent à chaqu'un de mes enfants, ce qui leur fait une rente de 190 liv. par an, ce qui fait pour les trois 540 liv. payables de six mois en six mois, c'est-à-dire le premier avril et le premier octobre.

* L'an   le   j'ay achetté pour seize mille livres des effets royaux. J'ay eu des papiers pour vingts mille livres. Ce sonts des coupons payables au Trésor Royal, au cinq pour cent l'année. On fait le payement le premier juillet; au tirage qu'on a fait en   il m'est échus deux lots de sept cents livres dont j'ay reçû le montant en espèce, il faut donc déduire cette somme de celle de 20,000. Reste donc 18,600 liv. de coupons que j'ay sur le Trésor Royal sur quoy il faut déduire......

* Le 9 février 1767 j'ay pris six actions de la caisse d'escompte établie par l'arret du conseil du 1er janvier 1767 pour lesquelles six actions j'ay payé a M. Dollé, caissier, six mille livres, nous avons tiré au sort dans ma famille, le n° 17619 m'est échu; 17620 et 17624 a ma femme; 17622 a mon fils ainé; 17621 a mon fils cadet et 17623 a ma fille.

* Le 23 juillet 1767 j'ay été chez M. Perron nottaire, accompagné de M. Piquet, maitre clerc de M. Dutartre nottaire, et j'ay signé le contract de l'acquisition d'une maison de campagne que j'ay achetté de M. Sielve située à Ruel, rue de Marly, dont le prix convenü est 7000 liv. et 240 liv. d'épigles; je luy ay payé le meme jour 1262 liv. 10 s., sçavoir 240 liv. d'épigles, 1000 liv. sur le prix de laditte maison et 22 liv. 10 s. pour les interets de neufs mois a 4 et demy pour cent des six mille livres restant du prix de laditte maison, qu'il a demandé que je ne luy paya que dans un an d'aujourd'hui.

* En 1767 le 30 aoust j'ay pris six billets de quatre cents livres chaque d'une lotterie de la Compagnie des Indes; cette lotterie doit se tirer tous les ans le 15 au mois de janvier.

* Le   octobre 1767 j'ay pretté a mon frère François la somme de
mille livres que j'ay remis a M. de Mory, caissier général de la Compagnie
des Indes, en le priant de les remettre a mon frere en luy disent que
c'est luy qui les luy prette et de s'en faire faire une reconnoissance.

* Le 3 may 1768 j'ay payé a M. Chardin peintre du roi la somme de
625 liv. pour quinze mois de loyer de la maison qu'aucupe mon frere
rüe Princesse faubourg Saint-Germain dont mon frère doit me tenir
compte.

* Vers le   1769 j'ay pretté a mon frere 1200 liv. que j'ay fait
passer par les mains de M. de Mory caissier général de la Compagnie
des Indes, comme si c'éttoit luy qui luy a pretté.

* Vers le   1769 j'ai vendû une maison que j'avois a Ruel 7000 liv.
a mademoiselle Hebastier, elle m'a payé 3500 liv. et les interest, et les
autres 3500 liv. onts étez employez sur les Etats de Brotaigne sur lesquels
j'ay un contract de pareille somme.

ARGENT QUE J'AY PLACÉ ET DONT JE TIRE LE REVENU.

La ville ou comunoté de Marseille me fait une rente perpétuelle de 300 liv. par an sur 7500 de capital a 4 pour cent
payable tous les premiers may, fait le 25 septembre 1767 et
c'est M. Jean Gignoux négociant a Marseille qui est chargé
de ma procuration pour en retirer la rente tous les ans et
me l'envoyer... 300 l.

Les États de Bretagne me font une rente annuelle de
100 liv. sur un contra de 2000 liv. a 5 pour cent payable tous
les premiers janvier et premier juillet 50 l. M. De Quevauviller, en place de M. Lefevre, payeur de rente, rüe des Arcis
vis-à-vis le Singe vert, est chargé de me le payer sans retenue.. 100 l.

La ville de Paris où les Aides et Gabelles me fait une rente
hereditaire a 4 pour cent de 600 liv. par an sur trois contracts
de 5000 liv. chaque payable de six en six mois, le 1er janvier et le 1er juillet 300 liv. M. Quevauviller à la place de
M. Lefevre payeur de rente, est chargé de me la payer, et vû
les retenües qu'il y a sur les Aides et Gabelles et les quit-
tances, il ne me paye tous les six mois que 314 l. 16 s. entre
la Bretagne et les Aides et Gabelles....................... 620 l. 12 s.

La Compagnie des Indes pour trois contracts de deux mille
livres chaque sur la tête de mes enfants en rente viagère a
neuf pour cent sans retenue 540 liv. par an qui se payent de
six mois en six mois 270 liv. le 1er avril et le 1er octobre... 540 l.

Depuis   on les a divisez en six contracts de 1000 liv.
chaques trois payables le 1er avril et le 1er octobre et les
trois autres payables le 1er janvier et le 1er juillet. C'est l'hotel de ville de Paris qui est chargé d'en payer la rente, et
c'est M. Quevauviller en place de M. Lefevre payeur de rentes qui les retire et me les paye.

La caisse des arrérages chez M. Blondel de Gagny depuis

le 1er janvier 1768 me fait une rente de 750 liv. sur le capital
de 15000 en cinqs contracts de 3000 chaque a 5 pour cent
sans retenüe payable de six mois en six mois le 1er janvier
et le 1er juillet.................................... 750 l.
    Ce qui a été réduit au mois de   1770 a la moitié.. 375

M. Magon de Lalande tresorier général des Etats de Bretagne sur le capital de 3500 liv. doit me payer tous les ans
140 liv. de six mois en six mois 70 liv. sans autre retenüe. 140 l.

La somme de 17925 liv. en coupons de la 4e lotterie royale
a ettée convertie en trois contracts en rente perpétuelle sur
le Roy un de 6000 liv. no 5204 a 3 pour cent portant 240 liv.
de rente, un de 5300 liv. no 5205 portant 212 liv. et un
6025 liv. no 5206 portant 265 liv. les trois sommes faisent
ensemble 717 liv. de rente, sur quoy il faut déduire le
dixième et ne reste que........................... 645 l. 6 s.

Trois contracts en rente viagere sur la tête de mes trois
enfants provenant d'une lotterie de la Compagnie des Indes
du 13 octobre 1770, un de 50 liv. de rente et les deux autres
de 40 liv. chaques payables de six mois en six mois au premier juillet et au premier janvier a compter depuis le premier juillet 1770, cela se paye actuellement à l'hôtel de
ville de Paris, M. Quevauviller est chargé d'en retirer la
rente et me la payer à la place de M. Lefevre............ 130 l.

Les premiers jours de janvier 1768 j'ay achetté des papiers de Nouette faits pour payer les deptes de la marine et
des colonies j'en ay pris pour dix mille livres qui a 55 1/2
porte monts produit quinze mille livres au cinq pour cent
l'année, et tous les ans j'ay espérance de gagner quelque
lots au tirage qui ce fait au mois de janvier.............. 750 l.

Le 24 janvier 1772 j'ay reçu du Bureau des hypoteques la
somme de 1200 l. pour les arrerages de six mois depuis le
1er juillet 1771 jusqu'au 1er janvier 1772 sur 6 deniers d'interest que mon fils y a c'est a dire le droit de presence a six
pour cent et l'interest de mon argent aussy a six pour cent
avec deduction du dixième cet interest a été payé selon les
epoques des placements des fonds, 6000 liv. le 29 octobre,
6000 liv. le 4 decembre et 28000 liv. le 10 décembre 1772
ce qui fait (par an) .... 4320 l.

* Par une lettre du 5 avril 1778 M. le comte d'Angiviller directeur général des bâtiments du Roy me marque que le Roy m'accorde une pension de cinq cent livres dont joüissois M. Adam sculpteur du Roy.

Par une lettre du 6 juin 1778 M. d'Angiviller me marque que a l'occation de la mort de M. Lemoyne le Roy vient de m'accorder une augmentation de pension de 400 liv. ce qui fait en tout neuf cent livres de pension que le Roy me fait sur les fonds des bâtiments.

Par une lettre de M. le comte d'Angiviller le 13 décembre 1779 il
m'annonce que par la mort de M. Chardin le Roy m'accorde une augmentation de pension de 300 l. ce qui fait en tout 1200 l. de pension.

Cette pension de 1200 liv. en trois époques, sur ces différentes epoques les bâtiments me doivent jusques au premier octobre 1770 que me paye le Trésor Royal 1237 liv.

* Pour la cuisiniere 150 liv. par an et 30 liv. d'étreines.	180 l.
Pour la femme de chambre 150 l. par an et 24 d'étreine.	174
Pour un laquais 150 liv. et 50 liv. d'etreines..........	200
Pour un laquais perruquier étreines et tout..........	300
Pour la blanchisseuse	600
Pour mon fils Carle en maîtres..................	600
Pour Emilie pour la maîtresse d'école..............	80
Pour un perruquier pour Madame..................	72
Pour deux chambres que je loüe	150
Pour la table 12 liv. par jour ou environ	4,320
En habbits environ	1,500
En voitures, spectacles, etc., environ..............	600
Pour étreines en différents endroits................	800
En toiles et couleurs pour peindre environ...........	500
	10,076 l.

* Comptes de jeu.

5 juin 1768 au 9 juillet 1769. Perte 553 l. 4 s. — Gain 483 l. 10 s. 8 d.
Le 26 avril 1770 je perdoit 655 liv. 5 s. depuis le 5 juin 1768.
Depuis le 5 juin 1768 jusqu'au 21 octobre 1770 je perdois 1807 l. 17 s.
Depuis le 5 juin 1768 jusqu'au 24 avril 1771 je perds 774 l. 05 s.
Décembre 1773. Gagné en un an 2912 l. — Perdu en un an 2863 l....
Il me reste de gain 49 l.

* Dépences extraordinaires de 1781.

Donné a ma fille......................	600 l.
Placé................................	3,000
Appartement.........................	1,500
M. Lambert...........................	2,264
Ma belle sœur.........................	1,500
A M. Aubert...........................	3,000
	11,864 l.

Recettes de 1781.

Liancour............	1,200 l.	Luyne............	800 l.
La Freté............	1,200	Paupe............	2,400
Godefroy............	800	Quevauviller.......	598
Quevauviller........	598	Espagne..........	10,000
Godefroy............	140	Marigny..........	1,800
Coustou............	2,400	Trésor Royal.......	1,200
Espagne............	8,000	Paupe............	780
Bretagne............	140	Luynes...........	800
La Freté............	8,000	Dumoutier........	807
Marigny............	1,200	Quevauviller.......	718
Gachon............	800		33,441 l.

ESTAMPES.

1º LES PORTS DE FRANCE.

* *Personnes pour lesquelles je me suis engagé de fournir les estampes des Ports de France.*

M. Vaugelas, major à Cette, les quatres à 24 liv. — M. de Rochefort, recoveur du tabac à Cette, à 24. — M. Huard, à Cette, à six livres chaque. — M. Léonard à Cette à six livres chaque. — M. Vincent Liéneau fils à Bordeaux a 36 liv. les 4 pour l'amy de M. Volaire à Nantes.

Retirer celles de M. D'Abbadie fils dont j'ay la souscription. — Recommander M. Prevot de La Rochelle.

On peut remettre à Paris les estampes de M. Mercier amériquain amy de M. Volaire à Nantes, a M. Levascher, rüe de la Harpe, près St-Cosme, qui les payera.

Pour M. de Chaville directeur des fortifications à La Rochelle les 4 premieres et les secondes estampes des ports. — Les 4 secondes pour M. Carré de La Rochelle qui m'a remis sa souscription avec 12 liv.

M. le comte de Chavonne Hollandois.

* *Note des suscriptions que je délivre pour les estampes que MM. Cochin et Le Bas gravent d'après les tableaux des Ports de France que je fais pour le Roy.*

A M. Delatour à Agen; — A MM. Journu frères de Bordeaux; — M. de Malvaulte Vaumorand, officier de marine au département de Rochefort, fait à Bordeaux le 5 novembre 1758; — A. M. Olivier Hope a Roterdams, Bordeaux ce 8 janvier 1759; — A M. l'abbé Laneufville de Bordeaux, le 13 février 1759; — M. Morel, de Bordeaux, le 15 février; — M. le marquis de Roally, le 17 février; — M. de Richon, conseiller au Parlement de Bordeaux, le 28 février; — M. Pic l'ainé demeurant à Bordeaux, le 29 juin; — M. Pic le cadet demeurant à Bordeaux le 29 juin; — M. Volaire peintre le 29 juin 1759.

* *Distribution des estampes des Ports de France :*

A M. de Saint-Amand 3 suittes de la 3e suitte des ports pour lesquels MM. de Saint-Amand, de Boislisle et Leguay avoient souscrits et j'ay payé pour eux 36 liv. — M. Gigot m'a envoyé 28 liv. 10 s. pour les 4 estampes de la 3e suitte des Ports et une de la Tempeste 28 liv. 10 s. — M. Dazincourt fermier général pour achever de payer les 4 estampes des Ports de la 3e suitte 12 liv. — M. de Chavonne Hollandois 60 liv. M. de Boullongne intendant des finances, 12 liv.

* *Estampes à moy :*

M. Sargent, Anglois, pour 4 estampes de la 2e suitte des Ports a 48 liv. et 4 estampes de la 3e suitte a 36, une estampe de la Tempeste de M. de Voyer et une du paysage de M. de Villette 4 liv. 10 s. — A M. le comte de Turpin, id., 46 liv. 10 s. — Pour M. de La Croix 4 estampes de la 3e suitte des Ports. — Pour deux amis de M. Vialy deux suittes de la 3e suitte des Ports de France a 24 l. chaque et une de la Tempeste de M. de Voyer et une du paysage. Je luy fais présent des deux dernières, 48 liv. — Pour M. Volaire peintre a Rome 4 estampes de la 3e suitte des Ports de France a 24 liv. 4 idem. pour M. le comte Soderini a 36 liv. = 60 liv. — M. de La Bauve une 3e suite des Ports, 36 liv., un paysage de Villette 4 liv. 10 s.. = 94 liv. 10 s.

* Le 11 janvier 1764 reçu de MM. Labottiere libraires a Bordeaux pour ce qui me devoient des estampes des Ports 480 liv.

* Le 1er avril 1765 j'ay fait remettre au bureau des Carosses de Bordeaux rüe Contrescarpe une caisse contenant vingts suittes de la 3e livraison des Ports de France ce qui fait 80 estampes, dont cinq suittes pour Mrs. Labottiere qui avoient souscripts pour ces cinq suittes, plus une dont je leur fais present; une pour M. Collingwood et treize pour vendre à mon profit; plus sept estampes du paysage de M. de Villette a 4 liv. 10 s. piece et sept de la Tempeste de M. de Voyer a 6 liv. pièce; dont une de chaque je leurs en fais present et les autres vendues a mon profit; les 13 suittes a 36 liv. chaque font 468; six estampes du paisage a 4 liv. 10 s. fonts 27; six de la Tempeste a six liv. fonts 36; pour cinq souscriptions pour la quatrième suitte des Ports a six francs chaque 30. Le tout fait 571 liv. dont M. Labottiere libraire a Bordeaux doit me tenir compte.

* Le 29 novembre 1766 reçû de M. le comte d'Harrach pour des estampes que je luy ay procuré 178 liv. 10 s.

* Je me suis chargé de retirer des mains de M. Cathelin les estampes de deux souscriptions qu'a pris M. Prevost.

* Je me suis chargé d'envoyer a M. de Grandbois deux exemplaires des 4 parties du jour que grave M. Cathelin.

* Pour des estampes que j'ay fournis a M. de Sainssey 150 liv. — Pour la Galleries de Rubens que j'avois 120 liv.

* Le 12 juillet 1768 j'ay vendu a M. Pizzoni secretaire de Venise 10 estampes des Ports 182 liv.

* Le 18 octobre 1768 j'ay reçû 258 liv. 10 s. que m'onts envoyé par une lettre de change MM. Labottiere libraires de Bordeaux pour des estampes de Cathelin et des Ports que je leurs avoit envoyé le 22 mars 1768 et nos comptes sont soldés jusqu'à ce jour.

2° LES ARABESQUES DU VATICAN.

* Le 28 avril 1770 payé une lettre de change de 1678 liv. 99 s. tirée par M. Fortunato Ciola Banquier à Rome pour le payement de 50 suittes des gravures des Loges du Vatican a 3 sequins la suitte.

* Les estampes des Loges du Vatican 50 suitte............ 1080
Frais de Rome à Paris...................................... 900
                                                 1980

En les vendant 30 s. chaque cela fairoit..... 2700

* Le 4 novembre 1773 reçu de M. Dupleyx de Baquancour 84 liv. pour un exemplaire des Arabesques du Vatican.

* Le 15 novembre 1774 j'ay reçu 84 liv. pour une suitte des Arabesques du Vatican venduë a M. Haye Anglois.

3° ESTAMPES DE CATHELIN ET AUTRES.

Distribution des souscriptions pour les estampes des 4 parties du jour gravée par M. Cathelin :

N⁰ˢ 3 et 4 pour M. l'abbé Gruel et n⁰ 5 pour M. Hurson, intendant à Toulon. — 12 envoyés à M. Volaire a Rome par M. Boisot. — 12 envoyées a M. Tabareau directeur des postes a Lyon par MM. Saint-Cantin et Boisot.

Estampes que j'ay cédé.

A M. Roslin 4 de Cathelin 24 liv. — Le 5 janvier 1768 j'ay envoyé six suittes de Cathelin a M. Jean Gignoux a Marseille pour être vendües. — A M. de La Freté une suitte de Cathelin. — A M. de La Grange. — A M. de Grandbois deux suittes des 4 estampes de Cathelin pour lesquelles M. Raynaud m'a fait remettre par M. Marquoy 30 liv. On doit encore la dessus 40 sols.

* Je les ay reçû vers la fin de juin 1768.

Estampes que j'ay donné.

De Cathelin :
4 a Mad⁰ de la Borde.
4 a M. de Saint-Amand.
4 a M. Gignoux.
4 a M. l'abbé Raynaud.
4 a M. Vanloo.
4 a M. Gerin et les 8 des autres.
4 a M. Vallayer.

4 a M. Du Bois.
4 a M. de Mory.
4 a mon frère.
4 a M. de Crebillon.
4 a M. Robert medecin.
4 a M. Piquet.
4 a M. Tronchin.
4 a M. Trial.

Estampes gravées d'après mes ouvrages.

Par J. P. Le Bas.

Se trouvent chez Le Bas.

	Tableaux à	6 l.	On les a mises
Port de mer d'Italie			à 3. l.
Départ pour la pêche	M. Soufflot	6 l.	
3⁰ vue d'Italie............		3 l.	1. 15
4⁰ vue d'Italie........		3 l.	1. 15
Galleres napolitaines. Tableau à M. Despercenes..........		6 l.	

Deux petites estampes d'après des copies à 18 sous chaq.
Vue de Naples pendant des Galleres 6 l.

Alliamet.

Se trouvent chez Alliamet.

		l.
Le Matin } Tableaux de M. de Villette..........		2 l. 8
Le Midy }		2 8
1⁰ vue du Levant } Tableaux à M. de Villette....		2 8
2⁰ vue du Levant }		2 8
Incendie nocturne. Tableau à M. l'abbé Campion..		3
1⁰ vue de Marseille..........................		1 10
2⁰ vue de Marseille..........................		1 10
Les Italiennes laborieuses. Tableau à M. Davou...		2 8
Temps de brouillard.........................		2 8
Temps orageux.............................		2
La jeune napolitaine à la pêche...............		2
Tems serein...............................		2

28

Daullé.

Le Pelerinage, se trouve chez Buldet...................... 6 1.
Les différents travaux d'un port de mer, chez Buldet.......... 6
La Grecque sortant du bain.
Le Turc qui regarde pêcher.
Maison des environs de Naples.

Le Veau.

Vue proche de Montferrat.............................. 3
La Cuisine ambulante des matelots...................... 3
Les Amants à la pêche.
Chez Ouvrier. Vue des Apennins

4° VUE D'AVIGNON.

Estampes que j'ay reçu de M. Martini de la ville de la ville d'Avignon.

La premiere fois 89 avant touttes les Inscriptions............ 89
   et 15 avant la lettre................................ 15
La seconde fois dix avant touttes les inscriptions........... 10
   et une movaise.
La 3e fois 50 avec touttes les inscriptions............... 50
Le 24 décembre reçû 50 estampes..................... 50
                     ——
                     164
Le.... février 1786 reçû 36 estampes................... 36
                     ——
                     200

Estampes de la vile d'Avignon que j'ay données.

Pour le prince des Asturies...	25	Envoyé par mon fils à Avignon	
A M. le comte de Montmorin...	6	une pr M. Michel père, une	
A M. Brunel..................	2	pr M. Campion, une pr M. Si-	
A M. le comte de Vergennes...	1	card, une pr mon fils et 12 pr	
A M. Durival................	1	M. Le Blond................	16
A M. de Milly...............	2	A M. de St Alphonce........	1
A M. Cadet-Devaux..........	1	A M. de La Salle...........	1
A M. De la place...........	1	A M. l'ambassadeur d'Espagne.	1
A M. Fructus, Michel et Trophe		Au père maitre des novices de	
une chacun................	3	la Charité.................	1
Au prince D'Oria nonce du Pape	1	A M. de Mory	1
A M. de St Amand..........	1	A M. Le Blanc.............	1
A M. St Aubin.............	1	A M. Michel fils...........	1
A. M. Nay.................	1	A M. de Prenenville........	1
A M. l'abbé Aubert auteur des		A M. Roslin fermier general...	1
petites affiches...........	1	A M. Guibert	1
A M. Bret auteur de la Gazette		A M. Hermès...............	1
de France................	1	A M. Varenne de Feville.....	1
A M. Girardot de Marigny.....	1	A M. Sallion...............	1
A M. Paupe................	1	A M. d'Arbousse............	1
A M. l'abbé Nardy..........	1	A M. Imbert, chirurgien.....	1

A M. d'Illovera............... 1   A Mad° Le Blanc............. 1
A M. l'abbé Cambasserez...... 1   Vers les premiers jours de juin
A M. de la Frete............ 1   1784 envoyé à mon fils 12 es-
Remis chez M. Cochin 24 avant   tampes.................... 12
   la lettre................. 24   A M. Le Gros directeur du con-
A M. Couturier 1   cert spirituel............. 1
A M. Franque................ 1   Au boucher................. 1

Argent que je reçois des estampes de la ville d'Avignon.

Le 21 décembre 1782 Mlle Seiller cousine de M. Cochin, m'a remis pour
   sept estampes à neuf livres chaque........................ ..   63
Le 2 janv. 1783 Remis à Aubert 2 estampes avant la lettre......   48
Le 7 mars pour une estampe à M. Aubert...................... ..   9
Le 13 mars à M. Michel fils.................................   12
Le 14 mars à M. de Prenenville..............................   12
Le 3 avril une estampe pour M. le vicomte de Cambis..........   12
Le 10 aoust une estampe à M. Sallion pour M. d'Arbousse.......   12
Le 8 à Mad° Le Blanc une estampe...............   12
Au commencement de juin envoyé à mon fils 12 estampes....... 108
A M. Le Gros directeur du concert spirituel..................   12
Vers les premiers jours de février j'ay envoyé a mon fils 24 estam-
   pes a 6 livres chaque..................................... 144

LE CHEVALIER VOLAIRE.

Pour M. Volaire
Toiles imprimées de Paris....................................   80
Port de ses hardes a Bayonne................   20
Toiles de Paris imprimées....................................   63
J'ay donné a M. Volaire a Bordeaux dans le mois de juillet 1759 en
   quatre louis...   96
Donné a Bayonne le meme mois six louis..................... 144
                                                            ─────
                                                             253
A Bordeaux donné... 300
Pour deux souscriptions....................................   36
                                                            ─────
                                                             589
Le 29 septembre je restois débiteur a M. Volaire de..... 1046 l. 16 s.
   *Le 19 decembre j'ay tiré une lettre de change de 700 l. en faveur
de M. Volaire sur M. Jacques Gignoux, qu'il doit payer de la rente de
400 l. que me fait par année l'hopital general de Marseille, et c'est sur
l'année 1760 et 1761 qui doit prendre lesdits 700 l.
   *Le 19 decembre 1761 M. Volaire a laissé entre mes mains la somme
de 1200 l. dont je dois luy tenir compte.
   *Ce que j'ay fourny pour le compte de M. Volaire
Une lettre de Paris venue a La Rochelle....................   10 s.
Une lettre de Toulon à La Rochelle........................   1

Pour le port d'une toile qui devoit servir pour peindre la famille
de M. De La Croix.. 10
Payé à M. Dijeon m^d de coulleurs à Paris pour laditte toile.... 28
Pour un étul de mathématique............................. 24
Pour des pinceaux....................................... 10
Pour les 4 premieres estampes des ports................... 24
Pour 4 autres estampes des ports de la seconde suite....... 24
Pour 4 autres estampes de la troisième suitte.............. 24
Pour douze estampes des ports a neuf livres piece.......... 108
Le 24 juin envoyé par une rescription des postes........... 720
Pour 12 souscriptions des 4 estampes que grave M. Cathelin.. 06
                                                        ─────
                                                        1071

* Argent envoyé pour la commission des couleurs pour M. Pierre et Vernet.

Le 16 decembre 1765 par une rescription des postes de chez le nonce payé à Rome par M. le chanoine Brenda......................... 600 l.

Les 600 liv., l'écu romain sur le pied de cent cinq sols, fonts cent quatorze écu romains et 80 bayoques, de sorte que M. Volaire a reçù 104 scudi 80 baj, et il en a dépencé pour lesdittes couleurs 131.65 b. — Il reste donc 33 sc. 65 baj, qui fonts argent de France....... 176 21
                                                        1071 »
                                                        ─────
                                                        1247 11

M. Volaire ayant déposé entre mes mains 1224 livres, partant il m'est débiteur, ce 10 mars 1766, de............................... 23 12

* Vers les premiers jours d'octobre 1767 j'ay envoyé par MM. Calais et Bovais à M. Volaire à Rome les deux volumes sur la peinture et la sculpture par M. Dandré Bardon, qui ont coutté 4 l. les deux; pour M. le comte Soderini la 2e suitte des Ports de France 48 l., la 3e a 30 et Rochefort et La Rochelle a 9 l. chaque et les deux memes pour M. Volaire a 6 l. chaque ce qui fait en tout 124 l. dont M. Volaire doit me tenir compte.

* Le 9 septembre 1768 j'ay pris les 4 estampes de la 1e suitte des ports pour etre envoyez à M. Volaire par M. Bardin........... 30 l.

* Le 4 octobre 1769 pour 6 douzaines de crayons et boite... 4 l. 2 s.

ADRESSES

Ce n'est pas la partie la moins curieuse des *Livres de Raison*. Écrites à la suite les unes des autres, les adresses occupent un grand nombre de pages qui se lient entre elles par des renvois. Après en avoir extrait d'abord plus de cinq cents noms, nous avons encore sur cette quantité fait un second choix composé de deux cent cinquante-cinq articles. On y trouvera la nomenclature complète des artistes peintres, sculpteurs, architectes et musiciens dont Joseph Vernet a voulu garder le souvenir, la plupart des amateurs de ses œuvres et un certain nombre d'indications d'un intérêt moins spécial.

La date des adresses ne peut se préciser : elle doit, pour le plus grand nombre, se présumer d'après la commande qui en a provoqué l'inscription. Nous nous sommes contenté de les reproduire telles quelles, en les classant sous le titre et les dates du volume auxquelles elles appartiennent. Une fois familiarisé avec la vie de Joseph Vernet, on reconnaîtra facilement à quelle époque il a inscrit tel ou tel nom. Tous ceux, par exemple, qui portent la mention « à Paris » datent sans aucun doute du séjour en Italie ou de l'entreprise des Ports de France.

Au surplus, ce n'est pas pour l'histoire de J. Vernet que les adresses peuvent être d'une utilité immédiate. Elles présentent un intérêt de deux sortes : — biographique, en ce qu'elles fournissent sur la vie d'un très-grand nombre d'artistes un détail inattendu ; — topographique, car elles remettent sous nos yeux le Paris d'autrefois, ce Paris qui n'existera plus bientôt qu'à l'état de légende. Ainsi elles doivent s'ajouter à la collection des *Livres commodes* et des *Livrets d'adresses*, si recherchés aujourd'hui. Nous nous sommes fait une loi de n'ajouter à cette nomenclature aride aucune note d'aucune espèce. Chaque nom cité, chaque rue mentionnée appelait un éclaircissement. Mais où nous eût conduit un tel travail, sinon à recomposer l'histoire complète des hommes et des choses du xviii° siècle ?

PREMIER VOLUME (1735-1763).

To the Right honorable the Earl of Mountralh in Grosvenor square, London.

A. M. Guibert sculpteur près les religieuses des S^tes^-Maries à Avignon.

Gabriel Mathias au bureau du commerce à Whitehall, Londres.

M. Franque architecte rüe de la Comédie Française à Paris.

M. Parrocel peintre au coin du carrefour St-Benoist, à Paris.

M. Liotard, rue de la Corderie près le Temple à Paris.

M. L'Epicié secretaire et historiographe de l'Académie Royale de peinture et sculpture quay des Orfèvres près l'abreuvoir.

M. Boucher, peintre du Roy, professeur de l'Académie, etc. rüe de Grenelle-St-Honoré vis-à-vis la rue des Deux Ecus.

M. Peilhon rue des Petits-Champs à Paris.

M. de Villette trésorier général de l'Extraordinaire des Guerres, place Louis le Grand a Paris.

M. Cochin le fils dessinateur et graveur du Roy, rue St-Jacques dans la maison de M. Coignard libraire a Paris.

M. Michel-Ange Slodtz le Romain, sculpteur du Roy, rüe des Cannettes, la première porte cochère a droite du côté de St-Sulpice a Paris.

M. Aublé peintre et dessinateur rüe Puit Gaillot dans la maison de la veuve Soubry vis-à-vis le jardin de l'hautel de ville à Paris.

M. Vialy, peintre, rüe d'Argenteuil derrière la paroisse St-Roc à Paris.

M. de Vandières Directeur et ordonnateur général des bâtiments du Roy, jardins, arts et manufactures de France en son hôtel à Paris.

M. Tomaso Patch peintre anglois à Rome.

M. Russell peintre et anticaire anglois à Rome.

M. de Marcenay rue des Vieux Augustins près la rue Montmartre, à Paris.

M. de Callas Directeur des fermes du Roy à Marseille.

M. Campion receveur général du tabac à Marseille.

To Sr Matheu Fertheston haug B^l at M. Fetheston on Tower hill, London. — M. Reynier à Aix est celuy qui est chargé de retirer et payer les tableaux de M. Fetheston.

M. Charles Selwin banquier anglois chez M. le président Rossel, rue de la Jussienne, à Paris.

A milord duc de Bridgwater chez milord Gonwer dans Arlington street London.

M. Guay joaillier chez M. Thomas, tapissier, rue St Ferréol à Marseille.

A M. Ozanne chez M. Jayne libraire à Marseille.

M. le marquis de Marigny commandeur secrétaire des Ordres du Roy, secrétaire de l'Ordre du Saint-Esprit, chargé du département des affaires de celuy de Saint-Michel, directeur et ordonnateur général de ses bâtiments, jardins, arts, académies et manufactures royalles, à la Cour.

M. Guibert sculpteur chez Mad° la comtesse du Bosc faubourg St-Germain rüe de Tournon près le Luxembourg à Paris.

M. Guibert rue des Francs Bourgeois près la place St Michel chez Mad° Richardi à Paris.

M. Guibert sculpteur rue Pavée quartier St André faubourg St Germain chez M. Dujardin tapissier à Paris.

M. Coustou le cadet architecte inspecteur des bâtiments du département de Paris, place du Vieux Louvre près la rüe Fromenteau à Paris.

M. Guibert sculpteur, à la maison neuve de St Sulpice près l'église faubourg St Germain à Paris.

Mad° la comtesse d'Egmont la jeune en son hôtel, rüe Louis le Grand quartier St Honoré à Paris.

M. Henry peintre chez M. Gio. Dom° Rossi à Rome.

M. Soufflot Ecuyer, chevalier de l'Ordre de Saint-Michel, architecte du Roy et controlleur de ses bâtiments a l'Orangerie des Tuilleries à Paris.

M. Cochin Ecuyer, chevalier de l'Ordre de Saint-Michel, graveur ordinaire du Roy et secrétaire perpétuel de l'Académie de peinture et de sculpture, aux Galleries du Louvre, troisième guichet à Paris.

To Robert Wood Esq^ro Cleaveland court St-James Londres.

M. Daullé graveur du Roy, quay des Augustins, la porte à gauche par la rue Gille-Cœur à Paris.

M. Ouvrier graveur chez M. Bellot marchand bonetier au Soleil d'Or place Maubert à Paris.

M. Wille graveur quay des Augustins à côté de l'hôtel d'Auvergne à Paris.

Adresse de M. Volaire à Toulon. — A M. Auban, chirurgien place des Minimes pour rendre à M. Jacques Volaire à Toulon.

A M. Vernet pensionnaire de l'Academie royale de Jully près Dammartin en Goelle, à Dammartin.

M. Morel Grand, secretaire du Roy et receveur général de M. l'Amiral, à Bordeaux.

M. Dietrich peintre demeurant à la ville neuve à Dresde. (Ecrit de Bayonne.)

M. Brunious peintre rüe St Martin près St Jullien-des-Ménétriers entre un horloger et un tablettier à Paris.

M. Challe l'ainé, rue Gaillon.

M. Follay banquier anglois rüe St Sauveur a côté d'un droguiste.

M. de la Reynière fermier général rüe Vivienne la 2ᵉ porte
cochère à droitte venant de la rüe Neuve des Petits Champs.

M. de Villette l'ainé place de Vandome venant de la rue
Neuve des Petits Champs la première porte à gauche près les
Capucines.

M. de Villette cadet rue Vaugirard a l'hotel d'Evreu.

M. Drovais père peintre au quoin de la rüe des Moineaux
chez un boulanger au premier.

M. Drouais le fils la première porte à droitte de l'escalier de
l'Eglise St Roch.

M. Blondel de Gagny place Louis le Grand à côté de la chan-
cellerie.

M. D'Azincourt fils de M. de Gagny.

M. Wattelet rue Charlotte.

M. le compte de Quinsson rüe St-Thomas du Louvre.

M. Demarteau graveur rue de la Plotterie au pont Notre-
Dame à la Cloche.

M. Randon du Bosset rüe des Fossez Montmartre près la
place des Victoires.

M. Poilly rue St Honoré vis-à-vis le cul-de-sac de l'Orangerie.

M. de La Live chez M. La Borde près la Grange Batellière.

M. de Billy rue Sᵗᵉ Anne.

M. de la Curne et Sainte-Palaye rue Vivienne.

M. Girardot de Marigny parent de Madᵉ de la Croix de La
Rochelle.

M. le général Craffort rue du Vieux Colombier.

M. Camplon quay de Conti chez M. Marin.

M. Duni rue du Four vis-à-vis l'hôtel de Soisson.

M. Tiroux de Persennes rue Courteau Villain.

Madᵉ Racine place des Victoires chez M. Pachot, la porte à
côté du notaire.

M. Hue chez M. Villetane architecte expert rüe des Rosiers
vis-à-vis la rue des Ecouttes.

M. Darcis rüe Sainte-Anne près la rue du Hasard ainsi que
M. de Monteneau.

DEUXIÈME VOLUME (1764-1773).

M. de Wailly architecte du roy et controlleur de ses bâtiments à Versailles.

M. Mourier officier des grenadiers et M. Bonnot sergent des
grenadiers logent chez M. Hardy limonadier rüe St Germain l'Auxerrois au coin de celle Thibautodé, vis-à-vis l'arche

Morion; c'est eux qui onts engagé mon neveu napolitain dans le régiment d'Auvergne actuellement en garnison à Valenciennne.

M. Hall peintre en miniature rue des Bons Enfants à l'encoignure.

M. Challe l'ainé rüe du Sentier la troisième porte cochère à gauche en entrant par le boullevard.

M. Leveaux graveur rue Saint-Jacques a la maison neuve à côté de l'hotel de la Couture au-dessus de la place de Cambray.

M. Glaumy colleur de desseins dans un petit cul-de-sac près la Porte St Denis de la part de Made de Sainsey.

M. Gabriel Mathias dans Chandos street Covent garden London.

M. Trouvard architecte rue Montorgueil chez M. Roudet maitre maçon près la rüe du Bout du Monde.

M. Trial rue St Joseph.

M. Roslin peintre du Roy rüe Neuve des Petits Champs la 4e porte cochère a droitte apres la rüe Gaillon en allant à la place de Vandome.

M. le chevalier Le Gendre d'Aviray en son chateau à Villemorieu à Barre-sur-Seinne.

Mademoiselle Loire rüe Neuve des Petits Champs vis-à-vis la rüe Royalle.

M. Girardot de Marigny chez M. Thelusson à l'hôtel Le Blanc, rue de Cléry.

M. Gourville, peintre et marchand de tableaux, maison Munet, rue des Feüillans, quay St Clair à Lyon.

M. de Caumont le fils chez M. l'abbé Choquart rüe St Dominique à la barrière.

M. le marquis de Montallambert rue Neuve des Bons-Enfants.

M. Pigalle, sculpteur, à la barrière du Roule, n° 18.

M. Brompthon peintre anglois rue St André des Arts, à l'hôtel du Chateau Vieux, vis-à-vis celuy de Bretaigne.

M. Robert peintre rue Saint-Paul, à l'hotel Bazin, vis-à-vis la rue du Lion.

M. le comte d'Ayras dont M. Puvry a ordonné le portrait demeurant à Lisbonne.

M. Campion chez M. l'abbé de Montal, cour de M. le Premier Président.

Made Therbouche peintresse du Roy de Prusse, à l'hôtel d'Ambourg, rue Jacob, faubourg St-Germain.

M. Loüis peintre de Montpellier demeure rüe du Petit Reposoir à l'hôtel Louis-le-Grand.

M. Basan, graveur, rue du Foin-Saint-Jacques.

M. de Savignac, peintre en miniature, rue St Sauveur près la rue des Deux Portes chez Mad° la veuve Boucher.

M. Greuze rue Pavée, la première porte cochère à droitte en entrant par la rue St André des Arts.

M. Dutting peintre et marchand de couleurs rüe de la Vieille-Monoye chez M. Romelot marchand de lait au 4°.

M. Van Blarumbert peintre qui fait des petites vües dans des tabatières demeure rüe St Honoré à la Reine de France près l'obélisque.

M. Grétry maitre de musique maison de Mad° Fortier rüe de Richelieu à côté l'hotel de Nassau au 4° — Alias, rue Traversière en entrant par la rüe de Richelieu à droitte passé celle du Hazard, la segonde maison neuve.

M. le chevallier Robert Foley, Trytt streed soho à Londres.

Mad° la princesse de Radziville Polonoise demeure à l'hôtel de Mars rüe de Richelieu au coin de la rue Saint Marc vis-à-vis M. le duc de Choiseul.

Vernet sculpteur chez M. Arborat (alias Darborin), ancien inspecteur de la police, rüe des Juifs derrière l'église St Antoine.

M. Pierre, peintre, rue de Richelieu au coin de la rue Neuve St Augustin.

M. Tillard graveur rüe de Bourbon au coin de la rue St Claude du côté de la Porte Saint Denis chez un marchand de bois à une maison neuve.

M. Ollivier peintre rue de la Potterie chez M. Huc.

M. Rigel maitre de clavessin allemand demeure faubourg St Honoré rue d'Anjou chez M. Lecler au 2° — alias, rue Grenelle St Honoré n° 64.

M. Duport l'ainé joueur de violoncello rüe St Honoré chez M. Le Paute horloger tout près la fontaine de la rüe de l'Arbre Sec.

M. Vachon joueur de violon rue Ste Anne chez un épicier au coin de la rüe Neüve des Petits Champs.

Mad° Michel graveuse sur tout metteaux, à la Croix de Lorraine, rüe Satory chez M. Frenon marchand de vin et traitteur à Versailles; elle m'a vendû deux tableaux de l'Eruption du Vésuve peint par un frère que j'avois à Naples 244 liv.

M. Remy peintre rue Poupée en entrant par la rue Haute-feuille, la seconde porte cochère à gauche.

Le père et la mère du petit clavessiniste allemand s'appelle Darcis et demeurent chez M. Noé maître en chirurgie rue Coqueron près la place des Victoires.

M. le chevalier de Chabert rue des Filles St Thomas à qui j'ay promis les paroles du Canon, l'Epouse entre, etc.

M. Noé graveur rue des Francs Bourgeois entre un sellier et un armurier et Mad° Caron, sa cousine, rue de Bourbon ou Bourgogne près le jardin du Roy en entrant dans la rue a une pention.

M. Des Boulmiers auteur de l'Education de l'amour rue Plâtrière presque vis-à-vis la poste, maison du cirier du Roy.

M. Darcis clavessiniste rue du Petit Lion St Sauveur vis-à-vis celle des Deux Portes, même maison de M. Mauguy maréchal.

Mon neveu Vernet sculpteur rue du Vieux Colombier près St Sulpice chez M. Sevet maître sellier.

M. Desfriche a l'hôtel du St Esprit, rue du Chantre.

M. Joseph Grim marchand d'horloges en bois rue Maubuée, la seconde allée à gauche en entrant par la rue St Martin vis-à-vis le serrurier au second.

M. Pigalle sculpteur du Roy rue Blanche la première maison à droite.

Mon frère loge à Versailles chez Mad° Clarice, rue Marly à côté du vinaigrier au 3°. — On peut aller loger à Versailles à l'hôtel de Modenne au bout de la rue des Recolets.

M. Clairisseau peintre et architecte à la rue des Bourdon-nois à l'Impératrice.

M. Dorat rue de Vaugirard à l'ancienne Académie près le Luxembourg.

M. Lecomte sculpteur rue du Faubourg St Denis en face de la rue de Paradis chez M. Petitmaître peintre.

M. Casanova rue des Amendiers près les Dames de Popin-court faubourg St Antoine.

M. Hall peintre en miniature rue Croix des Petits Champs au Sauvage en entrant par la rue St Honoré à droitte.

M. le comte de Lesvenhaupt neveux du maréchal de Saxe.

M. Jeliote, place des Victoires.

M. Cardin, peintre d'ornements et de fleurs, rue St-Denis vis-à-vis St Sauveur, la porte cochère entre un épinglier et un oiselleur au fond de la cour.

M. Fagel Hollandois, rue de Richelieu, à l'hôtel de Chartres.

M. de l'Epine, sculpteur, rüe Neuve St Eustache la 4° porte cochère à droite en entrant par la rüe Montmartre entre un perruquier et un marchand de vin au 1er sur le derrière. On fait de la musique le jeudi.

M. Robin peintre chez M. Buret maître de pension rüe de la Jussienne. — *Alias*, rüe des Anglois, maison de M. Terier.

M. Pavillon, at M. Ramsay principal painter to his majesty, Harley street, Cavendish square, London.

M. Xavery peintre hollandois chz M. Boiston sculpteur rüe Mêlé à droite en entrant par la rüe Saint-Martin, une maison neuve à 200 pas.

M. Le Doux architecte rue Basse du Rempart entre la porte St Denis et la porte St Martin, à une maison neuve.

M. Grillet peintre rüe des Fourreurs chez M. Teissier marchand de Toile.

M. Flipart graveur rüe d'Enfer Porte St Michel près le seminaire de St Loüis.

M. Bernardo Vincenti, peintre, at Mister Cadolini, Pallmall n° 5 : Londres.

M. Destouches marchand de tabeaux quay de la Megisserie ou de la Faraille au coin de la rüe de la Sonnerie.

M. le chevalier de Plantade major du Regiment d'Auvergne a Dunkerque.

M. Vernet sculpteur chez M. Guiraud peintre rüe du Petit Vaugirard vis-à-vis de l'hôtel de Montmorancy.

M. Zucarelli, rue Montorgueil, a la croix de fer, chez Mad° Boulanger, au dessus du caffé Dauphin.

M. Boyer, compositeur de musique, a l'hôtel Notre-Dame rüe Grenelle St Honoré.

M. le marquis de Chabert rüe des Enfants Rouges au coin de la rüe Porte Foin.

M. le comte de Riva auditeur de la nonciature du Pape, chez Mad° la comtesse de Bérulle rue de Vaugirard vis-à-vis le calvaire près le Luxembourg.

M. Huet peintre rüe du Four St Honoré la 2° porte à droite en entrant par la rüe St Honoré.

M. Crépin peintre rue d'Enfer a la manufacture de savon en la cité.

M. Dumont peintre en miniature rue de Seinne, une porte cochère vis-à-vis le petit hôtel de La Rochefoucault.

M. Loppin, rüe Baubourg, la porte cochère vis-à-vis la rüe des Menestriers, vend du chocolat fait à Bayonne.

M. Guay en sa terre de la Barre par Chevreuse ou Rambouillet.

M. Du Tillot, marquis de Felino, rue Levêque n° 6.

M. Pellier premier valet de chambre de Mad° Du Barry.

M. Guérin, concierge à Louvesienne, et Cottet tapissier au même endroit.

M. Barré, architecte, rue Mêlé, chez M. Fixson, sculpteur.

M. Dupin de Francoueil, rue du Roy de Sicile entre la rüe des Ecouffes et celle des Juifs.

TROISIÈME VOLUME. — (1774-1786.)

Mademoiselle Parrocel rue du Bacq n° 131 près des Dames Ste Marie.

M. Dufossez architecte chez M. Delaborde ancien banquier de la cour.

Mad° la marquise de Rochegude fille de Mad° Peilhon demeure chez M. Augué receveur general des finances rue Neuve de Luxembourg.

M. Boze peintre provençal, rue du Santier n° 19.

Lorsque le tableau de M. le prince Yousoupooff sera fait, il faut le remettre a M. Garbagni, negociant, rue Neuve St Mederic vis-à-vis la rüe du Renard.

M. Crossier peintre provençal petite rüe Verte chez M. David menuisier faubour St Honoré.

Mademoiselle Guernier ou Guessier peintre rüe de l'Echelle a l'hotel du Gaillard Bois, recommandée par M. de St Seine.

M. Strange graveur n° 52 Great Pucess street London.

M. Hénard peintre Nell street n. 55 Oxford London.

M. Vestier peintre rue Faubourg Montmartre la porte cochère à côté le corps de garde vis-à-vis la rüe Bergère.

Mademoiselle Sorderini peintre rüe et cul de sac du Paon vis-à-vis le petit hotel de Londres la première porte cochère à droite recommandée par la faiseuse de matellats.

L'attelier de M. Giraud est rüe Ste Avoye chez M. de Bel-Air maison de M. de Montbrun vis-à-vis M. de Caumartin, n. 12.

M. Cochereau demeure rüe Favard, la porte cochère vis-à-vis la rue Grétry à la lettre K et M. Stall demeure à côté à la lettre I.

M. Serres peintre du Roy, Saint-George Rou Oxford Turn-pille à Londres — *Alias*, Warwich street Golden square veste folmin à Londres.

M. Janinet graveur pour les estampes coloriées place Maubert dans une maison neuve au premier.

M. Desmaisons graveur rue Galande vis-à-vis la rüe du Fouard la porte cochère entre un laytier et un chandellier.

Mad° la veuve Chardin chez M. Atger agent de change rüe du Renard St Sauveur près l'hotel de Montbason.

M. Wolf peintre allemand chez M. Stoklin suisse de la paroisse de St Laurens au cimetiere St Laurens vis-à-vis la buvette de la foire.

M. Patron graveur, Pont au Change, chez M. Formey, orfèvre, à la ville de Pontoise, au 2°.

M. Dumont, architecte, rue des Arcis, maison du commissaire.

M. Ramsay premier peintre du Roy d'Engleterre, rüe de Richelieu à l'hôtel de Richelieu.

M. Eichler peintre saxon rüe de Grenelle St Honoré à l'hotel des Mines.

Mademoiselle Soyer peintre rüe St Denis près la porte Paris chez un marchand bonnetier, recommandée par M. Devot.

M. Soufflot architecte rue Mélé dans une maison neuve près la rüe du Temple à côté d'une maison neuve.

Mad° la veuve Vernet rüe des Fossés St Germain des Prés à l'hôtel de la Faudriere vis-à-vis la cour du Commerce.

M. Jacques sculpteur de Genève rüe St Jacques chez M. Camponon imprimeur vis-à-vis la rüe St Dominique, maison du grenetier.

Mademoiselle Voilleaume peintre en miniature rüe des Gravilliers entre la rüe du Temple et celle des Vertus, l'allée entre un coutellier et un menuisier, vis-à-vis le boulanger, au 2°.

M. Charny, peintre de Monsieur, rüe Poissonnière au coin de Boulevard.

M. Genillion peintre chez M. Parvy architecte, Parvy Notre-Dame — Alias, rue de la vieille Draperie, au Caffé Turc, vis-à-vis la Madeleine, quartier du Palais.

M. Hue peintre rue Tevenot chez M. Goupy architecte à côté du cul-de-sac de l'Etoile — Alias, rue du Faubourg Montmartre au premier coin de la rue Bergère maison de M. Duret peintre.

M. Giraudy graveur rüe de la Monoye chez un marchand de bas au coin de la rüe Bouché au 4°.

M. Gluck à l'hotel de l'Empereur rue de Grenelle St Honoré.

M. Coost peintre d'Anvers à l'hôtel de Montperoux chez M. de St Simon rue du Bacq vis-à-vis les Missions Etrangères.

Il faut que je remette le tableau de M. Henry à M. Paul lieutenant général honoraire de la Chenechaussée de Marseille à l'hôtel de Rome rue de l'Université à Paris.

Vieilh Thomassin, peintre, rue de Cléry la Ville neuve, la maison d'un herboriste, vis-à-vis le caffé du Coq, qui peint assez bien le païsage.

M. Dumoutier officier dans le régiment des grenadiers royaux de la Normandie, rue St Romain à Rouen.

M. Cossetti, architecte de Parme, rue St Séverin, hotel de Provence vis-à-vis l'Eglise.

M. Henry peintre aux allées de Meilhan dans la maison de Hac est domus Domini (à Marseille).

M. Dupuis architec, rue Boucher près celle de la Monoye, maison de M. Huet, architecte.

M. Boze peintre rue et hôtel de Vantadour.

M. Jullien peintre rue de l'Université vis-à-vis l'hotel d'Harcourt.

M. Vallure peintre rue Froidmenteau hôtel de Flandre, vis-à-vis le Château d'Eau, place du Palais-Royal.

M. Panckouke, imprimeur libraire, rue des Poitevins, auteur du *Mercure de France*.

M. Vernet, peintre. rue d'Aubagne, dans la maison qui fait le coin, passé la seconde calade, à Marseille.

M. Lecomte peintre à l'entrée du faubourg du Temple chez M. Cotigny poellier.

M. Robin, peintre, cloitre des Bernardins.

Le Pere Ferdinand, maitre des Novices à la Charité.

M. Peters peintre et ministre anglois rue de La Harpe hotel de Narbonne.

M. le comte Giovanni de Verclos rue St Bennoit hôtel de Rouen.

M. Ducreux rue des Sts-Pères au coin de rue de Verneuil, n° 4.

M. Thissot medecin rue des Petits Augustins à l'hotel d'Orléans auprès du jardin du Roy.

M. le marquis d'Ambert fils de M. le comte de Merles qui demeurent l'un et l'autre a la rue neuve vis-a-vis la rue Gaillon.

M. Chalgrin, secrétaire de la légation de France près S. A. S. Electorale Palatine à Munich.

M. Durocher Desfougerais rue de Grammont, maison de M. Porquier architecte la troisieme porte cochere apres un boulanger, recomandé par Mad° de Montcloux.

Il Signore Donato Vergani Banchiere in Bologna Raid° pour M. Gretry.

M. Dupuis Professeur d'architecture et maître à dessiner des pages de Monsieur, il est gendre de M. Sallion.

M. Betanger architecte rue Notre Dame de Recouvrance près Bonne Nouvelle, au coin du Boulevard.

L'Assemblée des Arts et des Etrangers est à l'ancien collége de Bayeux, rüe de la Harpe, M. de la Blancherie Directeur.

M. Boullée architecte du Roy, rue du Mail, vis-à-vis l'hôtel de Portugal ou celuy d'Angleterre.

M. Cathelin, graveur, rue Genegaud, 2° porte a gauche chez M. Prevost.

Janteau ou Ganteau peintre qui restaure les tableaux, rüe St Jean de Beauvais, vis-à-vis M. Henne, libraire.

M. de l'Arche, sculpteur en bronze, rue des Ménétriers, la première porte cochère à gauche en entrant par la rüe Saint-Martin.

Pour écrire à mon neveu à l'isle St Domingue il faut adresser les lettres a M. Rimbert negociant à Nantes qui est de la connoissance d'un soldat du Regiment d'Auvergne dont le nom de guerre est Chantemerle. Je dois répondre à une lettre de mon neveu écrite de Nantes le 10 novembre 1770.

M. Soufflot cour de l'Orangerie des Thuilleries.

M. Desportes peintre du Roy a Montdidier en Picardie.

M. Sellier graveur en architecture rüe St Jacques au coin de la rüe St Etienne des Gres à une maison neuve.

M. Vernet sculpteur rüe Cassette, la 2° porte en entrant par la rüe du Vieux Colombier.

M. Paulin architecte expert rue Serpente.

M. de Vigneux marchand de tableaux qui en a de M. Kobel rue de Grenelle St Honoré à l'hôtel de Grenelle.

M. Rousseau peintre rue St Mederic la porte cochere a côté l'hotel de Jabac.

M. de Lovinfosse peintre quay Pelletier à la croix d'or chez M. Moreau marchand orfèvre au 2°.

M. Sauvan, peintre, a l'Académie royale de peinture à Valence en Espagne.

M. Ponce graveur rüe St Hyacinthe, maison de M. Debure vis-à-vis le loueur de carosse.

M. Chenû graveur au haut de la rüe de la Harpe, maison de Cluny, vis-à-vis le caffé de Condé.

M. Porporati graveur du Roy ruc Neuve des Petits Champs chez le commissaire.

Mad° Chénier Grecque demeure rüe Culture Ste Catherine vis-à-vis les Filles Bleues.

M. Schmid jeune peintre en païsage rüe Montmartre près Saint Joseph à l'hôtel de Champagne chez M. Cognard chirurgien.

M. Perlin architecte de M. de La Borde.

Mon neveu Vernet sculpteur demeure rüe des Fossoyeurs la porte cochère au-dessus de l'hôtel de Montégu du même côté.

M. Gluck, rue des Fossoyeurs chez mademoiselle Levasseur — *Alias*, autel de Valois, rüe de Richelieu.

M. Michel, peintre, ruc de Beauvais, à l'hôtel de Genève.

M. Vacsbrod, graveur chez un marchand de vin en face de la rue des Cordeliers.

M. Loutherbourg, peintre des Académies de France et de Londres n° 45 Great Titchfield street Oxford Wood à Londres.

M. Tenducci musicien italien chez M. le comte Derouville Lieutenant général des armées du Roy, rue Fauxbourg-Saint-Honoré, 6.

M. Desportes, isle et rüe Saint-Loüis, la 6° porte en entrant par le pont rouge chez la marquise de La Blache à côté d'un orloger.

Le sieur Russel jeune peintre recommandé par le maître d'hôtel de M. Le Noir et de M. le duc de La Rochefoucault.

M. Bono architecte de ce qui se fait à l'hôtel de La Vallière rue du Bac pour Mad° de Chatillon.

M. Lemoyne architecte rüe d'Enfer qui doit faire la salle d'assemblée du clergé où il peut y avoir de l'ouvrage de sculpture pour mon neveu protégé par l'évêque d'Autun.

M. Arnulphy, peintre, rue Curiol aux allées de Meilhan 3° maison à droitte en entrant dans la rue, à Marseille.

M. Le Brun, peintre, rüe de Beauvais, hôtel de Genève.

L'endroit où travaille mon fils ainé se nomme l'hotel de la Reine, rue du Bouloy.

Tischbein, peintre, rûe du Colombier, à l'hôtel de Saxe, faubourg Saint-Germain.

M. Boursier, architecte à l'Hôtel de Lamoignon, rue Pavée au Marais.

M. l'abbé Diet, prieur de Montet, m'a écrit de Moulin en Bourbonnois de compter à mon neveu Joseph Vernet la somme de 300 liv., 50 liv. par mois, que je prendray chez la sœur Marie Catherine Thomain, tourrière de la Visitation, rue St Jacques, de la part de M. l'abbé Chabrier, prêtre, demeurant à Moulin en Bourbonnois, et pour écrire à M. Diet il faut addresser les lettres a Moulin chez M. l'abbé Gauthier, chanoine de l'Église de Moulin.

Le prince de Yousoupow qui étoit de la suite du Comte du Nord.

All' illustrissimo signore piono col^{mo} il Sig^{re} Dom Francesco Sabatini comendator de l'ordine de San Giacomo marescal de Campi e esercizi di sua Maestà Catolica e direttore generale delle sue Reale frabriche a Madrid.

M. Taraval, architecte, inspecteur des bâtiments du Roy au bâtiment de St Philippe du Roule, faubourg St Honoré.

PIÈCES JUSTIFICATIVES

I

ACTES DE L'ÉTAT CIVIL DE LA FAMILLE VERNET

Les registres des paroisses d'Avignon, de Bordeaux, de Bayonne et de Paris, compulsés avec soin par des chercheurs zélés, nous ont fourni une suite considérable d'actes de naissance, de mariage et de décès, dont on trouvera le texte dans les *Archives de l'art français*, 2e série, tome I, page 104, et tome II, page 28. Nous ne reproduisons ici que les plus importants, nous bornant à indiquer les autres.

I. — ASCENDANTS.

1689. 19 juin. Baptême de François Vernet, fils d'Antoine et de Sébastienne Cairanne. (*Paroisse Notre-Dame la Principale, à Avignon.*)

1609. 5 mars. Baptême de Pierre-Jean Vernet, fils d'André Vernet, peintre, et d'Hélène Contesse. (*Paroisse Saint-Pierre, à Avignon.*)

1671. 3 mars. Baptême de Joseph Vernet, fils de Constantin et de Jeanne Guigue. Il a pour parrain un autre Joseph Vernet. (*Paroisse Saint-Symphorien, à Avignon.*)

1674. 8 août. Baptême de François Vernet, fils de Jean-François, docteur en droit, et de Delphine de Perrier. Il a pour parrain Alain Vernet. (*Paroisse Sainte-Magdelaine, à Avignon.*)

1692. 13 février. Baptême de Antoine-Joseph Vernet, fils de Jean et de Louise Giraude. Parrain, Antoine Blachery; marraine, Jeanne Valentine. (*Paroisse Saint-Pierre, à Avignon.*)

II. — LIGNE PRINCIPALE.

Le chef de la famille, ANTOINE VERNET, peintre d'attributs.

1689. Sa naissance. — Anno quo supra (1689), die vero ultima julii, hora meridiana, natus est et eadem die baptisatus Antonius Vernette, filius naturalis et legitimus Josephi et Marguaritæ Rougeres; ejus patrini fuerunt Antonius Toucla et Joanna Carriere. (*Paroisse Saint-Symphorien, à Avignon.*)

1711. Son mariage. — Anno millesimo septingentesimo undecimo, die sexta octobris, Antonius Vernet et Maria Theresia Granier, ambo soluti, origine habitaculo Avenionenses, facta unica denunciatione in utraque partium parochia, super vero duabus aliis ab Ordinario dispensati per verba de præsenti, matrimonium contraxerunt coram me, proprio parocho et duobus testibus, expresse vocatis et requisitis, nempe

Francisco Monier et Joanna Raymonde. (*Paroisse Saint-Didier, à Avignon.*)

Ses enfants. — 1° 1712. 8 octobre. Baptême de LOUISE; parrains, François Monier et Louise Vernet. (*Paroisse Saint-Genest, à Avignon.*)

2° 1714. 14 août. CLAUDE-JOSEPH VERNET, le peintre de marines. — Claudius Josephus, filius naturalis et legitimus Antonii Vernet et Mariæ Theresiæ Granier conjugum, natus hodie, hora secunda matutina, baptisatus fuit, suscipientibus Claudio Monnier et Ludovica Monier. (*Paroisse Saint-Genest, à Avignon.*)

3° 1716. 15 septembre. Baptême de JEAN-ANTOINE; parrains, Antoine Isnard et Marie Tronc. (*Paroisse Saint-Genest.*)

4° 1719. 24 février. Baptême de MARIE-LOUISE, née la veille. Parrains, Antoine Peyre et Marie Roland. (*Paroisse Saint-Genest.*)

5° 1720. 14 janvier. Baptême de ÉLISABETH-MARIE, née la veille; parrains, Antoine-Joseph Guinaud et Élizabeth-Marie Gajon. (*Paroisse Saint-Genest.*)

6° et 7° 1722. 12 janvier. Décès de JEAN-BAPTISTE VERNAY, âgé de quinze jours, jumeau. (*Paroisse Saint-Didier.*) — Il était né, par conséquent, ainsi que son jumeau, le 29 décembre 1721.

8° 1723. 27 janvier. Baptême de AGATHE-FAUSTINE, née la veille; parrains, Martin Cassan et Marguerite-Ursule Caneti. (*Paroisse Saint-Didier.*)

9° 1725. 10 juillet. Baptême de ANNE-MARIE, née la veille. Parrains, Guillaume Gautier et Anne-Marie-Julien. (*Paroisse Saint-Didier.*)

10° 1726. 7 juin. ANTOINE-IGNACE VERNET, peintre à Naples. —Anno quo supra et septima junii natus, hora quinta matutina, rite baptisatus est Antonius Ignatius Vernet, filius naturalis et legitimus Antonii et Theresiæ Granier conjugum. Patrinus fuit Claudius Josephus Vernet, matrina vero Elisabeth Vernet fratres. (*Paroisse Saint-Didier.*)

11° 1728. 26 mars. FRANÇOIS-GABRIEL VERNET, peintre? — Anno quo supra et vigesima sexta martii, a me baptisatus est pridie natus, circa horam quintam vespertinam, Franciscus Gabriel Vernet, filius naturalis et legitimus D. Antonii et Dlle Mariæ-Theresiæ Granier conjugum; patrinus fuit Joannes Antonius Vernet, matrina vero Agatha Faustina Vernet, baptisati frater et soror. (*Paroisse Saint-Didier.*)

12° 1730. 13 mars. ANTOINE-FRANÇOIS VERNET, peintre. — Anno quo supra et trigesima martii, ego baptisavi infantem pridie natum ex Antonio Vernet et Maria Theresia Granier, conjugibus, hujus parochiæ, cui impositum est nomen Antonius Franciscus; patrini fuerunt Joannes Antonius Vernet et Agatha Faustina Vernet. (*Paroisse Saint-Didier.*)

13° 1732. 11 décembre. Baptême de PHILIPPE BENOIT ou BENEZET. Parrains, Philippe Sauvan et Marguerite Brun. (*Paroisse Saint-Didier.*)

Restent neuf actes de baptême à trouver.

1753. Mort d'ANTOINE. — Anno quo supra, die vero decima decembris animam Deo reddidit, hora matutina quarta, Antonius Vernet, sexagesimum tertium ætatis suæ annum agens, viduus Dlle Theresiæ Granier, sacramentis ecclesiæ munitus et roboratus, et die sequente sepultus est in ecclesia. (*Paroisse Saint-Didier, à Avignon.*)

III. — Famille de Joseph Vernet. — Ses enfants.

1758. Baptême de CARLE VERNET. — Du lundy 14 aoust 1758 a esté baptisé Antoyne Charles Horace, fils légitime du sieur Joseph Vernet, peintre du roy, et de demoiselle Virginie Parker, paroisse Saint-Remy. Parrein : sieur Louis François Vernet, frère du baptisé ; marreine : demoiselle Anne Rose Lombelli. Né ce matin à une heure. (*Paroisse Saint-André, à Bordeaux.*)

1760. Baptême d'ÉMILIE. — Le vingt-unième juillet mil sept cent soixante a été baptisée Marguerite Émilie Félicité Vernet, née la veille, fille de M. Joseph Vernet, peintre ordinaire du Roi, et de dame Virginie Parker, son épouse. Parrain a été Sr Livio Louis Vernet fils ; marraine, Rose Darripe, représentée par Gracieuse Barrère, sage-femme de cette ville, qui ont cy signé avec le père et moi. (*Église cathédrale de Bayonne.*)

1789. Mort de JOSEPH VERNET. — Vendredi 4 décembre 1789, ledit jour, sieur Claude-Joseph Vernet, peintre du Roy, conseiller à l'Académie royale de peinture et sculpture, âgé d'environ soixante-dix-sept ans, époux de demoiselle Cécile-Virginie Parker, décédé hier aux Galleries du Louvre, a été inhumé en cette paroisse, en présence du sieur Antoine-Charles-Horace Vernet, peintre du Roy, son fils, des sieurs Jean-François-Thérèse Chalgrin, architecte du roy et premier architecte de Monsieur, son gendre, et de Honoré Guibert, sculpteur, son beau-frère. — Signé : Vernet, Chalgrin, H. Guibert. (*Paroisse Saint-Germain l'Auxerrois, à Paris.*)

1794. 13 juillet. Mort d'ÉMILIE. — Du treize thermidor de l'an deuxième de la République, acte de décès de Marie-Félicité Vernet, du six de ce mois, âgée de trente-quatre ans, native de Bayonne, département des Pyrénées-Orientales, domiciliée à Passy-lez-Paris, mariée à Chalgrin. Vu l'extrait du jugement du tribunal révolutionnaire et du procès-verbal d'exécution du six de ce mois. — Signé : J. Derbez, commis greffier ; officier public, Anthoine Trial.

IV. — Autres Vernet. — Collatéraux et descendants.

1718. 5 avril. — Baptême de Claude Vernet, fils de Jean et de Jeanne Boulice. (*Paroisse Sainte-Madeleine, à Avignon.*)

1720. 24 mars. — Baptême de Jean Gabriel Vernet, fils des mêmes. (*Même paroisse.*)

1722. 11 juillet. — Baptême de François Vernet, fils des mêmes. (*Même paroisse.*)

1720. 27 juin. — Baptême de Jeanne Marie Vernet, fille de Claude et de Catherine Alibert. (*Même paroisse.*)

1737. — Mort d'Élizabeth Vernet, veuve de Denis Ollivier, âgée de 50 ans. (*Paroisse Saint-Genest, à Avignon.*)

1741. 3 décembre. — Mariage de Jean Antoine Vernet, fils de Antoine et Marie-Thérèse Granier (né en 1710), avec Catherine Brun ; témoins, Félix Micheo et Honoré Guibert. (*Paroisse Saint-Didier.*)

1742. 21 octobre. — Baptême de Joseph Antoine Ange Vernet, fils de Jean Antoine et de Catherine Brun. Parrains, Antoine Vernet, son oncle, et Angèle Brun. (*Paroisse Saint-Didier.*)

1744. 29 janvier. — Baptême de François Louis Vernet, fils de Jean Antoine et de Catherine Brun. Parrains, François Simon Brun et Élizabeth Vernet. (*Paroisse Saint-Didier.*)

1744. 13 août. — Mariage de Honoré Guibert, fils de Joseph et de demoiselle Marie Tastavel, avec Agathe Faustine Vernet (née en 1723). (*Paroisse Saint-Didier.*)

1780. 5 septembre. — Baptême de Marie-Marguerite Vernet, fille de François et de Thérèse Guasquet. (*Paroisse Saint-Symphorien.*)

II

LETTRES DE JOSEPH VERNET

1755.

1. Au marquis de Marigny. — Il recommande son beau-frère Guibert. 2 octobre 1755. — (Publiée dans les *Archives de l'art français*, t. I, et reproduite page 242.)

1756.

2. Au même. — Relative aux tableaux des ports d'Antibes, de Cette et du vieux port de Toulon. Il rend compte de ses travaux et demande l'autorisation d'aller passer quelque temps à Avignon, sa patrie. — Toulon, 16 mai 1756. — (Ventes d'autographes 5 février 1844 et 10 décembre 1855, vendue 6 fr. 50 c.)

3. Au même. — « Monsieur, je reçu hier seullement la lettre que vous m'avez fait l'honneur de m'écrire du 10e aoust; elle etoit adressée à Antibe, de là a Toulon, et de Toulon Icy; ce qui a été cause que je ne l'ay pas reçûe plus tot.

Vous m'ordonnez, Monsieur, d'envoyer incessamment les deux derniers tableaux que j'ay fait à Toulon pour le Roy, et vous les adresser; je vay les faire partir. Je vous prie de vouloir bien les faire tendre sur des chassis dès qu'ils seront arrivez. Je suis bien impatient de savoir comment vous les trouverez, et si j'ay eu le bonheur de réüssir dans mes intentions qui tendent toujours à mériter les bontez du Roy et les vôtres.

Mr Peilhon m'a donné avis, il y a quelques jours, que vous aviez eu la bonté de donner ordre à Mr son fils de me compter 6000 liv. pour payement du sixième tableau que j'ay fait pour le Roy; j'ay tiré sur luy une lettre de pareille somme, ce qui avec les 1000 liv. que vous avez la bonté de m'annoncer après que vous aurez fait mettre en regle le memoire des ouvrages que j'ay fait pour Sa Majesté la somme de 36,000 liv. en ayant déja reçû 35,000.

J'ay toujours observé, Monsieur, l'exactitude avec laquelle j'ay été

payé des ouvrages que j'ay fait pour le Roy; je pense être le seul qui le
soit aussy exactement, et je sçay que c'est l'effet des bontéz que vous
voulez bien avoir pour moy, à quoy je suis reconnoissant autant qu'on
puisse l'être. Je voudrois, Monsieur, pouvoir vous exprimer mes sentiments là dessus, et combien je suis sensible à tout ce que vous daignez
faire pour moy.

Selon l'itinéraire que vous eûtes la bonté de m'envoyer, je dois peindre le port de Cette, étant le seul du Languedoc. Je me propose, pour
profitter de la belle saison, de m'y rendre vers le huit ou le dix du mois
prochain, puisque, selon les plants que j'en ay vu, le plus beau point
de vûe sera du côté de la mer; ainsy j'auroy besoin du calme pour en
faire les ettudes. J'auroy là occation de faire sur le devant du tableau
une mer un peut en mouvement et peut-être fairoy-je une tempête, ce
qui produiroit un effet asséz rare dans le nombre des tableaux que j'ay
a faire pour le Roy, peignent ordinairement l'intérieur des ports et par
consequent la mer tranquille ou bien du coté de la terre.

Il me semble qu'apres avoir fait touttes les etudes nécessaires pour
le port de Cette, surtout si je le prends du coté de la mer, qu'il
seroit asséz inutile de m'ettablir dans cette petite méchante ville, où je
serois mal à mon aise pour y peindre ce tableau, et, si je vois que la
chose n'exige pas ma residence sur le lieu, je pourrois l'aller exécuter
à Bordeaux où je trouverois plus de secours pour les parties accessoires
qui doivents orner le tableau de Cette; mais j'attendray vos ordres là
dessus, ne voulant agir et ne le devent faire que pour eux.

Je travaille toujours au tableau d'Antibe; j'espère que le port, quoique peu considérable, ne faira pas un movais effet en peinture.

Je vous demande pardon de la longueur de cette lettre; je n'ay pas
sceû la faire plus courte et je trouve bien plus difficile de vous exprimer
toutte la reconnoissance que je vous doit et le tres respectueux attachement avec lequel je suis, etc. » (*Archives de l'art fr.*, t. IV, p. 149.)

1757.

4. A Balechou. — Sur l'estampe de la *Tempête*. Juin 1757. — (Publiée dans le *Mercure de France* et reproduite page 212.)

1759.

5. A Desfriches. — Politesses, éloge de M. Robbé. — Bordeaux, 20 décembre 1759. — (Publiée par M. J. Dumesnil, tome III de l'*Histoire des
plus célèbres amateurs français*, nº 1 de la série.)

1762.

6. Lettre autographe signée. La Rochelle, 19 mai 1762. (Vente baron
de Vèze, 1855.)

1763.

7. A Balechou. — Sur l'estampe des Baigneuses. — (Publiée par
Achard, dans le *Dictionnaire de la Provence*, et reproduite page 213.)

1765.

8. A Girardot de Marigny. — Sur ses procédés de travail et le prix

de ses tableaux. Paris, 10 mai 1765. — (Publiée dans le *Cabinet de
l'Amateur et de l'Antiquaire*, tome II, 1843, et reproduite page 179.)

9. Au marquis de Marigny. — « Je suis tres sensible à la bonté que
vous avez eue d'ordonner qu'il me fut conté trois mille livres pour achever le payement des deux tableaux pour le Roy du port de Rochefort et
de celuy de La Rochelle. J'ay l'honneur de vous en faire mes tres humbles remerciments et suis toujours plus, avec le plus respectueux attachement, etc. Paris, 13 novembre 1765. » — (Publiée dans les *Archives
de l'art français*, tome IV, page 100.)

1773.

10. Au marquis de Marigny. — Il recommande son frère et son beau-
frère (portion reproduite page 289) et il ajoute : — « Je m'occupe tres
fort, Monseigneur, des tableaux que je dois avoir l'honneur de vous
faire; mais j'ay besoin de certains papiers qui sonts encore sous le scelé
chez le pauvre M. Carpentier. Je suis avec l'attachement le plus vray et
le plus respectueux, etc. » Paris, 14 aoust 1773. — (Publiée dans les
Archives de l'art français, tome V, page 201. Vente Fossé-Darcosse.)

1775.

11. A Desfriche. — Il a reçu son vin. Il voudrait faire quelque chose
pour lui. « Mon gendre et ma fille sont impatients de lier connoissance avec vous. » Ecrit fort à la hâte à Paris, ce 16 mai 1775. —
(*Hist. des amateurs français*, page 69, n° 2.)

1776.

12. A M***, à Versailles. — Sur son frère François. Paris, ce samedy
6e avril 1776. — (Collection de M. Cottenet.) Reproduite en entier
page 289.

1779.

13. Lettre autographe signée. Samedi 18 mai 1779. 1/2 page in-4. —
(N° 131. Vente baron de Veze, 22 mars 1855.)

14. A M. le comte d'Angivillers. — «Monsieur le Comte, le nouveau bienfait dont le Roy vient de me gratifier, m'est d'autant plus précieux que je
le dois à vos bontez pour moy, et que cette dernière preuve est faite
pour me flatter autant qu'elle me penetre. J'ose dire qu'en m'honorant
comme artiste, vous me secourez comme père d'une famille qui a des
besoins, et, à ces deux titres, je vous dois la plus vive reconnoissance;
permettez que ma lettre vous en donne d'avance les témoignages que
j'iray au plutôt vous marquer moy même. Je suis avec l'attachement le
plus respectueux et le plus sincère, Monsieur le Comte, votre tres
humble et tres obligé serviteur. A Paris, 14 décembre 1779.» — (Publiée
dans les *Archives de l'art français*, tome VI, page 53.)

1780.

15. A Girardot de Marigny. — Relatives aux tableaux le Coucher du
soleil et le Port de mer. — (Vente 12 mai 1855.)

16. A..... — Il intercède en faveur de la famille de feu son frère, qui est dans le besoin. — Paris, 1780. — (Vente 24 novembre 1856.)

1781.

17. A Girardot de Marigny. — Il le prie de lui payer 1800 liv. pour ce qu'il luy reste devoir sur son tableau le Clair de lune; quant au tableau de l'Incendie, s'il a été soldé, cela suffit. — 17 septembre 1781. — (Vente 5 février 1855.)

1782.

18. A M. le comte (d'Angivillers)? — Les tableaux qu'il a faits pour le prince des Asturies sont terminés et partiront dans quelques jours. Il le prie de lui faire l'honneur de les venir voir. Son fils se dispose à partir pour Rome. — Paris, 9 octobre 1782. — (Vente 21 janvier 1850.)

19. A Girardot de Marigny? — Il parle d'une visite que madame la comtesse de Provence et madame la comtesse d'Artois doivent lui faire pour voir ses tableaux, ce qui lui fait beaucoup d'honneur, mais lui cause beaucoup d'embarras. — Jeudi, 17 octobre 1782, six heures du matin. — (Ventes L. 8 avril 1844, et Trémont 1852.)

1783.

20. A Girardot de Marigny. — Il envoie vérifier la mesure des tableaux qu'il a de lui, afin de commander sans délai de nouvelles toiles, et le prie de remettre au porteur les 2000 liv. qu'il veut lui avancer. — 29 janvier 1783. — (Vente 7 décembre 1854.)

21. A Girardot de Marigny. — Des quatre mille francs qu'il doit lui payer pour les ouvrages qu'il fait pour lui, il n'en a reçu que deux, mais il est dans le cas d'avoir besoin des deux autres. L'ébauche de son second tableau est presque faite, etc. — Vendredi 7 mars 1783. — (Vente Cap., 6 juin 1849.)

1784.

22. « A Monsieur Descamps, directeur de l'Académie de peinture et sculpture à Rouen. — Ce n'est qu'à la hâte, Monsieur et cher confrere, que je peux vous dire le plaisir que j'ay touttes les fois que je trouve l'occation de me rappeller à votre souvenir, et vous parler du cas que je fais de vôtre personne.

Monsieur Volaire, frère d'un de mes élèves qui est en réputation à Naples, vient de me dire qu'il alloit partir pour Rouen pour vous aller faire voir de ses ouvrages, il me croit sans doute un grand saint auprès de vous puisqu'il croit qu'en lui donnant une lettre pour vous cela lui procurera un meilleur accueil; je vous le recommande donc et vous sçaurois un gré infini de tout ce que vous pourrez faire en sa faveur.

Madlle Harisson travaille d'après Made Vallayer-Coster, je lui procureray quelques Chardins pour que après cela elle puisse mieux travailler d'après nature. Elle m'a fait voir une lettre ou vous faittes mention de moy; je suis toujours très flatté de votre souvenir, je voudrois etre assez maître de mes actions pour vous donner sur la toile quelque preuve du miens, mais j'espere qu'enfin cela viendra et que je pourrois vous faire connoître le bien sincere attachement avec lequel j'ai l'honneur d'être, Monsieur et cher confrere, votre tres humble et tres obéissant serviteur et amy. — Paris, 3e may 1784. » — Communiquée par M. Jazet.)

1785.

23. A madame Chalgrin. — Carle lui écrit toujours sur un ton de jérémiade qui prouve bien qu'il n'est pas plus raisonnable; il paraît même qu'il fait le prédicateur; il lui sait gré de l'intention, mais il craint que cela ne le mène à se mêler de la conscience des autres et à devenir intolérant, par conséquent insupportable dans la société. Si ses phrases continuent, il le priera d'écrire à son frère très-terrestre, qui n'est pas encore digne du sublime langage des Dieux. — Avignon, 17 octobre 1783. — (Vente 25 novembre 1848.) La date donnée par le catalogue est une erreur. Il faudrait lire 7 octobre 1785, ou bien la lettre n'est pas écrite d'Avignon.

24. A Girardot de Marigny. — Paris, 28 décembre 1785. — (Collection de M. Cottenet.) Reproduite en entier page 290.

1787.

25. A Desfriches. — Paris, 29 mars 1787. (*Histoire des amateurs français*, p. 70, no 3 de la série), citée page 295.

26. A Desfriches. — Paris, 17 avril 1787. (*Ibid.*, no 4), citée page 295.

27. A Desfriches. — Paris, 9 juin 1787. (*Ibid.*, no 5), citée page 295.

28. A M. le comte d'Angivillers. — Sur le logement qu'il désire avoir pour agrandir son atelier, le sien ne pouvant lui suffire pour placer ses tableaux en cours d'exécution. Détails. — Paris, 23 juillet 1787. — (Vente 25 mai 1852.)

1788.

29. A Desfriches. — 25 juin 1788. (*Histoire des amateurs français*, no 6), citée page 297.

30. A Desfriches. — 1er septembre 1788. (*Ibid.*, no 7),
31. Au même. — 24 octobre 1788. (*Ibid.*, no 8.)
32. Au même. — 20 novembre 1788. (*Ibid.*, no 9.)   Citées
33. Au même. — 3 décembre 1788. (*Ibid.*, no 10.)   page 297
34. Au même. — 11 décembre 1788. (*Ibid.*, no 11.)   et *sq.*
35. Au même. — 15 décembre 1788. (*Ibid.*, no 12.)

1789.

36. A Desfriches. — Paris, 24 janvier 1789. (*Ibid.*, no 13). Reproduite page 290.

37. A Bernardin de Saint-Pierre. — Il vient de recevoir les douze exemplaires de *Paul et Virginie*, qu'il lui a envoyés pour un croquis fait à la hâte qu'il étoit honteux de mettre sous ses yeux, etc. — 27 janvier 1789. — (Vente Cap, 1849, no 237.)

38. Au même. — Il y a bien longtemps qu'on n'a eu l'honneur et le plaisir de voir M. de Saint-Pierre chez les Vernet. Le père auroit cependant double intérêt à le voir; il voudrait exécuter en peinture le mo-

ment le plus intéressant de Paul et Virginie. — Mardi matin, 12 mai 1789. (Vente Renouard, 21 juin 1855.)

39. Au même. — Il a tracé légèrement sur la toile la disposition du tableau qu'il compte faire du sujet tiré de Paul et Virginie. Il le prie de venir voir si cette composition rend bien l'idée qu'il lui a donnée. — 20 mai 1789. (Vente Cap. 1849, n° 287.)

40. A Girardot de Marigny. — Neuf lignes autog. à la 3° personne, écrites sur une carte à jouer, pour Bernardin de Saint-Pierre. 10 juin 1789. — (Vente Renouard, 1855.)

41. A Bernardin de Saint-Pierre. — M. Girardot de Marigny ne peut pas faire exécuter son idée de faire chanter à madame Vernet, sa bru, la romance dont il parle, parce qu'il a peintres et maçons chez lui. — Samedi, 13 juin 1789. — (Vente 31 janvier 1794.)

III

DIVERSES LETTRES ADRESSÉES A JOSEPH VERNET
OU SE RAPPORTANT A LUI.

1. De madame de Simiane au marquis de Caumont. — « Il n'est pas possible de faire venir votre peintre et ses toiles, mais quelle phantaisie de les venir achever à Aix, la tapisserie est dans le même cas, il faut attendre quelques jours et que le peintre travaille chez luy, le vous prie. » — Aix, 29 août 1731.

2. De la même au même. — Aix, 4 janvier 1732. Reproduite page 8.

3. De la même au même. — 14 janvier 1732. — Reproduite page 8.

4. Du Père Fouque, jésuite à Rome, au marquis de Caumont. — « . . . . En ce qui touche le sieur Vernet, ce jeune peintre de votre ville que vous me recommandez, je lus l'article de votre lettre qui le regarde à ce même ami dont je m'étais servi auprès de M. Weulghs pour le disposer en faveur du sieur Franque. Mon ami me répliqua rondement que la chose était infaisable, et, pour m'en convaincre, il me raconta le fait suivant. Un jeune peintre de l'Académie ayant fait son temps, et devant par conséquent retourner en France, M. le duc de Saint-Aignan notre ambassadeur souhaita que M. Weulghs lui laissât encore quelque temps l'usage de la chambre qu'il habite sans lui donner de nourriture, afin qu'il pût finir un tableau commencé pour Son Excellence. M. Weulghs eut l'égard qu'il devoit à cette recommandation. Il jugea néanmoins à propos de mander à M. le duc d'Antin ce qu'il avoit fait, et celui-ci le confirmant, n'a pas laissé de lui ajouter assez sèchement qu'il auroit mieux fait de lui en rendre compte avant de rien accorder. La chose est toute récente. Ce mot de M. le duc d'Antin n'a pas mis M. Weulghs en bonne humeur, jugez si la conjoncture est bonne pour faire la proposition que vous me marquez. » — Rome, 27 janvier 1734.

5. Du même au même. — « J'ai assuré le sieur Vernet que je ferois pour lui tout ce qui dépendroit de moi à cause de vous. Je le vis pour la première fois le 8 novembre, et il s'est encore présenté depuis deux jours. Il me paraît joli garçon; s'il y a moyen de l'introduire auprès de gens qui puissent lui être utiles je ne le manquerai pas. » — 18 novembre 1734.

6. Du même au même. — « Je n'ai point vu depuis longtemps le brave Vernet, peut-être est-il à Naples, ou il avoit dessein d'aller. Quand il reparaîtra, je lui proposerai de faire pour vous le dessin du beau Centaure, et je lui crois assez de reconnaissance pour entreprendre gaiement un ouvrage qui vous fera plaisir. » — 12 mars 1737.

7. Du même au même. — « Le jeune Vernet a été malade, il a aussi fait un voyage et un assez long séjour à Tivoli où il voulait exercer son talent et le perfectionner en peignant des paysages d'après nature. Ce sont à ce qu'il m'a dit les raisons qui l'ont empêché d'exécuter le dessin du Centaure qu'il vous a promis, mais il veut toujours tenir sa parole, et il me la renouvela il y a quatre ou cinq jours. » — 10 juillet 1737.

8. Du même au même. — « Je ferai appeler le brave Vernet et le presserai de vous envoyer l'essai qu'il vous a promis. L'idée qu'il a du beau le rend lent à produire; ce qu'il travaille il le veut parfait. » — 19 décembre 1737.

9. Du même au même. — « . . . Vous me parliez dans votre lettre du 10 décembre du sieur Vernet et d'une parole qu'il vous a donnée. Il m'a toujours promis qu'il satisferait à l'engagement; quand il promet on ne peut s'empêcher de le croire, tant il a l'air ingénu et persuasif, mais je ne puis arriver à voir l'effet de ses promesses, depuis peu j'ai envoyé trois fois chez lui; on ne l'y trouve jamais... Le sieur Vernet m'a dit plus d'une fois que ces deux centaures étaient en état de vous être envoyés aussi bien que l'éruption du Vésuve. Ce sont des pièces qu'il a copiées. Il lui restait à finir un petit tableau de son invention, et c'est ce tableau qu'il ne finit point. La dernière fois que je l'entretins je lui racontai que le fameux Girardini, peintre de Plaisance, qui travaillait pour le P. de la Chaise à peindre le plafond de la bibliothèque de la maison professe, ne terminant rien parce qu'il ne pouvait se satisfaire; le P. un beau jour fit défaire tous les échafauds et ne voulut pas que Girardini touchât davantage aux peintures que l'on admire. Je menaçai notre jeune homme d'aller détruire les échafauds et enlever le tableau auquel il ne met pas la dernière main. Ma menace n'a rien produit jusqu'à cette heure. Je verrai dans la suite si je pourrai trouver quelque meilleur expédient... » — 30 janvier 1788.

10. Du même au même. — « Si le jeune Vernet avait autant d'envie de vous envoyer ses ouvrages que je lui en ai témoigné de vous les faire tenir, il y a longtemps qu'ils seraient entre vos mains. Je n'ai omis ni raisons ni prières, ni caresses ni motifs de reconnaissance, je n'en ai eu pendant six mois que de belles paroles qu'il n'a pas gardées. Le 10 février ayant reçu pour lui une de vos lettres renfermée dans celle que vous m'écriviez du 27 janvier, je la lui envoyai sur l'heure. On ne le trouva pas chez lui, j'y renvoyai le lendemain... Il vint me voir trois jours après,

me renouvela toutes ses promesses, mais fâché qu'il y eût manqué tant de fois, je lui représentai en termes graves le tort qu'il avait; il s'excusa le mieux qu'il put sur d'autres ouvrages qu'il est pressé de faire. Le plus pressé, lui répliquai-je, est de donner sans plus de délai à M. le marquis de Caumont, votre bienfaiteur, une preuve de votre respect et de votre reconnoissance pour ses bontés, puisque vous l'avez promis tant de fois. Vous me rebattez depuis 6 mois que les deux centaures sont finis, que vous avez aussi une éruption du Vesuve, c'est en particulier ce que M. de Caumont souhaite. Envoyez d'abord ces tableaux ou donnez-les-moi, et je me charge de les envoyer... Dans un premier mouvement il dit qu'il ne voulait point envoyer ces choses sans y joindre quelque ouvrage de sa façon. — Je pressai — il promit que dans deux jours il me donnerait satisfaction : il s'en passa cinq ou six sans que j'entendisse parler de lui; enfin, lorsque je n'en espérais plus rien, on m'apporta de sa part l'éruption du Vesuve et un petit tableau de marine représentant une tempête. Le porteur était chargé de dire qu'incessamment j'aurais le reste. Plus de 15 jours se sont écoulés et je n'entends parler de rien. Je garde précieusement les deux pièces, que j'ai marquées pour vous les faire tenir par la première occasion. » — 7 mars 1738.

11. Du même au même. — « J'apprends que notre brave Vernet est revenu de sa petite caravanne, car vous aurez sçu qu'il était allé vers les côtes de la mer voisines de Rome, pour y perfectionner son goût en étudiant la nature. J'envoie ce soir au P. Roussel l'Éruption du Vesuve, que nous ne pûmes joindre aux autres peintures qui vous furent envoyées il y a deux mois... J'avais mis ce petit tableau dans un lieu à part pour le mieux conserver, mais malgré mes attentions, je me suis aperçu depuis deux jours d'un petit déchet vers le milieu, arrivé je crois parce que quelqu'un l'aura plié à mon insçu. » — 1er juin 1738.

12. Du marquis de Marigny à Vernet. — A Fontainebleau, le 0 octobre 1750. — (Publiée dans les *Archives de l'art français,* tome IV, page 151.) Nous en donnons des extraits pages 85 et 86.

13. Du même au même. — Versailles, 21 novembre 1750. — (Publiée dans les *Archives de l'art français,* tome IV, page 154.) Nous en donnons un extrait page 86.

14. Le maire de Bayonne et les échevins en conseil, à M. Dulivier, député à Paris. — «Nous avons ici depuis quelques semaines M. Vernet, de l'Académie de peinture, qui est chargé par le Roi de lever la vue perspective de notre port, comme il a déjà fait ceux de Marseille, Toulon et Bordeaux; il se propose de faire deux tableaux. Selon ce que nous comprenons, rien ne lui échappera : circonstances particulières du lieu, des habitants, du commerce, navires, etc., qui feront voir le port à Paris, mieux que nous ne le voyons peut-être nous-mêmes. » — 1er septembre 1759. (Communiqué par M. Dulaurens, archiviste à Bayonne.)

15. M. Dulivier aux maire, échevins, etc. — «J'ai appris avec la plus grande satisfaction son arrivée à Bayonne, et ce qu'il se proposoit d'y faire; un génie aussi heureux et une main aussi habile annoncent au-delà de ce qu'on peut désirer; je suis sûr d'avance qu'il fera valoir autant qu'il est possible notre port et nos deux rivières, et qu'il rendra

sensible combien la ville de Bayonne, qui est à la porte de l'Espagne, est faite pour le plus grand commerce. M. Vernet étant dans l'usage d'orner ses tableaux des usages un peu remarquables propres à chaque pays, je suis persuadé qu'il ne le négligera pas dans le nôtre, qui fournit assez dans ce genre. Je me représente à ce propos nos tilloliers, nos chalantiers (bateliers), nos bondaizes (marchands de beurre), nos alarribas (marchandes de poisson frais), etc. Les ouvrages dans ce genre de M. Vernet ont été admirés de tous au dernier Salon, et je suis bien sûr que les vues de Bayonne ne seront pas moins admirées au prochain. » — 30 octobre 1759. — (*Idem.*)

16. Le maire, etc., à M. Dulivier. — « M. Vernet continue à travailler; rien ne lui échappe. Il avoit déjà ébauché une partie des choses dont vous me parlez, et nous lui rappellerons les autres. S'il ne nous flatte pas, le tableau de Bayonne sera un des plus curieux. » — 6 novembre 1759. — (*Id.*)

17. M. Dulivier au maire, etc. — « Je vois avec une vive satisfaction que M. Vernet pense de ses travaux à l'égard de Bayonne ainsi que j'en ai présumé. Après avoir terminé la lettre relative à quelques circonstances particulières, je rappelai que j'avois oublié les pegas (cruches) et celles qui les portent sur le pont Saint-Esprit. Il m'étoit venu aussi dans l'idée qu'il pouvoit convenir de tenir ouverte la bascecule de ce pont au moment où un vaisseau y passe pour aller à Mousserolle, mais je ne sais s'il convient de sacrifier à cette circonstance la continuité du pont qui produit un si bel effet. » — 17 novembre 1759. — (*Id.*)

18. Le maire, etc., à M. Dulivier. — « M. Vernet continue son travail. Nous ne doutons pas que les pegas et les têtes bergères qui les portent n'y trouvent leur place, puisqu'elles ont déjà fixé son attention; et comme cet artiste passera, dit-on, l'été à Bayonne, nous ne serions pas surpris de voir dans son tableau les Siris de la Fête-Dieu. » (Chaque corporation d'arts et métiers, à la procession de la Fête-Dieu, était précédée de son Siri, sorte d'image mécanique de la profession.) — 27 novembre 1759. — (*Id.*)

19. M. Dulivier au maire, etc. — « Je pense comme vous, messieurs, que M. Vernet n'oubliera rien d'intéressant dans l'ordre des usages locaux, et je me fais un plaisir d'avance de voir ses tableaux sous les yeux de la cour et de la ville; cela ne pourra faire qu'un bon effet, et j'y contribuerai si je puis. » — 11 décembre 1759. — (*Id.*)

20. De M. Selwin à Vernet, alors à Bayonne, sur ses tableaux pour le duc de Bridgewater. — Paris, 10 novembre 1759. — (Vente Tremont, 9 décembre 1852.)

21. D'Horace Vernet à son oncle Livio. — Rome, 3 mars 1820. — « Nous avons fait plusieurs courses pour les maisons que mon grand père a habitées, celle où tu es né et l'église où tu as été baptisé; toutes ces choses ont un grand charme pour moi. »

22. De Carle Vernet à sa fille, madame Lecomte. — Rome, 8 avril 1820. — « Nous avons été hier à Tivoli avec Thevenin. J'y ai reconnu toutes les choses dont mon père *fesoit ses choux gras* (c'était son expression). Nous avons appris là que c'est lui qui a découvert la grotte de Neptune, avant

lui personne n'avait osé y descendre. On nous a fait voir l'arbre auquel il s'est fait attacher pour y parvenir, c'est d'une hardiesse surprenante. »

IV

SALONS

1746. — 141. Quatre tableaux représentant des marines, de différentes vues de Naples et d'Italie, sous le même numero.

1747. — 124 *bis*. Deux marines, sous le même numero.

1748. — Deux tableaux. 102. L'un représente un incendie. (Gravé par Allamet, *Incendie nocturne.*) — 103. L'autre un clair de lune (C. 60. R. 14. Ventes Villette, 1765, nº 41; Conti, 1777, nº 740).

1750. — Quatre tableaux d'environ cinq pieds sur quatre de haut. — 122. Le premier est un Départ du port à la fraîcheur du matin. La gayeté des instruments et la danse y annoncent un voyage de plaisir (C. 76. R. 21. Vente Villette, 1765, nº 33). — 123. Le second représente l'Arrivée au port à la fin du jour. La fête et le repas se donnent sur le rivage (C. 76. R. 21. *Ibid.*, nº 33. Vente duc des Deux-Ponts, 1778, nº 80). — 124. Le troisième, une Joûte sur le Tibre, et la Vue du château et du pont Saint-Ange (C. 80. R. 32. Vente Villette, nº 34. Gravé par Duret. *Fête sur le Tibre, à Rome.*) — 125. Le quatrième, un Naufrage (C. 80. R. 32. Vente Villette, nº 34).

1751. — Par M. Le Bas, graveur du cabinet du roi : *Départ pour la pêche*, d'après M. Vernet, de Rome; *Port de mer d'Italie*, d'après le même (R. 37).

1753. — 128. Deux tableaux de marine sous le même numero, l'un représente une Tempête, et l'autre un Soleil levant dans un brouillard (C. 74. R. 15. Vente Peilhon, 1763, nº 81). — 129. Deux Païsages et Marines sous le même numéro (C. 112. Vente Peilhon, 1763, nº 71. L'un gravé par Daullé, *le Pèlerinage*). — 130. Autre représentant un Port de mer avec un soleil couchant (C. 91. R. 31. Ventes Peilhon, nº 70; De Jullienne, 1767, nº 88. Gravé par Daullé, *les Différents travaux d'un port de mer*). — Ces cinq tableaux sont tirés du cabinet de M. Peilhon. = Du cabinet de M. de Villette. — 131. Quatre tableaux sous le même numero ; deux desquels représentent des Rochers, Chutes d'eau et Figures dans la manière de Salvator Rose, les autres des Parties de plaisir sur le bord de la mer (C. 60. R. 30. Ventes Villette, 1765, nº 45 ; Davoust, 1772, nº 3. L'un gravé par Nicollet, l'autre par Cathelin, sans titre). = 133. Un tableau en largeur de quatre pieds et demi sur trois et demi de haut, représentant une Marine, Païsage et Soleil couchant. Ce tableau est le morceau de réception de l'auteur à l'Académie (R. 37. Au palais de Saint-Cloud).

1755. — Quatre tableaux appartenant au Roi, de huit pieds de large sur cinq pieds de haut chacun. — 98. L'Intérieur du port de Marseille, vu du pavillon de l'Horloge du parc. — 99. L'Entrée du port de Marseille. Cette vue est prise à mi-côte de la montagne appelée Tête de More. — 100. Le Port neuf ou l'Arsenal de Toulon, pris dans l'angle du parc d'artillerie. — (A la description, reproduite dans le catalogue actuel du Louvre, le livret du Salon ajoute) : — *Nota*. L'heure du jour des trois tableaux ci-dessus est entre dix et onze heures du matin. On a été forcé d'abandonner le Lever ou le Coucher du soleil, quoique plus favorable pour le ton de couleur. Mais par la disposition des lieux, les objets auroient été éclairés de face ou opposés à la lumière du jour, ce qui n'auroit produit aucun effet de clair obscur. — 101. La Madrague ou la Pêche du thon. Cet aspect est pris dans le golfe de Bandol. — 102. Tempête et naufrage d'un vaisseau. Tableau haut de deux pieds et demi sur quatre pieds de large. Tiré du cabinet de M. le marquis de Marigny (C. 177. R. 67. Vente Ménars de Marigny, 1782, n° 137).

1757. — Quatre tableaux appartenant au Roi. — 57. Le Port d'Antibes, en Provence, vu du côté de la terre. — 58. Le Port vieux de Toulon. La vue en est prise du côté des magasins aux vivres. — 59. Vue de la ville et de la rade de Toulon. — 60. La Vue du port de Cette, en Languedoc. Cette vue est prise du côté de la mer, derrière la jetée isolée. — 61. Un tableau de quatre pieds quatre pouces de large sur deux pieds neuf pouces de haut, appartenant à M. le marquis de Marigny. Il représente un Paysage avec un groupe de pêcheurs et de lavandières (C. 177. R. 88. Vente M. de Marigny, 1782, n° 137). = Deux tableaux sur bois, d'un pied de large sur neuf pouces de haut, appartenant à M. Pellhon. — 62. L'un est une Grecque sortant du bain. — 63. L'autre un Turc qui fume au bord de la mer, en regardant pêcher à la ligne (C. 162. R. 78. Vente Pellhon, 1763, n° 72. Gravés par Daullé). = Deux tableaux sur cuivre de seize pouces de large sur onze de haut, appartenant à M. de Villette. — 64. L'un représente un Paysage au lever du soleil. — 65. L'autre une Marine au soleil couchant (R. 90. Ventes Villette, 1768, n°ˢ 42 et 46; Randon de Boisset, 1777, n° 105; Le Rebourg, 1778. Gravés par Allamet, *le Matin, le Soir*). = Deux tableaux, chacun de deux pieds six pouces sur deux pieds. — 66. L'un représente une Mer par un temps d'orage. — 67. L'autre un paysage avec une chute d'eau. Ces tableaux appartiennent à M. Viali. (C. 170. R. 80. Gravés par Allamet, *Temps orageux*, et par Leveau, *la Jeune Napolitaine à la pêche*). — 68. Autres tableaux du même auteur.

1759. — 65. Vue d'une partie du Port et de la Ville de Bordeaux, prise du côté des Salinières. — 66. Autre vue du même port, prise du Château-Trompette. — Ces deux tableaux appartiennent au Roy; leur largeur est de huit pieds, la hauteur de cinq. — 67. Vue de la ville d'Avignon (C. 162. R. 80. Ventes Pellhon, 1763, n° 82; Randon de Boisset, 1777, n° 202; Aubert, 1786, n° 58. Gravé par Martini). — 68. Tableaux du même auteur sous le même numéro.

Gravure. — Par M. Daullé, académicien. — *Le Turc qui regarde pêcher, la Grecque sortant du bain*, d'après M. Vernet. (Salon de 1757, n°ˢ 62 et 63.)

1761. — 67. Vue de Bayonne, prise à mi-côte sur les glacis de la citadelle. — 68. Autre Vue de Bayonne, prise de l'allée de Boufflers, près la porte de Mousserolles. — Ces deux tableaux appartiennent au Roy et sont de la suite des Ports de France, exécutée sous les ordres de M. le marquis de Marigny. — 69. Plusieurs tableaux sous le même numero.

Gravure. — Par M. Le Bas, académicien. — Les quatre premières estampes des Ports de France, d'après M. Vernet, gravées en société avec M. Cochin.

1763. — 89. Vue du Port de Rochefort. — 90. Vue du Port de La Rochelle. — 91. Les Quatres parties du jour représentées, le Matin, par le lever du soleil; le Midi, par une tempête; le soir, par le coucher du soleil; la Nuit, par un clair de lune. — Ces quatre tableaux ont été ordonnés par monseigneur le Dauphin, pour sa bibliothèque à Versailles (R. 109. — Musée du Louvre). — 92. La Bergère des Alpes, sujet tiré des Contes Moraux de M. Marmontel. On a pris le moment où la Bergère, en racontant ses malheurs au jeune Fonrose, lui montre la tombe de son mari (C. 186. Au palais de Saint-Cloud. Gravé par Ruhiere et par Pillement, Musée Filhol). — 98. Plusieurs autres tableaux sous le même numero.

Gravures. — Par M. Le Bas. — Les quatre estampes de la seconde suite des Ports de France.

1765. — 66. Vue du Port de Dieppe. — 67. Quatre tableaux représentant les quatre parties du jour. Ces tableaux, d'environ cinq pieds de large sur trois de haut, sont destinés pour les appartements de Choisy (R. 120-126. Musée du Louvre et palais de Saint-Cloud. Gravés par Cathelin). — 68. Deux Vues des environs de Nogent-sur-Seine. Ces tableaux, de quatre pieds de large sur deux pieds six pouces de haut, sont tirés du cabinet de M. de Boullongne, ancien contrôleur général. — 69. Deux pendants, l'un, un Naufrage; l'autre, un Paysage. Tableaux de quatre pieds de large sur deux pieds six pouces de haut. Du cabinet de M. le chevalier Le Gendre d'Aviray (C. 187). — 70. Un Naufrage. Tableau de deux pieds six pouces de large sur un pied huit pouces. Du cabinet de M. le marquis de Villette. — (Ventes Villette, 1765, n° 44; Dubois, 1784, n° 100; Cochu, 1799, n° 83; Maurin, 1805, n° 1.) — 71. Une Marine au coucher du soleil. Tableau de trois pieds six pouces de large sur deux pieds six pouces de haut. Du cabinet de M. le marquis de Roquefeuille (C. 201). — 72. Sept petits tableaux de paysage, dont quatre sont carrés et trois ovales. — 73. Deux Marines. Ces tableaux, de deux pieds de large sur un pied huit pouces de haut, appartiennent à M. Godefroy le jeune (C. 192. 200. R. 118. L'un gravé par Flipart, *Tempête de nuit*, Salon de 1773). — 74. Une Marine. Tableau de trois pieds de large sur deux pieds six pouces de haut. Il appartient à M. Jacqmin, joyaillier du Roy et de la Couronne (C. 197. R. 114). — 75. Une Tempête. Tableau de deux pieds six pouces sur un pied huit pouces de haut. Il appartient à M. Bouillette (C. 191. R. 119). — 76. Plusieurs tableaux sous le même numero.

Gravures. — Par M. Le Bas : les quatre estampes de la 3° suite des

Ports de France. — Par M. Flipart, agréé : une Tempête, d'après M. Vernet (*Tempête de jour*). — Par M. Aliamet, agréé : *les Italiennes laborieuses*; l'*Incendie* (Salon de 1748, n° 102).

1767. — 9. Par M. Vanloo, écuyer. Le Portrait de madame Vernet. — 39. Par M. Vernet, conseiller; plusieurs tableaux sous le même numero.

Gravures. — Par M. Le Bas. Les deux estampes de la 4° suite des Ports de France.

1769. — 38. Plusieurs tableaux de Marine et Paisages sous le même numero.

1771. — 40. Une Tempête avec le naufrage d'un vaisseau. — 41. Un Paysage et Marine au coucher du soleil. Ces deux tableaux appartiennent à l'Électeur Palatin; ils ont chacun cinq pieds de large sur trois pieds six pouces de haut (C. 246-250. R. 153). — 42. Une Marine au clair de la lune. De cinq pieds de large sur trois pieds de haut. — 43. Une Marine avec des Baigneuses; l'heure du jour est le matin. — 44. Un Paysage au soleil couchant. Ils ont chacun trois pieds de large sur deux pieds de haut (C. 245. R. 156).

Gravures. — Par M. Le Bas : *la Source abondante; les Occupations du rivage*. — Par M. Aliamet : *le Soir* et *la Nuit*, faisant partie des *Quatre heures du jour*, d'après M. Vernet.

1773. — 39. Quatre tableaux, Paysages et Marines représentant les quatre parties du jour. Cinq pieds de large sur trois pieds de haut. C. 247. R. 157. 164. 165. 166. Musée du Louvre). — 40. Marine et Paysage sur les bords de la Méditerranée. Huit pieds de large sur cinq pieds de haut (R. 170. 176). — 41. Plusieurs tableaux sous le même numero.

Gravures. — Par M. Flipart : une Tempête au clair de la lune, d'après M. Vernet (Salon de 1765, n° 73). — Par M. Beauvarlet : le Portrait de M. le marquis de Pourbalio, ministre du Roi de Portugal, d'après le tableau de M. L. Vanloo; la mer et le fond sont peints par M. Vernet.

1775. — 30. Un Paysage montueux avec le commencement d'un orage. Huit pieds de large sur cinq pieds de haut. Il appartient à Milord Schelburne (C. 208. R. 183. 185). — 31. Deux tableaux, l'un, la Construction d'un grand chemin; l'autre, les Abords d'une foire, chacun de cinq pieds de large sur trois pieds de haut (R. 179. 180. Ventes abbé Terray, 1779, n° 3; Clos, 1812, n° 43. L'un au Musée du Louvre, l'autre au Musée de Montpellier). — 32. Deux tableaux, l'un, une Mer calme au coucher du soleil; l'autre, le Commencement d'une tempête avec le Naufrage d'un vaisseau. Chacun de trois pieds trois pouces de large sur deux pieds deux pouces de haut; ils appartiennent à M. de Presigny (R. 182). — 33. Quelques autres petits tableaux sous le même numero.

1777. — 51. Deux tableaux, l'un, l'Entrée d'un port de mer par un tems calme, au coucher du soleil; l'autre, une Tempête avec le naufrage d'un vaisseau. Neuf pieds quatre pouces de haut sur six pieds deux pouces de large (R. 191. 193. 195. 198. 199. Vente Roy, 1848, n° 3 et 2). — 52. Plusieurs autres tableaux sous le même numero.

Gravure. — Par M. le comte de Parois, honoraire associé libre Paysage, d'après M. Vernet, imitant le lavis.

1779. — 56. Deux tableaux, representans l'un le Matin, et l'autre une Mer calme au clair de lune. Neuf pieds quatre pouces de haut sur sept pieds huit pouces de large (R. 191. 193. 195. 198. 199. Vente Roy, nº 1 et 4). — 57 et 58. Deux tableaux representans la Chute ou les Cataractes du Rhin à Lauffenbourg, près de Schaffouse en Suisse, vues de deux côtés opposés (R. 200. 203. 205). — 59. Deux autres tableaux, l'un, un Lever du soleil, avec une mer calme par un tems de brouillard; l'autre, un Paisage au coucher du soleil (C. 208. R. 196. 197). Ces quatre tableaux, de quatre pieds de large sur deux pieds et demi de haut, appartiennent à M. Girardon (*sic*) de Marigny.

Gravure. — Par M. Le Bas : *Port de Dieppe.* — Par M. Aliamet : *Rivage près de Tivoli*, dédié à M. le duc de La Rochefoucauld. (C. 54. R. 3.)

1781. — 54. Quatre tableaux de marine de quatre pieds six pouces de large sur cinq pieds de haut, appartenant à M. Girardot de Marigny (R. 206. 209. 211. 212. 223. 227). — 55. Plusieurs tableaux sous le même numero.

Gravures. — Par M. Le Bas : *Vue du port du Havre*, faisant la 16º estampe de la collection des Ports de France. Cette vue est dessinée par M. Cochin et gravée en société par MM. Cochin et Le Bas.

1783. — 37. Deux tableaux, dont l'un est un Paysage au lever du soleil avec de hautes montagnes, des rochers et des chûtes d'eau, et l'autre un Paysage au coucher du soleil avec des Baigneuses. Ces tableaux, de quatre pieds un pouce de large, sur deux pieds neuf pouces de haut, appartiennent à M. Gérardot (*sic*) de Marigny (R. 236. 237. 240.)

1785. — 26. Une Marine avec une Tempête et Naufrage d'un vaisseau. Ce tableau, de quatorze pieds de long sur huit de haut, est pour Son Altesse Royale le Grand-Duc de Russie (C. 300. R. 260). — 27. Deux tableaux faisant pendans, l'un représente un Paysage au milieu d'un orage, et l'autre une Marine en calme, avec l'entrée d'un Port de mer. Ces tableaux, de quatre pieds de large sur trois de haut, appartiennent à M. Girardot de Marigny (R. 246. 252. 257). — 28. Autre tableau représentant un Paysage au coucher du soleil; on y voit plusieurs personnes s'amusant sur le bord d'un lac. De même grandeur que le précédent (C. 305. R. 248. 249). — 29. Autre tableau représentant une Tempête. De trois pieds deux pouces de large sur deux pieds de haut, appartenant à M. Dubois.

1787. — 28. Un Lever du soleil dans le brouillard. — 29. Une Tempête avec le naufrage d'un vaisseau. Ces deux tableaux, de cinq pieds six pouces sur quatre pieds six pouces, sont tirés du cabinet de M. Dufresnoy, notaire (R. 259. Vente Dufresnoy, 1795, nº 4 et 5). — 30. Un Calme au coucher du soleil. — 31. Une Tempête. Ces deux tableaux ont cinq pieds six pouces sur quatre pieds. — 32. Un Combat naval. — 33. Une Escadre qui rentre au port. — 34. L'Ouverture d'une grotte par laquelle on voit des guinguettes au pied d'une suite de rochers, et un port dans le fond. Ces trois tableaux, de quatre pieds sept pouces sur trois pieds quatre pouces, appartiennent à M. Girardot de Marigny (R. 261). — 35. Une Marine au clair de lune. Ce tableau, de trois pieds trois pouces et demi sur trois pieds sept pouces et demi, appartient à M. Paupe, négociant (C. 310. Vente Pope, 1793, n° 14.) — 36. Un grand Rocher formant une grotte au bord de la mer où plusieurs femmes se baignent. — 37. Le Naufrage d'un vaisseau. Ces deux tableaux, de trois pieds deux pouces sur deux pieds six pouces, appartiennent à M. Dubois. (Vente Dubois, 1788, n° 69.) — 38. Un Calme au coucher du soleil. Quatre pieds six pouces sur trois pieds trois pouces. — 39. Autres Marines sous le même numero.

1780. — 20. Deux tableaux : l'un, une Mer calme au coucher du soleil, avec un grouppe de figures sur le devant, qui est la famille de l'auteur; l'autre, une Tempête avec le naufrage d'un vaisseau (C. 314. Ventes Paupe, 1792, n° 12; La Reyniere, 1793, n° 1 et 2). — 21. Un Incendie pendant la nuit (C. 314? Ventes Paupe, n° 15; Donjeux, 1793, n° 302). — 22. Un Lever du soleil par un brouillard (C. 320. — Vente Paupe, n° 19). — 23. Deux petits tableaux ovales; l'un, un Paysage, et l'autre, une Marine (C. 294. R. 235. 241. Vente Paupe, n° 21). Ces six tableaux sont tirés du cabinet de feu M. Paupe. — 24. Deux tableaux; l'un, un Calme au coucher du soleil; l'autre, une Fin d'orage, avec un vaisseau naufragé dont s'est sauvé le capitaine avec sa femme, son enfant et quelques matelots. Tandis que la femme se jette au pied d'une croix plantée sur le rivage, que l'enfant se jette sur sa mère, le capitaine se désespère d'avoir perdu sa fortune. — 25. Deux tableaux; une Tempête où l'on voit dans le fond le Naufrage d'un vaisseau à l'entrée d'un port, et l'autre une Pêche au lever du soleil, dans un tems de brouillard. — 26. Deux tableaux; l'un représente le Naufrage de Virginie à l'Isle de France, sujet tiré d'un ouvrage de M. de Saint-Pierre; l'autre est un Paysage au lever du soleil. Ils appartiennent à M. Girardot de Marigny. — 27. Un Calme au coucher du soleil. Il appartient à M. Imbert, premier chirurgien de Monseigneur le duc d'Orléans. — 28. Un Temps orageux dans un lieu sauvage, au milieu d'arbres et de rochers, dans le goût de Salvator Rosa. (Vente Vernet, 1790, n° 14.) — 29. Plusieurs tableaux sous le même numero

Supplément. — Par M. Vernet fils, agréé. — 342. Triomphe de Paul Émile. Quatorze pieds de long sur cinq pieds et demi de haut. — 343. Un Homme à cheval terrassant un lion. Figure académique. Neuf pieds de haut sur sept de large. — 344. Plusieurs dessins sous le même numero.

ANNEXES

I

JOSEPH VERNET A L'HOTEL DES VENTES

A une époque où les ventes publiques d'objets d'art ont pris une telle importance, que les gens du meilleur monde ne craignent pas de se fourvoyer parmi le public équivoque de l'hôtel Drouot, on nous pardonnerait difficilement de ne pas insister davantage sur les ventes qu'ont traversées les tableaux de J. Vernet et les prix qu'ils y ont atteints. Il nous est cependant impossible de reproduire en entier les cent quarante-trois extraits de catalogues relevés par nous à la Bibliothèque impériale et ailleurs. On trouve déjà dans le cours de notre étude l'indication des principales ventes. On trouve aux Commandes et aux Salons les prix d'un grand nombre de tableaux. Bornons-nous ici à un résumé chronologique qui complète, précise et condense ces notes éparses.

La première vente que nous rencontrons est celle de Peilhon, en 1763. Elle comprenait huit tableaux tous indiqués aux Commandes, la plupart gravés par Daullé et déjà décrits. N° 70 du catalogue [1]. *Les différents travaux d'un port de mer*, 1,858 liv. — 71. *Le Pèlerinage* et son pendant, 1,800 liv. — 72. *La Grecque sortant du bain et le Turc qui regarde pêcher*, 800 liv. — 81. Un Port de mer et un Naufrage peints à Rome en 1748, 1,701 liv. et 1,813. — 82. *La Vue d'Avignon*, 4,001 liv. — En tout, pour les huit tableaux, 11,073 liv., ce qui donne en moyenne 1,400 pour chaque.

La même année on vendit à Amsterdam la collection du cardinal Valenti Gonzaga. Au lieu des deux tableaux qu'il avait commandés en 1746, il s'en trouva deux autres, adjugés au prix de 1520 florins la pièce, un Port de mer et une Cascade. Tous deux faisaient partie de la galerie du prince d'Orange, quand Fokke les grava, en 1770, sous le titre de *Port de Livorne* et *Vue aux environs de Narni*; puis ils vinrent au Louvre, en 1804, et c'est pourquoi ils figurent dans le Musée français, dans le Musée Filhol et dans le recueil de Landon, gravés sous les titres plus justes de la *Tempête* et la *Cascade*; enfin ils retournèrent en Hollande et ils sont aujourd'hui au Musée de La Haye.

En 1764, une seule vente, celle du peintre De Troy, nous offre des tableaux de J. Vernet, deux Paysages avec rochers et cascades et une

---

1. Le numéro par lequel nous désignons un tableau est toujours celui du catalogue de la vente où il a figuré ; ceux qui ont été gravés ont leur titre imprimé en italique.

Vue du Ponte Rotto. Mais l'année suivante, 1765, voici la vente de Villette avec ses vingt-trois tableaux. Rappelons-les rapidement, en indiquant la commande à laquelle ils correspondent, et, à défaut, les salons et les autres ventes où ils ont figuré.

33. Deux Vues de mer, paysage et édifices, cinquantes figures : 3,635 liv. C. 76. — 34. *Fête sur le Tibre, à Rome*, gravée par Duret, et Tempête, 6,070 liv. C. 86. — 35. Chasse aux canards, 1,000 liv. C. 12. — 36. Vue de rivière, 800 liv. C. 12. — 37. *Le Départ de la chaloupe*, gravé par Mad° Coulet, et son pendant, 742 liv. C. 33. — 38. La Vigne Pamphile et la Vigne Ludovisi, 1,302 liv. C. 60. — 39. Les *Débris du naufrage*, gravés par Masquellier, et un Calme, 842 liv. — 40. Clair de lune et Marine, effet du soir, 1,224 liv. — 41. Incendie d'un port, et Clair de lune, 1,680 liv. C. 60. — 42. *Le Matin et le Midi*, d'Allamet, 1,210 liv. R. 90. — 43. 1re et 2e *Vue du Levant*, d'Allamet, 1,400 liv. R. 90. — 44. Tempête, 1,008 liv. Salon de 1765, n° 70. Vente Dubois (1784), 299 liv. 19 s. Vente Cochu (1790). — 45. Paysage de Tivoli, 1,000 liv. C. 60. — 46. *Le Soir*, d'Allamet, 800 liv. C. 161. — Les vingt-trois tableaux du cabinet de Villette produisirent 22,413 liv.; c'est une moyenne de 931 liv., inférieure par conséquent à celle de la vente Peilhon.

A la vente de Julienne, 1767, reparaissaient *les Différents travaux d'un port de mer*, vendus cette fois 3,015 liv., accompagnés d'une Vue de Tivoli, 2,650 liv. Une collection non moins précieuse, celle de La Live de Jully, vendue en 1770, contenait la Fin d'un orage sur mer et la Vue du port de Civita-Vecchia, 5,001 liv., avec *le Clair de lune*, gravé par Marcenay, 500 liv. Cette même année on trouve à la vente du peintre Baudouin deux Vues de mer, peintes en Italie.

Les dix années qui suivent, 1770-1780, marquent dans les annales de la Curiosité. C'est d'abord, en 1772, la vente du duc de Choiseul, avec *les Baigneuses*, de Balechou, et celle de Davoust, avec quatre tableaux : — 2. Paysage avec blanchisseuses, 3,002 liv. Vente Robit (1801), 1,900 f. — 3. Vue de Tivoli, n° 45 de la vente Villette, 1,455 liv. — 4. *Les Italiennes laborieuses*, d'Allamet, 810 liv. — 5. *Les Voyageurs effrayés par le coup de tonnerre*, d'Avril, 415 liv. — Total, quatre tableaux, 5,582 liv.; moyenne, 1,845.

Citons seulement pour mémoire, en 1773, la vente du comte de Caylus, deux marines peintes à Rome en 1748, 1,700 liv., et celle de Vassal de Saint Hubert, le *Clair de lune*, de Marcenay, 1,131 liv. En 1774, à la vente de Le Carpentier, architecte du roi, se rencontrent l'*Orage impétueux*, de madame Bertaud, un *Calme*, deux petites esquisses dans le genre de Watteau, quatre esquisses de marines, et deux petites marines ovales de quatre pouces de diamètre; à celle du comte Du Barry, deux naufrages, 7,850 liv.; une marine, 2,850 liv., et un paysage dans lequel Boucher avait peint un cheval anglais, 175 liv. L'année 1775 amène la vente de Du Tillot, marquis de Felino, longtemps ministre à Parme. Les prix se soutiennent. Un paysage d'Italie (n° 40) est vendu 3,101 liv.; une Tempête (50), 3,301 liv.; l'Incendie d'un port, 1,000 liv., et le Port de mer avec l'arc-en-ciel, 1,600, deux tableaux qui reparaîtront à plus d'une vente importante. Une Tempête et une Marine furent payées 2,900 liv.; un Matin et un Orage, 1,800 liv. Puis venaient une étude de paysage, vendue seulement 57 liv., ce qui permit au peintre-architecte Clérisseau de s'en rendre acquéreur; deux autres études d'Italie, 800 liv., et encore deux études de paysage, 116. Le prix total de ces treize tableaux ou études s'élève à 14,575 liv.

En 1776, plusieurs ventes anonymes nous donnent des tableaux de Joseph Vernet, sans indication des prix. Nous ne connaissons pas davantage ceux de la vente Lempereur, qui possédait le *Vaisseau submergé*, de Le Veau, les *Jeunes blanchisseuses*, de Daudet, un paysage avec fond de marine, et deux dessins gravés par Basan. Blondel de Gagny n'avait qu'une marine, 1,200 liv., et le sculpteur Saly deux paysages et marines faits à Rome.

Les ventes se pressent en 1777, et quelles ventes! Randon de Boisset, le prince de Conti, le comte Du Luc, Thelusson. A la première, la *Vue d'Avignon*, du cabinet Peilhon, atteignit 4,199 liv.; la *Chasse aux Canards*, du cabinet Villette, 3,999 liv. 19 s.; le *Matin* et le *Midi*, d'Aliamet, 4,000 liv. Une Tempête et un Calme furent payés 8,540 liv. (C. 160.) La première est au Louvre, et Schrœder l'a gravée sous le titre *le Coup de tonnerre*. La vente Randon de Boisset produisit, pour six tableaux, un total de 20,739 liv. 18 s., soit une moyenne de 3,456 liv., une des plus élevées où soient arrivées les tableaux de J. Vernet. Celle de la vente du prince de Conti demeura bien au-dessous. Il y avait cependant là *les Baigneuses*, de Balechou, 5,100 liv.; le *Château Saint-Ange* et le *Ponte Rotto*, de la réserve du duc de Choiseul, 5,200 liv.; deux Marines, 5,900 liv.; une autre seule, 1,450 liv.; le *Clair de lune*, de Marcenay, 783 liv.; deux tableaux sur cuivre, 2,101 liv., et l'Incendie nocturne, de la vente Villette, 1,000 liv. Les dix tableaux n'arrivèrent qu'à 22,084 liv.; moyenne, 2,208. Le comte du Luc avait deux Marines sur cuivre, peintes en 1772 et 1776, dont nous ignorons les prix. Thelusson n'avait qu'une Tempête, qui en valait bien deux, car elle fut vendue 6,101 liv. : elle est au Louvre et elle a été gravée dans le Musée français sous le titre *le Naufrage*.

L'année 1778 fut encore plus abondante. Bourlat de Montredon : une Marine, 1,860 liv., et quatre dessins. — Madame de Jullienne : la *Vue proche de Montferrat*, de Leveau, 1,399 liv., et le *Clair de lune*, de Marcenay, 420 liv. — Dangé, fermier général : deux Marines peintes à Rome en 1749. — Dulac, le doreur de Vernet : deux dessins, une esquisse; une Vue du Tibre, 2,050 liv.; deux Vues de Rome, 245 liv., et les fameuses *Baigneuses*, de Balechou, 5,001 liv. — Le Brun, marchand : Marine par un temps calme, 1,861 liv. — Le président Le Rebourg : *le Soir*, d'Aliamet, du cabinet Villette. — Le duc des Deux Ponts : deux Marines peintes à Rome en 1749, 2,710 liv. A cette nomenclature joignons, en 1779, l'abbé Terray, avec ses deux tableaux du Salon de 1775, vendus ensemble 6,000 liv.

En 1780, cinq ventes. Le marquis de Changran : deux tableaux sur cuivre, qui ne sont autres que le *Matin* et le *Midi*, d'Aliamet, des cabinets Villette et Randon de Boisset, 3,209 liv. 19 s. — Le peintre Chardin :

celui-ci n'avait qu'un tableau de son collègue et ami, mais c'est un des plus singuliers qu'il ait peints : il représentait la Vue d'une habitation du grand seigneur sur le Bosphore, — un Bosphore de fantaisie, — et plusieurs femmes du harem se baignant devant Sa Hautesse, sous la surveillance des eunuques. Ce rêve oriental fut payé alors 1,199 liv., 19 s. Mais à la vente Clos il descendit à 600 fr., et en 1848, le marchand Dubois ne put s'en défaire qu'à 880.

Nous trouvons de plus en 1780 la vente Le Roy de Senneville et divers, une Tempête, 2000 liv.; la vente de l'architecte Soufflot, deux marines gravées par Le Bas, *Port de mer d'Italie* et *Départ pour la pêche*, qui ont appartenu plus tard au comte Perregaux, 4,018 liv., et celle de Prault, imprimeur du Roi, une petite Tempête 512 liv.

L'année 1781 réservait à Vernet une humiliation cruelle. Il vit vendre sous son nom par un certain Euller deux paysages soi-disant peints à Rome adjugés ensemble 300 liv., et une autre Vue d'Italie qui ne dépassa que d'un sol la modique somme de 30 livres. Mais 1782 lui donna sa revanche. Tout ce que le frère de madame de Pompadour, le marquis de Ménars ou de Marigny avait acquis de ses protégés les artistes pendant sa longue surintendance fut mis sur table à sa mort. Il y avait quatre tableaux de Vernet, la Tempête de 1754 et un paysage avec architecture, 6,621 liv. et deux pendants plus petits, Paysage et Tempête, 3,500; soit 10,121 les quatre. Nous voilà cependant loin des prix de 1777. La même année, dans une vente de Dubois, marchand, un Calme peint à Rome en 1740 ne dépassa pas 1000 liv., et deux pendants, Calme et Tempête, datés aussi de Rome 1748, restèrent à 806. Les marchands croyaient bien faire en recherchant les premiers tableaux du peintre à la mode, mais le public préférait les œuvres plus récentes. Ainsi, à la vente Tonnelier, 1783, les *Baigneuses* de Balechou se soutenaient à 4,701 liv., et à celle de l'architecte Bellisard, on paya 901 liv. une petite marine de 1767, gravée par madame Bertaud, la *Barque mise à flot*, et 900 liv. une marine gravée par Miger, *Côtes près de Cività Vecchia.*

La vente du cabinet de M. de Billy eut lieu en 1784. Cet amateur a possédé de J. Vernet cinq tableaux, tous gravés, l'*Heureux passage*, par Mad° Coulet, les *Pêcheurs florentins*, et les *Pêcheurs napolitains*, par la même, les *Commerçants turcs* et les *Suites d'un naufrage* par Mad° Cousinet, femme Lempereur. Aucun ne figure à la vente, et l'on y voit paraître deux autres pendants exécutés à Rome en 1748, et tous deux gravés par madame Coulet, les *Jetteurs de filets* et l'*Incendie d'un port*. Quelques mois après, la vente du comte de Vaudreuil fit connaître au public les huit grands panneaux du financier De Laborde. Puis vint la vente Senneville, un Calme et une Tempête, 5,400 liv.; puis celle du comte de Merle, cet ancien compagnon de plaisirs de J. Vernet, deux vues de Naples, 9,500 liv.; enfin celle de l'orfèvre Dubois : deux marines sur cuivre, de la vente Du Luc, y furent vendues 5,951 liv.; une petite Tempête, 700 liv.; un Port de mer, des cabinets de Felino et Thevenin, 1,000 liv. 19 s.; une Tempête, de la vente Villette, 209 liv. 10 s. Quatre tableaux pour 9,040 liv. La moyenne sans se relever, reste du moins stationnaire.

Les années 1785 et 1786 ne nous donnent que des ventes dont nous ignorons les prix. Le marquis de Véri : un Soleil couchant de 1764, un Clair de lune de 1770. Le Bailli de Breteuil : Vue du village et du château de Caprarola, peinte en 1746, avec le portrait du cardinal Aquaviva et celui de Vernet; une Vue de Tivoli peinte en 1749 et provenant de la vente de Jullienne; la *Gondolle italienne*, de Duret, et son pendant; et une Vue des environs de Terni. En 1786, c'est Aubert, le joaillier de la couronne, avec son curieux assortiment : la *Vue d'Avignon*, des ventes Peilhon et Randon de Boisset; une Marine effet de soir, et un paysage, effet du matin, ce dernier gravé par Le Bas, sans titre, une Tempête au clair de lune et un Paysage d'Italie, quatre tableaux de 12 pouces de haut sur 9 de large, et puis les trois dessus de boîtes, Soleil couchant, Clair de lune et Tempête. Cette dernière se retrouve à la vente Le Brun.

Les ventes sont nombreuses en 1787, mais les prix nous font encore défaut. Voici d'abord Beaujon, receveur général des finances de Rouen : une marine par un gros temps, peut-être le n° 203 de Randon de Boisset, un Coucher du soleil (R. 189) et la Marine avec arc-en-ciel que nous avons vu paraître à la vente du marquis de Felino. Puis le conseiller d'état De Boullongne, *La Belle après-dînée*, de Mad° Bertaud et son pendant; la *Gondolle italienne* de Duret, et son pendant, et deux Vues de Naples. Vient ensuite Mad° de Bandeville, dont les trois tableaux ont été gravés, la *Vue du château Saint-Ange du côté du port*, par Chenu, *les Occupations du rivage* et la *Source abondante*, par Le Bas. Enfin le duc de Chabot : le *Château Saint-Ange* et le *Ponte Rotto*, du cabinet de Choiseul et de la vente Conti, aujourd'hui au Louvre; la Marine avec arc-en-ciel de la collection de Felino, payée 9,900 liv. à la vente Beaujon, et trois dessins.

L'année suivante, l'orfèvre et joaillier Dubois, qui était bien du bois dont se font les amateurs de notre temps, vendit lui-même son second cabinet, formé en trois ans sur les ruines du premier vendu en 1784. Il avait recueilli à la vente de Boullongne deux vues de Naples; à celle du duc de Chabot la Marine avec arc-en-ciel. Il y joignait sept tableaux peints en 1784 (R. 230) et 1787.

La vente la plus intéressante de 1790 est celle de Joseph Vernet lui-même. Il venait de mourir le 3 décembre 1789. Sans doute l'état de sa veuve rendit nécessaire une liquidation immédiate de la succession. Les enfants chargèrent l'expert Le Brun de diriger la vente, et tout ce qui restait dans l'atelier du peintre fut livré aux enchères le 20 et le 21 avril. Le catalogue est précédé d'une bonne notice biographique, mais il donne trop peu de détails, et l'exemplaire que nous avons eu sous les yeux ne portait malheureusement pas les prix. Les tableaux s'y trouvent en petit nombre : nous en avons déjà parlé page 252. De Joseph Vernet le catalogue mentionne seulement un grand tableau de cinq pieds de haut représentant des soldats qui passent dans une gorge des Alpes par un temps orageux, un paysage de forme ovale, deux copies d'après Salvator Rosa, trente-trois études peintes d'après nature tant à Rome qu'à Naples, et vingt-sept ébauches. Les dessins sont au nombre de plus de cinq cents, les uns qualifiés de *Beaux dessins*, c'est-à-dire terminés, les autres simples croquis, études de paysage, de marine, de figures, de vaisseaux, d'animaux. On rencontre, confondus parmi ceux de Vernet, six dessins de Cochin sur papier blanc au crayon rouge, sujets de dévotion, encadrés, et deux de Pierre Puget, à la plume, représentant une galère et un chantier de construction. Viennent ensuite quatorze estampes sous verre, et environ douze cents estampes en feuilles, la plupart d'après les Ports de France et les autres tableaux du maître, et enfin quelques volumes déjà cités, les Fables de La Fontaine d'Oudry, les Vues de Rome de Piranesi, les Montagnes de la Suisse, l'œuvre du Parmesan, les Mascarades grecques de Petitot, cent costumes des nations du Levant, un volume de marine, un recueil de cartes marines, etc. Le catalogue se termine comme tous les catalogues de ventes d'artistes : les chevalets qui ont porté tant de belles œuvres, la boîte à couleurs en bois d'acajou, les toiles imprimées qui attendaient la pensée du maître, dix-neuf bordures de bois doré, fournitures anticipées de « mon neveu sculpteur, » et ces précieux paquets d'outre-mer que J. Vernet faisait venir de Rome.

La même année vit passer en vente la succession du graveur Cochin, où se trouvaient deux tableaux de Vernet, mentionnés aux Reçus, 41 et 85, et celle de Boyer de Fonscolombe, qui possédait une marine gravée par Dufour, l'*Entrée du port de Palerme*, et un paysage à la Salvator, acheté par Le Brun. Ce dernier fit une vente l'année suivante : on y retrouve, outre le paysage à la Salvator, vendu 350 liv., la petite Tempête en dessus de boîte d'Aubert, 400 liv., et une Vue de Tivoli qui n'était sans doute qu'une des esquisses de la vente Vernet, car elle ne dépassa pas 48 liv.

La mort de Joseph Vernet eût sans doute donné un nouvel élan à la vente de ses œuvres, si les événements politiques n'étaient venu glacer l'ardeur des amateurs. La fin du XVIIIᵉ siècle n'est remplie que de liquidations. En 1792, après le duc de Choiseul Praslin, — un Soleil couchant et les deux tableaux du cabinet de Billy, les *Commerçants turcs* et les *Suites d'un naufrage*, — voici les héritiers de M. Pope qui se décident à mettre en vente la collection du marchand de rubans de la rue aux Fers. Il s'y trouvait, on s'en souvient, vingt tableaux du maître, dont nous devons donner la nomenclature exacte, en regrettant de n'y pouvoir joindre tous les prix.

12. Soleil couchant, avec le portrait de la famille Vernet, et Tempête, peints en 1788, 6,430 liv. C. 314. Salon de 1789, nᵒ 20. — 13. Tempête et Calme, peints en 1781. C. 274. R. 225, 228. — 14. Clair de lune, peint en 1787. C. 310. Salon de 1787, nᵒ 35. — 15. Incendie nocturne, peint en 1788, 1,750 liv. C. 314. Salon de 1789, nᵒ 21. — 16. Tempête, peinte en 1783. — 17. Baigneuses peintes en 1783. — 18. Calme, peint en 1775, gravé par Hill, le *Pêcheur encouragé*. Musée de Rouen. — 19. Brouillard, peint en 1789. C. 321. Salon de 1789, nᵒ 22. — 20. Mer calme au soleil couchant, sur bois. — 21. Deux ovales, sur cuivre, Ermitage au bord de la mer et Paysage avec rivière. C. 296. R. 235, 241. — 22. L'approche d'une tempête et un Antre de rochers, peints en 1786. R. 288. — 23. Coup de vent et Clair de lune, peints en 1788. — 24. Fin

d'une tempête, peinte en 1788, sur cuivre. — 25. Soleil couchant et Tempete, sur cuivre, de 9 pouces de diamètre. — 72. Cinq dessins capitaux.

La même année, on retrouve l'Incendie de la vente Pope à la vente de Donjeux, ancien marchand, où ce tableau est accompagné de la Vue d'un Port, vendue 2,501 liv. à la vente de Morelle (C. 141. R. 63), et d'une marine; on retrouve aussi le Soleil couchant avec le portrait de la famille Vernet et son pendant, à la vente de l'ex-fermier général, devenu le citoyen La Reynière, et ces deux tableaux montent jusqu'à 8,000 liv. En 1795, la vente de feu le citoyen Duclos-Dufresnoy livre aux enchères la Tempête et le Brouillard du Salon de 1787, et celle du citoyen de Calonne, qui eut lieu à Londres, trois tableaux, dont une Vue de Naples, vendue 4,831 fr. Enfin en 1799, à la vente du médecin Cochu reparaît le Gros temps sur mer, des ventes de Villette et Dubois (1784).

Avec le xixe siècle commence une nouvelle série de ventes, empreinte d'un caractère particulier. Du vivant d'un peintre, l'engouement de ses contemporains, la mode, la rivalité des amateurs sont autant de motifs qui peuvent exagérer la valeur de ses œuvres. Le prix réel des tableaux ne s'établit bien que quelques années après la mort de celui qui les a signés. Toutes les influences sont tombées, c'est la postérité qui prononce et qui fixe le marché. A ce titre il n'est pas moins intéressant de suivre J. Vernet à travers les ventes depuis 1800 jusqu'à nos jours.

Dès 1801 voici le citoyen Robit. Deux tableaux peints en 1753 à Avignon pour M. Regny ou Régnier consul à Gênes, qui avaient appartenu à l'amateur Le Bœuf, furent vendus, le premier 5,820; le second 4,500. Martini les a gravés tous deux sous les titres de fantaisie, *Environs de Spoleto* et *Vue de Porto Ercole*. Les *Baigneuses* de Balechou ne dépassèrent pas 2,820 fr. Un Paysage de 1751, de la vente Davoust, fut adjugé à 1,900 fr. et une Mer agitée, n° 188 de la vente de Marigny, à 2,615. En tout cinq tableaux, 17,055 fr., soit 3,885 chaque, la plus haute moyenne atteinte en vente publique par les tableaux de J. Vernet. Celle de la vente Randon de Boisset n'était que de 3,445 liv.

A la vente du cabinet Tolosan, la même année, se rencontre une curieuse production du talent du maître, si toutefois elle était authentique, une gouache représentant Artémise qui boit les cendres de Mausole, 301 fr. Tolosan avait aussi un Naufrage de 1748 que l'on voit paraître en 1808 à la vente Maurin avec un Port de mer d'Italie, 3,902 fr. les deux.

Passons rapidement sur quelques ventes secondaires. En 1806, De Pillon, une Vue de Tivoli, 176 fr. En 1807, Villeminot, deux Marines peintes en 1750. En 1807 encore, Nogaret, la Chasse aux canards des cabinets de Villette et Randon de Boisset. En 1808, le sculpteur Brian, une Tempête, 18 fr. et un Soleil couchant. En 1809, le peintre Vien, six tableaux ou études, deux entr'autres désignées comme les premières études de J. Vernet à son arrivée en Italie, souvenirs d'une vieille amitié précieusement gardés par Vien jusqu'à sa mort. La même année, la vente Emler nous offre les quatre parties du jour peintes en 1780 et un Combat naval au milieu de la nuit, daté de 1786, provenant du cabinet Montaleau, sans doute celui du Salon de 1787.

La vente Clos qui eut lieu en 1812, remit aux enchères des toiles déjà connues, les Baigneuses turques, de la vente Chardin, 600 fr. et l'un des tableaux de l'abbé Terray, les Abords d'une foire, devenus un Point de vue du port et de la ville de Beaucaire et vendus 2,400. On y voyait aussi une superbe pendule de Robin père, dont le cadran avait été peint par Sauvage, J. Vernet et Taunay. Elle se vendit 3,150 fr., le prix d'un beau tableau du maître.

A la vente Lapeyrière, en 1817, un seul tableau de Vernet, les Cascatelles de Tivoli, 7,050 fr. A celle de mademoiselle Thevenin, 1819, l'Incendie d'un port, des ventes De Felino et Dubois (1788) 1003 fr. A celle du peintre Diebolt, 1822, une Vue de Suisse et une Esquisse de marine. A celle de Delamotte, 1823, deux marines, données par Vernet à Balechou en 1754, dit le catalogue. En 1826, vente du comte de Fries à Vienne, un Brouillard, un Incendie nocturne et un Clair de lune, ces deux derniers signalés par l'expert Laneuville comme pouvant bien être de Volaire. En 1827 le chevalier Féréol Bonnemaison, une Marine; le baron de Bouillac, des Baigneuses et un Paysage, et Brunot, peintre et sculpteur, les deux curieux tableaux gravés par Tilliard, *Jonas sortant de la baleine* et *Agar dans le désert*. En 1828, Bousquin, deux paysages; et Brunetière, deux Marines; l'une est la *Gondole italienne*, de Duret, qui, après avoir traversé les ventes du Bailli de Breteuil, et de Boullongne est venue s'échouer au musée d'Avignon. En somme, les ventes de la Restauration n'offrent pas un grand nombre de tableaux de J. Vernet. La plupart de celles où il s'en rencontre sont des ventes d'amateurs secondaires ou de marchands.

Il n'en est pas de même sous le règne suivant. En 1830, Constantin, un Naufrage. 1831, mesdames de Frainays, une Tempête et un Calme. 1832, le musée Dioclétien, trois Marines. 1832, Boursault, la Vue des cascatelles de Tivoli, de la vente Lapeyrière, et un Naufrage. En 1833, madame Sirot, une Tempête, le plus bel ouvrage de J. Vernet qu'il y ait à Paris, dit l'expert Henry, auteur du catalogue, et de fait elle se vendit 4,900 fr. En 1834, Laffitte, une Tempête 3,000 fr. et un Calme, 2,800. La même année, madame de Limay, fille de l'amateur Desfriches, une Vue de la rade de Marseille au coucher du soleil, sans doute le tableau peint pour son père en 1788, 818 fr.

L'année 1837 vit le palais de l'Elysée se vider des richesses qu'y avaient rassemblées le duc et la duchesse de Berry. Il s'y trouvait quatre tableaux de J. Vernet, de trois pieds et trois pieds et demi de large, et de 30 pouces de haut, un Port de mer au soleil couchant, 1,350 fr., les Cascatelles de Tivoli, 3,150 fr., un Paysage au soleil couchant, 2,030, et une Marine, 2,010 fr.; 8,540 fr. les quatre. L'année suivante, à la vente Dubourg, on rencontre une Marine de 1784, de la vente Choiseul-Praslin, une Vue du lac d'Agnano et une Vue du cratère du Vésuve, ornées toutes deux d'un grand nombre de figures, peut-être les deux tableaux peints en 1739 pour le duc de Saint-Aignan. En 1839, la vente Sommariva fait repasser encore une fois sous nos yeux cette fameuse Chasse aux canards qu'ont possédée Villette, Randon de Boisset et Nogaret. Viennent ensuite, en 1841, la vente du comte Perregaux, où se retrouvent le *Port de mer d'Italie* et le *Départ pour la pêche*, de Le Bas, peints pour l'architecte Soufflot, vendus en 1780, 4,013 liv. et en 1841, 4,550 fr., et deux ans après, celle du marchand Dubois, dont le nom dépréciait si bien la marchandise, que les *Femmes turques au bain*, portées par la vente Chaadin à 1,200 liv. adjugées pour 660 à la vente Clos, ne purent dépasser 380 fr.

A côté de ces ventes françaises nous pouvons placer quelques ventes étrangères. En Angleterre, 1842, Daniel Wade Acraman, à Clifton, quatre tableaux de J. Vernet, 4,475 fr.; Hick, 1848, à Manchester, un *Port de mer*, 1,575 fr. C'est à peu près la même moyenne qu'en France. A la vente de l'amateur Duval, de Genève, qui eut lieu à Londres en 1846, une *Tempête*, du cabinet de M. le comte Valicky fut adjugée 2,152 fr. Nous n'avons pas les prix de la vente du cardinal Fesch, à Rome, en 1844. Le catalogue décrit trois tableaux, tous trois gravés, les deux premiers par Ouvrier, *Vue des Alpes* et *Vue des Apennins*, le troisième par madame Le Gouaz, *Temps serein*.

Après les quatre panneaux du Salon de M. de La Freté, vendus en 1848 par les héritiers du comte Roy, et la vente Despinoy, 1850, qui n'exhuma qu'une *Tempête* et un tableau bizarrement désigné comme une Vue de l'aqueduc de la Grande-Chartreuse, il faut arriver jusqu'en 1852 pour retrouver J. Vernet. Alors se présente la vente Collot : une Vue de Tivoli, 3,000 fr.; une *Marine*, 2,525, et cet autre sujet de marine gravé par Hill, sous le titre *le Pêcheur encouragé*. Vernet, dit le catalogue, le donna à Chalgrin, son gendre, en cadeau de noces. Défions-nous des anecdotes. Chalgrin l'aurait donc vendu à Pope, à qui il a appartenu? On retrouve le même sujet au musée de Rouen, catalogué sous le nom de Jean Vernet. D'ordinaire les musées de province ne brillent pas par la modestie. Rouen fait acte d'humilité en regardant comme une copie de Jean, ou Ignace, un tableau large et franc que nous croyons original.

Quelques ventes d'une importance secondaire, en ce qui touche J. Vernet, nous amènent à l'époque actuelle. En 1857, vente anonyme, une chute d'eau, de 1779, et les Bords du Tibre, de 1778, 2,150 fr. Même année, les ventes Marcille : dans la première, *Jonas*, 150 fr. et une *Marine*, 180; dans la seconde, une Vue de Rome. Même année encore, la duchesse de Raguse : une Tempête 860 fr., une répétition des *Baigneuses* de Balechou 800 fr. En 1858, D'arbaud Jouques, un tableau signé (par qui?) 101 fr. En 1859, à Londres, lord Northwick : quatre tableaux, une Marine 425 fr.; un Port d'Italie, 850; un Soleil couchant 3,000, et le pendant 1,750; en tout 6,025 fr., moyenne 1,506.

Plus près de nous encore, deux ventes importantes ont fait passer à l'hôtel Drouot des œuvres de J. Vernet. Nous n'avons pas assisté à celle de M. Piérard de Valenciennes, 1860. Il s'y trouvait quatre tableaux : les Cascades de Tivoli, une Marine et un Paysage. — « Peinture lourde et maniérée, » disait du premier la *Gazette des Beaux-Arts*. — « Très-beau tableau, répondait la *Revue universelle des Arts*.» — Il fut vendu 5,000 f. La Marine était, suivant la *Gazette*, « un tableau très-soutenu de ton et le meilleur des trois, » — moins beau que le précédent, au dire de la

Revue, 2,800 fr. Quant au Paysage, la *Gazette* le déclare peint dans la manière de Fragonard, 1,600 fr. Enfin, à la première vente Demidoff, le 13
janvier 1863, nous avons vu un agréable tableau de J. Vernet, un peu
poussé au vert, comme les Ports de France, un peu vide d'objets comme
les marines peintes à Paris, mais animé de très-gentilles figures, toutes
au plaisir d'un déjeuner champêtre. Il a été vendu 4,000 fr.

C'est, on le voit, un fort bon prix, supérieur à la plus haute moyenne
des ventes Randon de Boisset et Robit. Mais il ne faudrait pas prendre
pour base cette moyenne des grands jours. La véritable, celle qui ressort des différents prix que nous avons pu noter, sera, pour les ventes
du XVIIIᵉ siècle, du vivant de Vernet, 1,088 fr. et pour celles de ce siècle,
2,091 fr. D'où il semble résulter que Vernet a grandi dans l'estime des
amateurs. Toutefois ne tirons pas du fait des conclusions trop rigou-
reuses. Mieux vaut l'enregistrer sans commentaires et considérer maintenant sous une autre forme le talent fécond dont nous venons de tari-
fer la palette.

Les dessins de J. Vernet n'ont pas joui d'une moindre faveur que ses
tableaux. Ils sont loin cependant de présenter le même intérêt. La plupart, au lieu d'études d'après nature, ne nous donnent que des compositions partielles, exécutées dans l'atelier. Il faut excepter les grands
croquis des Ports de France, conservés au Musée d'Avignon, dont
on trouvera plus loin la description. Le catalogue de la vente de
J. Vernet signale aussi, à côté des *Beaux dessins*, un certain nombre
de Vues de Suisse d'après nature, des études de figures, quelques croquis de vaisseaux. *L'Isographie* a publié le *fac-simile* d'un de ces derniers : il est couvert de notes qui le rendent intéressant. Mais, en général, ce que les amateurs demandaient à J. Vernet, c'étaient de *Beaux
dessins*, c'est-à-dire des tableaux sans peinture. Et l'artiste docile, jetait sur le papier des paysages et des marines, tantôt se servant de la
mine de plomb, tantôt de la plume soutenue d'encre de Chine, ou bien
des crayons noir et blanc sur papier de couleur. Chez les peintres d'histoire, ces compositions de premier jet ont un singulier attrait, parce
qu'elles sont comme la fleur de la pensée du maître. Mais J. Vernet,
ainsi que nous l'apprend sa lettre à Girardot de Marigny, reproduite
page 179, n'aimait pas à faire des esquisses de ses tableaux. Il composait directement sur la toile. Ses dessins ne sont que le jeu ordinaire de
sa pensée, jetée avec une facilité voisine de la négligence, dans un
moule d'une importance secondaire à ses yeux. On y rencontre parfois
une vivacité incorrecte qui séduit, plus souvent une froide combinaison
d'éléments pittoresques trop connus.

Les ventes contemporaines de J. Vernet n'offrent que de ces dessins-
là. En 1772, Huquier : « Un Port de mer où se voyent deux vaisseaux à
l'ancre, et sur le devant des matelots en différentes occupations ; dessin
de la première distinction, à la plume, à la pierre noire et lavé, 18 fr. »
— En 1776, Lempereur : deux dessins, paysage et marine, à la mine de
plomb et lavés ; Basan les grava sous le titre de 1ʳᵉ *et* 2ᵉ *Vues des environs de Naples*. En 1777, Randon de Boisset : deux Vues d'eau, rochers
et paysages avec figures, à la plume et lavés sur papier blanc, 425 liv.

En 1778, Bourlat de Montredon : deux Paysages, chute d'eau et figures, 300 liv.; deux Vues de ports de mer, ornées de figures, dessins capitaux, faits en 1753 et 1754, 450 liv. Ceux-là aussi eurent les honneurs de la gravure, et firent suite aux deux premières estampes de Basan, sous le titre de 2° *et* 3° *Vues des environs de Naples*.

La même année, on rencontre à la vente Dulac deux très-jolis dessins, paysage et marine, à la pierre noire sur papier blanc et lavés à l'encre de Chine, 280 liv. — Dargenville (1779) n'en avait qu'un, un Paysage avec quatre figures, *beau dessin*, fait à Rome, au fusin, lavé d'encre, sur papier blanc. Vassal de Saint-Hubert (1779) en avait deux, des Pêcheurs au bord de la mer, et Quatre femmes près d'une fontaine, 472 liv. La vente Prault, 1780, comptait aussi deux dessins à l'encre de la Chine et à la pierre d'Italie, faisant pendant; l'un orné de rivières, rochers et arbres; l'autre représentant un Paysage étendu avec un pont et quelques figures, 192 liv. A la vente Chabot, 1787; à la vente Coclers, 1789; à la vente Paupe, 1792, ce sont toujours des dessins du même genre, Vue de rivière, Paysage orné de fabriques, à la plume, à la pierre noire, à l'encre de Chine, au bistre. De telles œuvres méritaient bien d'être gardées sous verre, et c'est ainsi que le plupart se présentaient aux ventes, où elles atteignaient, on le voit, des prix assez élevés.

La mort de J. Vernet jeta dans le commerce tous les dessins énumérés par son catalogue, c'est-à-dire environ cinq cents. Dès lors le caractère des ventes commence à changer. On trouve bien encore, à la vente du marchand Constantin, en 1803, deux dessins à la plume, lavés d'encre de Chine mêlée de bistre, un Port de mer et un Paysage, très-terminés, provenant du cabinet de Lamure, qui se vendirent 851 fr., et qui aujourd'hui appartiennent au Louvre, et à la vente de Prault, 1807, deux Vues d'Italie avec figures, pierre noire sur papier bleu, 215 fr. Mais déjà, dans l'immense collection de Paignon-Dijonval, 1810, à côté d'une Marine et d'un Paysage datés de 1767, et de deux autres compositions champêtres à la pierre noire, lavées d'encre, se rencontrent de vrais croquis, « un Portefaix se présentant à un marchand pour porter des marchandises qui sont à terre, à la plume, lavé d'encre, » et une « étude d'une longue Barque sur la mer, à la plume, lavée d'aquarelle, 1752. » En 1814, Bruun Neergaard met en vente une Vue de la douane de Ripa grande, à Rome, et neuf Paysages, études à la plume, lavés à l'encre ou touchés à la pierre noire, en tout dix dessins sur quatre cartons. En 1817, le marchand Constantin se débarrasse de vingt-et-un dessins, diverses études de Figures, Marine et Paysage, à la pierre d'Italie et à la plume, lavées d'encre de Chine. En 1820, la vente Auber livre aux enchères une suite d'Études faites d'après nature dans les ports de Toulon, Marseille, le golfe de Bandol, Antibes, Cette, Bordeaux, Bayonne, Rochefort, La Rochelle et Dieppe, dessins à la pierre noire ou lavés à l'encre sur papier blanc, réunis en un volume in-folio, et c'est sans doute cette collection qu'Horace Vernet acheta alors ou plus tard, pour en faire présent au Musée d'Avignon. Le graveur Boissieu, 1831, avait aussi une Étude de barque, une Étude d'arbre cassé par l'ouragan, et des Pêcheurs près d'un bateau qu'on radoube. Enfin le baron Gérard, 1837, avait formé un recueil de 90 croquis de Joseph Vernet, parmi lesquels on reconnaît beaucoup de figures employées dans ses Ports de France, entre autres le croquis du vieil Annibal. En abandonnant les beaux dessins pour les croquis d'après nature, le goût des amateurs modernes a obéi à une sage impulsion. C'est à l'heure où la pensée de l'artiste s'éveille, qu'il faut la saisir dans sa formule à peine ébauchée, le dessin. Avec un homme qui dort aussi peu que J. Vernet, et qui pense aussi vite, on n'arrive jamais trop tôt.

II

JOSEPH VERNET EN FRANCE ET A L'ÉTRANGER

Un relevé complet de tous les tableaux de J. Vernet, que possèdent actuellement les galeries publiques et privées de l'Europe, tiendrait trop de place ici. Déjà la liste des commandes, les salons et les ventes en ont indiqué un grand nombre. Aujourd'hui que la plupart des musées ont des catalogues, et que ces catalogues se rencontrent presque partout, il devient superflu d'en extraire tous les articles relatifs à J. Vernet. Quant aux galeries étrangères, le travail a été fait à un point de vue plus général. Il suffira de renvoyer le lecteur à l'excellent livre de M. Dussieux, les *Artistes français à l'étranger*. Enfin, pour les collections particulières on consultera avec fruit les annuaires publiés par la maison Renouard. Nous devons nous borner à un résumé succinct des renseignements puisés à ces différentes sources, en y ajoutant ce que nous ont fourni nos observations personnelles.

De tous les musées, le Louvre est celui qui possède le plus grand nombre d'ouvrages de J. Vernet. Mais le Louvre lui-même n'est qu'une partie de ce grand tout qui se nomme, suivant les temps, les collections Nationales ou les collections de la Couronne. La révolution, en dépouillant les résidences royales, fit entrer au Muséum, c'est-à-dire dans le domaine national, les quinze Ports de France peints pour le Roi et les quatre dessus de porte du château de Choisy. Tels sont, avec une Marine d'un effet nébuleux, les vingt tableaux portés au *Catalogue du Musée décrété par la Convention le 27 juillet* 1793. Bientôt ce fonds primitif s'augmenta des quatre tableaux de la Bibliothèque du Dauphin et des Quatre parties du jour, peintes pour madame Du Barry au pavillon de Lucienne. Puis vinrent les conquêtes, qui ajoutèrent un Paysage et une Marine de la collection du Stathouder. En 1805 les ouvrages de J. Vernet, gravés dans les différentes publications de Landon, de Filhol et du Musée français s'élèvent, avec les Ports, au chiffre de trente-et-un.

Diverses acquisitions faites depuis ont encore accru ce nombre. Aujourd'hui les collections de la Couronne ne possèdent pas moins de cinquante-trois tableaux de J. Vernet, répartis ainsi qu'il suit entre les diverses galeries ou résidences impériales.

1. *Musée du Louvre*. — N°s 592 à 606. — Les quinze tableaux des Ports de France, peints de 1753 à 1765, placés sous l'Empire, et jusqu'en 1815, dans un des salons du Palais du Sénat, dont le plafond, peint par Barthélemy, représentait, au milieu d'une allégorie compliquée, les bustes de Joseph Vernet et de Jean-Jacques Rousseau auprès de la Muse de l'Histoire.

607. Naufrage, 1753. — Vente Thélusson.

608. Paysage, effet de clair de lune, 1759. — C. 183. R. 99.

609. 610. 611. 612. — Le Matin, le Midi, le Soir et la Nuit, 1762. Quatre tableaux peints pour la Bibliothèque du Dauphin, à Versailles. — R. 109. Journal, page 390. — Salon de 1763, n° 91.

613. 614. 615. Le Matin, la Nuit, le Torrent, 1765. Trois tableaux de la suite des Quatre Parties du jour, peintes pour le château de Choisy. — R. 120. 126. — Salon de 1765, n° 67. — Gravés par Cathelin. — Le quatrième est à Saint-Cloud.

616. 617. 621. Les Baigneuses, le Retour de la pêche, Port de mer au clair de lune, 1772. Trois tableaux de la suite des Quatre Parties du jour, peintes pour madame Du Barry. — C. 240. R. 157. 164. 165. 166. Salon de 1773, n° 89.

618. Paysage, la Construction d'un grand chemin, 1774. — R. 179. 180. — Salon de 1775, n° 31. — Ventes abbé Terray (1779), n° 3, et Clos (1812), n° 43. — Le pendant est au Musée de Montpellier.

619. Vue des Cascatelles de Tivoli. C'est plutôt un torrent, et un morceau d'étude.

620. Paysage des environs de Rome.

622. Port de mer, effet de brouillard. — Gravé par Le Gouaz, sous la direction d'Aliamet, avec dédicace à M. de Fontanieu, contrôleur général des meubles de la couronne.

623. 624. Le Midi ou le Calme, le Soir ou la Tempête. — Vente Randon de Boisset (1779), n° 203.

625. Soleil couchant par un temps brumeux. — 626. Effet de clair de lune. — 627. Le Midi. — 628. Effet de soleil couchant.

629. 630. Vues des environs de Marseille. Gravées par Aliamet, sous le titre de 1re *et* 2e *Vues de Marseille*, avec dédicace à l'abbé Grimaldi.

631. Vue du pont et château Saint-Ange. — 632. Vue du Ponte Rotto : — Recueil gravé du cabinet Choiseul, n° 106 et 107. Ventes Conti (1777), n° 735; Chabot (1787), n° 65.

Magasins du Louvre. — Paysage, Coup de tonnerre : Vente Davoust, n° 5. Gravé par Avril : *Les Voyageurs effrayés par le coup de tonnerre*. (Le catalogue de 1855 attribue ce tableau à Manglard. Il a été entièrement repeint par un restaurateur maladroit.) — Deux dessins à la plume et à l'encre de Chine, de la collection Poulain.

Palais de Saint-Cloud. — 18. Marine, Soleil couchant, *Joseph Vernet fecit, Parisiis* 1753. Morceau de réception de l'auteur à l'Académie : R. 57. Salon de 1753, n° 133. Gravé par Dequevauviller dans le Musée français, n° 18, 3e partie.

61. La Bergère des Alpes, 1763 : C. 186. Salon de 1763, n° 92.

93. Le Midi, 1765. L'un des tableaux du château de Choisy. — R. 120, 126. Salon de 1765. n° 67. Gravé par Cathelin.

173 à 180. Huit tableaux, peints en 1767 pour le financier de La Borde : R. 133, 134. Vente de Vaudreuil, n° 83.

Ministère de l'Intérieur. — Un Naufrage et une Marine au clair de lune.

Musée de Versailles. — 4423. Chasse aux canards au lac de Patria, 1749 : C. 61. R. 29.

Voici maintenant, par ordre alphabétique, les différents musées de France où se rencontrent des ouvrages de J. Vernet.

Aix en Provence. — 72. Paysage au clair de lune.

Avignon. — 282. Marine au soleil levant, 1756 : C. 175. — 283. Soleil couchant, 1751. — 284. Tempête. — 285. Tempête, 1780. — 286. Tempête. — 287. Marine : Ventes Bailli de Breteuil, de Boullongne, Brunetière. Gravée par Duret, *la Gondole italienne.* — 288. Cascatelles de Tivoli. — 289. Clair de lune. — 290. Tempête. — 291. Tempête. — 292. Calme. — 293. Soleil levant. — 294. Soleil couchant. — En tout treize tableaux.

Angers. — Marine : Don du gouvernement en 1811..

Caen. — Marine au clair de lune.

Carpentras. — Marine au coucher du soleil et Naufrage, Port de mer et Tempête. Tableaux donnés, dit-on, par J. Vernet à l'évêque d'Inguimbert, les deux premiers avant son départ d'Avignon, les deux autres à son retour d'Italie. — Deux dessins de Marines au crayon et à l'encre de Chine.

Chartres. — Un tableau.

Cherbourg. — Paysage avec blanchisseuses.

Grenoble. — 57. Marine, effet de brouillard, 1764. Tableau reconnu pour faux, dit le catalogue de 1756, et attribué à Henry.

Lille. — 189. Calme au soleil couchant. Don du gouvernement en 1801.

Lyon. — 37. Marine, esquisse.

Montpellier. Musée. — 458. Les Abords d'une foire : R. 179, 180. Salon de 1775, n° 31. Ventes abbé Terray et Clos. Le pendant est au Louvre. — 459. Tempête. — 460. Soleil couchant par un temps de brouillard. — 461. Marine.

Montpellier. *Collection de l'École de médecine.* — Trois dessins à la plume et à l'encre de Chine, n° 79, 80 et 81.

Nantes. — 242. Tempête. — 243. Marine dans le goût de Salvator Rosa. — 1197. Figures de soldats au milieu d'arbres et de rochers.

Nimes. — 24. Marine aux environs de Naples, ébauche. — 48. Marine, près d'El Castel (île Lovo).

Orléans. — Cascatelles de Tivoli. Le pendant est au musée de Chartres; tous deux proviennent du château de Lucienne, dit le catalogue, et il ajoute que les Cascatelles sont datées de 1753. — En 1753, où étaient madame Du Barry et Lucienne?

Rouen. — 197. Une Marine. Le catalogue l'attribue à Jean Vernet, d'après Joseph, son frère. C'est le sujet gravé par Hill : *Le Pêcheur en-*

courage. — **451.** Dessin représentant, non pas le Port de Malte, mais le Port d'Antibes. Voir page 79 de ce volume.

TOULON. = **64.** Le Torrent, beau paysage dans le goût de Salvator Rosa. — **156.** Tempête.

Parmi les collections particulières qui possèdent des tableaux de J. Vernet, nous devons mentionner les suivantes :

A PARIS, *Collection Delessert.* = L'Arc-en-ciel, du cabinet Tolozan. — Entrée d'un port, du cabinet Perrégaux : R. 37. Vente Soufflot, vente Perrégaux, n° 58; gravé par Le Bas, *Port de mer d'Italie.* — Paysage avec aqueduc, 1759. — Cascade, Paysage, du cabinet Sylvestre.

Galerie de M. le duc de Morny. = Incendie d'une ville pendant la nuit. Voir *Gazette des Beaux-Arts,* tome XIV, page 393.

Cabinet de M. le baron Thibon, = Marine, vue prise dans la rivière de Gênes.

Chez la marquise de Crillon. = Calme, Tempête : C. 6.

Chez le marquis Eug. de Montlaur. = Naufrage. — Pêche du thon. — Les Blanchisseuses. = Chez le même, au château de Lyonne, près Vichy : Cascatelles de Tivoli. — Côtes de la Méditerranée, route de la Corniche. — Voir page 26.

A TOULON, *chez M. Malcor.* = Le Clair de lune gravé par Marcenay?

A CARPENTRAS, *chez M. Barjavel.* = Clair de lune, donné par l'évêque d'Inguimbert à son secrétaire Devillario.

Il y avait à Montpellier, chez M. de Montcalm, quatre tableaux de J. Vernet : Les Pêcheurs napolitains, une Tempête, un Coucher du soleil, et un Paysage à l'effet du matin.

A Avignon, chez M. de Chabert. = Paysage. Gravé par Aliamet : *Le Matin.*

A Bordeaux, chez Madame Laroze. = Un des tableaux du marquis de Saint-Marc : C. 296. R. 243.

Les expositions des dernières années ont remis en lumière quelques œuvres de J. Vernet. On a pu voir, au boulevard des Italiens, en 1850, quatre tableaux, intéressants à divers titres et d'une authenticité certaine :

262. L'Entrée d'un Port par un temps calme, au coucher du soleil. — **263.** Une Tempête, appartenant à M. Laneuville. Ce sont deux des tableaux peints pour M. de La Freté : R. 191. 193. 195. 198. 199. Salon de 1777, n° 31. Vente Roy, en 1848.

263. Les Pêcheurs, 1768, appartenant à M. Burat. — Collection de Madame Lætitia, puis de lord Schrewsbury. Gravés par Benazech : *La Pêche à la ligne.*

425. Les Pêcheurs, effet de clair de lune, appartenant à madame Gabriel Delessert.

AVIGNON. *Exposition de* 1858, *à l'occasion du Concours Régional.* = **309.** La Bergère des Alpes, du cabinet de M. de Miliaudon, répétition du tableau de Saint-Cloud. — **310.** Marine, 1748 — **311. 312. 313. 314.** Autres Marines, toutes les cinq de la galerie de M. Seguin. — **315.** Marine, du cabinet de M. Achille de Félix. — Voir *Revue universelle des Arts,* tome VIII, page 67.

CARCASSONNE. *Exposition du Concours Régional en 1859.* = 9. Paysage, dessin, du cabinet de M. Doumenjou.

A MARSEILLE, l'exposition du concours régional de 1861 ne comptait pas moins de dix-sept tableaux placés sous le nom de Vernet. Mais il en faut retrancher quatre, empruntés aux musées de Toulon et d'Avignon, ou déjà exposés ailleurs. Restent alors les suivants :

1089. Vue des environs de Rome, du cabinet de M. de Magallon, de Marseille. (Cette vue de Rome, et non des environs, nous a paru plutôt de Volaire.)

1090. Marine : M. de Surian, de Marseille. — 1091. Bords d'une rivière : M. Tassy, d'Aix. — 1092. Clair de lune, *Joseph Vernet f. Massila* 1754 : Madame la marquise de Castillon, d'Aix. — 1093. Paysage de Tivoli : M. Jouve, d'Aix. — 1095. Marine au clair de lune : M. Massabo, de Marseille. — 1096. Portrait de J. Vernet, par lui-même : M. Dufour, de Marseille. — 1097. 1098. Vues du pont Saint-Ange et du Ponte Rotto : M. Paul Autran, de Marseille. Tableaux peints à Rome et ayant appartenu à l'amateur provençal M. de Fontainieu. — 1099. Marine par le brouillard, 1780 : M. Jean Léon, de Marseille. — 1100. Tempête : M. Monestier aîné, d'Avignon. — 1101. 1102. Brouillard et Tempête : M. Béchet, d'Avignon. — Voir *Gazette des Beaux-Arts,* tome XI, page 545.

Si incomplète que soit cette liste, elle donne, pour les tableaux de J. Vernet qui se trouvent en France, un total de cent trente-sept. L'étranger n'est pas moins riche. Voici, d'après les catalogues, et d'après M. Dussieux, le relevé des œuvres de J. Vernet dans les musées, les galeries publiques et les collections privées des différentes parties de l'Europe.

MUSÉES ET COLLECTIONS PUBLIQUES.

BERLIN. *Musée royal.* = Paysage, 1751.

CARLSRUHE. *Galerie grand-ducale.* = Grecque sortant du bain. — Turc qui regarde pêcher : C. 162. R. 75. Salon de 1757, n° 62 et 63. Vente Peilhou, n° 72. Gravés par Daullé.

CASSEL. *Musée.* = Port de mer. — Port avec la mer agitée. — Marine sur bois.

COPENHAGUE. *Galerie royale.* = Une Tempête. — Un Port.

DRESDE. *Galerie royale.* = Incendie d'une ville sur le bord d'un fleuve.

FLORENCE. *Galerie.* = Cascade. — Naufrage.

GENÈVE. *Musée Rath.* = Marine au soleil couchant. — Orage par un clair de lune.

LA HAYE. *Musée royal.* = 219. Une Tempête. — 220. Paysage avec cascade : Vente Valenti Gonzaga. Galerie du prince d'Orange en 1770 : gravés alors par Fokke, *Port de Livorne* et *Vue aux environs de Narni.* Au Louvre en 1804 : gravés dans le Musée français et dans le Musée Filhol.

LONDRES. *National Gallery.* = 201. Vue d'un port de mer.

MADRID. *Musée royal.* = Deux Paysages. — Paysage maritime. — Paysage avec rivière. — Lever du soleil.

MUNICH. *Pinacothèque et galerie privée du roi.* = Matinée. — Soleil couchant. — Ville maritime en flammes. — Lever du soleil. — Tempête, lithographiée dans le recueil de Piloty. — Brouillard.

NAPLES. *Musée royal.* = Tempête.

NUREMBERG. *Collection de l'École de dessin.* = Soleil couchant sur mer. — Clair de lune sur mer.

PRAGUE. *Société des amis des arts.* = Tempête.

ROME. *Académie de Saint-Luc.* = Une Marine.

ROTTERDAM. *Musée.* = Port de mer au clair de lune.

SAINT-PÉTERSBOURG. *Galerie de l'Ermitage.* = Tempête. — Port de mer. — Naufrage. — Scène de naufrage. — Paysage maritime. — Naufrage. — *Vue du port de Palerme.* — *Vue des environs de Reggio en Calabre,* gravés par Dufour. — Paysage maritime au soleil levant. — Marine au clair de lune. — *Vue des îles de l'Archipel.* — *Le Coup de vent,* gravés par Le Carpentier. — Vue des cascatelles de Tivoli. — Vue maritime, morceau d'étude. — Vue d'un port de mer. — Naufrage de Virginie.

STOCKHOLM. *Musées royaux.* = Tempête, sur bois. — Port du Levant, sur bois. — Clair de lune, sur bois.

STUTTGARD. *Musée.* = Tempête. — Soleil couchant.

VIENNE. *Galerie du Belvédère.* = Vue du Tibre et du château Saint-Ange. Gravé dans le recueil de la galerie (1821-1828).

COLLECTIONS PARTICULIÈRES.

ANGLETERRE. — Les Anglais ont été, nous l'avons vu, les amateurs les plus fervents du talent de J. Vernet. La plupart des tableaux peints par ce dernier pour les Hoare, les Foley et autres, se conservent encore aujourd'hui dans les collections anglaises. Nous ne pouvons les énumérer tous. Leur nombre s'élève à trente-trois au moins, répartis entre les collections Bedford, Bridgewater, Buccleuch, Budlington, Campbell, Dulwich-College, Elgin, Ellesmere, Exeter, Furtado, Hartford, Henderson, Ireland, Mac Lellan, Miles, Robart, Seymour, Schrewsbury, Stafford, Suffolk, Wardour Castle et marquis de Westminster.

LEIPZIG. *Galerie du baron Speck-Sternburg.* = Soleil levant à Terracine.

MILAN. *Palais archiépiscopal.* = Plusieurs tableaux.

ROME. *Galerie Borghèse.* = Huit Marines ou Paysages.

SAINT-PÉTERSBOURG. *Galerie du duc de Leuchtemberg.* = 57. Marine, effet de brouillard.

TURIN. *Galerie du comte d'Arach.* = Marine. (Cette collection a été vendue, croyons-nous.)

VIENNE. *Galerie du comte Czernin.* = Une grande marine. — *Galerie du prince Esterhazy.* = Clair de lune. — *Galerie du prince de Lichtenstein.* — Quelques belles compositions.

C'est en tout, pour les musées et les collections étrangères, une

containe de tableaux à ajouter aux cent trente-sept que nous avons
trouvés en France. Pour compléter cette statistique, il faudrait d'autres
renseignements que ceux dont nous avons pu disposer. Malgré les
lacunes, l'ensemble suffit pour montrer que, dans l'Europe entière, le
talent de J. Vernet rencontre encore une sympathique admiration.

Ajoutons à cette nomenclature des tableaux de Joseph Vernet, ceux
de son père et de son frère, que possède le Musée d'Avignon.

ANTOINE VERNET.

180. Bouquet de fleurs, accompagné d'oiseaux au plumage varié;
panneau de chaise à porteur, de 63 centimètres de haut sur 52 de large,
donné par M. Théoph. Clauseaux, administrateur du musée, en 1844.

281. Double écusson armorié, aux armes des Tillia d'Olonne, panneau
de voiture de 50 centimètres de haut sur 44 de large, donné par le
même.

FRANÇOIS VERNET.

295. Paysage : Il représente d'anciennes fabriques sur un grand
rocher, d'où s'échappe une cascade; sur le bord de la rivière une jeune
femme pêchant à la ligne et causant avec un berger. — H. 1,14; L.
1,39. — Donné en 1836 par M. le baron de Montfaucon.

296. Un vase de fleurs, accompagné de fruits, roses, tulipes, campa-
nules, pommes, poires et prunes. — H. 0,36; L. 0,27. — Donné par le
même.

NOTES

Note A (Page 306).

« Ce grand artiste, me disait-il (en parlant de J. Vernet), point tout de génie dans son cabinet. — Il jouit de la riche moisson qu'il a recueillie. Vous ignorez les moyens qu'il a employés pour répandre tant de mérite dans ses ouvrages. Dans sa jeunesse il a peint beaucoup de sites d'après nature. Enflammé à la vue des tableaux superbes mais fugitifs qui roulent au-dessus de nos têtes, cet artiste, pour fixer sur la toile leur mobile harmonie, inventa un alphabet de tons qu'il portait toujours sur lui dans un livre garni de plusieurs feuilles blanches. Les caractères divers de son alphabet étoient accolés à autant de teintes différentes. S'il voyoit au milieu des plus brillantes couleurs se lever ou se coucher le soleil, un orage s'approcher ou s'enfuir, il ouvroit ses tablettes, et aussi promptement que l'on jette dix ou douze lettres sur le papier il indiquoit toute la gradation des tons du ciel qu'il admiroit. Revenu chez lui, cet artiste, qui ne pouvoit arrêter dans son atelier ce spectacle passager, l'ayant fixé aussi rapidement que l'éclair sur ses tablettes, le rendoit sur la toile d'après ses chiffres et jouissoit encore du charme de l'accord parfait des tons et de la justesse des effets qui l'avoit enchanté en contemplant le ciel. »

Renou, L'Art de peindre (note).

No B (Pages 87 et 306).

Dessins des ports de France au musée d'Avignon.

1. Port d'Antibes. Il est couvert de notes. — Les montagnes du fond : *Cenerino torchiniccio* (gris azuré). — *Vapore chiaro* (vapeur claire). — *Cenerino giallino, pavonazzo oscuro* (gris jaunâtre, violet foncé). — *Chiaro rossiccio* (rose clair). — *Negriccio* (noirâtre).

Les arbres : *Torchino verde chiaro* (bleu-vert clair). — *Un po cenerino, olive* (un peu gris, oliviers). — *More, verde giallo* (mûriers, vert jaune).

Autres tons indiqués : *Canella* (couleur cannelle). — *Prato verde* (pré vert). — *Bianchiccio* (blanchâtre).

La mer au loin : *Cenerino più torchino e un poco pavonazzo* (gris plus azuré et un peu violet). — Elle se brise contre des rochers : *Pavonazzo del fondo* (violet du fond). — *Torchino verdicio saladon* (bleu vert céladon).

Tutto il disopra delle mura e coperto di erbe verde (tout le dessus des murailles est couvert d'herbes vertes).

Les édifices. La tour, *giallo scuretto acceso* (jaune foncé chaud). —

Autre tour : *giallo lo stesso* (le même jaune). — Autres murailles : *gialletto cenerino più chiaro delle torri* (petit jaune gris plus clair que celui des tours). — *Bianco* (blanc). — *Biacio* (blanc de céruse). — *Cenerino scuro* (gris foncé).

Los terrains : *Grano* (du blé). — *Prato verde* (prairie verte). — *Fichi* (figuiers). — *Vigne e grano* (vignes et blés). — *Verde più cenerino e un po più scuro di quello avanti* (vert plus gris et un peu plus foncé que celui de devant).

Albero di merangoli con fiori e frutti, verde giallo chiaro, il piede cenerino scuro, e gli rami sempre più negri nella stremita (oranger avec fleurs et fruits, vert jaune clair; le pied gris foncé et les branches toujours plus noires vers l'extrémité).

Contre cet oranger, du dessin le plus sommaire, est une figure indiquée en quatre traits. Les premiers plans existent à peine. Pas un seul navire en mer. La ville, les forts, les lointains seuls sont dessinés.

2. Pêche du Thon. — Il n'y a d'indiqué que le fond, qui représente la côte du golfe de Bandol, avec l'Ile Verte et plus loin le cap nommé *Bec de l'Aigle*.

3. Toulon. — La ville. — Sur un mur : *Bianchiccio* (blanchâtre). — Sur une maison : *Questa deve essere acostata vicino a l'altra* (celle-ci doit être rapprochée de l'autre). Des traits sommaires indiquent les vaisseaux.

4. Toulon. — La rade, vue par-delà les campagnes, — Rien n'indique le premier plan, qui représente, dans le tableau, la terrasse d'une maison de campagne.

5. Toulon. — L'arsenal.

6. Cette. — Le fond seul est arrêté.

7. Bordeaux. — Vue prise du Château-Trompette. Sur le devant, un terrain avec des soldats indiqués à grands traits. Vernet, dans le tableau, y a substitué un jardin où se promènent différents groupes. Une teinte d'encre de chine indique les ombres.

8. — La même vue, sans ombres, mais avec les détails d'architecture mieux précisés.

9. Bordeaux. — Vue prise des Salinières. Les ombres seules sont à leur place, pour arrêter l'effet. Pas de notes.

10. Bayonne. — Vue prise pardessus les toits des maisons. Dessin arrêté à la plume et complet.

11. Bayonne. — Vue prise de l'avenue Boufflers.

12. La Rochelle. Le fond est arrêté et bien dessiné. Quelques notes en français.

13. Rochefort. Les magasins sont indiqués à droite sur le terrain du quai, quelques détails, des figures, des groupes, entre autres un peloton de soldats. *Soldati che vanno a montare la guardia. Sono incirca 25 a 30* (soldats qui vont monter la garde. Ils sont 25 ou 30 environ). Un grand nombre de notes se croisent dans tous les sens.

Il faut rapprocher de ces dessins des ports un croquis dont l'*Isogra-*

phie donne le fac-simile. Il est tracé à la plume et représente un vaisseau vu de l'arrière, et penché à droite, au flanc duquel s'accoste une barque chargée. Tout autour se lit l'inscription suivante, de la main de Vernet : — *Vascello svedeze in distanza di cinquanta passi, pare che pende avanti sulla prua, ma questo non e altro che l'effetto della prospettiva, mentre sta nel suo piano e che il corpo del bastimento e fatto in maniera che alza un picco dalla popa e dalla prua, e necessario di osservare che e scarico non avendo ne meno la savora o lesto, che e caggione che il corpo del vascello sta molta sopra acqua.* — *Carica il lesto o savora.*   VERNET.

(Vaisseau suédois à la distance de cinquante pas : il a l'air de pencher sur la proue, mais c'est l'effet de la perspective. Il n'en est pas moins sur son plan et la coque du bâtiment est faite de manière qu'elle relève un peu à la poupe et à la proue. Il faut remarquer qu'il est déchargé, n'ayant pas même son lest, c'est pourquoi la coque du vaisseau s'élève beaucoup au-dessus de l'eau. — Il charge son lest.)

TABLE DES MATIÈRES

TABLE ALPHABÉTIQUE

DES NOMS D'ARTISTES, AMATEURS, ÉCRIVAINS ET PERSONNAGES ILLUSTRES

DU XVIIIᵉ SIÈCLE

CITÉS DANS TOUT LE COURS DU VOLUME.

Abréviations : Am. Amateur. — Ar. Architecte. — G. Graveur.
L. Littérateur. — P. Peintre. — S. Sculpteur.

FIN DE LA TABLE ALPHABÉTIQUE.

ERRATA

Page 2, *ligne* 33, Marie-Thérèse Garnier, *lisez* Granier.
— 40, — 1, Feathertson Haug, *lisez* Featherston.
— 176, — 17, en bride e surtout, *lisez* et surtout.
— 192, *ligne dernière*, barque moitié engloutie, *lisez* à
    moitié.
— 122, — 2, Pernot et Ingelmann, *lisez* Engelmann.
— 246 et 247. Tout ce qui est dit du neveu militaire doit
    s'appliquer au neveu napolitain, fils
    d'Ignace.
— 306, — 21, raproduit, *lisez* reproduit.
— 316, — 6, descendons degrés du temps, *lisez* les
    degrés.
— 337, — 42, Du Bosse, *lisez* Du Bosset.

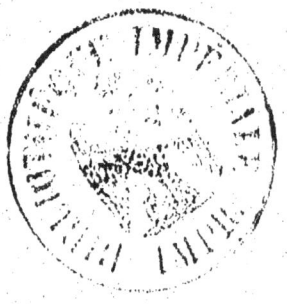

PARIS. Imprimerie de PILLET FILS AÎNÉ, rue des Grands-Augustins, 5.

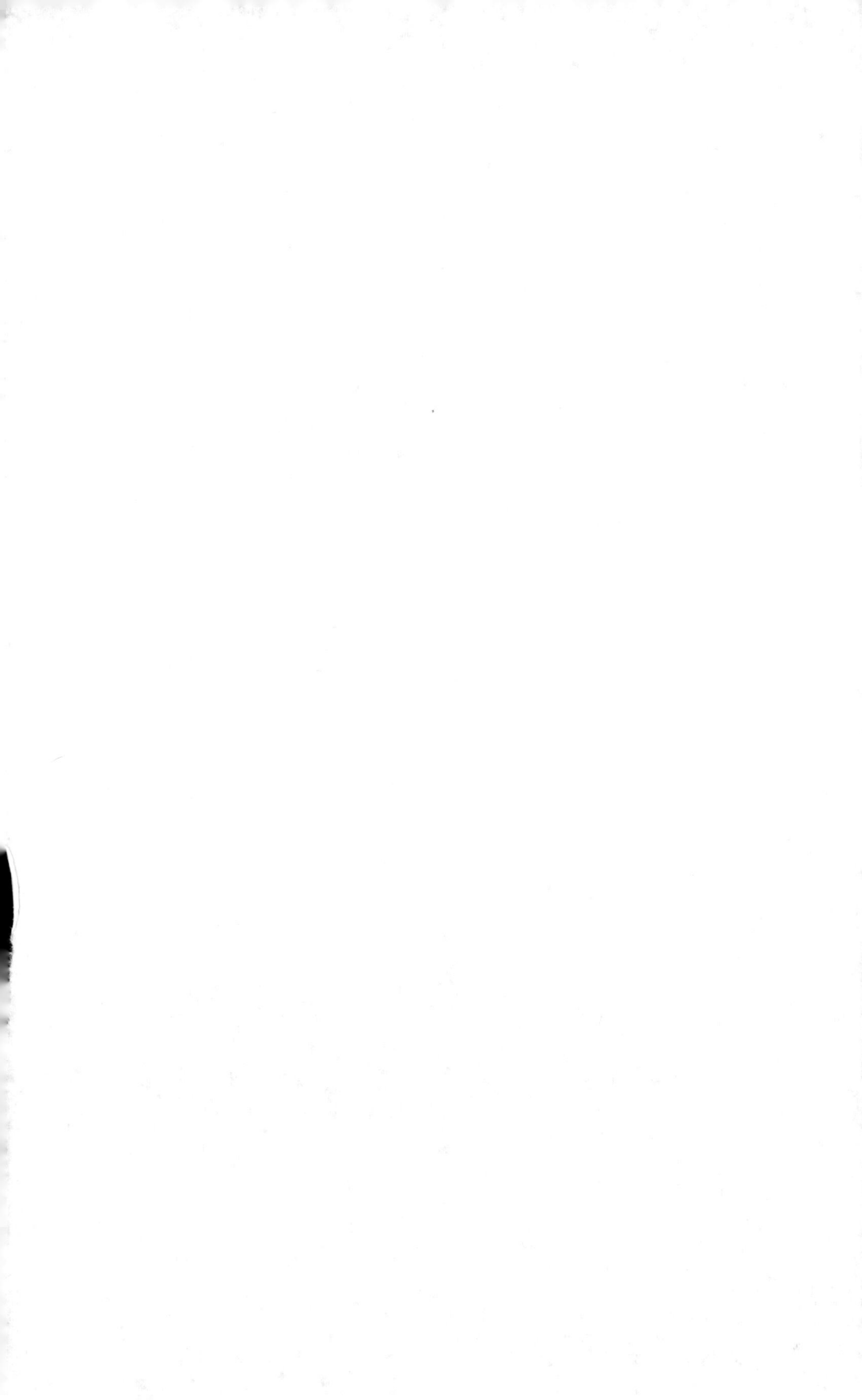